이것이냐 저것이냐 2

쇠얀 키에르케고어Søren Kierkegaard는 키르케고르, 키에르케고르, 키르케고어 등 여러 이름으로 불리고 있으나, 한국 키에르케고어 학회에서는 여러 차례 논의를 거쳐 키에르케고어의 이름을 덴마크 원어 발음과 가장 유사한 쇠얀 키에르케고어 하나로 통일함이 바람직하다고 결정하였으며, 도서출판 치우의 협력을 얻어 앞으로 출간될 도서에 쇠얀 키에르케고어를 사용하기로 하였습니다.

독자 여러분께서도 쇠얀 키에르케고어의 이름을 기억해 주시기를 부탁드립니다.

한국 키에르케고어 학회

회장 이승구

일러두기

원저의 표시에 따르면 이 책은 빅토르 예레미타가 우연히 발견된 서류 뭉치를 편집하여 출간한 것으로 되어 있으나, 빅토르 예레미타는 키에르케고어가 내세운 가상의 인물이며, 이 책 전체의 저자 역시 키에르케고어입니다. 또한 키에르케고어는 다른 저서에서도 이러한 형식을 많이 취하고 있습니다. 따라서 이 책에서는 독자 여러분의 편의를 위하여 저자를 키에르케고어로 표시하였음을 알려드립니다.

이것이냐 저것이냐 2

쇠얀 키에르케고어 지음
임춘갑 옮김

도서출판 치우

차례

결혼의 심미적 타당성

나의 벗이여!

그대의 눈이 처음에 머물게 될 이 부분은, 실은 맨 나중에 쓰인 것이다. 이 부분의 목적은, 이것과 함께 그대에게 전해질 소상한 연구를 여기서 다시 한 번 억지로라도 편지투로 만들기 위해서이다. 그러므로 이 부분은 결론을 맺는 부분과 대응하고 있고, 끝부분과 함께 봉투처럼 전체를 감싸고, 그대가 읽고 있는 것이 실은 편지라고 하는 사실과, 여기에는 풍부한 내용이 담겨 있음을 그대에게 상기시켜 줄 것이다.

내가 그대에게 편지를 쓰고 있었다는 생각을 버리고 싶지 않았던 것은 두 가지 이유 때문이었다. 첫째는 내가 재량껏 사용할 수 있는 시간이, 일반적으로 논문이 요구하는 세심한 충고를 허락하지 않았기 때문이고, 둘째는 편지만이 가능하게 하는 진지한 충고의 어조로 그대에게 나의 생각을 전달할 기회를 놓치고 싶지 않아서다. 그대는 모든 일에 관해서 그것의 영향을 받지 않고 일반적인 개념으로 완벽하게 논할 수 있는 기술이 하도 능하기 때문에, 나는 그대의 변증력을 동원시키고 싶지가 않다. 그대는 다윗 왕이 예언자 나단이 던진 비유를 이해하려고 하기는 하였지만, 그것이 자기에게 적용되는 것이라는 사실을 이해하려고 하지 않았을 때에 예언자 나단이 어떻게 행동했는지를 잘 알고 있을 것이다. 나단은 단도직입적으로 다음과 같이 말했다.

"왕이여, 바로 그 사람이 당신입니다."*

나 역시 그런 식으로 내가 하는 말은 그대에 관한 말이고, 그대를 향해서 하는 말이라는 사실을 항상 그대에게 유념시키려고 하였다. 그러므로 나는 그대가 이 편지를 읽으며, 그대가 읽고 있는 것이 편지라고 하는 인상을 항상 간직하리라는 것을 믿어 의심치 않는다. 비록 그대가 이 편지를 쓴 용지가 편지지로서는 적합하지 않다는 사실 때문에 마음에 걸리는 일이 있을지는 모르지만 말이다.

나는 관리라는 직책상** 큰 종이에 글을 쓰는 습관이 있다. 비록 그대의 눈에는 나의 편지가 어떤 공문서의 인상을 주는 것으로 비칠지도 모르겠지만, 어쩌면 그것은 그것 나름대로 이점이 있을지도 모른다. 이것

---

* 사무엘 하 12장 5~7절 참조.

** 『이것이냐 저것이냐 1』의 서문 참조.

과 함께 그대가 받게 될 편지는 약간 거창한 것이다. 만약 이것을 우체국의 저울로 계량한다면, 상당히 비싸게 나가는 편지가 될 것이겠지만, 반대로 금을 달아보는 듯한 비평의 관점에서 본다면 아마 하찮은 것으로 판명될 것이다. 그러므로 나는 어느 쪽 저울도 사용하지 말기를 부탁한다. 우체국의 저울을 사용하지 말게. 왜냐하면 그대는 이 편지를 회송하기 위해 받는 것이 아니기 때문이다. 또 비평의 저울도 사용하지 말게. 왜냐하면 나는 그대가 엄청나고 냉정한 오해를 범하는 것을 보고 싶지가 않기 때문이다.

그대가 아닌 어떤 사람이 이 논문을 본다면, 그에게는 이것이 분명히 매우 야릇하고 쓸모없는 것으로 생각될 것이다. 만약 그가 기혼자라면 가장家長의 쾌감을 지니고, "암, 결혼은 인생의 미학적인 일면이지" 하고 말할 것이고, 만약 그가 미혼의 청년이라면, 아마도 오히려 당황한 듯이 아무런 반성도 없이, "그렇지요. 사랑, 그대는 인생의 미학이지요" 하고 동의할 것이다. 그러나 두 사람 모두 어째서 내가 결혼의 미학적인 명성을 구제하려고 생각하게 되었는지를 모를 것이다. 아닌 게 아니라 어쩌면 나는 남편노릇을 하는 사람에게나, 이제부터 남편노릇을 할 사람들의 칭찬을 받기는커녕, 오히려 그들의 의심을 받을 가능성이 있다. 왜냐하면 변호하는 사람은 고발하는 사람이기 때문이다.

그런데 나는 이렇게 된 것을 그대에게 감사해야 하겠다. 왜냐하면 나는 그대의 온갖 괴벽한 성격에도 불구하고, 내 딴에는 그대를 자식처럼, 형제처럼, 벗처럼 사랑한다는 사실을 의심해 본 적이 없기 때문이다. 나는 그대가 어느 날엔가 상도常道를 벗어난 그대의 행동의 중심을 찾는 데 성공할 것이라고 믿기 때문에, 미학적인 사랑으로 그대를 사랑하고 있다. 나는 그대의 격하기 쉬운 성질과 그대의 정열과 그대의 애교 있는 약점 때문에 그대를 사랑한다. 그대가 걷고 있는 그릇된 길을 볼 수 있고, 또 나에게는 그대가 한낱 현상現象 이상의 것이기 때문에, 종교적인 사랑의 두려움과 떨림으로써 나는 그대를 사랑한다. 그렇다. 내가 그대의 방탕함을 볼 때, 그대가 사나운 말처럼 뒷다리로 벌떡 일어서서 뒤로 자빠졌다가 다시 앞으로 전진하는 것을 볼 때, 그때 나는, 그렇다, 나는 그때 소용도 없는 모든 설교적인 간섭을 그만두고, 나는 홀로 길들지 않은 말을 생각하고 또 고삐를 붙들고 있는 손을 보고, 그대의 머리 위에 무섭게 올려진 운명의 채찍을 본다. 그러나 끝내 이 논문을 입수하게 되면, 그대는 아마 다음과 같이 말할 것이다.

"그렇다. 그는 엄청난 과업을 시작한 것이 틀림없다. 그렇다면 어디 그가 그것을 어떻게 해결하였는지를 보기로 하자."

어쩌면 나는 그대에게 말을 지나치게 부드럽게 하고 있는지도 모르겠고, 또 어쩌면 나는 그대에 관해서 너무나도 많이 참아 주고 있는지도 모르겠다. 어쩌면 나는 그대의 자만심을 무시하고, 내가 그대에게 실제로 행사할 수 있는 권위를 더 많이 행사해야 했는지도 모를 일이고, 또 어쩌면 나는 그대와 이 문제를 거론하지 않았어야 했는지도 모른다. 왜냐하면 결국 그대는 여러 모로 무서운 인간이고, 그대와 깊은 관계를 맺으면 맺을수록 사태는 고약해지기 때문이다. 실상 그대는 결혼을 반대하는 사람은 아니지만, 결혼을 조롱함으로써 아이러니와 기지를 위해 쓰라고 그대에게 주어진 천부의 소질을 남용하고 있다. 이 점에 있어서 그대가 허공에 대고 주먹질하고 있는 것이 아니라, 정확히 목표를 때리고 있다는 사실과, 그대가 그대 나름대로 많은 관찰을 하고 있다는 사실은 나도 기꺼이 인정하고 있지만, 동시에 어쩌면 바로 그 점이 그대의 결점이라고 나는 말하고 싶다.

그대의 인생은 전적으로 전주前走에만 몰두하고 있다. 아마 그대는 이에 대하여, 하여간 그 편이 평범이라는 철로 위를 달리고, 혼잡한 사회생활에서 일개의 원자로 화해서 자신을 상실하는 것보다는 훨씬 좋다고 말할 것이다. 이미 언급한 바와 같이 우리는 그대가 결혼을 증오하고 있다고는 말할 수 없다. 왜냐하면 그대의 사상은 아직은 결코 결혼이란 문제에까지는 도달하지 못했고, 적어도 아직은 결혼 때문에 추문을 야기한 사실은 없다는 것은 의문할 여지가 없기 때문이다. 그러니 그대는 아직 결혼이라는 문제를 철저하게 생각해 본 일이 없다고 가정한다고 해도 나를 너그러이 용납해야 할 것이다.

그대가 편애하는 것은 첫사랑의 감각이다. 그대는 몽상적으로 작열하는 사랑의 투시透視 속에 잠기는 방법을 알고 있다. 그대는 전신에 가느다란 거미줄을 쳐놓고 먹이를 기다리고 있다. 그러나 그대는 어린애가 아니고, 방금 깨어난 의식이* 아니다. 따라서 그대의 시선은 전혀 다

* 키에르케고어의 초안에는 피가로의 시동侍童처럼이라고 되어 있다. 피가로의 시동은 발전의 첫째 단계를 대표하며, 환경과의 무의식적인 갈등 속에 있는 막연하게 눈뜨고 있는 욕망이고, 『마적魔笛』의 파파게노는 둘째 단계, 돈 후안은 셋째 단계를 대표한다.

른 의미를 갖고 있어야만 한다. 그러나 그대는 그것에 만족하고 있다. 그대는 우연적인 것을 사랑한다. 관심을 끄는 상황 속에 있는 아름다운 소녀의 미소와 그대가 붙든 시선, 이것이야말로 그대가 찾고 있는 것이고, 이것이야말로 그대의 나태한 상상력을 위한 주제다. 항상 관찰자임을 자랑하는 그대는 비록 그대 자신이 관찰의 대상이 된다 하여도 그것을 감수해야만 한다.

나는 그대에 관해서 내가 관찰한 어떤 장면을 기억하고 있다. 우연히 식탁에서 그대의 곁에 앉아 있던 예쁜 처녀는 하도 새침하여 그대를 거들떠보지도 않았다. 시추에이션이 우연적이었다고 강조해 둘 필요가 있을 것이다. 그대는 그녀의 신분도 이름도 나이도 모르고 있었다. 한순간 동안 그대는, 이것은 일부러 얌전을 빼는 것이나 아닐까, 혹은 정상적인 조명 밑에서는 재미난 시추에이션이 전개될 약간의 곤혹이 거기에 섞여 있지나 않을까 싶어서 어리둥절한 눈치였다. 그녀는 거울과 마주 앉아 있었기 때문에 그대는 그녀를 볼 수가 있었다. 그대의 눈이 이미 거기에 둥지를 틀고 있는 줄도 모르고, 그녀는 수줍은 시선을 거울에 던졌다. 그녀는 그대의 눈이 그녀의 눈과 마주쳤을 때 얼굴을 붉혔다. 이런 광경을 그대는 마치 은판사진銀板寫眞처럼 재빨리 정확하게 마음에 새겨둔다. 아시다시피 이 은판사진은 어떤 악천후에도 삼십 초면 물체를 찍을 수 있다.

아아! 아닌 게 아니라 그대는 참으로 이상한 인간이다. 어떤 순간에는 어린애인가 하면 다른 순간에는 늙은이고, 또 어떤 순간에는 가장 고상한 학문적인 문제를 엄청나게 진지하게 생각하며, 그런 것을 위하여 생애를 희생하려고 생각하는가 하면, 다음 순간에는 여자에 미친 어릿광대가 되기도 한다. 그러나 그대는 결혼과는 거리가 먼 존재이므로, 나는 그대의 착한 수호신이 그대가 악한 길에 빠져들지 않도록 지켜 주기를 간절히 기원하고 있다. 왜냐하면 비록 가끔이긴 하지만, 나는 그대가 꼬마 제우스* 와 같은 존재가 되려고 생각하고 있는 흔적을 엿볼 수 있기 때문이다.

그대는 자신의 사랑을 매우 월등한 것으로 생각하여, 모든 처녀가 일주일 동안이나마 그대의 애인이 되는 것을 행복으로 간주할 것이라고 상상하고 있음이 틀림없다. 그러니 당분간은 그대의 사랑의 연구를 미학이나 ,윤리학이나, 형이상학이나, 세계주의적인 문제와 결부시켜 계속해 보는 것도 무방할 것이다. 우리는 그대에게 화를 낼 수는 없다. 그대에게 있어서는 악惡이, 중세의 악의 개념이 그랬듯이 어느 정도까지 선의와 치졸로 점철되어 있다. 결혼에 관해서도 그대는 항상 단지 관찰자의 입장만을 취하여 왔다. 단지 관찰자의 입장에 머물러 있기를 원하는 태도에는 어떤 배신적인 것이 깃들어 있다. 세상의 남편들이 이미 얼마나 깊이 결혼이라는 수렁에 빠져 들어가 있는가를 알아보기 위하여 그대가 어떤 식으로 그런 남편들을 파고들어가 그들의 신뢰를 얻었는가 하는 그대의 이야기가, 얼마나 자주 – 그렇다. 나는 기꺼이 그 사실을 인정한다 – 얼마나 자주 나의 흥미를 돋워 주면서도 괴롭혔는지 알 수 없다. 그대야말로 사람들의 마음에 파고들어가서 신뢰를 얻는 일

* 제우스가 저지른 수많은 정사情事를 말함.

에는 천부의 소질을 갖고 있다. 나는 이 사실을 부인할 생각이 없다. 또 그대가 거둔 성과를 듣거나, 그대가 그야말로 생생한 관찰을 피력하는 것을 들을 때마다 그대의 엄청난 기쁨의 증인이 되는 것이 무척 즐거웠다는 사실도 부인할 생각이 없다. 그러나 솔직히 말해서, 그대의 심리학적인 관심은 진지성을 결여하고 있고, 우울증이 깃든 호기심에 불과하다.

이제 본론으로 들어가 보자. 특히 나의 과제로 간주해야만 하는 것은 둘이다. 하나는 결혼의 심미적인 의의를 제시하는 것이고, 다음은 실생활의 많은 장애에도 불구하고 결혼 속에 깃들인 심미적인 요소가 얼마나 단단히 간직되는가 하는 사실을 제시하는 일이다. 그러나 이 작은 논문이 그대를 사로잡게 할지도 모를 교화敎化에 더욱더 확실하게 그대가 의지할 수 있도록 하기 위하여, 나는 본론에 들어가기에 앞서서 논쟁을 일으킬 짤막한 서론을 선행시키려고 한다. 거기서는 의당 그대의 신랄한 관찰도 고려하게 될 것이다. 그러나 그렇게 함으로써 나는 도적국가들에 대한 적절한 조공은 바쳤다고 생각하기 때문에, 이제 나는 조용히 나의 사명에 전념할 수 있다고 생각한다. 왜냐하면 그렇게 해야 결국 결혼을 한 남편으로서의 나는 결혼을 옹호하기 위하여 – 즉, 제단과 부뚜막을 위하여(가정과 집을 위하여) – 싸워야 하는 나의 사명을 다하는 셈이 되기 때문이다. 나는 그대에 단언하지만, 나는 이 문제가 하도 마음에 걸려서, 여느 때 같으면 책을 쓸 유혹을 느끼지 않는 나도, 만약 단 하나의 결혼생활이라도 스스로 빠져 들어간 지옥으로부터 구출해 낼 수가 있고, 혹은 몇몇 사람이라도 인간에게 부과된 가장 아름다운 과업을 실현시킬 수 있는 보다 유능한 인물로 만들 수 있다면, 실제로 책이라도 쓰고 싶은 마음이 간절하다.

신중을 기하기 위하여 나는 기회가 주어질 때마다 나의 아내와 그녀에 대한 나의 관계를 언급할 것이다. 물론 그렇다고 해서 우리들의 결혼을 모범적인 결혼이라고 제시하고 싶어서가 아니다. 단지 한편으로는 순전히 공상적인 시적 묘사는 각별한 설득력이 없기 때문이고, 또 한편으로는 일상적인 상황에 있어서마저도 미학적인 것을 간직할 수가 있다는 사실을 제시하는 것이 중요하다고 생각하고 있기 때문이다. 그대는 여러 해 동안 나를 알고 있고, 내 아내는 오 년 전부터 알고 있다. 그대는 그녀를 무척 아름답고, 아니 오히려 매력적이라고 생각하고 있을 것이고, 나 역시 그렇게 생각하고 있다. 그러나 나는 또 그녀가 낮에는 저녁때보다 아름답지 못하다는 사실과, 어떤 슬픈 병색이 완연한 모습이 낮 동안에만은 사라진다는 사실과, 밤이 되어서 예쁘게 보이고 싶어질 때는 그런 모습을 잊어버린다는 사실을 잘 알고 있다. 나는 또 그녀의 코가 나무랄 데가 없을 만큼 아름답지는 않다는 사실과, 그녀의 코가 무척 작지만 세상을 향하여 멋들어진 자세를 과시하고 있다는 사실을 잘 알고 있다. 그리고 나는 이 작은 코가 하도 많은 즐거운 놀림거리의 계기를 마련해 주었기 때문에, 비록 그것이 나의 관찰에 속해 있다고 하더라도, 나는 결코 그녀에게 그 이상 더 아름다운 코를 원하지 않을 것이라는 사실도 알고 있다. 이것은 그대가 그렇게도 감격하고 있는 것보다는 훨씬 더 깊이 인생에 있어서의 우연적인 것의 의의를 실감하게 하여 주고 있다. 나는 이런 일체의 장점에 대하여 하느님에게 감사하고, 모든 단점은 잊기로 하고 있는 것이다.

그러나 이런 일이란 그리 중요한 것이 못 된다. 그렇지만 내가 충심으로 하느님께 감사하고 있는 한 가지 일은, 그녀가 내가 사랑한 유일한 여자고, 처음 여자라는 사실이다. 그리고 내가 충성으로 하느님께 기구하는 한 가지 일은 내가 다른 여자를 사랑할 생각을 내키지 않도록 나에게 힘을 주십사 하는 것이다. 이런 기도는 그녀 역시 동참하는 가족의 기도다. 왜냐하면 어떤 감정이나 어떤 기분도 내가 그녀를 거기에 동참시킬 수 있어야만 그것이 내게 한층 높은 의의를 갖게 되기 때문이다. 모든 감정, 심지어는 최고의 종교적인 정서까지도, 사람들이 항상 그런 것에 젖어 있게 되면 안이한 성질의 것으로 간주하게 되기가 일쑤다. 그녀가 내 앞에 있으면 나는 곧 목사고 동시에 회중會衆이다. 비록 가끔 내가 이런 장점을 망각하고 불친절해지거나 혹은 그것에 대하여 감사하지 않을 정도로 은혜를 저버리는 일이 생긴다 해도, 그때는 그녀가 그 사실을 나에게 상기시켜 줄 것이다.

나의 젊은 벗이여, 그대는 이것이 사랑을 시작한 얼마 동안에 벌어지는 아양이 아니라는 사실을 알아야 한다. 그것은 약혼 기간 동안에 거의 대부분의 남자들이 자기 자신과 약혼자에게, 그대는 전에 다른 남자를 사랑한 적이 있는가, 나는 전에 다른 여자를 사랑한 적이 있다는 따위의 말을 건네 보는, 이른바 체험적인 연애 기교론이 아니라, 인생의 엄숙한 일이다. 그렇다고 해서 이것은 냉랭한 것도 아니고, 어울리지 않는 것도 아니고, 에로스적인 것이 아닌 것도 아니고, 시적인 것이 아닌 것도 아니다. 진실로 내가 가장 염두에 두고 있는 것은 아내가 참으로 나를 사랑하고, 나 역시 진심으로 아내를 사랑하는 일이다. 그렇다고 해서 우리의 결혼이 세월이 흘러도 다른 사람들의 결혼과 같이 견고하지 못하다는 것은 아니다. 내 말의 요지는, 우리들의 첫사랑을 항상 새롭게 되살리고, 그런 식으로 첫사랑이 다시 나에게 미학적으로나 종교적으로나 의의를 갖게 하자는 것이다. 왜냐하면 나에게는 하느님이 남자와 여자 사이에 몸소 설정해 주신 계약에 무관심할 정도로 초현세적超現世的인 존재로 화해 버리지도 않았거니와, 또 나 자신도 인생의 세속적인 면이 지닌 의미를 느끼지 못할 정도로 정신적인 존재로 화해 버리지도 않았기 때문이다. 뿐만 아니라 이교異教의 에로스관觀에 포함되어 있는 모든 아름다운 가치관도 그것이 결혼과 결부된 것인 한에 있어서는 그리스도교에 있어서도 타당성을 갖고 있다.

우리들의 첫사랑을 되살린다는 것은, 일찍이 경험한 것을 단순히 서글프게 반성한다거나 시적으로 회상하는 일이 아니다. 그런 일이란 결국 우리 자신을 속이는 일이고 우리를 피곤하게 할 뿐이다. 내가 되살린다고 하는 말은 행동을 한다는 뜻이다. 우리가 회상으로 만족해야만 할 그런 순간은 비교적 빨리 다가온다. 그러니 우리들은 되도록이면 오래오래 인생의 신선한 샘이 막히지 않도록 열어 두어야만 한다.

그런데도 그대는 반대로 실제로는 약탈을 해서 인생을 살고 있다. 그대는 몰래 사람들의 마음속에 숨어들어가서 그들의 가장 행복한 순간을 훔치고, 샤미소의 작품인 『피터 슈레 밀』에 나오는 키다리처럼 이 그림자 그림을 그대 호주머니 속에 집어넣었다가 그대가 원하는 때에 그것을 꺼낸다. 그대는 다음과 같이 말할지도 모른다 – 그들은 내가 그렇게 한다고 해서 아무것도 잃는 것이 없다. 그들은 아마 그것이 그들의 가장 아름다운 순간이라는 것은 모르고 있을 것이라고.

반대로 그대는 다음과 같이 생각하고 있다 – 나의 조명적인 연구와 주문呪文으로, 나는 가장 결정적인 순간에 그들을 초자연적인 모습으로 변모시켜 주었기 때문에, 그들은 오히려 나에게 감사해야 마땅하다고.

어쩌면 그들은 사실상 그대가 그랬다고 해서 아무것도 잃는 것이 없을지도 모른다. 그러나 그렇게 함으로써 언제까지나 고통스러운 것으로 남아있는 것에 관한 회상을 그들에게 안겨주는 결과가 될 수도 있지 않느냐 하는 문제는 여전히 남는다. 그렇지만 그대는 잃는 것이 있다. 그대는 그대의 시간을 잃고, 그대의 마음의 평화와 인생에 대한 그대의 인내심을 잃는다. 그대는 그대 자신이 인생에 대하여 얼마나 인내심이 없는가를 잘 알고 있다.

그대는 언젠가 나에게 다음과 같은 내용을 써 보낸 일이 있다 – 인생의 무거운 짐을 진다는 인내는 가장 비범한 덕德이고, 자신은 살고 싶다는 인내마저도 느끼고 있지 않다고.*

그대의 인생은 결국 흥미의 대상이 되는 그런 각별한 일에만 몰두하다가 끝나 버리고 만다. 그런 순간에 그대를 타오르게 하는 에너지가 시종일관 불타올라서, 그것이 그대의 전체 생활에 골고루 퍼진다고 믿을 수만 있다면, 확실히 그대는 어떤 위대한 존재가 될 것이다. 왜냐하

---

* 이에 관해서는 『이것이냐 저것이냐 1』에 수록된 「디아프살마타」를 참조하라. 『이것이냐 저것이냐 2』에서 전개되는 빌헬름 판사의 논문에는, 『이것이냐 저것이냐 1』에 전개된 A의 주장에 대한 구체적인 논박이 도처에 나타나 있다는 사실을 염두에 두고 읽어야 한다.

면 그런 순간에 그대는 변모할 것이니까 말이다. 그대 안에는 하나의 불안이 있고, 그 불안 위에는 그럼에도 불구하고 의식이 선명하고도 투명하게 감돌고 있다. 그대의 영혼 전체가 바로 이 한 점에 집중되고 있다. 그대의 오성悟性은 공격을 위하여 백 가지 계획을 짜낸다. 공격이 어느 한 방향에서 실패하면, 순간적으로 거의 악마적이라고 할 수 있는 그대의 변증술辯證術은, 앞선 실패를 새로운 작전 계획을 수립하는 데 도움이 되는 것이라고 설명할 수가 있다. 그대는 항상 그대 자신 위에서 표류하고 있다. 그리고 한 단계 한 단계가 아무리 결정적인 것이라 할지라도, 그대는 단 한 마디로 일체를 바꿔버릴 수 있는 해석의 가능성을 갖추고 있다. 뿐더러 그대에게는 그대의 기분이라는 활동에 필요한 항진제亢進劑도 갖고 있다. 그대의 눈은 불꽃을 튕기고 있다. 아니 오히려 이를테면 그대의 눈은 백 가지를 탐지할 수 있는 시선을 발사한다. 그대의 얼굴에는 순간적으로 붉은 기미가 스치고 지나간다. 그대는 그대의 계산에 확고한 신뢰를 걸고 있지만, 그래도 그대는 무서운 초조감을 지니고 기다린다.

나의 친애하는 벗이여, 결국 그대는 그대 자신을 속이고 있고, 그대가 남의 가장 행복한 순간을 붙드는 일에 관해서 하는 말 모두는 그대가 붙드는 지나친 기분에 불과하다고 나는 진심으로 믿고 있다. 그대는 하도 힘이 강해서 창조력을 발휘하고 있는 것이다. 이런 이유 때문에, 나는 그런 일이 사람들에게는 그다지 해롭지 않지만 그대에게는 절대적으로 해롭다는 의견을 표시했던 것이다.

그리고 결국 그런 일의 밑바닥에는 엄청난 불성실이 깃들어 있는 것이 아닐까? 실상 그대는, 남들은 상관할 바가 아니다. 키르케*처럼 그대는 그대의 접촉을 통하여 그들을 돼지로 만든 것이 아니라 돼지를 영웅들로 만들었으므로, 그들은 오히려 그대에게 감사해야 한다고 말하고 있다. 그대는 또 만약에 그대를 진정으로 신임하는 사람이 있다면, 문제는 전폭적으로 달라지겠지만, 아직은 그런 인간을 만나본 적이 없다고 말하고 있다. 그런 사람을 위해서라면 일체를 희생할 생각만 하여도 그대의 마음은 흥분되고, 그런 내적인 감정에 녹아 버린다. 나는 그대가 남들을 도우려는 착한 마음을 갖고 있다는 사실과, 예컨대 그대가 남들의 곤경을 구제하는 방법이 진정 아름답다는 사실과, 가끔 그대가 보여주는 너그러움이 어떤 고상한 면을 지니고 있다는 사실을 부인하지 않는다. 그러나 그럼에도 불구하고 나는 거기에도 역시 어떤 오만함이 깃들어 있다고 믿고 있다. 그렇다고 해서 나는 그대가 행한 상도를 벗어난 그런 행동을 낱낱이 그대에게 상기시키고 싶지는 않다. 그런 식으로 그대 속에 깃들어 있을지도 모르는 선한 것에 대하여 초를 친다는 것은 수치스러운 일일 것이다.

그러나 회상한다고 해도 그대에게 상처를 입히지 않을, 그대 생활 속에 있어서의 작은 사건을 하나 그대에게 상기시키고 싶다. 그대는 언젠가 산책길에서 어떤 두 부인의 뒤를 따라서 걸어갔던 이야기를 나에게 해준 일이 있었다. 그 사건에 관한 나의 묘사는, 그대가 넋을 잃고 내게로 달려왔을 때의 그대의 묘사보다는 생동감을 주지 못할 것이다. 그들

* 호머의 『오딧세이』 제10편 참조.

둘은 구빈원救貧院에서 나온 부인들이었다. 그녀들은 이전에는 더 나은 나날을 보낸 것 같이 보였다. 그러나 그런 모든 것은 이미 잊히고 있었다. 그리고 구빈원이란 곳은 희망을 심어 주기에는 전적으로 적합한 곳이 못된다. 한쪽 부인이 말는 담배를 한줌 꺼내서 다른 쪽 부인에게 건네주며, "5달러만 있었으면"하고 말했다. 그녀는 그런 대담한 소망에 자기 자신도 깜짝 놀라고 있었다. 실상 그 소망은 대답 없는 기도처럼 빙판 위를 미끄러지듯이 울려 퍼졌다. 그대는 그녀에게로 다가갔다. 그대는 결정적인 행동을 취하기 전에 갖고 있던 스케치북에다 5달러짜리 지폐를 한 장 꺼내서 숨겨 두었다. 이 시추에이션이 적절한 탄력성을 잃지 않고, 또 그녀가 너무 빨리 무엇인가를 눈치채지 못하게 하기 위해서다. 그대는 하인의 역할을 하는 영靈처럼 거의 비굴하리만큼 공손한 태도로 그 부인에게로 다가가서, 그녀에게 5달러를 전하고는 사라져 버렸다. 그대는 그 일이 그녀에게 어떤 인상을 줄 것인가, 그녀는 그것에서 신의 섭리를 볼 것인가, 아니면 온갖 고생 때문에 어떤 적개심까지도 생긴 그녀의 마음은, 오히려 이 경우에는 우연적인 성격을 띠게 된 이 신의 섭리를 거의 모멸적인 것으로 생각하게 되지나 않을까 하는 생각을 하며 마음이 즐거웠던 것이다.

그대는 이 사건이, 우연하게 입 밖에 낸 소망이 이렇게 전적으로 우연하게 성취된 사실이야말로 그것이 삶의 현실성을 송두리째 부인하기 때문에, 인간을 실제로 절망으로 몰고 가게 되는 것이 아닐까 하는 생각을 해보았다고 나에게 말했다. 그러니 그대가 원한 것은 운명의 일부를 연출하는 것이었던 셈이다. 그대가 진정으로 즐긴 것은 그것이 자아내는 다양한 반성이었다. 운명이라는 말이 어떤 것보다도 가장 불안정하고 변덕스러운 개념인 이상, 그대가 운명의 소임의 일부를 연출한다는 것은 안성맞춤이라는 사실은 나도 기꺼이 인정한다. 그러나 나로서는 인생에 있어서 그다지 유명하지 않은 지위에도 만족하고 있다. 더구나 이 사건에서 그대는, 그대의 실험이 사람들에게 전혀 해를 끼치지 않았다는 것이 사실이라는 것을 어느 정도 볼 수 있는 예를 얻은 셈이다. 보아하니 그대는 마치 그대 편이 유리하다는 생각인 모양이다. 그대는 어떤 가난한 부인에게 5달러를 주었고, 그대는 그녀의 최고의 염원을 채워 주었다. 그런데도 그대는 그것이 그녀에게 준 효과는, 욥의 아내가 욥에게 권했듯이* 그녀가 신을 저주하게 되는 효과를 가져올 수도 있다는 사실을 인정하고 있다.

아마도 그대는 말할지 모른다. 그런 결과는 그대의 힘이 미치지 못하는 일이고, 만약 사람들이 그런 식으로 결과를 고려하게 된다면 사람들은 전혀 행동을 못하게 될 것이라고. 그러나 나는 대답할 것이다.

> "천만에, 행동할 수 있다. 내가 5달러를 갖고 있었다고 해도, 나 역시 아마 그것을 그녀에게 주었을 것이다. 그러나 나는 동시에 실험적으로 그런 행동을 하지는 않았다는 의식을 가졌을 것이다. 그 순간 나는 나 자신이 신의 섭리의 보잘것없는 도구라는 의식을 가졌을 것이고, 신의 섭리는 일체를 최선의 것으로 인도할 것이라는

* 욥기 2장 9절 참조.

의식을 갖고, 나 자신에 대한 양심의 가책을 하나도 느끼지 않았을 것이다."

그대의 생활이 얼마나 불확실하고 얼마나 유동적이라는 사실을, 그대는 다음과 같은 사실만을 생각해도 확신하게 될 것이다. 즉, 어느 날엔가 그 사건이 그대의 마음을 무겁게 짓누르게 되는 것이나 아닐까, 그대의 우울증적인 민감성과 교활성이 결과라는 원주圓周속에서 그대를 주문으로 묶어 놓아서, 거기로부터 빠져나오려고 그대가 헛되이 몸부림치지나 않을까, 또 그 가난한 부인을 다시 찾아내서 그 사건이 그녀에게 어떤 인상을 주었는지를, 그리고 "어떻게 하면 그녀에게 가장 좋은 영향을 끼칠 것인가"를 관찰하기 위하여, 그대는 천지가 진동할 소동을 벌이게 되지나 않을까 하는 사실에 관해서는 그대가 전혀 모르고 있다는 것이다. 왜냐하면 그대는 꼭 같은 상태에 머물러 있고, 결코 조금도 영리해지지 못하고 있기 때문이다.*

그대의 위대한 계획과 그대의 연구를 잊어버린다는 것은, 요컨대 어쩌면 옛날에 죽어버린 그 가난한 부인을 찾아보겠다는 생각에 비한다면 일체가 그대에게는 아무래도 좋은 것이 되리라는 것은, 그대의 정열적인 기질로 미루어 보면 그대에게는 있을 수 있는 일인지도 모른다. 그런 식으로 그대는 그대가 저지른 잘못을 보상하려고 하지만, 그렇게 되면 그대가 생애를 건 과제는 그 자체가, 그대가 단숨에 운명인 동시

---

* 키에르케고어는 『인생길의 여러 단계』의 「유죄냐 무죄냐」에서, 죄 때문에 야기될 수 있는 결과 속으로, 우울증적으로 한없이 빠져 들어가는 과정을 시적으로 묘사하고 있다.

에 우리의 구주가 되려고 할 정도로 매우 자기모순된 것이 된다. 그런데 이 과업이야말로 신 자신도 실현이 불가능한 과업인 것이다. 왜냐하면 신은 이 둘 중의 어느 하나이기 때문이다.

그대가 보여주는 열성은 매우 칭찬할 만한 것일 수도 있다. 그러나 그대는 그대에게 결핍된 것이, 그렇다, 그대에게 전적으로 결핍되어 있는 것이 신앙이라는 사실이 점점 더 분명히 보이지 않는가? 그대는 일체를 신의 손에 내맡김으로써 그대의 영혼을 구하는 대신, 이런 지름길을 택하는 대신 어쩌면 그대를 결코 목적지까지 데려다 주지 않을지도 모르는 한없는 우회로를 택한 것이다. 그런데 그대는 아마 다음과 같이 말할 것이다.

"글쎄요, 그런 식으로라면 아무것도 할 필요가 없겠지요."

그러면 나는 이렇게 대답할 것이다.

"천만에, 그대가 이 세계에서 그대만의 것인 장소를 갖고 있고, 또 거기에 그대의 모든 활동을 집중해야 한다는 것을 알고 있다면, 그대는 행동을 해야 한다. 그렇지만 그대처럼 행동한다는 것은 정상을 벗어난 것이다."

그러면 그대는 이렇게 말할 것이다.

"비록 내가 팔짱을 끼고 방관하며, 신에게 그녀를 돌보게 한다 해도, 아마 그것이 그 부인에게는 아무런 도움이 안 되었을 겁니다."

이에 대해 나는 이렇게 대답할 것이다.

"그럴 수도 있을 것이다. 그러나 그대에게는 도움이 될 것이다. 그리고 그 부인에게도, 그녀 역시 마찬가지로 신에게 의지한다면 도움이 될 것이다. 그리고 만약 실제로 그대가 여행용 장화를 신고 세상 속으로 나그넷길을 떠나서 그대의 시간과 힘을 낭비한다면, 그대는 다른 모든 그대의 행동을 저버리게 될 것이고, 어쩌면 결과적으로는 그 생각이 그대를 괴롭히게 될 것이라는 사실을 모르겠는가?"

그렇지만 내가 이미 말한 바대로, 바로 이런 변덕스러운 생활이야말로 성실성의 결여가 아닐까?* 확실히 이 경우에는 가난한 부인을 찾기 위해서 온 세상을 헤맴으로써, 그대는 비상한 유례를 볼 수 없는 성실성을 보여준 것 같이 보이기도 할 것이다. 왜냐하면 그대의 행동에는 약간의 이기적인 동기도 없었고, 그것은 사랑하는 남자가 사랑하는 여자의 뒤를 쫓아 나그넷길을 떠나는 것과는 달랐고, 그렇다, 그것은 순수한 동정이었으니까 말이다. 그러나 나는 대답하겠다.

* 이 말에는 신앙의 결여라는 말도 포함되어 있다는 사실을 앞으로도 유의하기 바란다.

"그것은 이기주의가 아니라는 그대의 주장은 정당하다. 그러나 그것이 그대의 몸에 밴 경솔한 반항정신이다."

그대는 신과 인간이 수립한 일체의 법을 멸시하고, 그것으로부터 그대 자신을 해방하기 위하여, 이번 경우에서 그대가 모르는 가난한 부인을 붙들려는 것처럼 우연적인 것을 붙들려고 한다. 또 그대의 동정만 해도 그렇다. 그것은 어쩌면 순수한 동정이었는지도 모른다. …… 그대의 실험을 위해서 말이다. 그대는 항상 세계 안에서의 그대의 생존은 결국 단지 우연적인 것만을 지향할 수가 없고, 또 그대가 그런 것을 주요한 일로 삼고 있는 순간에, 그대는 그대의 이웃들에게 신세를 지고 있다는 것을 깡그리 잊고 있다는 사실을 잊고 있다. 나는 그대가, 그대의 행실을 변명하기 위한 괴변적인 교활성과 죄를 가볍게 하기 위한 아이러니한 유연성이 풍부하다는 것을 잘 알고 있다. 그래서 그대는 다음과 같이 대답할 것이다.

"나는 내가 전체를 위하여 진력할 수 있는 인간이라고 생각할 정도로 우쭐해 있지는 않다. 그런 일이란 특출한 인간에게 맡기련다. 나는 어떤 개별적인 목적을 위하여 진력할 수만 있다면 그것으로 만족한다."

그러나 이 말은 엄청난 거짓말이다. 왜냐하면 그대는 전혀 일할 생각이 없이 실험할 생각만 하고, 일체를 그런 관점에서, 흔히는 무척 뻔뻔스럽게 고찰하고 있기 때문이다. 그리고 행동이라는 것은 항상 그대의 조소의 대상이다. 한번은 그대가, 우스꽝스러운 방식으로 임종을 맞이한 어떤 사내가 여러 날 동안이나 그대를 즐겁게 해주었다고 해서 다음과 같은 의견을 토로한 일이 있다.

> "다른 점에 관해서는 그 사내의 의의가 전혀 알려지지 않았고 아무 큰 의미도 없었지만, 이제야 그는 참으로 헛되이 살지 않았다는 사실을 사람들이 알게 되었다."

앞서도 언급한 대로 그대가 원하는 것은 우연이다. 잠깐만 기다려 주게. 나는 그대에게 설교를 할 생각은 없다. 그야 물론 세상에는 어떤 유의 진지성이라는 것이 있고, 그대도 늘 그것에는 매우 깊은 존경심을 표시하고 있다는 사실을 나는 알고 있다. 또 그것을 그대 속에 불러일으키거나, 그것을 표면에 끌어낼 수 있게 할 정도로 그대에게 신뢰받고 있는 사람이라면 누구나, 그대 속에서 전혀 다른 모습의 인간을 본다는 사실도 나는 알고 있다.

잠시나마 상상해 보기로 하자. 최고의 존재를 예로 들고, 잠시나마 상상해 보기로 하자. 만물의 전능하신 근원, 즉 하늘에 계신 하느님이 당신을 인간에게 수수께끼로만 제시하시고, 전 인류를 이런 무서운 불확실성 속에서 표류하게 하고 있다고 상상한다면, 과연 그대의 마음속 깊은 곳에 깃들어 있는 것이 그것에 대하여 반항하지 않겠으며, 그대는 단 한순간일망정 그런 고뇌를 참을 수 있을 것이며, 또 한순간일망정 그대의 정신으로 하여금 이런 무서운 것을 붙들고 있게 할 수가 있을까? 그렇지만 하느님은, 이런 말을 감히 해도 좋을지 모르겠지만, "인간이 나와 무슨 상관이 있단 말인가?"하는 도도한 표현을 사용해도 무방할 것이다. 그렇다고 해서 이런 말은 진실이 아니다. 그러므로 내가 하느님은 헤아릴 수 없다고 말할 때는 나의 영혼은 최고의 경지에까지 제고되어 있는 것이고, 바로 최고의 축복의 순간에 있어서만 나는 이런 단언을 할 수가 있다. 당신께서는 당신의 사랑이 헤아릴 수 없기 때문에 헤아릴 수 없는 존재이시며, 당신의 사랑이 모든 오성悟性을 초월하고 있기 때문에 헤아릴 수 없는 존재이신 것이다.

헤아릴 수 없다는 이 말이 하느님께 적용될 때에는 그것이 최고의 것을 의미하지만, 그것을 인간에 적용시켜서 말하도록 강요할 때는 그것은 허물을 의미하고, 때로는 죄를 의미한다. 그리스도는 하느님과 같아지기 위하여 그것을 강탈했다고 생각할 것이 아니라, 하느님께서 몸소 겸손하게 자신을 낮추신 것이다. 그런데 그대는 그대에게 주어진 정신적인 천품을 약탈한 것으로 생각하고 있다.

그러나 반성해 보라. 그대의 생애는 지나가고 있고, 어느 날에는 그대에게도 그대의 생애가 막을 내리고, 다시는 더 생애를 연장시킬 수 있는 방편이 없고, 오로지 회상만이 홀로 남을, 그러면서도 그대가 사랑하는 시詩와 진실의 혼합인 그런 의미에서의 회상이 아니라, 진지하고도 충실한 양심의 회상만이 남을 그런 때가 올 것이다. 그러니 회상이 그대 앞에서 목록을, 본래의 의미의 범죄의 목록은 아니지만 이미 낭비해 버린 가능성의, 그대로서는 쫓아 버릴 수 없는 환영幻影의 목록을 펼쳐 보이지 않도록 조심하라. 그대는 아직도 젊고, 그대가 지니고 있는 지적인 유연성은 청춘에게는 매우 어울리는 것이고, 잠시 동안이라면 눈을 즐겁게 해준다. 우리는 어릿광대의 팔다리가 하도 유연하여 인간의 행동거지를 유지하기 위한 모든 필연성이 거기에 집중되어 있는 것을 보고 감탄한다. 정신적인 의미에서 그대가 바로 그렇다. 그대는 발로 설 수 있는 만큼 머리로도 잘 설 수가 있다. 그대에게는 모든 일이 가능하고, 그 가능성으로써 그대는 남들과 그대 자신을 놀라게 할 수 있다. 그러나 그것은 건전한 것이 못 된다. 그래서 그대 자신의 평안을 위하여, 나는 그대의 장점으로 되어 있는 것이 그대의 화근으로 끝나지 않도록 조심하라고 그대에게 부탁한다. 확신을 갖고 있는 사람은 기분 내키는 대로 자기 자신과 모든 것을 거꾸로 뒤집을 수는 없다. 그러므로 나는 그대에게는 세상에 대해서가 아니라 그대 자신에 대하여 경계하라고, 그리고 세상에 대해서도 그대를 경계하라고 말한다.

이것만은 확실하다. 즉, 만약 나에게 그대 때문에 영향을 받을 수도 있는 나이 찬 딸이 있다면, 나는 그녀에게 그대를 경계하라고 엄숙히 경고할 것이고, 특히 그녀가 지적인 천부의 재능을 갖고 있다면 더욱 그럴 것이다. 비록 유연성에 있어서는 그렇지도 못하지만, 적어도 강인함과 균형이 잡혀있다는 점에서는 그대와 필적할 수 있다고 생각하고 있는 내가, 또 비록 변화무쌍한 점과 화려하다는 점에 있어서는 그렇지도 못하지만 적어도 견실하다는 점에 있어서는 그대와 필적할 수 있다고 생각하는 내가, 이런 나까지도 그대가 나를 감염시킨다고 어느 정도 불만을 느낄 때, 나까지도 그대의 화려한 웃음과 일체를 조롱하는 넘치는 유머의 기지 때문에 넋을 잃게 될 때, 그대가 살고 있는 심미적이고 지적인 도취 속으로 나까지도 끌려가게 될 때, 과연 나에게 그대를 경계하라고 말할 그럴 만한 근거가 없다고 할 수 있을까?

그러므로 나는 그대에 관해서는 무척 불만을 느낀다. 그래서 나는 때로는 지나치게 엄하고, 때로는 지나치게 관대하다. 이것은 결코 이상한 일이 아니다. 왜냐하면 그대는 모든 가능성의 본보기고, 그래서 때로는 나는 그대에게서 파멸의 가능성을 보고, 때로는 그대에게서 구원의 가능성을 볼 수 있기 때문이다. 그대는 모든 기분과 사상을, 선한 것이건 나쁜 것이건, 또 즐거운 것이건 슬픈 것이건 간에 그것이 지닌 극한까지 추구한다. 그러나 그대는 그런 추구를 함에 있어서 구체적이라기보다는 추상적이고, 또 그 추구 자체가 기분 이상의 것이 못 되어서, 거기서는 지식 이외의 아무것도 나오는 것이 없으므로, 다음번에 그대가 동일한 기분 속에 젖어드는 것 자체가 전보다 어려워질 것인지 쉬워질 것인지조차 분간하기가 힘들 정도다. (왜냐하면 그대는 항상 기분이 될 가능성을 간직하고 있기 때문이다.)

그러므로 사람들은 거의 일체에 대하여 그대를 비난하거나 아니면 전혀 비난을 하지 않는다. 왜냐하면 그것은 그대의 책임이기도 하고, 또 전혀 그대의 책임이 아니기도 하기 때문이다. 그대는 사정 여하에 따라서 그대가 그런 기분을 갖고 있다는 사실을 인정하기도 하고 인정하지 않기도 한다. 그러나 그대는 어떤 결과를 가져오든 상관하지 않는다. 그대가 관심을 갖는 것은 기분을 완전하게 그리고 비참할 정도로 진실되게 갖고 있는 것뿐이다.

그러나 내가 취급하고자 하는 것은 결혼의 심미적인 타당성이다. 이런 일은 누구나가 기꺼이 인정하는 불필요한 연구로 보일지도 모른다. 왜냐하면 그런 일은 이미 여러 번 지적되었기 때문이다. 이미 여러 세기에 걸쳐서 기사騎士들과 모험가들이 끝내는 행복한 결혼의 평온한 생활에 닻을 내리기 위하여 믿기 어려울 정도의 고통과 고난을 참아온 것이 아닐까? 이미 여러 세기에 걸쳐서 소설가들과 소설을 읽는 사람들이 행복한 결혼으로 끝내기 위해서 계속 쓰고 읽어온 것이 아닐까? 또 제 5막에서 행복한 결혼의 낌새가 보이기만 하여도, 세대에서 세대에 걸쳐서, 앞선 네 개의 막에서 벌어지는 고통과 갈등을 참아오지 않았던가? 그러나 이런 엄청난 노력에도 불구하고 결혼의 영광은 눈곱 만큼밖에 성취되지 않았다. 그래서 나는 그런 작품을 읽고 과연 어떤 사람이 스스로 자기에게 부과된 과업을 수행할 수 있게 되었는지, 혹은 인생을 살아가는 데 있어서 방향을 잡았다고 느꼈는지에 관해서는 매우 의심스럽게 생각한다. 왜냐하면 이런 작품이 지닌 유해하고 불건전한 특징은, 그것들이 본래 시작해야만 하는 곳에서 끝맺고 있다는 점에 있기 때문이다.

작품들은 대개 사랑하는 사람들은 많은 우여곡절을 겪고 난 후에 이윽고 서로가 서로의 품에 안긴다. 막이 내리고 책도 끝난다. 그러나 독자는 한 사람도 현명해지지 않는다. 왜냐하면 실은(사랑의 최초의 불길이 현존하고 있다고 가정한다면), 유일한 선이라고 간주하고 있는 선을 소유하기 위해서 전력을 다하여 싸우기에 필요한 용기와 슬기를 갖기에는 그리 대단한 기술을 요하지 않기 때문이다. 그러나 이와는 반대로 어떤 소원이 성취되고 나서 흔히 뒤따르기 마련인 권태를 극복하기 위해서는 분별과 지혜와 인내가 필요하다. 사랑의 최초의 불이 타오르기 시작할 무렵에는 사랑하는 상대를 소유하는 데 요구되는 어려움은 얼마든지 참을 수 있다고 생각하고, 위험이 현존하고 있지 않을 경우에는, 극복하기 위해서라도 일부러 위험을 조작까지 하는 것은 자연스러운 일이다. 이런 유의 연극에 있어서는 모든 주의력이 이 점에 쏠리기 때문에, 위험이 극복되자마자 연극에서 도구를 담당하는 사람은 곧 막을 내려버리고 만다. 그러므로 오페라나 발레가 이런저런 연극적인 허풍이나 화려한 행렬이나 발레를 하는 사람의 그럴 듯한 몸짓과 눈부신 시선이나 반지의 교환 등을 보여줄 계기를 제공할 수 있는 경우를 제외하고는 무대에서 결혼하는 장면을 보거나 결혼하는 대사를 듣기가 극히 어렵다.

이와 같은 전체 전개에서 진실된 점, 즉 참으로 심미적인 요소는, 사랑이 하나의 노력으로서 제시되고 있다는 사실과, 이 감정이 반대를 무릅쓰고 싸우는 것으로 보고 있다는 점이다. 그러나 여기에 깃들인 과오는 이런 싸움, 즉 이런 변증법이 전적으로 외면적이라는 사실과, 사랑이 싸우러 들어갈 때와 마찬가지로 지극히 추상적으로 이 싸움에서 빠져나온다는 사실에 있다. 일단 사랑의 고유한 변증법에 대한 이해와, 사랑의 병리학적인 싸움과, 사랑의 윤리적인 것과 종교적인 것과의 관계에 대한 이해에 눈뜨기 시작하면, 사람들은 사랑에게 대활약을 시키기 위해 완고한 아버지들이나 처녀들만이 사는 암자나 마법에 걸린 공주들이나 요괴나 괴물들을 만들 필요가 없다. 우리들의 시대에 있어서는 그렇게 잔인한 아버지들이나 그렇게 무서운 괴물들을 거의 만나는 일이 없다. 그래서 현대문학이 고대문학을 모방하는 경우에는, 돈이야말로 본질적으로 사랑이 뚫고 나가야 하는 반대 매개媒介가 되고 말았다. 그래서 사람들은 제5막에서 돈 많은 백부가 죽을 것이라는 그럴 듯한 전망만 보이면, 앞선 네 막을 꾹 참고 앉아서 끝까지 연극을 구경한다.

그러나 요즘에는 그런 작품도 구경하기가 매우 힘들어졌다. 일반적으로 말해서 현대문학은 원래가 낭만파에 속하는 소설가들이 주제로 삼고 있었던 추상화된 직접적인 사랑을 희화戱化하느라고 정신이 없다. 예컨대 스크리브의 극작활동劇作活動을 살펴보아도, 그의 주요한 테마의 하나가 사랑은 곧 환상이라는 주제라는 것을 알 수 있다. 그러나 나로서는 이 사실만을 지적하면 족하다고 생각한다. 왜냐하면 그대는 스크리브와 그의 주장에 지나치게 동정적이기 때문이다. 나로서는, 비록 그대 자신은 기사적騎士的인 사랑을 주장하고 있지만, 그대가 전 세계를 상대로 하고서라도 스크리브의 주장을 옹호하리라고 굳게 믿어 의심치 않는다. 왜냐하면 그대는 감수성이 결핍된 인간과는 거리가 먼 사람이므로, 감수성이란 문제에 관한 한, 그대는 내가 알고 있는 사람 중에서는 가장 시샘이 많은 사람이기 때문이다.

언젠가 그대는, 그대가 거의 자포자기한 열광으로 쓴 스크리브의 희곡 「첫사랑」에 관한 간략한 비평을 나에게 보내 준 것을 나는 기억하고 있다. 거기서 그대는, 그것이 스크리브가 쓴 것 중에 가장 우수한 것이며, 만약 그것이 정당하게 평가되기만 한다면 그 희곡만으로도 그를 불멸의 존재로 만들기에 족하다고 주장하였다.

나는 나의 판단에 의하면, 스크리브가 낭만적인 사랑과 대치하고 있는 사랑이 부당한 것이라는 것을 다시금 보여주고 있는 그의 다른 희곡을 예시하고 싶다. 그 희곡의 제목은 「영원히」다. 여기서 그는 '첫사랑' 이라는 것을 조롱하고 있다. 점잖은 사교계의 부인이기도 한 약삭빠른 어머니의 도움을 받아 첫사랑과는 다른 새로운 사랑이 성립되고, 그 어머니는 그것이 지속될 만하다고 믿는다. 그러나 작가가 여기서 멋대로 사건의 종지부를 찍은 사실에 만족할 수 없는 관객들은, 역시 꼭 마찬가지로 제3의 사랑이 뒤따르리라는 것을 잘 알고 있다. 전반적으로 말해서, 현대문학이 무척 탐욕스럽다는 것은 놀라운 일이다. 이미 오랜 세월동안 현대문학은 사랑만으로 생계를 꾸려가고 있다.

우리 시대는 그야말로 생생하게 그리스의 도시국가가 붕괴해가는 과정을 상기시켜 준다. 일체의 것들이 여전히 존속하고 있지만, 그것을 믿고 있는 사람은 이미 아무도 없다. 우리 시대에다 타당성을 부여해 주는 눈에 보이지 않는 정신적인 유대는 이미 존재하지 않는다. 그래서 시대 전체가, 곧 희극적이고 또 동시에 비극적이다. 비극적이라고 하는 것은 시대가 썩어가고 있기 때문이고, 희극적이라고 하는 것은 시대가 그래도 그냥 지속되고 있기 때문이다. 왜냐하면 썩을 것을 지탱하고 있는 것은 언제나 썩지 않는 것이고, 육체적인 것을 지탱하고 있는 것은 정신적인 것이기 때문이다. 그리고 죽은 육체가 잠시 동안이나마 평상시의 기능을 다할 수 있다고 생각한다면, 이것 역시 같은 식으로 희극적이고 비극적일 것이다. 그러나 우리의 시대가 낭비를 거듭하면 그렇게 하라고 내버려 둘 수밖에 별 도리가 없다. 이 시대가 낭만적인 사랑 속에 깃들인 실체적인 가치를 잠식하는 일에 몰두하면 할수록 언젠가는, 즉 잠식 끝에 오는 사랑의 전멸이 더는 즐거움을 주지 않을 때는, 자신이 잃은 것이 무엇인가를 깨닫게 되어 당황한 나머지 절망적으로 자신의 불행을 느끼게 될 것이다.

이제 우리는 낭만적인 사랑을 근절시켜 버린 시대가 그것에 대치할 보다 나은 것을 제공하는 일이 성공했는지의 여부를 살펴보기로 하자. 그러나 나는 우선 낭만적인 사랑의 특징을 들어보기로 하겠다. 한마디로 말해서 낭만적인 사랑은 직접적이라고 말할 수 있다. 즉, 여자를 보는 것은 곧 여자를 사랑하는 것이었다. 혹은 여자가, 감금되어 있는 방의 닫힌 창문 틈으로 단 한 번 남자를 보았다고 해도, 그럼에도 불구하고 그 여자는 그 순간부터 그 남자를, 세상에서 유일하게 그 남자를 사랑하였던 것이다.

여느 때 같으면 여기서 나는 협정에 따라서, 내가 하는 말을 건전하고도 유익하게 받아들이기에 필요불가결한 담즙膽汁의 분비를 촉진시켜 주기 위해서, 그대가 약간의 논쟁을 걸어올 기회를 그대에게 허용해야만 하는 것인지도 모르겠다. 그러나 그런데도 나는 그런 결심이 내키지 않는다. 두 가지 이유 때문이다. 하나는, 이것이 우리 시대에 있어서는 이미 시대에 뒤떨어진 테마이기 때문이다(솔직히 말해서 다른 경우에는 그대가 언제나 시대 조류에 반항하면서도, 이 점에 관해서만은 언제나 순응하고 있다는 사실이 나로서는 납득이 가질 않는다). 또 다른 하나는, 나는 낭만적인 사랑에 깃들인 진리에 대한 모종의 신앙과, 그것에 대한 일종의 존경심과 그것에 따르는 일종의 서글픔을 갖고 있는 것이 사실이기 때문이다.

그러므로 나는 이 분야에 있어서의 논쟁적인 테마, 즉 그대가 쓴 "감상적이고 헤아릴 수 없는 동정 혹은 두 개의 마음의 「예정조화豫定調和」" 에만 국한하여 언급하려고 한다. 우리가 여기서 문제로 삼고 있는 것은, 괴테가 그의 『친화력親和力』이라는 책에서 온갖 기교를 다하여, 정신의 세계 속에서도 예증할 수 있다는 것을 제시하기 위하여, 그가 처음으로 우리들에게 자연의 상징적인 언어로 예언해 준 바로 그 현상이다. 물론 괴테는 친화력이라는 서로 끌어당기는 이 힘을 순간의 연속을 통하여 그것을 연장시킴으로써 설명하는 데만 노력을 기울였을 뿐이고 (아마도 정신의 삶과 자연의 삶 사이에 있는 차이를 밝혀 주기 위해서 그랬을 것이다), 서로가 서로에게 소속되어야 할 것들이 서로 상대방을 찾는 속도와 사랑의 초조와 확신은 강조하지 않았다. 그러나 결국 두 존재가 서로 애타게 생각하고 있다고 상상하는 것은 아름다운 일이 아닐까? 실상 사람들은 흔히 역사의식을 초월하여 뻗어나가려는 욕구를, 그리고 우리들의 배후에 놓여 있는 원시림에 대한 그리움과 향수를 느끼고 있다. 이런 원시림의 영역에 고향을 갖고 있는 다른 존재의 개념과 이 그리움이 결합될 때, 이 그리움은 이중의 의미를 갖게 되는 것이 아닐까?

그러므로 모든 결혼은, 심지어는 냉정한 배려 끝에 결합된 결혼까지도, 적어도 개개의 어떤 순간에 있어서는 이런 전경을 그려보고 싶은 욕구를 느낀다. 그리고 영靈이신 하느님께서도 지상의 것에 속하는 사랑을 사랑하신다고 하는 이 사실이야말로 얼마나 아름다운 일인가! 물론 결혼을 한 사람들 사이에서는 이 분야에 있어서 허다한 거짓말을 주고받고 있다는 사실을 나는 서슴없이 그대에게 승인한다. 또 이 분야에 있어서의 그대의 관찰이 나를 즐겁게 하여 주었다는 사실도 인정한다. 그러나 우리는 그 속에 진실이 있다는 사실을 절대 잊어서는 안 된다. 아마도 몇몇 사람은 '자신의 생애의 반려'를 선택함에 있어서는 완전한 결정권을 갖는 것이 더욱 바람직하다고 생각할 수도 있을 것이다. 그러나 그런 의견은 엄청난 편협심과 어리석은 자부심을 폭로하고 있고, 낭만적인 사랑의 천부적인 성질은 곧 자유이고, 이 사랑이 지닌 위대성은 바로 이 성질 속에 있다는 사실을 전혀 모르고 하는 소리다.

낭만적인 사랑은, 그것이 자연적인 필연성을 뒤따르고 있다는 사실로 미루어 보아도 직접적인 것이라는 것을 알 수 있다. 낭만적인 사랑은 아름다움에 터전을 두고 있다. 즉, 부분적으로는 감성적인 아름다움에, 또 부분적으로는 감성을 통하여 감성과 함께 감성 속에서 얻어지는 아름다움에 터전을 두고 있다. 그러나 심사숙고 끝에 얻어지는 그런 것이 아니라, 낭만적인 사랑 자체가 항상 자기표현을 할 수 있는 지점에서 감성적인 모습으로 바깥을 내다보고 있는 그런 순간에 얻어지는 것이다. 낭만적인 사랑이 본질적으로는 감성에 터전을 두고 있음에도 불구하고, 그럼에도 불구하고 이 사랑은 그것이 영원이라는 의식을 구현하고 있기 때문에 고귀하다. 왜냐하면 모든 사랑을 육욕과 구별해 주는 것은, 사랑이 영원이라는 각인을 지니고 있기 때문이다. 애인들끼리는 자신들의 관계가 결코 변할 수 없는 그 자체로서 완성된 하나의 전체라고 진정으로 확신하고 있다.

그러나 이런 확신은 자연적인 규정에 근거를 두고 있을 뿐이므로, 따라서 그 속에 깃든 영원한 것도 시간에 근거를 두고 있게 마련이고, 그렇게 되면 영원적인 것은 그 자체가 말살된다. 또 이 확신은 시련을 거치지 않았고, 또 보다 높은 증거도 찾아볼 수 없기 때문에, 그 자체는 환상이라는 것이 판명된다. 그리고 이런 이유 때문에 이런 확신을 웃음거리로 만들기란 매우 쉽다. 그러나 함부로 그런 것을 웃음거리로 만들어서는 안 된다. 오늘날 희극에서 사랑이 환상이라고 알고 있는, 경험이 풍부하고 교활하고 버릇없는 여자를 보면 정이 떨어진다. 나는 그런 여자만큼 지겨운 존재를 모른다. 어떤 방탕도 그렇게까지 지긋지긋한 것은 없다. 사랑스러운 젊은 처녀가 그런 여자의 수중에서 농락당하고 있는 것을 보면 화가 치민다. 그런 일은, 처녀가 유혹자의 클럽의 수중에 들어 있다고 상상하는 것보다도 더 무서운 일이다. 인생의 사실상의 모든 가치를 에누리하는 법을 배운 남자를 보면 서글퍼지지만, 이런 그릇된 길에 들어선 여자를 보면 소름이 끼친다.

그러나 앞서도 내가 언급한 바와 같이, 낭만적인 사랑은 그 속에 영원이라는 것이 깃들어 있다는 추측 때문에 도덕과 유사한 점이 있고, 이것이 그 사랑을 고귀하게 만들어 주고, 단순한 감성으로 타락하는 것을 구해 준다. 왜냐하면 감성적인 것은 찰나적인 것이기 때문이다. 감성적인 것은 순간적인 만족을 찾고, 그것이 순화되면 될수록, 그것은 더욱더 순간적인 향락을 하나의 작은 영원으로 만든다. 그러므로 진정한 도덕에 있어서와 마찬가지로 사랑에 있어서도 진정한 영원이야말로 사랑을 제일 먼저 감성적인 것으로부터 구해낸다. 그러나 이 진정한 영원을 낳기 위해서는 의지의 결정을 필요로 한다. 그러나 이것에 관해서는 후에 더 자세히 논하련다.

우리 시대는 낭만적인 사랑의 약점들을 매우 잘 알고 있다. 이 사랑에 대한 우리 시대의 조소적인 논란은 때로 매우 재미나는 것들도 있었다. 우리는 이제부터 그런 논란이 사랑의 결점을 시정하였는지의 여부와, 그 자리에 어떤 것을 대치해 놓았는지를 살펴보기로 하자. 우리는 이 논란이 두 길을 걷고 있다고 말할 수 있을 것이다. 그중의 하나는 얼핏 보아서도 잘못된 길, 즉 비도덕적인 길이라는 것을 알 수 있다. 다른 하나는 전자의 길보다는 훌륭한 것이지만, 내 생각으로는 사랑에 깃들인 보다 깊은 가치를 간과하고 있다. 왜냐하면 만약 사랑이 사실상 감성적인 것에 근거를 두고 있다면 그것 속에 깃든 이 직접적인 기사적인 성실성이 어리석은 것이라는 사실을 누구나가 쉽게 알 수 있기 때문이다. 그렇다면 여성들이 해방을 원한다고 해도 이상할 것이 없다. 이런 일은 우리 시대가 지닌 많은 추악한 현상 중의 하나이지만, 그것은 남성들에게 책임이 있다. 사랑 속에 깃든 영원한 요소는 조소의 대상이 되고, 시간적인 요소만이 홀로 남았지만, 이 시간적인 것은 다시금 감성적인 영원 속에서, 즉 포옹의 영원한 순간 속에서 정제精製된다.

내가 여기서 말하는 것은 맹수처럼 먹이를 찾아서 세상을 두루 쏘다니는, 도처에서 발견되는 유혹자에게만 해당되는 것이 아니다. 천만에, 그것은 매우 풍부한 천분을 갖추고 있는 허다한 무리들에게도 해당이 된다. 사랑은 천국이고 결혼은 지옥이라고 선언한 사람은 비단 바이런뿐만이 아니다.* 이 말에는 낭만적인 사랑이 갖고 있지 못한 것, 즉 어떤 반성적인 것이 있음을 분명히 알 수 있다. 왜냐하면 낭만적인 사랑은

* 바이런의 시 「엘리자」에 나오는 말.

결혼까지도 기꺼이 받아들이고, 교회의 축복까지도, 비록 의식 그 자체가 결혼에다 어떤 실질적인 의의를 부여해 주는 것은 아니지만, 의식에다 하나의 아름다운 장식물을 첨가해 주는 것으로 간주하고 기꺼이 받아들인다. 여기서 문제되고 있는 사랑은 그것이 지닌 반성에 대한 성벽 때문에 오성悟性의 무서운 확신과 완고성을 가지고, 불행한 사랑의 새로운 정의定義를 내린 것이다. 즉, 그 사랑이란, 이미 사랑을 하고 있지 않을 때 사랑을 받는 것, 다시 말해서 보답을 바라지 않는 사랑의 반대라고 한 정의이다. 사실상 이런 사랑의 경향이 이 몇 마디 말 속에 얼마나 깊은 의미를 내포하고 있는지를 알게 되면, 그 사랑 자체도 찔끔할 것이다. 왜냐하면 이 몇 마디의 정의는 온갖 경험과 분별과 슬기와는 상관없이, 양심이라는 것이 실재하고 있다는 예감 역시 내포하고 있다는 것을 드러내고 있기 때문이다. 그러니 순간이 역시 주요한 것으로 남을 수밖에 없다.

우리는 흔히 이런 사랑을 하는 애인이 단 한 번밖에 사랑할 수 없었던 불행한 처녀에게, "나는 많은 것을 요구하지 않소. 나는 적은 것으로 만족하오. 만약 그대가 내가 원할 때에 단 한순간이라도 나를 사랑해 준다면, 나는 그대에게 나를 영원히 사랑해 달라고는 절대로 요구하지 않겠소"하는 따위의 후안무치한 말을 듣는다. 이런 유의 애인들은 감성적인 것이 덧없는 것이라는 것을 잘 알고 있다. 그들은 가장 아름다운 순간이 어떤 것이라는 것도 잘 알고 있고, 그것으로 만족한다.

이런 경향은 물론 절대적으로 비도덕적이다. 그러나 사상이 더듬어 가야 하는 길이라는 관점에서 본다면, 이런 경향은 그것이 결혼에 대한 공식적인 항의를 허다히 지니고 있기 때문에, 우리를 우리의 목적으로 한층 더 가까이 이끌어 간다. 이런 경향이 보다 단정한 외모를 갖추려고 애쓰는 한, 그것은 개개의 고립된 순간만으로는 만족하지 않고, 이런 순간을 보다 긴 시간으로 늘인다. 그러나 이런 경향은 영원한 것을 자신의 의식 속에 받아들이지 않고, 시간적인 것을 받아들이는 식으로, 혹은 시간이 경과함에 따라서 변할 것이라고 가정하고, 시간적인 것과 영원한 것 사이의 대립으로 말려들어가는 식으로 늘린다. 이 경향은 얼마동안은 두 사람의 공동생활도 충분히 견딜 수가 있다고 생각하지만, 만약 보다 행복한 선택이 주어진다면, 자유롭게 선택할 수 있도록 빠져나갈 길을 열어 두고자 한다. 이 경향은 결혼을 하나의 시민적인 제도로 축소시킨다. 즉, 이 결혼은 끝났고 다른 결혼이 계약되었습니다 하는 식으로, 마치 이전신고移轉申告를 하듯이, 관할 관청에 신고만 하면 된다고 생각한다. 이런 일이 과연 국가에 유익한지의 여부에 관해서는, 나는 결정을 않고 밀어 두련다. 왜냐하면 당사자에 속하는 개인에게는 이것이 참으로 묘한 관계일 수밖에 없는 일이기 때문이다.

그러므로 사람들은 그런 것이 실현되는 것은 볼 수가 없을 것이지만, 시대는 계속하여 그런 일을 갖고 우리를 위협하고 있다. 그런 일을 실행에 옮기려면 엄청나게 뻔뻔스러워야 할 것이다 – 나는 이런 말이 지나치게 가혹하다고는 생각지 않는다 – 마찬가지로 이런 결합에 말려든 여자 쪽도 타락 일보 직전의 경박성을 보이게 될 것이다. 그러나 이와 비슷한 생각을 갖게 되기가 일쑤인 전혀 별개의 정신적인 소질도 있다. 이것이 우리 시대의 특징을 잘 나타내 주고 있기 때문에, 나는 여기서 각별히 이 소질에 관해서 많은 시간을 할애하려고 한다. 왜냐하면 실상 이런 계획은 '이기적인 우수憂愁'가 아니면 '동정적인 우수'에서 생겨나는 것일 것이기 때문이다. 이 시대의 경박성에 관해서는 이미 논의되어온 지 오래다. 나는 지금이야말로 이 시대의 우수에 관해서 약간이나마 언급해야 할 알맞은 때라고 믿고 있다. 나는 그렇게 함으로써 일체가 더 잘 해명되리라고 기대한다.

혹시나 우수가 우리 시대의 결점이 아니란 말인가? 우수는 이 시대의 경박한 웃음 속에서마저도 울려오고 있지 않다는 말인가? 우리들로부터 명령하는 용기와 복종하는 용기와 행동하는 힘과 희망하는 데 필요한 신뢰를 박탈한 것이 우수가 아니란 말인가? 지금은 유능한 철학자들이 현실적인 것을 강조하느라고 여념이 없지만, 우리가 이런 현실적인 것들을 꽉 쑤셔 넣다가 보면, 결국 그것 때문에 질식하고 마는 것이 아닐까? 눈앞에 있는 것 외에는 일체가 절단되어 내버려졌다. 그러니 그것을 잃어버리지나 않을까 싶어서 전전긍긍하다가 결국 그것을 잃어버린다고 해도 이상할 것이 없다. 암, 우리는 덧없는 희망 속에서 꺼져버릴 필요가 없다는 것도, 또 그런 식으로 구름 속에서 변모해 보겠다고 해서도 안 된다는 것도 진실이지만, 참으로 향락을 하기 위해서는 우리는 공기가 필요하고, 열려진 하늘을 갖는다는 것은 슬픔의 순간에만 필요한 것이 아니라 기쁨의 시간에도 자유로운 시야를 갖는 것과, 창문을 활짝 열어놓는 것이 중요하다. 물론 향락은 앞서 말한 그런 경고적인 제한 때문에 현실적인 매력을 분명히 어느 정도 상실하는 것도 사실이다. 그러나 그런 일 때문에 많은 손실을 본다고는 할 수 없을 것이다. 왜냐하면 향락의 매력이란, 저 스트라스부르의 거위가 그들의 생명을 대가로 즐기고 있는 짙은 향락과 상당한 공통점을 갖고 있기 때문이다. 이런 사실을 그대에게 납득시키기란 무척 어려울 것이다. 그러나 반면에 사람들이 다른 방법으로 얻는 향락의 매력의 의의를 그대에게 설명할 필요는 없다고 생각한다. 왜냐하면 이런 면에서는 그대야말로, 신들로부터 미와 부와 향락의 힘을 물려받은cui di dederunt formam, divitias artemque fruendi* 거장이기 때문이다.

만약 향락이 인생의 중요사라고 한다면, 나는 그대의 발아래 엎드려 그대의 제자가 될 것이다. 왜냐하면 그 방면에서는 그대야말로 대가이기 때문이다. 그대는 어떤 순간에는 회상이라는 깔때기를 통하여 그대가 체험한 것을 천천히 들이마시기 위하여 그대 자신을 노인으로 만들 수가 있고, 다른 순간에는 희망에 불타는 최초의 청춘시대에 머무를 수가 있다. 그대는 때로는 남성답게, 때로는 여성처럼 향락하고, 때로는 직접적으로 향락하고, 때로는 자신의 향락을 반성하는 것을 향락하고, 때로는 다른 사람들의 반성을 향락하고, 때로는 향락의 절제를 향락한다. 그대는 때로는 향락에 몰두하여 그대의 마음을 점령된 도시처럼 활짝 열어 놓고, 반성은 침묵을 지키고, 이방인들이 걸어가는 발자국 소리가 텅 빈 거리에서 메아리치지만, 거기에는 작은 감시초소가 언제나 남아있다. 또 때로는 그대는 그대의 마음을 닫는다. 그리고는 아무도 근접할 수 없게끔 완고하게 그대 주위에 성벽을 쌓는다. 이상이 그대를

* 호라티우스의 『서간집』 1의 4와 6 참조.

에워싸고 있는 상황이다. 동시에 그대는 그대의 향락이 얼마나 이기적인가, 또 그대가 그대 자신을 결코 내맡기지 않고, 결코 남들이 그대를 향락하는 것을 허락하지 않고 있는 사실을 알 것이다.

그런 의미에서 그대가, 온갖 향락으로 자신을 소모하고 낭비하는 사람들, 예컨대 사랑에 실패하여 상심하고 있는 사람들을 조소하는 것도 당연하다. 왜냐하면 그와는 반대로, 그대는 그대의 사랑이 그대 자신의 개성을 부각시킬 수 있는 방법으로 사랑할 수 있는 기술을 멋지게 터득하고 있기 때문이다. 뿐더러 그대는 가장 농도가 짙은 향락이란, 그것이 다음 순간에는 사라져 버릴 것이라는 의식을 갖고 향락을 마음껏 누릴 때 성립된다는 사실을 잘 알고 있다. 그래서 「돈 조반니」의 마지막 장면이 그대를 그렇게도 즐겁게 해주는 것이다. 경찰이 뒤쫓고, 온 세상이 뒤쫓고, 죽은 자와 산 자가 뒤쫓고, 그래서 홀로 동떨어진 방에 죽치고 앉아서, 그는 다시 한 번 자신의 영혼의 온갖 힘을 경주하여 다시 한 번 축배를 높이 들고, 다시 한 번 그의 영혼은 음악의 가락을 즐기는 것이다.

그러나 나는 여기서 내가 앞서 제시한 주장, 즉 부분적으로는 이기적이고 또 부분적으로는 공감적이기도 한 우수가 그런 관점을 제기할 것이라는 주장으로 되돌아가련다. 이기적인 우수는 물론 자기 자신을 위해서 두려워하고, 또 모든 우수와 마찬가지로 제멋대로 놀아난다. 이 우수는 전 생애에 걸쳐서 결합해서 살아야 한다는 생각에 대하여 어떤 극단적인 두려움을, 남모르는 공포를 갖고 있다.

"과연 우리는 무엇을 의지할 수 있는가? 일체가 변천한다. 현재 내가 숭상하고 있는 대상도 어쩌면 변할지 모른다. 어쩌면 운명은 내가 꿈꾸고 있는 이상에 비로소 꼭 어울리는 다른 존재를 나와 결합시켜 줄지도 모른다."

이기적인 우수는 다른 모든 우수와 마찬가지로 반항적이고, 그런 사실을 자신이 의식하고 있고, 또 다음과 같이 생각하고 있다.

"어쩌면 내가 나 자신을 풀 수 없는 끈으로 어떤 사람과 묶어버린다는 바로 그 사실이, 이렇지 않았던들 내가 진심으로 사랑하였을 사람을 내가 견딜 수 없는 존재로 만들지도 모른다. 또 어쩌면, 그렇지 또 어쩌면……."

공감적인 우수는 보다 고통스러우나 동시에 약간은 더 고귀하다. 이 우수는 남을 위해서 두려워한다.

"자기만은 변하지 않을 것이라는 것을 확실히 알고 있는 사람이 어디에 있겠는가? 어쩌면 현재 내가 내 속에 지니고 있다고 생각하는 선한 것도 사라져 버릴지 모른다. 어쩌면 내가 지금 애인을 매혹시키고 있는 것, 그리고 오로지 그녀만을 위하여 내가 간직하고 있는 것, 그것마저도 나는 박탈당할지 모른다. 그렇게 되면 그녀는 환멸을 느끼고 기만당했다고 생각하고 숙연해질 것이다. 어째면 그녀에게는 눈부신 미래가 열릴지도 모르고, 그녀는 유혹될 지도 모르고, 그녀는 유혹에 대항할 수 없을지도 모른다. 아아, 맙소사 ! 이런 일로 내가 나의 양심을 괴롭혀야 하다니! 그녀에게는 비난받을 점이 하나도 없다. 변한 것은 나다. 만약 그녀가 자신이 그런 결정적인 일보를 내딛게끔 방치해 둔 나의 태만을 용서만 해 준다면, 나는 그녀가 저지른 일체를 용서하겠다. 물론 나는 그녀를 설득하기는커녕, 오히려 그녀에게 나를 경계하라고 한 사실을 잘 알고 있다. 또 그녀의 그런 결심이 그녀의 자유스러운 결정이었지만, 어쩌면 나의 그 경고야말로 그녀로 하여금 나를 본래의 나보다도 더 좋게 보게끔 유인한 원인이 되었는지 모른다고 하는 사실을 나는 알고 있다……."

그런 사고방식은 십 년이란 기한부의 동맹도 오 년이란 기한부의 동맹보다 나을 것이 없다는 사실과, 또 살라딘이 그리스도교도들과 십 년 십 개월 십 주간 십 일 십 분*이라는 기한부로 맺은 동맹보다도 더 못한 것이라는 사실은 쉬 알아볼 수 있다. 실상 이런 기한부의 동맹도 전 생애를 통한 결합과 피장파장이다.

이런 사고방식을 가진 사람들은, "그날의 괴로움은 그날의 것으로 족하다"**는 말의 의의를 지나치게 심각하게 느끼고 있음을 잘 알 수 있

---

* 터키의 황제 살라딘과 사자심왕獅子心王 리처드 1세가 1192년 9월 1일에 맺은 휴전협정은, 명목상으로는 3년 3개월 3시간 이라는 기한부의 것이었다. 여기서는 3이 10으로 바뀐 것이다.

** 마태복음 3장 34절 참조.

다. 이런 사고방식은 그날그날이 결정적인 날인 것처럼, 또 매일이 시험을 치르는 날인 것처럼 살려고 시도하는 것을 의미한다.

그러므로 오늘날에 있어서 결혼생활을 무효로 돌리고 싶은 강한 경향이 있다고 한다면, 그것은 중세에 있어서처럼 독신생활이야말로 보다 완전한 것이라고 간주하기 때문이 아니라, 오히려 그렇게 생각하는 이유는 비겁과 방탕 때문이다. 기한부로 맺어진 결혼 역시 아무런 소용도 없다는 것은 분명한 일이다. 왜냐하면 그런 결혼이란 전 생애를 기약하고 맺은 결혼과 마찬가지의 난점을 내포하고 있고, 동시에 당사자들에게 삶의 의욕을 북돋아 주기는커녕, 오히려 결혼생활의 내면적인 힘을 빼앗고, 결혼이 갖고 있는 의지의 에너지를 약화시키고, 신뢰의 축복을 저하시키기 때문이다. 이런 결혼은 반성의 영역에서 맺어진 것이기는 하지만, 그와 같은 결합은 결혼이 아니라는 도덕이 본래 가지고 있는 영원성의 의식이 아직 자리 잡지 못했으므로, 그런 결합은 결혼이 아니라는 사실이 분명해지고, 또 후에 가서도 더욱 분명해질 것이다.

이 점도 역시 그대는 나와 의견을 같이 할 것이다. 왜냐하면 나로서는 그대가 "예기치 않았던 애정 관계"니 "애정의 고약한 악순환"이니 하고 부르고 있는 것들을 단호히 비난하는 과정에서 그대의 조소와 아이러니가 얼마나 흔히 그리고 정확하게 정통을 찔렀는가를 알고 있기 때문이다. 그대가 말하는 것이란, 예를 들면 누군가가 자신의 약혼자와 창가에서 바깥을 내다본다. 그 순간에 우연히 어떤 처녀가 모퉁이를 돌아 다른 큰 길로 나온다. 그러자 문득 그 남자에게는 '내가 진정으로 사랑하고 있는 여자는 저 처녀다' 하는 생각이 떠오른다. 그러나 그가 그녀의 뒤를 밟으려고 하자 다시금 마음이 흔들린다 하는 등의 현상이다.

다른 그럴 듯한 도피구는 편의주의적인 결혼 내지는 이성理性이 개입한 결혼일 것이다. 이 말 자체로 미루어 보아서도 이미 이성이 사이에 끼어들었다는 사실, 즉 우리가 반성의 영역에 들어왔다는 것을 알 수 있다. 몇몇 사람들은, 물론 그중에는 그대도 들어 있지만, 직접적인 사랑과 계산된 오성의 어중간한 상황 속에서 이루어진 결합에 대하여 항상 의아스러운 표정을 짓고 있다. 왜냐하면 만약 우리가 언어학적인 용례用例를 존중한다면, 그런 결합을 상식적인 결혼(오성적인 결혼)이라고 부르지 않을 수 없기 때문이다. 특히 그대는 말의 성격 자체가 모호한 '존경' 이라는 말을, 결혼관계를 위한 공고한 토대라고 늘 추천해 왔다. 부부간의 결합이 편의주의적인 결혼의 성격을 띤 타협의 도움을 받지 않을 수 없다는 사실은, 우리 시대가 얼마나 철저하게 반성적인가 하는 사실을 잘 나타내 주고 있다. 이러한 결합이 진정한 사랑의 모든 요구를 포기하는 한, 그것은 그것 나름대로 최소한 이치에는 닿는다고 할 수 있다. 그러나 그렇게 되면 그와 동시에, 그것도 문제의 해결은 아니라는 사실도 드러난다. 따라서 편의주의적인 결혼은 복잡한 실생활이 필연적으로 몰고 온 일종의 항복이라고 간주해야 할 것이다.

그러나 이것이 우리 시대의 문학에 남겨진 유일한 위안, 즉 절망한다는 유일한 위안이라고 하는 사실은 매우 서글픈 사실이다. 왜냐하면 그런 결합을 받아들인다는 사실은 바로 절망이기 때문이다. 그러므로 이미 오래 전에 햇병아리의 영역을 벗어났고, 또 사랑이란 환상이고, 사랑의 실현이란 고작해야 기특한 소망에 불과하다는 것을 배운 사람들은 즐겨 이런 결합을 해왔다. 그러므로 이런 결합에 들어가게 되는 동기는 삶이 산문적이기 때문이든가, 생계 때문이든가, 혹은 사회적인 체면 때문이다. 이런 결합이 결혼에 있어서의 감상적인 요인을 무효화하였다는 점에 있어서는 윤리적인 것 같이 보이지만, 그럼에도 불구하고 이 무효화가 비심미적非審美的이듯이, 비윤리적이냐 하는 점은 여전히 의문이다. 혹은 비록 에로스적인 것이 완전히 무효화되지는 않는다고 하더라도 이런 에로스적인 것을 너무 성급하게 거절하지 않도록 조심해야 한다. 또 삶이란 결국 이상적인 것을 제공해 주지는 않는다, 또 결국 이 결합은 훌륭한 결합이다 하는 등의 냉철한 상식적인 고찰 때문에 무시되기가 일쑤다.

그러므로 앞서도 언급한 바와 같이 본래 모든 결혼의 일부를 이룩하고 있는 영원한 것이 여기에는 사실상 현존하지 않고 있다. 왜냐하면 상식적인 계산이란 것은 항상 시간적이기 때문이다. 따라서 이런 유의 결합은 곧 비윤리적이고 부서지기가 쉽다. 편의주의적인 결혼도 동기 자체가 고차원적일 때는 훨씬 아름다운 형태를 지닐 수가 있다. 이런 경우에 있어서는 일을 결정하는 것은 결혼과는 무관한 동기다. 예를 들면 젊은 처녀가 자신의 가족에 대한 사랑 때문에 가족을 구할 수 있는 위치에 있는 남자와 결혼하는 경우가 바로 그렇다. 그러나 이런 외적인 목적론이야말로 우리가 여기서 문제의 해결을 찾아서는 안 된다는 사실을 밝혀 보여주고 있다.

이쯤에서 나는 이미 충분히 논의된 결혼의 여러 동기를 아마도 적절하게 논할 수도 있다. 이런 유의 고찰과 논의야말로 완전히 이성의 영역에 속한 것이다. 그러나 나는 이 문제를 다른 곳에 미루기로 하겠다. 다른 곳에서라면 나는 아마 그런 유의 사설을 완전히 침묵시킬 수도 있을 것이다.

이제 이상으로 낭만적인 사랑이 어떻게 환상 위에 세워졌는가 하는 사실과, 이 사랑이 주장하는 영원성이라는 것이 시간적인 것 위에 세워져 있다는 사실과, 비록 기사騎士는 이 사랑의 절대적인 영속성을 진지하게 확신하였음에도 불구하고, 이 사랑의 시련과 유혹이 여태까지 전적으로 외적인 매개 속에서 진행되어 왔기 때문에, 그 사랑의 절대적인 속성에 대한 보장은 전혀 없었다는 사실이 판명되었다. 그래서 낭만적인 사랑은 경건하게 사랑으로 맺어진 결혼을 받아들일 수가 있었지만, 결국 그 이상의 더 깊은 의의를 갖지 못했다. 우리는 직접적이고 아름답기는 하지만 역시 지극히 소박한 이 사랑이 일단 반성적인 시대의 의식 속에 구현되면, 그것이 얼마나 이 시대의 조소와 놀림감이 되었는가를 보아왔다. 그리고 그런 시대가 그것 대신으로 어떤 것을 대치시켰던가도 보아왔다. 그런 시대는 결혼을 그런 의식 속에서 구현시켜 놓고는, 한편으로는 결혼을 배제하는 방식으로 사랑 쪽에 찬의를 표명하는가 하면, 또 한편으로는 사랑을 배제하는 방식으로 결혼 쪽에 찬의를 표명하였다. 그러므로 최근의 연극에서 어떤 영리한 여자 재봉사는 고귀한 신사님들의 사랑에 관해 다음과 같은 짓궂은 의견을 토했다.

> "그분들은 우리와 연애는 하지만 결혼은 하지 않아요. 그분들은 고귀한 부인네들을 사랑하지는 않지만, 그들과 결혼은 하지요."

이상으로 이 간단한 논문은(처음에 나는 단지 약간 긴 편지를 쓸 생각이었지만, 지금 내가 쓰고 있는 것은 결국 논문이라고 부를 수밖에 없을 것 같다), 결혼을 제대로 조명할 수 있는 지점에 도달하였다. 결혼이란 본질적으로 그리스도교에 속하고 있다는 사실과, 이교에 속한 사람들은 동양의 관능성과 그리스의 온갖 미美에도 불구하고 결혼을 완성시키지 못했다는 사실과, 유대 민족들마저도 결혼 속에 진정한 목가적牧歌的인 요소를 갖고 있었음에도 불구하고 결혼은 완성치 못했다는 사실, 이런 모든 사실에 대해서는 그대도 나와 의견을 같이 할 것이다. 그러니 나도 이 문제에 대해서는 더 이상 언급할 필요가 없는 줄로 안다. 특히 남녀의 대립이 다른 어디에서도 그리스도교 세계에 있어서보다 더 심각하게 반성된 일도 없고, 또 그런 반성을 통하여 상대방 성性이 완전한 권리를 획득하게 되었다는 사실을 지적하는 것만으로도 충분할 터이니까 더욱 그럴 것이라고 생각한다.

그러나 그리스도교 세계에 있어서도, 우리가 결혼의 깊이와 아름다움과 진정한 의미를 발견하기까지는 많은 우여곡절을 겪어야만 하였다. 우리 시대에 방금 앞선 시대도, 또 어느 정도까지는 우리의 시대도 반성의 시대이므로 그런 일을 논증하기란 그리 쉽지가 않다. 그리고 나는 그대가 약점을 꼬집어 내는 일에는 명수라고 생각하고 있는 터이므로, 내가 옹호하려고 생각하고 있는 것을 그대에게도 확신시켜보려고 하는 과업은 이중적인 어려움을 겪지 않을 수 없다. 그러나 나는 그대의 논쟁에 대해서는 많은 신세를 지고 있다는 사실을 고백하지 않을 수 없다. 나는 그대의 논쟁을 분산된 발언의 형식으로 소유하고 있다고 생각하고 있지만, 그것을 하나의 통일된 것이라고 생각해 본다면 그대의 논쟁은 매우 유능하고 독창적이어서, 상대편에 서서 그것을 방어하려고 하는 사람에게는 유익한 지표가 된다. 왜냐하면 그대의 공격은(만약 그대나 상대방이 그것을 소상히 검토해 본다면) 진실이라고는 전혀 내포하고 있지 않다는 그런 천박한 것이 아니기 때문이다. 물론 그대나 논쟁의 상대방이 다 같이 논쟁을 벌이는 순간에는 그런 사실을 알고 있지 못하다.

이제 낭만적인 사랑이란 반성을 거치지 않았다는 결함을 갖고 있다는 사실이 판명된 이상, 진정한 부부애夫婦愛에다 어떤 의아심을 품고 시작해 보는 것이 타당할 것만 같다. 더구나 우리는 이 문제를 반성적인 시대에 호의를 보이는 선입감을 갖고 접근하고 있다는 사실로 미루어 보아서도 더욱 필요할 것 같이 보일지도 모른다. 나는 결혼이란 것이 이런 의혹 후에 인위적으로 완성될 수밖에 없다는 사실을 부인할 생각은 없다. 그러나 그런 방식은 사랑과 결혼의 분리를 예상하고 있기 때문에, 그렇게 되면 결혼의 본질은 그것 때문에 이미 변화되는 것이 아닐까 하는 의문은 여전히 남게 된다. 첫사랑은 실현이 불가능하다고 해서 그것을 부인하고, 그 부정을 통하여 부부애를 가능케 하고 실현시켜, 그 결과로 아담의 결혼이야말로 직접적인 사랑이 상처를 받지 않고 보존된 유일한 결혼이었다.

그러니 이것이 결혼을 위해서는 본질적으로 필요하지 않느냐 하는 문제는 여전히 문제로 남고, 또 그것이 주로 무제우스가 재치 있게, 우리가 남을 사랑할 수 있는 가능성은 전혀 없다고 주장한 주요한 이유이기도 하다. 또 직접적인 사랑인 첫사랑이 보다 고차원적인 구심적求心的

인 직접성 속에 있다고 가정함으로써 그런 의심에서 벗어나서, 그 결과로 부부애는 첫사랑의 아름다운 여러 희망을 가꿀 필요가 없고, 부부애는 첫사랑의 가치를 저하시키지 않고 오히려 순화하는 여러 규정을 첨가물로써 갖고 있는 첫사랑 그 자체가 될 수 있지도 않느냐 하는 문제는 역시 여전히 문제로 남는다. 이런 것은 실제로 입증하기가 매우 어렵다. 그러나 지적인 것 속에 개재하는 것과 같은 신앙과 지식의 분열을 우리가 윤리적인 영역에다 끌어들이지 않기 위해서는 이런 작업이 엄청나게 중요성을 갖는다.

나의 친애하는 벗이여, 그대는 이런 일을 부정하지 않으리라고 생각하지만(왜냐하면 그대의 마음 역시 사랑을 받아들일 것이고, 그대의 두뇌 역시 의심이라는 것에는 익숙하여 있을 것이기 때문이다), 만약 그리스도교가 자신의 하느님을 사랑의 하느님이라고 부를 수 있다면, 즉 자신의 하느님은 형언할 수 없는 복된 감정과 세상에서의 영원한 힘, 다시 말해서 지상에서의 사랑이라고 생각하며 사랑의 하느님이라고 부를 수 있다면, 그 얼마나 아름답고 멋질 것이냐.

나는 이미 앞에서 낭만적인 사랑과 반성적인 사랑을 논증적인 입장에서 다루었기 때문에, 이제 여기서는 보다 고차원적인 통합이 어느 정도까지 직접적인 사랑으로의 복귀인가, 또 따라서(그것이 내포하고 있는 보다 많은 내용과는 별도로) 어느 정도까지 최초의 단계에 있던 것을 내포하고 있는가를 살펴보려고 한다. 반성적인 사랑이 항상 자기 자신을 잠식한다는 사실과, 또 그것이 이제는 여기에, 다음은 저기에 하는 식으로 멋대로 머문다는 사실은 이제 명백히 드러났고, 또 이 반성적인 사랑이 자기 자신을 넘어서 보다 고차원적인 지위를 지향하고 있다는 사실도 밝혀졌다. 그러나 문제는 이런 보다 고차원적인 경험이 과연 곧장 첫사랑과 밀접한 관계를 맺을 수 있느냐 하는 것이다. 그런데 보다 고차원적인 이 경험은 종교적인 것이고, 바로 거기서 반성적인 오성은 끝이 난다. 하느님에게는 어떤 일도 불가능한 것이 없는 것과 마찬가지로, 종교심이 있는 사람들에게는 불가능한 일이란 없다. 종교적인 영역에 있어서 사랑은, 반성의 영역에서는 찾아도 얻지 못하였던 무한성을 다시 발견한다.

비록 종교적인 것이 확실히 지상적인 일체의 것보다는 고차원적인 것이기는 하지만, 이 경우에 있어서도 직접적인 사랑에 대해서는 이심적異心的인 관계에 있는 것이 아니라, 동심적同心的인 관계에 있기 때문에 통합이 이루어진다고 하겠지만, 고통이 필연적이지는 않을 것이다. 이런 고통은 종교적인 것이 고쳐줄 수 있는 것이지만, 그래도 항상 심각한 고통으로 남는다. 이런 문제가 심각한 고려의 대상이 되고 있는 경우는 극히 보기가 드물다. 왜냐하면 낭만적인 사랑에 대한 감각을 갖고 있는 사람들은 결혼 따위는 대수롭게 여기지를 않고, 또 다른 한편으로는 많은 결혼들이 유감스럽게도 순수한 인간 존재 안에서는 확실히 가장 아름다운 것에 속하는, 보다 깊은 에로스적인 것 없이 맺어지기 때문이다.

그리스도교는 결혼을 확고히 견지한다. 그러므로 부부애가 최초의 에로스적인 것의 일체를 내포할 수 없다면 그리스도는 인류의 최고의 발전을 대표할 수가 없다. 이런 부조화에 대한 은밀한 불안이야말로,

운문韻文, 산문散文을 막론하고 근세의 서사시에 반영되고 있는 저 절망絶望이 태반의 책임을 져야 한다는 것은 의심할 여지가 없다.

그러므로 여기서 그대는 내가 나 자신에게 부과하고 있는 과제가 무엇인가를 알게 된다. 즉, 낭만적인 사랑은 결혼과 결합될 수 있고, 또 결혼 속에 존립할 수 있다는 사실과, 결혼이란 낭만적인 사랑의 성화聖化라는 사실을 밝히는 것이 나의 과제다. 그렇다고 해서 반성과 반성의 난파難破를 모면한 결혼을 조금이라도 깔보려는 것은 아니다. 나는 그런 식의 결혼에서도 많은 것이 성취될 수도 있다는 것을 부인하지 않고, 그런 결혼에 대하여 찬양을 소홀히 할 정도로 비정하지도 않고, 또 시대의 전체 경향이 흔히 그런 결혼을 슬픈 필연성으로 만들고 있다는 사실도 잊지 않고 있다. 이 '필연성' 만 해도, 어떤 세대도 또 그 세대에 사는 개개의 개체도 어느 정도까지는 삶은 시초부터 시작하고,* 그런 개개인에게는 이런 큰 소용돌이를 면할 가능성이 있다는 사실도 기억해 두어야만 할 것이다. 그리고 한 세대는 다른 세대로부터 배우지 않을 수 없다는 사실과, 그렇기 때문에 반성이 한 세대를 그런 서글픈 꼴로 만들어 버린 후에는, 계속되는 세대는 전보다 더 행복하게 될 것이라는 사실도 잊어서는 안 될 것이다. 그러므로 삶이 제아무리 많은 고통스러운 혼란을 간직하고 있다고 하더라도, 나는 다음의 두 가지 과제를 위하여 싸운다. 즉, 하나는, 결혼이란 첫사랑의 성화聖火이지 파괴는 아니고 성화의 편일망정 적은 아니라는 사실을 밝혀 주려는 엄청난 과제고,

* 『불안의 개념』 제1장 이하 참조.

다른 하나는 나의 보잘것없는 결혼이 이 과제를 완수할 수 있게끔 항상 나에게 힘과 용기를 주는 그런 뜻 깊은 것이었다는 사실을 밝혀주는 과제가 바로 그것이다. (물론 이 후자에 속하는 관계는, 남들에게는 지극히 하찮은 것으로 생각될지도 모르지만, 그럴수록 나에게는 매우 중요한 과제다.)

나는 지금 이 연구에 접근하면서, 바로 다름 아닌 그대에게 쓰고 있다는 사실을 기쁘게 생각하지 않을 수 없다. 실상 나는 누구에게도 나의 결혼에 관해서 숨김없이 이야기하지 않고 있는 것이 사실이지만, 그대에게는 신뢰와 즐거움을 지니고 나의 심중을 토로하고 있는 것도 사실이다. 가끔 그대 속에서 작동하고 있는 논쟁적이고 활동적인 사상과 거창한 메커니즘의 소음이 잠잠해질 때면, 그때는 조용한 순간이 온다. 물론 이 순간이란 실상 처음에는 그것이 지닌 고요 때문에 거의 불안을 느낄 정도이지만, 이윽고 사람들은 참으로 상쾌함을 느끼게 된다.

나는 이 논문이 그런 순간에 그대에게 도착하기를 희망한다. 그 메커니즘이 작동하고 있는 한에 있어서는 그대에게는 어떤 말도 들리지 않기 때문에, 사람들은 아무런 걱정도 없이 무엇이나 그대에게 토로할 수 있듯이, 그대의 영혼이 잠잠하여 엄숙해졌을 때는, 사람들은 아무런 위험도 느끼지 않고 그대에게 모든 것을 토로할 수 있다. 나 역시 그녀에 관해서는 그런 때에 이야기를 하려고 한다. 그녀에 관해서 나는 단지 나 자신만이 듣고 싶어서 늘 말이 없는 자연에게만 이야기하고 있다. 나는 그녀에게 많은 은혜를 입고 있고, 특히 내가 감히 첫사랑과의 결혼을 솔직하게 지지하는 것도 그녀의 덕분이다. 왜냐하면 만약 그녀가 나에게 조력해 주지 않는다면, 나의 사랑과 노력의 전부를 다하여도 나로서는 아무 일도 할 수가 없고, 또 만약 그녀가 내 마음에다 하려고 하는 의욕을 북돋아 주지 않았더라면, 나는 아무것도 할 수가 없었을 것이기 때문이다. 그러면서도 나는 만약 내가 그녀에게 이런 말을 하면, 그녀는 필경 내 말을 믿지 않을 것이라는 사실과, 그렇게 되면 그녀에게 그런 말을 하는 것 자체가 어쩌면 그녀를 우롱하는 셈이 된다는 사실과, 그런 말 자체가 그녀의 깊고 순수한 영혼을 괴롭히고 흔들리게 하리라는 사실을 너무도 잘 알고 있다.

그러므로 내가 해야 할 첫째 과제는, 결혼이란 무엇인가 하는 규정을 내림에 있어서 나 자신이, 아니 그보다는 특히 그대 자신이 방향을 제대로 잡는 일이다. 본래가 결혼을 구성하고 있는 것, 즉 결혼에다 실질적인 내용을 부여해 주는 것은 분명히 사랑이다. 만약 사랑이 결여되어 있다면, 남녀의 공동생활이란 감성적인 쾌락의 만족이 아니면 어떤 목적을 달성하기 위한 사회적인 연합이나 동업자의 관계에 불과하다. 그러나 사랑은 미신적인, 낭만적인, 기사적騎士的인 사랑이건, 아니면 강하고 생생한 확신이 충만한 보다 깊은 윤리적인, 종교적인 사랑이건 간에, 사랑 그 자체 속에는 바로 영원성이란 성격이 간직되어 있다.

어떤 사회적인 계층에도 배반자는 있는 법이지만, 이미 결혼을 한 사람들의 세계에도 배반자는 있다. 물론 나는 유혹자들을 두고 하는 말은 아니다. 왜냐하면 유혹자들이란 신성한 기혼자旣婚者라는 신분에 들어온 일이 없기 때문이다(나는 이 논문이, 그대가 이 표현을 비웃을 기분에 있지 않을 때에 그대에게 도달되었으면 하고 희망한다). 또 나는 이혼을 해서 기혼자라는 신분으로부터 이탈한 사람들을 두고 하는 말도 아니다. 왜냐하면 적어도 그들은 공공연히 반란을 일으킬 용기를 갖고 있었기 때문이다.

내가 지칭하는 사람들은 단지 머릿속에서만 배반하는 사람들, 그런 공상을 행동으로 표현할 용기를 갖고 있지 못하는 사람들, 사랑이 자신들의 결혼에서 이미 오래 전에 증발해 버린 사실에 대해서 죽치고 앉아서 한숨만 쉬고 있는 불쌍한 기혼자들, 그대가 언젠가 그들에 관해서 말했듯이, 미친 사람처럼 결혼이란 독방에 죽치고 앉아서 철창을 흔들어대며, 약혼의 감미로움과 결혼의 쓴맛에 관해서 헛소리를 중얼거리고 있는 기혼자들, 그대의 정확한 관찰에 의하건대, 어떤 종류의 위험한 즐거움을 지니고 모든 약혼자에게 축하를 보내고 있는 그런 기혼자들이다. 나는 그들이 나에게 얼마나 경멸스럽게 보이는가를 그대에게 말로는 잘 표현할 수가 없다.

나는 또, 이런 부류에 속하는 어떤 남편이 그대를 친구로 삼아서, 그대 앞에서 자신의 고민을 쏟아놓고, 행복한 첫사랑에 관한 자신의 모든 거짓말을 털어놓을 때, 그대가 능글맞게 "그렇다, 나도 걸려들지 않도록 잘 조심을 해야지"해서 그가 그대를 '공동의 난파難破' 속으로 끌어들이지 못하여 씁쓸하게 생각하는 것을 보는 것이, 나에게는 얼마나 즐거운지를 그대에게 멋지게 말로는 표현할 수가 없다. 이런 기혼자들은 귀찮은 자식 넷을 멀리 다른 곳으로 보내고 싶어 하는 심약한 가장家長에 관해서 그대가 얘기할 때, 그대가 흔히 빈정대는 그런 기혼자들이다.

만약 그런 기혼자들이 하는 말에 어떤 실질적인 내용이 있다면, 그것은 사랑과 결혼의 구별일 것이다. 즉, 사랑이 이 시점時點에 있으면 결혼은 또 다른 시점에 있기 때문에, 이 양자는 통일될 수 없다는 구별이다. 그래서 사람들은 사랑이 어떤 시점에 속하는가를 당장에 찾아낼 수 있었다. 즉, 사랑이란 약혼한 기간에, 다시 말해서 '아름다운 약혼 기간'에만 존재한다고 한 것이다. 그들은 약혼하고 있던 나날의 즐거움을 일종의 취기 어린 흥분과 감동으로 소상하게 지껄일 수 있다. 그러나 나는 일찍이 여자에 빠져서 허우적거리는 약혼기간 동안의 감미로움을 좋아해 본 적이 없다는 것을 고백하지 않을 수 없다. 그리고 사람들이 약혼한 시기를 중시하면 할수록 이 시기는 더욱더, 많은 사람들이 물속에 뛰어들기 전에 부대浮臺 위를 오락가락하며 발과 손을 번갈아 물속에 담가보며 물이 차갑지나 않은지 혹은 미지근하지나 않은지를 살펴보는 그런 시간과도 흡사하다.

그런데 만약 약혼이 가장 아름다운 시기라고 한다면, 어째서 그들은 결혼을 하는지, 또 그들이 하는 말이 지당하다고 한다면 어째서 일반적으로 결혼이 이루어지는지 나로서는 전혀 이해가 가질 않는다. 그런데도 숙모들이나 사촌동생들, 그리고 친구들이나 이웃들이 멋지게 어울린다고만 하면, 그들은 역시 상상할 수 있는 온갖 속물근성적인 정확성을 발휘하여 결혼해 버린다. 그것은 마치 그들이 약혼을 가장 아름다운 시기라고 간주할 때와 꼭 같은 무기력하고 무감각한 배반이다. 만약 사정이 그럴 수밖에 없다고 한다면, 오로지 물속에 뛰어드는 것만을 즐기는 경솔한 사람들이 오히려 나에게는 호감이 간다. 물론 이런 경우에는, 비록 강한 남자다운 팔이 애인을 부드러우면서도 억세게 포옹하여, 그녀가 이 포옹 속에서 하느님의 면전에서 현존재現存在의 바닷속으로 몸을 던지기 위하여 자유를 느낄 때처럼 위력이 있지도 못하고, 운동이 장대하지도 못하고, 의식의 떨림이 상쾌하지도 못하고, 의지의 반응이 정력적이지도 못하다.

사랑과 결혼의 이런 구별이, 결혼이 무엇인지는 물론이거니와 사랑이 무엇인지에 관해서는 거의 아는 바가 없는 어리석은 인간들의, 아니 비인간들의 텅 빈 머릿속이 아닌 다른 곳에서 어떤 가치를 갖는 것이라면, 결혼 그 자체도 초라하게 보일 것이고, 또 결혼이란 미학적인 음향도식音響圖式이란 사실을 밝혀보려는 나의 시도 역시 무척 초라하게 보일 것이다. 그러나 이런 구별이 옳다고 하는 근거는 어디에 있는 것일까? 그 근거는 다음 두 가지 중의 하나일 것이다. 첫째는, 일반적으로 말해서 사랑이란 유지될 수가 없다는 사실에 근거를 두고 있을 것이다. 그렇다면 우리들은 여기에서 우리들의 시대에서 흔히 나타나고, 발전이란 후퇴와 파괴를 의미한다고 생각하는 특징을 지닌 불신과 비겁을 갖는다. 이 점에 관해서는 나 역시 그런 남자답지도 여자답지도 못한 사랑은(그대는 여느 때처럼 뻔뻔스럽게 이것을 보잘것없는 사랑이라고 부를 테지만), 인생이란 폭풍우 속에서 나타나는 하찮은 돌풍에도 견딜 수가 없을 것이라는 사실을 기꺼이 인정한다. 그러나 사랑과 결혼이 다 같이 건전하고 자연스러운 상태에 있다면, 인생이란 폭풍우도 아무런 맥을 쓰지 못할 것이다.

또 하나의 근거는 다음과 같다. 즉, 결혼과 함께 더해지는 윤리적 · 종교적인 것이 사랑과는 하도 이질적인 것이라는 사실을 알고, 그렇기 때문에 사랑과 결혼이 통합되지 못하고, 오히려 사랑이 사랑 자신 속에 안주하고 자신에게 의지하고 있으면 인생을 싸워서 승리를 거둘 수가 있다고 하는 근거다. 그러나 이런 견해는 문제를 아직 시련을 거치지 않은 직접적인 사랑이라는 파토스로 환원하거나, 아니면 자기 힘으로 행로行路를 끝낼 수 있다고 믿고 있는 개개인의 일시적인 생각과 변덕적인 생각으로 환원시킨다. 요컨대 이런 견해는 방해를 하는 것은 결혼에 있어서의 윤리적 · 종교적인 요소라는 것이다. 이런 견해는 얼핏 보기에는 피상적인 관찰을 쉽게 속일 수 있는 일종의 사내다움을 보여주고 있고, 또 비록 그릇된 것이기는 하지만, 역시 앞서의 견해가 지닌 가련한 점과는 전혀 다른 고상함을 갖고 있다. 나는 후에 다시 이 문제로 되돌아갈 것이다. 내가 다름 아닌 그대에게서 어느 정도까지 이런 미망迷妄에 감염되고 있는 이단자異端者를 보지 못한다면, 준엄한 나의 이단규탄의 눈이 나를 크게 속인 셈이 되므로, 나로서는 더욱 이 문제로 되돌아가지 않을 수 없다.

결혼에 있어서의 실체적인 요소는 곧 사랑(에로스)이다. 그렇지만 과연 어느 쪽이 먼저일까? 사랑일까? 아니면 결혼이 있고 나서 사랑이 뒤따르는 것일까? 이 후자에 속하는 견해는 천박한 상식인들 사이에서는 제법 존경을 받고 있는 견해로서, 총명한 아버지들과, 아버지보다 더 총명한 어머니들은 그들 자신이 그런 경험을 하였다고 생각하기 때문에, 그들의 자식들도 그런 경험을 해야 할 것이라고 타이르는 일이 비일비재하다. 이런 생각은 서로 아무런 호감도 갖고 있지 않은 두 마리의 비둘기를 조그마한 새장에 함께 가두어 놓고, 그러면 비둘기들도 조만간 서로 좋아하는 것을 배우게 될 것이라고 생각하는 비둘기 상인들의 지혜와 다름이 없다. 이런 견해는 매우 어리석은 견해에 불과하지만, 내가 새삼스럽게 이런 견해를 들고 나온 것은 말하자면 만전을 기하기 위해서고, 동시에 그대가 이 문제에 있어서 이미 포기해 버린 많은 것들을 상기시키기 위해 지적한 데 불과하다. 그러므로 사랑이(에로스가) 먼저 와야 한다. 그러나 앞서 암시한 바와 같이, 이 사랑이란 것은 무척 섬세한 성질을 갖고 있지만, 그런 성질을 갖고 있음에도 불구하고 현실과의 접촉을 감당해 낼 수가 없으리만큼 부자연스럽고 또 응석받이적인 점이 있다.

여기서 나는 다시금 앞서 넌지시 언급한 지점에 도달하였다. 이제 여기서 약혼은 그 독특한 의미를 얻게 되는 것 같다. 약혼이란 어떤 현실성도 갖고 있지 못하는 사랑이고, 그것은 단지 가능성이란 달콤한 과자를 먹고 살고 있을 뿐인 사랑에 불과하다. 이 약혼이라는 관계는 현실의 실제성을 갖고 있지 않고, 그것이 지닌 여러 가지 운동은 내용이 없는 것이고, 결코 꼭 같은 '어리석은 연모의 몸짓'을 벗어나지 못한다. 약혼자들이 비현실적이 되면 될수록, 또 단지 꾸며낸 것에 불과한 이런 몸짓들이 그들의 노력을 소비시키고 그들의 힘을 소모시키면 시킬수록, 그만큼 더 그들은 결혼이라는 엄숙한 모습을 피하려고 하는 강한 욕구를 느낄 것이다.

이렇듯이 약혼은 분명히 그것에서 필연적으로 우러나는 결과인 현실을 갖고 있지 않기 때문에, 약혼이란 결혼을 할 용기가 없는 사람들에게는 멋진 타협안이 될 것이다. 그들은 아마도 십중팔구는 극도로 긴장하여 그들이 결정적인 행동을 취하려고 할 때는 보다 차원이 높은 힘의 도움을 모색할 필요를 느낄 것이다. 그렇게 함으로써 그들은 그들 자신과 또 그보다 차원이 높은 힘과 일을 매듭짓는다. 다시 말해서 그들 자신의 책임 하에서 약혼을 함으로써 그들 자신과 일을 매듭짓고, 또 꽤나 농도가 짙은 미신적인 생각에서 그들이 지나치게 높이 평가하고 있는 교회의 축복을 회피하지 않음으로써 보다 높은 차원의 힘과 타협하는 것이다.

여기서 우리는 다시, 가장 비겁한, 가장 값싼, 가장 사내답지 못한 형식으로 사랑과 결혼을 분리하게 된다. 그렇지만 그런 기괴한 것은 우리의 눈을 속이지는 못한다. 그런 기괴한 사랑은 사랑이 아니다. 그런 사랑에는 결혼 속에서 윤리적인 표현을 찾는 감성적인 요소를 갖고 있지 못하다. 이런 유의 약혼은 남자들 사이에서도 얼마든지 일어날 수 있을 정도로 에로스적인 것을 중화시킨다. 반면에 감성적인 요소가 자신의 소임을 행사하게 되자마자, 그 사랑은 앞서 이미 언급한 바의 범주로 떨어지고 만다. 그러므로 그런 약혼이란 것은 어느 모로 따져보아도 꼴사나운 것이다. 왜냐하면 종교적인 관점에서 보아도 꼴사나운 것이기 때문이다. 다시 말해서 그런 약혼이란 하느님을 속이려는 시도, 하느님의 도움이 필요 없다고 생각되는 관계 속으로 살그머니 숨어들어가려는 시도, 또 사태가 어쩔 수 없어졌다고 느껴질 때에만 하느님에게 의지하려는 시도이기 때문이다.

그러므로 사랑을 불러일으키는 것은 결혼이 아니라, 반대로 결혼은 사랑을 전제로 하는 것이고, 결혼은 사랑을 과거의 것으로 전제하는 것이 아니고 현재의 것으로 전제한다. 그러나 결혼은 윤리적이고 종교적인 요소를 내포하고 있지만, 사랑은 그런 것을 내포하고 있지 않다. 그런 까닭에 결혼은 체념이라는 기초위에서 성립되는 것이지만, 사랑은 그렇지가 않다. 그런즉 모든 사람은 자신의 생애를 보내는 동안에 두 개의 운동을 거친다고 가정할 생각이 없다면, 다시 말해서 첫째로 사랑의 큰 고향이라고도 할 수 있는 이교적異教的인 운동과, 둘째로는 결혼에서 표현되는 그리스도교적인 운동이라는 두 운동을 거친다고 가정할 생각이 없다면, 요컨대 에로스란 그리스도교에서는 배제되어야만 한다고 말하고 싶지만, 사랑이란 결혼과 통합될 수 있다고 하는 사실이 제시되어야만 한다. 지금 문득 나의 뇌리에 떠오르는 생각이지만, 만약 우리와 관계가 없는 어떤 사람이 이 서신을 읽어본다면, 그는 아마도 어쩌면 그런 문제를 갖고 내가 그렇게도 고민할 수 있었을까 하고 몹시 놀랄 것이다. 그렇지만 실상 나는 이 서신을 그대를 위해서만 쓰고 있고, 그대의 정신의 발전은 이 문제에 내포된 어려움을 충분히 이해할 수 있는 그런 성질의 것이었다.

그러므로 우선 사랑(에로스)에 관한 연구부터 시작하기로 하자. 이제 나는 그대와 세상의 모든 사람들이 비웃는 것임에도 불구하고, 나에게는 항상 아름다운 의미를 갖고 있는 어떤 낱말에서부터, 즉 첫사랑이란 말에서부터 시작하고 싶다(나는 양보할 생각이 없고, 그대 역시 아마도 양보하지 않을 것이라고 믿고 있지만, 그렇게 되면 우리들의 서신왕래에는 야릇한 불균형이 생기게 될 것이다). 내가 이 첫사랑이란 말을 입 밖에 낼 때는, 나는 인생에 있어서 가장 아름다운 것을 생각하고 있다. 그대가 이 말을 사용할 때는,

그것은 그대의 관찰을 위해 배치해 놓은 전선 일대의 기마騎馬 보초병의 초소에 대하여 일제 사격을 명하는 신호다. 그러나 나에게는 이 말이 비웃을 만한 점이라고는 하나도 없고, 또 솔직히 말해서 나는 그대의 공격을 참고 있지만, 그것도 사실인즉 그대의 공격을 무시하기 때문이다. 뿐더러 또 나에게는 이 말이, 이런 혹은 저런 사람들이 이 말에 대하여 품을 수도 있는 서글픈 함축을 조금도 갖고 있지 않다고 말할 수 있다. 이런 서글픔을 반드시 병적인 것이라고는 말할 필요가 없다. 왜냐하면 병적인 것은 언제나 진실이 아닌 것, 거짓된 것이기 때문이다. 만약 어떤 사람이 첫사랑에 실패하여 첫사랑에 깃든 고통을 알게 되었지만, 그가 자신의 첫사랑에 어디까지나 충실하여, 자신의 '첫사랑'에 대한 신앙을 간직한다면, 그것은 아름답고 건전한 일이다. 그러고 나서 그 후 세월이 흘러가는 사이에 만약 그가 가끔 그의 첫사랑을 생생하게 기억한다면, 그러고도 그의 영혼이, 이를테면 어떤 고상한 일에 몰두하기 위해서 이런 유의 생활과 결별할 수 있으리만큼 충분히 건전하면, 그것은 아름다운 일이다.

만약 그 사람이 이때, 비록 그것이 완전한 것은 아니었지만, 그럼에도 불구하고 그것은 아름다운 것이었다고 서글픈 심정으로 그것을 회상한다면, 그것은 역시 아름다운 일이다. 그리고 이런 비애는 이미 옛날에 그런 어린애들의 장난과 같은 것을 졸업한 산문적인 상식이나, 자기 자신은 건강한 것으로 생각하고 있으나 실은 가장 고약한 소모성消耗性 질병인 저 「피가로의 결혼」에 등장하는 음악선생 바질의 그 악마와도 같은 영리함보다는 훨씬 건전하고 아름답고 고상하다. 왜냐하면 사람이 비록 온 천하를 얻고도 제 목숨을 잃으면 무엇에 유익하리오*이기 때문이다. 나에게는 이 '첫사랑' 이라는 말은 전혀 아무런 비애의 색감도 못 가진 것이 된다. 혹은 고작해야 비애의 감미로움이 약간 깃들인 것에 불과하다. 나에게는 그 말이 싸움의 함성이다. 그리고 나는 기혼자로서 이미 수년이라는 세월을 보냈지만, 여전히 첫사랑이라는 상승하는 기치 속에서 싸울 명예를 갖고 있다.

반면에 그대에게는, '최초의 것' 이라는 개념, 첫째의 것이 지닌 참다운 의미, 첫째의 것의 과대평가와 과소평가라는 것이 수수께끼와도 같은 파동인 것이다. 때론 그대는 '최초의 것' 에 정신없이 열중한다. 그대는 이 최초의 것이라는 사상에 내포된 정력적인 집중성 때문에 가슴이 뿌듯하여, 그것이야말로 그대가 원하는 유일한 것이 된다. 그대는 뜨거워지고 활활 타오르고 사랑스러우리만큼 열렬해지고 꿈을 꾸게 되고 풍요해지고 비를 머금은 구름처럼 낮게 가라앉고, 요컨대 그대는 주피터가 구름이나 다정한 비를 타고 사랑하는 여인을 찾아 내려가는 것을 의미하는 것을 생생하게 머릿속에 그린다. 과거의 것은 잊어버리고, 모든 경계선은 제거된다. 그대는 더욱더 팽창하고, 그대는 어떤 부드러움과 탄력성에 민감해지고, 관절이란 관절은 다 부드러워지고, 모든 뼈가 나긋나긋한 힘줄이 된다. 그것은 마치 옛 로마의 투사가 자신의 몸을 뜻대로 구사하기 위하여 자신의 몸을 한껏 뻗는 것과도 같다. 누구나가 그렇게 하면 그 자신의 힘을 잃게 될 것이라고 생각하기가 일쑤일 것

---

* 마태복음 16장 26절 참조.

이다. 그러나 이런 육체적인 고문이야말로 그가 자신의 힘을 마음껏 사용하기 위한 조건인 것이다. 그렇게 해서 이제 그대는 완전한 감수성의 순수한 쾌락을 향락할 수 있는 상태에 도달한다. 가장 부드러운 접촉도 이 눈에 보이지 않는 한껏 뻗은 정신적인 육체를 전율하게 하기에 충분하다.

나의 생각을 깊이 사로잡는 동물이 있다. 그 이름은 해파리다. 그대는 이 동물을 관찰한 일이 있는지 모르겠지만, 젤라틴의 덩어리와도 같은 이 해파리란 놈은 그 자체를 평원반平圓盤과 같이 펼칠 수가 있는가 하면, 이번에는 천천히 떴다 가라앉았다 할 수가 있는가 하면, 또 조용히 떠 있을 수도 있기 때문에, 사람들은 그 위에 올라 탈 수가 있는 것이나 아닐까 하고 생각될 정도다. 이제 해파리는 먹이가 접근해 오는 것을 본다. 그러면 해파리는 자신의 가장자리를 안으로 오므려서 하나의 주머니가 되어 무서운 속도로 깊이깊이 물속으로 가라앉으며, 그 속도로 먹이를 안으로 끌어넣는다. 물론 주머니 속으로가 아니다. 왜냐하면 해파리는 주머니를 갖고 있지 않기 때문이다. 해파리는 자기 자신 속으로 먹이를 끌어넣는다. 왜냐하면 해파리 자체가 주머니고 그 이외의 아무것도 아니기 때문이다. 해파리의 수축작용은, 우리가 그것이 어떻게 그렇게까지 자신을 넓힐 수가 있었는지 이해가 가지 않을 정도로 이루어진다. 그대의 경우도 그것과 매우 흡사하다. 그대는 내가 그대와 비교할 수 있는 보다 더 아름다운 동물을 갖지 못한 사실과, 그대가 자신을 한낱 주머니 같은 존재로 생각하고 쓴웃음을 금할 길이 없으리라는 사실에 대하여 나를 너그러이 용서해 주기 바란다.

이상과 같이 그런 순간순간에 그대가 추구하고 있고 오로지 그대가 원하고 있는 것은 '최초의 것' 이지만, 그대는 다음과 같은 일은 추호도 의심치 않고 있다. 즉, '최초의 것' 이 항상 다시 일어나기를 원한다는 것은 자기모순이고, 따라서 결과적으로 그대는 그 최초의 것에는 결코 도달할 수가 없든가, 아니면 그것은 사실상 과거의 것이 된 것이어서, 그대가 지금 보고 있는 것이나 그대가 지금 향유하고 있는 것은 단지 최초의 것의 반영에 불과하다는 사실을 추호도 의식하고 있지 않다. 그와 동시에 그대가, 최초의 것이란 그것을 옳게 찾기만 하면 '최초의 것' 이 아닌 다른 것 속에 현존할 수도 있다고 믿고 있다면, 그것은 역시 그대의 잘못이라는 것도 지적해 두지 않을 수 없다. 또 그대가 그대의 전문적인 실천에서 우러나온 결과를 들고 나온다면, 그대는 일찍이 올바른 방향에서 실천한 적이 없기 때문에, 이것 역시 오해라고 아니할 수 없다.

반면에 다른 때는 가끔, 그대는 춘삼월의 바람처럼 매섭고 날카롭고, 흰 서리처럼 준열하고, 봄철의 공기가 늘 그렇듯이 지적으로 투명하고, 극도로 건조하고 황량하고 이기주의로 응결되어 있다. 그러니 그때 그런 마음의 상태에 있는 때에 누군가가 그대에게 잘못 실수하여 '최초의 것' 에 관하여, 그것에 깃들인 아름다운 점에 관하여, 어쩌다 만의 하나라도 자신의 첫사랑에 관하여 언급이라도 한다면, 그러면 그대는 몹시 화를 낼 것이다. 그러면 그때는 '최초의 것' 은 가장 우스꽝스러운 것, 세상에서 가장 어리석은 것이 되고, 세대에서 세대로 전해지고 있는 많은 거짓말의 하나가 된다. 그러면 그대는 어린애를 차례로 죽인 헤롯왕과 같이 포악해진다. 그러면 그대는 최초의 것에 매달린다는 것은 비겁한 것이고 사내답지 못한 것이다, 진리란 싸워서 획득한 것 속에 있는 것이지 주어진 것 속에 있는 것이 아니라고, 그칠 줄 모르고 설명하려고 달려들 것이다.

나는 언젠가 그대가 그런 기분을 간직하고 나의 방에 찾아온 일을 기억하고 있다. 여느 때처럼 그대는 파이프에 쌈지 담배를 채우고 가장 편안한 안락의자에 앉아서 다리를 다른 의자에 올려놓고, 나의 서류를 샅샅이 뒤지며(그때 나는 그 서류들을 그대에게서 빼앗았다고 기억한다), 그러고 나서 그대는 첫사랑에 대해서 또 모든 최초의 것에 대하여 심지어는 '내가 학교에서 맞은 최초의 매'에 대해서까지도 찬사를 퍼부었으며, "당신에게 그 매를 때린 선생은 당신이 알고 있는 한 당신을 힘껏 때릴 수 있는 유일한 선생이었기 때문에, 그렇게 당신이 칭찬할 수가 있다"고 설명적인 주석까지도 늘어놓았다. 그러고는 그대는 그 학생가學生歌를 휘파람으로 불러대며 발을 올려놓고 있던 의자를 방 한쪽 구석까지 걷어차 버리고는 방을 나가 버렸다.

그러므로 '최초의 것'이라는 이 신비스러운 말 뒤에 도사리고 있는 것에 관해서 그대로부터 어떤 설명을 들으려고 해도 그것은 헛수고다. 이 말은 과거에 있어서도 세상에서 엄청난 의미를 가졌었고, 또 앞으로도 엄청난 의미를 가질 것이다. 이 말이 개인 개인에게 어떤 의미를 갖느냐는, 그 개인의 전체 정신 상태를 위해서는 결정적인 일이고, 예컨대 이 말이 그 인간에게 전혀 아무런 의미를 갖지 않는다고 하는 사실은, 그 사람의 영혼에는 보다 고상한 것에 접하여 감동할 수 있는 요소가 전혀 깃들어 있지 않다는 것을 보여주고 있다.

그러나 '최초의 것' 이 의미를 갖고 있는 사람 앞에는 두 가지 길이 놓여 있다. 그 하나는 '최초의 것' 이 미래에 대한 약속을 내포하고 있는 것이어서, 정신을 고무하고 무한한 것을 자극하는 경우다. 이러한 행복한 사람들에게는 '최초의 것' 이 전적으로 현재적인 것이지만, 이런 현재적인 것이 그들에게는 부단히 발전하고 다시 젊어지는 '최초의 것' 이다. 다른 하나는 '최초의 것' 이 개인의 내부에서 개인을 격려하지 않는 경우다. 이 경우에는 '최초의 것' 속에 깃들인 힘이, 개인 안에서 격려하는 힘이 되지 않고 반발하는 힘으로 화하여 반발하게 된다. 그런 사람들은 계속 '최초의 것' 에서 더욱더 멀어져 가는 불행한 개인들이다. 물론 후자에 속하는 상황은 전적으로 개인 자신의 책임이 없이 일어나는 그런 것이 아니다.

'최초의 것' 이라는 이 말을, 이념에 의해서 감동된 모든 사람들은 어떤 엄숙한 관념과 결부시킨다. 그러므로 사실 이 '최초의 것' 이 가장 고약한 것을 의미할 때는, 그것이 한층 차원이 낮은 영역에 속하는 것에 해당될 때에만 국한된다. 이렇게 사용되는 실례라면 그대가 꽤 많이 갖고 있을 것이다. 예컨대 인쇄물의 최초의 교정이라든가, 사람들이 새 옷을 처음으로 입는 착복식 등 말이다. 요컨대 어떤 것이 되풀이될 수도 있다는 확률이 크면 클수록 '최초의 것' 이 갖는 의미는 그만큼 더 적어지고, 반복될 확률이 적으면 적을수록 그것이 가지는 의미는 그만큼 더 커진다. 반면에 처음으로 자체를 고지하는 이 '최초의 것' 이 의미가 깊은 것일수록, 그것이 반복될 확률은 적다. 그리고 만약 고지되는 것이 영원한 것이라고 할 수 있을 만큼 중요한 것일 경우에는, 그것이 되풀이될 확률은 사라지고 만다.

그러므로 사람들이 첫사랑이란 결코 되풀이될 수 없는 것이라는 식으로 비감에 젖은 엄숙한 심정으로 말한다고 해도, 그것은 사랑을 깔보는 태도가 아니라, 사랑은 영원한 힘이라고 찬양하는 고상한 찬양의 태도다. 그렇기 때문에 펜으로써가 아니라 사상으로 철학적인 작은 논문을 쓰기 위해서는, 하느님께서는 단 한 번만 육신을 가진 인간으로 태어났기 때문에, 그런 일이 반복되리라고 기대한다는 것은 헛수고라고 할 수 있다. 이교異敎에 있어서는 그런 일은 자주 일어날 수 있었다. 그러나 그 이유는 바로 그것이 결코 진정한 성육신成肉身이 아니기 때문이었다. 마찬가지로 인간도 역시 단 한 번만 태어날 뿐이고, 반복될 확률은 없다. 윤회라는 사상은 탄생의 의미를 올바르게 이해하는 것을 방해하고 있다.

몇 가지 예를 들어 나의 생각을 좀 더 소상하게 설명하련다. 우리는 처음 돋아나는 파릇파릇한 신록이나, 처음 나타난 제비에 대하여 어떤 엄숙한 감정을 지니고 환영한다. 그렇지만 우리가 그러는 이유는, 우리가 그것들과 결부시키는 관념 때문이다. 따라서 이 경우에는 '최초의 것' 에 의해서 고지되는 것을, 이 최초의 것 그 자체, 예컨대 최초의 제비 그 자체와는 별개의 어떤 것이다. 여기에 아벨을 죽이는 카인을 묘사한 한 폭의 동판화銅版畵가 있다. 배후에는 아담과 이브가 보인다. 이 동판화가 예술작품으로 가치가 있는 것인지 어떤지를 나로서는 결정을 내릴 수가 없다. 그렇지만 동판화 밑에 새겨진 글, 즉 최초의 살인, 최초의 부모, 최초의 고뇌라는 글은 언제나 나의 흥미를 끌어왔다. 여기에서도 다시 '최초의 것' 은 깊은 의미를 갖고 있다. 그리고 여기서 우리가 주목하게 되는 것은 '최초의 것' 그 자체다. 그러나 그것은 그 내용에 대해서가 아니라 오히려 시간에 대한 관계다. 왜냐하면 최초의 것에 의해서 전체가 설정되는 그것이 지닌 연속성이 분명하지가 않기 때문이다. (물론 이 '전체' 는 인류에게로 전해지는 죄로 이해할 수밖에 없다. 최초의 죄를 생각할 때, 만약 우리가 아담과 이브의 죄를 생각한다면 이 최초의 죄가 연속성을 생각토록 인도할 것이 사실이지만, 연속성을 갖지 않는 것이 악惡의 본질인 이상, 내가 왜 아담과 이브를 실례로 사용하지 않았는가 하는 이유를 그대는 쉽게 이해할 것이다.)

한 가지만 더 예를 들어 보기로 하자. 다 알고 있는 사실이지만, 그리스도교계界의 몇몇 엄한 종파에서는, 일단 빛을 받은 사람들이 후에 타락한 경우에는 다시 뉘우치고 새로워질 가능성이 없다고 하는, 이 히브리 사람들에게 보낸 편지의 말에서 하느님의 은총의 제약성을 입증하려고 하였다. 그러므로 여기에서는 '최초의 것' 이 가질 수 있는 그것의 모든 깊은 의미를 다 갖고 있는 셈이다. 이 최초의 것 속에는 뜻 깊은 그리스도교적인 삶이 전부 밝혀져 있기 때문에, 이런 사실을 이해하지 못한 인간은 파멸하고 말았다. 그러나 여기에서는 영원한 것이 너무나도 시간적인 규정으로 끌려 들어와 있다. 그러나 여전히 이 예는 어떻게 '최초의 것' 이 전체이고 전체의 내용인가를 설명하는 데 이바지할 것이다. 그렇지만 '최초의 것' 속에 깃들어 있는 것이 시간적인 것과 영원한 것의 종합 위에 자리 잡고 있는 것이라고 한다면, 내가 앞서 분명히 설명한 모든 것이 그 타당성을 갖게 된다. '최초의 것' 속에는 전체가 암암리에 또 은밀하게 현존하고 있다. 이제 나는 다시 '첫사랑' 이란 말을 스스럼없이 언급한다. 행복한 개인에게는 첫사랑이란, 동시에 제2, 제3의 그리고 최후의 사랑이기도 하다. 여기에서는 첫사랑이 영원한 것으로 규정된다. 불행한 개인에게는 첫사랑이 순간적인 것이고, 그것은 시간적인 것으로 규정된다. 행복한 개인에게는 첫사랑이란 그것이 존재하고 있는 바로 그 사실 속에서 현존하고 있는 것이고, 불행한 개인에게는 첫사랑이란 그것이 존재하고 있는 바로 그 사실 속에서 지나가 버린 것이다. 행복한 개인에게 있어서도 역시 반성이란 있게 마련인 이상, 이것이 사랑 속에서 영원한 것을 지향하고 있다면, 이것은 사랑을 강화하는 원천이 되지만, 반면에 이것이 시간적인 것을 반영하는 한, 이것은 사랑의 파괴가 될 것이다. 이렇듯이 시간적인 방법으로 반성을 하는 자에게는, 예컨대 최초의 입맞춤은(바이런이 어떤 짤막한 시 속에서 말했듯이) 과거지사가 될 것이지만, 영원한 방법으로 반성하는 자에게는 영원한 가능성이 될 것이다.

우리가 사랑에다 붙여 준 '최초의' 라고 하는 속성에 관해서는 이제 그만 언급하기로 하자. 이제 나는 '첫사랑' 에 관해서 보다 소상한 고찰로 들어가련다. 그 전에 나는 그대에게 우리가 부딪힌 사소한 모순을 상기해 주었으면 한다. 즉, 첫사랑이 사랑의 전체 내용을 다 내포하고 있는 이상, 첫사랑이란 것은 살짝 맛만 보고 재빨리 제2의 첫사랑으로 옮아가는 것이 가장 영리한 일이 아닐까 하는 생각이다. 그렇지만 우리가 첫사랑을 그렇게 남용한다면 첫사랑이란 사라져버리고, 우리는 제2의 첫사랑도 놓치고 말게 된다. 그러니 첫사랑이란 역시 최초의 사랑만을 의미하는 것이 아닐까? 암, 내용만을 염두에 두고 생각한다면 그렇다. 우리가 끝내 첫사랑 속에 머물러 있는 한에 있어서는 최초의 사랑만이 첫사랑이다. 그러나 우리가 끝내 거기에만 머물러 있다면, 그것은 어차피 제3의 사랑이 되고 마는 것이 아닐까? 천만에, 우리가 영원성을 염두에 두고 생각한다면, 우리가 끝내 첫사랑 속에 머물러 있는 바로 그런 까닭으로 해서, 첫사랑은 최초의 사랑으로 남는다.

이제는 자신들도 슬슬 인생의 반려를 찾아 나서거나 수소문해 보아도(신문의 구혼란 따위를 통해서) 무방한 인생의 시기에 도달했다고 생각하는 속물들이 첫사랑과 깨끗이 작별하였다고 해서, 그런 속물들의 마음의 상태를 첫사랑에 선행하는 마음의 상태라고는 간주할 수가 없다. 그야 물론 사랑의 신인 에로스께서는 그런 속물들에게도 사랑에 빠질 수 있도록 장난을 베풀어 줄 만큼 충분히 자비로울 수도 있으리라고 생각할 수도 있다. 내가 "그렇듯이 자비롭다"고 말하는 것은, 인간에게 지상의 최고의 선물을 선사한다는 것은 뭐니 뭐니 해도 유별난 자선행위이기 때문이고, 또 뭐니 뭐니 해도 첫사랑이야말로 최고의 선물이고, 비록 그것이 불행한 첫사랑이라고 해도 그것이 최고의 선물임에는 틀림이 없기 때문이다. 그러나 이런 기회는 역시 항상 예외로 남아있고, 그에 선행하는 인간의 마음의 상태 역시 그에 관한 아무런 설명도 제공해 주지 못하고 있다.

만약 우리가 음악의 사제司祭들을 믿는다면(이 점에서는 그들이야말로 가장 믿기에 족한 사람들이지만), 그리고 그들 중에서도 모차르트의 말에 귀를 기울인다면, 첫사랑에 선행하는 상태를 묘사할 때면 사랑은 인간을 장님으로 만든다는 말을 상기하지 않을 수 없다. 당사자는 이를테면 장님이 되고, 그런 모습은 곁에서도 거의 볼 수가 있을 정도다. 그는 자기 자신 속에 빠져 들어가서 자기 자신 속에서 자기 자신의 명상에 잠긴다. 그렇지만 거기에는 바깥세상을 바라보려는 부단한 노력이 깃들어 있다. 바깥세상이 그를 장님으로 만들었지만, 그는 그 세상을 응시한다. 다름 아닌, 이 꿈꾸고 있으면서도 무엇인가를 찾아 헤매는 이런 마음의 상태를, 모차르트는 그의 「피가로의 결혼」에 등장하는 시동侍童을 통하여 심적이고도 감성적인 표현으로 묘사하고 있다. 이와는 대조적으로 첫사랑은 절대적으로 깨어있는 상태고, 절대적으로 눈여겨 바라보는 상태다. 이 사실은 첫사랑이 부당하게 다루어지는 것을 막기 위해서도 강조되어야만 한다.

첫사랑은 첫사랑을 위해 홀로 존재하는 유일하고 결정적이고 현실적인 대상을 지향한다. 그 밖의 일체의 것은 존재하지 않는다. 이 유일한 대상은 막연한 모습으로 존재하는 것이 아니라, 특정한 살아 있는 존재로 존재한다. 이런 첫사랑은 감성의 요소와 아름다움의 요소를 그 자체 속에 갖고 있지만, 순전히 감성적이 아니다. 감성적인 요소 그 자체는 오로지 반성을 통해서만 드러나게 되는 것이지만, 첫사랑에는 반성이 결여되어 있고, 따라서 순수하게 감성적이 아니다. 이런 것이 첫사랑의 필연적인 특색이다. 첫사랑은, 영원한 것이 다 그렇듯이 앞을 향하건 뒤를 향하건 간에 자신은 전적으로 영원을 지향하고 있다고 전제하는 이중적인 경향을 갖고 있다. 이것이 곧 시인들이, 흔히 사랑하는 사람들은 그들이 처음 만나는 순간에서까지도 오랫동안 서로 사랑하고 있었던 것처럼 느낀다고 그렇게도 아름답게 노래한 노래 속에 깃들이고 있는 진실성의 요소인 것이다. 이것이 곧 아무것도 두려워하지 않고, 자신들을 떼어놓는 힘이 있다고 생각하면서도 근심하지 않는 확고부동한 기사적인 성실성에 깃들어 있는 진실성의 요소인 것이다. 그러나 모든 사랑의 본질이 자유와 필연의 통일을 특색으로 삼고 있기 때문에, 이 경우에 있어서도 사정은 마찬가지다. 개인은 바로 이 필연성 속에서 자신의 자유를 느끼고, 이 필연성 안에서 자신의 전체 에너지를 감지하고, 바로 이 필연성 안에서 그가 현재 갖고 있는 일체의 소유감을 느낀다. 우리가 모든 인간에게서 과연 그가 참으로 사랑하고 있는가 아닌가를 뚜렷이 관찰할 수 있는 것도 바로 이런 이유 때문이다.

사랑 속에는 그가 전 생애를 통하여 끝까지 간직할 수 있는 변모와 찬양이 깃들어 있다. 그의 마음속에는 평상시에는 산산조각으로 흩어져 있는 모든 요소들이 하나로 뭉쳐져 있다. 그는 같은 순간에 사람들이 흔히 그런 것보다도 더 젊어 있기도 하고 더 나이가 들어 있기도 하다. 그는 어른이기도 하고 젊은이기도 하다. 그렇다. 거의 어린애에 가깝다. 그는 억세지만 또 한없이 연약하다. 그는 이미 언급한대로 그의 전 생애를 통하여 울려 퍼지는 화음和音이다. 우리는 이 첫사랑을 이 세상에서 가장 아름다운 것의 하나로 찬양하고자 한다. 그러나 우리는 이 첫사랑을 검증해 볼 용기를 잃어서는 안 된다.

그러나 이 문제는 우리가 당면한 관심사가 아니다. 이 시점에서도 이미 후에 가서 첫사랑과 결혼의 관계를 살필 때에 다시 일어날 의문점과 꼭 같은 의문점을 생각해 볼 수도 있다. 종교적으로 발전된 개인은 일체를 하느님과 관련시키고, 모든 유한한 관계를 하느님이란 사상 속에 침투시켜서 발효케 하고, 그렇게 함으로써 그것을 성화聖化하고 정화하는 데 익숙해 있다(물론 이런 의견은 여기서는 완곡하게 이해되어야만 할 것이다). 그런 생각을 하고 있는 이상, 하느님에게 의논하지 않고 그런 감정들을 의식화해 버린다는 것은 위험천만한 일로 생각될 것이다. 그러나 일단 하느님과 상의를 하게 되면 실상 이 관계는 달라지고 만다. 이 경우에 있어서는 어려움이 보다 쉽게 제거된다. 왜냐하면 기습이야말로 첫사랑의 특질이고, 기습으로 얻어진 것의 성과란 본래 원하지 않는 것이기 때문에, 어떻게 그런 하느님과의 상담이 가능할 수 있는지가 분명하지 않기 때문이다.

그러므로 생각할 수 있는 유일한 문제는, 어떻게 이런 상태 속에서 계속 머무르느냐 하는 문제다. 물론 이 문제는 후에 가서 고찰의 대상이 될 주제다. 그러나 그것 자체가 하느님과 아무런 관련도 없는 것으로 인정되는 첫사랑을 앞당겨 거론해 볼 수도 있는 것이 아닐까? 나는 결혼하는 결정권이 개인이 아닌 다른 것 내지는 다른 인간에게 달려 있는 결혼, 혹은 개인이 아직은 결정자로서 자신의 자유를 행사하지 못한 결혼에 관해서 몇 마디를 언급해 보련다. 우리는 이런 가련한 모습의 결혼에도 부닥칠 수가 있다. 이런 경우에 개인은 마법이나 그와 유사한 기술 내지는 자연이 부리는 조화에 의지하고 자신의 사랑의 대상을 불러내려고 시도한다. 보다 엄밀한 의미에서 우리가 종교적인 결혼이라고 부를 수 있는 결혼은 보다 고상한 모습을 띠고 있다(물론 진정한 의미에서는 결혼이란 종교적인 요소가 깃들어 있지만, 동시에 에로스적인 요소도 내포되어 있다). 그러므로 이삭*이 겸손과 신뢰를 다하여 누구를 자신의 아내로 선택할 것인가를 하느님의 판단에 맡기고, 하느님을 신뢰하고 자신의 종을 보내고, 자신의 운명은 하느님의 손에 달려 있다고 느끼기 때문에 자신이 직접 찾아 나서지 않은 것은 매우 아름다운 일임은 의심할 여지가 없다. 그러나 그럼에도 불구하고 여기에서는 아직 에로스적인 것이 제대로 인정을 받고 있지 못하다.

이제 이 경우에 우리가 상기해야만 할 일은, 일반적으로 유대교의 하느님이 제아무리 추상적이었다 말할 수 있다고 하더라도** 그 하느님은 유대 민족, 특히 유대 민족 중에서도 선택을 받은 몇몇 사람들의 절박한 이해관계가 걸려 있는 문제에 관한 한 모든 문제에 깊은 관심을 갖고 있었고, 또 비록 그 하느님은 영靈이었지만, 세상의 일에 관해서 무관심할 정도로 지나치게 영적이지는 않았다고 하는 사실이다. 그러므로 이삭은 하느님께서는 자기에게 반드시 젊고, 아름답고, 그리고 백성들이 우러러보는 모든 면에서 사랑스러운 여인을 아내로 골라 주시리라는 것을 어느 정도까지 확신을 갖고 감히 기대할 수도 있었을 것이다. 그러나 결국 비록 이삭이 하느님께서 골라 주신 이 여인을 참된 청춘의 정열을 다하여 사랑하였다는 것이 이 경우에 증명되었다고 하더라도, 우리는 여기에는 에로스적인 요소가 결핍되어 있다고 느끼지 않을 수 없다. 요컨대 자유가 결핍되어 있었던 것이다.

---

* 창세기 25장 참조.

** 헤겔은 유대교의 하느님을 추상적인 것이라고, 그의 『종교철학』에서 말하고 있다.

그리스도교에서 우리는 가끔 에로스적인 것이 혼합된 것 같은 모호한 것을 본다. 그런데 그런 모호한 것이 바로 그것이 지닌 모호성과 애매성 때문에 우리들의 마음을 매료하고, 또 그것은 그것 속에 바로 어린아이다운 경건성과 동시에 무모한 장난기가 서려 있다. 물론 이런 경향은 특히 가톨릭에서 농후하지만, 우리나라의 소박한 민중들 사이에서도 찾아볼 수가 있다. 그대는 어떤 농촌의 어린 소녀를 상상해 보라(나는 그대가 그런 일을 즐긴다는 것을 알고 있다. 왜냐하면 이런 일은 분명히 하나의 연극적인 장면이기 때문이다). 즉, 겸손하면서도 대담한 두 눈을 눈썹 속에 숨기고 있으며, 안색은 병색이라는 것은 찾아볼 수 없으리만큼 건강이 넘쳐나고, 피어나는 꽃과도 같은 농촌의 어린 소녀를 상상해 보라. 그리고 크리스마스 전날 밤의 그녀를 상상해 보라. 그녀는 자기 방에 홀로 있다. 자정이 이미 훨씬 지났다. 그런데도 여느 때 같으면 으레 충실하게 그녀를 찾아오는 잠이 그날따라 그녀를 피하고 있다. 그녀는 그 어떤 유쾌하고 감미로운 설렘을 느껴 창문을 반쯤 열어 놓고, 말이 없는 별들만이 반짝이고 있는 무한한 공간을 뚫어지게 바라보고 있다. 가느다란 한숨을 내쉬자 한결 마음이 가벼워져서 그녀는 창문을 닫는다. 엄숙한 마음으로(물론 이 엄숙성은 항상 자기도 모르는 사이에 장난기로 변할 수 있는 것이다) 그녀는 기도를 드린다.

거룩한 세 분 임금이시여,
오늘 밤 그분을 내게 보여주시옵소서.
훗날에 나는 그분을 위해 식탁을 차리겠고,

훗날에 나는 그분을 위해 잠자리를 준비하겠습니다.
훗날에 그분의 이름은 나의 것이 될 것이고,
훗날에 나는 그분의 신부가 될 것입니다.

이렇게 기도하고 그녀는 기쁜 마음으로 잠자리에 뛰어든다. 솔직히 말해서, 만약 그 거룩한 세 분 왕들이 그녀를 보살펴주지 않는다면, 그것은 그들의 수치가 되지 않을 수 없을 것이다. 그녀가 원하고 있는 남자가 누군지를 모르니 어쩔 도리가 없다고 해도 소용이 없다. 우리는 그녀가 원하고 있는 남자를 잘 알고 있다. 적어도 크리스마스의 모든 전조前兆가 거짓이 아니라면, 그녀 자신은 그것을 잘 알고 있을 것이다.

이제 우리는 첫사랑으로 되돌아가기로 하자. 첫사랑은 자유와 필연의 통일이다. 개인은 저항할 수 없는 힘에 의해서 다른 개인에게로 이끌려 가는 것을 느끼지만, 바로 이런 현상 속에서 그는 자신의 자유를 감지한다. 첫사랑은 보편적인 것과 특수한 것의 통일이다. 첫사랑은 보편적인 것을 특수한 것으로서 소유하고, 그것도 우연적인 것의 한계에 이른 특수한 것으로서 소유한다. 그러나 첫사랑은 이런 일체의 것을 반성의 힘에 의하여 갖게 되는 것이 아니라 직접적으로 갖는다. 첫사랑이 이런 성격을 결정적으로 갖추게 되면 될수록, 첫사랑은 그만큼 더 건전해지고, 그것이 첫사랑이라고 하는 확률은 더 커진다. 첫사랑은 저항할 수 없는 힘으로 두 사람을 서로 끌어당기게 하지만, 바로 이런 처지에서 그들은 완전한 자유를 누린다.

이제 나는 완고한 어버이들이나 우선 먼저 제거해야 할 스핑크스 같은 것들은 준비하고 있지 않다. 그리고 나는 두 사람에게 결혼용 지참금을 장만해 줄만큼 충분한 재산이 있기 때문에(그리고 또 나는 소설가나 극작가들처럼 전 세계와, 애인들과, 독자들과, 관객들을 괴롭히기 위하여 시간을 마냥 끄는 것을 나의 사명으로 생각하고 있지도 않기 때문에), 이제 나는 하느님의 이름으로 그들이 하나가 되도록 해주면 된다. 보다시피 나는 지금 고상한 어버이의 구실을 하고 있는 것이다. 아닌 게 아니라 이런 일이란 그 자체가 매우 근사한 역할이다. 물론 우리가 흔히 이런 일을 지극히 우스꽝스러운 것으로 만들어 버리지 않는 한에서 말이다.

아마도 그대는 내가 어버이를 본받아, "하느님의 이름"으로라고 하는 짤막한 말을 삽입한 사실을 감지하였을 것이다. 그대는 아마도 첫사랑이란 것이 무엇인지 전혀 모르고 있거나, 혹은 옛날 옛적에 그런 것을 잊어버리고 있는 늙은이가 이런 짓을 한다면 너그러이 용서할 수 있을 것이다. 그러나 아직도 여전히 첫사랑에 감격하고 있는 젊은 사람이 이런 종교적인 말투에다 감히 중점을 두려고 할 때에는, 그대는 아마도 깜짝 놀랄 것이다.

그러므로 첫사랑은 모든 직접적이고 독창적인 확신을 갖고 있다. 첫사랑은 위험을 두려워하지 않고, 전 세계를 상대로 해서 도전한다. 그리고 나는 첫사랑을 위해서 그런 일들이 이번 경우에서와 마찬가지로 수월하게 넘어갔으면 하고 원할 따름이다. 왜냐하면 나는 첫사랑이 하는 일에는 방해를 않는 것을 원칙으로 삼고 있기 때문이다. 하기야 그런다고 해서 내가 첫사랑에 이바지하고 있다고는 말할 수 없을지도 모른다. 아닌 게 아니라 곰곰이 따져보면 방해를 않기 때문에 오히려 원망을 살 수 있을지도 모르겠다. 개인은 첫사랑에서 엄청난 힘을 갖고 있기 때문에, 그에게 반대에 부닥치는 일이 없다는 것은, 마치 용감한 기사가 돌이라도 잘라버릴 수 있는 칼을 얻고도 그 칼을 사용하려고 해도 풀 한 포기도 없는 사막에 있는 자신을 발견하고 불쾌해지는 것과 다름이 없는 불쾌한 일이다. 이렇듯이 첫사랑이란 확고부동한 것이어서 어떤 뒷받침도 필요로 하지 않는다.

첫사랑의 기사는 "만약 첫사랑이 뒷받침을 필요로 한다면, 그것은 이미 첫사랑이 아니다"라고 말할 것이다. 그러므로 이제 이런 점은 충분하리만큼 분명해졌다고 생각되지만, 동시에 나는 또 하나의 순환론循環論 속에서 맴돌고 있다는 사실도 명백해진 셈이다. 앞선 고찰에서 로맨틱한 사랑의 결점은 그것이 추상적인 즉자(卽自, An-sich)로서의 사랑으로 머물러 있고, 그것이 보거나 보기를 원하는 일체의 위험은 사랑 그 자체와 전혀 무관한 외부적인 위험이라는 것이 이 로맨틱한 사랑의 결함이라는 사실을 보았다. 그와 동시에 우리는, 만약 위험이 다른 구석에서, 즉 내부에서 올 경우에는 사태는 훨씬 어려워진다고 지적해 둔 바 있다. 그러나 물론 이에 대해 첫사랑의 기사는 "암…… 만약 그런 일이 생기면 그럴 것이다. 그러나 어떻게 그런 일이 가능하겠는가? 만약 그런 일이 가능하다고 한다면, 그것은 이미 첫사랑이 아니다"라고 말할 것이다. 이런 사실로 미루어 보아서도 그대는 첫사랑이라는 이 문제는 결코 단순한 것이 아니라는 사실을 알 수 있을 것이다.

그렇지만 이제 나는, 반성이란 단지 파괴할 수만 있는 것이라고 가정한다는 것은 오해에 불과하다는 것을 그대에게 상기시키려고 한다. 왜냐하면 반성은 그만큼 구제하는 힘도 갖고 있기 때문이다. 그러나 내가 입증하려고 시도하는 것은 첫사랑이란 결혼과 공존할 수 있다는 사실이므로, 나는 이제부터 앞서 내가 암시한 바를, 다시 말해서 첫사랑이란 보다 차원이 높은 집중성集中性을 띨 수도 있다는 사실과, 그러기 위해서는 의심이 필요 없다는 사실을 좀 더 소상하게 강조하고 싶다. 그러고 나서 나는, 역사적인 것이 된다는 것이야말로 첫사랑에게는 본질적인 것이라는 사실과, 그러기 위한 조건은 바로 결혼이라는 사실을 입증하련다. 그리고 그와 함께 로맨틱한 첫사랑이란, 설혹 사람들이 첫사랑의 기사가 겪는 모험담으로 방대한 책을 쓸 수 있다고 해도, 그 자체가 비역사적인 것이라는 사실을 입증할 것이다. 그렇기 때문에 첫사랑이란 직접적으로 자기 자신을 의지하고 있지만, 동시에 첫사랑을 겪는 개인들은 종교적으로 발전을 한다. 나 역시 그렇게 가정할 권리를 갖고 있다. 실상 나로서는 그러지 않을 수 없는 처지에 있다. 왜냐하면 나는 첫사랑과 결혼은 공존할 수 있다는 사실을 입증하려고 하기 때문이다. 물론 불행한 첫사랑이 그런 사랑을 겪는 개인들에게 하느님께로 피신하여 결혼 속에서 안전을 찾으라고 가르칠 경우에는 문제가 다르다. 이렇게 되면, 비록 첫사랑을 재건하는 일이 가능할 수 있다고 하더라도, 첫사랑은 변하고 만다. 그런 까닭으로 해서 불행한 첫사랑을 겪는 개인들은 일체를 하느님께 일임해 버리기가 일쑤다. 그러나 물론 일체를 하느님께 일임하는 일에도 여러 가지 방법이 있을 수 있다.

각설하고, 그들이 하느님을 찾는 것은 슬플 때가 아니다. 그들에게 기도를 드리게끔 몰아대는 것은 두려움도 아니고 불안도 아니다. 그들의 마음과 그들의 존재 전체는 기쁨으로 충만해 있다. 그러니 그런 사실에 대하여 그들이 하느님께 감사드린다는 것은 지극히 자연스러운 일이 아닐까? 그들은 아무것도 두려워하지 않는다. 왜냐하면 외적인 위험은 그들에게 아무런 영향을 미치지 못할 것이고, 또 첫사랑은 내적인 위험이란 것을 전혀 모르고 있기 때문이다. 그러나 첫사랑은 그런 감사의 표시 때문에 변질되는 것이 아니고, 귀찮게 구는 반성이 첫사랑을 못살게 애먹이지도 않고, 오히려 첫사랑은 감사의 표시를 통하여 한층 차원이 높은 집중성 속으로 수렴된다. 그러나 그러한 감사는 모든 기도가 다 그렇듯이, 외적인 의미에서가 아니라 내적인 의미에서 행동으로 옮아갈 마음의 자세와 결합되어 있다. 첫사랑의 경우에 있어서는 물론 그 첫사랑을 굳게 지키려는 의지와 결합되어 있다. 이런 일 때문에 첫사랑은 본질이 변질되는 일은 없고, 어떤 반성도 첫사랑을 짓궂게 애먹이지 않고, 첫사랑의 단란한 결합은 풀리지가 않고, 첫사랑은 여전히 축복받은 자기 확신을 간직하고, 오히려 첫사랑은 한층 높은 차원의 집중성 속으로 수렴된다.

이러한 보다 고차원적인 집중성 속에 있는 첫사랑은, 아마도 자신이 두려워해야 할 것에 관해서는 전혀 모르고 있을 것이고, 아마도 위험이라는 것을 전혀 생각조차 하지 않고 있을 것이지만, 역시 일종의 첫사랑이라고도 할 수 있는 이런 착한 결심을 통하여, 첫사랑은 윤리적인 영역으로 들어 올려진다. 그러나 여기서 그대는 줄곧 집중성이란 낱말을 사용함으로써, 내가 논점의 절취라는 일종의 궤변을 일삼고 있다고 반론을 제기할 것이다. 왜냐하면 우리가 다루고 있는 이런 고차원적인 영역은 본래가 원심적遠心的이라고 하는 증명으로부터 나는 시작해야만 하기 때문이다.

이런 그대의 반론에 대하여, 나는 다음과 같이 답변할 수가 있을 것이다 – 즉, 만약 내가 원심성遠心性으로부터 시작한다면, 나는 결코 집중성에는 도달할 수가 없을 것이라고. 그러니 나는 또 그대에게, 내가 집중성에서부터 출발할 때, 동시에 나는 다른 영역은 원심적이라는 사실을 증명한다는 것을 그대가 상기해 주기 바란다. 그러므로 이제 우리는 첫사랑을 윤리적인 것과 종교적인 것에 관계시켜 놓은 셈이 된다. 그리고 그렇게 했다고 해서 첫사랑의 본질이 변질될 필요가 없다는 사실도 밝혀진 셈이다. 첫사랑과 결혼의 결합을 어렵게 만들어 놓고 있는 것으로 생각되었던 것이 바로 윤리적인 것과 종교적인 것이었기 때문에, 이제 만사가 해결된 셈이다.

그렇지만 나는 그대를 너무나도 잘 알고 있기 때문에, 그대의 말투를 빌리면, "그런 수를 써서 그대를 설득시킬 수 있다"고는 감히 기대하고 있지 않다. 도대체가 그대는 세상에 있는 어려운 문제치고 모르는 것이 없는 인간이다. 그대는 그대의 재빠르고 사물을 꿰뚫어 보는 두뇌로 신속 무쌍하게 잡다한 학문적인 과제와 삶의 관계 등을 생각해 왔지만, 그대는 도처에서 어려움에 부닥쳐서 정지해 버렸다. 그러니 단 하나의 경우에 있어서나마 그대가 그런 어려움들을 극복할 가능성이 있을 것이라고는 나로서는 도저히 믿어지지가 않는다. 어떤 의미에서 그대는 수로안내인水路案內人과도 닮은 데가 있다. 그러나 그대는 그런 직책을 가진 사람과는 정반대의 인물이다. 수로안내인이란 위험한 곳을 알고 있어서 배를 안전하게 항구로 안내한다. 그런데 그대는 여울목을 알고 있고, 그래서 그대는 항상 배를 좌초시킨다. 물론 그대는 그대가 할 수 있는 최선을 다하고 있다. 또 그대가 원활하고 능률적으로 일을 처리하고 있다는 사실은 모두가 인정하지 않을 수 없다. 그대는 사람들이나 수로를 보는 숙련된 안목을 갖고 있기 때문에, 사람들을 좌초시키기 위해서는 얼마만큼 그들을 멀리 데리고 나가야만 하는지를 대번에 알아낸다. 뿐더러 그대는 그런 일을 함에 있어서 경거망동하지 않는다. 그대는 상대가 어디쯤에서 좌초했는지를 절대 잊어버리는 일이 없다. 그대는 그 상대를 다음에 만날 때까지 어린애 같은 악의를 지니고 언제까지나 기억해 둘 수가 있다. 그래서 다음에 그 상대를 만나게 되면 기분이 어떤가, 어떻게 해서 그 여울목에서 빠져나왔는가를 조심스러우면서도 면밀하게 따져 묻는다. 모르긴 해도 이런 경우에 있어서도 그대는 어려움에 봉착해서 당황하는 일이 없을 것이다. 아마도 그대는 나에게 다음과 같은 사실을 상기시키려고 할 것이다.

즉, 내가 어떤 신神에게 일임하고 있는지를 애매모호하게 미결로 남겨 두고 있다. 다시 말해서 내가 일임하고 있는 신이 은밀한 사랑의 비밀을 꾸미기를 즐겨하는 이교의 신 에로스, 곧 그런 신의 존재란 결국 사랑하는 사람들 자신의 기분의 반영에 불과한 그 에로스신이 아닌지 어떤지, 또 그 신이 그리스도교의 하느님, 곧 영靈의 하느님이시고, 영이 아닌 일체의 것을 질투하는 하느님이신지의 여부를 미결로 남겨 두고 있다고. 또 그대는 그리스도교에 있어서는 아름다움과 감성은 부정당하고 있다는 사실을 나에게 상기시키려고 할 것이다. 즉, 그대는 말을 꺼낸 김에, 그러니 그리스도인들에게는 그리스도가 추했는지 아름다웠는지는 문제되지 않았다고 하는 사실도 지적할 것이다. 그대는 나에게 나의 정통신앙은 물론이고 애인들의 은밀한 밀회를 멀리하고, 특히 그대에게는 가장 우둔한 정통신앙보다도 더 지긋지긋한 일체의 거중조정居中調整일랑 삼가라고 나에게 부탁할 것이다.

그대는, "물론 제단 앞으로 걸어 나가는 것이 젊은 처녀를 기쁘게 해주고, 또 그녀의 기분에 전적으로 일치할 것임에는 틀림이 없습니다. 그리고 교구의 교인들은 세상의 쾌락의 유혹에 저항할 수 없었던 불완전한 자로서 그녀를 바라보리라는 것은 너무나도 당연한 일입니다. 그래서 처녀는 마치 학생이 벌을 받고 서 있듯이 서 있거나, 공개적인 고해告解를 하기 위해 서 있듯이 서 있어야만 합니다. 그러면 목사는 우선 그녀에게 성서의 본문 구절을 읽어 주고는 제단 난간으로 허리를 굽히고 약간의 위로를 줄 셈으로 살그머니 그녀에게, 결혼이란 뭐니 뭐니 해도 하느님의 마음에 드는 귀한 유산이라고 실토할 것입니다. 이러한 일련의 행사를 통하여 그래도 어떤 가치를 지니게 되는 유일한 것은 목사의 극적인 장면 조성뿐입니다. 그리고 만약 상대가 아름다운 젊은 처녀라면 나는 그녀의 귀에 그런 비밀을 속삭여주기 위해서라도 기꺼이 목사가 될 것입니다"라고 말할 것이다.

그러나 나의 젊은 벗이여! 암, 결혼이란 그대의 말처럼 하느님의 마음에 드는 귀한 유산임에 틀림없다. 반면에 성서 속에 독신자에게 어떤 각별한 축복을 베풀었다는 말이 있다는 것을 나는 알지 못하고 있다. 그리고 독신자야말로 결국 그대의 갖가지 연애사건을 치르고 난 종말의 모습일 것이다. 그러나 그대와 실랑이를 하다보면, 우리는 가장 어려운 과제에 말려들어가게 마련일 것이다. 왜냐하면 어떤 일이건 간에 죄다 입증할 수 있는 능력을 갖고 있고, 어떤 현상이든 그대의 손에 걸리면 어떤 것으로든 바뀌게 마련이기 때문이다. 물론 그리스도인의 하느님이 영靈이신 것은 확실한 사실이고, 그리스도교 역시 정신임은 틀림이 없는 사실이고, 또 영과 육肉 사이에는 갈등*이 있다는 것도 사실이다. 그러나 '육적인 것'은 감성적인 것이 아니라, 이기주의적인 것이다. 그리고 이런 의미에서는 그대가 '정신적인 것'이라고 부르고 있는 '지적인 것' 역시 감성적인 것이 될 수도 있다. 예컨대 만약 어떤 사람이 자신의 지적인 천품을 남용한다면 그는 육적인 셈이다.

물론 나는 그리스도인들에게는 그리스도가 지상적인 아름다움이어야만 할 필요는 없었다는 것을 잘 알고 있다. 그리고 이런 사실은 그대가 열거한 이유와는 다른 이유 때문에 매우 서글픈 일이라 하겠다. 왜냐하면 그렇게 되면 신자들은 그리스도를 보기를 갈망하지 않을 수 없기 때문이다. 일이 그쯤 벌어지면 아름다움이 어떤 본질적인 것이 되고 만다. 그러나 이런 일련의 일로 미루어 보더라도 결코 그리스도교가 감성적인 것을 말살하였다는 결론은 나오지 않는다. 첫사랑은 그 자체 안에 아름다움의 요소를 갖고 있고, 감성적인 것이 순결할 때에는 감성적인 것 속에서 찾아볼 수 있는 기쁨과 충족감은 얼마든지 그리스도교로서도 받아들일 수가 있다. 그러나 우리는 한 가지 일, 즉 그대가 피하려

* 창세기 3장 15절과 갈라디아서 5장 17절 참조.

고 하고 있는 것보다도 더 위험한 그릇된 길만은 십분 경계하기로 하자. 우리는 지나치게 영적이 되는 일이 없도록 하자. 물론 그렇다고 해서 우리는 그대가 그리스도교를 어떻게 이해하든 간에 그대가 멋대로 하도록 내버려 둘 수는 없다. 만약 그대의 생각이 옳다면, 우리로서는 되도록이면 빨리 지나친 신비주의를 통하여 우리가 배운 육체적인 것의 파괴와 온갖 자학을 배우기 시작하는 것이 최선의 길일 것이다. 그러면 건강까지도 수상쩍은 여건이 될 것이다. 그렇다고 해서 경건한 그리스도인들이 하느님에게, 세상을 두루 다니며 병든 자를 고치신 그 하느님에게 자신의 건강을 보살펴 달라고 간절히 기원하는 일 자체를 부인하게 될지 어떨지는 나로서는 매우 의심스럽다. 그런 일을 부인해야 한다면 문둥병 환자는 의당 고침을 받는 것을 거절해야만 했을 것이다. 왜냐하면 그렇다면 그들이야말로 완전성에 가장 가까웠기 때문이다.

인간이란 소박하고 어린애 같으면 같을수록 그만큼 더 하느님께 간구할 수가 있다. 어린애 같은 존재라는 것이 첫사랑의 가장 두드러진 특성이니만큼 첫사랑 역시 감히 기도를 드릴 수가 없다고 하는 말이 나로서는 납득이 가질 않을 뿐더러, 또 (앞서 언급한 바의 생각을 간직한다면) 첫사랑의 본질이 변질되지 않은 채로 하느님에게 감히 감사드릴 수가 없다는 말도 나로서는 납득이 가질 않는다.

그러나 그대는 여전히 보다 많은 것들을 그대의 양심의 짐으로 간직하고 있을 것이다. 그렇다면 그대는 그것을 다 털어 놓는 것이 좋을 것이다. 빠르면 빠를수록 좋다. 가령 그대가 다음에 언급하려는 이런 혹은 저런 어떤 표현에 관해서 "나는 결코 나 자신이 그런 식으로 표현한

적이 없다"고 말할 생각이라면 나는, "그건 물론 사실이다. 그러나 그대, 나의 친애하는 관찰자 선생이여. 가엾은 기혼자가 외람되게도 관찰자를 자신의 관찰의 대상으로 삼으려 한다고 해도, 그대는 그것을 너그럽게 용납해야 할 것이다"라고 대답할 것이다. 그대는 결코 솔직하게 토해 버릴 수 없는 무엇인가를 그대 자신 속에 숨기고 있다. 그대의 모든 표현 속에 그렇듯이 많은 에너지와, 그렇듯이 강한 탄력성이 깃들어 있는 것도 그 때문이다. 요컨대 그대의 표현은 남들의 짐작에 일임하고 있는 무엇인가를 시사하고 있고, 한층 더하여 무엇인가가 폭발할 것이라는 것을 암시하고 있다.

그러고 나서 그대는 그대의 영혼이 갈망하고 있었던 것을, 그대의 영혼이 허다한 실수를 저지른 끝에 발견하리라고 생각한 바로 그것을 찾아낸 것이다. 요컨대 그대는 그대의 존재 전체가 안주할 수 있는 한 처녀를 발견한 것이다. 비록 그대는 약간 지나치게 경험을 쌓은 감이 없지도 않지만, 그럼에도 불구하고 그것은 그대의 첫사랑이다. 그대는 그것이 첫사랑이라고 확신하고 있다. "그녀는 아름답다" – 물론이다. "매력적이다" – 나도 그것을 의심치 않는다. "그러나 그녀의 아름다움은 범상한 것 속에서는 표현되지 않고, 다양한 것의 통일 속에서, 우연적인 것 속에서, 자기모순된 것 속에서만 표현된다. 그녀는 다정하다" – 그런 말은 안 해도 알 수가 있다! "그녀는 옆에서 바라보는 사람을 아찔아찔하게 만들 수 있을 만큼 어떤 헌신적인 인상을 준다. 그녀는 가볍고, 새처럼 나뭇가지 위에서 몸을 흔들 수가 있다. 그녀는 정신(에스프리)을 지니고 있다. 자신의 아름다움을 밝히어 조명하기에 족한 정신을 말이다. 그렇지만 그 이상의 정신은 갖고 있지 않다."

이제 그대가 이 세상에서 그대 자신으로 만든 전부를 그대 자신의 소유로 확인할 수 있는 날이 온 것이다. 그러나 그대는 이미 그것을 완전히 소유하고 확신하고 있는 것이다. 그대는 이미 그녀에게 종부성사終傅聖事*를 베풀 특권을 허락받고 있는 것이다. 그대는 이미 오랫동안 가족들이 모이는 식당에서 기다려왔다. 설치고 다니는 식모와, 사오 명의 호기심에 가득 찬 사촌 자매들과, 존경하는 숙모와, 미용사가 벌써 몇 번씩이나 그대의 곁을 황급히 지나갔다. 그대는 이미 그런저런 일에 대하여 화를 내고 있다. 바로 그때 거실로 통하는 문이 살며시 열린다. 그대는 재빨리 그쪽으로 시선을 던진다. 그러자 거실에는 아무도 없다고 하는 사실과, 그녀가 다른 사람들을 모두 거실에서 내보내도록 수를 썼다는 사실을 알고 그대는 기뻐한다. 그녀는 아름답다. 여느 때보다 훨씬 더 아름답다. 그녀의 주위에는 감격의 조화가 감돌고 있어서, 그것이 내뿜는 분위기 때문에 그녀는 안절부절못하고 있다. 그대는 깜짝 놀란다. 그녀는 그대의 꿈마저도 능가하고 있다. 그래서 그대 역시 변모한다.

그러나 그대의 예민한 반성은 곧 그대의 감동을 감춘다. 그대의 침착성은 그녀에게 한층 더 유혹적으로 작용하여 그녀의 영혼에다 어떤 그리움을 유발시키고, 그것이 그녀의 아름다움에 관심을 갖게 만든다. 그대는 그녀에게로 다가간다. 그녀의 장신구까지도 이런 분위기에는 비

* 이 말은 임종 때 베푸는 성사를 의미하는 말이지만, 덴마크에서는 농담으로 즐겨 사용되고 있다.

상한 인상을 느끼게 하기 때문이다. 그러나 그대는 한 마디도 말을 하지 않는다. 그대는 보고 있지만 마치 전혀 보고 있지 않는 것만 같다. 그대는 얼간이 같은 동작으로 그녀를 괴롭힐 생각을 하고 있지만, 거울 속에 비친 그녀의 반영까지도 그대를 즐겁게 해준다. 그대는 그녀의 가슴에다 수수한 장신구 하나를 달아 준다. 그 장신구는 그대가 그녀와 처음 만났던 날에 그녀에게 선물한 그것이다. 그날 그대는 그녀에게 정열적인 입맞춤을 했다. 그 순간 그대는 그 정열로써 그대의 사랑을 확인하려고 했다. 그녀는 그 장신구를 숨겨서 간직해 온 것이다. 그래서 아무도 그것을 본 사람이 없다. 그대는 모두 한 종류의 꽃으로 된 작은 꽃다발을 들고 있다. 꽃이란 그 자체로서는 전혀 무의미한 것이다. 그대가 그녀에게 꽃을 보냈을 때는 언제나 그 꽃이 한 떨기씩 끼어 있었다. 그러나 그녀 이외에는 아무도 알아차리지 못하도록 눈에 띄지 않도록 했다. 오늘에야 이 꽃도 명예와 품위를 회복하게 되는 셈이다. 이 꽃만이 그녀를 아름답게 가꿀 수가 있다. 왜냐하면 그녀는 그 꽃을 사랑하기 때문이다. 그대는 그 꽃을 그녀에게 건네준다. 한 방울의 눈물이 그녀의 눈 속에서 바르르 떨고 있다. 그녀는 그 꽃을 다시 그대에게 돌려준다. 그대는 그 꽃에 입을 맞추고 그녀의 가슴에다 꽂아 준다. 뭐라고 형언할 수 없는 슬픔의 흔적이 그녀에게 퍼진다. 그대 역시 감동한다. 그녀는 한 발자국 물러선다. 그녀는 자신의 장신구를 성가시다는 듯이 들여다본다. 그 장신구가 그녀에게는 짐이 되는 것이다. 그녀는 팔을 뻗어 그대의 목을 껴안는다. 그녀는 그대에게서 몸을 떼지 못한다. 그녀는 마치 어떤 적의를 품은 힘이 자기를 그대에게서 떼어 버리려고나 하는 듯이 열렬하게 그대를 포옹한다. 그녀의 섬세한 장신구는 짜부라지고, 그녀의 머리채가 흩어져 내린다. 바로 그 순간 그녀의 모습은 꺼진다.

그대는 다시금 그대 자신의 고독 속에 남겨진다. 그대의 고독을 깨는 것은 설치고 다니는 식모와, 사오 명의 호기심에 가득 찬 사촌 자매들과, 존경하는 숙모와, 미용사뿐이다. 그러자 거실로 통하는 문이 열리고 그녀가 들어온다. 잔잔한 근엄성이 그녀의 모든 표정에 나타나 있다. 그대는 그녀의 손을 꼭 쥐었다가 놓고는 그녀의 곁을 떠난다. …… 하느님의 제단 앞에서 그녀와 다시 만나기 위해서. 그대는 이 사실을 잊어버린 것이다. 그렇게도 많은 일에 관해서 심사숙고를 거듭하였고, 또 많은 가능성 중에서도 이런 가능성에 대해서 심사숙고를 거듭해 온 그대가, 바로 그런 그대가 사랑에 열중하고 있는 사이에 그것을 잊어버린 것이다. 그대는 누구나가 으레 기대할 수 있었던 최선의 상황을 장만해 놓았지만 그대는 그 사실에는 미처 생각이 미치지 못했던 것이다 – 요컨대 그대는 너무 지나치게 발전하였지만, 혼례식이란 단순한 하나의 의식 이상의 어떤 것이라는 사실에는 미처 생각이 미치지 못했던 것이다.

어떤 불안이 그대를 엄습한다. "그 영혼이 햇빛처럼 순수하고 창공처럼 숭고하고 바다처럼 순결한 이 처녀, 그녀의 앞에서라면 내가 찬탄하는 심정으로 무릎을 꿇을 수도 있는 이 처녀, 그녀의 사랑이 나를 모든 혼란에서 구해 주고 나를 거듭나게 해줄 것이 틀림없다고 내가 느끼는 이 처녀, 바로 이 처녀를 나는 하느님의 제단 앞으로 데리고 나간다.

그러면 그녀는 죄인처럼 거기에 서야만 하고, 아담을 유혹한 자는 이브였다고 하는 말이 그녀에 관해서도 또 그녀에 대해서도 언급될 것이다.* 나의 자랑스러운 영혼이 그 앞에 굴복하였고, 그 앞에 나의 자랑스러운 영혼이 유일하게 굴복한 바로 그녀에게, 나는 그대의 주인이노라, 그대는 나에게 복종해야 한다고 하는 말을 하게 될 것이다. 이제 바야흐로 그 순간이 왔다. 교회는 이미 그 팔을 그녀에게로 내밀고 있다. 교회가 그녀를 나에게 돌려주기 전에 교회는 먼저 그녀의 입술에다 최초의 혼례의 입맞춤의 흔적을 남길 것이다. 그러나 그것은 내가 그것을 위해서는 전 세계라도 내어 줄 그런 혼례의 입맞춤이 아니다. 교회는 이미 그녀를 포옹하기 위해서 팔을 내벌리고 있다. 그러나 교회의 포옹은 그녀의 아름다움 전부를 시들게 만들 것이다. 그러고 나서 교회는 그녀를 되돌려 주며, "많은 열매를 맺고 번성하라"고 말할 것이다.

나의 신부, 나 자신이 고른 신부, 나를 고른 신부와 나 사이에 감히 비집고 들어오는 그 힘이란 도대체 어떤 종류의 힘일까? 이 힘은 그녀를 향해서 나에게 충실하라고 명령할 것이다. 과연 그녀는 명령을 받아야 할 필요가 있을까? 그렇다면 그녀가 나 이상으로 사랑하고 있는 제3자가 그녀에게 그러라고 명령했기 때문에, 단순히 그렇기 때문에 그녀가 나에게 충실하단 말인가? 그 힘은 또 나에게도 그녀에게 충실하라고 명한다. 내게 과연 그런 명령이 필요할까? 나의 영혼 전체가 그녀에게 속해 있는 나에게 말이다! 그 힘은 우리들 서로간의 관계를 규정한다.

* 창세기 3장 16절 이하 참조. 당시만 해도 혼례식에서는 결혼하는 사람들에게 이런 말을 해주게 되어 있었다.

이 힘은 "나는 명령하고 그녀는 복종해야만 한다"고 말하고 있다. 그렇지만 나는 명령할 생각이 추호도 없고, 또 나는 나 자신이 그런 명령을 하기에는 너무나도 초라한 인간이라고 느끼고 있다고 한다면 일이 어찌 되겠는가! 그럴 수는 없다. 오히려 나는 그녀에게 복종하기를 원하고 있고, 그녀가 보내는 암시는 곧 내게 대한 명령이지만, 그 밖의 낯선 힘에 대해서는 나는 결코 복종하지 않을 것이다. 그럴 수는 없다. 시간이 허락하는 한 나는 그녀와 더불어 멀리 도망칠 것이고, 나는 우리를 감싸달라고 밤에게 간청할 것이고, 혼례식 날 밤에 어울리는 대담한 착상으로 우리들에게 동화를 들려 달라고 말없는 구름에게 간청할 것이고, 망망한 하늘 아래서 나는 그녀와 단 둘이서만, 온 세계에서 그녀와 단 둘이서만 그녀의 매력에 도취될 것이고, 또 나는 그녀의 사랑의 심연 속에 나 자신을 내던질 것이다.

나의 입술은 침묵을 지킨다. 왜냐하면 구름이 나의 사상이고 나의 사상은 곧 구름이기 때문이다. 나는 소리높이 외쳐서 하늘과 땅에 있는 모든 힘들을 불러내서, 어떤 존재도 나의 행복을 괴롭히지 못하게 하련다. 나는 그들에게 선서를 시켜서 그들에게 그렇게 하겠다는 서약을 받을 것이다. 그렇다. 멀리 멀리 달아나자. 그러면 나의 영혼은 건강을 되찾을 것이고, 그러면 나의 가슴은 다시 호흡을 회복할 수 있을 것이고, 그러면 나는 이 답답한 공기 속에서 질식해 버리지 않을 수도 있을 것이다. 달아나는 것이다! 그렇다. 나도 역시, "물러가라, 물러가라, 그대 깨끗함을 받지 못한 자들이여!"하고 말하고 싶다. 그렇지만 그대는 과연 그녀가 그런 장정長征에 따라 나설 것인지의 여부를 생각해 본 적이 있는가?

"여인은 연약하다" – 천만에 여자는 겸손하다. 여자는 남자보다 훨씬 하느님께 가깝다. 그렇기 때문에 여자에게는 사랑이야말로 모든 것이다. 그리고 여자는 하느님께서 자신에게 주려고 준비하신 축복과 확증을 결코 물리치지 않을 것이다. 일찍이 여자로서는 결혼을 거부할 생각을 해본 적이 없고, 남자들 자신이 여자를 타락시키지 않는 한, 여자에게는 영원히 그런 생각이 일어나지 않을 것이다. 물론 해방된 여성이라면 그런 생각이 내킬지도 모른다. 실족을 유발하는 동기는 언제나 남자 편에서 나온다. 왜냐하면 남자는 거만하기 때문이다. 남자는 일체이려고 하고, 남자는 자기 위의 어떤 것도 용납하려 들지 않는다.

이제까지의 나의 서술이 그대의 경우에 틀림없이 꼭 들어맞는다는 사실을 그대는 부인하지 못할 것이다. 설혹 그대가 부인한다 해도, 적어도 나의 이 말이 그런 경향으로 흐르고 있는 대변자들에게는 해당된다는 것을 그대도 부인할 수는 없을 것이다. 나는 그대의 '첫사랑' 의 특징을 강조하기 위해서 사랑하는 사람들이 자기 자신을 표현하는 일반적인 형식을 일부러 약간 바꾸었다. 왜냐하면 솔직히 말해서 여기에 묘사된 사랑은, 설혹 그것이 제아무리 정열적이고 제아무리 짙은 파토스를 지닌 것으로 표현된다고 하더라도, 첫사랑이라고 불리기에는 너무나도 반성적이고 너무나도 사랑의 불장난에 정통해 있기 때문이다. 첫사랑이란 겸손한 것이고, 그렇기 때문에 자기보다 차원이 높은 힘이 있다는 것을 기뻐한다. 설혹 다른 이유가 없이, 단지 자신이 감사할 수 있는 어떤 존재가 있다는 이유만으로 기뻐한다(바로 그런 까닭에 우리는 순수한 사랑을, 남자의 경우에서 여자의 경우에서처럼은 찾아보기가 힘들다). 그대의 경우에 있어서도 역시 이와 유사한 점을 찾아볼 수 있었다. 왜냐하면 사실 그대는, 그대가 하늘과 땅에 있는 모든 힘을 불러낼 것이라고 말했고, 바로 이런 점이 그대의 사랑을 위해서는 한층 차원이 높은 원천을 찾을 필요가 있다는 것을 표현해 주고 있기 때문이다. 물론 그대의 경우에는 그것이 하나의 주물숭배呪物崇拜, 그것도 가장 제멋대로의 주물숭배에 불과한 것이지만 말이다.

그러므로 그대를 분개하게 한 첫 번째 것은, 그대가 엄숙하게도 그녀의 주인으로 임명될 수밖에 없었다는 사실이었다. 마치 그대는 주인이 아니라는 듯이(혹은 그렇게까지는 주인 행세를 하지 않았다는 듯이), 또 마치 그대의 말은 주인이라는 특징을 띨 정도까지 분명하지는 않았다는 듯이 말이다. 그러나 그대는 그대가 그녀의 노예가 되고 싶다고 하는 그 우상숭배와 그 불장난을 버리지 못할 것이다. 비록 그대는 철저하게 자신이 그녀의 주인이라고 느끼고 있기는 하지만 말이다.

그대의 영혼이 격분한 두 번째 사실은, 그대의 애인이 죄인으로 선언될 것이라는 생각이었다. 그대는 미학자美學者다. 그래서 나는 바로 이런 요소야말로 한 사람의 여성을 보다 아름답게 만들 수 있는 것이냐 아닐까 하는 문제를, 그대의 한가한 두뇌가 심사숙고해 보도록 제안해 보고 싶은 유혹을 느낀다. 여기에는 사람들이 여성에게 흥미를 갖게 하는 빛을 던져 주는 비밀이 함축되어 있다. 우리가 그 여성은 순결하다고 간주할 수 있는 한에 있어서는 죄를 갖게 될지도 모른다고 하는 어린애 같은 짓궂은 생각은 오히려 여성의 아름다움을 드높여 줄 뿐이다. 물론 그대는 내가 이런 견해를 진지하게 고집할 생각이 아니라는 것을 잘 알 수 있을 것이다. 왜냐하면 나는 이런 일이 원래 어떤 의미를 갖고 있다는 것을 생생하게 느끼고 있을 뿐만 아니라, 그것에 관해서는 후에 설명할 생각이기 때문이다.

그러나 내 말인즉 만약 그대가 그럴 생각이라면, 그대는 아마도 이런 심미적인 관찰에 절대적으로 열광하게 될 것이라는 뜻으로 한 말이다. 그러면 그대는 아래와 같은 많은 심미적인 조사를 해볼 수 있을 것이다. 즉, 이를테면 무한히 아리송한 암시를 통하여 죄를 자극해 보는 것이 어떨까, 혹은 그 순결한 젊은 처녀로 하여금 홀로 그 정체불명의 힘과 싸우게 하는 것이 어떨까, 혹은 일종의 엄숙한 진지성을 발동시켜 그녀를 아이러니의 손아귀에 던져 버리는 것이 어떨까. 하여간에 어떤 방법을 쓰는 것이 최선의 방법 내지는 가장 흥미로운 방법일까 하고 궁리하게 될 것이다.

요컨대 이런 일에 관한 한 그대의 재주는 무궁무진할 것이다. 그때 그대는 바로 성서에서, 많이 사랑하였기 때문에 많은 죄를 용서받은 죄 많은 여인*에게 던져진 기쁨에 넘쳐 떨고 있는 빛을 생각하게 될 것이다. 그러나 내가 할 수 있는 말은, 그녀가 죄인으로서 거기에 설 수밖에 없을 것이라는 그 해석은 역시 그대의 멋대로의 해석에 불과하다는 말뿐이다. 왜냐하면 죄를 추상적으로 아는 것과 구체적으로 아는 것은 별개의 일이기 때문이다. 그러나 여자는 겸손하다. 그리고 교회의 엄숙한

---

* 누가복음 7장 36~50절 참조.

말이 자신에게 고지된 사실에 대해서 진심으로 격분할 생각을 일으킬 여자는 일찍이 한 사람도 없었던 것 역시 사실이다. 여자는 겸손하고 신심信心이 돈독하다 – 과연 남자치고 여자처럼 시선을 떨어뜨릴 자가 있을 것이며, 또 여자처럼 시선을 들어 올릴 수 있는 자가 있을 수 있을까? 그러므로 죄가 이 세상에 들어왔다고 하는 교회의 엄숙한 선포 때문에 어떤 변화가 여자에게 일어난다고 한다면, 그 변화는 여자가 자신의 사랑을 한층 더 굳게 붙들고 있기 때문에 일어날 수 있는 일임에 틀림이 없다.

그러나 이런 사실에서 첫사랑이 변화한다는 결론은 뒤따르지 않는다. 그럼으로 해서 첫사랑은 단지 한층 차원이 높은 집중성으로 끌려올라갈 뿐이다. 지상의 사랑 전체가 죄일 수도 있다는 것을 여자에게 확신시키기란 여간 힘든 일이 아니다. 왜냐하면 그런 일을 믿게 되면, 여자의 존재 전체가 뿌리째 뽑혀 버리기 때문이다. 뿐만 아니라 여자가 하느님의 제단 앞에 나온 것은, 자기 옆에 서 있는 남자를 사랑할 것이냐 사랑하지 않을 것이냐를 심사숙고하기 위해서가 아니었다는 사실이다. 다시 말해서 그녀는 그를 사랑한다. 그녀의 생명은 바로 그 사실 속에 있는 것이다. 그러니 그녀의 마음속에 의심을 눈뜨게 하고, 그녀로 하여금 그녀의 본성에 반항하도록 가르치려고 하고, 하느님 앞에서 무릎을 꿇지 않고 버티고 서도록 가르치려고 하는 자에게 화가 있을지어다.

이 문제에 관한 한 나는 구태여 그대에게 반대하려고 애쓸 필요가 없는 것인지도 모르겠다. 왜냐하면 첫사랑이 존재하기 위해서는 죄라는 것이 이 세상에 들어와서는 안 된다고 하는 생각을 그대가 일단 굳히고 있었던 만큼, 이제 그대는 자신이 헛수고를 하고 있다는 것을 느끼지 않을 수 없을 것이기 때문이다(도대체가 그대는 죄를 무시하려고 원한 사실 때문에, 결국 그대는 자신이 반성의 단계에 들어 있다는 사실을 증명하고 있는 셈이다). 그러나 우리가 첫사랑을 하고 있다고 생각한 두 개인은 종교적으로 발전되어 있었던 사람들이므로, 나는 이 문제에 더 이상 파고들어 갈 필요가 없다. 죄 속에 있다고 하는 사실은 그것을 첫사랑 자체 때문이라고 할 것이 아니라, 첫사랑 속에 깃들인 이기주의 때문이라고 해야 할 것이다. 그러나 이기주의라는 것은, 첫사랑이 반성을 하게 되는 순간에 비로소 모습을 나타내게 될 뿐이고, 또 사실 그런 이기주의가 고개를 들면 첫사랑은 파괴되고 만다.

끝으로 그대를 격분시키고 있는 것은, 제3의 힘이 그대가 그녀에게 충실해야 하고, 그녀가 그대에게 충실해야 한다는 의무를 지우려고 하는 사실이다. 공정을 기하기 위하여, 나는 이 제3의 힘은 자기 자신을 남에게 억지로 강요하지는 않는다고 하는 사실을 그대가 상기하도록 부탁하는 바다. 그러나 우리가 염두에 두고 있는 개인들은 종교적으로 발전된 사람들이므로, 그들은 자진해서 그 제3의 힘에 의지하고 있다. 그리고 이 경우에 문제가 되고 있는 것은, 이 힘 속에 과연 그들의 첫사랑을 방해하는 요소가 깃들어 있느냐 아니냐 하는 것이다. 애인들이 보다 차원이 높은 힘 앞에서 자기들 자신에게 어떤 의무를 부과함으로써 기를 쓰고 그들의 사랑을 강화하려는 것은, 첫사랑으로서는 당연한 일이라는 것을 그대도 거의 부인하지는 못할 것이다. 애인들은 달과 별과 그들의 아버지의 유회遺灰, 그리고 그들의 명예 등에 맹세를 하고 서로가 서로에게 충실할 것을 서약한다.

아마 그대는 이에 대하여 이렇게 말할 것이다.

"아닌 게 아니라 그런 서약은 아무런 의미도 없다. 그런 서약이란 애인들 자신의 기분의 반영에 불과하다. 왜냐하면 그렇지 않다면 어떻게 그들이 달 같은 것을 두고 서약을 할 생각을 할 수가 있었겠는가?"

만약 그대가 그렇게 말한다면 나는 다음과 같이 대답할 것이다.

"그런 말을 하는 것을 보니 그대 자신이 첫사랑의 본질을 바꿔 버렸군. 왜냐하면 첫사랑에게는 일체의 것이 사랑의 힘에 의해서 실재성을 획득한다고 하는 바로 이 사실이야말로 첫사랑의 아름다운 점이다. 반성을 하는 순간에 비로소 달을 두고 서약한다는 것이 무의미한 일이라는 것이 밝혀진다. 그러나 서약하는 순간에는 그것이 타당성을 갖는다."

그렇다면 애인들이 참으로 타당성이 있는 힘을 두고 서약한다는 사실 때문에 이런 상황은 달라질까? 나는 달라지리라고는 거의 생각하지 않는다. 왜냐하면 서약이 진정한 의미를 갖는다는 것이야말로 사랑에게는 가장 중요한 일이기 때문이다. 그러니까 그대는 거리낌 없이 구름이나 별들을 두고 맹세할 수 있다고 생각하면서도 하느님을 두고 맹세해야 하는 일은 마음에 걸린다고 한다면, 그것은 벌써 그대가 반성 속에 사로잡혀 있다는 증거다. 요컨대 그대의 사랑은 목격할 수 없는 존재를 제외하고는 어떤 목격자도 있어서는 안 되는 그런 사랑인 것이다. 물론 사랑이란 신비스러운 것이라는 사실은 두말할 필요도 없다. 그러나 그대의 사랑은 하늘에 계신 하느님께서도 전혀 아무것도 알 수가 없으리만큼 고귀한 것이다. 물론 하느님께서는(약간 천박한 표현을 사용한다면) 신경을 쓰지 않아도 될 그런 증인이신데도 불구하고 말이다. 그러나 하느님께서 사랑에 관해서 전혀 아무것도 몰라야만 한다고 하는 사실은 이기적이고 반성적인 일이다. 왜냐하면 하느님께서는 인간의 의식 속에 계시고, 또 그러면서도 동시에 하느님께서는 우리의 의식 속에 있어서는 안 되는 분이시기 때문이다. 첫사랑은 이런 일련의 일에 관해서는 전혀 아는 바 없다.

그러므로 그대는 그대의 사랑을 보다 차원이 높은 영역에서 변모시킬 필요를 느끼고 있지 않다, 혹은 오히려(첫사랑은 그럴 필요를 느끼지 않고 직접 그런 일을 수행하기 때문에) 그대는 그럴 필요를 느끼고 있지만, 그것을 충족시켜 줄 생각을 않고 있다. 만약 잠시 동안이나마 내가 그대의 그 허구에 찬 첫사랑으로 말머리를 돌리려고 한다면, 나는 다음과 같이 말할 수 있을 것이다.

"어쩌면 그대는 모든 힘들을 불러내는 일에 성공할지도 모른다. 그러나 그대에게서 멀리 떨어져 있지 않은 곳에서는 하나의 겨우살이*가 자란다. 그것이 싹이 트고, 그래서 그대에게 선선한 바람을 불어 보낼 것이다. 그 속에는 보다 뜨거운 열기를 간직하고 있고, 그래서 그대들 두 사람은 그것을 기뻐한다. 그러나 이 겨우살이의 어린 가지는 그대의 사상 속에 깃들이고 있는 생활의 원리인 그 열병 같은 불안을 상징하고 있는 것이어서, 그것은 사람들을 신선하게도 해주고 또 뜨겁게도 해준다. 그것은 항상 변하고, 사실 꼭 같은 순간에 그대는 그대들 두 사람 앞에는 영원히 있었으면 하고 원하면서도, 동시에 이 순간이 마지막 순간이었으면 하고 원할 수도 있다. 그러므로 그대의 사랑의 죽음은 확실한 것이다."

이상으로 우리는 첫사랑이 어떻게 해서 윤리적인 것과 종교적인 것과 관계할 수가 있었는가를 보아왔다. 그렇게 된 것은 첫사랑의 본질을 바꿀 수 있는 반성 때문이 아니다. 왜냐하면 첫사랑은 항상 직접적인 것의 영역에서는 단지 보다 차원이 높은 집중성 속으로 끌려올라가게 마련이기 때문이다. 어떤 의미에서 변화란 일어나게 마련이다. 그래서 나는 이제 이 변화를 사랑하는 두 사람이 신랑과 신부로 변하는 애인들의 탈바꿈metamorphosis이라고 부르며 이 문제를 고찰해 보려고 한다. 첫사랑이 하느님과 관계를 맺게 되면, 애인들은 그들의 첫사랑에 대해서 하느님께 감사를 드리게 되게 마련이다. 이렇게 되면 보다 숭고해지는 방향으로의 탈바꿈이 이루어진다. 남자들이 가장 빠지기 쉬운 약점은,

* 게르만 신화에 나오는 이야기. 오딘의 아내 프리그는 천지만물에 대해 자신의 아들 바르델에게 어떤 해도 입히지 않겠다는 서약을 받았으나, 이 겨우살이만은 서약에서 빠져 있었기 때문에, 바르델은 이 겨우살이에 맞아 죽는다.

남자가 자기가 사랑하는 처녀를 정복하였다고 착각하는 점이다. 그런 착각 속에서 남자는 자신의 우월성을 느끼게 마련이지만, 그런 일에는 심미적인 면이 전혀 없다. 그렇지만 그가 하느님께 감사를 하면 그는 자신의 사랑 앞에 겸손해진다. 아닌 게 아니라 애인인 그녀를 정복하기 위하여 전 세계를 굴복시키는 일보다는 하느님의 손으로부터 사랑하는 사람을 선물로 받는 것이 훨씬 더 아름답다. 더구나 진심으로 사랑하는 남자의 영혼은 그가 하느님 앞에서 겸손해지기 전까지는 안식을 찾을 수가 없을 것이며, 또 그가 사랑하고 있는 처녀는 그에게는 너무나도 소중한 것이기 때문에, 비록 제아무리 아름답고 고상한 의미에서 일망정, 그는 감히 그 처녀를 먹이처럼 약탈할 생각은 않을 것이다. 그리고 설혹 그가 그녀를 정복하여 획득하는 일에서 기쁨을 맛본다 해도, 연애를 하는 짧은 기간 동안의 초자연적인 힘보다는, 일생을 통하여 날마다 조금씩 얻어내는 것이 어울린다는 사실을 그는 알게 될 것이다.

그러나 이런 일이란 사전에 그럴 수도 있을 수 있지 않을까 하는 생각 때문에 그렇게 되는 것이 아니라, 직접성에 의해서 그렇게 된다. 그러므로 첫사랑에 깃들이고 있는 참된 생명의 원리는 본래대로 남아있게 되지만 퓨젤유油(이런 표현을 써도 좋을지 모르겠지만), 즉 달갑지 않은 불순물은 제거되고 만다. 여성에게는 남성에게서 우월성을 느끼고 또 그것에 복종하는 것이 오히려 자연스러운 일이다. 그러나 여성이 무無와 다름이 없는 상태에서 기쁨과 행복을 느낀다 할지라도, 이런 감정은 자칫하면 진실되지 못한 것으로 화하기가 쉽다. 그러므로 그녀가 자신의 애인을 위해서 하느님께 감사를 드린다면, 그녀의 영혼은 괴로움에 대해서는 안전하다. 그녀가 하느님께 감사를 드림으로써, 그녀는 자신이 사랑하는 남자와 이를테면 자신이 숨을 돌릴 수 있을 만큼의 거리를 유지할 수 있다. 그리고 이런 일이란 불안을 자아내는 의심 때문에 생기게 되는 것이 아니라(왜냐하면 그녀는 그런 의심을 모르고 있기 때문이다), 직접성 때문에 일어난다.

나는 앞선 곳에서, 첫사랑에 깃들어 있는 영원성이 비록 착각에 의한 것이라 할지라도, 첫사랑을 윤리적인 것으로 만든다는 사실을 지적해 두었다. 그런즉, 사랑하는 사람들이 그들의 사랑을 하느님과 관련시킨다면, 이러한 감사의 행위 자체가 그들의 사랑에다 절대적인 영원의 각인을 찍어줄 것이다. 확고한 마음가짐이나 의무감 역시 그렇게 할 것이다. 그리고 이 영원성은 막연한 힘 위에 터전을 두는 것이 아니라, 영원한 것 그 자체 위에 터전을 마련하게 될 것이다. 마음가짐은 동시에 또 다른 의미를 갖고 있다. 즉, 거기에는 사랑 속에 깃들인 운동의 가능성이 함축되어 있다. 그렇기 때문에 또 첫사랑 그 자체 위에 감돌고 있는 난점, 다시 말해서 첫사랑이 그 지점에서 더 진전을 할 수가 없다는 난점을 제거해 주는 가능성이 함축되어 있다. 첫사랑이 지닌 심미적인 면은 첫사랑의 무한성 속에 깃들어 있는 것이겠지만 그것 속에 깃들인 심미적이 아닌 면은 이 무한성이 유한성이 될 수가 없다는 점이다. 나는 보다 비유적인 표현을 구사하여, 종교적인 것이 첨가된다고 해도 첫사랑을 괴롭히게 되지는 않는다는 사실을 설명하고자 한다. 사실 종교적인 것이란 본래 하느님의 도움을 받은 인간은 전 세계보다도 가볍다고 하는 확신에 대한 표현이고, 인간이란 헤엄을 칠 수가 있다는 사실을 사실로서 뒷받침하는 신앙, 바로 그것과 꼭 같은 신앙에 대한 표현인 것이다.

그러므로 만약 인간을 물속에서 떠받들어 줄 수가 있는 수영기구가 있다고 한다면, 생명의 위험에 봉착한 일이 있는 사람은 늘 그것을 가지고 다닐 것이라고 생각할 수도 있는 일이고, 또 아직은 생명의 위험에 봉착한 일이 없었던 사람도 늘 그것을 가지고 다닐 것이라고 생각할 수도 있을 것이다. 후자의 경우가 첫사랑과 종교 사이의 관계에 해당된다. 첫사랑은, 비록 미리부터 고통스러운 경험이나 불안스러운 반성 따위를 갖고 있지 않았지만, 종교적인 것으로 채비를 갖추고 있다. 내가 여기서 그대에게 당부하고 싶은 것은, 나의 이 비유를 마치 종교적인 것은 첫사랑과 단지 외면적인 관계에만 머물러 있다는 식으로 취급하지 말아 달라는 것이다. 사정이 그렇지가 않다는 것은 이미 내가 앞선 서술에서 증명해 둔 바 있다.

그러면 여기서 일단 최종적인 결심을 해보기로 하자. 그대는 에로스적인 포옹에 관해서 말을 많이 하고 있지만, 그런 것은 부부 사이의 포옹에 비한다면 아무것도 아니다! 부부 사이의 '내 사랑' 속에는, 에로스적인 '내 사랑' 속에 있는 것에 비한다면 얼마나 풍요한 전조轉調가 있는지 이루 다 말할 수가 없다! 그것은 단지 순간의 유혹적인 영원 속에서나 또 공상과 상상의 환상적인 영원 속에서만 메아리칠 뿐만이 아니고, 또렷한 의식의 영원 속에서 그리고 영원한 영원 속에서도 되풀이하여 메아리친다. 부부 사이의 '내 사랑'에는 무한한 힘이 깃들어 있다! 왜냐하면 의지와 결심과 마음가짐에는 훨씬 더 심오한 음향이 깃들어 있기 때문이다. 거기에는 무한한 에너지와 무한한 유연성이 깃들어 있다. 왜냐하면 의지처럼 단단한 것도 없으며, 또 의지처럼 부드러운 것도 없기 때문이다. 놀라운 원동력인 것이다! 거기에는 어두운 충동의 혼탁한 열광만이 없을 뿐이다. 왜냐하면 결혼이란 하늘에서 이루어진 것이고, 또 의무가 우주 전체의 방방곡곡까지 침투하여 길을 준비하고, 그래서 영원무궁토록 어떤 방해물로 사랑을 불안케 할 수 없을 것이라는 확증을 부여하기 때문이다!

그러니 돈 주안에게는 잎으로 덮은 암자를 차지하게 하고, 기사騎士에게는 별이 빛나는 창공을 차지하게 하라. 만일 그가 그 이상 위에서는 아무것도 볼 수가 없다면 말이다. 결혼은 자신의 하늘을 더 높은 곳에 갖고 있다. 결혼이란 그런 것이다. 만약 결혼이 그런 것이 아니라고 한다면, 그것은 하느님의 잘못도 아니고, 그리스도교의 잘못도 아니고, 혼례식의 잘못도 아니다. 그것은 저주나 축복 때문도 아니다. 그것은 인간 자신의 잘못 때문이다. 그렇다면 인간에게 어떻게 살 것인가를 가르치는 대신, 그들이 살아가는 일을 시작하기도 전에 삶을 지겨운 것으로 만들어 주고, 인간들에게 삶은 복잡한 것이라고 생각하게 만드는 식으로 책을 쓴다는 것은 죄나 수치가 아닐까? 차라리 그런 사람들이 하는 말이 고통스러운 진리이고, 심지어는 그들의 말이 옳다면야 오죽이나 좋겠는가. 그렇지만 실상 그들의 말은 거짓말이다. 그들은 우리들에게 죄를 범하는 방법을 가르쳐 주고 죄를 범할 용기를 갖고 있지 못하는 사람들까지도 다른 방법으로 꼭 같이 불행하게 만든다.

불행히도 나 자신은 하도 심미적인 것의 영향을 많이 받았기 때문에,

이 '남편' 이라는 말이 그대의 귀에 불쾌감을 주리라는 사실을 모르는 바 아니다. 그렇지만 나는 그런 일에는 개의치 않는다. 만약 '남편' 이라는 이 말이 사실 인기가 없고, 거의 웃음거리로 전락해 버린 것이 사실이라면, 지금이야말로 이 말의 명예를 회복해 주도록 애써야 할 절호의 기회라 하겠다. 그대가, "결혼은 충분하리만큼 흔히 볼 수 있지만, 그런 일은 좀처럼 눈에 띄지 않는다"라고 말한다 하더라도 그런 말이 나를 괴롭히지는 못한다. 왜냐하면 우리가 매일처럼 결혼이라는 것을 볼 수 있다는 사실이 결혼에서 위대한 것을 볼 수 있는 기회는 더욱 드물어졌다는 결론을 몰고 오지는 않기 때문이다. 특히나 사람들이 그런 일을 얕잡아 보려고 전력을 다하고 있는 사실로 미루어 보아서는 더욱 그렇다.

다시 말해서 그대와 그대의 동료들은 제단 앞에게 손을 내미는 처녀가, 그대들의 소설에 등장하는 「첫사랑」의 주인공들보다 불완전한 존재로 간주해 버릴 정도로 사태를 몰고 갔던 것이 아닐까?

각설하고, 나는 그대와 그대의 분노에 찬 말들을 꾹 참고 들어주었으니, 이제는 아마도 나의 사소한 소견을 피력하는 것을 용납해 줄 것이다. (아닌 게 아니라 그대의 분노에 찬 말은 그대가 깨닫고 있는 이상으로 거친 것이었다. 그러나 설혹 그대는 그대 안에 있는 그런 감정들을 완전히 이해하고 있지 못하고 있었다고 해도, 그대가 현실로서 결혼과 부닥치게 되면 그대는 그대 안에서 그런 감정들이 날뛰게 될 것이라는 것을 알게 될 것이다. 물론 그런다 해도 아마 그대는 어느 누구에게도 그런 것을 실토하지는 않을 것이지만 말이다.)

인간이란 일생 동안 단 한 번만 사랑하는 법이다. 마음이란 항상 첫사랑에, 즉 결혼에 매달려 있게 마련이다.* 이들 서로 다른 영역이 빚어내는 화음의 일치에 귀를 기울이며 감탄하라. 이 둘은 본래 동일한 것이고, 단지 심미적인, 종교적인, 윤리적인 표현으로 표현되고 있을 뿐이다. 사람은 단 한 번 사랑한다. 이것을 실제로 실현시키기 위해서 결혼이 이에 합세한다. 그러므로 서로 사랑하지 않는 사람들이 결혼을 할 생각을 하는 경우에는, 교회는 책임을 지지 않는다. 사람은 단 한 번 사랑한다. 이런 말은 방방곡곡에서 들려오고, 매일 매일의 새로운 날이 이에 관해서 기쁜 보증을 해주는 행복한 사람들로부터는 물론이거니와 불행한 사람들에게서도 들려오고 있다. 본래 불행한 사람이란 두 부류가 있을 뿐이다. 즉, 항상 이상적인 것을 찾아 헤매는 사람들과 이상적인 것에 매달리려고 하지 않는 사람들이다. 후자에 속하는 사람들이야말로 진정한 유혹자들이다. 그런 인간을 만나기란 여간 어렵지가 않다. 왜냐하면 그렇게 되기 위해서는 항상 심상치 않은 소질이 요청되기 때문이다.

나는 그런 사람을 한 사람 알고 있었다. 그러나 그도 역시 사람은 단 한 번 사랑한다는 것을 인정하였다. 그러나 사랑도 그의 사나운 욕정을 길들일 수가 없었다. 물론 개중에는, "암, 사람은 단 한 번 사랑한다. 그렇지만 사람은 두 번 혹은 세 번 결혼한다"라고 말하는 사람도 있다. 여기서 다시 이 두 영역은 합쳐진다. 왜냐하면 심미적인 것은 "아니다"라고 말하고, 교회와 교회의 윤리는 재혼을 의아스러운 눈으로 보기 때

* 『이것이냐 저것이냐 1』 434페이지의 각주**를 참조.

문이다. 이 사실이야말로 내게는 가장 중요한 사실이다. 왜냐하면 만약 사람은 여러 번 사랑한다고 하는 것이 진실이라면, 결혼이란 수상쩍은 제도가 되어 버릴 것이고, 마치 에로스적인 것이 종교적인 것이 지닌 독단적인 강요 때문에 피해를 입은 듯이 보일 것이기 때문이다. 종교적인 것은 일반적으로 사람은 단 한 번만 사랑해야 한다고 요구하고, 에로스적인 것에게는 중대한 일을 마치, "그대는 한 번 결혼할 수 있고, 그것으로 끝이다"라고 말하듯이 단호하게 처리한다.

이제까지 우리는 어떻게 첫사랑이 결혼에 의해서 변화되지 않고 결혼과 관계를 맺게 되었는지를 살펴보았다. 첫사랑이란 결혼에 내포되는 것이기 때문에, 첫사랑 속에서 찾아볼 수 있었던 심미적인 성질의 것을 결혼에서도 찾아볼 수 있어야만 한다. 그러나 심미적인 성질의 것은 앞서 우리가 살펴본 대로 첫사랑의 무한성 내지는 선천성 속에서 성립된다. 다음으로는 심미적인 성질의 것은 사랑으로 예시되는 여러 모순의 통일 속에서 성립된다. 즉, 사랑이란 감성적이면서도 정신적이고, 또 자유이면서도 필연이고, 사랑은 순간 속에 있고, 결정적으로 현재 속에 있으면서도 영원한 것을 그 자체 속에 지니고 있다. 결혼 역시 이런 일체의 것을 갖고 있다. 결혼은 감성적인 것인 동시에 정신적인 것이지만, 결혼은 또 그 이상의 것이다. 왜냐하면 '정신적' 이란 말이 첫사랑의 경우에 사용될 때에는, 첫사랑이란 심적心的인 것, 정신이 충만한 감정이라는 의미를 갖게 되기 때문이다. 결혼은 자유인 동시에 필연이지만, 역시 그 이상의 것이다. 왜냐하면 첫사랑의 경우에 적용되었던 '자유' 는 본래가 자연적인 필연성의 앙금으로부터 순화되지 않은 개인의 심적인 자유 이상의 것이 아니기 때문이다.

그러나 자유가 많아지면 많아질수록 그만큼 헌신의 폭도 완전해진다. 그리고 자기 자신을 소유한 자만이 자기를 아낌없이 줄 수가 있다. 종교적인 것 속에서 개인은 자유를 얻는다. 즉, 남자는 거짓된 자부심으로부터, 그리고 여자는 거짓된 겸손으로부터 자유로워진다. 그리고 종교적인 것이 서로 그렇게 꼭 껴안고 있는 애인들 사이에 비집고 들어간 것은, 그들을 떼어놓기 위해서가 아니라, 여자에게는 이전에는 꿈에도 생각지 못했을 만큼 넘치는 헌신으로 자신을 바칠 수 있게 하기 위해서고, 남자에게는 여자를 단지 받아들일 뿐만 아니라 자기 자신도 바칠 수 있고, 또 여자도 남자의 헌신을 받을 수 있게 하기 위해서다. 결혼은 그 자체 속에 첫사랑이 갖고 있는 것보다도 오히려 더 많은 내적인 무한성을 간직하고 있다. 왜냐하면 결혼의 내적인 무한성은 하나의 영원한 생명이기 때문이다. 결혼은 첫사랑보다도 더한 여러 모순 대립의 통일이다. 왜냐하면 결혼은 하나의 모순을 더 가지고 있기 때문이다. 즉, 보다 깊은 대립 속에 있는 정신적인 것과 감성적인 것을 가지고 있다. 그러나 우리가 감성적인 것에서 멀리 떨어지면 떨어질수록 감성적인 것은 그만큼 더 심미적인 의미를 갖게 된다. 왜냐하면 그렇지 않으면 짐승의 본능이야말로 가장 심미적인 것이 될 것이기 때문이다.

그러나 결혼 속에 깃들어 있는 정신적인 요소는 첫사랑 속에 깃들어 있는 정신적인 요소보다는 한층 차원이 높은 것이다. 그리고 결혼의 침상 위에 있는 하늘이 높으면 높을수록 그만큼 더 아름답고 그만큼 더 심미적이다. 결혼 위에 아치를 그리고 있는 것은 지상적인 하늘이 아니라 정신의 하늘이다. 결혼은 순간 속에 있다. 그런 결혼은 건전하고 활력에 넘쳐 있지만, 첫사랑의 경우에서보다는 보다 더 깊은 의미에서 그렇다. 왜냐하면 첫사랑의 결함은 바로 첫사랑이 추상적인 성질을 가지고 있다는 사실 때문이다. 그러나 결혼이 표시하는 마음가짐 속에는 운동의 법칙이 있고, 내적인 역사의 가능성이 있다. 이 마음가짐은 잃어버리게 될 것에 신경을 쓰는 것이 아니라 단단히 붙들어서 얻어질 수 있는 것에 마음을 쓰는 가장 풍요한 형태를 갖춘 체념이다. 이 마음가짐 속에는 타자가 설정되어 있고 사랑은 이 타자와 관계를 갖게 되지만, 외적인 의미에서 관계를 갖는 것이 아니다. 그러나 이 마음가짐은 의심에 의해서 얻어진 소산이 아니라, 약속의 넘치는 충일充溢이다. 이렇듯이 결혼이란 아름다운 것이고, 감성적인 것은 결코 부인되지 않고 오히려 순화된다.

나는 고백한다. 나는 나 자신의 결혼생활을 생각할 때마다 나 자신의 결혼생활도 언젠가는 끝날 것이고, 나는 저승의 생에 있어서도 내가 지금의 결혼에서 맺어져 있는 그녀와 더불어 살 것이라고 확신하고는 있지만, 저승의 생에 있어서는 역시 다른 식으로 그녀가 주어질 것이고, 우리들의 사랑의 하나의 조건이었던 모순이 역시 지양되고 말 것이라는 생각을 하면 형언할 수 없는 비애가 내 속에서 솟아오른다는 사실을 고백하지 않을 수 없다. 그러나 이것은 아마 나의 잘못일 것이다. 그러나 나는 인간생활이 제공할 수 있는 가장 다정하고 가장 아름다운 관계 속에서 그녀와 더불어 살아온 것을 상기할 수 있을 것이라는 사실을 알고 있기 때문에, 그것이 나에게 한 가닥의 위로를 던져주고 있다.

내가 이 문제에 관해서 다소나마 알고 있는 사실은, 지상의 사랑이 지닌 결함은 편애라는 것이다. 그러나 이런 편애는 곧 땅위의 사랑이 지닌 장점이기도 하다. 정신적인 사랑은 편애를 하지 않고, 오히려 그와는 반대되는 방향으로 움직이고, 항상 온갖 상대적인 것을 물리친다. 땅위의 사랑은 그것이 진실한 모습으로 나타날 때는 그와는 정반대되는 길을 걷고, 끝내는 온 세상에서 단 한 사람만을 사랑하는 사랑이 된다. 이것이 사람은 단 한 번만 사랑하고, 단 한 사람만을 사랑한다는 말에 깃들인 진상인 것이다. 땅위의 사랑은 여러 사람의 여성을 사랑하는 일로 시작하여(이것은 예비적인 선취다) 한 사람의 여성을 사랑하는 일로 끝난다. 정신적인 사랑은 항상 자기 자신을 더욱더 활짝 개방하고, 사랑의 범위를 더욱더 넓혀서 보다 많은 사람을 사랑하고, 그것이 극치에 이르면 끝내는 모든 사람을 사랑하는 경지에까지 도달한다. 그러므로 결혼은 감성적이지만 동시에 정신적이고, 자유롭지만 동시에 필연적이고, 그 자체에 있어서 절대적이지만 동시에 내적으로 그 자체를 초월하려고 한다.

결혼은 이러한 내적인 조화를 갖고 있기 때문에, 결혼은 또 물론 그것이 지닌 목적론을 그 자체 안에 갖고 있다. 즉, 결혼은 항상 그 자체를 전제로 하고 있기 때문에 존재한다. 그러므로 결혼에 관한 한 "왜 하는가"하는 모든 질문은 오해고, 이런 오해는 산문적인 상식에서는 지극히 자연스러운 현상이다. 일반적으로 결혼이란 무엇인가 하고 따지는 일은, "결혼이란 온갖 우스꽝스러운 것 중에서도 가장 우스꽝스러운 것"이라고 주장하는 노래 선생인 바질의 그것보다는 덜 당당할 것이지만,

결혼이 그 이상의 아무것도 아닌 것이라고 한다면 결혼이란 모든 우스꽝스러운 것 중에서도 가장 우스꽝스러운 것이라고 말하고 싶은 유혹은 그대뿐만 아니라 나 자신도 역시 느끼게 될 것이다.

각설하고, 심심풀이로 이 문제에 관해 약간 더 소상히 살펴보기로 하자. 비록 그대의 너털웃음과 나의 너털웃음 사이에는 현격한 차이가 있다고 하더라도 우리는 약간은 서로 사이좋게 웃을 수가 있다. 우리들의 웃음에 있어서의 차이는, 결혼이란 무엇인가 하는 물음에 대하여, "그건 하느님이 안다!"하고 외칠 때의 억양의 차이와도 거의 흡사한 것이다. 더구나 내가 "우리 함께 좀 다정하게 웃어보세"하고 말할 때, 그대의 관찰에 대하여 내가 무척이나 그대의 신세를 지고 있다는 사실을 그대는 잊어서는 안 될 것이다. 사실 그 점에서는 나는 그대에게 진심으로 감사를 드리는 바이다. 왜냐하면 사람들이 가장 아름다운 과업을 효과적으로 실천할 생각을 하지 않는다면, 또 그들이 무도장舞蹈場으로 지정된 장소인 로도스 섬에서만 아니라면 어디에서라도 춤을 추려고 한다면, 친구라는 가면을 쓰고 그들을 바보로 만드는 방법을 알고 있는 그대나 그 밖의 다른 교활한 자들을 위한 희생이 되게 하여도 무방하기 때문이다. 그러나 내가 예외로 남겨 두고 싶은 점이 하나 있다. 이 점은 내가 일찍이 한 번도 비웃어 본 적도 없거니와 앞으로도 결코 비웃지 않을 그런 점이다.

그대는 다음과 같은 말을 자주 하였다. 즉, "여기저기 싸다니며 모든 사람에게, 왜 그대는 결혼을 했느냐고 재삼재사 물어본다는 것은 '무척이나 근사한 일' 일 것이겠고, 그렇게 되면 우리는 대개 결혼을 결심한 동기가 매우 하찮은 사정이었다는 사실을 발견하였을 것이다"라고 하는 말을 한 적이 있다. 그러므로 그대는 모든 귀결을 초래하는 결혼과 같은 엄청난 일이 별것도 아닌 사소한 것이 원인이 되어서 야기되었다고 하는 사실 속에 깃들인 우스꽝스러운 요소를 찾고 있는 것이다. 그대가 사소한 사정이란 것을 매우 추상적으로 생각하거나, 또는 사소한 사정에서 어떤 일이 발생한다면, 그것은 바로 복잡한 결정 요소에 무엇인가가 조금 보태졌기 때문에 그렇게 되었다고 생각하더라도, 나는 그대의 주장에 깃든 부조리한 점에는 더 이상 구애받지 않으련다.

내가 강조하고 싶은 것은 우리가 생각할 수 있는 한의 지극히 사소한 '왜(이유)' 때문에 성립된 결혼 속에 깃들어 있는 아름다움이다. 이 '왜'가 적어지면 적어질수록 그만큼 사랑은 더해간다. 이것이 진실일 경우에 그렇다는 말이기는 하지만 말이다. 경솔한 인간은 물론 결과를 보고 나서야 그것이 사소한 '왜'였다는 것을 알게 될 것이다. 진지한 인간은 이것이 엄청난 '왜'였다는 것을 알고 기뻐할 것이다. '왜'가 적어지면 적어질수록 그만큼 좋다. 하층계급의 사람들 사이에서는 일반적으로 어떤 뚜렷한 '왜'가 없이 그대로 결혼으로 맺어진다. 그러나 그렇기 때문에 이런 결혼에는 어떻게 생활을 꾸려나갈 것인가, 어떻게 자녀들을 양육할 것인가 하는 등의 그 많은 '어떻게'가 메아리치는 일은 극히 드물다. 결혼에는 그 자체가 지닌 '왜' 이상의 아무것도 필요치가 않다. 그러나 이 '왜'는 무한하다. 그렇기 때문에 그런 '왜'는 내가 여기서 사용하고 있는 '왜'란 말의 의미의 '왜'는 아니다. 이 점에 관해서는 그대도 쉽게 납득이 갈 것이다. 왜냐하면 만약 그런 속물근성의 남편들이 열거하는 '왜' 에 대하여, 진정한 '그러므로' 로 답변해야만 한다면, 그는 아마도 하이베어의 희곡 「요정들」에 나오는 노래 선생인 바질처럼, "그렇다면 거짓말을 하나 더 만들어 내자"라고 말하게 될 것이기 때문이다.

그대는 또 어째서 내가 이 '왜' 의 결여를 희극적인 것으로 인정할 수도 없고, 또 인정하려고 하지도 않는지를 잘 알 것이다. 이유인즉, 나는 그렇게 함으로써 이 진정한 '왜' 가 상실될까 봐 두려워하고 있기 때문이다. 진정한 '왜' 는 단 하나밖에 없다. 그러나 그것은 동시에 모든 '어떻게' 를 질식시킬 수 있는 무한한 에너지와 힘을 그 속에 간직하고 있다. 유한한 '왜' 는 하나의 덩어리고 하나의 떼거리다. 사람들은 제각기, 어떤 사람은 더 많이 어떤 사람은 더 적게 자신들의 몫을 취하지만 한결같이 바보스러운 것임에는 틀림이 없다. 왜냐하면 설혹 어떤 남자가 그의 결혼에 즈음하여 모든 유한한 '왜' 를 다 뭉쳐 놓을 수 있다고 하더라도, 어차피 그는 모든 남편들 중에서도 가장 불쌍한 남편일 것이기 때문이다.

세상 사람들이 결혼의 이 '왜' 에 대하여 제시하는 그럴듯한 대답들 중의 하나는 다음과 같은 것이다. 즉, 결혼이란 하나의 성격 형성을 위한 학교다, 사람들은 자신의 성격을 순화하고 도야하기 위해서 결혼을 하는 것이다 라고 하는 대답이다. 나는 언젠가 그대가 한 이야기가 뇌리에서 사라지지 않고 있기 때문에 그 이야기를 해보려고 한다.

어떤 정부 관리가 있었다. 그대의 표현을 빌린다면, 그는 '우연한 기회에 그대의 그물에 걸린' 사람이다. 그런 표현은 어쩌면 그대다운 말이다. 왜냐하면 그대는 그대가 관찰할 필요가 있다고 생각하는 대상이 나타나면 물불을 가리지 않고 자신의 소임을 다해야 한다고 생각하기 때문이다. 더구나 그는 더할 나위 없이 머리가 좋고, 또 특히 어학의 지식이 뛰어났다. 가족들이 티 테이블 주위에 모여 있었다. 그는 파이프 담배를 피우고 있었다. 그의 아내는 과히 미인은 아니었지만 소박하게 보였고, 또 그에 비하면 약간 늙어 보였다. 이런 전반적인 상황으로 보아서, 그대의 말대로 누구나 거기에는 어떤 각별한 '왜'가 있다는 결론을 내리고 싶은 충동이 일게 마련이었다. 티 테이블에는 젊지만 약간 창백한 어떤 신부新婦가 앉아 있었다. 그녀 역시 다른 어떤 '왜'를 알고 있는 듯이 보였다. 그의 아내가 손수 차를 따랐다. 그러자 예쁜 편은 아니었지만 보기 좋게 살이 오른 쾌활한 열여섯 살 난 소녀가 그것을 모두에게 건네주었다. 그녀는 아직은 '왜'를 모르고 있는 것 같았다.

이런 영광스러운 모임에는 어울리지도 않는 그대 역시도 자리를 함께 하고 있었다. 관찰자라는 직책을 갖고 나타난 그대는 이미 여러 차례 나타나서 헛수고만 거듭하였지만, 이러한 장면 배치란 놓칠 수 없는 절호의 장면이란 것을 알아차리지 못할 리가 없다. 그때 마침 최근에 파혼하여 화제를 뿌리고 있는 어떤 파혼 사건이 화제에 올랐다. 그러나 이 집안의 사람들은 아직 그런 중요한 지방소식을 듣지 못하고 있었다. 이 사건이 난상토론爛商討論의 대상이 되었다. 다시 말해서 모두가 규탄하는 검사로 변한 것이다. 이윽고 판결이 내려졌고 죄인은 파문되고 말았다. 모두의 감정이 흥분되어 있었다. 그대는 용기를 내어 유죄선고를 받은 자를 옹호하는 발언을 몇 마디 피력하였다. 물론 그대의 발언은 유죄선고를 받은 당사자의 이익을 도모하기 위한 것이 아니라, 단지 토론의 진행을 원활하게 하기 위한 하나의 양념과 같은 대사에 불과하였다. 그러나 그런 시도는 실패로 돌아갔다. 그래서 그대는 다시 다음과 같이 계속했다.

"이 약혼은 좀 서두른 감이 있습니다. 아마도 그는 그 중대한 '왜'를 심사숙고하지 않은 것 같습니다. 우린 모름지기 그런 결정적인 일을 취하기에 앞서야만 하는 '그러나' 라고 말하는 편이 좋을 것입니다. 요컨대 '그러나' 왜 사람들은 결혼을 하는가, 왜 어째서 그들은 결혼을 하는가 하고 말입니다."

이런 일련의 '왜' 의 하나하나가 한결같이 제각기 서로 다르지만, 또 꼭 같이 의아스러운 전조轉調를 간직하고 발언되었지만, 말이 너무 지나친 듯싶다. 하나의 '왜' 로 충분하였을 것이다. 그러나 그런 공식적인 도전이라고 할 만한 적진에 대한 강습은 결정적인 것이었다. 결정적인 순간이 다가온 것이다. 그러자 다분히 상식적인 분별을 지니고 있다는 낙인이 찍혀 있는 선량한 모습의 이 집의 주인은, "그렇지만 여보게, 나는 자네에게 이렇게 말하고 싶네. 결혼이란 성격형성을 위한 학교이기 때문에 사람들은 결혼을 한다네"라고 말했다. 그때야 모든 것이 궤도에 올랐던 것이다. 그러자 그대는 그의 말을 한편으로는 반대를 하고 또 한편으로는 시인해 가며, 그로 하여금 자신도 모르는 사이에 엄청나게 기괴한 말을 토하게 하였다. 그러자 그의 말은 그의 아내를 불쾌하게 만들었고, 젊은 신부에게는 격분을 자아내게 하였고, 어린 처녀에게는 놀라움을 안겨 주었다. 나는 이미 그 당시 그대의 행동을 비난하였지만, 그것은 주인의 입장을 생각해서가 아니라 여자들을 위해서였다. 왜냐하면 그대는 여자들에 대해서 몹시도 짓궂어서 그때의 분위기를 아주 불쾌하고 지겨운 것으로 만들어 버렸기 때문이다. 두 부인에게는 나의 변호가 필요 없다. 그리고 사실 그대를 꼬여서 그들을 무시하지 않게 한 것은 그대가 지닌 평상시의 여자에 대한 아부근성이었다. 그렇지만 아마 그 남편 되는 사람은 자신의 아내를 사랑하고 있었을 것이다. 그러니 그 말을 듣고 있어야 했던 그녀는 몹시 두려웠을 것임에 틀림이 없다.

한편 그 현장 전체에는 어떤 예의에 벗어난 분위기가 감돌고 있었다. 왜냐하면 상식적인 반성이란 것은 결혼을 윤리적인 것으로 만들어 주기 때문이다. 감성적인 사랑이란 단 한 번의 변모밖에 하지 못하고, 감성적인 사랑은 그런 과정에서 한결같이 심미적이고 종교적이고 윤리적이다. 그리고 이것이 곧 사랑인 것이다. 상식적인 타산은 곧 결혼을 비심미적이고 또 비종교적으로 만든다. 왜냐하면 감성적인 요소는 직접성 안에서는 정당한 취급을 받지 못하기 때문이다. 그러므로 이런저런, 그리고 그 밖의 다른 이유로 결혼을 하는 사람은 비심미적이고도 비종교적인 절차를 밟게 된다. 그의 의도가 아무리 좋은 것이라고 하더라도 사태에 도움을 주지 못한다. 왜냐하면 그가 어떤 의도를 가지고 있다고 하는 그 자체가 바로 골칫덩어리이기 때문이다. 만약 어떤 여자가 세상에 어떤 구세주를 낳아주기 위해서 결혼을 하였다고 한다면(아닌 게 아니라 잠꼬대 같은 말로 들리기는 하지만, 그런 잠꼬대는 그녀의 결혼에다 엄청난 '왜'를 주고 있는 것 같이 보인다), 이런 경우에는 결혼이란 것이 비심미적인 것인 동시에 비윤리적이고 비종교적인 것이 되고 만다. 이런 일이란 사람들이 아무리 애를 써도 밝혀낼 수 없는 일이다.

세상에는 심미적인 것을 값싸고 어린애 장난과도 같은 것이라고 해서 형편없이 깔보고, 자신들의 보잘것없는 목적론을 추켜세우며, 자기들이야말로 한층 차원이 높다고 우쭐대는 상식적인 인간의 한 계층이 있다. 그러나 실정은 정반대다. 그런 인간들은 그들의 상식 때문에 비윤리적이고 비심미적이다. 그러므로 우리는 항상 보다 종교적이고 보다 심미적인 이성異性에 주목하는 것이 상책이다. 그 주인양반의 설명이란 것은 어느 모로나 지극히 시시한 것이었기 때문에, 새삼스럽게 내가 여기서 피력할 필요가 없다. 반면에 나는 그런 부류에 속하는 모든 남편에게 크산티페와 같은 마누라와 못될 대로 못된 자식들을 갖게 해주고 싶다는 의사표시를 하고 나의 이 촌평을 마무리 짓고 싶다. 그러면 그들도 자신의 의도를 달성하기 위해 요청되는 조건을 갖추고 싶어할 것이다.

결혼이란 실상 성격 형성을 위한 학교라는 사실, 혹은(그런 속된 표현을 피하고 있다면) 결혼이란 하나의 성격의 창출創出이라고 하는 사실을 나도 기꺼이 인정할 용의가 있다. 물론 나는 여전히 이런 이유로 인해서 결혼하는 사람은 모두가 사랑의 학교가 아닌 다른 어떤 학교에 다니게 해야 한다는 주장을 고수하고 있지만 말이다. 더구나 그런 사람은 그런 학교에서는 아무런 도움도 받지 못할 것이다. 우선 그는 결혼 그 자체를 의미하는 모든 사상과 모든 관절에 침투된 전율과 힘을 잃게 될 것이다. 왜냐하면 결혼은 결국 사실상 하나의 모험이기 때문이다. 결혼이란 모험일 수밖에 없는 그런 것이다. 결혼이 그런 것인 이상, 결혼을 계산해 보려고 한다는 것은 그런 계산 자체가 바로 결혼을 무력하게 만들려는 시도라고 할 수도 있을 만큼 잘못된 생각이다. 다음으로 그는 그렇게 함으로써 사랑의 막대한 유동자본流動資本과 결혼 속에 깃들어 있는 종교적인 요소가 가져다주는 겸손한 자세를 잃어버린다. 물론 그런 사람은 하도 지나치게 영리하기 때문에 자기가 어떤 방향으로 발전하고 싶다고 하는 기성관념旣成觀念을 버릴 수가 없다. 그래서 그 기성관념을 자신의 결혼에 대한, 그리고 그가 뻔뻔스럽게도 자신의 실험 대상으로 삼기 위해서 고른 불행한 사람에 적용시킬 규칙이 된다. 그러나 그런 일일랑 잊어버리기로 하자. 그리고 결혼은 교육을 베푼다고 하는 사실이 얼마나 진실된 말인가를 감사하는 마음으로 상기하기로 하자. 물론 인간이 결혼보다 우위에 서려고 하지 않고, 교육이라는 문제가 등장할 때마다 인간들이 언제나 그렇게 하듯이 자기 자신을 기꺼이 교육을 베푸는 자에게 예속시키려고 할 경우에는 그렇게 하자는 말이다.

결혼은 인간에게 자신의 존재가 의미를 갖고 있다는 감정을 부여함으로써, 또 사랑하고 있다는 구실을 내걸고 궤변적으로 도망쳐 버릴 수 없는 무거운 책임을 사람들에게 부과함으로써 영혼 전체를 성숙하게 한다. 결혼은 원래 여자에게 속해 있는 것이지만 남자에게도 엄격한 교사이기도 한 얼굴을 붉히는 수치심을 통하여 한 인간 전체를 순화한다. 왜냐하면 여자는 남자의 양심이기 때문이다. 결혼은 남자의 방자한 운동에 선율을 가져다주고, 여자의 고요한 삶에 힘과 의미를 부여한다. 물론 이런 일이란 여자가 남자 속에서 그것을 찾는 한에서만 그렇다. 그러나 여자가 여자답지 않게 씩씩해지는 한에서는 그런 일이 일어나지 않는다. 남자의 거만한 분노는 남자가 항상 여자에게로 되돌아감으로써만 안정된다. 또 여자의 연약함은 여자가 남자에게 의지함으로써만 강해진다.*

---

* [원주] 그러므로 맨 처음으로 인간에게 적극적인 자유를 주는 것은 결혼이다. 왜냐하면 이 관계는 인간의 전체 생활에 걸쳐서, 즉 가장 사소한 것에나 가장 위대한 것에나를 막론하고 확대되는 그런 유의 것이기 때문이다. 결혼은 자연스러운 상황 속에 깃들인 일종의 부자연스러운 장애물로부터 인간을 해방시켜 준다. 물론 이런 자유는 실상 다른 여러 가지 방법으로도 획득될 수 있는 것이지만, 또 흔히 유익한 것들을 희생시키기도 한다. 결혼은 신선한 흐름을 항상 유지함으로써 습관 속에 깃들인 정체를 해방시켜 준다. 결혼은 인간을 한 사람의 인간에게 묶어놓을 바로 그런 일을 통하여 많은 사람들로부터 그를 해방시켜 준다. 독신자들이야말로 바로 자기 자신을 노예처럼 혹사하고 있다고 하는 사실을 나는 누차에 걸쳐 피력한 바 있다. 우선 그들은 그들의 변덕의 노예인 것이다. 즉, 그들은 다름 아닌 일상생활에 있어서 어느 누구에 대해서도 개의하거나 설명하지 않고 마음대로 놀아날 수가 있지만, 다음에 그들은 다른 사람들에게 의존하게 되고, 또 사실상 다른 사람의 노예가 되어버린다. 하인이나 가정부와 같은 사람들이 연출하는 연기를 보라. 그들 속에는 주인의 변덕과 성벽이 몸에 배어 있어서, 시간에 맞춰 주인의 비위를 맞춘다. 즉, 그들은 주인이 몇 시에 일어나는가를 알고 있고, 혹은 오히려 기상 시간보다 얼마나 앞서서 주인을 깨워야 하는지, 혹은 오히려 그들이 주인을 깨우기 얼마 전에 주인의 서재를 따뜻하게 데워놓아야 하는지를 알고 있다. 그들은 주인을 위하여 깨끗한 속옷을 준비하는 방법과, 주인이 쉽게 신을 수 있게끔 양말을 뒤집어 놓아두는 방법과, 주인이 미지근한 물로 세수를 할 수 있게 찬물을 준비해 두는 방법과, 주인이 외출을 하고 나면 창문을 닫는 방법과, 주인이 집에 돌아올 때면 장화를 벗는 기구와 슬리퍼를 장만해 놓는 방법 등을 잘 알고 있다. 이런 일을 하는 모든 하인들은, 특히나 그들이 조금이라도 영리할 경우에는, 이런 방법쯤은 곧 익숙해질 수 있다. 그러나 이렇듯이 만사를 빈틈없이 다 잘 처리하지만, 독신자들은 가끔 만족하지 않는 경우가 있다. 사실 그들은 모든 욕망을 돈으로 만족시킬 수 있다. 그들은 어쩌다 심사가 뒤틀려서 역정을 부리기도 하지만, 곧 누그러져서 다정해진다. 몇 푼의 돈이 만사를 해결해 준다. 하인들은 곧 그런 것을 이용하여 이득을 취하는 방법을 배워서 알게 된다. 즉, 적당한 간격을 두고 계속 실수를 저질러서 주인을 화나게 만들고 자신은 절망한 체하기만 하면 그만인 것이다. 그렇게만 되면 틀림없이 팁을 받게 된다. 그리하여 주인은 이런 인간들에게 완전히 사로잡히게 된다. 주인은 하인의 빈틈없는 일처리를 더 칭찬해야 할지, 아니면 그가 실수를 저질렀을 때 보여주는 진정어린 뉘우침을 더 칭찬해야 할지를 모르게 된다. 이리하여 그런 하인은 주인에게는 없어서는 안 될 인물이 되고, 완전한 전제군주가 된다.

그러면 이제는 결혼에 부수되는 모든 사소한 일에 관해서 이야기해 보기로 하자. 암, 이제 그대는 그런 사소한 일들에 관해서는 나와 의견을 같이 하겠지만, 동시에 그대는 그대 자신이 그런 일에서 해방되었으면 하고 하느님께 간청할 것이다. 그렇다. 사소한 것만큼 사람을 잘 훈도할 수 있는 것은 없다. 사람의 일생 중에는 사소한 것을 멀리해야만 할 시기가 있다. 그러나 또 사소한 것이 유익할 시기도 있다. 그리고 인간의 영혼을 사소한 일에서 구해내기 위해서는 위대한 영혼을 필요로 한다. 그러나 사람이 원하기만 한다면 그는 그것을 해낼 수 있다. 왜냐하면 원한다는 그 사실이 위대한 영혼을 만들고, 사랑하는 자는 원하기 때문이다.

남자에게는 이런 일이 각별히 어려울 수도 있다. 그렇기 때문에 이런 면에서 여자는 남자에 대해서 매우 큰 의미를 갖게 될 것이다. 여자는 작은 일을 다루게끔 지음을 받았고, 여자는 작은 일에 각별한 의미를 부여하고 사람들을 황홀하게 만드는 품위와 아름다움을 부여하는 방법을 알고 있다.

결혼은 사람들을 습관에서, 편협한 전제專制에서, 변덕이라는 멍에에서 해방시켜 준다. 그런 일체의 악이 그렇게도 자주, 또 그렇게도 갖가지 방법으로 자신을 꾸짖는 부부 사이의 화합 속에서 어떻게 모습을 드러낼 수 있는 시간의 틈을 얻겠는가? 부부 사이의 화합 속에서는 그런 것들이 뿌리를 내리고 번성할 수가 없다. 왜냐하면 '사랑은 오래 참고, 사랑은 친절하고, 사랑은 시기하지 않고, 사랑은 자랑하지 않고, 사랑은 교만하지 않고, 사랑은 무례하지 않고, 사랑은 사욕을 품지 않고,

사랑은 성을 내지 않고, 사랑은 앙심을 품지 않고, 사랑은 불의를 보고 기뻐하지 않고, 진리를 보고 기뻐하고, 사랑은 모든 것을 덮어주고, 모든 것을 믿고, 모든 것을 바라고, 모든 것을 견디어내기'* 때문이다. 우리 주님의 사도가 한 이 아름다운 말을 생각해 보라. 이 말을 어떤 생애 전체에다 적용시켜서 생각해 보라. 다시 말해서 사람은 이런 일들을 때로는 손쉬운 것으로 여기고, '때로는 실패하고', 때로는 잊어버리지만, 결국 그 말로 돌아갔다고 하는 식으로, 그 말들을 생애 전체에 적용시켜서 생각해 보라는 말이다. 어떤 부부는 깊은 인상을 주는 것은 즐거운 것이라는 듯이, 서로 이 말들을 감히 되풀이할 수도 있다는 사실을 생각해 보라. 그 말에는 무한한 축복과 무한한 성격의 변모가 내포되어 있다! 결혼생활에서는 위대한 정열을 갖고서도 얻어지는 것이 아무것도 없고, 결혼생활에서는 선불先拂할 수가 없고, 한 달 동안 무척 사랑했다고 해서 다른 때의 결합에 도움이 되지 못한다. 세상에서의 나날에는 괴로움도 많을 것이지만, 또 축복도 있는 법이다. 나는 나 자신이 나의 자랑과 나의 우울증적인 불안을 그녀의 사랑에 예속시켰고, 또 나는 그녀의 격한 성품 역시 우리들의 사랑에다 예속시킨 사실을 알고 있다. 그러나 나는 또 그러기 위해서 많은 나날을 허비하였다는 사실도 알고 있을 뿐만 아니라, 또 앞으로도 많은 위험이 올 것이라는 사실도 알고 있지만, 나는 내가 승리할 것을 확신하고 있다.

혹은 사람들은 자식을 낳기 위해, 또 지상에서의 인류의 번식에 적은

* 고린도전서 13장 4~7절.

이바지를 하기 위해 결혼을 한다. 바로 그런 사람이 자식을 하나도 낳지 못하게 되었다고 상상해 보라. 그러면 인류에 대한 그의 공헌은 그야말로 보잘것없는 것이 될 것이다. 아닌 게 아니라 어떤 국가들은* 이런 목적과 결혼을 결부시키고, 결혼에다 장려금을 걸고, 또 보다 많은 사내자식을 낳는 사람에게는 상여금까지도 지불하였다. 한때 그리스도교는 결혼을 단념하는 사람에게 상여금을 줌으로써 이와 맞선 일이 있다. 비록 이런 일이 오해였다고는 하지만, 그것은 역시 개인을 단순히 진행과정에 있어서의 하나의 계기로 간주하지 않고 결정적인 실재로 다루려고 할 정도로 개인의 인격에 대한 깊은 존경을 입증해 주고 있다.

국가라는 것이 추상적으로 생각되면 될수록, 또 개성이 자기 자신을 주장할 수 있는 정도가 적어지면 적어질수록, 그런 명령을 내리는 일이나 그런 장려금을 제공하는 일은 그만큼 더 자연스러워진다. 이와는 반대로 우리 시대의 사람들은 왕왕 자식이 없는 결혼을 찬양하는 경향이 있다. 왜냐하면 우리 시대에 있어서는 사람들이 결혼관계에 들어가기 위해서 요청되는 체념을 북돋아주는 일에 무척이나 애를 먹고 있기 때문이다. 만약 사람들이 그 정도까지 자기부정을 실천에 옮기고 있다고 한다면, 당사자는 이제는 지긋지긋하다고 생각하게 되어, 결국 그는 많은 자식들을 갖는 성가심을 참아낼 수가 없게 된다. 별 생각이 없이 썼을 테지만, 가끔 소설에서는 어떤 사람이 결혼하지 않는 이유를, 그가 어린애들을 싫어하기 때문이라고 예시하고 있는 것을 본다. 실생활 면

---

* 예컨대 아우구스투스 치하의 고대 로마제국.

에서 살펴보더라도, 가장 세련된 국가에서는 이런 현상이 애들을 가능한 한 빨리 부모가 살고 있는 집에서 멀리 떼어놓기 위해 기숙사가 있는 학교로 보내는 식으로 나타나는 것을 볼 수가 있다.

그대는 무척이나 자주 자신들의 축복받은 자식들을 멀리 떠나보냈으면 하고 원한 희-비극적인 아비들을 보고 재미있어 했었다! 그대는 무척이나 자주 그런 아비들이 인생이 가져다주는 많은 사소한 일에 시달릴 때, 예컨대 자식들을 꾸짖어야 할 때, 자식들이 식탁에서 투정을 할 때, 자식들이 고래고래 소리를 지르며 떠들어댈 때, 위대한 인간, 즉 가장인 아버지가 자신의 자식들이 자기를 땅위에다 묶어놓고 있다는 생각 때문에 자신의 대담성이 저지되고 있다고 느낄 때, 그런 아비들의 고상한 품위가 상처를 받고 있는 것을 보고 즐거워하였다. 그대는 그런 아비의 자식들을 독점하고서 결국 자식을 갖는다는 것이 얼마나 축복받은 일인지 모르겠다는 등의 몇 마디를 토함으로써, 잔인하게도 그런 아비들을 극도의 분노로 몰아넣은 일이 흔히 있었다.

종족의 번식을 위해서 결혼한다는 말은 매우 객관적이고, 또 자연적인 이유로 생각될지 모른다. 이것은 마치 인간이 하느님의 입장을 취하고 있는 것같이도 생각이 되고, 또 그런 입장에서 종족의 유지라는 것을 아름다운 일로 바라보고 있는 것 같기도 하다. 물론 우리는 '생육하고 번성하여 온 땅에 퍼져서 땅을 정복하라'*는 말을 각별히 강조할 수 있다. 그렇지만 그런 결혼은 방자한 짓이고 부자연스러운 짓이고, 또

* 창세기 1장 28절.

성서 안에서도 아무런 지지를 받고 있지 못하다. 왜냐하면 성서에서 우리는 '사람이 혼자 있는 것이 좋지 않기'* 때문에, 그래서 짝을 지어주시기 위해서 하느님께서는 결혼을 성립시키신다고 하는 말을 읽을 수 있기 때문이다.

종교를 조롱하는 자들에게는, 남자를 타락으로 몰아넣는 일부터 시작하는 여자라는 반려를 수상쩍은 존재로 생각할 수도 있겠지만, 그렇다고 해도 그것은 아무것도 입증하지 못한다. 나는 오히려 이 사건을 모든 결혼의 모토로 내걸고 싶다. 왜냐하면 여자가 그런 일을 저지른 후에야 비로소 남자와 여자 사이에 진정한 동반자 관계가 성립되었기 때문이다. 그리고 또 우리는 '하느님께서 그들에게 복을 내려 주셨다'는 구절도 읽을 수가 있다. 사람들은 이 말을 완전히 간과하고 있다. 사도 바울은 어디에선가** 엄하게 여자를 타이르며, '조용히 순종함으로써 배우라' 하였고, 또 '잠잠하라'고 말하며, 일단 여자의 입을 봉해 놓고는 여자를 한층 더 겸손하게 하기 위하여, '여자는 자녀를 낳아 기름으로써 구원을 받을 것이다'라고 덧붙였지만, 만약 바울이 '그들(자녀)이 믿음과 사랑과 순결을 지켜나가면' 하는 말을 첨가함으로써 다시 완전히 마무리 짓지 않았다면, 나는 그 사도의 여성에 대한 경멸의 의견을 결코 용서하지 않았을 것이다.

이 기회에 생각난 일이지만, 연구를 위해 바칠 시간이 얼마 없고, 그

---

* 창세기 2장 18절.

** 디모데전서 2장 11~15절.

런 보잘것없는 연구마저도 대개가 전혀 다른 방면의 것에 몰두하는 내가 마지막 신학 시험에 응시할 수 있을 만큼 성서에 정통하고 있다는 게 이상하게 보일지도 모르겠다. 어떤 늙은 이교도는(분명히 세네카라고 기억하고 있지만) 다음과 같이 말하고 있다. 즉, "사람이 서른 살에 도달하면 자기 자신의 의사가 될 수가 있을 정도로 자신의 성격을 잘 알고 있어야만 한다"고.

나 역시 다음과 같은 의견을 가지고 있다. 즉, "사람이 어떤 연령에 도달하면 자기 자신의 목사가 될 수 있어야만 한다"고. 그렇다고 해서 나는 공식적인 예배에 참석하는 일이나 거기에서 제시되는 교훈을 깔보려는 것은 결코 아니다. 나는 다만 가장 중요한 인생의 관계에 관해서는, 더구나 그런 일에 관한 설교에서는 어떤 매우 결정적인 말을 좀처럼 들을 수가 없기 때문에, 우리는 분명하게 자기 자신의 견해를 갖고 있어야만 한다고 생각한다.

나는 건덕적인 서적이나 인쇄된 설교집에 대해서는 병적인 혐오감을 갖고 있다. 그러므로 나는 내가 교회에 갈 수가 없을 때는 성서 쪽으로 피신한다. 그럴 때 나는 대개의 경우 당면한 문제를 다루고 있는 성서의 가장 중요한 구절이 어디에 있는가를 알아보기 위해서 모모한 저명한 신학자를 찾거나 모모한 저명한 학술적인 저작을 찾아보기를 좋아한다. 그러고는 나는 그것을 통독한다. 그렇지만 신약성서는 결혼에 관해서 어떻게 가르치고 있는가를 진지하게 생각해 보려는 생각이 내켰을 때에는 이미 나는 결혼을 하고 있었고, 그것도 이미 결혼한 지 반 년이 지났을 때였다. 나는 나 자신의 결혼식이 있기 전에 이미 몇몇 결혼식에 참석한 일이 있었다. 그래서 나는 그런 기회에 낭독되는 성구聖句도 잘 알고 있었다. 그렇지만 나는 좀 더 완전한 지식을 얻고 싶었기 때문에 마침 그 당시 이 고을에 와 있었던 나의 친구인 오루프센 목사에게 문의하였다. 그의 교시에 따라서 나는 그 중요한 본문 구절을 찾아내서 그것을 아내에게 읽어 주었다. 나는 사도 바울이 말한 그 구절이 나의 아내에게 준 인상을 지금도 생생하게 기억하고 있다. 그때의 분위기는 참으로 야릇한 것이었다. 나는 아내에게 읽어주려고 한 성서의 구절을 모르고 있었고, 또 사전을 살펴볼 생각도 않고 있었다. 나는 그것이 아내에게 어떤 인상을 줄 것인가 하는 마음의 준비를 할 생각이 없었다. 그런 일이란 뜻하지 않은 불신을 초래하기가 일쑤다.

이 점은 그대도 명심해 두는 것이 좋을 것이다. 왜냐하면 그대가 홀몸이고, 따라서 가장 엄밀한 의미에서 그대가 솔직해야만 할 의무를 지닌 사람이 한 사람도 없다는 것이 사실이긴 하지만, 그대의 준비태세는 그야말로 우스꽝스러운 상태에까지 이르렀기 때문이다. 그대는 사람들을 골려줄 수가 있고, 그대가 하는 짓을 모두 우연한 짓이고 즉흥적인 것에 불과하다는 식으로 보이게 할 수까지도 있겠지만, 나는 그대가 "안녕"이라는 말을 하는 것까지도 어떤 식으로 할 것이냐를 심사숙고하지 않고서는 할 수가 없을 것이라고 믿고 있다.

결혼과 종족의 번식에 지칠 줄 모르고 있는 기혼자들에게로 돌아가기로 하자. 이런 부류의 결혼이란 가끔, 보다 심미적인 스크린 밑에 숨어 있기가 십상이다. 여기에 이제 바야흐로 몰락해가는 어떤 오래되고 고귀한 가문이 있다. 두 대표자만이 남아있다. 할아버지와 그의 손자다. 존경할만한 그 늙은이의 유일한 소원은 가문이 끊어지지 않기 위해서 손자가 결혼을 해주었으면 하는 일이다.

혹은 여기에 어떤 사람이 있다. 그의 전 생애는 이렇다 할 중요성이 없는 것이기는 하지만, 그는 비록 까마득한 옛날까지는 거슬러 올라가지 않더라도, 적어도 자신의 부모에 관해서만은 측은하게 생각하고 있다. 그는 부모의 이름이 죽어 사라지지 않고, 살아 있는 사람들이 감사하는 마음으로 그 이름을 간직해 주었으면 하고 갈망할 정도로 부모를 사랑하고 있다. 그는 어쩌면 그가 자식들에게 오래 전에 죽은 그들의 할아버지에 관해서 이야기해 줄 수가 있다면 할아버지의 이상적인 모습을 제시해 줌으로써 자식들의 삶을 돈독하게 해줄 수가 있다면, 그런 할아버지의 이상적인 모습을 통하여 자식들이 온갖 고귀한 것과 위대한 것에 대하여 마음의 자극을 받아 주었으면 얼마나 멋질 것인가 하고 혼자서 머릿속으로 생각할지도 모른다. 그는 아마도 그렇게 함으로써 자신이 부모에게 지고 있는 빚을 얼마만큼이라도 갚을 수가 있을 것이라고 생각할 것이다.

이런 일련의 일은 물론 매우 근사하고 훌륭한 일이지만 본질적으로 결혼과는 아무런 관련도 없다. 그리고 단지 이런 이유만으로 결합되는 결혼은 비심미적이고 비윤리적이다. 이런 말이 잔인하게 들릴지는 몰라도 사실이 그렇기 때문에 별 도리가 없다. 결혼이란 그것을 윤리적이고 심미적인 것으로 되게 할 수 있는 어떤 목적이 있어야만 비로소 성립될 수 있는 것이지만, 그런 목적은 내재적內在的이다. 그 이외의 모든 다른 목적은 하나로 뭉쳐져 있는 것을 분산시켜 버리고, 그렇게 함으로써 정신적인 요소와 감적적인 요소들을 다 같이 유한한 것으로 왜소화시켜 버린다. 물론 위에서 언급한 감정이 실제로 그의 마음속에 실재하고 있다면 그런 이야기를 해줌으로써 어떤 개인이 어떤 처녀의 마음을 쟁취할 수도 있을 것이다. 그러나 그런 일이란 잘못된 일이고, 결혼의 본질은 사실상 변질된다. 그리고 우리가 상대를 사랑하고 있기 때문이란 이유 이외의 이유로 상대방 처녀와 결혼한다는 것은 그 처녀를 모욕하는 일이다.

각설하고, 그대의 표현을 빌린다면, 종마사육장種馬飼育場의 비유는 본래 어떤 결혼에도 적용할 수가 없는 것이지만, 자신의 결혼의 의미를 오해하고 있지 않은 사람에게는 자손이란 역시 축복을 입증해 주는 것이다. 어떤 인간이 가능한 한에 있어서 다른 사람에게 많은 것을 힘입고 있다는 것도 아름다운 일이지만, 어떤 인간이 다른 사람에게 힘입고 있는 최고의 것은 역시…… 삶이다. 그러나 역시 자식은 아비에게 더 많은 빚을 지게 마련이다. 왜냐하면 사실상 자식은 삶을 순수하고 소박하게 받아들이는 것이 아니라 특정한 내용을 지닌 것으로 받아들이기 때문이다. 그리고 자식이 충분할 만큼 오래 어미의 가슴에서 안식을 취하게 되면, 그는 곧 아비의 가슴에서 안식을 취한 것이나 마찬가지이므로, 아비 역시 자신의 피와 살로, 흔히 비싼 대가를 치르고 파란만장의 생애를 보내는 사이에 얻어진 체험으로 자식을 양육한다. 그러니까 자식들 속에는 무한한 가능성이 있다!

자식들에게 베풀어지는 우상숭배와, 특히나 가족 전체의 예배와 저녁식사 시간에 가족들이 돌아가며 입맞춤을 교환하며 가족의 자랑이

나 가족의 기대를 피력하는 일(물론 그러는 동안에 부모는 그들이 이미 극복한 어려움에 관해서 서로 즐거운 마음으로 감사를 나누고, 그들의 기술로 완성한 자식이라는 예술품을 보고 즐거워하고 있지만), 그런 일들을 그대가 증오하고 있다는 사실에 대해서는 나 역시 동감할 용의가 있다. 물론 나 역시 그런 메스꺼운 일에 대해서는 그대 못지않게 거의 조소적일 수밖에 없다는 사실을 인정한다. 그렇지만 나는 그런 일로 인해서 그 이상 괴로움을 당하는 것을 나 자신에게 용납하지 않는다.

자식들이란 가족의 가장 내밀한, 그리고 깊이깊이 숨겨진 삶에 속하는 것이다. 그러므로 이 문제에 관한 모든 진지하고 경건한 사상은 저 희미한 신비의 영역을 지향하게 해야 한다. 그러나 그렇게 하면 또, 모든 자식이 그의 머리 주위에 후광後光을 갖고 있다는 사실이 밝혀질 것이고, 또 모든 아버지도 자식이 자기에게 빚지고 있는 이상의 것이 자식 속에 있는 것을 느끼고, 뿐만 아니라 아버지는 겸손한 마음으로 자식이란 위임받고 있는 보물이고, 아버지란 계부繼父라는 말이 지닌 가장 아름다운 의미의 계부에 불과하다는 것을 느끼게 될 것이다. 이런 것을 느끼지 못하는 아버지는, 자신의 아버지라는 위엄을 여전히 남용하고 있다고밖에는 말할 수 없을 것이다. 때아닌 일체의 야단법석도 이젠 질색이지만, 홀베아의 희극에 등장하는 헨릭처럼, 그대가 도저히 불가능한 일을 해내겠다고 장담하는 그런 장담도 이젠 질색이다.

자식이라는 존재는, 물론 각기 생각하기 나름이지만, 세상에서 가장 위대하고 가장 중요한 존재이기도 하고, 가장 무의미하고 가장 하찮은 존재이기도 하다. 그러므로 어떤 사람이 이 점에 관해서 어떻게 생각하고 있는지를 알게 되면, 우리는 그 사람의 깊은 마음속의 생각을 엿볼 수 있는 기회를 얻게 된다. 젖먹이 어린애가 제법 어엿한 인간인 체하는 짓을 한다고 생각만 하여도, 우리는 희극적인 실소를 금할 수가 없다. 또 젖먹이 어린애가 으악 소리를 내며 세상에 태어나서 그 울음을 잊어버리기까지 오랜 시간이 걸리고, 또 아무도 이 어린애의 울음소리를 설명한 자가 없었다는 사실을 상기할 때, 우리는 또 비극적인 실소를 금할 수가 없다. 이렇듯이 어린애란 갖가지 인상을 자아내지만, 종교적인 고찰이야말로 역시 가장 아름다운 것이고, 또 이는 다른 고찰들과 잘 결합될 수 있다.

그러면 이제는 그대의 이야기로 돌아가자. 그대가 가능성을 사랑하고 있는 것은 사실이지만, 어린애들을 생각한다고 해도 그것이 그대에게 즐거운 효과를 자아내지 못할 것은 확실하다. 내가 이런 말을 하는 것은, 호기심이 강하고 방랑벽이 있는 그대의 정신이 이런 세계도 들여다보았을 것이라고 나는 믿어 의심치 않기 때문이다. 물론 그대의 이런 혐오증은 그대가 가능성이라는 것을 그대 마음대로 지배하고 싶어하는 사실에 기인하고 있다. 그대는 어린애들이 캄캄한 방에서 크리스마스트리가 밝혀지는 것을 기다릴 때와 꼭 같은 상태에 처해 있기를 좋아한다. 그러나 어린애는 분명히 전혀 분류를 달리하는 가능성이고, 또 그대의 참을성으로도 도저히 견디어낼 수 없는 그런 엄숙한 가능성이다. 그럼에도 불구하고 어린애들이란 역시 하나의 축복이다. 어떤 사람이 심오하고 진지한 책임감을 지니고 자식들을 키워나간다는 것은 아름답기도 하고 옳은 일이기도 하다. 그러나 만약 그가, 그것이 그에게 부과된 의무일 뿐만 아니라 자식이란 하나의 축복이고, 또 하늘에 계신 하느님께서는 인간들마저도 잊지 않았던 것처럼, 요람에다 선물을 놓아두는 것을 잊지 않으신다는 사실을 가끔이나마 상기하지 않는다면, 그 사람은 심미적인 감정이나 종교적인 감정을 위해서 자신의 마음을 활짝 열어놓고 있지 않는 사람이다.

어떤 사람이 자식들은 곧 하나의 축복이라는 확신을 고수할 수 있는 농도가 짙으면 짙을수록, 또 그가 이 보석을(이것은 젖먹이 어린애들만이 소유하고 있는 유일한 보석이지만, 하느님께서 손수 그 권리를 어린애에게 내리신 것이기 때문에 정당한 소유물이다) 보존하는 데 의심을 적게 품으면 품을수록, 어려움을 극복하는 일이 적으면 적을수록 자식들은 그만큼 더 아름다워지고, 그만큼 더 심미적이 되고, 그만큼 더 종교적이 된다.

나 역시 때로는 나 자신의 생각에 잠겨서 주위의 사물이 주는 순간적인 인상에 몰두하며 하염없이 길거리를 거니는 수가 있다. 나는 어떤 가난한 여인을 본 일이 있다. 그녀는 자질구레한 것을 파는 장사를 하고 있었다. 그렇다고 점포나 노점에서 장사를 하고 있는 것도 아니었다. 그녀는 어떤 공터에 서서 장사를 하고 있었다. 그녀는 비가 오나 바람이 부나 아기를 안고 거기에 서 있었다. 그녀의 차림새는 깨끗하고 산뜻하였고, 어린애는 정성껏 감싸져 있었다. 나는 그녀를 여러 번 보았다. 언젠가 어떤 귀부인이 지나가다가, 어째서 아기를 집에 두고 오지 않았느냐, 아기가 있으면 방해가 될 뿐이 아니냐는 듯이 거의 꾸짖듯이 말했다. 그러자 어떤 성직자가 같은 길을 지나다가 그녀에게로 다가와서 아기를 보호시설에 보내 주겠다고 제안하였다. 그녀는 그 성직자에게 공손히 감사하다는 말을 하였다. 그러나 그녀가 허리를 굽히고 아기를 바라보는 눈길은 그대에게도 보여주고 싶은 그런 것이었다. 아기가 꽁꽁 얼어 있었다고 한다면 그 눈길이 아기의 몸을 녹여 주었을 것이다. 아기가 죽어 있었다면 그 눈길이 아기에게 다시 생명을 소생시켜 주었을 것이다. 아기가 굶주림과 추위 때문에 쇠약해져 있었다면 그 눈길이 지닌 축복이 아기에게 기운을 돋우어 주었을 것이다. 그러나 아기는 잠들어 있었기 때문에 미소를 지어서 엄마에게 보답해주지조차 못하였다. 보라. 이 여인은 자식이 하나의 축복이라는 것을 깨달은 것이다. 만약 내가 화가라면 이 여인 이외의 것은 아무것도 그리지 않았을 것이다. 이런 광경이란 매우 희귀한 것이어서, 그것은 운이 좋아야만 볼 수가 있는 희귀한 꽃과도 같다.

그러나 정신의 세계는 허무에 속해 있는 것이 아니다. 우리가 나무를 발견하게 되면, 그 나무는 언제까지나 꽃을 피운다. 나는 이 여인을 자주 보았다. 나는 이 여인을 나의 아내에게 보여주었다. 나는 잘난 체하지 않았고, 마치 상을 분배해 주는 하느님의 전권을 위임받고 있는 듯이 그녀에게 선물도 보내지 않았다. 나는 그녀 앞에서 겸손해졌다. 진실로 그녀에게는 황금도, 귀부인도, 보호시설도, 성직자도, 시市 재판소의 가련한 배석판사나 그의 아내도 필요치 않았다. 도대체가 그녀에게는 언젠가 그 아기가 자기가 베푼 애정과 꼭 같은 애정으로 자기를 사랑해 줄 것이라는 생각 이외에는 전혀 아무것도 필요치가 않았다. 아니다. 그녀는 그것마저도 필요하다고 느끼지 않는다. 그러나 그것은 그녀가 받기에 마땅한 보상이고, 하늘이 반드시 그녀에게 주실 축복이다.

이것이 아름다운 일이라는 것과 그것이 그대의 완고한 마음마저도 감동시킬 것이라는 사실은 그대도 부인하지 못할 것이다. 그러므로 자식은 하나의 축복이라고 하는 사실을 그대에게 인식시켜 주기 위하여 나는, 독신자들이란 훗날에 얼마나 외롭고 쓸쓸해질까, 또 많은 자식들이 둘러싸 주지 않는다면 그들은 얼마나 불행할까 하는 따위의 생각을 하게 하여, 독신자들을 위협하려고 세상 사람들이 흔히 사용하는 무서운 그림을 그대에게 사용할 생각은 없다. 이유인즉, 첫째, 아마도 그대는 겁내지 않을 것이기 때문이다. 적어도 내가 그런다고 해서는 말이다. 온 세계가 다 그런다고 해도 그대는 겁내지 않을 것이다. 그야 물론 그대가 우울한 사상이 자아내는 캄캄한 방에 홀로 있을 때는 그대도 틀림없이 가끔 그대 자신에 관해서 불안해질 것이겠지만 말이다. 둘째, 자신이 어떤 귀중한 것을 갖고 있다고 확신하기 위해서 다른 사람들은 그것을 갖고 있지 않다고 생각하게 하여 다른 사람들을 불안하게 해야만 한다는 것은 나로서는 수상쩍은 것으로 생각되기 때문이다.

그러니까 그대가 원한다면 비웃어도 좋다. 그대의 입술 위에서 감돌고 있는 말을 토해내라. 4인용 홀슈타인 마차를 조롱하라. 그대가 원한다면, 홀슈타인 마차는 가까운 프레데릭스베어 이상 멀리 가지 못할 것이라고 생각하며 혼자서 고소해 하라. 그대가 원한다면, 그대의 비할 바 없이 좋은 비엔나 마차를 몰고 우리들 곁을 달려가라. 그러나 이 문제에 대한 그대의 조롱에 너무 자주 자신의 몸을 내맡기지 않도록 조심하라. 이 문제를 두고 조롱하는 그대를, 조롱이 어쩌면 그대의 영혼 속에서 조용히 이상적인 그리움으로 발전하여, 그것이 그대를 호되게 벌

할지도 모른다.

그러나 또 다른 의미에서도 자식들은 역시 하나의 축복이다. 왜냐하면 우리는 어린 자식들에게서 허다하게 많은 것을 배우기 때문이다. 나는 이제까지 어떤 불운에도 굴하지 않는 고귀한 사람들을 보아왔다. 그들은 한결같이 자기가 사랑한 처녀를 그 처녀가 속해 있던 가문으로부터 강압적으로 탈취할 수 있었기 때문에, 그들은 그런 탈취를 감행하며 마치 다음과 같이 확신을 갖고 말하는 듯싶었다. 즉, "이제 그대는 나라는 인간을 갖게 되었다. 그대는 그것으로 족하다. 나는 폭풍우에 저항하는 일에는 익숙해 있다. 그러니 그대에 대한 생각이 나를 열광하게 하고 있는 지금, 싸워야 할 일이 산적해 있는 지금, 저항해 오는 것이 아무리 많아도 문제될 것이 없다"고 말하는 것처럼 보였다. 나는 이 사람들이 아버지가 된 것을 보았다. 그들의 자식들을 덮친 사소한 불행은 그들을 겸손하게 만들었고, 사소한 질환은 그들의 오만한 입술에서 기도하는 말이 나오도록 강요하였다.

나는, 하늘에 계신 하느님을 깔보는 일을 거의 자랑으로 삼고 있고, 하느님을 신봉하는 모든 사람을 그들의 조롱의 대상으로 골라내는 것을 일삼고 있는 사람들을 보아왔다. 그리고 나는 그들이 아버지가 되었을 때, 그들이 자식들에 대한 배려 때문에 가장 경건한 사람들을 자식을 위해 고용하는 것을 보았다. 나는, 자신의 자랑스러운 시선으로 올림포스를 진동시켰고, 자신의 허영심을 지극히 화려한 것에만 집착시키고 살아온 처녀들을 보아왔다. 그리고 나는 그들이 어머니가 되었을 때, 그들은 온갖 굴욕을 견디어냈고, 그들의 자식들에게 도움이 되는 것이라면 마치 거지처럼 거의 애걸하다시피 취해 가는 것을 보아왔다.

나는 어떤 특정한 경우를 생각하고 있다. 그것은 어떤 매우 거만한 부인의 경우다. 그녀의 자식이 병에 걸렸다. 그 도시에 살고 있던 의사 중의 한 사람이 불려갔다. 그는 이전에 그 집안과 얽혀서 겪었던 경험을 생각하며 왕진을 거절하였다. 그러자 이번에는 그녀 자신이 직접 그 의사에게로 가서, 왕진에 응해달라고 자신이 직접 간청하기 위해서 대합실에서 기다렸다. 그렇지만 이런 각별한 경우의 묘사가, 설혹 그것이 모두 사실이라고 하더라도 무슨 소용이 있겠는가. 그런 각별한 경우도, 볼 수 있는 눈을 가진 사람이라면, 매일처럼 볼 수 있는 눈을 가진 사람이라면 매일처럼 볼 수 있는 더 소박한 실례에 비해서 더 건덕적이지는 못하다! 더하여 우리는 다른 방법으로도 어린아이들에게서 배울 것이 많다. 어떤 어린아이에게도 근원적인 무엇인가가 있기 때문에, 모든 추상적인 원리와 원칙은 이 근원적인 것에 부닥쳐 좌절한다. 그러면 사람들은 흔히 무척 애를 먹으며 처음부터 다시 출발해야만 한다. '그대의 자식들을 훌륭하게 키워라. 그러면 그대들은 그대들의 부모에게 얼마나 많은 은혜를 입었는지를 알게 될 것이다' 라는 중국의 속담에는 심오한 의미가 있다.

각설하고, 이제는 아버지에게 부과된 책임이라는 것을 생각해 보기로 하자. 우리는 다른 사람들과 사귀며, 우리가 옳다고 생각하는 것을 그들에게 전하려고 시도한다. 사람들은 아마 몇 번씩이나 그런 시도를 할 것이다. 그러다가 더 이상 그래봤자 소용이 없다는 것을 알게 되면, 그들과 관계를 끊고 깨끗이 손을 떼버린다. 그러나 아버지 된 자가 감히 그렇게 하는 순간, 혹은 아버지를 포기하려고 결심하는 순간은 언제 오는 것일까? 인간은 그들 자신의 자식들 속에서 자신의 전 생애를 다시 한 번 살고, 또 그때야 비로소 자신의 삶을 이해하게 된다. 그러나 이런 일체의 일에 관해서 그대에게 이야기한다는 것은 부질없는 일이다. 세상에는 자기 자신이 직접 체험해 보지 않고서는 결코 구체적인 관념을 얻을 수 없는 것들이 있다. 아버지라는 존재가 되는 것도 그런 것들 중 하나다.

이제 끝으로 자신의 자식들이라는 수단을 통하여 과거와 미래를 연결하는 아름다운 방법에 관해서 생각해 보기로 하자. 비록 우리는 14대에 달하는 훌륭한 조상을 갖고 있지 않더라도, 또 15대째의 선조를 만들어내려고 노심초사하지 않더라도, 우리는 실제로 미래에 훨씬 더 장구한 가계家系를 갖는다. 그리고 그 일족이 각기 가족 속에서 훌륭한 모범이 되어가는 것을 본다는 것은 매우 기쁜 일이다. 물론 이런 생각은 독신자도 역시 생각해 볼 수가 있다. 그러나 독신자는 그러고 싶다고 느낄 리도 만무하고, 또 그럴 자격이 있다고도 느끼지 않을 것이다. 왜냐하면 그런 일에 손을 대면 그 정도만큼 그는 자신의 고찰을 스스로 주제넘게 잠식하게 되기 때문이다.

또 다른 경우는, 사람들이 가정을 얻기 위해 결혼하는 경우다. 그는 집에 죽치고 있는 것이 따분해진 것이다. 그는 외국으로 여행을 가보았으나 따분해진 것이다. 다시 집에 돌아왔으나 역시 싫증이 난 것이다. 그는 친구로 삼기 위한 근사한 사냥개와 순종 암말을 사육하지만 여전히 어떤 부족함을 느낀다. 마음이 맞는 친구들과 자주 만나는 레스토랑에서 그는 이미 오랫동안 나타나지 않고 있는 어떤 친구를 헛되이 찾고 있다. 그는 그 친구가 이미 결혼했다는 말을 듣는다. 그는 마음이 약해지고 자신의 옛날을 생각하고 감상에 젖는다. 그는 자기의 신변에 있는 모든 것이 몹시 공허하다고 느낀다. 그가 외출을 하여도 그를 기다리는 사람은 아무도 없다. 집을 지키고 있는 늙은 가정부는 마음씨는 매우 좋은 여자지만 그래도 역시 그녀는 사람의 마음을 쓰다듬어서 안락한 분위를 조성하는 방법을 조금도 모르고 있다. 그래서 그는 결혼을 한다. 이웃사람들은 잘 했다는 뜻으로 박수를 친다. 그들은 그가 영리하고 분별 있게 행동하였다고 생각한다. 그 후로는 이웃들은, 가정을 꾸리는 데 있어서 가장 중요한 요소이고, 이 세상에서 최고의 재산인, 혼자서 시장에 보낼 수 있는 정직하고 믿을 수 있는 요리인과, 모든 일에 부려먹을 수 있는 총명한 심부름하는 계집애에 관한 화제로 꽃을 피운다.

각설하고, 이런 대머리 늙은 위선자는 유모하고나 결혼하는 것으로 만족했으면 좋으련만…… 대개의 경우는 그렇지가 않다. 그는 최선의 것으로 만족하지 못한다. 그래서 끝내 그는 젊고 아름다운 처녀를 붙드는 데 성공한다. 그러면 그녀는 그런 갤리선船에서 노 젓는 노예와 같은 녀석 곁에 쇠사슬로 묶여 있게 된다. 모르긴 해도 그녀는 사랑을 해본 적이 없을 것이다. 이 무슨 무서운 어긋남이란 말인가!

보다시피 나는 그대에게 발언할 기회를 주고 있다. 그렇지만 우리는 가정을 갖기 위해서 맺어진 결혼이긴 하지만, 그래도 제법 아름다운 결혼을 한층 소박한 계층에서 발견하고 있다는 사실을 그대는 인정해야만 한다. 문제는 비교적 젊은 층의 사람들이다. 그들은 각별히 세상을 헤매고 다니지도 않고 충분한 수입을 올리고 있으므로, 이제 결혼할 것을 생각한다. 이건 나무랄만한 일이 못 된다. 그대도 이런 결혼을 비웃지 않으리라는 것을 나도 알고 있다. 일종의 고귀한 단순성이 이런 결혼에다 한때 심미적이고 종교적인 국면을 부여해준다. 왜냐하면 이 경우에는 가정을 갖고 싶다는 생각 속에는 이기주의의 흔적이 없고, 오히려 반대로 그들에게 부과된 것이기는 하나 동시에 그들에게는 즐거운 의미이기도 한 어떤 의무 내지는 소명감 같은 생각이 결합되어 있기 때문이다.

우리는 너무나도 흔히 결혼한 사람들이, "그럼요. 적어도 우리에게는 가정이 있어요. 우리가 늙으면 안식할 곳이 말이에요"하고 스스로를 위로하고, 또 독신자들을 불안하게 하는 말을 듣게 된다. 때로는 그들은 건덕적인 일요일에나 들을 수 있는 희귀한 미사여구를 사용하여, "우리들의 자식들과 자식의 자식들이 언젠가 우리들의 눈을 감겨주고, 우리의 죽음을 슬퍼해 줄 것입니다"하고 덧붙인다. 이와 반대되는 경우가 독신자의 운명이라는 뜻이다. 기혼자들은 일종의 부러운 마음을 지니고, 독신자들은 그들의 젊었을 때의 얼마동안을 자기들보다 행복하게 보낸다는 것을 인정하고, 자신들도 아직 결혼하지 않았으면 하고 속으로 바란다. 그러나 그들은 그들이 받아야 할 벌이 곧 닥쳐올 것이라고 생각한다. 독신자들의 형편은 비유에 나오는 부자의 처지와 꼭 같아서,* 독신자들은 자신의 좋은 분깃을 앞당겨 받은 것이다.

* 누가복음 16장 25절 참조.

이런 일련의 모든 결혼은 결혼 속에 깃들어 있는 단 하나의 계기에 불과한 계기를 결혼의 목적으로 삼고 있다고 하는 과오를 범하고 있다. 그러므로 그들은(물론 첫째 부류에 속하는 부부가 더욱 그렇지만) 결혼생활이란 결국 안락하고 기분 좋고 쾌적한 가정을 꾸미는 것보다는 약간 차원이 높은 것을 의미하는 것이라는 사실을 인정하지 않을 수 없게 될 때에는 자주 환멸을 느낀다. 그러나 우리는 아름답고 진실한 것을 살펴보기 위해서 그런 나쁜 면은 무시하기로 하자. 자신의 활동을 그렇게까지 멀리 넓힐 수 있는 힘이란 누구에게나 주어진 것이 아니므로, 그들 자신이 어떤 위대한 것을 위해서 일하고 있다고 생각하고 있는 사람들의 대부분은 조만간 자기들의 잘못을 깨닫게 마련이다.

이 말은 그대를 두고 하는 말이 아니다. 왜냐하면 그대는 물론 그런 환상을 당장에 간파할 수 있을 만큼 영리하고, 또 그런 일은 너무나도 자주 그대의 조소의 대상이 되어왔기 때문이다. 그대는 이런 일에는 각별하다고 할 정도로 체념하고 있고, 단호히 기권을 선언하고 있다. 그대는 오히려 그대 자신을 즐기기를 좋아한다. 그대는 어디에서나 환영을 받는 손님이다. 그대의 기지機智와 그대의 경쾌한 대화와 그대가 지닌 선량한 일면과 그대가 지닌 약간 짓궂은 면 – 사람들은 그대를 보자마자 이런 것들과 유쾌한 하룻밤의 인상을 결부시키고 만다. 그대는 나의 집에서 언제나 환영받는 손님이었고, 또 앞으로도 그럴 것이다. 그 이유의 하나는 내가 그대를 과히 두려워하고 있지 않기 때문이고, 또 다른 이유는 내가 그대를 두려워하기 시작할 필요가 생기게 되기까지는 아직도 시간이 얼마든지 많이 있다고 생각되기 때문이다. 요컨대 큰 딸은 아직 세 살 난 어린아이에 불과하기 때문에, 설마하니 그대가 그렇게까지 일찍부터 그대의 전보電報의 신호를 보내기 시작하지는 않을 것이 아닌가.

그대는 가끔 반쯤 비난하는 말투로 점점 더 세상을 멀리하려고 한다고 말하곤 했다. 지금도 기억하고 있지만, 한번은 "말해다오. 자넷이여"라는 곡조를 흥얼거리며 그런 뜻을 전한 일이 있었다. 그러는 이유는 물론, 그 당시도 그대에게 답변해 준 것과 같이 내게는 가정이 있기 때문이다. 그대를 꽉 붙들기란 이제나 저제나 마찬가지로 힘들다. 왜냐하면 그대는 항상 다른 목적을 겨냥하고 있기 때문에, 사람들을 보다 참된 무엇인가로 인도해 가기 위해서 그들의 환상을 제거해 버리려고 할 때에는, 그런 때 그대는 언제나처럼 "무슨 일이든 도와드립니다"하는 식이다. 도대체가 그대는 환상을 부숴버리기 위해서 지치지도 않고 환상을 찾아 헤매고 있는 인간이다. 그대의 말은 하도 생각이 깊고, 또 노련하기 때문에 그대를 잘 모르는 사람이면 누구를 막론하고 그대가 진지한 사람이라고 믿지 않을 수 없다. 그렇지만 그대는 아직도 진리에 도달하지 못하고 있다. 그대는 환상을 파괴하는 것으로 그치고 말았다. 그대는 이런 파괴공작을 가능하고 상상할 수 있는 모든 방향에 걸쳐서 자행하였기 때문에, 이제 와서는 그대 자신이 참으로 어떤 새로운 환상 속으로 들어가려고 애쓰고 있다. 즉, 우리가 머물러 있을 수 없는 환상 속으로 말이다.

나의 친구여, 그대는 환상 속에서 살고 있고, 그대는 아무것도 성취하지 못한다. 여기서 나는 그대에게 항상 그렇게도 묘한 작용을 하여온 바로 그 말, 즉 달성한다는 말을 입 밖에 냈다. 그러자 그대는 이렇게 말한다.

"달성한다! 도대체 누가 무엇을 달성했단 말입니까? 이것이야말로 가장 위험한 상상의 하나입니다. 어느 모로나 나는 서두르지 않습니다. 나는 나 자신을 즐기고 있습니다. 특히 무엇인가를 달성하고 있다고 믿고 있는 사람들을 보고 즐기고 있습니다. 어떤 인간이 무엇인가를 달성하고 있다고 믿을 수 있는 것 자체가 말할 수 없이 희극적인 사실이 아닐까요? 나라면 그렇게 큰 요구로 세상을 괴롭히지는 않을 겁니다."

그대가 이 문제에 대해서 그런 식으로 말할 때마다 그대는 나에게 매우 불쾌한 인상을 준다. 그대의 그런 말 속에는, 그대의 노련한 화술을 구사하면 승리는 언제나 그대의 것이고, 혹은 적어도 주위에서 웃고 있는 사람들을 언제나 그대 편으로 끌어들일 수 있다고 하는 뻔뻔스러운 거짓이 있기 때문에 나는 화를 내는 것이다.

나는 지금도 기억하고 있지만, 언젠가 그대는 그대의 이야기에 격분한 어떤 사람이 하는 말에 오랫동안 귀를 기울이고 있다가, 그 말에는 한 마디도 대꾸하지 않고 그대의 냉소적인 미소로 그를 괴롭히고 나서는 끝내, "좋습니다. 그럴 테지요. 그렇지만 당신께서 그 이야기를 당신이 달성한 다른 모든 일에 덧붙여서 말씀을 하셨다고 한다면, 적어도 우리는 당신께서 대소大小를 불문하고 무엇인가를 달성하고 있다는 당신의 신념을 비난할 수가 없을 겁니다"하고 대답하여 좌중에 있던 사람들을 즐겁게 해주었다.

그대가 그런 식으로 이야기를 할 때는 나는 가슴이 아프다. 왜냐하면 나는 그대에 대하여 일종의 공감을 품고 있기 때문이다. 그대가 자제를 않는다면 그대 안에 깃들어 있는 하나의 풍요한 심정이 소멸되고 말 것이다. 그대에게는 그런 천품이 있기 때문에 그대라고 하는 인간은 위험하고, 바로 그런 이유 때문에 그대의 냉담에는 힘이 있는 것이다. 그런데 나는 그런 힘을 자신이 불만으로 생각하는 분야에 섣불리 끼어드는 많은 사람들 중에서는 일찍이 본 일이 없다. 그런 의미에서 그대는 그런 부류에도 속하지 않은 인간이다. 그들은 그대의 풍자의 대상일 뿐이다. 왜냐하면 그대는 그들을 훨씬 능가하고 있기 때문이다. 그대는 마냥 기쁘고 그래서 인생은 즐겁다고 확신하고 있다. 그대는 미소를 띠며 발걸음도 가볍게 거닐고 있다. 그대는 인생의 슬픔을 안고 괴로워한 일이 없다. 불평분자들이 모인 모임에 명단을 올린 일도 없다. 그러나 바로 그런 이유 때문에 그대의 발언은 젊은 사람들에게는 매우 위험하다. 왜냐하면 그대가 인생의 모든 일에 걸쳐서 획득한 전문적인 지식이 그들에게 깊은 인상을 줄 것이 틀림없기 때문이다.

나는 그대에게 사람이란 이 세상에 무엇인가를 달성해야만 한다고는 말하고 싶지 않다. 나는 단지 이렇게 말하고 싶다. 즉, 만약 세상에 그대가 꿰뚫어볼 수 없도록 베일이 드리워진 것들이 있다면, 그것들이야말로(물론 그대의 우울은 거의 달성할 수가 없어서 고통스럽게 신음할 것이지만) 그대가 달성해 보려고 원한 그런 것들이 아닐까? 그렇다고 한다면 전체의 양상이 그대의 내면에서는 전혀 달라진다! 그대가 아무것도 달성할 수 없다고 하는 사실에는 깊은 비애가 깃들 것이 아니겠는가? 적어도 나는 그대의 그런 한 가지 경우만은 알고 있다. 언젠가 그대는 그 일에 관해서 묵과할 수 없었던 몇 마디 말을 누설한 일이 있었다. 무엇인가를 달성할 수 있기 위해서라면 그대는 일체를 희생할 것이 틀림이 없을 것이다. 그대가 그것을 할 수가 없는 것이 그대 자신의 잘못인지 어떤지, 또 그대가 그것을 할 수 있기 전에 부서져 버리지 않을 수 없게 하는 것이 그대의 자부심이 아닌지 나로서는 알 길도 없으려니와, 또 나는 그 이상 더 그대를 윽박지르고 싶지도 않다. 그렇지만 도대체 어째서 그대는 항상 승리를 약속하는 그대 위에 박수갈채를 보내는 고약한 요소들하고만 짝을 지으려고 하는가? 앞서도 언급한 바와 같이, 세상에서 우리들이 달성할 수 있는 것이 얼마나 적은가를 우리는 너무 자주 느끼고 있다.

나는 맥이 풀려서 이런 말을 하는 것이 아니다. 나는 나 자신을 비난할만한 이유가 없다. 나는 나의 직무를 양심적으로, 또 즐겁게 수행하고 있다. 나는 또 더 많은 것을 달성할 것이라는 기대를 품고 나와는 관계가 없는 것에 손을 대보고 싶은 유혹도 결코 느끼지 않을 것이다. 물론 내가 하고 있는 일은 극히 제한된 일이다. 실상 우리가 무엇인가를 실제로 달성하고 있다고 하는 확신을 갖게 되는 것은 오로지 신앙에 의해서만 가능하다.

각설하고, 나는 나의 직무 외에도 나의 가정을 갖고 있다. 이 점에 관해서 나는 가끔 예수의 아름다운 말을 기억하고 있지만, 그대 역시 다음과 같은 그의 말을 한 번 음미해 보기 바란다.

> "아내를 가진 자는 재산을 모은다. 그는 자신을 위한 내조자와 의지할 지주를 갖게 된다. 울타리가 없는 곳에서는 재산이 겁탈을 당한다. 아내가 없는 자는 떠돌이처럼 슬피 울게 될 것이다. 이 고을에서 저 고을로 숨어 다니는 강도를 누가 신용할 것이며, 둥지도 없이 어디든 해가 떨어질 때에 닿는 곳에서 쉬어야만 하는 자를 누가 믿을 것인가?"

나는 가정을 갖기 위해서 결혼을 한 것은 아니다. 그러나 나는 가정을 갖고 있다. 그리고 이것은 큰 축복이다. 나는 물론 그대도 감히 나를 그렇게는 부르지 않을 것으로 믿고 있지만, '바보스러운 남편' 이 아니다. 나는 영국의 여왕이 남편을 갖고 있다는 의미에서의 나의 아내의 남편이 아니다. 나의 아내는 내가 자식과 더불어 언제든지 마음대로 내쫓을 수 있는 아브라함의 집에 있던 여자 노예*가 아니다. 그러나 그녀는 내가 사모하는 마음을 지니고 그녀의 주위에서 춤을 추어야 하는 여신도 아니다. 나는 가정을 가지고 있다. 그리고 나에게는 이 가정이 모든 것이 아니다. 그러나 나는 내가 나의 아내에게는 모든 것이라는 것을 알고 있다. 왜냐하면 나는 그녀가 공손히 그렇게 믿어왔다는 것을 알고 있기 때문이고, 또 나는 무릇 한 인간이 다른 모든 것이 될 수가 있

* 창세기 21장 9~10절 및 갈라디아서 4장 30절 참조.

는 한에 있어서, 내가 그에게는 모든 것이었고, 모든 것이 되려고 한다는 사실을 나 자신이 마음속으로 알고 있기 때문이다.

여기서 나는 어떤 유한한 것이거나 각별한 것을 제시함으로써 그것을 그대에게 상기시키지 않고서도, 어떤 인간이 다른 인간에게 모든 것이 될 수가 있다는 사실이 가진 아름다움을 그대에게 가르쳐 줄 수가 있다. 그렇다고 해서 나의 아내가 빛을 잃게 될 것도 아니라는 사실이 확실한 만큼, 나는 이 점에 관해서는 대담하게 그대에게 말해줄 수 있다.

그녀는 나를 필요로 했던 것이 아니다. 내가 결혼한 상대는 내가 자선을 베푼 셈이 된 그런 가난한 처녀가 아니었다(그런 일에 대해서는 세상도 온갖 경멸을 퍼붓고 있다). 내가 결혼한 상대는 분별없는 그런 처녀가 아니었다. 이런저런 이유로 내가 나의 지혜로 그녀로부터 좋은 점을 유도해내야만 할 그런 처녀가 아니었다. 그녀도 독립해 있었고, 그보다도 중요한 점은 그녀는 자기 자신을 팔아야 할 필요가 없으리만큼 적은 것으로도 만족하고 있었다는 것이다. 그녀는 건강하였고, 나보다도 건강하였다. 기질은 세찬 편이었지만 말이다. 물론 그녀의 생활은 내 생활처럼 활동적이지도 못했을 것이고, 또 반성적이지도 못했을 것이다. 나는 나의 경험으로써 그녀가 많은 잘못을 저지르는 것을 막을 수도 있었겠지만, 그녀의 건전한 생각이 그럴 필요가 없게 하였다. 사실 그녀는 나에게 아무것도 빚지고 있는 것이 없다. 그렇지만 그녀에게는 내가 전부다. 그녀는 나를 필요로 하지 않았다. 그렇다고 해서 나는 무관심할 수가 없었다. 나는 그녀를 지켰다. 지금도 나는 느헤미야처럼 무장을 하고 잔다.* 이런 말은 언제나 비슷한 기회에 내가 한 말을 되풀이하는 셈이 되지만, 그 이유는 그런 일은 나의 아내를 몹시 괴롭히게 될 것이라고 한, 그대의 빈정대던 말을 내가 아직도 잊고 있지 않다는 것을 그대에게 보여주기 위해서다.

나의 젊은 벗이여, 내가 이런 말을 되풀이하고 또 되풀이하는 사실을 보아서도 알 수 있듯이, 나는 그대의 그런 빈정대는 말에 전혀 개의치 않고 있다. 물론 또 내가 화를 내고 있지 않다는 것도 단언할 수 있다. 이렇듯이 나는 그녀에게는 전혀 아무것도 아니었고 동시에 모든 것이었다. 이에 반해서 그대는 많은 사람들에게는 모든 것이었지만, 실상 그대는 그들에게 아무것도 아니었다. 가령 그대가 사람들과 일시적인 접촉을 맺고 있는 동안에 그대가 어떤 사람에게 일생동안 써도 충분할 만큼의 흥미로운 보물을 줄 수 있고, 또 풍부한 창의력을 깨우쳐 줄 수 있다고 가정한다고 하더라도(물론 그런 일이란 불가능하지만 말이다), 요컨대 가령 그가 실제로 그대로부터 무엇인가를 얻는다고 해도, 그대 자신은…… 파멸이다. 왜냐하면 결국 그대는 단 한 사람도, 그대가 그 사람에게 모든 것이 되고 싶다고 생각하는 사람을 단 한 사람도 찾아내지 못했기 때문이다. 그리고 설혹 그것이 그대의 위대성의 표지라 할지라도 그 위대성은 실상 나라면 하느님께 제발 면제해 주십사고 간구하고 싶을 정도로 고통스러운 것이다.

우선 제일 먼저 가정과 결부시켜야만 하는 생각은 가정이란 하나의

---

* 느헤미야 4장 11~17절 참조.

행위라고 하는 사상이다. 안이安易라고 하는 모든 거짓되고 치사스러운 사상을 제거하기 위해서다. 남자의 향락에 있어서마저도 행위라는 요소는 있어야만 한다. 비록 그것이 개개의 어떤 외적이고 비근한 행위 속에는 나타나지 않는다고 하더라도 말이다. 이렇게 본다면 여자의 집안에서의 활동은 눈에 훨씬 잘 띄는 데 반해 남자의 그것은 활동적인 것 같이 보이지는 않는다고 할지라도 역시 활동적일 수가 있다.

그러나 그 다음으로 가정과 결부되는 것은 자질구레한 구체적인 것들이다. 그런 것들에 관해서는 통틀어 무어라고 말하기가 곤란하다. 이런 점에서는 개개의 가정마다 그 가정의 독특한 특색이 있다. 그런 특색을 서로 비교해 보면 재미있을 것이다. 그런 모든 특색이 가족의 공통된 정신에 침투될 수밖에 없다는 것은 자연스러운 일이다. 그러나 애초부터 그들의 집안에서는 모든 것이 얼마나 유별난가를 보여주는 경지에까지 이른, 또 때로는 가족들만이 알아듣거나 남들은 무슨 말인지조차 알아들을 수가 없을 정도로 수수께끼 같은 암시로 차 있는 말을 사용할 경지에 이른, 그런 일체의 분리주의적인 엉터리를 나는 지겹게 생각한다. 가정에는 그런 특색이 있게 마련이지만, 그것을 감출 수 있기 위해선 기술이 필요하다.

가정을 갖기 위해서 결혼하는 사람들은 항상, 그들을 기대하고 있는 사람이 아무도 없다, 그들을 환영해 주는 사람이 아무도 없다고 큰소리로 불평을 늘어놓고 있다. 이것은 사실상 그들이 가정이란 것을 그들이 가정 바깥에 있다고 생각할 때만 가정을 생각한다는 사실을 여실히 보여주고 있는 증거다.

하느님께 찬양을 돌려야만 할 일이지만, 나는 내가 가정을 갖고 싶다는 것을 상기하기 위해서건 잊어버리기 위해서건, 나 자신이 외출을 해야 할 필요가 없다. 내가 가정을 갖고 있다는 감정은, 내가 집안에 조용히 앉아 있을 때 가장 자주 예민하게 느껴졌다. 나는 내가 가정을 갖고 있다는 사실을 확인하기 위해서 거실이나 식당으로 가볼 필요가 없다. 이런 감정은 자주 내가 서재에 홀로 앉아 있을 때 나를 사로잡곤 한다. 또 이런 감정이 나를 사로잡는 것은, 나의 서재의 유리 창문에 쳐진 커튼이 걷혀지고, 유리창 너머에 즐거운 얼굴이 나타났다가 커튼이 다시 닫히고, 부드럽게 문을 두드리는 소리가 들려오고 나서는 곧이어 머리가 하나, 마치 그것이 몸에 붙어 있는 것이 아니지나 않은가 하고 생각될 정도로 문 사이로 살짝 내밀고는, 다음 순간에는 그녀가 내 곁에 섰는가 하면 다시 사라지는 그런 때다. 혹은 또 옛날의 대학시절처럼 자정이 넘도록 서재에 홀로 남아있을 때 그런 감정이 나를 사로잡는다. 그럴 때면 나는 등불을 켜들고 아내가 정말 잠들어 있는지를 살펴보기 위해서 살그머니 그녀의 방으로 들어가 본다.

당연한 일이지만 나는 이런 감정을 내가 집에 돌아올 때 자주 느낀다. 집에 도착하는 나는 초인종을 울린다. 그녀는 내가 집에 돌아오는 시간을 알고 있다. 이런 면에서도 우리 가난한 관리들은 기습을 해서 아내들을 놀라게 해줄 수 없는 점에서 손해를 보고 있다. 그녀는 내가 초인종을 어떤 식으로 누르는가를 알고 있다. 그러면 문이 열리기 전에 애들과 아내가 왁자지껄하는 소리가 들려오고, 아내 자신이 어린애들의 선두에 서서 나타나고, 그럴 때의 그녀는 애들과 소리 지르기 내기를 하고 있는 어린아이와도 같다. 이럴 때 나는 내가 가정을 갖고 있다는 것을 느낀다. 그러나 이럴 때 내가 진지한 표정을 짓고 있으면(그대는 사람을 보는 데는 뛰어나다고 자랑을 하고 있지만, 여자만큼 사람을 잘 볼 수가 있을까?), 이 들떠 있던 어린애는 순식간에 달라진다. 그녀는 실망하지 않는다. 그녀는 낙담하지 않는다. 그녀에게는 힘이 있다. 돌도 벨 수 있지만 허리에 두르고만 있는 환도처럼 단단하지만 한없이 나긋나긋한 힘을 갖고 있다. 혹은 또 내가 시무룩한 표정을 짓고 있는 꼴을 아내가 볼 때에는(맙소사, 사실 그런 때도 있다), 그녀는 무척이나 관대하다. 그렇지만 그녀의 관대 속에는 한없는 우월이 깃들어 있다.

이 문제와 관련하여 평소에 내가 그대에게 하고 싶어한 말을, 그대도 능히 사용할 수 있고 또 실제로 자주 사용하는, "그는 이 세상에서 나그네고 이방인이다"*는 말과 결부시켜 말해 보려고 한다. 경험을 얻기 위해서는 얼마나 비싼 희생을 치러야 하는지 모르고, 또 경험이 말로 다할 수 없는 재산이라는 것을 모르고 있는 젊은이들은 자칫하면 꼭 같은 소용돌이 속으로 말려들어가기가 일쑤다. 어쩌면 그들은 신선한 미풍에 유혹되어 망망대해로 달려나가듯이 그대의 말에 유혹되어 나갈지도 모른다. 그대의 천성, 즉 바다처럼 변함없는 태고의 바닥에 도사리고 있으며, 일체를 덮고 있는 그대의 천성은 바로 그 무한성이라는 사상이다. 그래서 그대는 무한성이라는 사상에 거의 주체를 못하고 도취해버릴 가능성이 있다. 이런 바다에서는 이미 노련한 항해자로 명성

* 에베소서 2장 19절과 히브리서 11장 13절 참조.

이 자자한 그대도 바다에서의 사고와 난파에 관해서는 어떻게 말을 해야 할지를 모르겠다는 것인가? 이런 바다 위에서는 사실 사람들은 다른 사람들에 관해서 별로 아는 것이 없다. 사람들은 무척 애를 써야 겨우 깊은 곳으로 진수시킬 수 있는 커다란 배들을 장만하지 않는다. 배라고 해봤자 고작해야 작은 보트가 아니면 일인용 범선에 불과하다. 사람들은 순간을 이용하고, 사람들은 돛을 펴고 쉬지 않고 작용하는 사상의 무한대의 속력으로 홀로 무한한 대해로, 그리고 무한한 창공으로 질주해 간다. 이런 인생이란 위험하기 짝이 없는 것이지만, 사람들은 생명을 잃는다고 하는 생각에는 이제 익숙해져 있다. 왜냐하면 이 점이, 즉 자신들이 그런 식으로 무한 속으로 사라져 버린다는 것, 다시 말해서 이제는 그런 식으로 사라져 버리는 것을 향락하는 일밖에는 남겨진 길이 없다는 사실이 바로 향락이기 때문이다.

바다를 항해하는 사람들은 망망대해에서는 '방황하는 네덜란드인'이라고 불리고 있는 일종의 범선을 본다고들 말하고 있다. 그 배는 작은 돛을 펴고 무한한 속력으로 바다 표면을 질주할 수 있다. 그대가 인생이라는 바다를 항해하는 꼴도 이와 꼭 같다. 홀로 가죽배에 올라타고 자족自足하며, 자신이 원하는 순간이 아니면 누구와도 관계를 맺지 않는다. 홀로 가죽배에 타고 앉아서 자족한다. 그래서 어떻게 그 많은 공허한 시간을 메울 수 있는지 나로서는 도저히 이해가 가질 않는다. 그러나 그대는 그런 공허한 시간을 채울 수 있다고 약간은 진실하게 말할 수 있는 나의 친구 중의 유일한 존재이므로, 나는 또 그대가 그런 시간을 메우는 데 그대를 도와줄 수 있는 승객 한 사람을 그 가죽배에 태우고 있다는 것도 알고 있다. 그러므로 그대는 "나는 나의 근심을 간직하고 나의 절망을 걸머지고 홀로 나 자신의 보트에 올라 있다"라고 말해야만 한다. 그대는 소심하게도 이 절망이 자유가 되는 과정에서 겪을 고통에 시달리기보다는 오히려 그것을 간직하고 있기를 원하고 있다.

이제 그대는 내가 그대의 인생의 병적인 면을 백일하에 폭로하는 것을 용서하라. 그렇다고 해서 나는 그대를 겁주려고 해서 그러는 것이 아니다. 왜냐하면 나는 도깨비의 흉내를 낼 생각도 없거니와, 또 그대는 그런 유의 흉내가 어떤 효과를 가져오는지를 잘 알고 있기 때문이다. 그러나 이상과 같은 의미에서 세상에서 이방인이고 나그네로 존재한다는 것 속에 깃들인 고통과 슬픔과 굴욕이 얼마나 쓰라린 것인지를 곰곰이 생각해 보도록 나는 그대에게 부탁한다.

어쩌면 나의 말이 그대에게 끼칠지도 모를 효과를, 그대가 지겨워하는 가문의 배타심이나 축사의 냄새와도 같은 생각과 연결시켜서 그대를 자극하여 망쳐놓을 생각은 없다. 그러지 말고 아름다움에 넘친 가정생활을 그려보라. 그것이 깊고 다정한 공동체의 감각 위에 터전을 두고 있는 것일 때에는, 다시 말해서 일체의 것을 하나로 묶고 있는 유대가 신비스럽게 은폐되어 있는 식으로 이루어져 있을 때는, 하나의 관계가 다른 관계에 의미심장하게 관련되어 있기 때문에, 그것은 단지 예감할 수밖에 없는 그런 것이다. 조직체의 어느 관절이건 딱딱한 곳이 없을 만큼 아름답게 외모가 단장되어 있는 그런 가정의 숨겨진 생활을 생각해 보라. 그 다음으로 그런 가정에 대한 그대의 관계를 생각해 보라. 그런 가정이야말로 바로 그대의 기호에 맞을 것이다. 그리고 그대는 아마도 자주 그런 가정과의 교제를 즐기게 될 것이다. 그대는 그대의 적의 없는 사교술로 곧 그 가정의 이른바 친구가 될 것이다.

"이른바"라고 나는 말한다. 왜냐하면 그대는 진정한 친구는 되지 못할 것이라는 사실과, 그대는 언제까지나 이방인이고 나그네에 불과하리라는 것은 너무나도 명백한 사실이기 때문이다. 사람들은 그대를 환영할 만한 손님으로 간주할 것이고, 또 그들은 아마도 가능한 한 그대의 마음에 들게끔 매사에 친절을 다할 것이고, 물론 또 그대를 다정하게 대해 줄 것이다. 다시 말해서 그들은 그대를 사랑하는 자식을 대하듯이 대해 줄 것이다. 그러면 그대 역시 온갖 방법을 다하여 그들을 즐겁게 해주기 위해서 무궁무진한 재치를 짜낼 것이다. 그렇다. 이런 일이란 참으로 아름다운 일이다. 그리고 친구에 대한 예의가 아니라고 유감스럽게 여겨질 순간에는, 다시 말해서 가족들이 실내복을 입고 있다든가, 딸애가 슬리퍼를 신은 채로 있다든가, 혹은 주부가 머리를 지지는 종이를 만 채로 있다든가 하는 순간에는, 그대 자신은 그런 데는 신경을 쓰지 않는다고 말하고 싶은 유혹을 느낄지도 모른다.

그러나 그대가 이 사태를 면밀히 검토해 본다면, 가족들의 이런 정당한 태도야말로 그대에 대한 엄청난 멸시인 것이다. 어느 가정에서나 그대에 대하여 이런 태도를 취할 것이고, 그것은 곧 그대를 멸시하는 셈이 된다. 설마하니 그대는 그 가정이 그 가정의 성소聖所인 전혀 다른 생활을 숨겨두고 있다는 사실을 믿지 않고 있는 것이 아닌가? 설마하니 모든 가정이 비록 현관 객실에 안치해 두고 있지는 않지만, 그들 가정의 수호신을 갖고 있다는 사실을 믿지 않고 있는 것이 아닌가? 그리고 그대가 유감스럽게 생각하는 그 생각 속에는 매우 세련된 약점이 숨어있는 것이 아닐까? 왜냐하면 언젠가 그대가 결혼을 하게 된다면, 그대를 즐겁게 해주기 위해 각별히 계산하고 차려입은 경우가 아닌 이상, 아내가 잠옷차림으로 있는 것을 보고도 그대가 참을 것이라고는 그는 사실상 믿지를 않기 때문이다. 물론 그대는 그들을 즐겁게 해주고, 또 그들 위에 그 어떤 심미적인 윤기를 부어줌으로써 그 가정을 위해 많이 이바지하였다고 생각하고 있다. 그렇지만 그 가정이 자신들이 소유하고 있는 내적인 생활에 비하여 그대의 수고를 극히 작게 평가하고 있다면 어쩔 것인가?

그대는 모든 가정에서 이와 꼭 같은 경험을 하게 될 것이다. 그리고 그대가 어떤 자부심을 갖고 있다고 하더라도 이것은 하나의 굴욕이다. 아무도 그대와 슬픔을 나누려 하지 않고, 아무도 그대에게 흉중을 털어놓으려 하지 않는다. 그야 물론 그대는 그들이 그렇게 하고 있다고 생각하고 있고, 사실 그대는 그런 일을 통하여 각양각색의 풍부한 심리학적인 관찰을 하고 있다고 생각하고 있다. 그러나 그것은 흔히 착각이다. 요컨대 사람들은 대개 피상적으로만 그대와 이야기하려고 하고, 또 걱정 근심이 있다고 해도 그것을 간접적으로 암시할 따름이다. 왜냐하면 그대의 관심을 끌고 있다는 일이 그들의 고통을 덜어 주고, 그 자체가 이미 약이 필요 없을 때도 그들이 약을 원하게 충동하는 쾌적한 면이 있기 때문이다.

그대 자신도 사람들은 그들의 아버지의 고해성사 신부에게서 성체聖體를 수령하기보다는 오히려 탁발승으로부터 성체를 수령하려고 하는 사실을 잘 알고 있다. 그러므로 그대가 고립되어 있는 신세라는 이유 때문에 설혹 어떤 사람이 그대에게 말을 걸어온다고 하더라도, 그대를 위해서나 그 사람을 위해서 그것은 상호신뢰의 진정한 의의를 가질 수가 없다. 그 사람을 위해서도 그렇지가 못한 것은 그대를 심중을 털어놓을 상대로 고른 것은 어디까지나 자신의 독단이라는 것을 그 자신이 너무나도 잘 알고 있기 때문이고, 또 그대를 위해서 그렇지가 못하다는 것은 그대의 권한의 터전이 되고 있는 애매모호한 성격을 그대가 완전히 버릴 수가 없기 때문이다.

각설하고, 그대가 훌륭한 수술자手術者라는 것만은 부인할 수가 없다. 그대는 슬픔과 비통의 가장 은밀한 구석에까지도 침투할 수 있는 방법을 알고 있다. 그러나 그대는 하도 영리하여 다시 되돌아오는 길을 잊는 법이 없다. 좋다. 그대가 그대의 환자를 고치는 데 성공하였다고 가정하자. 그렇더라도 그대는 그 일에서 참답고 깊은 기쁨을 얻지는 못할 것이다. 왜냐하면 이 일 전체에는 독단이라는 낙인이 찍혀 있고, 그대는 아무런 책임도 지지 않았기 때문이다. 책임만이 축복과 참다운 기쁨을 준다. 사람들이 그대의 절반 정도밖에 할 수가 없을 경우마저도 그렇다. 때로는 우리가 아무것도 달성하지 못할 때도 책임은 축복을 내린다. 그러나 우리가 가정을 가지게 되면 책임도 갖게 된다. 그리고 이 책임 자체가 확신과 기쁨을 준다. 그대는 책임을 질 생각이 없다는 이유 때문에, 사람들이 그대에게 배은망덕하다고 그대는 늘 불평을 늘어놓고 있지만, 그런 일은 당연하다고 그대는 생각해야만 할 것이다.

그렇지만 그대가 그 치유에 손을 대는 일은 오히려 드문 일이다. 앞서 언급한 것 같이, 대개의 경우 그대의 주요한 사업은 환상을 파괴하는 일이고, 가끔은 사람들을 환상 속으로 끌어들이는 일이다. 그대가 한두 사람의 젊은이들과 함께 있으면서 몇 차례의 연습으로 이미 여러 모로 해방감을 주는 순진한 환상을 뛰어넘도록 그들을 도왔고, 그래서 그들의 몸이 현실의 몸보다 가벼워지고 날개가 돋고, 그러는 사이에 그대 자신은 경험이 많은 늙은 새처럼 존재 전체를 넘어서 나는 날개의 동작이 어떤 것인가를 시험해 보여주는 모습을 볼 때, 혹은 또 그대가 이와 비슷한 연습을 젊은 처녀들을 상대로 시키고, 남성이 날아갈 때에는 날개 치는 소리가 들려오고, 반면에 여성이 날아갈 때에는 꿈속에서 노를 젓는 것과 같다고 하는 날아가는 모양의 차이를 연구하는 모습을 볼 때, 그런 모습을 사람들이 볼 때, 거기에 사용되는 기술을 보고 그대에게 화를 낼 사람이 있을까? 또 그 안에 깃들어 있는 경박성을 보고 그대에게 화를 내지 않을 사람이 있을까? 그대는 물론 다음과 같은 옛날의 시를 인용하여 그대의 심정을 토로해도 무방하다.

나의 마음은 비둘기 집,
한 마리가 날아 들어오면, 한 마리가 날아간다.

단지 그대의 경우에, 날아 들어오는 사상이 항상 날아가는 사상보다는 많이 볼 수가 없다는 차이는 있다. 그러나 조용한 가정적인 집의 상징으로 사용될 때의 비둘기 집은 아름답기는 하지만 가정을 그런 식으로 파악해서는 안 된다. 어떤 확고한 지반도 확보하지 못한 채로 인생을 그렇게 흘려보낸다는 것은 고통스럽고 서글픈 일이 아닐까?

나의 젊은 벗이여, 그대에게는 인생이 아무런 내용도 확보해 주지 못하고 있다는 것이 슬프지 않은가? 우리가 늙어가고 있다는 느낌 속에는 어떤 서글픔이 서려 있지만, 우리가 늙을 수가 없을 때 우리를 사로잡은 느낌 속에는 한층 더 깊은 서글픔이 서린다. 나는 바로 이 순간 내가 얼마나 진정으로 그대를 "나의 젊은 벗"이라고 부르고 있는가를 사무치게 느낀다. 우리들 사이에 놓여 있는 7년이라는 세월은 분명 영원은 아니다. 나는 나 자신을 그대와 비교해서 정신적으로 원숙해졌다고 자랑할 생각은 없지만, 나의 인생을 보는 눈이 원숙해 있다는 점은 자랑할 수 있다. 그렇다. 나는 내가 늙었다는 것을 정말로 느끼고 있다. 그러나 그대는 항상 젊은 시절에 느끼는 처음의 경이驚異에 매달려 있다. 비록 드문 일이긴 하지만, 나도 가끔 나 자신이 세상에 지쳐 있다는 것을 느낀다. 그러나 그런 감정은 기꺼운 마음과 결부된 것이다. 그럴 때 나는, '저들의 수고에서 풀려서 쉬는 자는 복이 있도다'*하는 아름다운 말씀을 생각한다. 나는 나 자신이 인생에서 내가 해야 할 어떤 위대한 일을 성취했다고는 생각하고 있지 않다. 그러나 나는 나에게 배당된 일을 게을리 한 적도 없었다. 비록 그것이 보잘것없는 것이었다고 하더라도, 그것이 보잘것없는 것이었음에도 불구하고 그것을 기쁘게 여기는 것이 나의 일이기도 하였다. 그대는 분명히 그대의 수고에서 풀려나서 쉬고 있는 것이 아니다. 휴식이란 그대에게는 저주고, 그대는 동요 속

---

* 요한계시록 14장 13절 참조.

에서만 살 수가 있다. 휴식은 그대의 극단적인 대립물이다. 휴식은 그대를 한층 동요시킬 뿐이다. 그대는 밥을 먹을수록 배고파지고, 음료수를 마실수록 갈증을 느끼는 사람과도 같다.

그러나 나는 이제 우리가 앞서 제시한 문제, 즉 사람들이 결혼에 들어갈 때 지향하는 유한한 목적이란 문제로 되돌아가련다. 나는 세 가지만을 열거하였지만, 그것은 그 세 가지 목적이 하여간에 그 자체로서 상당한 의미를 가지고 있다고 생각되었기 때문이었고, 또 비록 그것들이 지닌 일면성이 우스꽝스럽고 비종교적이고 비심미적이라고 할 수도 있지만, 그래도 이 세 가지 목적은 결혼의 이러저러한 개개의 계기와 연관되어 있기 때문이었다. 그 밖에 많은 유한한 목적은 고려해 볼 생각이 없다. 왜냐하면 그런 것들은 하도 비참하여 웃음을 자아내게 하기에 족한 것들이기 때문이다. 예컨대 돈을 위해서 결혼한다거나, 질투 때문에 결혼한다거나, 여자가 곧 죽을 것 같았기 때문에 – 혹은 여자가 아직 당분간은 살아 있겠지만 풍요한 열매가 달릴 복된 가지를 보장해 주는, 요컨대 그녀를 이용하여 그 많은 백부와 숙부들의 유산을 몽땅 호주머니에 긁어 넣을 수 있다는 전망을 보장받을 수 있다고 해서, 그런 전망을 이용하려는 결혼 따위가 바로 그것이다. 이런 종류의 목적에 관해서는 나는 생각해보고 싶지가 않다.

이 조사의 성과로써 내가 여기서 강조할 수 있는 사실은, 결혼이 심미적이고 종교적이기 위해서는 어떤 유한한 '왜'도 가져서는 안 된다고 하는 사실이다(이런 사실은 이미 입증되었다). 그러나 이것은 바로 첫사랑의 심미적인 특색이었다. 이리하여 결혼은 여기서 다시금 첫사랑과 동일한 수준에 서게 된다. 그리고 결혼의 심미적인 특색은 결혼이 그 자체 내에 복합적인 '왜' 들을 간직하고 있다는 점이다. 이런 '왜' 는 결혼생활이 진행되어 가고 있는 사이에 점차로 축복된 모습으로 드러난다.

그러나 내가 우선적으로 입증하려고 한 것은 결혼의 심미적인 타당성이고, 결혼을 첫사랑과 구별하는 것이 윤리적인 것과 종교적인 것이고, 이 윤리적인 것과 종교적인 것은 그 표현을 어떤 각별한 형태로 표현하려고 모색하는 한에 있어서는 그 표현을 혼례식에서 찾게 되기 때문에, 나는 이제 혼례식이라는 문제에 관해서 소상히 살펴보려고 한다. 이유인즉, 내가 이 문제를 지나치게 가볍게 다루고 있다고 보이는 것이 싫어서이고, 그대나 그 밖의 다른 사람들이 각기 다른 이유에서 첫사랑과 결혼 사이에 설정하려고 모색하는 분리分離를 내가 숨기려고 한다는 인상을 조금도 주고 싶지가 않아서이다. 하여간에 많은 사람들이 이런 분리를 개의치 않는 것은 그들이 첫사랑과 결혼이라는 둘 중 어느 것에 관해서도 투철하게 따지는 일에 소요되는 에너지와 소양이 없기 때문이라고 하는 그대의 주장은 옳다고 할 수가 있다.

각설하고, 이제 우리는 혼례식과 그 형식에 관해서 좀 더 소상히 살펴보기로 하자. 아마도 그대는 여기서 다시 내가 잘 무장하고 있다는 사실을 발견할 것이다. 그렇더라도 내가 무장하고 있는 것이 나의 아내를 불편하게 느끼게 하지는 않을 것이라는 것만은 단언할 수가 있다. 왜냐하면 나의 아내는 그대나 그대의 동류들과 같은 해적들을 접근하지 못하게 막아 주는 것을 기뻐하고 있기 때문이다. 뿐더러 나는 다음과 같은 의견을 가지고 있다. 즉, 그리스도인들이란 언제나 자신들의 신앙에 대해서 변호할 준비를 갖춰야만 하듯이, 남편들도 역시 항상 그들의 결혼에 대해서 변호할 준비를 갖추고 있어야만 한다는 의견을 갖고 있다. 그렇다고 해서 그런 변호를 요청해 오기를 고대하고 있는 모든 사람이 그래야만 한다는 것이 아니라, 자신이 그럴만한 가치가 있다고 생각하는 사람 내지는 지금 당장에는 그럴 만한 가치가 없지만 그러는 것이 좋다고 생각하는 모든 남편은 반드시 변호를 해야만 한다. 그리고 그대는 이미 다른 많은 지역을 황폐하게 해놓고 나서, 이제는 결혼이라는 영의 파괴공작을 개시하였으니만큼, 나로서도 그대와 대결하지 않을 수 없다고 느끼지 않을 수가 없다.

나는 그대가 결혼의 절차를 알고 있을 뿐만 아니라, 사실 그것을 연구하여 왔다고 가정할 수 있다. 일반적으로 그대를 철저하게 무장하고 있고, 대개의 경우 그 일에 대한 노련한 변호인만큼이나 정통한 정보를 입수하기 전에는 결코 공격을 시작하지 않는다. 그렇기 때문에 그대의 공격은 너무 강하다. 이 일을 변호해야 할 사람은 공격을 해오는 그대만큼 그 일에 대한 정보를 갖고 있지 못하다고 그대는 가끔 불평을 늘어놓는다. 그러면 이제 사태의 귀추를 주목해 보기로 하자.

그러나 개별적인 문제에 들어가기 전에 혼례라는 절차 속에는 우리가 그것을 하나의 단순한 의식으로 간주한다고 하면, 그 어떤 석연치 않은 것이 있는 것이나 아닐까 하는 점을 살펴보기로 하자. 사실 혼례란 사랑하는 사람들이 무르익은 순간에 우연히 생각해 내는 그런 것도 아니려니와, 또 그들이 도중에 의견을 달리하게 되었다고 해도 으레 집어치울 수 있는 것도 아니다. 그러므로 혼례란 우리가 대결해야 하는 하나의 힘이다. 그러나 사랑은 자기 자신 이외의 어떤 힘을 인정할 필요가 있을까? 만약 의심과 근심이 어떤 인간에게 기도드리는 것을 가르쳤다고 한다면 그는 그런 힘에 대하여 감사하는 마음으로 승복하게 될 것이라는 것을 그대도 아마 인정할 것이다. 그러나 첫사랑은 그런 것을 필요로 하지 않는다고 그대는 주장한다. 그대는 여기서 우리가 문제로 삼고 있는 개인들은 종교적으로 발전된 사람들이라고 생각하고 있다는 사실을 기억해야만 한다. 그러므로 나는 종교적인 것이 어떻게 한 인간 속에서 발전될 수 있는가 하는 문제에 관심을 갖고 있는 것이 아니라, 어떻게 종교적인 것이 첫사랑과 공존할 수 있는가 하는 문제만을 문제로 삼고 있다.

무릇 불행한 사랑이 하나의 인간을 종교적으로 만들 수 있는 것이 확실한 것과 마찬가지로, 종교적인 개인들도 사랑할 수가 있다는 사실 역시 확실하다. 종교적인 것은 그것을 일깨우기 위해서는 파괴가 필요할 만큼 인간성과 인연이 없는 것이 아니다. 그러나 지금 문제되고 있는 개인들이 종교적인 개인들이라고 한다면, 그들이 혼례식에서 부닥쳐야 할 힘은 그들과는 인연이 없는 것이 아니다. 그리고 그들의 사랑이 그들을 한층 높은 차원의 통일 속에서 결합시키듯이, 종교적인 것은 그보다 한층 더 높은 차원으로 그들을 끌어올린다.

그렇다면 과연 혼례식은 무엇을 달성하는 것일까? 혼례는 우선 인류의 기원이라는 전망을 마련해주고, 그렇게 함으로써 새로운 결혼을 인류라는 커다란 동체胴體에 엮어 넣는다. 이렇게 함으로써 혼례는 보편적인 것, 본질적으로 인간적인 것을 제공하고 그것을 의식 속에 불러일으켜 준다. 아마도 이런 말을 들으면 그대는 화를 낼 것이다. 그대는 아마도, "나는 일체의 것이 시야에서 사라질 만큼 어떤 인간과 다정하게 맺어지는 순간에, 그것이 '예사로운 이야기', 즉 예전에도 있었고 지금도 있고 앞으로도 있을 일이라고 생각된다는 것은 불쾌한 일이다"라고 말할 것이다. 그대는 그대의 사랑에 깃들어 있는 고유한 것을 즐기고 싶은 것이다. 그대는 사랑의 정열 전체를 그대 가슴 속에서 불태우고 싶은 것이다. 그대는 또 어중이떠중이도 꼭 같은 경험을 하고 있다는 생각에 구애받기를 원치 않고 있는 것이다.

그대는, "숫자에다 의미를 부여한다는 것은 지극히 산문적인 처사다. 1750년 어느 날 10시에 모 씨와 덕망 있는 모 양이, 또 같은 날 11시에는 모 씨와 모 양이 하는 따위의 일들 말이다"하고 말한다. 물론 그런 일들이 그대에게는 몹시 불쾌한 일로 여겨질 것이다. 그러나 그렇게 느끼는 그대의 감정 속에는 첫사랑을 방해해 온 반성이 숨어 있다. 우리가 이미 고찰한 바와 같이, 사랑이란 보편적인 것과 특수한 것의 통일이다. 그러나 그대가 말하고 있는 의미에서 특수한 것을 향락하려는 생각은, 특수한 것을 보편적인 것 바깥에 세워놓은 반성이 작용하고 있다는 증거다. 보편적인 것과 특수한 것을 서로 더 많이 침투시키면 시킬수록 사랑은 그만큼 더 아름다운 것이 된다. 위대성은 직접적인 의미에서건, 보다 차원이 높은 의미에서건 특수하다는 것 속에 있는 것이 아니라, 특수성 속에 보편적인 것을 간직하고 있다는 점에 있다. 그러므로 보편적인 것을 상기시킨다는 것이 첫사랑을 괴롭히는 서곡이 될 수는 없다.

뿐만 아니라 혼례식의 절차는 그 이상의 것을 부여한다. 왜냐하면 보편적인 것을 지향함에 있어서 혼례는, 하는 사람들을 최초의 부모에게로 소급해서 이끌어가기 때문이다. 그러므로 혼례는 추상적인 보편에 머무르지 않고, 인류의 최초의 부부 속에서 보편적인 것이 어떻게 표현되었는가를 보여준다. 이 사실은 모든 결혼이 어떤 성질의 것인가에 관해서 어떤 시사를 던져주고 있다. 모든 결혼은 모든 인간의 삶과 마찬가지로 개별적인 것인 동시에 전체적인 것이고, 개별인 동시에 상징이다. 그렇기 때문에 혼례는 사랑하는 사람들에게 다른 사람들에 관한 반성 때문에 방해를 받지 않은 한 쌍에 관한 가장 아름다운 모습을 제공해 준다. 혼례는 사랑하는 사람들 개개인에게, "이리하여 그대들 역시 부부가 되었다. 지금 여기서 그대들에게서 되풀이되고 있는 것은 오래전부터 이어온 꼭 같은 과정이다. 그대들 역시 지금 여기에 무한한 세계 속에 홀로, 하느님 면전에 홀로 서있다"고 말한다. 그런즉 그대는 혼례라는 것이 그대가 요구하는 것을 제공해 준다는 것을, 그러나 동시에 그 이상의 것, 즉 동시에 보편적이면서도 특수한 것을 제공해 준다는 사실을 알 것이다.

그러나 혼례식은 죄가 세상에 들어왔다는 사실을 선포한다. 그리고 사람들이 가장 순결함을 느끼는 순간에 죄를 강조하여 상기시킨다는 것은 확실히 어울리지 않는 일이다. 다음으로 죄는 결혼과 더불어 세상에 들어왔다고 가르친다. 이런 일은 그 자리에 있는 부부 각자에게 용기를 북돋아 주는 것으로는 생각되지 않는다. 물론 교회는 그때 어떤 불행한 일이 일어나면 재빨리 손을 씻어 버릴 수가 있다. 왜냐하면 교회는 헛된 소망에 아부하는 일이 없기 때문이다. 교회가 헛된 소망에 아첨하지 않는다는 것은 그 자체로서는 좋은 일이라 하겠다. 더구나 교회는 결혼과 더불어 죄가 세상에 들어왔다고 말하면서도 결혼을 용납하고 있다. 교회가 죄는 결혼을 통하여 세상에 들어왔다고 가르치고 있느냐 아니냐 하는 점은 하나의 중대한 의문이라고 하겠다. 어쨌든 교회는 죄를 단지 인간의 보편적인 운명이라고만 선포할 뿐이고, 개개의 인간을 지적해서 적용시키고 있는 것은 아니다. 적어도, "그대는 지금 바야흐로 죄를 범하려고 한다"고는 말하지 않는다. 어떻게 해서 죄가 결혼과 더불어 세상에 들어왔는지를 설명하기란 매우 어려운 일이다. 여기서는 마치 죄와 감성적인 것이 동일시되고 있는 인상을 주고 있는지도 모른다. 그러나 교회가 결혼을 용납하고 있는 한, 그런 일은 있을 수가 없다. 그대는, "그렇습니다. 교회는 지상적인 사랑이 지닌 모든 아름다움을 빼앗아버리고 나서야 비로소 결혼을 용납합니다"라고 말할 것이다. 나는 결코 그렇지는 않다고 대답할 것이다. 적어도 혼례식에 있어서는 그러한 의미의 말은 한 마디도 언급되지 않는다.

다음으로 교회는 죄의 벌을 선포한다. 즉, 여인은 고통을 겪으며 자식을 낳아야만 하고, 남편에게 예속해야 한다고 선포한다. 그러나 이 선포 결과의 처음의 부분, 즉 고통 속에서 애를 낳아야만 한다는 부분은 교회가 선포하지 않았다고 하더라도 저절로 선포될 그런 성질의 것이다. 그대는, "그렇습니다. 그러나 불쾌한 것은 그것이 죄의 결과라고 말하는 점입니다"라고 당장에 대답할 것이다. 그대는 어린아이가 고통과 더불어 태어난다는 것은 심미적으로 아름다운 일이고, 그것은 인간

존재에 대한 존경의 표지고, 한 인간이 세상에 태어난다는 사실이 지닌 의미의 상징적인 표상이라고 생각하고, 그것은 차원이 낮을수록 새끼를 수월하게 출산하는 짐승과는 대조적이라고 생각한다. 나는 여기서 다시금 싸움과 같은 사실을 명심하라고 강조하고 싶다. 즉, 죄는 인간의 보편적인 운명으로 선포된 것이고, 어린아이가 죄 가운데서 태어난다고 하는 말은 어린아이가 지닌 최고의 품위를 가장 심오하게 표현한 말이라고 하는 사실을 강조하고 싶다. 인간생활에 속하고 있는 일체가 죄의 범주에 속하고 있다고 하는 그 사실이야말로 인간 생활의 성화聖化를 말해주는 것이다.

다음으로 여자는 남자에게 예속해야만 한다고 말하고 있다. 이 점에 대해서 그대는 아마도, "그렇습니다. 그것은 좋은 일입니다. 남편을 자신의 주인으로 사랑하고 있는 여인을 보면, 나는 언제나 기분이 좋습니다"라고 말할 것이다. 그러나 그런 일이 죄의 결과로 간주되고 있는 사실이 그대를 격분하게 하고 있다. 그대는 그대가 여성의 기사로 등장하는 것이 어울린다고 느끼고 있다. 나는 그대가 여성의 기사가 된다고 해서 과연 여자에 대하여 이바지할 수 있을까 하는 문제에 관해서는 단언을 보류하겠다. 그러나 나는 그대가 남자보다 더 완전하기도 하고 또 더 불완전하기도 한 여자의 본질을 완전히 내면적으로 파악하고 있다고는 믿지 않는다.

사람들이 가장 순수하고 가장 완전한 성질의 것을 지적하고자 할 때는, 그것은 "여자다"라고 말한다. 사람들이 가장 약한 것, 가장 연약한 것을 지적하고자 할 때는, 그것은 "여자다"라고 말한다. 사람들이 모든 감성적인 것을 초월하는 어떤 영적인 것의 표상을 제시하고자 할 때는, 그것은 "여자다"라고 말한다. 사람들이 감성적인 것의 표상을 제시하고자 할 때는, 그것은 "여자다"라고 말한다. 사람들이 순결한 것을 가장 고상하고 위대하게 표현하려고 할 때는, 그것은 "여자다"라고 말한다. 사람들이 죄과罪過라는 우울한 감정을 표현하려고 할 때는, 그것은 "여자다"라고 말한다. 그러므로 어떤 의미에서는 여자는 남자보다 더 완전하다. 이 사실을 성서는 여자의 죄과가 더 크다*는 말로 표현하고 있다. 그런즉, 그대가 다시 교회는 단지 여자의 보편적인 운명만을 선포하고 있다는 사실을 기억하고 있다면, 나로서는 이런 사실로부터 첫사랑을 불안하게 하는 것이 아무것도 생길 리가 없고, 여자로 하여금 이 가능성에 매달리게 할 방법을 모르고 있는 반성을 불안하게 할 뿐이라고 생각한다. 더구나 교회는 결코 여자를 단순한 노예로 만들지는 않는다. 교회는, "여호와 하느님이 가라사대, 내가 아담을 위하여 그를 돕는 자를 지어 주리라"고** 말한다. 이 표현은 진리만큼이나 심미적인 다사로움을 내포하고 있는 표현이다. 그러므로 교회는, "남자는 그의 부모를 떠나서 자신의 아내와 결합한다"***고 가르친다. 우리는 오히려 여자는 자신의 부모를 떠나서 남편과 결합한다고 말하기를 기대할 것이다. 왜냐하면 여자는 사실 더 약한 존재이기 때문이다. 그러나 성서의 표현에는 여자의 중요성에 대한 인식이 내포되어 있다. 그러니 어떤 기사라

---

* 디모데전서 2장 14절 참조.

** 창세기 2장 18절 참조.

*** 창세기 2장 24절 참조.

할지라도 여자에 대하여 이 이상 공손할 수가 없다고 하겠다.

끝으로 남자의 운명에 떨어진 저주에 관해서 말한다면, 남자는 이마에 땀을 흘리며 밥을 먹어야 할 것이라는 말 자체가, 아닌 게 아니라 한마디로 첫사랑의 밀월 기분을 몰아내 버리는 말같이 생각된다. 이미 자주 지적되어 온 바와 같이 이 저주가 모든 신적神的인 저주와 마찬가지로 그 자체 속에 어떤 축복을 간직하고 있다는 사실은 여기서 무엇으로도 입증할 수가 없다. 왜냐하면 그것을 경험하는 것 자체가, 그만큼 항상 후세를 위하여 유보될 수밖에 없었기 때문이다. 그러나 내가 그대에게 유의시켜 두고 싶은 사실은, 첫사랑은 비겁하지 않고, 첫사랑은 위험을 두려워하지 않고, 그렇기 때문에 첫사랑은 그 저주 속에서 어려운 문제를 볼 것이지만, 그것도 첫사랑을 공포로 몰아넣을 수는 없다고 하는 사실이다.

그렇다면 혼례는 어떤 일을 성취하는가? "혼례는 사랑의 운동에 제동을 건다"고 그대는 말한다. 천만의 말씀이다. 오히려 혼례는 이미 움직이고 있는 것을 바깥으로 드러나게 한다. 혼례는 보편적이고 인간적인 것을 고집한다. 그런 의미에서 역시 죄도 고집한다. 그러나 죄가 이 세상에 들어오지 않았더라면 하고 원하는 모든 불안과 근심은 첫사랑과는 생소한 반성 속에 그 근거를 두고 있다. 죄가 이 세상에 들어오지 않았더라면 하고 원한다는 것은 인류를 보다 불완전한 단계로 되돌려 끌어가려는 일이다. 그러나 개개인이 그 밑에 겸손히 무릎을 꿇을 때, 그들은 그들이 예전에 서 있었던 곳보다 더 높은 곳에 서게 된다.

그런 절차를 밟고 나서 교회는 이번에는 개인에게 몇 가지 질문을 던진다. 그렇게 함으로써 개인을 반성으로 몰아넣게 되는 것 같다. 즉, "무엇 때문에 그런 질문을 하는가? 사랑은 사랑의 확실성을 그 자체 안에 갖고 있다"고 하는 것이다. 그러나 교회가 그런 질문을 하는 것은 상대를 동요시키기 위해서가 아니라 견고하게 하기 위해서고, 이미 견고해진 것을 바깥으로 표현하게 하기 위해서다. 여기서 교회는 질문을 함에 있어서 모든 에로스적인 것에 대해서는 고려를 베풀지 않는 것 같다는 어려운 문제가 등장한다. 교회는, "그대는 하느님과 그대의 양심과 상의하였고, 또 벗들과 친지들과도 상의하였나요?"하고 묻는다. 나는 교회가 그렇게 매우 엄숙하게 묻는 물음에는 지극히 명백한 유익이 뒤따른다는 점을 여기서 고집할 생각은 없다. 교회는 (그대의 표현을 빌린다면) 매파가 아니다. 그렇다고 해서 당사자들이 괴로움을 겪게 될까? 사실인즉 그들은 감사하는 마음으로 그들의 사랑을 하느님과 관련을 맺게 하고, 또 그렇게 함으로써 하느님께 상의한 셈이 된다. 왜냐하면 내가 하느님께 감사를 하면, 그것은 간접적인 방법이긴 하지만, 하느님께 상의하는 방법이 되기 때문이다. 교회가 그들이 서로 사랑하고 있는가 어떤가를 묻지 않는 것은 교회가 지상의 사랑을 부인하고 있기 때문이 아니라, 그들이 서로 사랑하고 있는 것을 전제로 하고 있기 때문이다.

그러고 나서 교회는 서약을 요구한다. 우리는 앞서 사랑이 얼마나 멋지게 보다 차원이 높은 집중성 속으로 흡수되는가를 보았다. 결심은 개념을 자유롭게 한다. 그러나 이미 설명한 바와 같이 개인이 자유로우면 자유로울수록 그만큼 결혼은 심미적으로 아름답다.

그러므로 첫사랑의 심미적인 성격이 직접적인 무한성으로서 현재적인 상태로 발견되는 한에서, 결혼은 첫사랑의 성화聖化로 간주될 수가 있고, 첫사랑 그대로보다는 더 아름답다고 하는 사실이 밝혀졌다고 나는 생각한다. 이런 사실은 앞서 논의된 바의 내용으로 미루어서도 분명하다고 나는 생각한다. 그리고 또 방금 앞선 곳에서 교회가 첫사랑을 얕본다는 등의 모든 잠꼬대 같은 말은 근거가 없이 지껄인 소리고, 종교적인 것에 실족한 사람들에게만 그렇게 생각되는 생각에 불과하다.

그러나 사정이 그렇다면 이후는 자연히 다음과 같은 식으로 진전된다. 즉, 이런 사랑이 실현될 수 있을까 하는 질문이 남는다. 그대는 내가 이제까지 주장한 바의 내용을 모두 승인하고 나서도 아마, "그렇다면 결혼을 실현하기란 첫사랑을 실현하기만큼이나 어렵다"고 말할 것이다. 이에 대한 나의 대답은, "천만에!"다. 왜냐하면 결혼에는 운동의 법칙이 있기 때문이다. 첫사랑은 그것이 단지 외적인 매개 안에서만 움직이기 때문에, 결코 내적인 내용을 요구하지 않는 비현실적인 그 자체 an-sich에 머문다. 결혼에 깃들인 사랑은 윤리적이고 종교적인 목적 안에서 내적인 역사의 가능성을 갖고, 역사적인 사랑으로서 비역사적인 사랑인 첫사랑과는 구별된다. 첫사랑은 강하고 전 세계보다도 강하다. 그러나 일단 첫사랑에 의심이 싹트는 순간 첫사랑은 파괴되고 만다. 첫사랑은 무한한 안전감을 갖고 가장 위험한 곳이라도 걸어 넘어갈 수 있는 몽유병환자와 같아서, 사람들이 그의 이름을 부르면 그는 쓰러지고 만다. 결혼에 깃들인 사랑은 무장이 되어 있다. 왜냐하면 결심 때문에 주의가 단지 주위 환경 쪽으로만 기울어져 있는 것이 아니라, 의지가 그 자체, 즉 내적인 인간에게로 기울어져 있기 때문이다. 그래서 이제 나는 일체를 역전시켜서 심미적인 것은 직접성 속에 깃들어 있는 것이 아니라 획득된 것 속에 있다고 말한다. 그러나 결혼은 바로 간접성을 그 자체 안에 갖고 있는 직접성이고, 유한성을 그 자체 속에 갖고 있는 무한성이고, 시간성을 그 자체 속에 갖고 있는 영원성이다. 이리하여 결혼은 이중적인 의미에서, 즉 이상理想이란 말의 고전적인 의미에서나 로맨틱한 의미에서나 이상이라는 사실이 입증된다. 내가 심미적인 것은 획득된 것 속에 깃들어 있다고 말한다고 해서, 그것이 그런 노력 속에 깃든다고 주장하려는 것은 결코 아니다. 왜냐하면 노력이란 소극적인 것이고, 단지 소극적인 것에 불과한 것은 결코 심미적인 것일 수가 없기 때문이다.

반면에 그 자체 속에 내용을 갖고 있는 노력이고, 그 자체 속에 승리를 갖고 있는 싸움일 경우에는, 그때는 나는 그 이중성 속에서 심미적인 것을 갖는다. 내가 이 사실을 지적해두어야만 하겠다고 생각한 것은, 우리 시대의 사람들이 직접적인 것과 대조되는 획득된 것을 찬양하는 말을 들을 때마다 사로잡히는 저 절망의 감격을 염두에 두기 때문이다. 그렇다면 그것은 마치 새롭게 건설하기 위해서는 일체를 파괴해 버릴 필요가 있다는 것과 다를 바가 없다. 아닌 게 아니라 나는 젊은이들이 저 프랑스 혁명에 뒤이은 공포 정치 시대의 사람들처럼, "우리는 모든 것을 의심해야 한다do omnibus dubitandum"*고 외치는 환호성을 들으면 불

* 이 명제는 데카르트 철학의 출발점이다. 키에르케고어는 이 명제를 반박하기 위해서 1842~1843년에 걸쳐서 반半 자서전적인 『요하네스 클리마쿠스, 혹은 모든 것을 의심해야 한다*Johannes Climacus, or De omnibus dubitandum*』를 썼으나 완성하지 못했다. 키에르케고어는 여기서 비로소 회의를 분석하고 있다.

안해진다. 어쩌면 이것은 내가 너그럽지 못한 것인지도 모르겠다. 그러나 나는 인격적인 회의懷疑와 과학적인 회의를 엄격히 구별해야 한다고 믿고 있다. 인격적인 회의는 전혀 별개의 것이다. 그리고 우리가 흔히 듣고 있는 파괴를 위한 열광은, 고작해야 많은 사람들이 회의할 힘도 없으면서 저돌적으로 극단적으로 파괴해 버리거나, 아니면 마찬가지로 확실한 파괴인 망설임에 빠지거나 하는 어느 한쪽으로 이끌어 가기가 일쑤다.

반면에 회의의 갈등이 특정한 개인 속에서 회의를 극복하는 힘을 발전시킬 경우에는, 그런 광경은 한 인간이 어떤 일을 해낼 수 있는가를 보여주는 것이기 때문에 숭고하다고는 말할 수 있지만, 애당초 아름답다고는 말할 수 없다. 왜냐하면 아름답기 위해서는 회의는 그 자체 안에 직접성을 갖고 있어야만 하기 때문이다. 그런 극단적인 유형에 속하는 회의가 초래하는 발전은, 사람들이 말하듯이 하나의 인간을 전혀 별개의 인간으로 변모시키는 방향으로 흐르게 한다. 그러나 아름다움은 회의 안에서 그리고 회의와 더불어 직접성이 획득되는 곳에 성립된다. 나는 이 사실을, 회의를 주장하는 과정에서 생기는 추상화抽象化의 경향과, 회의에 대한 우상화偶像化의 경향과, 회의로 저돌적으로 빠져 들어가는 만용화蠻勇化의 경향과, 회의에서 근사한 결과를 기대하는 맹신화盲信化의 경향 등에 반대하는 입장에서 강조하지 않을 수 없다.

목적하고 있는 것이 정신적인 것일수록 우리는 더욱 회의를 찬양할 수도 있다고 말할 수 있을 것이다. 그러나 사랑은 본래 획득된 것이 문제가 되는 영역이라기보다는 주어진 것, 그리고 획득되게끔 주어진 것이 문제가 되는 영역에 속해 있다. 이런 경우에 회의라는 것이 도대체 어떤 종류의 회의인지 나로서는 전혀 알 수가 없다. 슬픈 경험을 겪고 나서 회의라는 것을 배웠다고 하는 것이 과연 기혼자에게 어울리는 소질이라고 할 수가 있을까? 그리고 이런 회의에 힘입어 위대한 도덕적인 엄숙성을 지닌 채 결혼하기로 결심하고, 일편단심 충실한 남편이 되었다고 해서 과연 그 결혼이 참으로 아름다운 결혼이라고 할 수 있을까? 물론 우리는 그를 칭찬할 용의가 있다. 그러나 우리는 그의 결혼을 찬양할 수는 없다. 인간이란 그런 일까지도 할 수 있다고 하는 예로써 찬양할 수는 있어도 말이다. 아니면 철두철미한 회의가가 되기 위해서 아내의 사랑과 혼인관계에는 아름다움을 간직할 수 있는 가능성이 있다는 사실까지도 의심해야만 하고, 그러면서도 이런 결혼을 원할 만큼 독실한 스토이즘을 간직해야만 한단 말인가?

그대들 사이비 교사敎師들은 바로 그대들의 그릇된 이론을 더욱더 쉽게 세상이 받아들이게 하기 위하여 그런 결혼을 찬양하느라고 수다를 떨고 있다는 사실을 나는 잘 알고 있다. 그대들은 그런 결혼이 그대들의 목적에 이바지하고 있기 때문에, "보라. 이것이야말로 진정한 결혼이다"라고 찬양한다. 그러나 그대들은 이런 찬양이 비난을 내포하고 있고, 특히나 여성들에게는 그런 찬양이 아무런 도움도 되지 않는다는 것을 잘 알고 있다. 그래서 그대들은 그런 식으로 해서 여성들을 유혹하기 위해 온갖 짓을 다한다. 그래서 그대들은 낡아빠진 원칙인 '분리시켜 지배한다' 고 하는 원칙에 따라서 분리시킨다. 그대들은 첫사랑을 찬양한다. 그대들의 소견에 따른다면, 첫사랑이란 시간 바깥에 있는 순간이고, 어떤 거짓말이라도 할 수 있는 신비스러운 어떤 것이다. 결혼은 그런 식으로 자신을 숨길 수가 없다. 결혼생활은 자신을 전개하기 위해서는 몇 해 하고도 며칠이 걸린다. 그러니 결혼을 참고 견디어내기 위해서는 절망적인 체념이 필요하다는 따위의 배은망덕적인 고찰을 하여, 결혼을 쓰러뜨리거나 다시 세울 기회는 얼마든지 있게 마련이다.

이상으로 우리는 순간으로 간주된 배우자의 사랑은 전적으로 첫사랑만큼 아름다울 뿐만 아니라, 그것은 그 자체의 직접성 속에 보다 많은 대립의 통일성을 내포하고 있기 때문에 훨씬 더 아름답다고 하는 사실을 입증한 셈이다. 그러므로 결혼은 매우 존경할 만한 유산이긴 하지만 지겨운 것인데 반해, 사랑은 시詩라고 하는 말은 참이 아니다. 천만에, 결혼이야말로 본래가 시적인 것이다. 그리고 첫사랑이 성취될 수 없었다는 사실을 세상이 그렇게도 흔히 고통스럽게 바라보아 왔다고 한다면, 나 역시 더불어 애도의 뜻을 표할 용의가 있지만, 그러나 그와 동시에 잘못은 뒤따르는 단계에 있었던 것이 아니라 오히려 그들이 애초부터 올바르게 시작하지 못하였던 사실에 있었다는 것을 나는 그대에게 상기시키고 싶다.

요컨대 첫사랑에는 제2의 심미적인 이상, 즉 역사적인 요소가 결핍되어 있다. 첫사랑은 그 자체 속에 운동의 법칙을 갖고 있지 않다. 만약 내가 개인의 종교적인 신앙을 순수한 직접성이라고 생각하였다면 첫사랑에 해당하는 신앙은 애인들이 나눈 약속 덕분에 산이라도 움직일 수가 있다고 믿는 그런 신앙이었을 것이고, 그래서 두루 돌아다니며 기적을 행하는 신앙이었을 것이다. 어쩌면 그 신앙은 그런 일도 해낼 수 있을지 모르지만, 그런 신앙은 역사를 갖지 못할 것이다. 왜냐하면 그런 신앙이 행한 모든 기적에 관한 수작은 그 신의 역사가 아니기 때문이다. 반면에 개인생활 속에 있는 신앙의 축적은 신앙의 역사인 것이다. 부부 사이의 사랑은 이런 운동을 갖고 있다. 왜냐하면 결심을 거친 그 운동은 내면을 향하고 있기 때문이다. 부부 사이의 사랑은 종교적 체험을 통하여, 이를테면 세상의 모든 일은 하느님께 위임하고, 결심을 통하여 하느님과 연합하여 그 사랑을 위하여 싸우려고 하고, 인내를 통하여 그 사랑을 획득하려고 한다. 인간의 나약성은 죄의식 속에 포함되어 있지만, 결심을 통하여 그것이 극복된 것으로 간주한다.

나는 부부 사이의 사랑에 관한 이런 고찰은 아무리 강조해도 모자란다고 생각한다. 나는 이제까지 첫사랑에 대하여 공평하게 대해 왔고, 나 자신이 그대 이상으로 첫사랑의 찬양자로 자처하고 있다. 그러나 첫사랑의 결함은 그것이 지닌 추상적인 성격에서 찾아볼 수 있다. 그러므로 부부 사이의 사랑은, 그것이 자기 자신을 포기할 수도 있다는 사실에서 그대도 알아볼 수 있는 일이지만, 그것 속에 첫사랑 이상의 그 무엇인가를 내포하고 있다. 설혹 첫사랑이 실현될 수 없는 것이라고 하더라도, 그것이 진실로 부부 사이의 사랑이었다고 한다면, 개개인은 그것을 포기하면서도, 비록 다른 방법으로이기는 하지만, 그것이 지닌 감미로움을 소유할 수가 있을 것이다. 첫사랑은 결코 이런 일을 해내지 못한다. 그렇지만 그렇다고 해서 이런 사실에서 마치 부부 사이의 사랑이 첫사랑의 축소형이라는 듯이, 부부 사이의 사랑으로 하여금 그런 체념을 하게 하는 것이 회의懷疑라고 하는 결론은 결코 나오지 않는다. 만약 부부 사이의 사랑이 첫사랑의 축소형이라고 한다면 결코 단념을 하지 않을 것이다. 그렇지만 부부 사이의 사랑이 얼마나 감미로운 것인가를, 부부 사이의 사랑을 실험할 수 있는 힘을 가지고 있으면서도 그것을 단념하는 사랑 이상으로 잘 알고 있는 사람은 아마도 없을 것이다.* 그러나 이 힘은 부부 사이의 사랑을 견지하고 그것을 꼭 실생활에서 실현하려고 할 때는 다시 그만큼 커진다. 그것을 견지하는 일에나 포기하는 일에나 거기에는 동일한 힘이 작용한다. 그러므로 그것을 참으로 보존하는 힘은 그것을 보존할 수 있음을 보여주면서도 포기할 수 있는 바로 그 힘이다. 그리고 이 점이 바로 보존에 깃들어 있는 진정한 자유고, 또 참으로 안정된 자재自在다.

부부 사이의 사랑은, 그것을 체험하는 것으로 자신을 시험하고 체험한 것을 자신과 관계시키는 이른바 동화작용을 하고 있다는 사실로써 그 자체가 역사적인 것이라는 것을 입증하고 있다. 그러므로 부부 사이의 사랑은 일어나는 일을 무관심하게 바라보는 목격자가 아니라 본질적으로 공감적인 참여자다. 요컨대 부부 사이의 사랑은 자신의 발전을 체험하는 것이다. 물론 로맨틱한 사랑 역시 체험한 것을 그 자체에 관계시키지만, 그것은 예컨대 기사가 전투 중에 노획한 군기軍旗 따위를 자기가 사랑하는 사람에게 보내는 식으로 관계시킨다. 그러나 로맨틱한 사랑이 그런 싸움에서 아무리 오랜 세월 동안 지냈다고 하더라도, 사랑이 역사를 가질 수 있다고는 생각할 수가 없다. 진부한 산문적인

* 이것은 바로 키에르케고어 자신의 경우다.

견해는 반대되는 극단으로 흐른다. 그런 견해는 사랑이 역사를 획득할 수 있다는 사실은 이해하지만, 그것은 대개 지극히 짧은 역사에 불과하므로, 이 역사는 하도 초라하고 저속하여 사랑은 곧 달아나 버린다.

실험적인 사랑 역시 일종의 역사를 획득할 수 있지만, 그것은 결국 그것이 참다운 선험성을 결여하고 있듯이, 역시 지속성을 결여하고 있어서 고작해야 실험하는 개인, 즉 자기 자신의 세계인 동시에 그 안에서 자신의 운명인 개인의 자의恣意에 의존하게 된다. 그러므로 실험적인 사랑은 사랑의 상태와 조건을 조사하는 데 각별한 호기심을 갖고 있고, 그래서 그 결과가 일부는 계산한 대로 나타나지만 일부는 전혀 예기치 않은 결과로 나타나서 이중의 기쁨을 맛본다. 결과가 다르게 나타나는 후자의 경우에도 실험적인 사랑은 역시 지칠 줄 모르는 종합판단을 위한 과업을 발견하게 되므로 만족을 느낀다.

이에 반해 부부 사이의 사랑은 그 자체 안에 선험성先驗性을 갖고 있을 뿐만 아니라, 동시에 내적인 항존성恒存性을 갖고 있고, 이런 항존성 안에 깃든 힘은 바로 운동의 법칙과 같은 것, 즉 결심이다. 물론 이런 결심 속에는 타자가 정립되어 있지만, 동시에 이 타자는 극복된 것으로 정립되어 있다. 결심 속에서는 이런 타자가, 외재적外在的인 것마저도 내적인 경험 속에 반영시켜 볼 수 있을 만큼 내적인 타자로 정립된다. 이 타자가 나타나서 자신의 타당성을 획득하지만, 이 타자는 바로 이 타당성 안에서 결코 타당성을 가질 수가 없는 무엇으로 보이기 때문에, 그래서 세련되고 정화된 사랑이 이 운동에서 나타나 체험된 것을 동화同化한다. 바로 이 점에 역사적인 요소가 깃들어 있다. 이런 타자가 어떻게 나타나는가는 실험으로 행동하지 않는 사람의 힘으로서는 알 길이 없다.

그러나 사랑은 그런 것을 모르면서도 그런 일체를 극복한다. 분명히 신약성서 어딘가에는 '감사하는 마음으로 받는다면 모든 선물은 버릴 것이 없다'*는 말이 있다. 대개의 사람들은 좋은 선물을 받았을 때는 기꺼이 감사하지만, 동시에 어떤 선물이 좋은 것이냐의 결정은 자기들에게 맡겨달라고 요구한다. 이것은 그들의 마음이 편협하다는 증거다. 반면에 보다 아량이 많은 감사는 진실로 승리적이고 선험적이다. 왜냐하면 이 감사는 나쁜 선물에 의해서마저도 손상되는 일 없는 영원한 건강을 간직하고 있기 때문이다. 요컨대 이런 감사가 나쁜 선물을 멀리할 수 있는 방법을 알고 있어서가 아니라, 용기, 즉 그런 것들까지도 감히 감사할 수 있는 고상한 인격적인 용기를 갖고 있기 때문이라는 말이다. 사랑 역시 이와 마찬가지다. 그러므로 나는 이 시점에서 지쳐버린 남편들을 선도할 셈으로 그대가 짓궂게 항상 준비하고 있는 그 모든 슬픈 이야기들을 들려달라고 청할 생각은 없다. 오히려 나는 이 기회에 그대가 자제해 주기를 바란다. 왜냐하면 지금 그대가 상대하고 있는 기혼자는 농간에 놀아날 그런 위인이 아니기 때문이다.

그러나 이렇듯이 나는 사랑의 꽃봉오리가 맺힌 상태에서부터 꽃이 활짝 피기까지에 이르는 사랑의 발전과정을 추구하는 사이에, 그대로서는 전혀 아무런 의미도 부여하지 않을 어떤 어려움에 봉착하게 된다.

---

* 디모데전서 4장 4절 참조.

나는 내가 부부 사이의 사랑을 돋보이게 하는 윤리적이고 종교적인 요소는 결코 그것을 손상시키지 않는다는 사실을 그대에게 확신시키는데 성공하였다고 가정하고, 또 그대가 그대의 마음속 깊이 이 사실을 확신하고 이제는 결코 종교적인 출발점을 깔보지 않을 것이라고 다음과 같은 논지를 펴기 위해서 가정해 보기로 한다. 그렇게 되면 그대는 그대가 사랑하는 사람과 단 둘이서 그대와 그대의 사랑을 겸손하게 하느님께 바칠 것이다. 그대는 진심으로 감동하고 감격한다. 그러나(조심하라!) 이제 나는 '교구민敎區民'이라는 하나의 낱말을 토한다. 그러면 바로 그 서사시에서처럼* 일체가 사라지고 만다. 그대는 결코 내면성의 규정을 넘어설 수가 없을 것이다.

그대는, "교구민이다! 그 알량한 교구민. 그들은 십인십색十人十色이면서도, 그럼에도 불구하고 하나의 도덕적인 인격이다! 정말이지 그들이 모든 도덕적인 인간들이 갖고 있는 지겨운 특징과 함께 단 하나의 목 위에 하나의 머리만을 갖고 있다는 훌륭한 특징을 갖고 있다면…… 칼리굴라**처럼 내가 어찌해야 할 것인지를 나는 알고 있었을 텐데……" 하고 말한다. 그대는 저 미치광이***의 이야기를 잘 알고 있을 것이다. 그는 자기가 살고 있는 방이 파리떼로 가득 차 있기 때문에 금방이라도 질식해 죽을 위험에 처해 있다는 고정관념에 사로잡혀 있었다. 그는 절

* 욀렌슐레게르의 「보물 캐는 사람」.

** 로마의 황제 칼리굴라는 "로마 사람들의 모든 머리가 단 하나의 목 위에 있다면 단 일격으로 그것들을 베어버릴 수 있을 텐데" 하고 말했다고 한다.

*** 로마의 황제 도미티아누스를 말함.

망적인 공포와 절망적인 분노를 간직하고 자신의 생존을 위해 싸웠다. 그대 역시 그렇게 그대의 삶을 위하여 그대가 '교구민들' 이라고 부르는 망상적인 파리떼에 대항하여 싸우고 있는 것 같이 보인다. 그렇지만 상황은 사실상 그리 위험하지 않다. 그러나 나는 먼저 교구민들과 접촉함에 있어서 가장 중요한 점 몇 가지를 열거해 보려고 한다. 말이 났으니 말이지, 첫사랑은 이런 유의 난관일랑 아랑곳하지 않는다는 사실을 자신의 장점으로 삼는다는 것은 용납할 수 없다는 것을 그대에게 지적해 두고자 한다. 왜냐하면 그것은 첫사랑이 전적으로 추상적으로 보존되어 있고, 현실과는 아무런 접촉도 없다고 하는 사실에 기인하기 때문이다. 그야 물론 그대는 주위 환경에 대한 추상적인 관계들이라는 것이 추상성 때문에 해소되는 것이라고 한다면, 그런 추상적인 여러 관계 사이에 구별을 지을 수 있는 방법을 잘 알고 있을 것이다. 만약 그대가 목사나 교구의 서기나 정부 기관에 돈을 지불해야만 한다면, 그대는 그런 일쯤은 완전무결하게 참아낼 수 있다. 왜냐하면 그것은 모든 개인적인 관계를 해결하는 데는 근사한 수단이기 때문이다. 그렇기 때문에 그대는 금전을 주고받지 않고는 어떤 일도 않고, 어떤 일도, 가장 하찮은 일까지도 받아들이지 않는다는 그대의 의도를 나에게 실토할 것이다.

사실 만약 언젠가 그대가 결혼을 하게 될 경우에, 그대는 그대의 경사스러운 일을 목격하기 위해 모인 모든 사람에게 수고비를 지불할 수가 있을 것이라고 우리는 기대할 수도 있을 것이다. 그런 경우에 교구민의 숫자가 는다거나, 혹은 그 미치광이가 파리떼를 무서워 한 것과 같은 일이 실제로 그대에게 일어난다고 해도 그대는 놀랄 필요가 없을 것이다. 그대가 두려워하는 것은 세련된 질문으로써, 축하의 말로써, 치하로써, 그렇다, 심지어는 결혼선물로써, 금전으로써는 해결되지 않는 관계를 맺자고 요구하고, 모든 가능한 공감을 표시하기를 요구하는 인격적인 관계인 것이다. 그럼에도 불구하고 바로 이런 경우에는 그대 자신을 위해서나 그대의 애인을 위해서 그대는 어떤 공감도 삼가주었으면 하고 생각할 것이다.

그대는, "사람들은 금전의 도움을 받아 많은 우스꽝스러운 상황을 면할 수가 있다. 사람들은 돈을 주고, 본래는 모모한 사람의 결혼식을 소리 높여 알려야 하는 교회의 나팔수의 입을 막을 수가 있다. 사람들은 돈을 주고 전 교구민 앞에서 남편으로, 정식 남편으로 공표되는 것을 면할 수가 있다. 그럼에도 불구하고 사람들은 단 한 사람을 위해서는 정식 남편이 되기를 바라고 있다"고 말한다. 이것은 내가 지어낸 말이 아니고 그대가 한말이다. 언젠가 교회 결혼식이 있었을 때에 그대가 얼마나 격분하였는지를 그대는 기억할 수가 있는가? 그대는, "서임식敍任式에서는 임석한 성직자 전체가 걸어나와 수임授任을 받은 자의 머리에 그들의 손을 얹듯이, 형제처럼 다정하게 맺어진 참석자 전체가 걸어나와 신랑과 신부에게 한 번의 공동키스로 인사를 하면 된다"고 말한다. 그대는 사실 다정한 아버지와 선배들이 일어나서 깊은 감동을 간직하고 '신랑과 신부를 위해서' 라는 아름다운 건배를 선언하는 뜻 깊은 순간을 생각하지 않고서는, 신랑과 신부라는 말을 그대가 입 밖에 내는 일이란 불가능하다고 단언하였다. 왜냐하면 그대가 교회의 모든 의식儀式이란, 마치 주로 에로스적인 것을 질식시키게끔 되어 있는 것처럼 느끼고 있었듯이, 그것에 뒤이은 세속적인 행사 역시 그대는 교회의 그것만큼이나 꼴사나운 것으로 생각하였기 때문이다. "왜냐하면 그런 예비부부를 연회석상에 앉혀 놓고, 그러고 나서 교회의 증명서만 주면 그것으로 그들을 결혼한 부부로 성립시키는 충분한 조건이 될 수 있느냐 어쩌냐 하는 그릇되고 꼴사나운 반성을 펼친다는 것은 버릇없고 우스꽝스러운 악취미가 아닐까?" 하고 그대는 말한다.

그렇다면 그대는 조용한 혼례식을 좋아하는 모양이다. 이에 대해서는 나도 이론이 없지만, 설령 그렇다 하더라도 그대가 정식 남편으로 선포된다고 하는 점에는 변함이 없다는 사실만은 그대에게 알리고 싶다. 어쩌면 그대는 그 말이 아무도 듣는 사람이 없을 때에 토해진다면 참을 수 있을지도 모르겠다. 더구나 나는 혼례식 문서에는 '전체 교구민 앞에서' 라는 말은 없고 '하느님과 이 신자들 앞에서' 라는 말만이 있다는 것을 그대에게 상기시켜두고 싶다. 이 말은 그것이 지닌 편협성 때문에 사람들을 불안하게 하지도 않거니와 대담성을 결여하고 있는 것도 아니다.

'교구민' 에 대한 그대의 그 이상의 불평에 관해서는(물론 그대는 그런 불평을 그대의 평상시의 과장된 말로 늘어놓고 있지만), 그대가 공격하는 것이 단지 사회적인 관계에 국한된 것이므로, 나도 좀 더 관대하게 용서해 줄 수가 있다. 이 점에 관해서는 나는, 각자는 자신의 의견을 가질 수 있다는 사실을 인정한다. 그리고 나는 그대의 냉담성을 인정할 생각은 추호도 없지만, 그런 일에 대해서만은 나 자신도 되도록이면 관대해지련다. 이런 문제에 관한 한 우리들은 아마도 영원히 의견의 일치를 보지 못할 것이다. 교구민들 속에서 살고 그것이 불가능할 경우에는 되도록 거기에서 보다 아름다운 것들을 찾아내고, 모든 일에서 그것에 순응하고, 그것을 개선하기가 불가능할 경우에는 그것을 참아낸다는 것은 위대한 일이라고 나는 생각한다.

나는 설교단에서 혼약의 성립을 공고하는 일이 사랑에 위험을 준다고는 보지 않고, 그런 유의 공고가 청중들에게 해로움을 준다고도 믿지 않는다. 그것은 그대의 지나친 엄격성에서 우러나온 지나친 생각에 불과하다. 그대는 그렇게도 많은 사람들이, 특히나 여인들이 교회에 가는 것은 단지 그런 공고를 듣기 위해서일 뿐이므로, 설교의 감명은 없어지게 되기 때문에 그런 공고는 폐지되어야만 한다는 의견을 갖고 있다. 그대의 근심 밑바닥에는 그런 하찮은 일은 강건하고 건전한 사랑을 해칠 수도 있다는 식의 그릇된 생각이 깔려 있다. 그렇다고 해서 나는 현재 벌어지고 있는 모든 철없는 행사를 변호할 생각은 전혀 없다. 내가 교구민에게 집착하고 있다고 해서 나는, "사람들이 시도하는 모든 일은 단지 이야깃거리를 제공하기 위해서라고 믿고 있을 정도로 뻔뻔스러운 것은 아니다"라고 괴테가 말하고 있는 것처럼, '존경할 만한 공중公衆'과 교구민을 동일시하고 있는 것은 아니다.

야단법석 떠들썩하는 일체를 그대가 몹시 두려워하는 것을 나로서 자신 있게 설명할 수 있는 다른 하나의 고찰은, 그대는 에로스적인 순간이 사라지는 것을 두려워하고 있다는 사실이다. 사나운 새가 먹이를 덮치기 전에 정적을 유지하듯이, 그대는 그대의 마음을 조용히 냉정하게 유지할 수 있는 방법을 알고 있다. 그대는 순간에는 어떤 인간의 힘으로도 미치지 못한다는 사실과, 그럼에도 불구하고 가장 아름다운 경험은 순간 속에 깃들어 있다는 사실을 알고 있다. 그러므로 그대는 감시하는 방법을 알고 있어서, 순간을 기다리는 초조함을 무엇인가로 선취하는 것을 원치 않는다. 그러나 그러한 일이 상당한 시일이 걸려야 닥쳐올 어떤 지정된 시간에 묶여 있고, 여러 가지 준비로 말미암아 항상 그것이 마음에 걸린다면, '맛을 잃는' 위험성이 생긴다. 이런 사실로 미루어서 그대가 부부 사이의 사랑을 이해하고 있지 못하였다는 사실과, 첫사랑에 관한 이단적인 미신을 갖고 있다는 사실이 분명해진다.

그러면 이제 우리는 이런 교구민의 문제가 과연 실제로 그렇게 위험한 것인지의 여부를 생각해 보기로 하자. 다시 말해서 다른 사람들에게는 그대의 병든 머리에 그런 순간이 무서운 모습으로 반영되는 것처럼은 반영되지 않는 경우에도, 그렇게 위험스러운 것인지 아닌지를 생각해 보기로 하자. 그대를 두렵게 하지 않고, 또 그대의 이상을 방해하지도 않고 회상할 수 있는 몇몇 사람들, 그대가 좋은 일을 하려는 충동을 느낄 때 그대 자신이 이름을 소리 높여 부를 수 있는 사람들, 그들의 존재가 그대의 마음을 넓어지게 해주는 사람들, 그들의 인격이 그대에게는 고귀와 숭고의 계시처럼 생각되는 사람들 - 그대의 생애는 이런 사람들과 접촉하였을 뿐만 아니라, 이런 사람들과 친밀한 교제를 맺어온 것이 아니었던가? 이러한 사람들을 그대의 친지로 갖는 것이 그대를 괴롭혔단 말인가? 그것은 종교적인 것에 관해서 어떤 사람이, "나는 하느님 및 그리스도와의 친교를 진심으로 유지하고 자원하지만, 하느님께서 모든 거룩한 천사들 앞에서 나에게 고백을 강요하고 있는 것은 참을 수가 없다"고 하는 것이나 다름이 없다.

반면에 그대의 생애와 그대의 외적인 생활환경은 아마도 일상생활의 단조로움이 거의 기쁨과 뜻 깊은 위로되는 일로 말미암아 깨져본 일이 없는 사람들과의 접촉으로만 이루어졌음이 분명하다. 모든 가정은 그들의 친지들 중에서, 어쩌면 바로 그 가족들 속에서마저도 그렇게 불행한 사람들을 몇 사람은 갖고 있는 것이 아닐까? 그리고 고립 속에 버려져 있는 이런 사람들이 가정 속에서 의지를 찾는다는 것은 아름다운 일이 아닐까? 이런 사람들에게는 결혼이란 하나의 뜻 깊은 사건이고, 그들의 단조로운 생활 속에 약간의 시적인 색채를 첨가해 주는 것이고, 미리부터 기대하고 오래 참아낼 수 있는 것이고, 두고두고 오래도록 회상할 수 있는 그런 것일 것이다.

내가 교제하고 있는 어떤 가정에서 가끔 그 가정의 주부와 거의 동년배인 어떤 늙은 가정부를 만나게 된다. 그녀는 지금도 여전히 자기의 친구인 그 주부의 결혼식 날의 일들을 생생하게 기억하고 있다. 어쩌면 당사자인 그 주부 이상으로 신부가 어떤 차림을 하고 있었는지, 또 그 밖의 자질구레한 일들을 생생하게 기억하고 있다. 그런데도 그대는 그대가 원한다면 그들에게 줄 수 있는 그런 기쁨의 기회를 그들로부터 빼앗으려고 하는가? 그런 일에 깃들인 약점에 관해서는 너그럽게 대해 주기로 하자.

기쁨을 마음껏 즐기기 위해서 되도록 은밀한 결혼식을 올리는 예도 많다. 그리고 어쩌다 시간이 엉뚱한 것을 가져다주면, 즉 시간이 결혼의 기쁨도 별것이 아니라는 것을 알려주면, 사람들은 "그래. 적어도 많은 사람들에게 기쁨을 주는 의미라도 가졌다면 이 결혼도 하여간에 어떤 가치가 있었을 것인데"하고 넋두리를 늘어놓고 싶은 유혹을 느끼게도 된다.

그대도 알고 있듯이, 나는 가정의 일을 꼬치꼬치 따지는 것을 그대만큼이나 싫어한다. 그러나 한편으로는 나는 그런 일들을 멀리하는 방법을 알고 있고, 또 다른 한편으로는 그런 일에 초연할 수 있는 방법도 알고 있다. 그런데 그대는 그대의 그 신랄한 기지와 논쟁적인 재능과 논박으로도 그런 것들을 일소할 수가 없단 말인가? 물론 그대는 그렇게 할 수가 있다. 그럼에도 불구하고 그것이 그대를 괴롭히는 것이다. 나는 그대에게 어떤 제한을 가할 생각은 없다. 번거로운 것이면 무엇이든 던져 버려라. 그렇지만 나의 원칙을 잊지 마시고, 가능하면 한층 더 아름다운 이상을 실현하는 것을 잊지 말도록 하라. 문제는 가능하다면 그런 사람들을 구제하는 데 있는 것이지, 그대 자신을 변호하는 데 있는 것이 아니라는 사실을 상기하라. 나는 이 원칙을 하나의 처세훈處世訓으로 그대에게 명할 수도 있다. 왜냐하면 그대도 알고 있듯이 이쪽에서 고립을 고집하면 할수록 불필요한 뜬소문을 퍼뜨리고 다니는 사람들은 더욱더 뻔뻔스러워지기 때문이다. 그대는, 그렇다, 바로 그대는 이런 사실을 잘 알고 있기 때문에 우선 그들에게 잔뜩 호기심을 불어넣고 나서는 끝내는 전체를 아무것도 아닌 것으로 만들어 버리는 일이 여러 번 있었다. 나는 이 원칙을 하나의 처세훈으로 그대에게 명할 수도 있지만, 나는 내가 말하고 있는 것을 진리라고 존경하고 있기 때문에 그것을 더 격하시키고 싶지가 않다.

모든 생성의 과정이란, 그것이 건전한 과정일수록 그와 정비례하여 논란의 대상이 될 만한 요소를 지니게 마련이다. 그래서 부부의 결합에도 그런 것이 있다. 그리고 그대도 잘 알고 있듯이 나는 가정생활에서의 단정치 못한 행위, 즉 결혼을 마치 가족 전체와 결혼한 듯이 보이게 하는 김빠진 저 재산의 공유共有라는 것을 미워한다. 부부 사이의 사랑이 진정한 첫사랑이라고 한다면, 그것은 그것에 관해 숨기고 있는 그 무엇인가를 갖고 있는 법이어서 그것을 드러내 보이기를 원치 않고, 허식적인 가족방문에 골몰하지 않고, 세련된 축사나, 의례적인 인사의 교환이나, 혹은 가정에서 거행되는 우상숭배적인 예배 따위에서 양분을 섭취하는 일도 없다. 이런 일은 그대가 잘 알고 있는 일이니만큼 이런 종류의 일에 대해서 그대가 그대의 기지를 마음껏 행사한다고 해도 나는 반대하지 않는다. 많은 점에서 나는 그대와 의견을 같이한다. 그리고 나는 그대가 가끔 경험도 풍부하고 애정도 많은 산림감시원인 나에게, 찍어버려야만 할 썩은 나무에는 찍어내야 한다는 표시를 하게 하지만, 보존해야 할 나무에는 십자로 표시를 하도록 허락해 준다면, 그것은 그대를 위해서나 미풍양속을 위해서나 해로울 것이 없다고 나는 믿는다.

나는 사랑에 있어서 심미적인 질質을 보존하기 위해서는 신비스러운 면이 절대 필요불가결한 것이라는 주장에 아무런 저항감도 느끼지 않는다. 물론 그렇다고 해서 우리가 그런 것에 애착을 느껴야 한다거나, 그것을 목표로 추구해야 한다거나, 그것을 남용한다거나, 단지 신비스러운 면의 즐거움만을 향락해야 한다는 뜻은 아니다. 사람이 살지 않는 무인도로 떠나고 싶다고 하는 것이 첫사랑이 즐겨 생각하는 공상의 하나다. 그런 생각은 이제까지도 허다히 웃음거리가 되어왔다. 그러나 나는 현대의 우상파괴의 횡포에 가담하고 싶은 생각은 없다. 그런 공상의 잘못은 첫사랑이 도망 이외의 방법으로는 첫사랑을 실현할 길이 없다고 믿는 사실에 깃들어 있다. 이것은 첫사랑의 비역사적인 성격에 기인하는 잘못인 것이다.

다양한 주위 환경 속에 머물러 있으면서도 신비스러운 면을 간직하는 일이야말로 기술이다. 사람들 사이에 머무름으로써만 신비는 그것이 지닌 참다운 에너지를 보존하고, 그런 저항에 대항함으로써만 오로지 신비는 끝을 더욱더 깊이 꽂아 넣을 수가 있다는 사실을, 나는 처세훈으로 다시 여기서 주장할 수도 있다. 그러나 나는 그럴 생각은 없다. 왜냐하면 그것은 앞서 든 바로 그런 이유들 때문이고, 또 나는 다른 사람들과의 관계를 항상 실재성을 가진 것으로 인정하고 있기 때문이다. 그러나 그런 이유 때문에 또 기술이 요청되는 것이다. 부부 사이의 사랑은 그런 어려움을 회피하지 않고 오히려 그런 어려움 속에서 그 자체를 보존하고 획득한다. 더구나 부부생활은 그 밖에도 생각해야 할 일이 너무 많기 때문에 어떤 특정한 반대 논쟁에 지치도록 골몰할 시간적인 여유가 없다.

내면적으로 볼 때, 부부 사이의 사랑에 으뜸으로 요청되는 것을 극단적으로 표현해 본다면, 생각할 수 있는 한에서 최대한의 솔직함과 정직과 공명성公明性이다. 왜냐하면 이것은 사랑의 생명원리이고, 친밀한 생활 안에서의 비밀이란 부부 사이의 사랑의 죽음을 의미하기 때문이다.

그러나 이런 일은 실천하기보다는 말하기가 더 쉽고, 이 원리를 시종일관되게 실천하려면 용기가 필요하다. 왜냐하면 그대도 알고 있을 것이지만, 나는 이 말로써 결혼한 가정에서 판을 치고 있는 어리석은 잡담 이상의 것을 생각하고 있기 때문이다. 물론 공명성이 지배하고 있는 곳에서는 비밀이 문제가 되지 않는다. 그러나 비밀이 많으면 많을수록 공명성에는 어려움이 많아진다. 자신을 있는 그대로 내보이려면 용기가 필요하다. 어느 정도의 비밀스러운 면을 감추기만 하면 굴욕을 면할 수가 있는데도 그런 생각을 않기 위해서는, 또 숨김으로 해서 빼길 수도 있는데도 그런 생각을 않기 위해서는 용기가 필요하다. 건전하기를 원하고 끝까지 성실하고 솔직하게 진실을 원하기 위해서는 용기가 필요하다.

그러나 우리는 중요성이 덜한 일로부터 시작하기로 하자. '조그마한 세 개의 방이라는 좁은 한계 내에서 그들의 사랑을 영위하도록' 강요된 한 쌍의 신혼부부가, 그대를 상상의 나라로 짧은 여행을 하게끔 하여 준다. 물론 여행이라 하기에는 그 나라는 그대가 일상생활을 영위하는 거주지와 너무나도 가까운 곳에 있다. 그래서 그대는 미래를 그대 자신이 원하는 대로 되도록 정성껏 취미를 살려서 단장하는 데 몰두하였다. 내가 이런 작은 실험에 참가하는 데 인색하지 않다는 것은 그대도 잘 알고 있는 사실이다. 다행히도 나는 말 네 필이 끄는 왕족의 마차가 요란스럽게 나의 곁을 달려서 지나갈 때는 나 자신이 그 속에 앉아 있다고 상상할 수 있을 만큼 충분히 아직은 어린애 같고, 또 사정이 그렇지 못하다고 나 자신이 확신할 경우에는 그 안에 다른 사람이 앉아 있는 것을 기뻐할 만큼 아직은 순진하고, 또 마차용과 승마용을 동시에 겸하는 말 한 필을 보유하는 것이 나의 재정 형편이 허락하는 최대한이므로, 그 이상의 욕심을 내지 않을 만큼 아직은 충분히 청렴하다.

각설하고, 하여간 그래서 그대는 그대가 결혼을, 즉 행복한 결혼을 하였고, 그대의 사랑을 모든 장애로부터 손상을 받지 않고 무사히 구제하였고, 어떻게 하면 되도록 오래 그대의 사랑의 향기를 간직할 수 있게끔 그대의 가정 내에 있는 일체를 꾸밀 수 있을까 하고 곰곰이 생각하였다. 결국 그대는 방이 세 개 이상 필요하게 되었다. 총각 시절에도 그대는 방 다섯 개를 쓰고 있었던 만큼, 그 점에 관해서는 나도 그대에게 동의한다. 만약 그대가 그대의 방 중에서 하나를 그대의 아내에게 양보하도록 강요되었다고 한다면, 그대로서는 불쾌한 일일 것이다. 사태가 그쯤 되면 그대는 차라리 그녀와 더불어 방 하나를 공동으로 사용하느니보다는 방 네 개를 그녀에게 내주고, 그대는 다섯 번째 방에서 살기를 원할 것이다. 이런 어려움을 심사숙고한 끝에 그대는 계속해서, "나는 좀 전에 말한 그 작은 방 세 개를 나의 출발점으로 택했습니다. 물론 철학적인 의미의 전제라는 뜻은 아닙니다. 왜냐하면 나는 거기로 돌아갈 생각이 없고, 되도록이면 거기에서 멀리 떨어져 있기를 원하고 있기 때문입니다"라고 말한다. 사실 아닌 게 아니라 그대는 그 작은 방 세 개에 대하여 그다지도 혐오감을 느꼈으니 만큼, 그대가 그 이상의 방을 가질 수 없을 경우에는 방랑자처럼 탁 터진 하늘 아래서 사는 길을 택할 것이다. 사실 그것은 결국 매우 시적인 것이기 때문에 그것에 대한 보상으로서는 커다란 응접실이 딸린 방을 필요로 할 것이다.

이런 일이란 첫사랑의 비역사적이고 관습적인 이단설異端說의 하나라는 것을 그대에게 상기시킴으로써 나는 그대가 정상을 회복하기를 시도하였다. 그러고 나서 나는 그대와 더불어 그대의 그 많은 공중누각 안에 있는, 높고 선선한 커다란 천정으로 덮인 많은 홀과, 신비스럽고 컴컴한 많은 방, 많은 등불과 샹들리에와 거울로 말미암아 구석구석까지 밝혀진 많은 식당들과, 발코니를 향하여 두 날개모양으로 뻗은 문으로부터 눈부신 아침 햇살이 쏟아져 들어오고, 그대와 그대의 사랑만을 위하여 숨 쉬고 있는 꽃향기가 우리들을 향해 흘러들어오는 고즈넉한 응접실을 두루 걸으며 기쁨을 만끽하였다.

그러나 그대가 새끼 사슴을 쫓는 사냥꾼처럼 험한 바위에서 바위로 껑충껑충 뛰어다닌다면 나는 더 이상 그대의 대담한 모험을 뒤쫓지는 않겠다. 이제는 다만 그대가 장만해놓은 것들의 밑바닥에 깔려 있는 그 원리만을 좀 더 소상하게 음미해 보련다. 그대의 원리는 분명히 신비스러움과 불가사의함과 세련된 교태嬌態 ; coquetry 바로 그것이었다. 그대의 방의 사면의 벽에는 거울이 삽입되어 있어야만 했을 뿐 아니라, 그대의 의식세계마저도 동일한 빛의 반사로 인해서 다양화되어야만 하였다. 그대는 방안 어디에서나, 뿐만 아니라 의식 속 어디에서나, 그대 자신과 그녀를, 그리고 그녀와 그대 자신을 만나려고 하였다.

그대는, "그러나 그런 일을 성취하기 위해서는 온 세상의 부를 갖고서도 충분치가 않습니다. 그것에 더하여 정신이 필요하고, 정신의 모든 힘을 통제할 수 있는 슬기로운 중용中庸이 필요합니다. 그러므로 친밀함이 관심을 불러일으키는 것이 될 수 있을 만큼 서로 소원해야만 하고,

또 소원함이 자극적인 저항이 될 수 있을 만큼 친밀해야만 합니다. 부부생활은 우리들을 안락하게 만들어 주는 평상복이 되어서도 안 되지만, 또 우리들의 운동을 압박하는 코르셋이 되어서도 안 됩니다. 피로를 느끼게 하는 준비를 필요로 하는 노동이 되어서도 안 되지만, 맥이 풀리는 안일한 것이 되어서도 안 됩니다. 우연성의 특징을 갖추고 있어야만 하지만, 우리가 희미하게나마 어떤 기교를 느낄 수 있는 것이어야만 합니다. 커다란 홀을 다 덮을 수 있는 융단을 짜느라 세월이 가는 줄도 모르고 있다가 꼭 장님이 될 필요는 없지만, 그녀가 나를 위해 베푸는 가장 하찮은 것이 가장자리에 짜 넣은 약간 신비스러운 표지인 것처럼 보이게 하는 것은 좋은 일입니다. 식사를 함께 할 때마다 케이크에 서명을 해 넣을 필요까지는 없지만, 어렴풋한 암시 정도는 무관할 것입니다. 요긴한 일은 운동이 순환되는구나 하고 예감할 수 있는 점, 즉 되풀이가 시작되는 점을 알아차리지 못하게 하는 일입니다. 이런 일이란 완전하게 해낼 수가 없는 일이기 때문에 변화가 가능하도록 하는 것이 요긴합니다. 설교의 터전이 되는 몇 개의 성경 본문 말씀만을 준비하고 있는 사람이, 만약 그가 첫 일요일에 그것을 다 써버린다면 뒤따르는 일 년 동안에 쓸 자료가 없어질 뿐만 아니라, 이듬해 첫 일요일에 쓸 몫도 못 가지게 됩니다. 되도록이면 서로 오래오래 어느 정도까지 수수께끼로 있어야 하고, 그리고 조금씩 정체가 드러난다고 하더라도 되도록이면 우연스러운 사태를 이용하여 그 결과로써 굴절을 띠게 되어 새로운 여러 면으로 바라볼 수 있게 행해야만 합니다. 모든 포만飽滿의 징조와 씁쓸한 뒷맛을 느끼게 하는 모든 암시는 피해야 합니다"라고 말한다.

그래서 그대는 아름다운 곳이지만 수도 근처에 있는 이 늠름한 성곽의 지하에 살기로 하였다. 그대의 아내, 즉 그대의 반려는 일층 좌측 날개 쪽에서 살기로 되었다. 그대는 남편과 아내가 떨어져 살고 있다고 해서 항상 왕족들을 부러워하였다. 그러나 이런 궁중생활에서 심미적인 성격을 몰아내는 것이 있다면, 그것은 사랑보다도 우위에 설 것을 요구하는 의식儀式이다. 도착을 알리고 잠시 기다렸다가 영접된다. 이런 일이란 그 자체로서는 전혀 심미적이 아니라고는 말할 수 없지만, 그것이 사랑의 신극神劇의 극중극劇中劇이었을 때만, 또 타당성이 허용되기는 하지만 그 타당성을 빼앗을 수 있었을 때만 비로소 그 참다운 아름다움을 획득할 것이다. 사랑 그 자체는 많은 한계를 가질 수 있지만, 그 모든 한계는 동시에 그 한계를 넘어서려는 화사한 유혹이어야만 한다. 그래서 그대는 그대의 서고와 당구장과 응접실, 그리고 그대의 침실이 있는 그 지하에서 사는 것이다. 그대의 아내는 일층에서 살았다. 거기에도 역시 그대들 부부의 침실, 즉 양쪽에 각기 대기실이 딸린 큰 방이 있었다. 그대들이 결혼하였다는 사실을 그대나 그대의 아내에게 생각나게 하는 것은 아무것도 없어야만 하였지만, 모든 것이 미혼자는 가질 수 없는 식으로 정리되어 갖추어져 있어야만 하였다. 그대는 그대의 아내가 하고 있는 것을 모르고, 그대의 아내 역시 그대가 골몰하고 있는 일을 모른다. 그러나 이런 일은 결코 서로 하는 일 없이 지내거나 서로를 잊기 위해서가 아니라, 서로 만날 때마다의 접촉이 뜻 깊은 것이 될 수 있도록 하기 위해서고, 또 그대들이 서로 마주 바라보게 될 죽음과 같은 순간을 멀리하기 위해서다.

보라! 그런 순간에는 이미 그대들은 지루해진다! 그런 까닭으로 인해서 그대들은 부부답게 팔짱을 끼고 걸어 다니는 일이 없다. 그녀가 정원을 거닐고 있을 때, 그대는 여전히 젊음에 넘친 정열을 지니고 창문을 통하여 그녀가 거니는 경로를 뒤쫓기를 갈망하고, 그녀의 모습을 더 잘 보려고 눈을 날카롭게 부릅뜬다. 그리고 그녀가 그대의 시야에서 사라지고 나면, 그녀의 연상을 머릿속에 그리며 명상에 잠긴다. 그대는 그녀의 뒤를 몰래 밟으려고 한다. 때로는 그녀가 그대의 팔에 안기는 일도 있을 것이다. 왜냐하면 어떤 특정 감정의 표현으로써 사람들 사이에서 기득권을 갖게 된 것 중에는 역시 아름다운 무엇인가가 있는 법이기 때문이다. 그대는 그대 편에서 자진하여 그녀와 팔짱을 끼고 걷기도 한다. 한편으로는 이 풍습의 아름다움을 정당하게 평가하기 위해서, 또 다른 한편으로는 정식으로 결혼한 부부처럼 걷고 있는 사실에서 해학을 느끼기 위해서이다. 나는 이제까지 그대의 천재적인 두뇌가 꾸며낸 지극히 세련된 환경인 이런 동양적인 사치를 날날이 추구해 왔지만, 어디까지 가면 끝이 난다는 것인가? 이제 나는 지쳤고, 그대가 그렇게도 거만하게 지나쳐버린 저 세 개의 작은 방으로 되돌아가고 싶은 생각뿐이다.

각설하고, 여기서 언급한 견해 속에 심미적으로 아름다운 무엇이 있을 수 있다면, 그 일부는 그대가 예감시켜 준 저 에로스적인 수줍음 속에서 찾아볼 수 있고, 또 일부는 사랑하는 여성을 획득된 것으로 언제까지나 소유해 두려고 하지 않고 항상 새로 획득하려는 의지 속에서 찾아볼 수가 있다. 이 후자에 속하는 일은 그 자체로서는 진리이고 정당한 일이지만, 이 과제는 결코 에로스적인 진지성을 지니고 제기되어서도 안 되고, 또 그래서는 해결되지도 않는다. 그대는 항상 직접성 그 자체, 즉 자연규정에 매달려 있을 뿐이고, 감히 그것을 부부에게 공통된 의식意識 속에서 변모하는 것을 용납하지 않았다. 왜냐하면 이것이 내가 성실과 정직이라는 말로 표현하려고 한 바로 그것이기 때문이다. 그대는 수수께끼 같은 것이 사라지고 나면 사랑은 꺼질 것이라고 두려워하고 있다.

반면에 나는 그런 것이 지나가 버려야만 사랑이 시작된다고 생각하고 있다. 그대는 우리가 사랑하는 것을 감히 다 알아서는 안 된다고 생각하고, 또 우리에게 걸맞지 않는 것을 절대적으로 중요한 요소라고 기대하고 있다. 나는 우리가 사랑하는 것을 알 때만 비로소 우리는 참으로 사랑하게 된다고 생각한다. 게다가 그대의 모든 행운에는 하나가 결핍되어 있다. 즉, 축복이 결여되어 있다. 왜냐하면 그대의 행운에는 역경逆境이 결여되어 있기 때문이다. 그리고 그대가 실제로 그대의 이론으로써 누군가를 인도하려고 할 경우에도 그런 일은 실패로 돌아갈 것이지만, 그런 일이 삶에는 진리가 아니라는 사실은 다행한 일이라 하겠다. 그러니 이제 우리는 실제적인 생활 조건에 눈을 돌려보기로 하자.

각설하고, 내가 역경이란 결혼생활의 일부라고 주장한다고 해서, 그대가 결혼을 역경의 연속과 동일시하는 것을 용납할 의사는 추호도 없다. 앞서도 설명한 바와 같이, 결심의 특징인 체념 속에는 이미 많은 역경을 배려에 넣고 있지만, 그런 것들은 이미 결심이라는 행동 안에서 극복된 것으로 간주되었기 때문에, 그런 것들이 이제는 어떤 특정한 모습을 갖고 나타나거나 위협적인 존재가 될 수가 없다. 더구나 역경이란 외부에서 볼 수가 있는 것이 아니라, 내면적으로 개인 안에서 반사된 것이므로, 따라서 이것은 부부 사이의 사랑이 공유하고 있는 역사에 속하고 있는 것이다. 비밀 그 자체는 앞서 설명한 대로 그 속에 은밀하게 숨겨두어야 할 것이 아무것도 없을 때는 하나의 모순이 되고, 숨기는 것 그 자체가 사랑의 장난 이상의 것으로 간주할 수 없을 경우에는 그것은 어린아이들의 소꿉장난과 같은 것이 되고 만다.

우리들의 사랑이 참되게 개인의 마음을 열어놓고, 우리가 사랑은 사람들을 웅변가가 되게 한다고 말할 때의 그런 말과 결합시키기가 일쑤인 것보다는 훨씬 깊은 뜻에서 그를 웅변가로 만들 때에만(웅변가라면 유혹자 역시 웅변가가 될 수도 있는 일이기 때문이다), 그리고 개인이 모든 것을 그들이 공유하고 있는 의식 속에 저장해 두었을 때에만 비로소 신비스러운 것은 힘과 생명과 의미를 획득하게 된다. 그러나 그러기 위해서는 결정적인 한 걸음이 요구되고, 따라서 용기가 요청된다. 그러나 이런 일이 일어나지 않을 때는 부부 사이의 사랑은 무無 속으로 전락하고 만다. 왜냐하면 이렇게 함으로써만 우리는 우리가 자기 자신을 사랑하지 않고 다른 사람을 사랑하고 있다는 사실을 보여줄 수 있기 때문이다. 그리고 우리는 다만 남을 위해서 존재하고 있다는 사실을 보여주지 않고서 어떻게 그것을 보여줄 수가 있으며, 우리가 우리 자신을 위해 존재하고 있지 않다는 사실을 보여주지 않고서 어떻게 우리가 남을 위해 존재하고 있다는 것을 보여 줄 수가 있겠는가? 그러나 자기 자신을 위해서 존재한다는 것은 개인의 생활이 그 자체 안에 머물러 있을 때, 그것이 소유하는 비밀의 가장 일반적인 표현이다. 사랑은 헌신이지만 헌신은 내가 나 자신 바깥으로 나아갈 때만 비로소 가능하다.

그렇다면 헌신은 어떻게 자기 자신 속에만 머물러 있으려고 하는 솔직성의 결여와 결합될 수가 있을 것인가? 그대는, "그렇지만 그런 식으로 자기 자신을 드러내 보이면 실패합니다"라고 말한다. 물론 그렇다. 비밀을 간직하여 이득을 보는 자는 항상 잃는다. 그러나 만약 그대가 그대의 주의에 시종일관되게 충실하려고 한다면, 그대는 이런 일을 더 철저하게 실천해야만 하고, 그래서 결혼뿐만 아니라 모든 사람들과의 접근까지도 설득하여 단념시켜야만 한다. 그렇지만 그대의 영리한 두뇌가 얼마나 전신 통신을 진척시킬 수 있느냐는 의심스럽다. 가장 흥미있는 독서는 독서를 함에 있어서 독자가 어느 정도까지는 생산적이 되는 독서다. 참된 에로스의 기술은 멀리서 어떤 인상을 만들어줄 수 있고, 또 그 인상이 당사자에게 지극히 위험스러운 것이 되게 하는 일이다. 왜냐하면 그렇게 함으로써 상대방 당사자는 자신의 무無로부터 자신의 목적을 창조하고, 그러고 나서 자신이 창조한 것과 사랑에 빠지게 되기 때문이다. 그러나 이것은 사랑이 아니라 유혹자의 농락이다. 이에 반해서 사랑하는 자는 헌신 속에서 자기 자신을 잃고 상대방 속에서 자기 자신을 잃지만, 상대방 속에서 자기 자신을 잃고, 자기 자신을 잊음으로써 상대방에게 드러나게 되고, 자기 자신을 잊음으로써 상대방 안에서 기억나게 한다. 사랑하는 사람은 타자와, 즉 그가 자기보다 우월한 자건 자기보다 못한 자건 간에, 혼동되는 것을 원치 않을 것이다. 그리고 자기 자신과 사랑하는 자에 대한 이런 존경심을 갖지 않고 있는 자는 사랑하는 자가 아니다.

그러므로 비밀주의는 일반적으로 말해서, 자신의 키를 한 자 더하기를 원하는* 식의 열등의식에 기인하고 있는 것이다. 그런 일을 멸시하는 것을 배우지 못한 자는 일찍이 사랑을 해보지 못한 자다. 왜냐하면 만약 그가 그것을 알았다고 한다면, 비록 그가 자신의 키에 열 자를 더했다고 하더라도, 그는 자기가 여전히 하찮은 존재라고 느꼈을 것이기 때문이다. 일반적으로 이런 사랑의 겸손은 연극이나 소설에서나 찾아볼 수 있는 것이거나, 혹은 약혼시절의 흔히 있는 거짓말에 속한 것이라고들 믿고 있다. 그렇지만 그것은 결코 그렇지가 않다. 이 겸손은 누구를 막론하고 사랑을 사랑 아닌 다른 것으로 재려고 할 때면 언제나 나타나는 참되고 유익하고 한결같은 교정자矯正者다.

세상에서 가장 천하고 가장 하찮은 자가 가장 유능한 자를 사랑한다고 할지라도, 만약 그 가장 유능한 자에게 진실이 있다고 한다면, 그는 그러한 현실에도 불구하고 그의 모든 재능이란 사랑과는 견줄 바가 못되는 것이고, 상대방의 사랑 속에 깃들인 요구를 충족시켜 줄 수 있는 길은 오로지 자신도 상대방을 사랑하는 길뿐이라는 것을 느끼게 될 것이다.

인물이 크고 작은 것은 문제될 수가 없다는 사실을 결코 잊지 않도록 명심하자. 그러므로 이런 사실을 참으로 느낀 일이 있는 사람만이

* 마태복음 6장 27절 참조.

사랑을 한 사람이다. 그는 물론 무엇인가 빼앗기지나 않나 하고 두려워하지도 않는다. 빼앗겼다고 해도 그런 것은 애당초 그에게는 가치가 없는 것이다. 이 세상에서 가난해진 사람만이 진정한 소유물을 얻고, 모든 것을 잃은 자만이 모든 것을 얻는다. 그러므로 나는 페늘롱*과 더불어, "사랑을 믿으라. 사랑은 모든 것을 취하고, 사랑은 모든 것을 준다"고 외친다.

그러므로 이렇듯이 하나의 일 밑에서 개개의 특정한 모든 것을 사라져 버리게 하고, 퇴색하게 하고, 무한한 사랑의 힘 앞에서 안갯속에 나타났던 모습들처럼 꺼지게 한다는 것은 참으로 아름답고 상쾌하고 형언할 수 없이 복된 감정이다. 이것은 결론이 내려지는 순간에도 아름답지만, 손에 들고 제수除數를 하나하나 지워나가는 즐거움을 맛보는 과정만큼이나 아름다운 계산문제다. 그렇다. 이것은 사랑이 온 세상을 원할 때, 그렇지만 세상 속에서 영광을 누리기 위해서가 아니라 사랑을 즐겁게 해주기 위한 익살로써 세상을 파멸시켜 버리기 위한 것이라면, 이것이야말로 파괴적인 성격의 사랑의 감격이다.

진실로 우리가 유한성의 고찰을 위하여 문호를 개방하는 순간, 우리가 최고의 두뇌와 최고의 재능과 최고의 예술적인 천품을 갖고 있으니 사랑을 받아야 하겠다고 생각하건, 혹은 입술 위에 가장 아름다운 콧수염을 갖고 있으니 사랑을 받아야 하겠다고 생각하건 간에, 모두가 한결같이 어리석고 우스꽝스럽다. 그러나 이런 주장이나 이런 기분은 물론

* 페늘롱(1651~1715). 프랑스의 대주교, 신학자, 저술가.

첫사랑에는 으레 따르기 마련이다. 그리고 내가 새삼스럽게 여기서 이 사실에 대해 언급할 필요가 있다고 생각하는 이유는, 그대가 항상 취하는 눈부신 태도 때문이다.

첫사랑은 초자연적인 파토스를 지니고 소원할 수가 있지만, 그런 소원은 자칫하면 내용이 없는 '그랬더라면' 하는 것으로 되기가 일쑤다. 그리고 우리는 하느님께서 모든 부부에게 온 세상을 그들의 마음대로 다룰 수 있게끔 주신 그런 낙원 속에서 살고 있는 것이 아니다. 부부 사이의 사랑은 이런 사실을 잘 알고 있고, 그 사랑의 운동은 바깥을 향하고 있는 것이 아니라 안을 향하고 있다. 그래서 그 사랑은 자신을 위한 넓은 세상이 있다는 것도 곧 알아차리지만, 또 모든 사소한 자기억제의 행위는 사랑의 무한성과 무척이나 걸맞는다는 것도 알아차린다. 그리고 설혹 부부 사이의 사랑은 대항하여 싸워야 할지도 모를 것이 많다는 것을 알고 고통을 느낀다 하더라도, 이런 싸움을 할 용기도 느낀다. 그렇다. 죄가 세상에 들어온 사실에 거의 기쁨조차 느낄 수가 있을 때, 부부 사이의 사랑은 역설 속에서도 그대를 능가하리만큼 충분히 대담해진다.

또 다른 의미에서도 그 사랑은 역설 속에서도 그대를 능가하리만큼 충분히 대담하다. 왜냐하면 그 사랑은 그런 역설을 풀 수 있는 용기를 갖고 있기 때문이다. 부부 사이의 사랑은 첫사랑과 마찬가지로, 이런 모든 장애는 사랑의 무한한 순간 속에서 극복된 것으로 알고 있지만, 그 사랑은 또(그리고 이것이 바로 사랑 속에 깃들인 역사적인 요소다) 이 승리는 획득되어야만 하는 것이라는 사실과, 이 획득은 단순한 유희가 아니라 전투라는 사실, 그렇지만 동시에 발할라*에서의 전쟁이 생사를 건 싸움이었지만 전사들이 항상 죽음에서 다시 일어나서 젊어졌기 때문에 유희였던 것과 마찬가지로, 단순한 싸움이 아니라 유희였다는 사실을 알고 있다. 그리고 이 사랑은 또, 이 격투가 자의적恣意的인 결투가 아니라 하느님의 주재 하에서 이루어지는 싸움이라는 것을 알고 있고, 또 부부 사이의 사랑은 한 사람이 아니라 여러 사람을 사랑하고 싶은 욕구를 느끼지 않고, 한 사람을 사랑하는 이 제한에 축복을 느끼고, 한 번 이상 사랑하고 싶은 욕구도 느끼지 않는다. 왜냐하면 이 사랑은 이 한 번에서 영원을 감지하기 때문이다. 그런데도 그대는 아무런 비밀도 갖고 있지 않는 이 사랑이 아름다운 무엇인가를 잃고 있다고 생각하는가? 혹은 또 이 사랑이 시간에 저항할 수가 없고 일상적인 사교 때문에 필연적으로 둔화된다고 말할 셈인가? 혹은 또 권태가 재빨리 그 사랑을 따라잡는다고 말할 셈인가? 마치 부부 사이의 사랑이 결코 지칠 줄 모르는 영원한 내용, 즉 때로는 키스와 농담을 통하여, 또 때로는 두려움과 떨림을 통하여 획득하고, 줄곧 획득을 계속하는 영원한 내용을 갖고 있지 않다는 듯이 말이다.

그대는, "그러나 부부 사이의 사랑은 그런 일련의 모든 아름답고 사소한 뜻밖의 일일랑 단념해야만 합니다"라고 말한다. 나는 그럴 필요가 없다고 본다. 부부 사이의 사랑은 언제나 입을 쩍 벌리고 서 있어야만 한다거나, 언제나 꾸벅꾸벅 졸면서까지도 말대꾸를 하고 있어야만 한

* 북구 신화에 나오는 전사한 영웅들의 거주지.

다고는 나는 생각하지 않는다. 반대로 이런 일련의 모든 사소한 뜻밖의 일은 전적인 솔직함이 발동되는 바로 그때야말로 그것들이 지닌 의미를 획득하게 된다. 왜냐하면 이 솔직함이 안도감과 신뢰감을 주고, 그 속에서 이런 막간극幕間劇들이 가장 효과를 나타내기 때문이다. 그러나 반면에 만약 사람들이 사랑의 본질과 진정한 축복이 이런 일련의 사소한 뜻밖의 일 속에 있다고 믿고, 시시하게 우유부단하고 안절부절 못하는 마음으로 이런 사소한 뜻밖의 일에 매순간 대비해야만 한다고 생각하고, 심지어는 자신이 그런 일을 만들어내는 것이 어떤 아름다운 일인 양 생각하게 된다면, 나는 감히 그런 것은 매우 꼴사나운 일이고, 결혼이 사탕과자나, 향수병이나, 접시나, 수놓은 슬리퍼 등으로 가득 차 있는 상床 이상의 아무런 더 좋은 트로피를 제시하지 못할 때는, 그것은 불길한 징조라고 말하겠다.

그러나 비밀제도가 잘 실천되고 있는 결혼생활도 어쩌다가 가끔 눈에 띄기도 한다. 이런 결혼생활치고 행복한 결혼생활이었던 예를 나로서는 본 적이 없다. 그러나 나의 관찰이 어쩌면 전적으로 우발적인 것이었을지도 모르는 일이기 때문에 그런 판단의 근거로서 일반적으로 사람들이 생각하고 있는 이유를 좀 더 상세히 조사해 보기로 하겠다. 이 일은 나에게는 매우 중요한 문제다. 왜냐하면 심미적으로 아름다운 결혼은 항상 행복한 결혼이기 때문이다. 그러므로 만약 행복한 결혼이 그런 터전 위에 세워질 수 있는 것이라고 한다면, 나의 이론은 수정되어야만 한다. 나는 그런 결혼생활이 보여주는 어떤 형식에서도 눈을 돌리지 않고, 그 모든 것을 되도록 공정하게 서술하련다. 그리고 특히 이런 형식이 실현되고 있는 것을 나의 눈으로 본 가정家庭에서 참으로 매력적으로 대가다운 솜씨로 실천된 사실을 소상히 기록하겠다.

이 비밀제도가 일반적으로 남편들에 의해서 주도되고 있다고 하는 사실은 그대도 인정할 것이다. 이런 제도는 어떤 경우에도 좋지 않은 일이지만, 그럼에도 불구하고 그런 횡포를 아내 쪽에서 행사할 때보다는 참을 수가 있다. 물론 가장 추악한 형식은 아내를 노예로 삼고, 모든 가정생활을 돌보는 하녀로 삼는 완전한 독재다. 그런 결혼생활은 비록 세월이 감각을 무디게 하여 그것에 만족을 느끼게 된다고 하더라도 결코 행복한 것이라고는 할 수가 없다. 이보다 조금 나은 형식은 이와는 정반대의 것으로서 지각이 없는 근심이 그것이다. 사람들은, "여자는 약하다. 여자는 고통스러운 일이나 슬픈 일을 감당할 수가 없다. 우리는 약한 자와 상처받기 쉬운 동물을 애정을 갖고 돌봐 주어야만 한다"고 말하고 있다. 천만의 말씀이다! 그것은 사실과는 정반대다! 여자는 남자만큼 강하고 어쩌면 더 강하다. 그리고 그대는 과연 그대가 여자를 그런 식으로 깔보고 있을 경우에도 여자를 사랑스럽게 대해 줄 수 있는가? 누가 그대에게 여자를 깔보아도 좋다고 허락해 주었는가? 어떻게 그대의 영혼은 그렇게까지 장님이 되어 그대 자신이 여자보다 완전한 존재라고 생각하게 되었단 말인가? 그대는 다만 그녀에게 모든 것을 털어 놓기만 하면 된다! 만약 그녀가 약해서 그녀가 그것에 견디어 낼 수가 없다면 – 좋다. 그때는 그녀는 그대에게 기댈 수가 있다. 그대에게는 그것을 지탱할 만한 힘이 있다!

그런데 보라. 그대는 그런 일을 참아낼 수가 없는 것이다. 그러므로 힘이 없는 쪽은 그대이지 그녀가 아니다. 어쩌면 그녀가 그대보다 힘이 강하고 어쩌면 그녀가 그대를 부끄럽게 할지도 모른다. 그렇다. 그대는 그런 일을 참아낼 만한 힘이 없는 것이다. 그대는 좋은 일이건 나쁜 일이건 간에 함께 분깃을 나누기로 약속하지 않았던가? 그렇다면 나쁜 일에는 그녀를 참여케 하지 않으려는 그대의 처사는 그녀를 속이는 것이 아닐까? 그런 일은 그녀가 가진 고귀한 면을 부숴버리는 일이 아닐까? 어쩌면 그녀는 연약할지도 모르고, 어쩌면 그녀의 번민이 모든 일을 더 어렵게 할지도 모른다. 그래도 역시 그대는 그녀와 더불어 불행의 분깃을 나누는 게 좋다. 그러나 그렇게 되면 이번에도 그것이 오히려 그녀를 구하게 될 것이다. 그런데도 그대는 그녀로부터 그녀의 구원의 길을 빼앗을 셈인가? 그대에게는 그녀가 세상에서 밀입국한 사람처럼 처신하게 할 권리가 있단 말인가? 그대는 어디서 그런 힘을 얻었는가? 그녀 역시 그대처럼 하느님과 가깝지 않을까? 고난과 고통을 통하여 가장 심오하고 가장 진실된 방법으로 그녀가 하느님을 발견할 기회를 그대는 빼앗을 셈인가? 그대는 그대가 숨기고 있는 비밀을 그녀가 전혀 예감하고 있지 못하다는 것을 확실히 알고 있단 말인가? 그대는 도대체 그녀가 남몰래 슬퍼하며 탄식하고 있는지 아닌지의 여부와, 그녀가 영혼에 타격을 받고 고민하고 있는지 아닌지의 여부를 알고 있단 말인가? 어쩌면 그녀의 연약함은 겸손인지도 모를 일이고, 또 어쩌면 그녀는 그런 모든 일을 참고 견디는 것을 자신의 의무라고 믿고 있는지도 모를 일이 아닌가. 그렇게 해서 그대는 그녀 속에 힘이 생기게 한 기회를 부여하였는지는 모르나, 그것은 그대가 의도했고 또 약속한 방식으로 일어난 것은 아니다. 혹시 그대는(가장 고약한 말을 사용한다면) 그녀를 첩으로 취급하고 있는 것이 아닌가? 왜냐하면 그대가 여러 아내를 거느리고 있지 않다고 하는 사실이 그녀에게는 구원이 되지 않기 때문이다. 그리고 만약 그녀가 그대가 자기를 사랑하고 있다는 것을 알고 있고, 그대가 자부심이 강한 폭군이기 때문이 아니라, 그녀가 약한 존재이기 때문에 그런다는 것을 알고 있을 경우에는, 그것이 그녀에게는 이중적인 굴욕이 되지 않을까?

나는 내가 오래 전부터 교제하고 있는 가정에서 그런 침묵의 제도가 보다 예술적이고도 세련된 모습으로 실천되고 있는 것을 관찰할 수 있는 기회가 있었다. 남편은 아직도 비교적 젊었고, 탁월한 두뇌와 시인적인 기질을 가진 비범한 재능을 갖고 있었다. 그는 무엇인가를 창조해내기에는 지나치게 게으른 편이었지만 일상생활을 시적인 것으로 만들 수 있는 탁월한 재능과 감각을 소유하고 있었다. 그의 아내 역시 젊었고, 정신적인 면도 없지 않아서 하여간 매우 비범한 성격의 소유자였다. 그녀의 그런 점이 그를 매료시켰다. 그가 여러 가지 방법으로 그녀의 온갖 싱싱한 감격을 그녀 속에 불러일으켜서 키워가는 모습을 보고는 그야말로 감탄하지 않을 수 없었다. 그녀의 존재와 결혼한 부부로서 함께 분깃을 나누는 생활은 완전히 시적인 매력으로 짜여 있었다. 그의 눈은 어디에든 편재遍在해 있었다. 그러나 그녀가 둘러볼 때는 그것이 사라지고 없었다. 그의 손가락은 도처에서 움직이고 있었지만, 하느님의 손이 역사 속에 편재해 있지만 볼 수가 없는 것처럼 눈으로는 볼 수가 없었다. 그녀의 생각은 원하는 곳이면 어디든지 갈 수가 있었지만,

거기에는 그녀보다 앞서 그가 가 있었고, 일체를 갖추어 놓고 있었다.

그는 포톰킨*처럼 여러 풍경을 주문으로 불러모을 수 있었고, 그런 것들은 약한 저항을 느끼게 한 후에는 가장 그녀의 마음에 드는 것들이 될 수가 있었다. 그의 가정생활은 작은 창세기였다. 그 위대한 창조에서 일체가 인간을 지향하고 있듯이 그녀는 이 마법권魔法圈에서 중심이 되었고, 그녀는 그 안에서 완전한 자유를 누렸다. 왜냐하면 이 마법권은 그녀가 활동하기에 편안하도록 되어 있었고, "여기까지는 와도 좋지만 넘어가지 못한다"**라고 말할 수 있는 한계가 없었기 때문이다. 그녀는 그녀가 원하는 방향이면 어느 방향으로도 뛰어들 수 있었다. 마법권은 무너졌으나 그럼에도 불구하고 여전히 그대로 남아있었다. 그녀는 가마를 타고 가듯이 걸었다. 그러나 그 가마는 버들가지로 엮은 것이 아니라, 그녀의 희망과 꿈과 그리움과 소망과 불안으로 엮어진 것이었다. 요컨대 그것은 그녀의 영혼의 모든 내용으로 이루어진 것이었다.

그리고 그는, 즉 그녀의 남편은 차원이 높은 확신을 지니고 그 꿈의 세계 속에서 움직이고 있었다. 그는 자신의 위험을 하나도 희생시키지 않고 남편인 동시에 주인인 권위를 요구하고 주장하였다. 만약 그가 그렇게 하지 않았더라면 그녀의 마음은 불안했을 것이다. 어쩌면 불길한 생각이 싹터서 그녀는 비밀을 해명해 보려고 생각했을지도 모른다. 세상의 눈에나 심지어는 그녀의 눈에도 그가 각별히 신경을 쓰고 있는 것

* 러시아의 여왕 예카테리나 2세 때의 재상.

** 욥기 38장 11절 참조.

같이는 보이지 않았다. 그러나 그는 그녀가 자기로부터 자기가 원하지 않았던 어떤 인상도 받지 않았다는 사실을 알고 있었고, 마법의 주문으로 묶어놓은 것을 단 한 마디로 풀 수 있는 힘이 자기에게 있다는 것을 알고 있었다. 그녀에게 불쾌한 인상을 줄지도 모를 것들은 깡그리 멀리해 놓았다. 그런 것들이 나타났을 때는, 우선 그녀에게 질문을 시켜보거나, 혹은 자진해서 솔직히 말해줌으로써 그 자신이 각색한 설명을(그것이 줄 인상을 미리 계산할 수 있었기 때문에), 그 정도에 따라서 혹은 강하게 혹은 약하게 각색한 설명을 정직한 전달의 형식으로 그녀에게 베풀어 주었다. 그는 자부심이 강했고 엄청나리만큼 시종일관하고 있었다. 그는 그녀를 사랑하고 있었지만, 주위가 조용해지는 한밤중에나 시간이 걸음을 멈추는 순간에는 그녀는 모든 것을 자기에게 빚지고 있다고 혼자서 중얼거리며 그것을 자랑으로 삼고 있었다.

나의 묘사가 서툰 것이기는 하였지만, 나는 그대가 흥미를 갖고 따라와 주었으리라고 믿는다. 왜냐하면 그대의 공감을 불러일으킬 정경이 그대의 마음속에 떠올라, 그것은 그대가 남편이 되었을 때는 그대도 그렇게 해보고 싶은 것이었을 것이기 때문이다. 그렇다면 이 결혼생활은 행복한 결혼생활이었을까? 그렇다. 그대가 원한다면 그렇다고 해두자. 그럼에도 불구하고 이 행복 위에는 검은 운명이 감돌고 있었다. 만약 그의 노력이 실패라고 한다면, 만약 그녀가 갑자기 무엇인가를 의심하게 된다면, 나는 그녀가 그를 용서하리라고는 믿지 않는다. 누군가가 남편은 그녀에 대한 사랑 때문에 그렇게 했다고 해도, 그녀의 자랑스러운 영혼은 결코 그것을 용납하지 않았을 것이다.

부부의 관계를 표현하는 낡은 표현이 있다(합법적인 결혼생활을 표현하는 소박하고 단순하지만 진실하고 풍요한 표현이, 소설 때문에 쫓겨난 옛터를 다시 탈환하려는 혁명, 아니 오히려 거룩한 싸움을 나는 언제나 기꺼이 옹호한다). 그 말인즉 부부는 서로 잘 이해하고 살아야만 한다고 하는 말이다. 그러나 우리는 흔히 대개가, 어떤 부부가 서로 잘 이해하며 살고 있지 못할 경우에만 그런 표현을 하는 것을 듣는다. 다시 말해서 부부가 서로 참지를 못한다거나, 혹은 서로 때리고 물어뜯고 할 때만 그런 말을 한다. 그렇다면 이번에는 긍정적인 표현을 찾아보기로 하자.

앞서 언급한 그 부부는 물론 서로 잘 이해하고 살고 있다. 암, 세상은 그렇게 말할 것이다. 그렇지만 그대는 그렇다고는 말하지 않을 것이다. 왜냐하면 그들은 서로 이해하고 있지 못하는데, 어떻게 그들이 서로 잘 이해하며 살 수 있단 말인가 하고 그대는 반문할 것이기 때문이다. 그렇지만 상대방이 자기를 얼마나 세심하고 다정하게 생각해 주고 있는가를 당사자가 알고 있다는 것이 이해에 깃들인 불가결의 요소가 아닐까? 혹시 그는 설혹 그가 그녀로부터 다른 아무것도 빼앗지 않았다고 해도, 그는 그녀의 영혼이 비로소 안정을 찾았을 진정한 감사의 기회를 그녀로부터 빼앗은 것이 아닐까? 그 표현, 즉 서로 잘 이해하고 살아야 한다고 하는 표현은 그야말로 아름답고 소박하고 마음에 드는 표현이 아닐까(이런 결혼생활용의 말이 이런 문제에 얼마나 잘 정통하고 있는지, 그리고 오늘날 우리가 흔히 엄격하게 주장하고 있는 바에 관해서 야단법석하지 않고 차분히 표현하고 있는 것은 그대도 알 수 있을 것이다)? 이 표현은 사람들이 서로 분명히 잘 이해한다는 것을 자명한 일로 전제하고 있다. 또 하나의 형용사가 특히 강조되어 첨가되어 있다는 사실로 보아서도 알 수 있듯이, 그런 일이 자명한 일로 전제되어 있다. 왜냐하면 그렇지 않다면 부부는 이해하고 살아야 한다고만 말해도 충분하였을 것이기 때문이다. '잘 이해하고'라는 말은, 바로 부부는 이 이해 속에서 그들의 기쁨과 평화와 안식과 그들의 생활을 찾아야만 한다고 하는 뜻 이외의 다른 뜻을 표현하고 있는 것이 아니다.

이리하여 그대는 비밀제도가 결코 행복한, 따라서 또 아름다운 결혼생활로 이끌어 가지 않는다는 것을 알게 된다. 나의 벗이여, 사실상 정직과 솔직함과 숨기지 않음과 이해 – 이것이야말로 결혼생활의 생명적인 원리이고, 이것이 없이 맺어진 사랑은 아름답지도 않거니와 도덕적이지도 못하다. 왜냐하면 그렇게 되면 사랑이 하나로 묶는 것들, 즉 감성적인 것과 정신적인 것이 분리되기 때문이다. 내가 가장 다정한 결합 속에서 이 세상의 생활을 함께 영위해 나가는 나의 반려가 정신적인 면에서도 꼭 같이 나에게 가까울 때에만 비로소 나의 결혼생활은 윤리적이고 따라서 또 심미적으로도 아름답다. 그런데 여성에 대한 승리를 남몰래 즐기고 있는 그대들 거만한 인간들은, 첫째는 약한 자에게 승리를 거둘 때의 승리는 비열한 승리라는 사실과, 다음으로는 남편 된 자는 자신의 아내 안에서 자기 자신을 존경한다는 사실, 그리고 그러지 못하는 자는 결국 자기 자신을 경멸하는 자라고 하는 사실을 잊어버리고 있는 것이다.

그러므로 이해는 결혼생활의 생명적인 원리다. 우리는 흔히 어떤 경우에 결혼을 단념하도록 설득해야만 하는가에 관해서 경험 많은 사람들이 이야기하는 것을 듣는다. 그들이 이런 문제들에 관해서 철저하게 그리고 되풀이해서 논의하는 것을 막을 수는 없는 일이지만, 그들이 일반적으로 논하고 있는 것은 거의가 무의미한 것들이다. 나는 단 하나의 경우, 그것도 개인생활이 하도 복잡하게 얽혀 있기 때문에 자신의 생활을 드러낼 수가 없는 경우*만을 예로 들려고 한다. 그대의 내면적인 발전사發展史가 입 밖에 낼 수가 없는 내용을 갖고 있을 때, 혹은 그대의 생애가 그대를 비밀에 관여하게 만들었을 때, 요컨대 하여간에 생명을 희생하지 않고서는 토로할 수가 없는 비밀 때문에 꾹 참고 있을 수밖에 없을 경우에는, 그대는 결코 결혼을 해서는 안 된다. 그대는 그대의 내부에서 일어나고 있는 일을 조금도 눈치채지 못하는 자와 결혼하였다고 생각할 것이다. 그러면 그때는 그대의 결혼은 아름답지가 못하고 걸맞지 않는 결혼이 된다.

혹은 그대는 불안한 공포 속에서 막연히 사정을 느끼며, 벽에 반영되는 그 그림자를 항상 응시하고 있는 자와 결혼하게 된다. 그녀는 아마도 결코 그대에게 질문을 하지 않겠다고, 결코 그대에게 가까이하지 않겠다고 결심할 것이다. 그녀는 그녀를 유혹하는 그 불안한 호기심을 억제할 것이다. 그러나 그녀는 결코 행복해지지 못할 것이며, 그대 역시 그럴 것이다. 이런 비밀의 존재 여부나, 사랑마저도 열 수가 없는 비밀의 껍질이 진실성을 가질 수 있느냐의 여부는 결정을 보류하기로 하자. 나는 다만 나의 원리를 관철할 따름이다.

---

* 이것은 곧 키에르케고어 자신의 경우다.

나 자신에 관해서 말한다면, 나는 나의 아내에 대해서 비밀을 갖고 있지 않다. 지금 언급한 인간은 그렇지 않아도 달리 할 일이 얼마든지 많은데, 설상가상으로 괴로운 비밀에 시달려야만 하기 때문에 도저히 결혼할 엄두를 내지 못할 것 같이 생각되지만, 그런데도 불구하고 왕왕 결혼하는 수가 있다. 그러나 그런 인간은 아마도 여성을 유혹하는 자 중에서도 가장 위험한 인물일 것이다.

이상으로 내가 비밀주의와 이해라는 결혼생활의 두 면에 대하여 언급하고, 그 한쪽 면을 사랑에 있어서의 중요한 면, 즉 결혼생활의 심미적인 성격을 보존하는 데 절대 불가결의 조건이라고 주장하고 나서 보니, 나는 그대로부터 다음과 같은 반대에 부닥칠 것이라는 걱정이 생긴다. 즉, "당신은 사랑의 역사적인 성격을 잊어버린 것 같다. 그것은 당신이 평소에 노래의 후렴처럼 항상 되풀이하고 있던 말이다"라고. 그렇지만 그대는 그대의 비밀주의와 그대의 간교하게 계산된 상대적인 정보를 갖고 시간을 벌어보자는 속셈이다. 그대는, "그렇지만 결혼한 부부가 그런 식으로 처음부터 무턱대고 다소의 차이는 있을망정 그리 길지도 않은 자신들의 역사를 이야기하기 시작한다면 '깜빡 깜빡 툭' 하고 불이 나가 버리듯이, 그들의 이야기가 끝나 버리는 순간이 곧 올 것이 아닙니까?"라고 말할 것이다.

젊은 벗이여, 그대가 그런 반론을 제기하는 것은 그대가 올바른 입장에 서 있지 않기 때문이다. 그대는 그대의 비밀주의 덕분에 시간적인 목적을 갖고 있고, 또 사실 그런 것은 시간을 벌기 위해서는 요긴한 것이다. 반면에 사랑은 자기현시自己顯示를 통하여 하나의 영원한 목적을 갖고 있기 때문에 모든 경쟁이 불가능하다. 이런 자기현시를 마치 부부가 두 주간 동안 자신들의 지나온 이야기를 하느라고 소비하고 나서, 다음은 이미 이야기한 이야기를 되풀이할 때만 잠시 깨지는 죽음의 정적이 뒤따르는 그런 것으로 생각한다면 그것은 그대의 독자적인 오해다. 이런 이해는 단지 어쩌다가 한 번 생기는 것으로 그치는 것이 아니라 계속되는 과정에서 도달된다고 하는 사실이, 곧 결혼생활의 역사적인 성격인 것이다.

이런 사정은 개인생활에 있어서도 마찬가지다. 우리가 자신에 관한 뚜렷한 의식을 획득하였을 때, 또 우리가 우리 자신을 살펴볼 용기를 가졌을 때, 그때야말로 역사는 끝장이 나는 것은 결코 아니다. 왜냐하면 그때야말로 역사는 시작되고, 그때야말로 체험된 모든 개개의 순간이 총체적인 견해에 결부되어 역사가 비로소 올바른 의미를 획득하게 되기 때문이다.

결혼에 있어서도 사정은 마찬가지다. 이렇게 자기를 드러냄으로써 첫사랑의 직접성은 파괴되고 말지만, 파괴되어 버리는 것이 아니라 결혼생활의 총체적인 지혜 속으로 흡수되는 것이다. 이렇게 해서 역사는 시작되고, 개개의 것은 이 총체적인 지혜와 관련을 맺게 된다. 그리고 바로 이 점에 개개의 것이 깃들인 축복이 성립된다. 그리고 결혼생활의 역사적인 성격은 이 축복 안에 간직되고, 축복이라는 표현은 첫사랑의 특색인 저 삶의 기쁨, 독일 사람들이 말하는 명랑성Heiterkeit과 대응하는 표현이다.

그러므로 부부 사이의 사랑은 그것이 역사적인 것이 된다는 점에서 본질적이다. 그리고 개인이 올바른 태도를 취하는 한에서, "그대는 이마에 땀을 흘리며 먹을 빵을 얻을지어다"라고 한 계명은 무서운 계명이 아니며, 부부 사이의 사랑이 의식하는 용기와 힘은 기사적인 사랑이 모험적인 탐험을 수행함에 있어서 요청되는 진정한 모험의 충동에 대응하는 것이다. 기사가 공포를 모르듯이 부부 사이의 사랑 역시 공포를 모른다. 부부 사이의 사랑이 상대해야 할 적이 흔히 더 위험스러운 존재임에도 불구하고 말이다. 여기에 관찰을 위한 넓은 영역이 펼쳐지지만, 나는 그 영역에 진입할 생각은 없다. 그러나 사랑하는 사람을 구하기 위하여 전 세계를 상대로 싸울 수 없는 기사는 기사적인 사랑을 모르는 기사라고 해야 한다면, 남편 된 자도 그렇다고 말할 수 있다. 다만 나는 항상 부부 사이의 사랑이 획득하는 그런 모든 승리는 기사가 획득하는 승리보다도 심미적으로 한층 아름답다는 것을 지적해두지 않을 수 없다. 왜냐하면 남편은 이런 승리를 획득함으로써 동시에 그는 승리의 영광에 빛나는 그의 사랑을 획득하기 때문이다.

부부 사이의 사랑은 아무것도 두려워하지 않고, 심지어는 약간의 실수와 약간의 사랑의 유희까지도 두려워하지 않는다. 오히려 반대로 그런 유희는 부부 사이의 사랑에다 신적神的이고 건강한 활력을 공급해 주는 데 이바지할 따름이다. 괴테의 『친화력』에 있어서마저도 오틸리에는(그녀는 결국 파멸하고 말지만) 엄숙한 부부 사이의 사랑의 연약한 가능성으로 간주되고 있다. 그렇다면 하물며 깊은 종교적이고 윤리적인 바탕 위에 이루어진 결혼이 어찌 그런 힘을 더 많이 발견하지 못하겠는가? 사실 괴테의 『친화력』은 비밀이 어떤 결과를 낳는가를 잘 보여 준다. 거기에 묘사된 사랑은 만약 그 사랑이 침묵 속에서 자라나는 것이 허용되지 않았더라면 그런 힘을 갖지 못했을 것이다. 만약 남편이 자기의 아내에게 자기 자신을 털어놓을 용기를 가졌더라면 그런 파국은 면했을 것이다. 그리고 그 사건 전체가 결혼이라는 연극 속에 끼어든 하나의 막간극幕間劇이 되었을 것이다. 불행은 에드와르와 그의 아내가 동시에 다른 사람과 사랑에 빠져버린 사실에 있고, 또 이것을 다시 말을 하지 않고 숨긴 잘못에 있다. 다른 여자를 사랑하고 있는 사실을 자기의 아내에게 고백할 용기가 있었던 남편은 그렇게 함으로써 구원을 받았고, 이런 일은 아내의 경우에도 마찬가지다. 그러나 그가 그런 용기를 갖지 못할 때, 그는 자기 자신 속에 있는 신뢰를 잃고, 그는 다른 여성의 사랑 속에서 망각을 모색한다. 제때에 저항하지 못하였다고 하는 뉘우침의 감정은 다른 여성에 대한 진정한 사랑과 마찬가지로 흔히 남성을 무기력하게 만든다. 그는 자기 자신을 잃었다고 느끼고, 사정이 그쯤 되면 다음으로는 이 감정을 무마하기 위하여 강한 아편이 필요하게 된다.

부부 사이의 사랑이 대결해야만 할 어려움에 관해서 나는 단지 개괄적으로만 말하겠고, 또 부부 사이의 사랑은 그것이 지닌 심미적인 것을 보전하기 위해서라면 무서워할 것이 아무것도 없다는 것을 보여주는데 그치겠다. 반론은 대개가 역사적인 것의 심미적인 의의에 관한 오해에서 기인하고, 혹은 일반적으로 사람들이 로맨틱한 이상을 고전적인 이상에만 적용하고, 또 그것과 더불어 로맨틱한 이상을 갖고 있지 않다는 사실에서 기인한다. 그 밖의 다른 많은 반론은 사람들이 첫사랑이란 장미꽃이 만발한 들에서 추는 춤으로만 생각하기를 좋아하는 한편, 부부 사이의 사랑이란 가장 비참하고 처량한 난관과 짝짓게 하여 모든 속임수에 희생이 되도록 하여 즐기려는 데서 온다. 게다가 사람들은 은근히 그런 난관이란 극복할 수 없는 것이라고 덧붙이고는 결혼생활에 종지부를 찍어 버린다.

하기야 그대를 상대로 하고 있을 때는 언제나 약간은 조심을 해야만 할 것이다. 물론 나는 어떤 개개의 결혼생활에 관해서 이야기하고 있는 것이 아니기 때문에, 나는 내가 원하는 대로 상황을 묘사할 수가 있다. 그러나 나는 독단적인 절차를 밟는 과오를 저지를 생각은 추호도 없지만, 그대가 그런 재미를 단념하리라고는 생각지 않는다. 예컨대 결혼생활이 싸워야만 할지도 모를 하나의 난관으로서 가난이란 문제가 제기된다면 나는, "일을 하시오. 그러면 모든 장애는 없어질 것이오"라고 대답할 것이다. 그렇지만 지금 우리가 말하고 있는 것은 상상의 세계이거나 시적인 세계이므로, 그대는 아마도 시적으로 특별히 허락된 이점利點을 이용하여, "그들은 어떤 일자리도 얻을 수가 없었습니다. 장사와 무역의 불황이 많은 사람을 실직시켰지요"하고 대답한다. 혹은 그대가 그들에게 하찮은 일자리를 얻게 해줄 수도 있을 것이지만, 그것으로 충분치가 못하다. 그래서 내가 현명하게 절약하면 어떻게든 이겨내고 나갈 수 있을 것이라고 말하면, 그대는 불안한 시장의 상황 때문에 곡물 값이 하도 올라서 여느 때 같으면 견디어낼 수도 있는 보통 수단 갖고는 살아가기가 여간 힘들지 않을 것이라고 맞설 것이다.

나만은 그대를 잘 알고 있다. 그대는 항상 그대의 시각에서 반대되는 견해를 창작하고 나서는 한참 동안 즐기고, 그대의 이야기 상대나 동석자의 한 사람을 어떤 기회를 포착하여 최초의 화제와는 아무런 관계도 없는 화제로 끌어들여 재미를 본다. 그대는 제멋대로의 시적인 창작물을 갑자기 일종의 현실로 변모시켜 그것에 관해서 장광설을 늘어놓으며 재미를 본다. 그대가 그런 식으로 나 이외의 인간을 상대로 이야기하고 있었다고 한다면(왜냐하면 나를 상대로 할 때는 일반적으로 삼가는 편이니까), 그대는 아마도 "곡물의 가격상승"이라는 말을 계기로 해서, "한 파운드의 빵이 8실링이나 할 정도로 기근이 심합니다"라고 말을 이어갈 것이다. 그러나 다행히도 그런 일은 도저히 믿을 수가 없다고 말하는 어떤 사람이 그 자리에 동석하고 있다면 그대는, "기아왕饑餓王 오라프*의 치하에서는 한 파운드의 빵이, 그것도 질이 나쁜 빵이 옛날 덴마크 금화로 8.5실링이나 하였다. 당시만 해도 민중 사이에서는 매우 희귀하였던 것을 고려한다면, 당신은 사정이 어떠했는지를 알 수가 있을 겁니다"라는 설명을 늘어놓을 것이다. 그렇게 해서 그대가 노리고 있던 상대가 영락없이 걸려들기만 하면, 그대는 만족한 나머지 그대 자신을 잊어버리고 말 것이다. 대화의 실마리를 연 사람이 그대를 제정신으로 돌리려고 애를 써도 헛수고였을 것이다. 일체를 뒤죽박죽으로 만들어 놓고는, 그대는 허구의 세계 속에서 한 쌍의 기혼자를 불행하게 만들었을 것이다.

이런 까닭에 그대와 상대하기란 무척 어렵다. 나로서는 함정이라고 해도 과언이 아닌 일에 감히 손을 대서, 허다한 역경을 이겨내고 승리

* 1095년에 죽은 덴마크의 왕. 당시 덴마크를 비롯한 유럽에 대기근이 있었기 때문에 기아왕이라는 별명이 붙었다.

를 거둔 결혼생활을 내가 단편소설 모양으로 묘사하려고 애쓴다면, 그대는 조용히, "그렇지만 그것은 단지 허구에 지나지 않습니다. 그런 허구의 세계에서라면 사람들을 행복하게 하기란 쉬운 일이지요. 그건 그들을 위해 해줄 수 있는 최소한도의 일입니다"라고 대꾸할 것이다. 내가 그대의 팔을 붙잡고 그대와 더불어 세상을 두루 걸으며, 선한 싸움을 한* 결혼생활을 그대에게 보여준다면, 그때 그대는 그대가 여전히 독단적인 기분에 젖어 있다면, "그렇습니다, 참으로 훌륭한 일입니다. 시련의 외적인 면은 증명이 되지만 내적인 면은 증명할 수가 없습니다. 저는 이 부부의 경우에는 시련이 내적인 힘을 갖고 있지 않았다고 생각합니다. 왜냐하면 그렇지 않다면 그런 일을 감당하기란 도저히 불가능했을 것이기 때문입니다"라고 대답했을 것이다. 그대의 말투는 마치 사람들이 시련에 부닥쳐 파멸하는 것이 시련의 진정한 의미라는 듯한 말투다! 그러나 이제 그 이야기는 그만하기로 하자. 그대가 일단 고집이라는 악마에게 그대 자신을 내맡기기로 마음을 먹은 이상 끝이 없다. 그러면 그대가 하는 모든 일을 그대는 계획적으로 하고 있듯이, 이런 고집을 의식적으로 발동시켜 일체를 애매모호하게 만들어 놓고 즐거워하고 있다.

일반적인 방식에 따라 나는 어려움들을 외적인 것과 내적인 것으로 나눌 수가 있다. 물론 나는 결혼생활의 경우에 있어서는 이런 구분이라는 것이 어디까지나 상대적이라는 사실을 항상 염두에 두고 있다. 다른

---

* 디모데후서 4장 7절 참조.

경우에 있어서도 그런지는 모르겠지만 결혼생활에 있어서는 모든 경험이 다 내적이다. 그러면 먼저 외적인 어려움에 관해서 살펴보기로 하자. 나는 이런 모든 어려움을 가장 침울하고 굴욕적이고 지겨운 유한한 역경이라고 단호하게 말할 수 있다. 요컨대 이런 것들은 모두가 최루극催淚劇을 구성하기에 족한 것들이다. 그대와 그대의 동류들은 다른 모든 경우에 있어서와 마찬가지로 이 경우에 있어서도 극단적으로 자의적恣意的이다. 이런 종류의 연극이 그대들을 불행의 동굴을 편력하도록 강요하면, 그대들은 그것을 비심미적인 것이고, 콧물을 훌쩍거리게 하는 것이고, 권태로운 것이라고 말한다.

물론 그 말은 옳다. 그렇지만 어째서 옳은가? 숭고하고 고귀한 것이 그런 어려움에 부닥쳐서 파멸되는 것이 그대들을 분개시키기 때문이다. 반면에 그대들이 현실의 세계로 돌아와서, 비정한 극작가가 폭군 빰칠 정도의 육감적인 향락을 누리기 위하여 인간을 학대하는 장면을 창출해 놓는 역경의 반에도 해당되지 않는 역경을 겪고 있는 가족을 만나게 되면, 그대들은 몸서리치며, "모든 심미적인 것들이여, 안녕!"이라고 생각한다. 그대들은 동정하고 도와주고 싶은 마음이 생긴다. 다른 이유에서가 아니라 우울한 생각들을 떨쳐버리기 위해서다. 그러나 그런 불쌍한 가정에 관한 한 그대들은 이미 오래 전에 절망한 나머지 손을 들어버렸던 것이다.

그러나 이런 일이 현실생활에서의 진실이라고 한다면, 시인은 그것을 제시할 권리가 있고, 그것을 제시한다는 것은 옳은 일이다. 그대들이 극장에 앉아서 심미적인 향락에 도취하고 있을 경우에는 그대들은 심미적인 것으로 하여금 비참한 것을 이기게 하라고 시인에게 요구할 용기를 갖고 있다. 이것이 그대들에게 남겨진 유일한 위안이다. 더한층 사내답지 못한 사실은 자신들의 힘을 시험해 볼 계기를 인생에서 찾아보지 못한 그대들이 이런 데서 위로를 받고 있다는 사실이다. 그러므로 그대들은 연극에 등장하는 주인공이나 여주인공처럼 불쌍하고 불행하다. 그러나 그대들은 또 파토스의 용기를 갖고 있고, 웅변을 힘차게 뿜어낼 수 있는 동그란 입을 갖고 있다. 그대들은 승리를 거두고, 그대들은 배우에게 갈채를 보낸다. 그런데 배우는 곧 그대들 자신이고, 관중의 갈채는 그대들에 대한 갈채인 것이다. 왜냐하면 실상 그대들 자신이 주인공이고 배우이기 때문이다. 꿈속에서, 심미적인 신기루 속에서 그대들은 주인공인 것이다.

극장에서 어떤 일이 일어나든 나로서는 별로 관심이 없다. 나로서는 그대들이 즐기고 싶은 대로 즐기라고 할 수밖에 없다. 극중의 주인공들을 파멸시키건 승리를 거두게 하건, 마룻바닥으로 꺼져 들어가게 하건, 혹은 천정을 통하여 사라지게 하건, 나는 그런 일 때문에는 그리 감명을 받지 않는다. 그러나 현실 세계에서는 그대들이 가르치고 선포하고 있듯이 훨씬 적은 역경마저도 인간을 노예의 상태로 몰아넣을 수가 있고, 그 때문에 인간은 고개를 숙이고 걸어 다닐 수밖에 없고, 자신도 하느님의 형상대로 지음을 받았다는 것을 잊어버리게 된다는 것이 진실이라고 한다면, 모든 극작가들이 온갖 불안과 공포를 자아내게 하는 최루극밖에는 쓸 수가 없다는 것은 하느님께서 내리신 그대들에 대한 당연한 벌이다. 그런데 그대들은 그런 것들 때문에 극장에 죽치고 앉아서도 그대들의 연약한 마음을 달랠 길이 없고, 그대들의 초자연적인 향수를 증류시킬 수가 없고, 그대들이 창작물에서만 믿고 있는 것을 현실의 세계에 있어서도 배워 알게 될 때까지는 항상 그대들을 놀라게 할 것이다.

나는 나의 결혼생활에서 이런 유의 역경에는 많이 봉착하지 않았음을 기꺼이 인정한다. 그러므로 나는 경험에서 우러나온 말을 많이 할 수는 없다. 그러나 그럼에도 불구하고 나는 인간 속에 있는 심미적인 요소를 부숴 버릴 수 있는 것은 아무것도 없다는 확신을 갖고 있으며, 이 확신은 하도 강하고, 하도 기쁨에 찬 것이고, 하도 절실한 것이기 때문에 이것을 은총의 선물이라고 여기며, 그 사실을 하느님께 감사하고 있다. 그리고 우리는 성서 속에서 은총의 선물에 관해서 읽지만, 나는 이 확신도 그것들 중의 하나라고 생각한다. 즉, 솔직성과 신뢰성, 현실에 대한 그리고 아름다움이 승리를 거두는 영원한 필연성에 대한 신념과, 개개의 인간이 하느님을 도울 수 있는 자유 속에 깃들인 축복 등, 그런 것들 중의 하나로 간주한다. 이 확신은 나의 체질의 구성요소이므로, 일부러 극장에 가서 인위적인 자극제를 통하여 사내답지 못하게 관능적으로 몸서리치며 감동할 필요가 없다. 내가 할 수 있는 유일한 일은 나의 영혼의 이 흔들리지 않는 확신을 하느님께 감사하는 일이다. 그러나 그렇게 함으로써 나는 나의 영혼이 그런 확신을 남용하는 위험을 면했으면 하고 소망한다. 그대도 알고 있듯이 나는 실험이란 것은 하나같이 미워한다. 그러나 그럼에도 불구하고 인간은 그가 현실에서는 결코 체험할 기회가 없었던 것을 생각 속에서 많이 체험하였다는 사실은 일반적으로 인정되고 있는 사실이다.

때로는 의기소침해지는 순간도 있다. 어떤 인간이든 이런 일을 손수 시험해 보기 위하여 멋대로 이런 순간을 불러일으키지 않는 한, 이것 역시 하나의 싸움이고 매우 중대한 싸움이다. 그리고 이런 싸움 속에서 신념은 획득된다. 이 신념은 비록 엄밀한 의미에서 현실에서 획득되는 것과 같은 실재성은 갖고 있지 않다고 하겠지만, 그럼에도 불구하고 매우 큰 의미를 갖고 있다. 이를테면 머리가 이상해져서 창작의 세계와 현실의 세계를 구별하지 못하고, 후자의 경우인 창작의 상相 하에서sub specie poeseos 본다는 것이 인간의 위대성과 선량성의 징조가 된다고 하는 경우가 인생에 있어서는 왕왕 있다. 루터는 빈곤과 궁핍에 관해서 이야기한 어떤 설교 중 어딘가에서, "우리는 그리스도인이 굶어 죽었다는 말을 들은 적이 없다"고 말하고 있다. 이 말로써 루터는 이 문제를 처리하고 이 문제에 관해서 그가 정열을 다하여 그의 청중들을 진정으로 감화시켰다고 생각한 것도 무리가 아니다.

그런즉 결혼생활이 그런 외적인 시련을 겪어야만 하는 한에 있어서 요긴한 일은 그런 것들을 내면화하는 일이라는 것은 두말할 필요도 없다. 나는 "두말할 필요도 없다"고 말한다. 그리고 나는 이 문제에 대해 언급함에 있어서는 비교적 대담하게 말하고 있다. 그러나 그대도 알듯이, 나는 오로지 그대를 향해서만 이 글을 쓰고 있고, 또 우리 두 사람은 이런 유의 역경에 관해서는 피차가 거의 비슷하게 경험이 없다. 그러므로 만약 우리가 결혼생활의 심미적인 성격을 보존하려고 한다면, 외적인 시련을 내적인 시련으로 변모시킬 필요가 있다.

혹시 그대는 내가 여전히 심미적이라고 하는 말을 사용하고 있는 데 대하여 저항감을 느끼고 있는가? 또 혹시 그대는 내가 심미적인 것을 가난한 사람들이나 고통을 받고 있는 사람들 사이에서 참으려고 고집하고 있는 것을 내 속에 깃들어 있는 어린아이 같은 요소라고 생각하고 있는가? 또 혹시 그대는 어쩌면 심미적인 것은 귀족이나 부자나 세도가나 지식인들에게 할당하고, 나 같은 사람들에게는 곧잘 종교적인 것이나 할당하는 식의 충격적인 구분을 함으로써 그대 자신을 격하할 셈이란 말인가? 하여간에 나는 가난한 사람들이 이런 구분 때문에 상처를 받게 된다고는 생각하지 않는다. 가난한 사람이라도 그가 종교적인 것을 갖고 있다면 역시 심미적인 것도 갖고 있고, 부자도 종교적인 것을 갖고 있지 못하는 한 심미적인 것도 갖고 있지 못하다는 사실을 그대는 보지 못하는가? 여기서 나는 극단적인 예에 관해서만 언급하고 있다. 가난한 사람으로 간주할 수 없는 사람들도 그들의 일용할 양식을 위한 근심걱정과 대결하지 않을 수 없는 경우가 비일비재일 것이다. 뿐만 아니라 모든 계층에 공통되는 다른 근심거리, 예컨대 질병 같은 것도 있다. 그러나 나는 외적인 시련을 내적인 시련으로 변모시킬 용기를 가진 사람은 이미 그것을 훌륭하게 극복하였다고 확신하고 있다. 그는 신앙을 통하여 그런 고통을 받는 순간에도 성체변질聖體變質*을 성취한다.

자신의 사랑을 잘 기억하고 있는 남편, 궁핍한 순간에도 "중요한 일은 내가 어디서, 그리고 어느 정도 돈을 벌 수 있는가가 아니라, 내가 결

* 스콜라 철학의 용어. transubstantiation. 본래는 빵과 포도주가 그리스도의 살과 피로 변하는 것을 의미한다.

합한 그녀와 더불어 내가 순수하고 성실한 사랑의 계약을 지키는 일이다"라고 말할 수 있는 용기가 있는 남편, 지나치게 많은 내적인 갈등이 그렇게 말하도록 강요하지 않았는데도 그렇게 말하는 남편, 첫사랑의 젊은 건강을 지니고, 혹은 경험에서 얻은 확신을 지니고 그런 내적인 변모의 운동을 성취할 수 있는 남편 – 그런 남편은 비록 그가 살고 있는 집이 방 세 개밖에 없는 집이라 할지라도 승리를 거두었고, 또 결혼생활에서 심미적인 것을 보존하였다. 물론(그대의 교활한 두뇌는 곧 냄새를 맡게 될 것이지만) 외적인 시련을 내적인 시련으로 변모시킨다는 것은 결혼생활을 더 고달프게 할지도 모른다고 하는 사실은 부인할 수가 없다. 그러나 신神들은 위대한 것을 대가 없이는 팔지 않는다. 그리고 바로 이런 경험 속에 결혼생활의 형성력形成力과 이상화하는 힘이 깃들어 있다.

세상에서 혼자서 살고 있다고 한다면, 그런 일도 좀 더 쉽게 감당해 낼 수가 있을 것인데 하는 말을 흔히들 한다. 사실이 그렇다. 어느 정도까지는 말이다. 그러나 그런 말 속에는 흔히 커다란 비진리가 숨어 있다. 어떻게 좀 더 쉽게 감당해 낼 수가 있단 말인가? 왜냐하면 한층 더 쉽게 자기 자신을 내던질 수가 있기 때문이고, 다른 사람에게 폐를 끼치지 않고 자신의 영혼에 상처를 줄 수가 있기 때문이고, 하느님을 믿을 수 있고 절망의 폭풍우로 고통의 절규를 지워버릴 수가 있기 때문이고, 느낌을 무디게 하여 자기 자신을 속일 수가 있기 때문이고, 사람들 사이에서 유령처럼 살아가며 거의 즐거움마저 느낄 수가 있기 때문이다. 비록 혼자서 살아간다고 해도 우리는 모두가 자기 자신에 대하여 조심해야만 한다. 그러나 결국 사랑을 하는 사람만이 오로지 자신이 어떤 존재인지, 그리고 자신이 무엇을 할 수가 있는지에 관해서 올바른 관념을 가질 수가 있고, 결혼생활만이 기사적인 성실성 못지않게 아름다운 역사적인 성실성의 표본을 부여할 수 있다.

요컨대 남편 된 자는 결코 기사가 하는 식으로 행동할 수가 없다. 그래서 이 세상이 그를 거역할지라도, 또 절망이 그들을 방종으로 흐르게 하였기 때문에 한순간 자기 자신을 잊고 이미 그렇게도 가벼워진 듯이 느끼기 시작한다고 해도, 혹은 또 반항과 자기멸시 그리고 비겁과 자부심이 혼합된 저 마취제를 마심으로써 그렇게도 강해진 것을 느낀다 해도, 혹은 또 진리와 종교성에 자신을 묶어 놓고 있는 유대가, 말하자면 끊어져서 이제는 선에서 악으로 옮아가는 가속도를 경험하기 때문에 그렇게 자유로움을 느낀다고 해도 – 그래도 그는 곧 옛날의 오솔길로 돌아갈 것이고, 자기 자신은 남편으로서 어엿한 남자라는 것을 증명할 것이다.

외적인 시련에 대해서는 이것으로 충분할 것이다. 나는 간단히 요약하였지만, 이유인즉, 나는 나 자신이 이런 주제를 토론하는 일에 개입할 만큼 충분한 자격이 있다고 느끼고 있지 않기 때문이고, 또 이 문제를 제대로 취급하려면 방대한 지면이 소요될 것이기 때문이다. 그러나 내가 도달한 결론은 다음과 같다. 만약 사랑이 보존될 수 있다면(하느님께서 나를 도와주셨기 때문에 그것은 가능하다), 그때는 심미적인 것도 역시 보존될 수 있다. 왜냐하면 사랑 그 자체가 심미적인 것이기 때문이다.

다른 반론들은 내적인 시련으로 볼 수 있는 것으로서, 주로 시간의 의의와 역사적인 것의 심미적인 타당성에 관한 오해에 기인하고 있다. 이런 반론은 모든 결혼생활에 해당되며, 따라서 이런 반론에 관해서는 일반적으로 논할 수가 있다. 그러므로 나는 이제부터 이것을 일반론적으로 논할 것이되, 공격 측의 요점과 방어 측의 요점을 간과하지 않도록 노력하겠다.

그대가 제기한 첫 번째 반론은 습관이다. 그대는, "피할 수 없는 습관, 이 소름이 끼치는 단조로움, 결혼한 사람들의 가슴이 답답할 정도의 무사안일하고 천편일률적인 가정생활, 나는 자연을 사랑하지만 제2의 자연을 미워한다"라고 말할 것이다. 우리는 그대가 여전히 많은 것을 발견할 수 있는 행복한 시기를 유혹적인 온정과 파토스를 지니고 묘사하고, 그런 일이 지나가버릴 시기를 불안과 공포로 얼룩지게 묘사하는 기술을 알고 있다는 점을 인정하지 않을 수 없다. 그대는 자연 속에서 그 유례를 찾아볼 수 없는 결혼생활의 획일성을 우스꽝스럽고도 지겹게 묘사할 수 있는 기술을 갖고 있다. "왜냐하면 이미 라이프니츠가 지적한 바와 같이, 자연 속에는 전적으로 동일한 것이라곤 하나도 없기 때문이다. 그런 획일성이란 이성적理性的인 피조물에게만 그들의 나태와 거드름 때문에 유보되어 있다."

이미 오래 전에 발견되어 자주 듣고 읽었지만, 이제 비로소 황홀한 놀라움과 전적으로 깊은 이해를 지니고 자기의 것으로 만들었다고 해서 사랑의 세계에서 개인이 감탄하고 기뻐하는 시기, 이 시기가 아름답고 영원히 기억될 시기라는 것을 나도 결코 부인할 생각은 없다(내가 어떤 의미에서 이런 말을 하고 있는지를 유의해 주기 바란다). 그것은 바로 첫 번째 느끼는 사랑의 예감에서 시작하여, 다음은 사랑하는 상대를 처음 보는 일, 다음은 사랑하는 상대가 처음으로 사라지는 일, 다음은 그 음성의 첫 화음, 다음은 최초의 눈길, 다음은 최초의 악수, 다음은 최초의 입맞춤으로 이어져서 최초의 완전한 소유의 확신에 이르는 아름다운 시절이다. 그것은 최초의 불안에서 최초의 그리움으로, 다시 그녀가 나타나지 않기 때문에 느끼는 최초의 고통으로, 다시 그녀가 뜻하지 않게 나타나기 때문에 느끼는 최초의 기쁨으로 이어지는 아름다운 시절이다. 아름다운 시절 – 그러나 이것은 결코 그것에 후속되는 시절이 그때까지와 마찬가지로 아름답지 못하다는 것을 의미하지는 않는다. 그대는 기사적인 사고방식을 가진 체하고 있지만, 그대 자신을 시험해 보라. 그대가 최초의 입맞춤이야말로 가장 절묘하고 가장 달콤하다고 말할 때, 그대는 그대의 애인을 모욕하고 있는 것이다. 왜냐하면 입맞춤에 절대적인 가치를 부여하는 것은 시간이고, 시간이 수여하는 자격이기 때문이다.

그러나 내가 변호하고 있는 사항에 손상을 입히지 않기 위해서 그대가 먼저 약간의 답변을 해주어야만 하겠다. 왜냐하면 그대가 멋대로 좌충우돌하려고 하지 않는 한, 그대는 그대가 결혼생활을 공격하는 바로 같은 방법으로 첫사랑도 공격해야만 하기 때문이다. 다시 말해서 첫사랑이 현실생활에서 살아남으려고 한다면, 첫사랑 역시 결혼생활과 꼭 같은 운명의 동반자로 맞이해야만 하지만, 부부 사이의 사랑이 윤리적인 것과 종교적인 것 안에서 숙명과 대결할 수 있는 그런 원천을 소유하기란 요원한 일이다. 그러므로 그대가 영원한 사랑이려고 하는 사랑을 미워하지 않을 수 없는 것은 당연한 귀결이다. 그래서 그대는 변천하는 순간으로서의 첫사랑에 머물러 있을 수밖에 없다.

그러나 첫사랑에 참다운 의의를 갖기 위해서는 그 안에 소박한 영원성을 갖고 있어야만 한다. 만약 일찍이 그대가 그런 것은 망상이었다는 것을 경험하였다고 한다면, 그대는 일체를 잃은 것이다. 물론 그대가 다시 한 번 같은 망상에 빠지려고 몸부림칠 것이라고 한다면 얘기는 다르겠지만, 그래도 그것은 자기모순이다. 혹시 그대의 영특한 두뇌가 그대의 쾌락과 공모하여, 타인에 대하여 범하는 그대의 죄를 그대 자신에게 완전히 잊어버릴 수 있게 하고 있는 것이 아닐까? 아니면 그대는 비록 첫 번째와 꼭 같이는 결코 되풀이할 수가 없다고 하더라도, 꽤 편리한 방편도 있다고 생각하고 있는 것이 아닐까? 즉, 다른 여자에게서 망상을 경험함으로써 회춘하고, 아직도 망상의 처녀적인 요대腰帶가 느슨해지지 않은 개인이 지니고 있는 무한성과 기쁨을 맛볼 수 있다고 생각하고 있는 것이 아닐까? 그러나 그런 태도는 역시 절망과 쾌락을 증명하는 것이고, 또 그것이 절망을 말해주고 있는 것이기 때문에, 여기서 인생의 열쇠를 찾으려고 한다는 것은 불가능한 일이다.

내가 제일 먼저 항의해야 할 일은 모든 삶이 갖고 있는, 따라서 사랑 역시 갖고 있는 되풀이되어 일어나는 현상에 대하여 그대가 당연한 권리처럼 '습관'이라는 낱말을 사용하는 바로 그 태도다. 습관이라는 말은 본래가 나쁜 일에 관해서만 사용된다. 그것도 그 자체가 악인 어떤 것에 계속 집착하거나, 아니면 하도 집요하게 되풀이하기 때문에 결국 악이 되어버리는, 말하자면 그 자체는 순진한 것이 되풀이되고 있는 사이에 악이 되어 버리는 그런 것을 가리키는 말이다. 그러므로 습관은 항상 속박을 의미한다. 그러나 우리는 자유 없이는 선을 행할 수가 없듯이, 우리는 자유 없이는 선 속에 머무를 수 없고, 따라서 선에 관한 한 습관이라는 말을 사용할 수가 없다.

둘째로, 나는 또 결혼생활의 획일성 같은 것은 자연 속에 있어서마저도 찾아볼 수 없다고 말하면서 그대가 결혼생활의 획일성을 헐뜯는 일에 대하여 항의하지 않을 수 없다. 아닌 게 아니라 사실이 그렇기도 하다. 그렇지만 획일성이란 오히려 어떤 아름다움의 표현일 수도 있고, 그런 한에 있어서 인간은 그것을 창안해낸 것을 자랑할 수도 있다. 그렇기에 음악에 있어서는 획일적인 박자가 매우 아름다울 수도 있고, 대단한 효과를 올릴 수도 있다.

끝으로 나는, 그러한 단조로움이 부부생활에서는 불가피한 것이라면, 그대가 정직하다면, 그대는 그대 자신의 과제는 그것을 극복하는 일, 즉 그 속에서 사랑을 보존하는 일이지 절망하는 일이 아니라는 사실을 알아야만 한다고 말하고 싶다. 왜냐하면 절망이란 결코 진지한 과제가 될 수가 없고, 오히려 그것은 하나의 편법이고, 이런 편법은(이것만은 나도 기꺼이 인정한다) 단지 과제를 인정하는 자만이 붙드는 편법이다.

그러나 이제 우리는 이 말썽꾸러기 획일성이 실제로 어떤 것인지를 좀 더 소상히 살펴보기로 하자. 그대의 결점일 뿐만 아니라 그대의 불행이기도 한 점은, 그대가 도처에서 그래서 또 사랑에 관해서도 추상적으로 생각한다는 점이다. 그대는 여러 사랑의 요소의 어떤 작은 집합체를 생각하고, 또 그대는 (그대의 말투를 빌린다면) 사랑의 여러 범주들을 생각한다. 이 점에 있어서 나는 범주의 보기 드문 완벽성을 기꺼이 인정한다. 그대는 모든 구체적인 대상을 하나의 요소라는 견지에서 생각하지만, 그것은 시적인 사고방식이다. 그러므로 그대가 이런 식으로 결혼생활의 지속성을 생각한다면, 이것이 그대에게 하나의 위화감으로 나타난다. 문제는 그대가 역사적으로 생각하지 않는 데 있다. 만약 분류학자分類學者가 상호작용이라는 범주를 생각하게 되어 그것을 철저하게 멋진 논리로 발전시켰다고 해도, 그가 "세계가 자신의 영원한 상호작용을 계속하는 한 이런 상호작용은 영원히 지속될 것이다"라고 말한다면, 그는 웃음거리가 될 수밖에 없다는 사실을 그대도 부인하지는 못할 것이다. 이것이 곧 시간의 의미이고, 시간 속에서 사는 것이 인류와 개인의 운명이다.

그러므로 그대가 그런 일은 참을 수 없는 일이라고 한다면, 그대는 다른 청중들을 찾아 나설 수밖에 없다. 이것으로 충분한 대답이 되었다고 본다. 그러나 "근본적으로는 당신도 나와 같은 의견일 것입니다. 나도 당신이 말하는 변경할 수 없는 것에 따를 수밖에 없다고 생각하고 있으니까요"라고 말할 기회를 주지 않기 위해서 그것에 따르는 것이 또 확실히 의무이기 때문만이 아니라, 그것에 따르는 것이 최선이라는 사실을 제시하기 위해 나는 노력을 다할 것이다.

이제 우리는 접촉점이라고 생각되는 곳에서부터 시작해 보기로 하자. 그대는 최고조에 달하기 이전의 시기를 두려워하지 않을 뿐만 아니라, 오히려 그 시기를 사랑하고 허다한 반성을 통하여 그런 순간들을 재생산하여 본래 있던 그것보다도 더 오래 지속시키려고 자주 노력한다. 그리고 이때 만약 누군가가 그대의 삶을 범주로 환원하려고 한다면, 그대는 몹시 분개할 것이다. 그 최고조에 달하는 동안에 그대의 관심을 끄는 것은 위대하고 결정적인 행동이 아니라 모든 사소한 보잘것없는 것들이다. 그리고 그대는 가장 사소한 것이 가장 위대한 것이라고 하는 비밀에 관하여(성서에는 지혜로운 자에게는 숨겨져 있다고 기록되어 있다)* 매우 멋지게 이야기할 수 있다. 반면에 최고점에 도달하면 모든 것은 일변하여 모든 것이 보기에도 딱할 정도로 시들어 버리고 꼴사나운 것으로 수축되고 만다. 그런데 이렇게 되는 것은 정복하는 데만 몰두하고 소유할 수가 없는 그대의 본성에, 즉 그대의 사고방식에 기인하고 있다. 그대가 그렇게 될 수밖에는 없다는 것을 멋대로 고집스럽게 주장할 생각이 없다면, 그대는 잠시 휴전협정을 맺고 대오隊伍를 풀 수밖에 없는 순간이 올 것이다. 그러면 내가 나타나서, 그런 주장이 참인지 어떤지, 그리고 그것이 참이라면 거기에 어느 정도의 진리가 깃들어 있는지를 살펴볼 수가 있을 것이다. 만약 그대가 그렇게 하는 것을 원치 않는다면, 나는 그대의 생각에는 구애받지 않고, 그대와 꼭 같은 개성을 상정하고, 나는 나 나름대로 조용히 생체해부를 진행할 것이다. 그러나 나는 그대가 그대 자신을 이 수술에 위임해 줄 만한 용기를, 인형을 대신 내놓지 않고 그대 자신이 실제로 처형을 받을 만한 용기를 갖고 있기를 희망한다.

만약 그대가 "나는 그렇게끔 생겨먹었다"고 주장한다면, 그렇게 주

* 마태복음 11장 25절 참조.

장함으로써 그대는 다른 사람들은 다를 수도 있다는 것을 인정하는 셈이 된다. 나로서는 그 이상 주장할 수가 없다. 왜냐하면 그대는 범상한 인간일 수도 있기 때문이다. 물론 그대가 자신은 범상한 인간이라고 주장하는 것을 그렇게도 꺼리는 것을 보아서는, 그대가 범상한 인간이라고는 도저히 생각할 수가 없지만 말이다.

그렇지만 도대체 그대는 다른 사람들을 어떻게 생각하고 있는 것일까? 그대가 어떤 부부를 보고, 그들의 결혼생활이 그대에게는 말할 수 없이 무서운 권태 속에서, '사랑의 신성한 제도와 비밀스러운 자취의 맥 빠진 되풀이' 속에서 질질 끌려가고 있는 것을 볼 때, 그대의 몸속에서는 불길이, 그들을 몽땅 태워버릴 그런 화염이 요란스럽게 솟아오른다. 그리고 사실 이런 일은 그대의 독단적인 정열이 아니다. 그대가 그들을 아이러니의 번갯불로 강타하고 그들을 분노의 뇌성으로 떨게 하는 것은 옳고 정당하다. 그대가 그들을 괴멸시키는 것은, 그대가 그렇게 하는 일에 즐거움을 느껴서가 아니라 그들이 그런 보답을 받기에 마땅하기 때문이다.

그대는 그들을 정죄定罪한다. 그러나 '정죄한다' 는 것은 곧 그들에게 무엇인가를 요구하고 있다는 것을 의미한다. 그리고 그대가 그것을 요구할 수가 없다면(그리고 불가능한 것을 요구한다는 것은 하나의 모순이다), 그들을 정죄한다는 것은 확실히 모순이다. 보라, 그대 자신은 인정하려고 하지 않으면서도 그대가 타인에게 적용할 법칙을 암시한다는 것은 확실히 그대 자신의 체면을 손상시키는 처사다. 그러나 그대는 침착성을 잃지 않는다. 그대는 "나는 그들을 비난하지 않는다. 나는 그들을 탓하지 않는다. 나는 그들을 정죄하지 않는다. 나는 그들을 불쌍히 여길 따름이다"라고 말한다. 그렇지만 이제 문제되고 있는 그 부부가 전혀 지루함을 느끼지 않았었다고 생각해 보라. 자기만족의 미소가 그대의 입가에 떠오른다. 어떤 멋진 생각이 그대의 머리에 떠오른 것이다. 그리고 그것은 분명히 그대가 말상대로 삼고 있는 사람도 엄습할 것이다.

"지금 말한 것처럼 나는 그들을 불쌍히 여긴다. 왜냐하면 그들이 권태의 무게를 느끼고 있다면 나는 그것을 불쌍히 여기고, 그들이 그것을 느끼고 있지 못하다면 그때는 그들이 가련한 망상에 빠져 있기 때문에 나는 그들을 불쌍히 여기기 때문이다."

대충 이런 말로 그대는 나에게 대답할 것이고, 만약 그 자리에 여러 사람들이 참석해 있었다면 그대의 자신에 넘치는 태도가 그들에게 반드시 영향을 끼쳤을 것이다.

그렇지만 지금은 우리들의 이야기에 귀를 기울이고 있는 사람이 아무도 없으므로 나는 조사를 진행시킬 수가 있다. 그대는 두 가지 경우에 그들을 불쌍히 여긴다. 그런데 제3의 경우도 역시 가능하다. 즉, 결혼생활이란 그런 것이라는 것을 알고 있으면서도 용케도 그런 상태에 빠지는 일을 면한 경우다. 그러나 이런 상태도 역시 분명히 사랑을 느끼면서도 사랑을 실현할 수가 없다고 생각하는 인간에게는 불쌍한 상태다. 또 앞서 언급한 그 이기적인 비상수단을 통해서 용케도 멋지게 이 난파에서의 탈출에 성공한 인간의 상태 역시 결국은 꼭 같이 불쌍한 상태다. 왜냐하면 그는 이제 해적이 되었고, 평화의 파괴자가 되어버렸기 때문이다. 그러므로 이렇게 생각하면 결혼생활이란 일반적으로 어떤 행복한 결말에 대한 표현처럼 되어버렸지만, 결혼생활의 종말은 그리 즐거운 것이 못되는 듯이 보인다.

이 조사의 전체적인 결론으로써 우리는 보편적으로 말해서 모든 인간은 불쌍한 존재라는 결론에 도달하였다. 그러나 그런 결론은 불합리한 결론이다. 그것은 마치 "우리는 거꾸로 뒷걸음치고 있다"고 하는 것이 생명발전의 결론이라고 말하는 것과 같은 말투다. 그대는 일반적으로 분위기를 맞추는 일을 두려워하지 않고 있기 때문에, 이런 경우에도 그대는 아마도 "물론입니다. 그런 경우도 가끔 일어나지요. 미끄러운 언덕길에서 정면으로 강풍에 부닥치면 앞으로 나아가려고 해도 흔히 뒤로 물러서는 경우도 있습니다"고 말할 것이다.

그러나 이제 나는 다시 그대의 전체적인 정신 구조의 내용을 살펴보는 일로 되돌아가련다. 그대는 그대의 본성이 정복하게끔 되어 있지 소유할 수 있는 것이 아니라고 말한다. 그렇게 말할 때의 그대는 확실히 그대 자신이 보잘것없는 존재라고 생각하고 있는 것이 아니라, 그대는 남들보다 위대하다고 생각하고 있는 것이다. 나는 이 사실을 좀 더 소상히 고찰해 보기로 하겠다.

산에 오르고 내릴 때 중 어느 때에 힘이 더 요구될까? 산이 험할 경우에는 내려올 때가 힘이 더 든다. 산에 오르고 싶은 마음은 누구에게나 나면서부터 갖추어져 있다. 반면에 대개의 사람들은 급한 경사면을 내려갈 때는 어떤 불안감을 느낀다. 이와 마찬가지로 나는 인간의 본성이란 소유욕보다는 정복욕이 강하다고 믿고 있다. 그리고 그대가 많은 결혼한 부부나 '그들의 어리석은 동물적인 만족'에 대하여 자신의 우월성을 느낄 때, 그것은 어느 정도까지 진실일 테지만, 그대는 그대보다 못한 사람들로부터는 배울 것이 없다고 느끼고 있다. 진정한 예술이란 자연의 진행을 파괴하지 않고, 자연이 더듬는 길과는 반대되는 방향을 지향한다. 그래야만 진정한 예술이란 그 자체가 정복이 아니라 소유라는 것을 드러내 보일 것이다. 소유란 곧 역방향에서의 정복이다. 이런 표현에서 그대는 이미 자연과 예술이 얼마나 서로 상치되는 것인지를 알 수 있을 것이다. 소유하고 있는 자는 정복에서 얻지 못한 것도 역시 갖는다. 아닌 게 아니라 만약 우리가 이런 사실을 좀 더 엄밀하게 표현하려고 한다면, 오로지 소유하고 있는 자만이 실질적으로 정복한다고 말할 수 있을 것이다.

그대 역시 그대가 소유하고 있다는 생각을 갖고 있을 것이다. 왜냐하면 사실상 그대는 소유의 순간을 갖고 있기 때문이다. 그렇지만 그것은 소유가 아니다. 왜냐하면 거기에는 보다 깊은 동화同化가 없기 때문이다. 그래서 나는 많은 왕국과 많은 땅을 제압한 어떤 정복자를 생각해 본다. 그도 역시 예속시킨 그런 지방을 소유하고, 광대한 영토를 소유할지는 몰라도, 사람들은 그런 군주를 소유자라고는 부르지 않고 정복자라고 부른다. 그는 그 정복한 나라를 그 나라를 위해 최선의 일이 될 수 있게끔 다스릴 때라야만 결국 실질적으로 그 나라를 소유하게 된다. 그렇지만 이런 일이란 정복적인 천성을 가진 정복자의 경우에서는 거의 찾아볼 수가 없다. 일반적으로 그런 인간에게는 소유를 하기 위해 필요한 겸손과 경건과 진정한 인간성이 결여되어 있다. 그대도 알다시피 이런 까닭으로 인해서 나는 결혼생활과 첫사랑의 관계를 설명함에 있어서 종교적인 요소를 특히 강조하였던 것이다. 이유인즉 그것이 정복자를 퇴위시키고 소유자를 즉위시킬 것이기 때문이다. 그러므로 나는 결혼이란 바로 최고의 목적을 위해서, 지속적인 소유를 위해서 설계된 것이라고 결혼생활을 찬양한 것이다. 여기서 나는 그대가 흔히 그대의 주변에 퍼뜨리고 있는 말, 즉 "위대한 것은 본래대로 있는 것이 아니라 획득된 것"이라고 하는 말을 그대에게 상기시키고 싶다.

각설하고, 정복하려는 정열과 인간이 정복을 한다는 사실은 본래 있는 것, 즉 원시적인 요소이고, 인간이 소유하는 사실과 소유하려고 원하는 사실은 회복된 것이다. 정복을 위해서는 자랑이 요구되고 소유를 위해서는 겸손이 요구된다. 정복을 위해서는 횡포가 요구되고 소유를 위해서는 인내가 요구된다. 정복에는 강한 욕구가 요구되고 소유에는 자족自足이 요구된다. 정복에는 먹을 것과 마실 것이 요구되고, 소유에는 기도와 단식이 요구된다. 그러나 내가 여기서 사용하였고 또 분명히 정당하게 정복적인 천성을 가진 사람을 특징지으려고 사용한 모든 술어述語는 육肉에 속한 사람*에게 적용하여도 꼭 그대로 들어맞는다. 그러나 육에 속한 사람은 최고의 존재가 아니다. 소유는 비록 법률적인 효력은 있다고 하지만 정신적으로는 죽어서 값이 없어진 '허깨비'가 아니라 단단한 획득물이다. 여기서 그대는 다시금 소유적인 천성이 정복

* 고린도전서 2장 14절 참조.

적인 천성을 내포하고 있다는 것을 알게 된다. 왜냐하면 소유적인 천성을 가진 사람은 자신의 소작인들을 이끌고 가서 이웃을 쫓아버리고 정복하지 않고, 자기 땅을 파서 땅을 정복하는 농부와도 같다. 그러므로 진정한 위대성은 정복에 있는 것이 아니라 소유에 있다.

여기서 어쩌면 그대는, "어느 쪽이 더 위대한가는 결정하지 않겠습니다. 나도 인간에게는 두 개의 커다란 계열이 있다는 것은 기꺼이 인정합니다. 자신이 어느 계열에 속할지는 각자가 결정할 문제고, 각자는 이런 혹은 저런 선교사 때문에 자신의 종교가 변질되지 않도록 조심해야만 할 것입니다"라고 말할 것이다. 나는 그대가 그 마지막 말로써 나에 대하여 빈정거리고 있다는 것을 알고 있다. 그럼에도 불구하고 나는 "한쪽이 다른 한쪽보다 더 위대할 뿐만 아니라, 한쪽에는 의미가 있고 다른 한쪽에는 의미가 없다"고 대답할 것이다. 요컨대 한쪽에는 서문과 결론이 다 갖추어져 있지만, 다른 한쪽에는 서문만이 있을 뿐이고, 결론 대신에 수상쩍은 대시(dash ; 줄표)가 있다. 만약 그대가 아직도 이 대시의 뜻을 모르고 있다면, 다른 기회에 내가 그것을 그대에게 설명해 주겠다.

그런데도 이제 그대가, 자신은 하여간에 정복적인 천성의 인간이라는 것을 계속 주장하려고 한다면, 나로서는 그것에 전혀 개입하지 않으련다. 왜냐하면 그대는 어차피 소유가 정복보다는 위대하다는 것에 승복하지 않을 수 없을 것이기 때문이다. 인간이란 정복할 때는 항상 자기 자신을 잊어버리지만, 소유할 때는 자기 자신을 상기하는 법이다. 그것도 공허한 기분전환의 방법으로써가 아니라 가능한 한 진지하게 말이다. 우리가 산에 오를 때는 다른 사람에게만 눈을 고정시키지만, 산을 내려올 때 자신의 지탱력과 중력의 올바른 관계에 유의하며 자기 자신에게 주의를 게을리 하지 말아야만 한다.

그러나 나는 앞을 재촉하겠다. 그대는 아마도 소유가 정복보다 더 어렵고, 소유가 정복보다 더 위대하다는 것을 인정할 것이다. 그러나 그대는, "만약 나에게 정복하는 일이 허용되기만 한다면 소유하기 위해 인내하는 사람들에게, 특히 그들이 내가 정복하는 것을 소유하고 싶어서 나와 손을 잡고 협력하려는 마음가짐을 갖고 있다고 한다면 결코 결례를 범하지 않을 것이며, 오히려 반대로 지극한 정성을 가지고 그들을 대할 것입니다. 소유한다는 것은 한층 위대한 일입니다. 그건 그렇다 하더라도, 그것은 보다 더 아름답지는 않습니다. 그것은 더 윤리적일지도 모릅니다만(물론 윤리적인 것에 대해서는 죄송한 말이기는 하지만), 그것은 동시에 덜 심미적입니다"라고 말한다. 우리는 이 점에 관해서 서로 좀 더 잘 이해해 보기로 하자.

많은 사람들 사이에서는 심미적으로 아름다운 것과 심미적인 아름다움이 표현된 것을 혼동하고 있는 오해가 팽배해 있다는 사실은 의심할 여지가 없다. 이런 사실은 대부분의 사람들이 영혼이 갈망하는 심미적인 만족을 독서나 예술작품의 감상 따위에서 찾고, 반면에 스스로 심미적인 것을 일상생활에서 직관하고, 스스로 일상생활을 심미적인 빛에 비추어서 바라보고 창작적인 재현을 즐기지 못하는 사람이 비교적 적다는 사실로서도 용이하게 설명이 된다. 그러나 심미적으로 제시하기 위해서는 항상 순간 속에 집중되는 것이 요청되고, 이 집중의 농도가 짙으면 짙을수록 심미적인 효과는 그만큼 커진다. 그러므로 오로지 이런 집중에 의해서만, 행복한 순간이, 형언할 수 없는 순간이, 무한한 의미를 갖는 순간이, 요컨대 순간이 참된 가치를 획득한다. 이 순간은 이를테면 존재란 신성神性을 띤 것이라는 사실을 깨닫고 의식意識이 전율하는 운명적인 순간이 아니면, 역사를 전제하는 순간이다. 전자의 경우에 있어서는 순간이 기습적으로 사람을 엄습하고, 또 후자의 경우에 있어서는 사실 역사가 존재하지만, 예술적인 표현은 역사 위에 오래 머무를 수가 없고, 고작해야 역사를 암시할 뿐이고, 황급히 순간 속으로 사라진다. 예술적인 표현이 순간에 많은 내용을 담으면 담을수록 그것은 더욱더 심미적인 것이 된다.

어떤 철학자*가 말했듯이 자연은 최단거리의 길을 택한다. 우리는 또한 자연은 어떤 길도 택하지 않는다거나, 또는 한번에 일거에 나타난다고도 말할 수 있을 것이다. 내가 창궁蒼穹에 관한 명상에 젖으려고 할 때는 무수한 천체가 모습을 갖출 때까지 기다릴 필요가 없다. 왜냐하면 그것들은 졸지에 거기에 있기 때문이다.

반면에 역사의 길은 율법의 길과도 같아서 길고도 고난에 넘친 길이다. 그래서 예술과 시가 길을 단축시켜 주기 위해 달려와서 성취의 순간으로 우리를 즐겁게 해준다. 그것들은 외연적外延的인 것을 응집적凝集的인 것으로 집중시킨다. 그러나 성취되어야 할 것이 뜻 깊은 것일수록 역사의 길은 그만큼 더 더디고, 이 더딘 걸음걸이가 뜻 깊은 것일수록

---

* 라이프니츠를 말함.

목표가 곧 길이라는 사실이 더욱더 뚜렷해질 것이다. 개인의 생애는 두 가지 종류의 역사, 즉 외적인 역사와 내적인 역사가 있다고들 말하고 있다. 이 둘은 반대되는 운동을 하는 두 개의 흐름이다. 전자에는 다시 두 개의 면이 있다. 첫 번째 경우는 개인이 자신이 추구한 것을 갖지 못하고, 이 경우의 역사란 그가 획득하려는 싸움인 경우다. 두 번째 경우는 개인이 그가 추구하는 것을 갖기는 하지만, 그가 그것을 갖는 것을 방해하는 어떤 외적인 것이 항상 존재하기 때문에 그것을 소유할 수가 없게 되는 경우다. 그러므로 이 경우에는 역사란 그가 이 장애물을 극복하는 싸움이다. 두 번째 역사는 소유에서 시작하고, 이 역사는 개인이 소유를 획득하는 과정에 이루어지는 발전이다. 그러므로 전자의 경우에 있어서는 역사란 외적인 역사이고, 그것이 추구하는 것은 목표가 외부에 있기 때문에 이 역사는 참된 실재성을 갖지 못하고 있다.

문학적인 표현이나 예술적인 표현이 이 역사를 단축시켜 응집된 순간으로 서둘러 달려가는 것은 당연한 일이다. 우리가 당장 문제로 삼고 있는 문제를 살펴보기 위해 우리는 로맨틱한 사랑을 생각해 보기로 하자. 이제 다섯 마리의 멧돼지와 네 마리의 용龍을 때려죽이고, 그가 사모하는 공주의 오빠들인 마법에 걸린 세 왕자를 풀어 준 기사가 있다고 상상해 보자. 이런 일은 로맨틱한 사고방식에 있어서는 완전한 실재성을 갖고 있다. 그러나 예술가나 시인에게는 괴물 다섯을 때려잡았건 단지 넷밖에는 때려잡지 못했건 문제가 되지 않는다. 전체적으로 보아 예술가는 시인보다 더 제약을 받는다. 그러나 시인에게 있어서도 주인공이 멧돼지 하나하나를 어떻게 때려잡았느냐를 소상하게 묘사하는 일은 그의 관심사가 아니다. 그는 순간으로 황급히 달려간다. 그는 어쩌면 수를 줄이고 고생과 위험을 극적으로 압축하여 집중시키고 순간으로, 소유의 순간으로 황급히 달려간다. 전체의 역사적인 과정이란 그에게는 그다지 중요하지가 않다.

그러나 내적인 역사가 문제가 되는 곳에서는 개개의 모든 작은 순간이 매우 중요해진다. 내적인 역사만이 진정한 역사다. 그러나 진정한 역사는 역사의 생명원리인 것과, 즉 시간과 싸운다. 그러나 시간과 싸울 때는 시간성과 시간이 지닌 모든 사소한 순간이 커다란 실재성을 획득하게 된다. 개인 속에서 내적인 개화과정開花過程이 아직은 시작되고 있지 않고, 개성이 아직은 닫힌 채로 있는 곳에서는 어디에서나 문제가 되는 것은 외적인 역사뿐이다. 반면에 개성이 이를테면 꽃을 피우기 시작하자마자 내적인 역사는 시작된다. 그러니 여기서 우리가 문제점으로 삼고 출발한 문제, 즉 정복적인 천성과 소유적인 천성의 차이를 생각해 보라. 정복적인 천성은 항상 자기 자신 바깥에 있고, 소유적인 천성은 자기 자신 안에 있다. 그러므로 전자는 외적인 역사를 갖고, 후자는 내적인 역사를 갖는다. 그러나 이 외적인 역사는 손상을 받지 않고 집중될 수 있는 것이기 때문에, 예술과 시가 각별히 이것을 표현의 수단으로 선택하고, 따라서 또 마찬가지로 아직 열리지 않은 개성과 그에 관련되는 일체를 선택한 것은 자연스러운 일이다.

사실 사랑이 개성을 연다고들 말하고 있지만, 소설에서 생각되고 있듯이 사랑이 생각될 경우에는 이 말은 진실이 아니다. 개성은 자신이 열려고 하는 지점에까지밖에는 끌고 갈 수가 없고, 그래서 개성은 거기서 끝나든가 아니면 바야흐로 열리려고 하지만 거기서 중단되고 말든가 한다. 그러나 외적인 역사와 닫힌 개성은 각별히 예술적인 혹은 시적인 표현의 대상이 되기 때문에, 그러한 개성의 내용을 이룩하는 일체도 그런 대상이 되는 수가 많다. 그러나 근본적으로 이런 일체의 것은 육에 속하는 인간에게 예속되고 있는 것들이다. 여기서 몇 개의 예를 들어보기로 하자.

자랑은 잘 표현될 수가 있다. 왜냐하면 자랑에 있어서 본질적인 점은 계속성이 아니라 순간에 있어서의 응집성이기 때문이다. 겸손은 표현하기가 힘들다. 왜냐하면 우리는 겸손을 계속성으로 다루기 때문이다. 그리고 관찰자는 자랑을 단지 그 절정에 있어서 보는 것으로 만족하는 반면에, 겸손의 경우에 있어서는 사람들이 본래 시나 예술이 제공하지 못하는 것을 요구하고, 다시 말해서 겸손을 끊임없는 생성의 과정에서 보려고 한다. 왜냐하면 겸손에게는 그것이 항존恒存하는 것이 본질적인 것이기 때문이다. 그리고 겸손이 그것이 지닌 이상적인 순간에 표시될 경우에는, 관찰자는 무엇인가가 결핍된 것을 느낀다. 왜냐하면 관찰자는 겸손의 참다운 이상성은 겸손이 어떤 시점에서 이상적이라고 하는 사실에 있는 것이 아니라 그것이 불변한다는 사실에 있다고 느끼기 때문이다. 로맨틱한 사랑은 순간에서 잘 표현될 수도 있지만, 부부 사이의 사랑은 그럴 수가 없다. 왜냐하면 이상적인 남편은 그의 생애에 있어서 단 한 번 이상적인 남편인 그런 사람이 아니고, 매일 이상적인 남편인 그런 사람이기 때문이다.

만약 내가 많은 왕국과 많은 국토를 정복하는 영웅을 묘사하려고 한다면, 어떤 순간에 있어서의 그의 모습을 제시하면 될 것이다. 그러나 매일처럼 자신의 십자가를 걸머지는 수난자는 시에 있어서나 예술에 있어서나 그것을 묘사할 수가 없다. 왜냐하면 문제는 그가 매일처럼 그 일을 하고 있기 때문이다. 만약 내가 자신의 생명을 거는 영웅을 상상하려고 한다면, 순간에 그것을 집중시키면 잘 표현할 수가 있지만, 매일처럼 죽어가는 일은 그럴 수가 없다. 왜냐하면 여기에서는 중요한 점이 그것은 매일처럼 일어나고 있다는 사실이기 때문이다. 용기는 어떤 순간에다 그것을 집중시킬 수가 있지만, 인내는 그렇게 할 수가 없다. 왜냐하면 인내는 시간과 항쟁하고 있다고 하는 바로 그 이유 때문이다. 그대는 결국 예술은 그리스도를 인내의 화신으로서 전 세상의 죄를 걸머진 자로서 묘사하였고, 종교적인 문학은 모든 삶의 고달픔을 하나의 잔 속에 집중시켜서 한 개인으로 하여금 그것을 어떤 한순간에 들이마시게 하였다고 말할 것이다. 그것은 사실이다. 그러나 그것은 그런 고달픔을 거의 공간적으로 집중해 버렸기 때문에 가능하였다. 그러나 인내에 관해서 실제로 조금이라도 알고 있는 사람은, 인내와 대립하고 있는 것은 고난의 응집이 아니라(왜냐하면 그 경우에는 인내는 오히려 용기에 가깝기 때문이다) 시간이라는 것을 알고 있고, 또 참다운 인내는 시간과의 고투가 아니면 본래적으로는 인고忍苦라는 사실을 잘 알고 있다. 그러나 인고는 예술적으로 묘사할 수가 없다. 왜냐하면 인고의 핵심은 예술과는 걸맞지 않는 것이기 때문이다. 또 인고를 시로 표현할 수도 없다. 왜냐하면 인고는 시간의 길고 긴 지속을 요구하기 때문이다.

이제 내가 앞으로 여기서 그대에게 말하려고 하는 것을 그대는 불쌍한 기혼자가 심미적인 제단에 바친 보잘것없는 제물이라고 간주할지도 모른다. 그리고 그대와 심미적인 것을 신봉하는 모든 사제司祭들이 그것을 경멸한다고 할지라도 나는 결코 실망하지 않을 것이며, 하물며 내가 바치는 제물은 사제들만이 먹을 수 있는 제사음식*이 아니라, 모든 가정요리와 마찬가지로 온갖 양념을 한 것은 아니로되 건전하고 영양가가 높은, 집에서 만든 음식이기 때문에 더욱 그렇다.

우리가 변증법적으로건 역사적으로건, 심미적으로 아름다운 것의 발전을 따라가려고 할 경우에는,** 이 운동의 방향은 공간의 제 규정에서 시간의 제 규정으로 옮아가고, 그리고 예술의 완성도는 점차 공간에서 이탈하여 시간을 지향하는 계속적인 가능성에 의존하고 있다는 사실을 발견하게 될 것이다. 이미 셸링이 지적한 바와 같이, 조각彫刻, 회화繪畵로의 옮아감과, 이 옮아감의 의미는 바로 이런 점에 있다. 음악은 시간을 그것의 본질적인 요소로 삼고 있지만, 시간 속에서 존속하지 못한다. 음악의 의의는 시간 속에서 부단히 소멸하는 점에 있다. 음악은 시간 속에서 소리를 발하지만, 동시에 곧 사라져서 존속하지 못한다. 끝으로 문예는 모든 예술 중에서도 최고의 것이고, 따라서 시간의 의의를 가장 잘 발휘할 수 있는 예술이다. 문예는 그림이 그러하듯이 어떤 순간에 제한될 필요가 없고, 음악이 그러하듯이 자취도 없이 소실되지도 않는다. 그러나 그럼에도 불구하고 문예 역시 우리들이 보아왔듯이 어

---

* 마가복음 2장 26절 참조.

** 이 편지를 쓴 빌헬름 판사(즉, 키에르케고어)는 여기에서 헤겔과 셸링의 이론을 결합하여 인용하고 있다.

떤 순간에 집중되도록 강요당하고 있다. 그러므로 문예에는 한계가 있고, 앞서 설명한 대로 시간적인 계속을 핵심으로 하는 것을 묘사할 수가 없다. 그러나 시간의 의의를 강조한다고 해서 심미적인 효과가 감소되는 것은 아니고, 오히려 반대로 심미적인 이상은 시간의 중요성이 강조될수록 보다 풍요해지고 보다 충실해진다.

문예와도 걸맞지 않는 것이라고 한다면 심미적인 것은 어떻게 표현될 수 있는 것일까? "심미적으로 삶으로써"라고 대답할 수 있다. 이리하여 심미적인 것은, 항상 되풀이됨으로써만 존재하고 연주되는 순간에서만 실존하는 음악과 흡사해진다. 그런 이유 때문에 앞에서 나는 심미적인 것과 문예적으로 재생산되는 형식으로 제시될 수 있는 것들과의 고약한 혼돈에 주의를 환기시켜 두었던 것이다. 예컨대 내가 여기서 언급하고 있는 일체는 분명히 심미적으로 표현될 수는 있지만, 그렇지만 문예적인 재생산 형태로서가 아니라 우리가 그것을 생활하고 있다는 사실 속에서, 우리가 그것을 현실생활 속에서 실현하는 사실 속에서 표현할 수 있다. 이런 식으로 심미적인 것은 스스로를 지양하고 인생과 화해한다. 왜냐하면 어떤 의미에서는 문예와 예술은 인생과의 화합이기는 하지만, 그러나 다른 의미에서는 그것들이 영혼의 한 면만을 화해시켜 줄 뿐이므로 인생의 적대자이기 때문이다. 여기서 나는 심미적인 것의 최고의 개념에 도달하였다.

진실로 심미적으로 자기 자신을 정화할 수 있을 정도로 겸손과 용기를 가진 사람(이런 사람은 신이 창작하는 연극의 무대에서 말하자면 그 자신이 배우의 한 사람이라고 느낀다. 그래서 이 무대에서는 극작가와 프롬프터가 한사람이고, 거기에서는 또 개인이 자기가 맡은 역과 대사에 통달하고 있는 명배우처럼 프롬프터의 간섭을 받지 않고, 자기에게 속삭여 주는 말을 자기 자신이 말하려고 한 것으로 느끼고, 자기가 그 말을 프롬프터의 입을 통하여 말하게 하는 것인지 아니면 프롬프터가 자기의 입을 통하여 말하게 하는 것인지를 거의 모르게 된다), 보다 깊은 의미에서 자신을 극작가인 동시에 창작된 인간으로 느끼는 사람, 자신을 극작가라고 느끼는 순간에는 대사臺詞의 근원적인 정열을 간직하고, 창작된 인간으로 느끼는 순간에는 모든 음성을 듣는 에로스적인 귀를 소유한 사람, 이런 사람만이 비로소 심미적인 것의 최고의 이상을 실현한 사람이다. 그러나 문예와도 걸맞지 않는 것으로 판명된 이 역사야말로 내적인 역사인 것이다. 이 역사는 그 자체 안에 이념을 내포하고 있고, 또 바로 이런 까닭으로 이 역사는 심미적이다. 따라서 이 역사는 앞서 내가 언급한 것처럼 소유와 더불어 시작되고, 이 역사의 진행은 이런 소유의 확보인 것이다. 이 역사는 그 안에서 시간성이 이상적인 순간에 도달하여 사라지는 영원성이 아니라, 그 안에서 시간성이 항상 현실적인 순간으로 현존하는 영원성이다. 그러므로 인내가 인내 속에서 그 자체를 획득하게 되면, 우리는 내적인 혹은 내부의 역사를 갖게 된다.

다음으로 우리는 로맨틱한 사랑과 부부 사이의 사랑의 관계를 살펴보기로 하자. 왜냐하면 정복적인 천성과 소유적인 천성은 전혀 아무런 난제도 제공하지 않을 것이기 때문이다. 로맨틱한 사랑은 그 자체가 항상 추상적이므로, 그것이 외적인 역사를 획득하지 못할 경우에는 이미 죽음이 그 사랑을 덮치려고 기다리고 있다. 왜냐하면 이런 사랑의 영원성은 허망이기 때문이다. 부부 사이의 사랑은 소유와 더불어 시작되고 내적인 역사를 획득한다. 부부 사이의 사랑도 성실하고, 로맨틱한 사랑 역시 성실하다. 그러나 이제 그 차이에 주목하라. 로맨틱한 사랑의 성실한 애인은 기다린다. 15년을 기다린다고 하자. 그리고 이윽고 그 보답을 받는 순간이 온다고 하자. 이때 15년이란 세월을 멋지게 집중시킬 수 있다고 생각하는 문예의 견해는 옳다. 그래서 문예는 황급히 바로 그 순간으로 달려간다. 기혼자는 15년 동안 성실하고, 그 15년이란 세월이 흐르는 동안에도 소유를 간직한다. 그래서 이 길고 긴 시간의 계속 속에서 그는 줄곧 그가 소유한 성실성을 획득한 것이다. 그도 그럴 것이 뭐니 뭐니 해도 부부 사이의 사랑은 그 자체 안에 첫사랑을, 그리고 첫사랑이 갖고 있는 성실성을 내포하고 있기 때문이다. 그러나 그런 이상적인 결혼생활은 묘사할 수가 없다. 왜냐하면 여기에서의 핵심은 연장선상에 있는 시간이기 때문이다. 그는 15년이라는 세월의 끝에 있어서도 외견상으로는 그가 애초에 시작한 그 지점에서 한 발자국도 더 전진하고 있지 못한 듯이 보이지만, 그는 고도로 심미적으로 살아온 것이다.

그의 소유는 결코 사장된 소유물이 아니었다. 그는 자신의 소유물을 계속 되풀이해서 획득한 것이다. 그는 사자나 괴물과 싸워온 것이 아니라 가장 위험한 적인 시간과 싸워온 것이다. 그러나 그때 그에게는 영원성이 기사의 경우에서처럼 뒤에 나타난 것이 아니라, 그는 영원성을 시간 안에서 갖고 있었고, 영원성을 시간 안에서 보존하고 있었다. 그렇기 때문에 그만이 홀로 시간을 이긴 것이다. 왜냐하면 우리는 그 기사가 시간을 죽였다고 말할 수 있기 때문이다. 아닌 게 아니라 인간은 시간이 자기에게 실재성을 갖지 못할 경우에는 항상 시간을 죽이고 싶은 생각이 드는 법이다. 그러나 이것은 결코 완전한 승리가 아니다. 진정한 정복자로서의 기혼자는 시간을 죽인 것이 아니라 시간을 구제하여 그것을 영원 속에 보존한 것이다. 이 일을 해내는 기혼자는 진실로 시적으로 살고 있는 사람이다. 그는 영원성 속에서 살고 있으면서도, 그러면서도 거실에 있는 괘종시계가 치는 소리를 듣는다고 하는 커다란 수수께끼를 푼다. 이때 시간을 알리는 소리를 그가 듣는다고 해도, 시간을 알리는 소리는 그의 영원성을 단축하는 것이 아니라 더 연장시켜 준다.

이런 사실은 중세로부터 전해 내려오는 잘 알려진 그 전설의 상황에 내포된 모순보다 더 심오한 모순이지만, 그보다는 훨씬 더 영광스러운 모순이다. 그 전설에 의하면 어떤 불행한 사내가 지옥에서 깨어나서, "지금이 몇 신가?"하고 외치자, 악마가 "영원이다"라고 대답하였다는 것이다.* 그러니 이제는 이런 일마저도 예술적으로는 표현할 수가 없게 되었으니, 인생에 있어서의 최고의, 그리고 가장 아름다운 것은 들을 수도 읽을 수도 볼 수도 없지만, 우리가 원하기만 한다면 그것을 생활할 수는 있다는 사실로써 그대나 내가 위로를 받을 수밖에 없다. 그러나 로맨틱한 사랑이 부부 사이의 사랑보다 예술적인 표현에 더 적합하다는 것을 나로서도 기꺼이 인정할 용의가 있다고 하더라도, 그렇다고 해서 결코 후자가 전자보다 심미적으로 뒤떨어져 있다는 말은 아니다.

---

* 비록 이 대목은 빌헬름 판사의 입을 빌려서 하고 있는 말이기는 하지만, 키에르케고어 자신의 상황을 말하고 있음에는 의심할 여지가 없다.

오히려 반대로 부부 사이의 사랑이 한층 더 심미적이라고 하겠다. 낭만파의 가장 천재적인 작품 중의 하나에는 다음과 같은 인물이 등장하고 있다. 그는 시작詩作은 시간의 낭비고 참다운 향락을 자기 자신으로부터 빼앗는 일이라는 이유로, 그와 더불어 살고 있는 주위의 사람들처럼 시를 쓰기를 원치 않는다. 그는 오히려 생활하기를 원한다. 만약 이 인간이 산다는 것에 관한 올바른 관념을 갖고 있다면, 내 편을 드는 인간이 되었을 것이다.

이렇듯이 부부 사이의 사랑은 시간 안에서 자신의 적을 갖고, 시간 안에서 승리를 거두고, 시간 안에서 자신의 영원성을 갖고 있기 때문에, 설혹 내가 이른바 모든 외적이고 내적인 시련을 다 풀어준다고 해도, 그 사람은 여전히 자신의 문제를 갖게 될 것이다. 사실 부부 사이의 사랑도 일반적으로 시련을 겪게 될 것이다. 그러나 우리가 그런 것들을 올바르게 해석하려고 한다면, 우리는 두 가지 점에 유의해야만 한다. 즉, 이런 시련이란 항상 내적인 규정들이고, 또 그것들은 항상 그것들 안에 시간이라는 규정을 갖고 있다고 하는 사실에 유의해야만 한다. 부부 사이의 사랑이 묘사될 수 없는 것이라는 사실은 이런 이유로 미루어 보아서도 쉽게 알 수가 있다.

부부 사이의 사랑은 항상 자신을 내부로 끌어들이고, 또 (좋은 의미에서) 시간 속에서 끌고 간다. 그러나 재생산을 통하여 표현될 수밖에 없는 것은 그런 사랑을 꼬여서 불러낼 수밖에 없고, 그 사랑이 지닌 시간을 단축할 수밖에 없다. 이런 사실은 보통 부부 사이의 사랑에 적용되고 있는 술어述語를 고찰해 보면 더 잘 알 수가 있다. 그 술어는 성실, 불변, 겸손, 인내, 끈기, 관용, 진실, 만족, 세심, 순종, 쾌활 등이다. 이런 모든 덕성德性은 개인의 내면성이라는 성격을 갖고 있다. 이때 개인은 외적인 것과 싸우는 것이 아니라 자기 자신과 싸우고 자기 자신 속에 있는 사랑을 쟁취한다. 그리고 이런 덕성은 시간과 관련되어 있다. 왜냐하면 그것들이 지닌 진리는 단 한 번에 한한 것이 아니라, 그것이 항재恒在한다는 점에 있기 때문이다. 그리고 이런 덕성에 의해서 다른 것이 획득되는 것이 아니라 오로지 덕성 그 자체만을 획득한다. 그러므로 부부 사이의 사랑은, 그대가 흔히 조소적으로 부르고 있듯이, 허구한 날 일어나는 일상적인 사건일 뿐만 아니라, 동시에 또 (그리스적인 의미에서) 신적인 것이다. 그리고 그것은 매일 일어나는 사건이라는 바로 그 이유 때문에 또 신적인 것이다. 부부 사이의 사랑은, 윙윙 시끄럽게 소리를 내며 나는 저 커다란 새처럼 어떤 외적인 모습을 갖추고 우리가 볼 수 있게 오는* 것이 아니라, 조용한 영靈의 썩지 않는 영원한 생명이다.**

그대나 정복을 위해 태어난 사람들은 모두가 이런 사실에 관해서는 전혀 모르고 있다. 그대들은 결코 그대들 자신 속에 있는 것이 아니라, 항상 그대들 자신 바깥에 있다. 그렇다. 그대가 살며시 배회하고 있을 때건, 혹은 그대가 보무도 당당하게 등장하여 그대 내부에서 울리는 요란한 행진곡으로 그대의 의식意識을 마비시킬 때건 간에, 그대 안에 있는 모든 신경이 떨리고 있는 한에 있어서 – 그렇다. 그런 때라야만 그

---

* 누가복음 17장 20절 참조.

** 로마서 2장 7절 및 베드로전서 3장 4절 참조.

대는 그대가 살아 있다는 것을 느낀다. 그러나 전투에서 승리를 거두고 마지막 메아리가 사라졌을 때, 그리고 사령부로 황급히 달려가는 연락병처럼 날쌘 사상이 승리는 그대의 것이라고 알릴 때, 그렇다, 그때야말로 그대는 더는 무엇을 해야 할지를 모르고, 또 어떻게 시작해야 할지를 모른다. 왜냐하면 그대는 그때 비로소 처음으로 진정한 출발점에 서기 때문이다.

그러므로 그대가 습관이란 말을 들먹이며 결혼생활 속에 깃들인 불가피한 것으로서 혐오하는 것들은 바로 결혼생활 속에 깃들인 역사적인 요소에 불과하다. 그런데 그런 것들이 그대의 어그러진 눈에는 그렇게 소름이 끼치는 것으로 반영되는 것이다.

그러나 부부 사이의 사랑과는 불가분의 관계에 있는 '습관' 때문에 파괴될 뿐만 아니라 더럽혀졌다고 그대가 늘 생각하곤 하는 것은 도대체 어떤 것인가? 일반적으로 그대가 생각하고 있는 것은, 그대가 "에로스적인 것의 가시적可視的이고 신성한 상징"이라고 부르는 것이다. 그것은 그대가 말하고 있듯이 "모든 서명署名과 통관표通關票와 마찬가지로 그 자체로서는 의의가 없고, 그 의의는 에너지의 예술적인 숙련과 대가적인 기술에 의존하고 있고, 동시에 그것이 실천될 경우에는 선천적인 천재성을 증명하게 되는" 것이다.

그대는, "그런 일들이 결혼생활에서 권태롭게 수행되는 것을 본다는 것은 지극히 불쾌한 일이고, 매사가 얼마나 형식적이고 나태하게 진행되는지 모른다. 그것은 거의 예수회 회원이 파라과이에서 발견한 부족들에게 울려준 그 종소리를 연상케 하는 것이다. 이 부족에서는 결혼생활이 하도 나태하게 운영되었기 때문에, 예수회 회원은 모든 남편들에게 그들의 결혼생활의 의무를 알려주는 친절한 권고로서 한밤중에 종을 울릴 필요가 있다고 느꼈던 것이다. 그래서 모든 일이 시간 안에 이루어졌고 또 그렇게 하게끔 훈련되었다"고 말한다. 그러니 이 시점에서 우리는 세상에는 그렇게 우스꽝스럽고 바보스러운 일이 많다는 사실 때문에 우리들 자신이 방해를 받지 않고, 오로지 이것이 과연 필요한가 어떤가, 또 그렇다면 그대로부터 구제할 수 있는 방법을 배우는 것으로 타협을 보기로 하자. 그러나 바로 이 점에서는 그대로부터 많은 것을 기대하지 않는다. 왜냐하면 비록 다른 의미에서긴 하지만 그대는 저 슬픈 용모를 지닌 스페인의 기사*처럼 언제나 지나가 버린 시간을 위해서 싸우기 때문이다. 그도 그럴 것이 그대는 순간을 위하여 시간에 대항하여 싸우고 있기 때문에, 실제로는 지나가 버린 것을 위하여 싸우고 있기 때문이다.

우리는 그대의 시적인 세계에서, 혹은 첫사랑의 현실세계에서 하나의 관념, 즉 '사랑하는 사람들은 서로가 서로 바라본다' 라고 하는 표현을 들어보기로 하자. 그대는 이 **본다**는 낱말에다 강조를 해서 이 말에다 무한한 실재성을, 그리고 영원성을 불어넣는 방법을 잘 알고 있다. 이런 의미에서 10년 동안 함께 살아왔고 매일처럼 서로 바라보아 온 결혼한 부부는 서로를 '바라볼' 수는 없다. 그렇다고 해서 과연 그들은 서로 애정을 지니고 바라볼 수는 없는 것일까?

* 돈키호테를 말함.

이제 여기서 우리는 다시 그대의 그 낡아빠진 이단설에 부닥친다. 그대는 사랑을 일정한 연령에 제한하려고 하고 있고, 그것도 어떤 한 사람을 위해 지극히 짧은 기간으로 제한하려고 한다. 따라서 정복적인 천성을 가진 모든 사람과 마찬가지로 그대의 실험을 실천하기 위해서 신병新兵을 보충하려고 한다. 그러나 이것이야말로 사실 사랑의 영원한 힘을 가장 심하게 모욕하는 일이다. 이런 일은 곧 절망을 뜻한다. 그대가 아무리 궤변을 늘어놓는다고 해도, 그대는 핵심적인 과제는 사랑을 시간 속에 보존하는 것이라는 사실을 인정하지 않을 수 없다. 만약 이것이 불가능하다면, 그때는 사랑도 역시 불가능하다. 그대가 사람을 그런 가시적인 표적에 의해서만 인정하는 바로 그것이 그대의 불행이다. 만약 그런 표적들이 다시금 또 다시금 계속해서 되풀이되어야만 한다고 한다면, 또 그것이 최초의 일이었다고 하는 우발적인 이유 때문에 일단 획득한 실재성을 그것들이 계속해서 소유하고 있느냐 아니냐를 병적이라고 할 만큼 반성을 통하여 확인해야만 한다면, 그대가 불안에 사로잡혀 그런 표적이나 '몸짓'을 열 번 되풀이하여서 마음에 들지 않는 것들 속에 집어넣어 버린다고 해도 이상할 것이 없다. 왜냐하면 그런 것에 가치를 부여하는 것이 '첫 번째'라는 성격을 가진 것이라고 한다면, 되풀이라고 하는 일은 사실상 불가능한 일이기 때문이다.

그러나 건강한 사랑은 자신의 일을 시간 안에서 성취한다고 하는 전혀 다른 가치를 갖고 있다. 그러므로 진정한 사랑은 그런 외적인 표적에 의해서도 자신을 회춘시킬 수가 있을 뿐만 아니라(이것이야말로 나에게는 매우 중요한 일이지만), 그 사랑은 시간과 반복이 지닌 의의에 관해서도 전적으로 다른 관념을 가지고 있다.

이제까지의 논술에서 나는, 부부 사이의 사랑은 사랑의 싸움을 시간 속에서, 사랑의 승리를 시간 안에서, 사랑의 축복을 시간 속에서 갖고 있다는 사실을 설명했다. 이때까지 나는 시간을 단지 단순한 진행으로 간주하여 왔지만, 이제는 시간이란 단지 근원적인 데다가 보존되어 있는 단순한 진행일 뿐만 아니라, 근원적인 데다가 증가하는 성장하는 진행이라는 사실을 설명하려고 한다. 관찰력이 대단한 그대이니만큼 인간을 두 부류로 대별할 수 있다. 하나는 주로 희망에 사는 사람들이고, 다른 하나는 주로 회상에 사는 사람들이라고 하는 일반적인 주장에 그대도 분명히 동의하리라고 생각한다. 이 양쪽이 다 시간에 대한 그릇된 관계를 암시하고 있다. 건강한 개인은 동시에 희망과 회상 속에서 살고 있고, 그렇게 함으로써 그의 생활은 비로소 참되고 실질적인 연속성을 획득한다. 그러므로 그는 희망을 갖고 있기 때문에 회상 속에서만 사는 사람들처럼 시간 속에서 과거로 되돌아가기를 원치 않는다. 그렇다면 회상은 그에게 어떤 작용을 하는 것일까? 왜냐하면 회상 역시 결국 어떤 영향을 끼치고 있을 것임에 틀림이 없기 때문이다. 회상은 순간에다 반 옥타브 올리라는 반올림 기호(#)를 첨부한다. 회상이 과거로 멀리 소급해 올라가면 갈수록, 그리고 되풀이의 빈도수가 거듭되면 될수록 반올림 기호는 그만큼 늘어난다.

그러므로 만약 그 개인이 금년에 어떤 에로스적인 순환을 체험하였다고 하면, 그는 작년에 있었던 그런 순간을 회상함으로써 앙양되는 그런 식이다. 이런 일은 결혼생활에 있어서도 역시 아름답게 표현된다.

지금의 세계가 어떤 시대의 세계인지를 나로서는 알 길이 없지만, 그대 역시 나와 마찬가지로, 사람들은 흔히 처음에는 황금시대가 있고, 다음은 은의 시대, 다음은 동의 시대, 다음은 철의 시대가 이어진다고 말하는 습관이 있다는 것이 잘 알려져 있는 사실이다. 결혼생활에 있어서는 이 순서가 거꾸로 되어 있다. 처음에 은혼식이 오고, 다음에 금혼식이 온다. 이런 결혼기념일의 주안점은 사실 회상하자는 데 있는 것이 아닐까? 그러나 결혼생활에 적용되는 술어는 이런 것들이 최초의 결혼식보다도 더 아름답다고 선언하고 있다. 그러나 행여 그대는 이 사실을 오해해서는 안 될 것이다. 물론 그대의 버릇처럼 예컨대, "그렇다면 곧장 은혼식으로부터 시작할 수 있게 요람에서 결혼식을 올리는 편이 최선의 방법일 것입니다. 그러면 결혼생활의 용어에다 새로운 술어를 하나 더 발명한 최초의 발명자가 될 희망도 있을 테니까요"하는 식으로 말한다면 그대의 마음도 후련할 테지만 말이다. 그대 자신도 아마 그대의 그런 익살의 허위성을 잘 알고 있을 것이다. 그러므로 나는 이 문제를 더 이상 생각하지 않으련다.

그러나 내가 여기서 지적하고 싶은 것은, 개개의 사람들은 사실 희망 속에서만 살고 있지는 않다는 사실이다. 그들은 항상 현재 속에서 희망과 회상을 뒤섞어 갖고 있다. 결혼 초기에 있어서는 희망이 결혼 말기에 있어서의 회상과 꼭 같은 작용을 한다. 희망은 순간을 충만하게 하는 영원의 희망으로서 그들 위에서 감돌고 있다. 이 말이 옳다는 것은, 만약 은혼식을 올릴 희망만으로 청혼을 한다면, 그리고는 26년 동안 희망하고 다시 희망하는 일만 되풀이한다면, 그리고 정작 그 26년이 돌아왔을 때, 그는 은혼식을 축하할 상태에 있지 못할 것이라는 사실은 그대 역시 납득이 갈 것이다. 왜냐하면 모든 것이 이런 일련의 희망과 더불어 사라져버릴 것이므로 사람들은 회상할 것이라곤 아무것도 갖지 못할 것이기 때문이다. 더구나 일반적인 용어법이나 사고방식에 따른다면, 독신자에게는 전혀 그런 멋진 전망이 없고, 독신자가 기념일을 축하할 때는 오히려 사람들이 그것을 우스꽝스러운 일로 돌린다는 것은 도대체 어떤 까닭일까 하는 의문이 나에게 자주 일어났다. 그 이유는 틀림없이 독신과는 일반적으로 희망과 회상의 통일인 진정한 현재를 결코 올바르게 붙들 수가 없고, 그러므로 독신자는 대부분의 시간을 희망 속에서가 아니면 회상 속에서 살 것이라고 사람들이 생각하기 때문일 것이다. 그러나 이 사실은 다시금 일반적인 견해에 의하더라도 부부 사이의 사랑은 시간에 대하여 올바른 관계를 갖고 있다는 것을 암시하고 있는 셈이다.

그러나 그대가 '습관'이라는 말로 특징짓고 있는 것이, 즉 그대가 말하는 "결혼생활의 단조로움! 사건의 전무全無. 죽음이고 죽음보다 더 고약한 결혼생활의 영속적인 공허"는 결혼생활에 있어서는 어떤 다른 것이 된다. 그대는 약간의 소음으로도 마음이 헝클어지고, 누군가가 살금살금 복도를 걸어만 가도 생각하는 일을 할 수가 없을 정도로 신경이 약한 사람이 있다는 사실을 알고 있다. 그러나 또 다른 신경쇠약증이 있다는 것을 그대는 아는가? 세상에는 일을 하기 위해서 요란한 소음과 기분을 산만하게 하는 주위환경이 필요할 만큼 신경이 약한 사람도 있다. 이것을 그들이 이열치열이란 방식 이외의 방법으로써는 자신을 통제할 힘이 없다고밖에는 설명할 수가 없는 현상이다. 그들이 홀로 있을 때는 그들의 상념은 막연한 것들 속으로 사라져 버린다. 반면에 그들의 주위를 소음과 왁자지껄하는 소란이 감쌀 때는, 이것이 그들로 하여금 그것에 대항하는 의지를 불러일으키게 한다. 이런 까닭으로 인해서 그대는 평화와 정적과 평온을 두려워한다. 저항하는 것이 있을 때라야만 그대는 그대 자신 속에 있을 수 있다. 그러나 그렇기 때문에 그대는 결코 그대 자신 속에 있지 않고 언제나 그대 바깥에 있다. 다시 말해서 그대는, 그대가 저항하는 것을 동화하는 순간에만 다시 정적이 찾아온다. 그렇기 때문에 그대는 결코 감히 그렇게 하려고 하지 않는 것이다. 그러나 그런 식으로 그대와 저항물이 서로 정면 대결하고 있음으로써, 그대는 그대 자신 속에 있지 않는 것이다.

이 경우에서도 앞서 우리가 시간의 경우에서 언급한 바로 그 사실이 적용된다. 그대는 그대 자신의 바깥에 있고, 그렇기 때문에 그대는 저항물로서 타자가 꼭 필요하다. 그대는 오로지 불안한 정신만이 살아남는다고 믿고 있지만, 경험자는 모두가 조용한 정신만이 살아남는다고 생각하고 있다. 그대에게는 술렁이는 바다가 삶의 모습이지만, 나에게는 조용하고 깊은 물이 삶의 모습이다. 나는 자주 찰랑거리는 시냇가에 앉아 있곤 하였다. 거기에는 언제나 꼭 같은 것들이 있다. 꼭 같이 부드러운 선율과 바닥에서 돋아나서 조용한 물결 밑에서 하늘거리는 변함없는 파란 식물들, 밑바닥에서 부산스럽게 움직이고 있는 변함없는 작은 동물들, 물에 드리운 꽃그늘 밑에서 물살을 향해서 지느러미를 펴고 돌 밑으로 숨어버리는 변함없는 작은 물고기들 – 이렇게 거기에는 꼭 같이 변함없는 것들이 있다. 단조롭지만 그 얼마나 변화무쌍하단 말인가! 이런 것이 결혼의 가정생활인 것이다. 즉, 조용하고 수수하고 찰랑거리는 것이 가정생활이다. 결혼한 가정생활에는 많은 변화는 없지만, 그것은 시냇물과 같이 찰랑거리고, 시냇물처럼 선율을 갖고 있어서, 그것을 아는 사람에게는 소중할 것이며, 그는 그것을 알고 있기 때문에 다른 어떤 소리보다도 소중히 여긴다. 거기에는 호화찬란한 것은 없지만, 때론 거기에는 찬란한 빛이 드리운다. 그러나 그것이 다져진 이 생활의 기틀을 중단시키지는 못한다. 그것은 마치 달빛이 시냇물 위에 드리워서 자신의 선율을 연주하는 악기를 밝히는 것과도 흡사하다. 결혼한 사람들의 가정생활은 이런 것이다.

그러나 이 생활을 이렇게 간주하고, 또 이렇게 영위하기 위해서는 이 생활에는 이제부터 내가 그대에게 말해주려는 하나의 특성이 전제되어야만 한다. 나는 이 특성을 잘 말해주는 시를 욀렌슐레게르의 시에서 찾아볼 수 있다. 나는 그대가 이전에는 이 시를 매우 높이 평가한 것으로 알고 있다. 완전을 기하기 위해 나는 이것을 몽땅 여기에 옮겨 적어보려고 한다.

사랑의 매력이 나타나려면
얼마나 많은 것들이 세상에 들어와야 하늘 것일까!
처음에는 서로를 잘 아는 두 영혼이,
다음은 두 사람을 서로 끌리게 하는 매력이,
다음은 이른 봄에 너도밤나무 숲을 사이로

매력적인 빛을 드리우는 달,
다음은 두 사람만의 만남,
다음은 첫 번째 입맞춤, 그리고 그들의 순정.

그대 역시 여전히 사랑을 찬양하고 있다. 그러므로 나는 실상 그대의 소유물은 아니지만(왜냐하면 그것은 시인의 소유물이니까), 그대가 그대의 것으로 만든 것을 그대로부터 빼앗을 생각은 없다. 그러나 나 역시 그것을 나의 것으로 만들었으므로 우리는 그것을 나누어 갖기로 하자. 그대는 이 시의 전부를 갖고, 나는 그 마지막 말, 즉 '그들의 순정'을 갖기로 하자.

끝으로 결혼생활에는 아직 그대에게 자주 공격할 계기를 제공한 다른 면이 또 있다. 그대는 "부부 사이의 사랑 그 자체 속에는 전혀 별개의 무엇인가가 숨겨져 있다. 부부 사이의 사랑은 그렇게도 관대하고 정성스럽고 부드럽게 보이지만, 부부 뒤로 방문이 닫히자마자 부부가 모르는 사이에 자루에서 몽둥이가 나타나서 – 그렇게 할 수밖에 없다 – 그것은 의무라고 말한다. 그대들은 그대들이 원하는 대로 이 왕홀王笏을 장식하여 참회절懺悔節의 채찍으로 만들 수가 있지만, 그것이 평범한 채찍임에는 틀림이 없다"고 말한다. 내가 여기서 이 반론을 언급하는 것은, 이것 역시 본질적으로 부부 사이의 사랑 속에 깃들인 역사적인 요소를 오해한 데 기인하고 있는 것이기 때문이다. 그대는 어두컴컴한 힘이나, 아니면 변덕을 사랑의 구성요소로 삼으려고 한다. 의식이 그것들과 합류하려고 나타나자마자 그것이 지닌 마력은 사라지고 만다. 그러나 이런 의식이 바로 부부 사이의 사랑이다. 이것을 매우 잔인하게 표현하기 위하여 첫사랑의 우아한 태도에 박자를 맞추기 위하여 사용되는 관현악단의 지휘자의 지휘봉 대신에, 그대는 우리들에게 불쾌한 경찰봉을 내보인다.

우선 그대는 나에게 다음과 같은 사실을 실토해야만 할 것이다. 즉, 첫사랑이 부부 사이의 사랑 속에 포함되어 있다는 사실은 이미 우리가 합의한 바이지만, 첫사랑이 불변한 것인 한에 있어서 엄격한 의무의 필연성은 문제가 될 수 없다는 사실을 실토해야만 할 것이다. 그러므로 그대가 첫사랑의 영원성을 믿고 있지 않는 것은 엄연한 사실이다. 여기서 우리는 다시 그대의 낡아빠진 이단설로 돌아온다. 그대는 자주 첫사랑의 기사임을 사칭하고 있지만, 그대는 첫사랑을 믿지 않고 있으며, 또 그대는 첫사랑을 모욕하고 있다. 이렇듯이 그대는 첫사랑을 믿지 않고 있기 때문에, 이미 그대의 뜻에 부합되지 않을 때에 그대의 뜻을 어기고 첫사랑에 머물도록 강요할 수 있는 것과 감히 동맹관계를 맺지 못한다. 그러므로 분명히 그대에게는 사랑이 최고의 것이 아니다. 왜냐하면 그렇지가 않다면 그대를 첫사랑에 머물도록 그대를 강요할 수 있는 어떤 힘이 존재할 때는 그대가 기뻐할 것이기 때문이다. 어쩌면 그대는 그런 치료는 치료가 아니라고 대답할지도 모른다. 그러나 이에 대해서 나는, 요는 우리가 이 문제를 어떻게 보느냐에 달려 있다고 지적할 것이다.

이 문제는 우리가 항상 되돌아오곤 하는 문제의 하나다. 이럴 때마다 그대는 보아하니 그대의 뜻에 거역하여 어째서 그렇게 되는지를 분명히 모르고 되돌아오는 것 같지만, 나는 그것이 지닌 뜻을 완전히 의식하고 되돌아온다. 이 문제는 첫사랑이나 로맨틱한 사랑 속에는 영원성이 깃들어 있다고 생각하는 착각이나 소박한 생각은 그 자체가 폐기되어야만 한다는 문제다. 그대는 이런 직접적인 형식으로 사랑을 보존하려고 애쓰고, 진정한 자유는 꿈에 도취되어 자신을 잊어버리는 데 있다고 믿으려고 애쓰고 있기 때문에, 바로 그런 까닭으로 그대는 변모metamorphosis를 두려워하는 것이고, 바로 그런 까닭으로 그대는 변모를 변모로 간주하지 않고 첫사랑의 죽음을 내포하고 있는 전적으로 이질적인 어떤 것으로 간주하는 것이고, 여기서 의무에 대한 그대의 혐오도 우러나온다.

만약 의무가 이미 첫사랑의 싹 속에 내포되어 있지 않고 있다면, 그 의무가 모습을 드러낼 때는 절대적으로 성가신 것이 된다. 그러나 부부 사이의 사랑의 경우는 이와는 사정이 다르다. 부부 사이의 사랑은 그것이 지닌 윤리적이고 종교적인 요소 속에 이미 의무가 깃들어 있다. 따라서 의무가 이 사랑 앞에 나타날 때는 낯선 존재도 아니고, 또 사랑의 신비성을 내걸고 나가라고 지시해도 권위를 내세우며 밀고 들어오는 뻔뻔스러운 침입자도 아니다. 반대로 의무는 오래된 친구로서 벗으로서, 그리고 사랑하는 두 사람이 가장 깊은 그들의 사랑의 비밀 속에서 서로 잘 알고 있는 심복으로 나타난다. 그리고 이 의무가 발언할 때는, 그 말이 전혀 새로운 것이 아닌 잘 알고 있는 것이고, 의무가 발언한 내용에 대해서는 개개인이 겸손하게 그 말에 복종하고, 동시에 그들은 마음이 향상된다. 왜냐하면 의무가 명령하는 바는 그들이 원하는 일이고,

의무가 명령하고 있다는 사실 그 자체가 그들의 소원은 실현될 수 있다는 사실을 표현하는 보다 지엄하고 보다 숭고한 신적인 처사라는 사실을 그들이 확신하고 있기 때문이다. 만약 의무가 그들을 격려하기 위하여, "그것은 가능한 일이다. 사랑은 보존될 수 있다"고만 말한다면 그것은 충분하지 못할 것이지만, 만약 의무가 "사랑은 보존되어야만 한다"고 말한다면 사랑의 절실한 소원에 대답해 주는 권위가 그 속에 깃든다.

사랑은 공포를 몰아낸다. 그러나 사랑이 자기 자신에 대하여 한순간 공포를 느끼고 자신의 구원에 공포를 느낄 때는, 의무는 바로 사랑이 필요로 하는 그 신적인 영양소가 된다. 왜냐하면 의무는 "두려워 말라. 그대는 반드시 승리할 것이다"라고 말하기 때문이다. 의무는 이 말을 미래형으로 말하는 것이 아니라(왜냐하면 그런다면 그것은 단지 희망을 암시할 뿐이기 때문이다) 명령형으로 말한다. 그래서 이 말 속에는 그 무엇에 의해서도 동요되지 않은 확신이 깃들어 있다.

그러므로 그대는 의무를 사랑의 적으로 간주하고 있지만, 나는 의무를 사랑의 벗으로 간주하고 있다. 아마도 그대는 이 선언을 듣고 만족할 것이고, 그대의 평상시의 비웃는 태도로 그런 흥미롭고 유별난 벗에 관해서 나에게 고맙다는 인사를 할 것이다. 반면에 나는 그대의 그런 답변에 만족하지 않고, 감히 그대의 영토로 쳐들어가련다. 의무가 일단 의식 속에 나타날 경우에 의무가 사랑의 적이 된다고 한다면, 사랑은 그것을 극복하기 위해서 최선을 다해야만 할 것이다. 그녀도 결국 사랑이 온갖 반대물을 소탕해 버릴 수가 없을 만큼 그렇게 무력하다고는 생각지 않을 것이다. 그런데도 그대는 의무가 모습을 나타내면 사랑은 끝장이 난다고 생각하고 있고, 또 의무는 부부 사이의 사랑에서건 로맨틱한 사랑에 있어서건 조만간 그 모습을 나타내지 않을 수 없다고 생각하고 있다. 그대가 부부 사이의 사랑을 두려워하고 있는 것은 의무가 나타날 경우에는 그대가 그것으로부터 내뺄 수가 없을 만큼 의무가 그 속에 내포되어 있기 때문인 것이다.

반면에 그대는 로맨틱한 사랑의 경우에는 내빼는 것이 당연한 것으로 생각하고 있다. 왜냐하면 의무를 느끼게 되는 순간이 도래하자마자 사랑은 지나갔고, 의무의 도래는 그대가 공손히 허리를 굽히고 사랑에 대하여 작별인사를 해야 하는 그대에 대한 신호이기 때문이다.

여기서 다시 그대는 사랑에 대한 그대의 찬양이 어떤 것인지를 알게 된다. 만약 의무가 사랑의 적이고, 또 만약 사랑이 이 적을 극복할 수가 없다면, 사랑은 진정한 승리자라 할 수 없다. 그러니 결과적으로 그대는 사랑이 궁지에 몰려있어도 못 본 체할 수밖에 없다. 그대가 일단 의무는 곧 사랑의 적이라고 하는 식의 절망적인 생각을 품은 이상 그대의 패배는 확실하다. 그래서 그대는 의무를 격하한 만큼 사랑도 격하하였고, 또 사랑으로부터 그것이 지닌 존엄성도 빼앗았다. 물론 그대는 의무만을 격하시킬 셈이었지만 말이다. 그대도 알다시피 이것 역시 절망이고, 그대가 그것을 고통스럽게 느끼고 있건, 아니면 그대가 절망 속에서 그것을 잊어버리려고 모색하고 있건, 하여간에 그것은 꼭 같이 절망이다.

만약 그대가 심미적인 것과 윤리적인 것과 종교적인 것을 위대한 세

연합체라고 간주하는 지경에까지 도달할 수가 없다면, 또 만약 그대가 이런 각기 다른 분야에서 벌어지는 각기 다른 모습의 통일체를 보존할 수 있는 방법을 모르고 있다면, 그때는 삶은 의미를 잃게 되고, 그때 우리는 모든 것에 관해서 "그렇게 하든가, 아니면 그렇게 하지 말라. 하여간에 그대는 뉘우칠 것이다"라고 말할 수 있다고 하는 그대의 전매특허격인 이론을 그대가 여전히 옳다고 주장하고 있는 사실을 시인할 수밖에 없다.

각설하고, 나는 그대처럼 불행한 결말로 끝날 수밖에 없는 싸움에 대하여 싸움을 시작할 비극적인 필연성에 매여 있지는 않다. 나에게는 의무가 사랑과는 서로 다른 풍토가 아니고, 나에게는 의무가 사랑을 참으로 온화한 풍토로 만드는 것이고, 나에게는 사랑이 의무를 참으로 온화한 풍토로 만드는 것이고, 이 연합 속에 완전성이 성립된다. 그렇지만 그대의 이론의 잘못을 철저하게 증명하기 위하여, 나는 좀 더 이 문제를 소상하게 검토해 보고자 한다. 나는 그대가 사람들이 의무는 곧 사랑의 적이라고 느끼게 되는 데는 갖가지 방식이 있다는 점을 잘 생각해 주기 바란다.

결혼생활에 깃들인 윤리적인 요소에 관해서 전혀 한 번도 진지하게 생각해 본 적이 없이 남편이 된 어떤 사람을 상상해 보라. 그는 청춘의 모든 정열을 쏟아 사랑하였다. 그러다가 돌연 외적인 것이 동기가 되어, 그가 사랑하고 그와 사랑의 끈으로 묶여 있는 그녀가, 어쩌면 자신의 남편인 그가 자신을 사랑하는 것은 결국 단지 의무 때문에 그러는 것이나 아닐까 하고 생각할 수도 있다는 의심이 싹텄다고 하자. 그대는 그가 앞서 언급한 그 사람과 같은 입장에 있다는 것을 알 수 있다. 그에게도 역시 의무란 사랑과는 대립되는 것으로 보인다. 그러나 그는 사랑 안에 있었고, 그에게는 사랑이 진실로 최고의 것이었다. 그러므로 그의 노력은 이 적을 극복할 수가 있었다. 그래서 그는 그녀를 사랑할 수가 있었다. 그는 의무가 그렇게 하라고 명해서가 아니라, 또 의무가 부여할 수 있는 '그것으로 충분하다'는 정도의 불충분한 척도에 맞추어 사랑할 수 있었던 것이 아니라, 그의 마음을 다하고 뜻을 다하고 힘을 다하여 그녀를 사랑할 수 있었다.* 그는 의무가 그에게 중지할 것을 명하는 순간에 있어서마저도(그런 일이 있을 리는 만무하지만) 그녀를 사랑할 수가 있었다.

그대는 그의 사고과정에서 일어날 수 있는 혼란을 능히 짐작할 수 있다. 그는 어떻게 하였을까? 그는 마음을 다하여 그녀를 사랑하였다. 그러나 기실 이것은 의무가 명하는 바의 바로 그것이다. 우리는 의무란 의식적(儀式的)인 여러 규정의 총체에 불과하다고 생각하고 사람들의 말에 현혹되지 않도록 하자. 의무에는 단 한 가지만이 있을 뿐이다. 즉, 마음속에서 우러나는 진정한 감격으로 참되게 사랑하라는 의무가 있을 뿐이다. 그리고 의무는 그 형식에 있어서 사랑 그 자체만큼이나 변화무쌍하여, 사랑에서 우러나는 것이면 무엇이든지 선하다고 선언하고, 만약 사랑에서 우러나온 것이 아닐 경우에는 그것이 제아무리 아름답고 현혹적인 것이라 할지라도 그 일체를 번갯불로 타도해 버린다. 그러므로

* 마가복음 12장 30절 참조.

여기서 이 사람 역시 잘못된 태도를 취하였다는 사실을 그대는 알게 된다. 그러나 바로 그에게는 진리가 깃들어 있기 때문에, 그는 의무가 명하는 것만을 하는 것으로는 직성이 풀리지는 않지만, 의무가 명하는 바를 행하고, 그 이상도 그 이하도 하지 않는다. 그러나 어떤 의미에서 그는 의무가 명하는 바 이상의 일을 한다고 할 수 있다. 왜냐하면 그가 그 일을 한다는 것이 바로 그가 그 이상의 일을 한다는 것을 의미하기 때문이다. 왜냐하면 내가 의무가 명하는 바 이상의 것을 할 수 있다는 것 그 자체가, 내게는 그 이상의 것을 할 수 있다는 증거이기 때문이다.

의무는 명령한다. 의무는 명령하는 일 이상의 일을 할 수가 없다. 내가 할 수 있는 그 이상의 것은 의무가 명하는 바를 하는 일이다. 그리고 내가 이것을 하는 순간, 나는 어떤 의미에서 그 이상의 일을 하고 있다고 말할 수 있다. 나는 의무를 외적인 것으로부터 내적인 것으로 올려놓음으로써, 그렇게 함으로써 나는 의무를 넘어선다. 이런 사실로 미루어 보아서 그대는 정신의 세계에서는 얼마나 무한한 조화와 지혜와 일관성이 넘쳐 있는가를 알 수 있을 것이다. 어떤 사람이 어떤 특정한 지점에서부터 출발하여 조용히 성의껏 힘을 다하여 자신의 길을 추구해 나간다면, 여타의 모든 것들이 그것과 모순되게 보일지라도, 그것은 항상 하나의 착각임에 틀림없을 것이다. 그리고 몇몇 사람들은 그가 하는 일을 만사가 뒤죽박죽이라고 믿는다고 해도, 그는 조화 속에서 일을 추진하고 있다고 하겠다. 그러므로 우리가 화제로 삼고 있는 그 남편은 훌륭히 자신의 일을 타개해 나간 셈이다. 그가 고통을 겪어야 했던 유일한 벌은, 그의 '믿음의 적음'에 대하여 의무가 약간 그를 골려준 그런 정도의 것이었다.

의무는 항상 사랑 속에서 사랑과 더불어 울려 퍼지고 있다. 그대가 그 둘을 분리시키고, 그 사람이 그랬듯이 한쪽을 전부로 삼으려고 한다면, 그대는 항상 자기모순 속에 있게 된다. 그것을 마치 하나의 낱말인 'be'를 'b'와 'e'로 나누고, 그러고는 'e'를 버리고 'b'가 전체라고 주장하는 것과도 같은 일이다. 우리가 'be'를 발음하는 순간에는 'e' 역시 함께 발음한다. 진실한 사랑 역시 이와 마찬가지다. 그것은 추상적이고 발음할 수 없는 글자가 아니고, 또 물렁거려서 잡을 수 없는 모호한 것이 아니다. 그것은 분명한 음을 가지고 있는 하나의 글자다. 사랑이란 어려운 것이라고? 좋다. 그때는 사랑이 의무를 발음한다. 사랑은 의무를 실현하고, 그렇게 함으로써 사랑은 자신의 의무 이상의 일을 한다. 사랑이 하도 부드러운 것이 되어서 그것을 꽉 붙들 수가 없게 된다면 어떻게 하느냐고? 그때는 의무가 사랑에게 한계를 그어 준다.

이제 만약 그대의 경우가 역시 우리가 이제까지 화제로 삼아온 사람의 경우와 마찬가지라고 한다면, 또 의무란 곧 사랑의 적이라고 하는 그대의 의견이 한낱 순진한 오해에 불과한 것이라고 한다면, 그대에게도 그에게 일어났던 것과 같은 일이 일어날 것이다. 그러나 그대의 해석은, 비록 그것이 오해임에는 틀림이 없는 사실이지만, 하나의 책임을 동반하는 오해다. 그런 해석 때문에 그대는 비단 의무를 얕볼 뿐만 아니라 사랑까지도 얕보게 되었고, 또 의무가 극복할 수 없는 것으로 보이게 되었다. 그렇게 되는 까닭은, 의무가 오로지 진실한 사랑만을 사랑하고, 의무가 그릇된 사랑을 결사적으로 미워하고 그것을 살해해 버리기 때문이다. 개개인은 만약 그들이 진리 속에 있다면, 의무 속에서 그들을 영원으로 이끌어 가는 길이 그들을 위해 준비되어 있다는 사실에 대한 영원한 표현만을 볼 것이다.

그리고 그들이 기꺼운 마음으로 걸어가려고 하는 이 길은 그들이 취할 수 있도록 허용되어 있을 뿐만 아니라, 그 길을 취하도록 명령된 길이고, 또 이 길을 넘어선 곳에서는 하느님의 섭리가 감시하고 있으면서 항상 그들에게 앞길을 지시해 주고, 모든 위험한 곳에는 경고판을 세워 준다고 하는 사실 역시 알 것이다. 신적인 권위가 "그대는 할 수 있을 것이다"라고만 말하지 않고, "그대는 해야만 한다"고 위엄 있게 표현되는 이상, 어찌 진실하게 사랑하는 사람이 이 하느님의 권위를 수락하는 것을 마다할 것인가! 의무가 사랑하는 사람들을 위하여 길을 말끔히 닦아 주고 있다. 그리고 내가 믿기로는 이런 까닭으로 의무는 그것의 역사적인 함축을 암시하기 위하여 미래형으로 표현되어 있다고 본다.

이제 나는 이 작은 논술을 끝낼 단계에 왔다. 모르긴 해도 이것이 그대에게 어떤 감명을 주었으리라고 생각한다. 그대는 모든 것이 거꾸로 되고 말았다고 느낄 테지만, 그대도 내가 진술한 내용의 논리적인 시종일관성에 대하여 반대만 일삼을 수가 없을 것이다. 그러나 만약 내가 이 모든 것을 대화의 형식으로 개진하였다고 한다면, 그대는 내가 설교조로 말한다고 해서 빈정대고 싶은 심정을 억누를 길이 없었을 것이다. 그러나 그대는 나의 서술이 설교조라는 결점을 갖고 있다고 하거나, 혹은 그대와 같은 완고한 죄인에게 말할 때는 어쩌면 그런 투가 될 수밖에 없다고 해서 애초부터 힐난만을 일삼을 수는 없을 것이다. 그리고 그대가 토로하는 말이나 지혜에 관해서 말한다면, 솔로몬이 쓴 책과 전도서를 상기하게 하는 것이 적지 않고, 실제로 우리는 가끔 그대가 그것에서 그대의 본문을 고른다고 생각하기가 일쑤다.

그러나 나는 이 문제를 밝힐 수 있는 계기를 그대가 직접 제공해 주기를 바란다. 왜냐하면 사실 그대는 일반적으로 윤리적인 것을 결코 과소평가하고 있지 않고, 또 그대가 윤리적인 것을 완전히 저버리기 전에 우선 그대를 어느 지점까지 몰고 가야만 하기 때문이다. 그대는 그대로서 가능한 한에 있어서 윤리적인 것을 항상 그대 곁에 간직해 두고 있다. 그대는 의무를 보다 세련된 방법으로 암살하기 위해 대개 이런 식으로 부드럽게 말을 꺼낸다.

"나는 결코 윤리적인 것을 경멸하지 않습니다. 그럴 생각은 전혀 없습니다. 그렇지만 우선 자루에는 순수한 양식을 채워 두기로 합시다. 흔히 말하듯이 의무는 의무고 사랑은 사랑입니다. 그것으로 끝입니다. 우선 일을 뒤섞어 버리지 맙시다. 혹시 결혼생활이 이런 자웅양성의 애매모호한 그런 기형아가 아니란 말씀이신가요? 그 밖의 모든 것은 의무냐 사랑이냐 하는 둘 중의 하납니다. 인생에서 어떤 특정한 직업을 찾는다는 것이 인간의 의무라는 사실은 나도 인정합니다. 자신의 직무에 충실해야 하는 것이 그의 의무라고 나는 생각합니다. 그리고 반면에 그가 자신의 의무를 소홀히 하면 그는 그것에 해당되는 벌을 받습니다. 여기에는 의무가 있습니다. 나는 어떤 특정한 일을 떠맡습니다. 나는 그것이 어떤 일이라는 것을 정확하게 말할 수 있고, 나는 그것을 충실하게 수행할 것을 약속합니다. 그리고 만약 내가 그것을 수행하지 않는다면, 나는 나를 강요할 수 있는 어떤 힘에 직면하게 됩니다. 반면에 만약 내가 어떤 다른 사람과 가까운 우정을 맺는다면, 이 경우에는 사랑이 전부입니다. 나는 의무를 인정하지 않습니다. 만약 사랑이 끝장이 나면 그때는 우정도 끝장이 나는 겁니다. 유독 결혼만이 그런 불합리한 것 위에 성립될 수 있게끔 유지되어 있습니다. 도대체 사랑을 서약한다는 것이 무엇을 의미하는 겁니까? 어디에 한계가 있는 것입니까? 언제 나는 나의 의무를 다하게 되는 겁니까? 더 정확하게 말해서 어떻게 하는 것이 나의 의무입니까? 의심이 날 경우에 나는 어떤 법정에 호소를 해야만 합니까? 그리고 만약 내가 나의 의무를 다하지 않을 때는 나를 강요하는 힘은 어디에 있는 겁니까? 물론 국가와 교회가 어떤 한계를 설정해 주고 있는 것은 사실입니다. 그러나 내가 그 한계를 넘지 않는다고 할지라도 나는 나쁜 남편이 될 수 있는 것이 아닐까요? 누가 나를 벌줄 것입니까? 그런 일로 해서 고통 받는 그녀를 누가 옹호해 줄 것입니까?"

이에 대한 대답은 그대 자신이라고밖에 말할 수 없다.

그러나 나는 그대가 그대와 나를 휘몰아 넣은 혼란을 해결하기에 앞서서, 하나의 소견을 피력하지 않을 수 없다. 그대의 발언에는 흔히 어느 정도의 애매모호한 점이 따라다니고 있다. 그것은 그대에게는 본질적이고 특징적인 점이다. 그대가 하는 말은 가장 경박한 사람들이 하는 말같이 들리기도 하고, 또 가장 우울한 사람들이 하는 말같이 들리기도 한다. 그대 자신도 그것을 잘 알고 있다. 왜냐하면 그것은 그대가 사람들을 골려주기 위해 이용하는 수단의 하나이기 때문이다. 그대는 꼭 같은 말을 각기 다른 분위기 속에서 말한다. 그리고 말투의 중점을 각기 다른 곳에 둔다. 보라! 그러면 전체가 전혀 별개의 것으로 바뀌고 만다! 그래서 누군가가, 그대는 그대가 이전에 말한 내용과는 전혀 다른 말을 하고 있다고 반론을 제기하면, 그대는 태연히, "낱말은 모두가 꼭 같지 않습니까?"하고 대답한다. 그러나 이 문제는 이 정도로 접어두기로 하자! 우리는 그대의 분류가 어떤 것인지를 살펴보기로 하자.

로마인의 간교한 정책을 잘 나타내고 있다고 수세기 동안 전해 내려오고 있는 하나의 격언이 있다. '분할하여 지배하라' 는 격언이 바로 그것이다. 사람들은 이 말을 훨씬 심오한 의미로 인간의 오성 작용에 적용시킬 수가 있다. 왜냐하면 오성의 교활한 정책은, 결속하고 있으면 정복할 수 없는 세력도 그들이 분리되어 적대하고 있을 때는 서로 세력이 상쇄된다는 것을 알고 우선 분할하고, 그렇게 분할함으로써 지배권을 확보하기 때문이다. 그래서 그대는 결혼생활 이외의 모든 생활은 의무라는 범주 밑에 혹은 의무와 반대되는 것 밑에 몰아넣을 수 있고, 따라서 아무도 의무 이외의 척도를 정복할 생각을 못하지만, 유독 결혼생활만이 그런 모순을 범하고 있다고 생각한다. 그 예로서 그대는 직무에 대한 의무를 인용하여, 그것이 순수한 의무관계를 잘 말해주는 적절한 예라고 생각한다. 그러나 그것은 결코 그렇지가 않다. 왜냐하면 만약 어떤 사람이 자신의 직무를 특정한 시간과 특정한 장소에 수행하는 모든 규정의 총계라고만 생각한다면, 그는 그 자신과 그의 직무와 그의 의무를 경멸하는 셈이 된다.

혹시 그대는 이런 견해가 훌륭한 관료를 만들 수 있다고 생각하고 있는 것일까? 우리가 우리의 직무에 충실할 수 있는 감격은 도대체 어디에 남아있는 것일까? 우리가 자신의 직무를 사랑할 수 있는, 헌신할 수 있는 여지는 도대체 어디에 있는 것일까? 혹은 어떤 법정이 그를 감독할 수 있을까? 혹시 이 사랑과 감격이야말로 그에게 의무로서 요구되고 있는 것이 아닐까? 그리고 국가는 이런 사랑과 감격이 없이 행정에 종사하는 자들을 모두 용병으로 간주하고, 그들의 노고와 수고를 활용하고 그에 대한 보수는 지불할 것이지만, 다른 의미에서는 쓸모없는 관리로 간주할 것이 아닐까? 국가가 사랑이나 감격에 대하여 명확하게 말하고 있지 않다면, 그것은 국가가 요구하는 것이 어떤 외적인 것이고, 구체적으로 뚜렷한 것이기 때문이다. 그리고 명확하게 말할 경우에는 다른 것을 전제로 하고 있는 경우다. 반면에 결혼생활에 있어서의 주안점은 볼 수도 없고 지적할 수도 없는 내면성이다. 그러나 그것을 정확하게 표현하는 것은 사랑이다.

그러므로 나는 의무로서 사랑이 요구되고 있다는 사실에서 아무런 모순을 찾아보지 못한다. 왜냐하면 그것을 감당할 수 있는 자가 없다는 사실은 당사자 자신이 감독할 수 있기 때문에 전혀 문제가 되지 않기 때문이다. 그대가 그래도 이런 외적인 통제를 계속 요구한다면, 그것은 그대가 의무에서 살그머니 빠져나가기를 원하고 있기 때문이 아니면,

그대 자신이 법적으로 무능력자로 선고되기를 바랄 정도로 그대 자신을 두려워하고 있기 때문일 것이다. 그러나 이런 일이란 모두가 한결같이 잘못된 일이다.

만약 그대가, 내가 앞서 언급한 진술의 내용을 내가 진술한 내용 그대로 정확하게 파악한다면, 내가 사랑에 있어서의 의무의 내면성을 고집한다고 해서, 내가 극심한 불안에 사로잡혀 그렇게 한 것이 아니라는 사실을 그대는 쉽게 통찰할 수 있을 것이다. 물론 그런 일이란 자신의 산문적인 오성이 처음에 직접적인 감정들을 모조리 파괴해 버리고 나서, 그러고는 만년에 와서야 자신의 의무에 몰두하고 있는 사람들 사이에서 항상 볼 수 있는 일이다. 그런 사람들은 장님이기 때문에 순수하게 자연적인 것을 아무리 심하게 조롱하여도 충분히 조롱할 수가 없는 사람들이고, 또 의무를 제아무리 미련스럽게 찬양한다고 해도 충분히 찬양할 수가 없는 사람들이다. 그것이 마치 그대가 말하는 의무와는 전혀 별개의 의무라는 듯이 말이다.

고맙게도 나는 의무와 사랑 사이의 그런 분열을 전혀 모르고 있다. 나는 일찍이 나의 사랑과 더불어 황량한 지방이나 사막으로 도피하여 거기서 외로움에 못 이겨 야만인의 상태로 되돌아가 본 적도 없으려니와, 내가 무엇을 해야만 하는가에 관해서 모든 나의 이웃에게 문의해 본 적도 없다. 그런 고립과 그런 참여는 꼭 같이 미친 짓이다. 나는 항상 나의 앞에 다져진 발자취를 갖고 있었고, 보편타당성을 지닌 영역에서 마저도 그것이 의무라고 생각하였다. 나는 또 의무로 하여금 말을 시켜야만 오로지 구원을 받을 수 있는 순간이 있다는 것과, 의무로 하여금 나를 벌하게 하는 것이 건강에 좋다고 하는 것을 느껴왔다. 나는 자학자自虐者에게 있어서 특유의 우울과 나약함을 안은 채로가 아니라 끝내 엄숙하고 의연한 자세로 의무로부터 벌을 받아야만 한다고 느껴왔다. 그러나 나는 의무를 두려워한 적은 없었다. 의무는 내가 일생 동안 보존하려고 희망하여 온 조그마한 행복과 기쁨을 방해하려는 적으로서 내 앞에 나타난 적이 없다. 반대로 의무는 벗으로서, 우리 부부의 사랑의 최초의 그리고 유일한 친구로서 나타났다. 그러나 항상 자유로운 전망을 열어주는 이 힘은 곧 의무가 베풀어주는 축복이다. 반면에 로맨틱한 사랑은 그 비역사적인 성격 때문에 길을 잃든가 아니면 제자리걸음을 하게 마련이다.

나는 말하였고, 나의 마음을 해방하였다Dixi et animam meam liberavi.* 물론 그렇다고 해서 나의 영혼이 이제까지 뒤얽혀 있었기 때문에, 이제 그런 장황스러운 심정의 토로를 통하여 울적함을 풀어보자는 뜻은 아니다. 천만에, 이것은 오히려 내가 나의 자유를 즐겨온 건전한 호흡에 불과하다. 그대도 기억하고 있겠지만 라틴어로 호흡은, 처음에 흘러나온 것이 다시 흘러서 되돌아가는 것을 의미하는 말인 레스피라티오다. 레스피라티오를 통하여 유기체는 자유를 향유한다. 그와 마찬가지로 나 역시 이 수기手記를 통하여 나의 자유를, 내가 매일 갖고 있는 자유를 향유하였다.

그러므로 그대는 단단히 마음을 가다듬고 내가 그대에게 제공하는

* 에스겔서 3장 19절 참조. 우리말 성경에는 약간 다르게 옮겨져 있다. 로마의 연설가들은 자신들의 연설을 이 말로 마무리지었다고 한다.

잘 검토된 이 선물을 받아주기 바란다. 만약 그대가 이것으로는 그대를 만족시키기에 너무 부족하다고 생각된다면, 그대 자신이 좀 더 좋은 것을 준비할 수는 없을 것인지 또 그대가 어떤 예방책을 잊어버리고 있었던 것이나 아니었는지를 잘 살펴보기 바란다. 세르비아 사람들은 엄청난 식욕을 갖고 있는 엄청난 거인에 관한 유명한 전설을 갖고 있다. 어느 날 그가 가난한 농군에게로 와서 점심을 나누어 달라고 청했다. 그 농군은 그의 초라한 집에서 차려줄 수 있는 상을 차려놓았다. 거인의 탐욕스러운 눈은 이미 차려놓은 것들을 게걸스럽게 먹어 치웠다. 그래서 실제로 차려놓은 것을 몽땅 먹어버린다고 해도 도저히 배가 부를 것 같지가 않다는 것을 알아차렸다. 그들은 식탁에 마주 앉았다. 농군은 음식이 두 사람에게 충분하지 못하리라는 생각을 전혀 하지 않고 있었다. 거인이 음식 접시에 손을 내밀었다. 농군은 그의 손을 제지하며, "나의 집에서는 먼저 기도를 드리게끔 되어 있소"라고 말했다. 거인이 그 말에 복종하였다. 그러자 보라. 식사는 두 사람에게 충분한 양으로 변했다.

나는 말하였고, 나의 영혼을 해방하였다. 왜냐하면 나는 지금도 여전히 첫사랑의 젊은 감격을 지니고 내가 사랑하고 있는 그녀 역시도 해방하였기 때문이다. 그러나 이 말은 이제까지 그녀가 매여 있었다는 뜻의 말이 아니라, 그녀는 이제까지 우리의 자유 속에서 나와 기쁨을 나누어 왔다는 뜻이다.

그대가 나의 진정어린 인사를 받을 때 그대가 늘 그러듯이, 나의 아내로부터도 여전히 친절하고 정중한 인사를 받아주기 바란다.

내가 그대를 우리들의 보금자리에서 만난 지도 이미 오랜 시간이 흘렀다. 나는 글자 그대로의 의미에 있어서나 비유적인 의미에 있어서나 그렇게 말할 수 있다. 왜냐하면 내가 나의 저녁시간을 다른 것을 모두 제쳐놓고 이 편지를 쓰는 일에 시간을 몽땅 쏟은 두 주일 동안, 나는 항상 그대를 내 곁에 두고 보아 왔기 때문이다. 그러나 비유적인 의미에서나마 나는 도대체가 나의 집에서나 나의 방에서 그대를 만났다고는 말할 수가 없고, 오히려 내가 비난을 퍼부으며 그대를 몰아낼 우리 집 문 바깥에서 그대를 만났다고 해야 할 것이다. 나로서는 이 일이 별로 불쾌한 일도 아니었고, 또 나는 그대가 이것을 나쁘게 받아들이지는 않을 것이라고 확신하고 있다. 그러나 글자 그대로의 의미에서건 비유적인 의미에서건 내가 그대를 우리들의 보금자리에서 자주 만나게 되면 나로서는 여전히 유쾌한 일이 될 것이다. 나는 이 말을 '우리들의 보금자리' 라는 관용어를 사용할 자격이 있다고 스스로 자부하는 남편의 모든 자부심을 걸고 말한다. 또 나는 이 말을 어떤 사람이라도 '우리들의 보금자리' 에서 확실히 찾아볼 수 있는 인간애를 다하여 말한다. 그러므로 그대는 '영원히' 라는 말을 사용하고 있으면서도 기실 만 하루만을 의미하는 말이 적힌, 이른바 다음 일요일에는 꼭 와주십사 하는 식의 가족적인 초대장을 받지는 못할 것이다. 그러나 그대가 원할 때면 언제라도 오라. 언제라도 환영하겠다. 그대가 머물고 싶은 만큼 얼마든지 머물러도 좋다. 그대는 환영해 마지않는 손님이다. 그리고 그대가 원할 때면 언제라도 떠나도 좋다. 항상 기분 좋게 보내주련다.

인격형성에 있어서의 심미적인 것과 윤리적인 것의 균형

나의 벗이여!

내가 그렇게도 자주 그대에게 한 말을 나는 이제 다시 한 번 더 말하련다. 아니 오히려 외치고 싶다. '이것이냐 저것이냐aut/aut' 라고. 수정을 위하여 덧붙인 한쪽 aut만 갖고서는 상황을 분명히 할 수가 없기 때문이다. 왜냐하면 여기서 다루어지고 있는 문제가 하도 중요해서 사람들은 그 한 부분만을 갖고서는 여타의 것에 만족할 수가 없고, 또 문제가 너무 밀접하게 관련되어 있어서 그중 한쪽만을 소유한다는 것은 불가능한 일이기 때문이다. 물론 인생에는 '이것이냐 저것이냐' 에 적용하게 되면 우스꽝스러워지거나 미친 것으로 간주될 그런 상황이 많다. 그렇지만 또 영혼이 너무 방종하여(이 말의 어원학적인 의미에서 하는 말이다) 이런 딜레마에 내포된 바의 내용을 파악하지 못하고, 그의 인격이 파토스를 다하여 '이것이냐 저것이냐' 라고 말할 수 있는 에너지를 결여하고 있는 사람도 많다. 나에게는 이 말이 항상 깊은 인상을 남겨 주었고, 그것은 지금도 변함이 없다. 특히 지금처럼 절대적으로, 그리고 어떤 특정 대상과는 아무런 관련도 짓지 않고 말할 때는 더욱 그렇다. 왜냐하면 이 말의 사용은 가장 무서운 대립을 행동으로 몰아붙이는 가능성을 시사하고 있기 때문이다. 이 말은 실제로 나에게 주문呪文과도 같은 영향을 끼쳐서 나의 영혼은 극도로 엄숙해지고, 때로는 무서운 충격을 주기까지 한다.

나의 젊은 시절을 생각해 보아도, 당시 나는 인생에서 선택을 한다는 것이 어떤 것인지를 분명히 알지 못하고 어린아이처럼 신뢰하고 어른들이 하는 말에 귀를 기울였고, 선택을 할 경우에는 오로지 다른 사람들의 가르침에 따랐을 뿐이었지만, 선택의 순간은 엄숙하고 신성하였다. 그 후 내가 인생의 기로에 섰을 때의 일들을 생각해 보면, 그때의 나의 영혼은 결정적인 시간에 성숙하였다고 할 수 있다. 또 인생에 있어서 나에게 그리 중요한 것이 아니었지만 결코 나와 무관한 것도 아니었던 여러 가지 사건의 경우를 생각해 보아도, 그때 역시도 선택하는 일이 중요하였다고 생각된다. 왜냐하면 '이것이냐 저것이냐' 하는 말이 절대적인 의의를 갖는 상황은 단 하나, 즉 한쪽에는 참됨과 의로움과 거룩함이 늘어서고, 다른 한쪽에는 쾌락과 천한 성질과 어두운 정열과 타락이 늘어서 있는 그런 상황뿐이지만, 어느 쪽을 택하여도 무방한 일들 중에서 한쪽을 선택할 경우에도 옳게 선택한다는 것은 항상 중요한 일이기 때문이다.

자기 자신을 시험해 본다는 것은 중요한 일이다. 이유는 오늘날에야 자신이 출발한 지점으로 고통스러운 후퇴를 하지 않을 수 없는 날이 와서, 시간을 낭비하였다는 것 이외에는 달리 양심의 가책을 받을 만한 것이 없다고 해서 고작 그것을 하느님께 감사하는 일이 없어야 하겠기 때문이다. 나는 이 말들을 다른 사람들이 사용하고 있는 것처럼 일상적인 용어로 사용하고 있지만, 사실 그 말들을 사용하지 않는다는 것은 어리석고 옹졸한 짓이다. 그러나 그럼에도 불구하고 아무래도 좋은 일에 대해서 그런 말을 쓰고 있다고 깨닫게 되는 일이 종종 있다. 그럴 때 그 말은 몸에 걸치고 있던 허술한 옷을 벗어 버린다. 그렇게 되면 나는 그 말이 차별해 놓은 하찮은 생각들을 잊어버린다. 그 말은 자신이 공식적인 옷차림을 하고 온갖 위엄을 갖추고 내게로 다가온다. 관직에 있는 자가 일상생활에서 평복을 입고 별달리 눈에 띄지 않게 군중들 속에 섞이듯이, 그 말도 역시 일반적인 말 속에 섞여있다. 그러나 관직에 있는 자가 권위를 갖추고 나타날 때는 주위의 모든 사람들보다 두드러지게 눈에 띄게 된다. 내가 엄숙한 식전에서나 볼 수 있었던 그런 관직자처럼 그 말은 내 앞에 나타나고, 그러면 나의 영혼은 항상 숙연해진다.

비록 나의 인생은 현재 어느 정도까지 '이것이냐 저것이냐'의 경험을 쌓아왔지만, 앞으로도 여전히 '이것이냐 저것이냐'가 그것이 지닌 완전한 의의를 갖게 될 허다한 상황에 부닥치리라는 것을 나는 잘 알고 있다. 그러나 이 말이 도상途上에서 나를 점검할 때는 나의 마음이 올바른 상태에 있기를 희망하고, 그래서 내가 올바른 길을 택할 수 있기를 원한다. 하여간에 나는 그야말로 진지한 태도로 선택하도록 노력할 것이다. 그렇게만 한다면 적어도 나는 보다 빨리 잘못된 길에서 벗어날 수 있다는 것을 기대할 수 있다.

그런데 문제는 그대다. 그대는 이 말을 너무 자주 입 밖에 낸다. 그 말은 그대의 입버릇처럼 되고 말았다. 그 말이 그대에게는 어떤 의미를 갖고 있는 것일까? 아무런 의미도 갖고 있지 않다. 그대의 표현을 빌린다면, 그대는 그 말을 한 번의 윙크, 한 번의 손가락 까딱거림과도 같은 것으로 간주하고, 전혀 무의미한 주문呪文으로 간주하고 있다. 그대는 기회가 있을 때마다 그 말을 들먹거리지만, 하기야 항상 효과가 없는 것도 아니다. 왜냐하면 그 말은 농도가 짙은 음료가 신경쇠약자에게 미치는 것과 같은 영향을 그대에게 끼쳐서, 그대로 하여금 그대가 고도의 광기라고 부르고 있는 것에 완전히 도취하게 만들기 때문이다. 그대는, "그 말에는 일체의 실용적인 지혜가 요약되어 있습니다. 그러나 마치 번민하는 인류를 향하여 말하는 요괴의 모습을 한 신神처럼, 힘차게 이 사실을 설득한 인간은 저 위대한 철학자였고 진정한 실용 철학자였던 사람 외에는 아무도 없었습니다. 그는 자신의 모자를 벗어서 땅에 던지며 자신을 모욕한 자를 향해서, '그대가 모자를 주우면 매를 맞을 것이고, 또 줍지 않아도 매를 맞을 것이다. 그러니 이제 선택을 하라' 고 말했습니다"라고 말한다.

그대는 사람들이 위급한 상태에 몰려서 그대에게 호소하여 올 때면 그들을 '위로' 하는 일을 매우 기쁘게 여긴다. 그들의 처지를 다 듣고 나면 그대는, "잘 알았습니다. 이제 두 가지 가능성이 있습니다. 길은 이것을 하든가 저것을 하든가 둘뿐입니다. 나의 솔직한 의견과 나의 우정 어린 충고는 다음과 같은 것입니다. 그것을 하든가, 아니면 하지 말든가 하십시오. 그렇지만 어느 쪽을 택하든 당신은 후회할 겁니다"라고 말한다.

그러나 남을 비웃는 자는 자신을 비웃는 자다. 그리고 그대의 답변은 그대 자신에 대한 심각한 조소에 그치지 않고, 그대의 영혼이 얼마나 줏대가 없으며, 그대의 인생철학 전부가 "나는 단지 '이것이냐 저것이냐' 라고 말할 수 있을 뿐이다"하는 단 한마디로 집중되어 있다는 사실을 말해주는 슬픈 증거이기도 하다. 만약 이것이 정말로 그대의 본심이라고 한다면, 그대에게는 더 손을 쓸 여지가 없고, 사람들은 단지 현재의 그대를 두고 보다가 무거운 마음이나 경솔한 마음이 그대의 정신에 잠식한 것을 개탄할 수밖에 별도리가 없다. 그런데 반대로 그대의 경우는 그렇지가 않다는 것을 사람들이 알고 있기 때문에, 사람들은 그대를 가련하게 여길 생각은 않고, 오히려 그대의 생활 주변의 사정이 어느 날엔가 그대에게 족쇄를 채우고 비틀어 죄어서 그대의 내부에 살고 있는 것이 바깥에 드러나도록 강요하여, 허튼 수작이나 재담에는 속아 넘어가지 않는 엄한 검사가 시작되기를 고대한다.

그대는 인생이란 가장무도회라고 선언하고 있고, 이것이 그대에게는 다함없는 즐거움을 주는 재료고, 그런 한에 있어서 사람들은 아무도 그대의 정체를 알아볼 수가 없다. 왜냐하면 그대가 표명하는 것은 모두가 한결같이 환각이지만, 그렇게 해야만 그대는 비로소 숨을 쉴 수가 있고, 또 사람들이 그대 속에 침입하여 그대의 호흡을 저지하는 것을 막을 수가 있기 때문이다. 그대가 하는 일이란 그대의 은신처를 확보하는 일이고, 그대는 그 일에 성공하였다. 왜냐하면 그대의 가면은 모든 가면 중에서도 가장 수수께끼 같은 가면이기 때문이다. 실상 그대는 아무것도 아니고, 그대는 단지 다른 사람들과의 관계에 불과하다. 그대가 현재의 그대로서 존재하고 있는 것은 모두가 이 관계의 덕분이다.

그대는 다정한 양치기소녀에게는 수줍은 듯이 손을 내밀고, 그 순간에 순간적으로 재빨리 양치기의 감정이 서린 가면을 쓴다. 상대가 존경하는 정신적인 교부敎父일 경우에는, 그대는 형제 같은 사랑이 넘치는 입맞춤 따위로 상대를 속인다. 그대 자신은 무無나 다름이 없고, 그대는 이마에도 '이것이냐 저것이냐' 라고 쓴 쪽지를 달고 다니는 수수께끼 같은 존재다. 그대는, "왜냐하면 '이것이냐 저것이냐' 는 나의 신조이기 때문이다. 이 말은 문법학자들이 믿고 있듯이 이접적 접속사離接的 接續詞가 아니다. 이 두 말은 분리할 수 없으리만큼 하나로 묶여 있고, 서로 결합하여 하나의 간투사間投詞를 이루고 있기 때문에, 하나의 낱말로 필기되어야만 한다. 나는 이 말을 마치 어린애들이 유대인의 뒤를 따라다니며 '이랴 이랴' 하고 소리치듯이 인류를 향해서 외치고 싶다"고 말한다.

각설하고, 그런 식의 그대의 말이 나에게는 아무런 효과도 없는 말이고, 혹시 효과가 있다면 당연한 분개심을 불러일으키게 하는 것이 고작일 테지만, 그럼에도 불구하고 그대를 위하여 나는 그대에게 답변하련다. 그대는 모든 인간이 자신의 가면을 벗어 버려야만 하는 때인 한밤중이 온다는 사실을 모르고 있는가? 그대는 인생이 언제까지나 비웃음을 당하고만 있으리라고 믿고 있는가? 그대는 한밤중이 되기 직전에 그 시간을 피해 살그머니 달아날 수 있다고 생각하는가? 아니면 혹시 그대는 그런 일이 조금도 두렵지 않단 말인가? 나는 이제까지 인생에서 하도 오랫동안 다른 사람들을 속여 왔기 때문에 결국에는 자신의 본질을 드러낼 수가 없게 된 사람들을 많이 보아 왔다. 나는 이제까지 너무 오랫동안 술래잡기 놀이만을 해왔기 때문에, 결국에는 광기가, 이제까지 다른 사람들에게 자랑스럽게 숨겨온 그들의 은밀한 생각들을 그런 놀이를 통하여 남들에게 지겹도록 억지로 강요한 사람들을 많이 보아 왔다. 혹시 그대의 본질이 다양한 것으로 분해되는 결과를 초래하고, 그대가 정말로 저 불행한 악귀들처럼* 많은 것으로 변하고 하나의 떼거리로 변하여 인간 속에 깃든 가장 은밀하고 가장 거룩한 것, 즉 인격의 결합력을 상실하게 되는 일, 그런 일보다 더 무서운 것을 그대는 생각할 수 있단 말인가?

진정 그대는 엄숙할 뿐만 아니라, 두렵기도 한 것을 결코 희롱해서는 안 된다. 어느 누구를 막론하고 자신을 완전히 투명하게 하는 일을 방해하는 것을 얼마간은 갖고 있는 법이다. 그런데 그 정도가 지나쳐서 자신의 힘으로써는 어쩔 수가 없는 인생관계로 휘말려들어, 거의 자기 자신을 드러낼 수가 없는 경우도 있을 수가 있다. 그러나 자기 자신을 드러낼 수 없는 사람은 사랑 역시 할 수가 없다. 그리고 사랑을 할 수가 없는 사람은 모든 사람들 중에서도 가장 불행한 사람이다.** 그대의 전술은 그대가 누구에게나 수수께끼와 같은 존재로 보이게끔 기술을 연마

* 마가복음 5장 10절 참조.

** 『이것이냐 저것이냐 1』의 「가장 불행한 사람」 참조.

하려는 데 있다. 나의 젊은 벗이여, 만약 세상에 그대의 수수께끼를 풀려고 고심하는 사람이 없다고 생각해 보라. 그때 과연 그대는 그런 일에서 무슨 즐거움을 느낄 것인가? 그러나 우선은 그대 자신을 위하여, 그리고 그대의 구원을 위하여, 그런 난폭한 오만과 그대 마음속에서 광란하고 있는 그런 파괴의 정열을 중지시키기 바란다. 왜냐하면 나는 그런 정신 상태야말로 타락이라고밖에는 형언할 수가 없기 때문이다.

사실 그대가 갈망하고 있는 것은 파괴고, 그대는 일체를 파괴해 버리려고 한다. 그대는 존재를 희생의 제물로 삼고, 굶주린 의심을 만족시키려고 한다. 그런 목적을 위해 그대는 그대 자신을 연마하고 있고, 그런 목적을 위해 그대 자신의 성질을 완고하게 하고 있다. 왜냐하면 그대도 인정하고 있듯이, 그대는 아무 일에도 쓸모가 없는 존재고, 그대에게 즐거움을 주는 것은 존재의 주위를 일곱 번 돌고, 나팔을 불고,* 그러고는 존재 전체를 멸망하도록 내버려두는 일뿐이기 때문이다. 그렇게 함으로써 그대의 영혼은 평온을 찾고, 그렇게 함으로써 그대는 서글픔에 사로잡히고, 그래서 메아리를 불러일으킨다. 왜냐하면 메아리는 공허한 곳에서만 울려 퍼지기 때문이다.

그러나 나는 이 길을 이 이상 더 그대와 더불어 걸어갈 필요가 없을 것 같다. 뿐만 아니라 그대가 보기에는 나의 머리가 그런 일을 감당하기에 너무 약하고, 내가 생각하기론 나의 눈앞에서 모든 것들이 어른거리는 것을 보고 즐기기에는 나의 머리는 지나치게 굳어 있다. 그러므로

---

* 여호수아 6장 4절 참조.

나는 다른 면에서 이 문제를 살펴보기로 하겠다.

인생이 참으로 자신에 대하여 의미를 갖기 시작하는 나이에 접어든 어떤 청년을 상상해 보라. 그는 건전하고 순수하고 쾌활하고 지적인 천품을 타고났고, 스스로 희망에 넘쳐 있고, 그를 알고 있는 모든 사람의 희망이 되고 있는 청년이다. 이렇게 말할 수 없는 것이 나로서는 쓰라린 일이지만, 이 청년이 그대를 잘못 보고, 그대를 성실하고 경험을 많이 쌓은 사람이라고 믿고, 그대라면 반드시 인생의 수수께끼를 풀어줄 수 있다고 굳게 신뢰하고 있다고 상상해 보라. 그 청년이 청춘의 꽃인 사랑스러운 신뢰를 품고, 또 청춘의 특권인 억제할 수 없는 욕구를 지니고 그대에게 호소하기 위하여 그대를 찾아왔다고 상상해 보라.

그때 그대는 그에게 무엇이라고 대답하였을까? 그때 그대는 그에게 "나는 '이것이냐 저것이냐' 라고밖에는 말할 수 없다"고 대답하였을까? 설마하니 그렇게 대답하지는 못했을 것이다. 설마하니 (다른 사람이 감정 문제를 갖고 그대를 괴롭힐 때나 그대의 불쾌한 감정을 표시할 때 그대가 흔히 그렇게 하듯이) 그대는 밖으로 머리를 내밀고, "그런 문제는 내가 알 바가 아니오"라고나 말하였을까? 혹시 남들이 그대에게 충고를 청하고 정보를 요구할 때 그들을 취급하는 식으로 그 청년을 취급하였을까? 그대는 세금을 받으러 온 사람에게, 그대는 인생에 있어서 하숙생에 불과할 뿐 집주인도 아니고 호주도 아니라고 하며 돌려보내듯이, 그 청년을 그렇게 다뤘을까? 천만에, 그대는 그런 짓은 못했을 것이다. 왜냐하면 지적인 천품을 풍부하게 지니고 태어난 그 청년은 너무 지나치다고 할 만큼 그대가 높이 평가하는 그런 존재였으니까 말이다.

그러나 그 청년에 대한 그대의 관계는 그대가 원하는 대로는 이루어지지 않았을 것이라고 나는 생각한다. 그대가 그와 접촉하게 된 것은 우연히 만나서 알게 된 것이 아니었고, 또 그대의 아이러니가 유혹을 받아서도 아니었다. 그 청년이 그대보다 어리고 그대의 나이가 좀 더 많았다고 하더라도, 그는 자신의 청춘이 갖춘 고상한 기질로 인해서 그 순간을 성실한 것으로 만들었을 것이다. 그대 자신도 젊어지고 싶었던 것이 사실이다. 그렇지 않은가? 또 그대는 젊음 속에는 어떤 아름다움이 있고, 그러나 또 그 속에는 성실한 그 무엇이 있으며, 그리고 우리가 자신의 젊음을 어떻게 쓸 것인가 하는 것은 결코 소홀히 다룰 문제는 아니지만, 우리들 앞에는 선택이라는 것이, 즉 진정한 '이것이냐 저것이냐' 하는 선택의 문제가 가로놓여 있다고 그대는 생각하지 않았을까? 결국 그대는 중요한 일은 우리의 마음을 가꾸는 일이 아니라, 우리의 인격을 성숙시키는 일이라고 느꼈을 것이다. 그대의 선의와 그대의 공감이 행동으로 옮겨져 그런 정신으로 그대는 그에게 말을 하였을 것이다. 그대는 그의 영혼을 굳건히 해주었을 것이고, 세상에서 그가 갖고 있는 신뢰를 재확인시켜 주었을 것이다. 그대는 인간 속에는 전 세계에 대항할 수 있는 힘이 깃들어 있다는 사실을 그에게 보증해 주었을 것이다. 그대는 그에게 시간을 유용하게 쓰는 것이 중요하다는 것을 명심하라고 타일렀을 것이다. 이런 모든 일을 그대는 할 수가 있고, 또 그대가 하려고만 하면 그런 일을 멋지게 해낼 수 있다.

그러나 이제는 내가 그대에게 하려는 말을 잘 명심해 주기 바란다. 젊은 벗이여, 그대는 물론 젊지는 않지만 우리는 항상 그대를 그렇게 부르지 않을 수가 없기 때문이다. 이런 경우에 그대는 어떻게 했던가? 평상시 같으면 그대로서는 내키지 않았을 것이지만, 그대는 '이것이냐 저것이냐' 의 중요성을 인정하였다. 어째서 그랬을까? 아마도 그대의 영혼이 그 청년에 대한 사랑 때문에 감동을 받았기 때문이었을 것이다. 그러나 어떤 면에서 본다면 그대는 그를 속인 셈이 되었는지도 모른다. 왜냐하면 그대는 그대가 '이것이냐 저것이냐' 의 중요성을 인정하기에는 결코 적합하지 않은 때에 그를 만나게 될지도 모르는 일이기 때문이다. 그런 때 그대는 인간의 본성이란 조화롭게 자신을 드러내 보일 수가 없다는 서글픈 결과의 하나를 보게 된다.

그대는 그대가 그를 위해 최선을 다하고 있다고 생각하였지만, 어쩌면 그대는 그에게 상처를 입혔던 것인지도 모를 일이다. 어쩌면 그는 그대가 그에게 안겨준 주관적이고 속임수에 넘친 신뢰 속에서 안식을 찾기보다는, 인생에 대한 그대의 불신에 항거하여 자기 자신을 더 잘 유지하였을지도 모른다. 몇 년이라는 세월이 흐르고 난 후에 그대가 그와 우연히 만났다고 상상해 보라. 즉, 그때 그는 활발하고 기지에 넘쳐 있고 지적이고 생각이 대담하고 표현 역시 대담하였다고 하고, 그러나 그대의 예민한 귀는 그의 영혼 속에는 의심이 깃들어 있음을 쉽게 탐지하였고, 그도 역시 문제의 지혜, 즉 '나는 '이것이냐 저것이냐' 라는 말밖에는 할 수가 없다' 는 지혜를 획득하였구나 하는 의심을 그대가 품었다고 하자. 그러면 그대는 그를 불쌍히 여길 것이다. 그렇지 않을까? 또 그대는 그도 역시 무엇인가를 그것도 매우 본질적인 것을 잃었구나 하고 생각하지 않을까? 그러나 그대는 그대 자신의 일을 슬퍼하지 않을 것이고 그대는 그대의 그 애매모호한 지혜로 만족하고, 그렇다, 그대는 그것을 자랑으로 여기고, 또 하도 자랑스러워서 그것을 남들과 나누어 가질 생각조차 안 할 것이다. 왜냐하면 그대는 그것을 독점하고 싶어하기 때문이다. 그러나 다른 각도에서 볼 때, 그대는 그것을 개탄할 일이라고 생각하고, 또 그 청년이 바로 그대와 꼭 같은 지혜에 도달한 사실은 개탄할 일이라고 생각하는 것이 그대의 솔직한 의견이다. 이 무슨 해괴한 모순이란 말인가! 그대의 본성 전체가 모순 그 자체인 것이다. 그러나 그대는 오로지 '이것이냐 저것이냐'에 의해서만 이 모순에서 빠져나올 수가 있다.

그대가 그 청년을 사랑한 이상으로 진정으로 그대를 사랑하고 있는 나는, 나의 인생에서 선택의 의미를 경험한 나는, 이 나는, 그대가 여전히 젊다고 하는 사실과, 비록 그대는 항상 무엇인가를 잃는 것에 예민하게 반응할 것이지만, 만약 그대가 필요한 에너지를 갖고 있다면, 아니 더 정확하게 말해서 만약 그대가 필요한 에너지를 가질 의지만 있다면, 그대는 인생에서 중요한 것을 쟁취할 수 있고, 그대 자신을 쟁취할 수 있고, 그대 자신을 획득할 수 있다는 사실에 대하여 그대에게 축하를 보내는 바이다.

각설하고, 어떤 인간이 항상 자기 자신을 선택의 순간의 절정에 유지할 수가 있을 경우에, 그가 인간으로 존재하는 것을 그칠 수가 있을 경우에, 그가 그의 내밀한 본질 속에서 단지 공기와도 같은 사상에 불과할 경우에, 인격이 오뚝이 같은 땅의 요정 이상의 아무것도 아니어서 사실상 운동에 참여하기는 하지만 전혀 변하지 않고 그대로 남아있을 경우에 만약 상황이 이렇다고 한다면, 그에게는 선택하기에는 너무 늦었을 것이라고 말한다는 것은 어리석은 일일 것이다. 왜냐하면 보다 깊은 의미에서 선택은 문제될 수가 없을 것이기 때문이다. 인격의 내용에서는 선택 그 자체가 결정적인 것이다. 선택을 통하여 인격은 자신이 선택한 것에 몰두하지만, 만약 인격이 선택을 하지 않을 때는 그 인격은 소모되어 시들어 버린다. 선택될 대상은 한순간 동안 선택하는 사람 바깥에 놓여 있는 것 같고, 마치 그렇게 보인다. 즉, 선택자는 그 대상과는 아무런 관계도 없고, 또 그것에 대하여 무관심한 상태를 보존할 수 있다. 이것은 심사숙고하는 순간이다. 그러나 이것은 플라톤의 순간처럼* 실재성을 갖지 않는다. 적어도 추상적인 의미에서는 그대는 그것을 붙들 수가 없을 것이다.

우리가 순간을 오래 응시하면 할수록 더욱더 순간은 실재하지 않게 된다. 선택되어야만 할 것은 선택자와 가장 깊은 관계 속에 있다. 선택해야 할 대상이 인생문제를 내포하고 있는 선택일 경우에는, 선택을 감행하기까지의 시간 동안에도 물론 개인은 살고 있어야만 하기 때문에, 그가 선택을 연기하면 할수록 비록 심사숙고를 거듭하여 양자택일할 양쪽을 분명히 식별하였다고 믿고 있다고 하더라도, 그만큼 더 쉽게 선택의 성격은 변화되기가 일쑤다. 인생의 '이것이냐 저것이냐'를 이런 식으로 간주한다면, 우리는 그것을 희롱할 생각이 내키지 않을 것이다. 그러므로 우리는 인격의 내적인 충동에 대하여 여러 가지 사고실험思考

* 플라톤은 그의 『파르메니데스』에서 이 순간에 관해서 논하고 있고, 키에르케고어 역시 그의 『불안의 개념』 제3장에서 이에 대하여 소상히 언급하고 있다.

實驗을 할 시간적 여유도 없다는 사실과, 내적인 충동은 항상 전진하고 있고, 어떤 방법으로든 이런 혹은 저런 양자택일을 하고 있으므로, 다음 순간에는 선택을 하기가 더욱 어려워진다는(왜냐하면 그렇게 택한 것을 철회해야만 하기 때문이다) 사실을 알게 된다.

바야흐로 배의 방향을 돌려야만 하는 순간에 처한 선장의 경우를 생각해 보라. 어쩌면 그는, "나는 이렇게 할 수도 있고, 저렇게 할 수도 있다"고 말할 수 있을지도 모른다. 그러나 그가 아주 서툰 선장이 아니라면, 그런 생각과 동시에 그러는 동안에도 배는 여전히 평상시의 속도를 유지하고 있기 때문에, 이래도 좋고 저래도 좋은 때는 순간에 불과하다는 것을 알고 있을 것이다. 인간의 경우도 사정은 마찬가지다. 만약 그가 속도를 계산에 넣는 것을 잊어버린다면, 끝내 더 이상은 '이것이냐 저것이냐' 가 문제가 될 수 없는 순간이 올 것이다. 그런 사태가 벌어지는 것은 그가 선택을 하였기 때문이 아니라, 그가 선택을 게을리 하였기 때문이다. 바꿔 말한다면, 남들이 그를 위해 선택을 해주었기 때문이고, 또 그는 자기 자신을 잃었기 때문이라고도 말할 수 있다.

이상에서 내가 한 말로 미루어서, 그대는 아마도 선택에 관한 나의 의견이 그대의 의견과 얼마나 다른가를 알 수 있을 것이다. 물론 그대가 선택에 관해서 어떤 의견을 갖고 있다고 전제하고 하는 말이다. 왜냐하면 그대의 의견은 그대로 하여금 선택하는 것을 방해하고 있다는 바로 그 사실이 나의 의견과 다르기 때문이다. 나에게는 선택의 순간이란 매우 엄숙하다. 그렇다고 해서 양자택일할 양쪽의 중압을 엄밀히 따지기 때문에 그런 것도 아니고, 또 양쪽에 쇠사슬처럼 줄줄이 맺어진 모든 부분이 지닌 사상의 다양성 때문에 엄숙해지는 것도 아니다. 오히려 거기에는 위험이 도사리고 있기 때문이고, 다시 말해서 다음 순간에는 내 힘으로는 선택할 수가 있을지도 모른다는 위험, 또 다시 한 번 체험해야만 할 것이 벌써 체험한 그런 무엇을 알지도 모른다는 위험이 도사리고 있기 때문에 엄숙해지는 것이다. 왜냐하면 단 한순간일망정 자신의 인격을 텅 빈 채로 유지할 수가 있다고 생각한다거나, 또 엄밀히 말해서 지속되고 있는 개인의 생활을 중단한다거나 중지하는 것이 가능하다고 생각하는 것은 망상이기 때문이다. 인격은 우리가 선택을 하기 전에 이미 선택에 관심을 갖고 있고, 선택이 지연되고 있을 때도 인격은 무의식적으로 선택을 하고, 그 인격 안에 있는 어두운 힘들은 벌써 선택을 한다. 그래서 드디어 우리가 선택을 하고 나면, 우리는 (앞서도 언급한 바와 같이, 우리의 인격이 완전히 증발되어 버리지 않는 한) 거기에 다시 되풀이해야만 할 것들과 취소해야만 할 것들이 있다는 사실을 발견하게 되지만, 그런 일이란 대개 매우 어려운 일이다.

우리는 동화에서 두 남녀 인어人魚가 연주하는 마력적인 음악 때문에 사람들이 그들의 손아귀에 떨어지는 이야기를 읽고 있다. 동화에 의하면 그 마법을 끊어 버리기 위해서는, 그 마법에 걸린 사람이 꼭 같은 음악을 한 군데도 틀리지 않고 거꾸로 연주할 필요가 있다고 하고 있다. 이 말은 매우 의미심장한 말이기는 하지만, 그것을 실천하기란 매우 어렵다. 그러나 실제 사정은 그렇다. 우리는 자기의 것으로 받아들인 잘못들을 이런 식으로 근절해야만 하지만, 우리는 실패를 거듭할 때마다 전면적으로 다시 시작해야만 한다. 그렇기 때문에 선택을 하는 것과 적기에 선택을 하는 것이 중요하다.

반면에 그대는 다른 방법을 갖고 있다. 왜냐하면 그대가 세상에 대하여 내보이고 있는 논쟁적인 면은 결코 그대의 본질이 아니라는 점을 나는 잘 알고 있기 때문이다. 그야말로 심사숙고 한다는 것이 인간생활의 본래의 과업이라고 한다면, 그대는 거의 완벽에 가깝다고 할 수 있을 것이다.

하나의 예를 들어 보기로 하자. 그대의 경우에 꼭 어울리는 대립은 대담한 것이어야만 한다. 성직자냐 아니면 배우냐 하는 대담한 대립이 어울릴 것이다. 여기에 딜레마가 있다. 이제 그대의 모든 정열적인 에너지가 눈을 뜬다. 백 개의 손을 가진 반성이 성직자가 된다는 생각을 움켜잡는다. 그대는 쉬지도 못하고 밤낮으로 그 생각에 몰두한다. 그대는 그대의 손이 닿을 수 있는 곳에 있는 책이란 책을 다 읽고, 일요일마다 세 번씩이나 교회에 가고, 목사들과 사귀고, 직접 설교문을 작성하고, 직접 설교를 해본다. 그래서 반 년 동안 그대는 온 세계에 대하여 죽은 사람이 되고 만다. 이윽고 준비를 완료한다. 이제 그대는 이십 년 동안이나 성직자의 생활을 해온 많은 사람들을 능가할 만한 식견과 경험을 간직하고 성직자의 소임에 관해서 이야기할 수가 있다. 그대가 그런 목사들을 만나게 되면, 그대는 그들이 보다 더 웅변조로 그들의 내심을 털어 놓는 방법을 모르고 있다는 사실에 분개한다. 그대는 "그런 것이 감격이란 말인가? 성직자도 아니고, 그런 직업에 몸을 바친 경험도 없는 내가, 그들에 비한다면 천사의 음성으로 말을 한다"고 말한다. 어쩌면 그것이 사실인지도 모른다. 그러나 그럼에도 불구하고 그대는 성직자가 못 되었다.

다음으로 그대는 꼭 같은 방법으로 배우가 되는 일에 착수한다. 그리고 그대의 예술에 대한 감격은 거의 성직자의 운명을 압도하는 경지에 이른다. 그리하여 그대는 이제 선택을 할 준비를 갖춘 셈이다. 그러나 우리가 확실히 말할 수 있는 것은, 그대가 종사한 엄청난 사고작업思考作業 과정에서 그대는 많은 불필요한 생산물을 생산해 왔고, 많은 우발적인 관찰을 해왔다는 사실이다. 그래서 그대가 선택을 해야 할 순간에는 불필요한 것으로 간주된 이런 것들이 생명과 생기를 되찾아, 새로운 하나의 '이것이냐 저것이냐'로 등장한다. 법률가나, 어쩌면 변호사가 등장할지도 모르지만, 이것 역시 앞서의 양자와 공통된 면을 갖고 있다. 이렇게 해서 그대는 망하고 만다. 왜냐하면 바로 그 순간에 그대는 당장에라도 제3의 가능성을 고려할 수 있는 타당성을 증명할 수가 있으리만큼 충분한 변호사가 되어 있기 때문이다. 이렇게 해서 그대의 생활은 흘러 지나간다.

그대는 일 년 반이란 세월을 이런 일을 생각하느라고 낭비하고, 또 경탄해 마지않을 에너지를 갖고 그대의 영혼이 지닌 온갖 힘을 다하여 최고의 것에 몰두하고 난 후에도, 그대는 여전히 한 발자국도 전진하지 못하고 있다. 그러면 그대는 사고의 줄기를 끊어 버리고 안절부절 못하게 되고, 격해지고, 좌충우돌하고, 그러면서도 그대는 계속, "이발사냐 은행의 출납계냐, 나로서는 '이것이냐 저것이냐'라고밖에는 말할 수가 없다"고 말한다. 그러니 이 말이 그대에게는 분노를 자아내는 것이 되고 어리석은 것이 되고,* 또 그것에 안기는 것이 안기는 사람에게는 곧 죽음을 의미하는 저 철의 처녀**의 팔과 같이 생각된다고 해도 놀랄 것이 못된다.

그대는 사람들을 깔보고 우롱하였지만 그대 자신 역시 그대가 가장 싫어한 존재, 즉 비평가, 그것도 모든 분야에 걸친 보편적인 비평가의 한 사람이 되고 말았다. 나는 가끔 그대의 그런 꼴을 보고 미소를 금할 수가 없지만, 또 그대의 참으로 탁월한 천품이 그런 식으로 낭비되고 있는 것을 보면 애석한 마음을 금할 수가 없다. 그러나 이때에도 그대의 본질 속에는 꼭 같은 모순이 나타난다. 왜냐하면 그대는 여기에서도 분명히 우스꽝스러운 것을 보고 있기 때문이다. 그대의 경우와 꼭 같은 처지에 있는 사람이 그대의 품으로 뛰어든다면, 그 사람에게 하느님의 가호가 있기를 빌 뿐이다. 그러나 전적으로 다른 점은, 그 사람은 어쩌면 풀이 죽고 맥이 빠질 수도 있을지도 모를 일이지만, 그러는 동안 그대는 반대로 이전보다 더 경쾌하고 도도하고 쾌활해져서, "모든 것이 헛되고 헛되도다vanitas vanitatum vanitas,*** 만세!"라고 하는 복음으로 그대 자신과 남들을 축복한다는 점이다. 그러나 이것은 선택이라고 할 수가 없다. 그것은 우리가 덴마크말로 lad gaae(될 대로 되게 내버려 두라)라고 하는 것과도 같고, 아니면 원만한 것은 대범하게 보아 주는 조정調整과도 같은 것이다. 하여간에 이제 그대는 자기가 자유롭다고 느끼고, 세상을

* 고린도전서 1장 23절 참조.

** 옛날에 고문을 하거나 비밀스럽게 처형을 할 때에 쓰인 사람 형상을 한 도구.

*** 전도서 1장 2절 참조.

향해서 작별인사를 한다.

이리하여 나는 이제 먼 곳으로 떠난다.
나의 모자 위에는 별들만이 있을 뿐이다.*

이렇게 그대는 선택하였다. 물론 그대가 인정하고 있듯이 그렇게 훌륭한 선택이라고는 말할 수 없지만 말이다. 그러나 실제로는 그대는 전혀 선택을 하지 않았거나, 혹은 말의 비본래적인 의미에서 선택을 한 것이다. 그대의 선택은 하나의 심미적인 선택이다. 그러나 심미적인 선택이란 선택이라고는 할 수가 없다. 선택하는 행위는 본질적으로 윤리적인 것의 고유하고 절박한 표현이다. 보다 엄밀한 의미에서 '이것이냐 저것이냐'가 문제가 되고 있는 곳에서는 어디에나 윤리적인 것이 내포되어 있다고 우리는 언제라도 확신할 수 있다. 유일하게 절대적인 '이것이냐 저것이냐'는 선과 악 사이에서 어느 한쪽을 택하는 선택이지만, 이것 역시 절대적으로 윤리적이다. 심미적인 선택은 전적으로 직접적이어서 그런 한에 있어서 선택이 아니거나, 혹은 그 선택이 다양성 속에서 자신을 잃어버리게 되거나 둘 중의 하나다. 그러므로 젊은 처녀가 그녀의 마음의 선택에 따를 경우에는, 이 선택은 그것이 제아무리 아름다운 것이라 할지라도 가장 엄밀한 의미에서는 선택이라 할 수가 없다. 그것은 전적으로 직접적이기 때문이다.

---

* 괴테의 『동서시편』에 들어 있는 시.

앞서 그대가 그랬던 것처럼 어떤 사람이 다양한 인생의 직업을 이것저것 심미적으로 심사숙고할 경우에는 여간해서는 쉽게 '이것이냐 저것이냐'를 입수할 수가 없고, 얻는 것이라고는 다양성 전체다. 왜냐하면 이 경우에는 선택 속에 깃들인 자기결정의 요소가 윤리적으로 강조되어 있기 때문이고, 또 우리가 절대적으로 선택할 경우에는 오로지 한 찰나만을 위해서 선택하고, 따라서 우리는 다음 순간에는 그와는 다른 것을 선택할 수도 있기 때문이다. 그러므로 윤리적인 선택은 어떤 의미에서는 훨씬 쉽고 훨씬 간단하지만, 또 다른 의미에서는 무한히 어렵다. 자신의 인생의 과업을 윤리적으로 결정하려는 사람은 보통 취사선택의 가능성이 그리 많지가 않다. 그러나 반면에 선택의 행위는 그에게는 훨씬 더 중요한 의미를 갖고 있다. 그러므로 그대가 나를 옳게 이해할 생각이 있다면, 나로서는 선택을 함에 있어서는 옳은 것을 선택하는 것이 문제가 되는 것이 아니라, 오히려 선택할 때의 에너지와 성실성과 파토스가 문제라고 말해야 할 것이다. 이렇게 함으로써 인격은 그 자체의 내적인 유한성을 선언하게 되고, 또 그렇게 함으로써 이번에는 인격이 공고해진다.

그러므로 인간이 좋지 못한 것을 선택하였다 할지라도, 그는 그가 선택할 때에 갖고 있던 그 에너지 바로 그것 때문에 그 좋지 못한 것을 선택하게 되었다는 사실을 발견하게 될 것이다. 요컨대 그는 그의 전 인격의 내면성을 경주하여 선택하였기 때문에 그의 본질은 순화되고, 그리고 그 자신은 전 존재에 구석구석까지 침투되어 있는 영원한 '힘'과 직접적인 관계를 맺게 된다. 단지 심미적으로만 선택하는 사람은 이런 변모變貌, 이런 보다 고차원적인 승화에는 도달하지 못한다. 이런 사람의 영혼 속에 있는 리듬은 그것이 온갖 정열을 갖고 있음에도 불구하고 가냘픈 숨결에 불과하다.

이렇듯이 나는 카토처럼* 그대를 향하여 나의 '이것이냐 저것이냐'를 외치고 있지만, 그러나 카토와 같은 인간은 아니다. 왜냐하면 나의 영혼은 그가 갖고 있었던 체념한 냉정성을 아직은 얻지 못하고 있기 때문이다. 그러나 만약 내가 그렇게 할 수 있는 힘만 가지고 있다면 이 마법만이 그대를 일으켜 세우리라는 것을 알고 있다. 물론 사고활동을 하도록 일으켜 세운다는 말은 아니다. 왜냐하면 그대에게는 그것이 결핍되어 있는 것은 아니기 때문이다. 오로지 정신의 성실성을 불러일으키기 위해서다. 어쩌면 그대는 그런 것이 없이도 많은 것을 성취할 수 있을지도 모른다. 어쩌면 그대는 세계를 깜짝 놀라게 할 수 있을지도 모른다. 왜냐하면 나는 쩨쩨한 인간이 아니기 때문이다. 그러나 그대는 최고의 것을, 참으로 인생에 의미를 부여해 주는 유일한 것을 놓치게 될 것이다. 어쩌면 그대는 온 세계를 얻을 수 있을지는 몰라도 그대 자신의 자기를 잃게 될 것이다.**

그렇다면 내가 나의 '이것이냐 저것이냐'에서 구별하는 것은 무엇일까? 그것은 선과 악일까? 천만에, 나는 다만 그대를 선과 악 사이의 선택이 그대에게 의미를 갖게 되는 그 지점까지 이끌고 가려고 할 뿐이

* 카토는 재삼재사 카르타고를 멸망시키라고 요구하였다.

** 마태복음 16장 26절 참조.

다. 일체가 여기에 달려 있다. 어떤 인간으로 하여금 선택할 수밖에 달리 길이 없는 기로에 서게 만들어 놓기만 하면, 그는 올바른 것을 선택할 것이다. 그러므로 그대가 다시금 편지의 형식으로 그대에게 보내는 이 긴 연구 보고를 읽고 있는 동안에라도 기회가 왔다고 생각되면, 다시 말해서 선택할 순간이 왔다고 그대가 느낀다면, 다른 것은 일체 던져 버리고 절대 그것에 신경을 쓰지 말라. 그랬다고 해서 그대는 아무것도 잃는 것이 없을 것이므로 선택을 하라. 그러면 그대는 그 행동 속에 어떤 타당성이 있는가를 알게 될 것이다. 사실 자신의 마음의 선택을 통하여 행복해질 수 있는 어떤 젊은 처녀라 할지라도 선택할 방법을 알고 있는 사람만큼은 행복하지 못할 것이다.

그러므로 사람은 심미적으로 살지 않을 수 없든가, 아니면 윤리적으로 살지 않을 수 없든가 둘 중의 하나다. 앞서 언급한대로 이 양자택일 안에는 엄밀한 의미에서는 아직 선택이 문제로 등장하지 않는다. 왜냐하면 심미적으로 살고 있는 사람은 선택을 하지 않고, 윤리적인 것이 자신에게 선포된 후에 심미적인 것을 선택하는 사람은 심미적으로 살고 있지 않기 때문이다. 그도 그럴 것이 그는 죄를 범하고 있고, 비록 그의 생활이 비윤리적이라 불려도 탓할 바가 못 된다 하더라도, 그는 윤리적인 규정에 예속되어 있기 때문이다. 보라. 이것이 말하자면 윤리적인 것 위에 적혀 있는 상쇄불가능相殺不可能한 본질character indelebilis이라는 낙인이다.

윤리적인 것은 심미적인 것의 수준에서 겸손하게 몸을 사리고 살고 있지만, 그럼에도 불구하고 윤리적인 것이야말로 선택을 선택으로 만들어주는 것이다. 그런데 인생을 곰곰이 살펴보는 사람에게는, 허다한 사람들이 조용한 지옥 상태 속에서 살아가고 있다는 사실이 서글프지 않을 수 없다. 그들은 자신들의 삶을 다 살지만, 생활의 내용을 끊임없이 계속적으로 전개하고, 그런 넓어진 상태에서 자신들의 생활을 소유한다는 의미에서 사는 것이 아니라, 그들은 말하자면 그들의 삶을 그들 자신의 바깥에서 살고, 그들은 그림자처럼 꺼져버리고, 그들의 불멸의 영혼은 바람에 불려 날아가고, 그들은 자신들의 영혼의 불멸성의 문제 따위에는 불만을 느끼지 않는다. 왜냐하면 그들은 그들이 죽기 전에 이미 용해된 상태에 있기 때문이다. 그들은 심미적으로 살고 있는 것은 아니지만, 그렇다고 해서 그들에게 윤리적인 것이 완전한 모습으로 그들에게 제시되어 있는 것도 아니다. 그러므로 그들은 윤리적인 것을 막 거절한 것도 아니다. 그러므로 그들은 이러지도 저러지도 못하고 있는 것이 죄라면 죄일 뿐이고 죄를 범하고 있는 것은 아닌 셈이다. 또 그들은 그들의 불멸성에 관해서 의심도 하지 않는다. 왜냐하면 그런 일에 진지하고 깊게 자신을 위하여 의심을 품고 있는 사람은 확실히 옳은 것을 발견할 수가 있을 것이기 때문이다.

자신을 위하여 라고 나는 말하지만, 지금이야말로 많은 사상가들이 남들을 위하여 사색하고 자기 자신을 위해 사색하지 않는 저 관대하고 영웅적인 객관성에 대하여 준엄한 경고를 발해야 할 때일 것이다. 내가 여기서 요구하고 있는 것을 이기주의라고 부르는 사람이 있다면, 그것은 사람들이 이 '자기' 라는 것에 관해서 전혀 이해를 못 하고 있는 사실에서 기인된 결과고, 또 어떤 사람이 설혹 그가 온 세상을 얻는다 하더라도 자기 자신을 잃으면 아무 소용이 없다는 사실을 이해하지 못하고 있는 사실에서 기인된 결과라고 대답할 수밖에 없다. 그것은 제출하는 사람을 제일 먼저 납득시킬 수 없는 증거는 어차피 별 볼 일 없는 증거라는 말과도 같다고 할 수 있다.

나의 '이것이냐 저것이냐'는 우선 당장은 선과 악 사이의 선택을 의미하는 것이 아니라, 선과 악을 택하든 아니면 그 둘을 다 배제하는 쪽을 택하든, 하여간 어느 쪽을 택하라는 뜻이다. 여기서 문제되는 것은 우리가 어떤 규정 밑에서 존재 전체를 심사숙고하고 살아가느냐 하는 것이다. 선과 악 쪽을 택하는 사람은 선을 택한다는 것이 사실상 진리이지만, 이런 일은 후에 가서야만 판명이 된다. 왜냐하면 심미적인 것은 악이 아니라 중립적인 것이기 때문이다. 바로 그런 이유 때문에 나는 선택을 구성하는 것은 윤리적인 것이라고 주장한 것이다.

그러므로 중요한 것은 선한 것을 원하는가 악한 것을 원하는가 하는 둘 중에서 선택을 하는 일이 아니라, 의욕하는 것을 택하는 것이 중요하다. 그러나 이렇게 함으로써 이번에는 선한 것과 악한 것이 정립된다. 윤리적인 것을 택하는 사람은 선한 것을 택하는 셈이지만, 여기서 선한 것이란 전적으로 추상적이어서, 여기서는 단지 그 존재가 정립될 뿐이다. 그러나 그렇다고 해서, 여기서 선택하는 그 사람이 선한 것을 선택하였다고 해서 다음번에는 악한 것을 택할 수가 없다는 결론은 여간해서 나오지 않는다. 여기서 그대는 다시금 선택을 하는 일이 얼마나 중요한 일이며, 근본적인 일은 심사숙고를 하는 일이 아니라, 선택을 윤리적인 것 속으로 끌어올리는 의지意志의 세례를 받는 일이라는 사실을 알게 된다.

시간이 흐르면 흐를수록 선택을 하는 일이란 더욱 어려워진다. 왜냐하면 영혼이란 항상 딜레마의 어느 한쪽에 매달려 있고, 따라서 거기서 빠져나오기가 더욱 어려워지기 때문이다. 그렇지만 우리가 선택을 하려고 하면 그 일이 꼭 필요하고, 따라서 또 선택에 어떤 의미가 있는 것이라면, 그것이야말로 가장 중요한 일이다. 그리고 그것이 진실이라는 것을 나는 후에 설명하련다.

그대도 알다시피 나는 일찍이 철학자인 척해본 일이 없었고, 적어도 그대와 이야기를 나눌 때는 그랬다. 한편으로는 그대를 약간 골려줄 셈으로, 또 한편으로는 그것이 참으로 나의 가장 소중하고 귀중하고 어떤 의미에서는 인생에 있어서 나의 가장 중요한 위치이기 때문에, 나는 늘 결혼한 남편으로 나타나곤 하였다. 나는 나의 생애를 예술이나 학문을 위해 희생하지는 않았다. 내가 나 자신을 바친 대상은 그런 것들에 비한다면 보잘것없는 것이다. 나는 나 자신을 나의 직업과 나의 아내와 나의 자식들을 위해서 바쳤다. 혹은 좀 더 공정하게 말한다면, 나는 그들을 위해 나 자신을 바친 것이 아니라, 나는 그들 속에서 나의 만족과 기쁨을 발견한다. 이런 일들이란 그대가 목표로 해서 살고 있는 것에 비한다면 보잘것없는 것들이다. 그러나 나의 젊은 벗이여, 그대가 실제로 그대 자신을 바치고 있는 위대한 것에 속는 일이 없도록 각별히 조심하라.

각설하고, 비록 나는 철학자는 아니지만, 이 시점에서는 약간 철학적인 고찰을 감행해 보려고 한다. 그러니 그대는 심하게 비판일랑 말고 단지 마음에 새겨두기만 하라고 부탁하고 싶다. 인생에 대한 그대의 모든 승리의 개가 속에서 울려 퍼지고 있을 저 논쟁적인 결론은 모순율矛盾律이 지양(폐기)되었다고 하는* 최근의 철학이 소중히 여기는 이론과 이상하리만큼 유사하다. 물론 나는 그대가 취하고 있는 입장이 그 철학에는 혐오의 대상이 되고 있다는 사실을 잘 알고 있지만, 내가 보기에는 그 철학 역시 꼭 같은 과오를 범하고 있는 듯싶고, 또 그런 잘못이 직접적으로 지적되고 있지 않는 이유는, 그 철학이 아직은 그대의 입장처럼 정확한 위치를 차지하고 있지 못하고 있기 때문인 듯싶다. 그대가 서 있는 곳은 행동의 영역이지만 철학이 서 있는 곳은 관조의 영역이다. 그러므로 사람들이 철학을 실천의 영역으로 옮기려고 하자마자, 철학이 그대와 꼭 같은 방식으로 자신을 표현하지는 않는다 할지라도, 그대가 도달한 것과 꼭 같은 결과에 도달하지 않을 수 없다.

그대는 모순을 보다 높은 차원의 광기狂氣 속에서 조정하고, 철학은 그것을 보다 높은 차원의 통합 속에서 조정한다. 그대는 미래를 지향하고 있다. 왜냐하면 행동은 항상 미래적이기 때문이다. 그대는, "내가 할 수 있는 일은 이것이 아니면 저것이다. 그렇지만 그 둘 중의 어느 쪽을 내가 하던 간에 그것은 똑같이 미친 짓이다. 고로 나는 전혀 아무것도 하지 않는다"고 말한다.

* 헤겔의 변증법적 논리의 특색 중 하나는 모순율이 무조건 타당하다는 것을 부정하는 점에 있다. 헤겔과 헤겔학파는 논리학의 내부에 있어서의 모순 원리에는 필연성이 없다고 주장한다. 그런 결과로 결국 모순율은 동일율과 일치하게 되었고, 그들은 모순율을 배제 원리로 옮기고, 다시 이 원리를 부정하였다. 키에르케고어가 날카롭게 반박한 것은 바로 이 마지막 부정인 것이다.

철학은 과거를, 이미 저질러진 세계사 전체를 지향하고 있다. 철학은 개별적인 요소들이 어떻게 보다 높은 차원의 통일 속에서 결합되는가를 논증한다. 철학은 조정에 조정을 거듭한다. 반면에 철학은 내가 묻는 문제에 대해서는 해답을 주지 못할 것만 같다. 왜냐하면 나는 미래에 관해서 묻고 있으니까. 그러나 결국 그대는 비록 무의미한 답변이긴 하지만 어떤 의미에서는 대답을 하고 있다. 각설하고, 철학은 옳고, 모순율은 실제로 지양止揚되었거나, 혹은 철학자는 모순율을 매순간마다 사색을 위해 존재하는 보다 높은 차원의 통일 속으로 지양하고 있다고 가정해 보기로 하자. 그러나 이런 일은 미래에 관한 한에는 타당하지 않다. 왜냐하면 대립이란 내가 그것들을 조정할 수 있기에 앞서서 우선 실재해야만 하는 것이기 때문이다. 그러나 만약 대립이 존재한다면, 그때는 '이것이냐 저것이냐' 도 존재해야만 한다. 철학자는, "이제까지는 그것이 그랬다"고 말한다. 나는, "만약 내가 철학자가 되기를 원치 않는다면 나는 무엇을 해야 할 것인가?"하고 묻는다. 왜냐하면 만약 내가 그런 직업을 원했더라면, 나 역시 곧 다른 철학자들처럼 과거를 조정하는 처지에 이를 것이 너무나도 뻔한 일이기 때문이다. 우선 그런 일에는, 나는 무엇을 해야만 하는가 하고 묻는 나의 물음에 대한 대답이 없다. 왜냐하면 설혹 나에게 세상에서 일찍이 존재하였던 가장 우수한 천부적인 철학적 두뇌가 주어졌다고 하더라도, 앉아서 과거를 명상하는 일보다도 더 중요하게 내가 해야만 할 일이 있을 것이기 때문이다. 또 둘째로는 나는 결혼한 남편이지 결코 철학적인 두뇌가 아니지만, 나는 내가 무엇을 해야만 하는지를 배우기 위해서 이 학문에 헌신하는 대표자들에게 온갖 존경을 다 바치고 있다. 그러나 나는 아무런 해답을 받지 못한다. 왜냐하면 철학은 지나간 것을 조정하고, 그 속에 자신의 존재성을 갖고 있고, 그리고 철학자는 하도 황급히 과거 속으로 달려가 버린 결과로, 어떤 시인이 고물수집가에 관해서 말했듯이, 이제 남은 것이라고는 그의 윗도리의 자락뿐이기 때문이다.

이 점에서 그대는 철학자들과 일치한다. 인생은 정지한다고 하는 점에서 그대들은 의견을 같이하고 있다. 철학자에게는 세계사는 완료되었기 때문에 그는 조정을 한다. 그러므로 우리 시대에 있어서는 그리스도교와 이교를 조정할 수가 있고, 역사의 거대한 힘을 갖고 놀 수는 있지만, 단순한 인간에게는 그가 인생에서 무엇을 해야만 하는지에 관해서는 말해주지 못하고, 그들 자신도 무엇을 해야 하는지를 잘 모르는 청년의 메스꺼운 꼴을 일상다반사처럼 보여주고 있다. 그대는 그대가 즐기는 결론을 표현하는 데는 남달리 재주가 뛰어나다. 나는 그런 표현 중에 하나를 상기해 보고자 한다. 왜냐하면 그 표현에서 그대는 그 철학자와 놀라울 정도로 닮았다는 사실을 보여주고 있기 때문이다. 물론 진짜인지 가짜인지는 알 길이 없으나, 철학자의 진지성은 그대가 즐기고 있는 필수적인 여흥에 참여하는 것을 그에게 금하고 있지만 말이다.

만약 사람들이 국왕에게 보내는 청원서에 그대가 서명할 것인가의 여부를 묻거나, 혹은 그대가 헌법을 원하는가, 혹은 그대에게 조세승인권을 원하는가, 혹은 이러저러한 자선계획에 참여하기를 원하는가 등을 그대에게 묻는다면, 그대는 "나의 존경하는 동시대의 여러분, 당신들은 나를 오해하고 있소. 나는 노름에는 절대 참가하지 않습니다. 나는 스페인어의 작은 S자처럼 언제나 열외列外에 있습니다"라고 대답한다. 철학자의 경우도 역시 이와 같다. 그도 열외에 있다. 그도 노름에는 참가하지 않는다. 그는 팔짱을 끼고 앉아서 옛날의 노래를 들으며, 또 조정의 화음에 귀를 기울이며 늙어간다.

나는 학문을 존경하고 학문에 헌신하는 사람들을 존경하지만, 인생 역시도 인생이 당연히 바랄 수 있는 요구들을 가지고 있다. 그러므로 한쪽으로 치우친 비범한 재능을 가진 두뇌가 일방적으로 과거 속에서 자기 자신을 잃어가고 있는 것을 보면, 내가 그의 정신적인 능력에 대하여 품고 있는 존경심과는 상관없이, 내가 그에 관해서 어떤 의견을 지녀야 할지를 몰라서 그를 판단하는 일에 당혹감을 느끼게 될 것이 틀림없다. 그러나 우리 시대에 있어서는, 나는 많은 청년들이 설마 그들 모두가 철학적인 두뇌의 소유자도 아닐 텐데도, 우리 시대에서 갈채를 받고 있는 철학, 나더러 이름 붙이라면 청춘철학이라고나 부를 그런 철학 속에서 자기 자신들을 잃고 있는 것을 보고 있기 때문에, 나는 당황하지 않는다. 나는 철학에 대하여 어떤 타당한 요구를 갖고 있고, 이것은 능력이 없다고 해서 철학이 거부할 수는 없는 모든 인간이 갖고 있는 요구다.

나는 한 아내의 남편이고 자식들을 두고 있다. 그러니 만약 내가 자식들의 이름으로 인간은 인생에서 무엇을 해야만 하는가 하고 철학에 대하여 묻는다면 어찌될까? 그대는 아마도 빙그레 웃고 말 것이다. 어떤 경우에도 철학적인 젊은이들은 가장家長이란 사람을 보면 웃게 마련이다. 그러나 만약 철학이 이 질문에 답변을 할 수가 없다면, 이 질문은 철학에 대한 하나의 무서운 반론이라고 나는 생각한다. 만약 삶의 진행이 정지된다면? 그러면 현재의 세대는 고찰을 양식으로 먹고 연명할 것이다. 그러나 다음 세대는 무엇을 먹고 연명할 것인가? 같은 일을 고찰하고 살아갈 것인가? 앞선 세대는 이 가정에 관해서 아무것도 이룩해 놓은 것이 없고 또 조정되어야만 할 것을 아무것도 남겨놓지 않았다. 여기서 나는 다시 그대들을 철학자들과 한패라고 몰아붙일 수가 있고, 또 나는 그대들은 모두가 최고의 것을 놓쳤다고 말한다. 기혼자로서의 나의 위치가 여기서 나를 돕고 있기 때문에, 나는 내가 생각하고 있는 것을 훨씬 더 잘 설명할 수가 있다. 기혼자인 주제에 완전한 결혼생활이란 자식이 없는 결혼생활이라고 말하는 사람이 있다고 하면, 그도 역시 철학자와 마찬가지의 오해를 범하고 있는 셈이다. 그는 자기 자신을 절대적인 존재로 만들고 있다. 그러나 기혼자라면 누구를 막론하고, 그것은 진실도 아니고 점잖지 못한 일이라는 사실과, 그가 자식들에 의해서 하나의 상대적인 존재가 되듯이, 그 자신이 상대적인 존재가 되는 것이 훨씬 더 진실한 일이라는 사실을 느낄 것이다.

그러나 이제 나는 어쩐지 너무 멀리 와버린 것 같기도 하고, 또 어쩐지 내가 해서는 안 될 그런 연구에 종사해 온 것 같기도 하다. 왜냐하면 나는 철학자가 아니고, 또 한편으로는 나의 의도가 그대와 더불어 이 시대의 이런 혹은 저런 현상을 논하며 나 자신을 즐기려고 한 데 있는 것이 아니라, 오히려 그대를 고발하고, 그대로 하여금 온갖 방법으로 그대는 규탄받고 있는 입장이라는 것을 느끼게 하기 위한 것이었기 때문이다. 그러나 일단 나 자신이 사실상 이 지점에까지 와버렸으니, 나는 철학이 대립되는 것을 조정한다는 문제에 관해서 좀 더 소상하게 생각해 볼 셈이다. 내가 말하려는 내용이 엄밀성을 결여하고 있다면, 나의 진지성이 그것을 보상해 줄 것이다. 그리고 이것이 내가 이 문제를 여기서 들고 나오는 유일한 이유이기도 하다. 왜냐하면 나는 어떤 저명한 철학자와도 실력을 겨루어 볼 생각은 추호도 없고, 다만 일단 펜을 들었으니 여느 때 같으면 말로써 좀 더 잘 보호할 수 있는 것을 펜으로 변호해 보려고 할 따름이기 때문이다.

미래가 존재하는 것이 참인 것과 마찬가지로, '이것이냐 저것이냐'가 존재하는 것 역시 참이다. 그러므로 철학자가 살고 있는 시간은 절대적인 시간이 아니고, 그것은 그것 자체가 하나의 상대적인 계기契機다. 그리고 철학이 열매를 맺지 못할 때, 그것은 언제나 수상쩍은 상태라 하겠다. 동양에서는 여자가 애를 낳지 못하는 것을 수치스러운 일로 간주하듯이, 철학이 열매를 맺지 못하는 것은 불명예로 간주될 수밖에 없다. 그러므로 시간은 그 자체가 하나의 상대적인 계기고, 철학자는 시간 속에서의 하나의 상대적인 계기다. 그러므로 이번에는 우리 시대가 뒤따르는 시대에 대해서는 하나의 분리된 계기로 나타날 것이다. 그러면 이번에는 뒤따르는 시대의 철학자가 우리 시대를 조정하게 될 것이고, 계속 그런 식으로 진행될 것이다. 이런 점에 관한 한 철학은 정당하고, 우리의 시간을 절대적인 시간으로 혼동한 것은 현대의 철학이 저지른 우발적인 실수로 돌릴 수밖에 없을 것이다. 그러나 그럼으로써 조정이라는 범주가 엄청난 타격을 받게 되었다는 사실과, 절대적인 조정은 역사가 완료되었을 때만 가능하다는 사실, 다시 말해서 '체계'란 부단한 생성의 과정에 있다는 사실을 쉽게 통찰할 수 있다.

그러나 철학이 간직해 온 입장은 절대적인 조정이 존재한다는 입장이다. 물론 이런 입장은 철학으로서는 가장 중요한 일이다. 왜냐하면 우리가 조정을 포기해 버린다면, 우리는 사색도 단념할 수밖에 없기 때문이다. 반면에 우리가 조정을 인정한다면, 그때는 절대적인 선택이란 있을 수가 없고, 또 절대적인 선택 같은 것이 없다고 한다면, 그때는 또 절대적인 '이것이냐 저것이냐'도 없어진다. 이것은 어려운 문제다. 그러나 나는 이것이 두 개의 영역, 즉 사상의 영역과 자유의 영역이 부분적으로 혼동된 사실에서 기인하고 있다고 믿는다.

사상에 대해서는 대립이란 존속하지 않는다. 사상은 타자 쪽으로 옮아가고, 그러고 나서는 보다 높은 차원의 통일 속에서 둘이 결합된다. 자유에 대해서는 대립이 존속한다. 왜냐하면 자유는 타자를 배제하기 때문이다. 나는 자유의지liberum arbitrium를* 결코 진정한 적극적인 자유와 혼동하지 않는다. 왜냐하면 이 후자에 속하는 자유는, 물론 무력한 가능성으로서의 악에 불과하긴 하지만, 이 악을 영원히 그 자체 바깥에 가지고 있고, 또 이 자유는 그 악을 점점 더 많이 흡수함으로써 완전해지는 것이 아니라, 더욱더 배제함으로써 완전해지기 때문이다. 그러나 배제는 바로 조정의 대립물이다. 이렇게 말한다고 해서 내가 급진적인 악의 개념을 지지하고 있는 것은 아니다. 이것은 나중에 설명하기로 하겠다.

---

* 헤겔은 진정한 적극적인 자유, 즉 자기 자신을 정신으로 이해하고 이것을 불완전한 추상적 자유, 즉 사실상 외적인 것에 의존하는 자유와 구별하였다.

철학이 본래적으로 다루고 있는 영역, 본래적으로 사상을 위해 존재하고 있는 영역은 논리의 영역이고 자연과 역사라는 영역이다. 거기에서는 필연이 지배하고 있고, 따라서 조정도 타당성을 갖고 있다. 논리와 자연의 경우에는 필연이 지배하고 있는 것이 사실이라고 해도 아무도 부인하지 못할 것이다. 반면에 역사에 관해서는 약간의 어려움이 있다.* 왜냐하면 역사에서는 자유가 지배하고 있다고들 말하고 있기 때문이다. 그러나 나는 사람들이 역사를 잘못 생각하고 있기 때문에 이런 어려움이 생긴다고 믿고 있다. 왜냐하면 역사는 자유로운 개인의 자유로운 행동의 산물 이상의 것이기 때문이다. 개인이 행동하는 것이 사실이지만. 그의 행동은 존재 전체를 지탱하고 있는 사물의 질서 속으로 들어간다. 그때 거기에 어떤 결과가 생길 것인지를 행위자 자신은 모른다. 이를테면 자유로운 모든 행동을 소화하고 그것들을 다시 영원한 법칙 속으로 옮겨주는 사물의 질서는 필연성이고, 또 이 필연성은 곧 세계사의 역할인 것이다.

그러므로 철학이 조정을 이용하는 것은 지극히 당연하다. 그러나 그것은 물론 상대적인 조정을 의미할 뿐이다. 세계사적인 개인에 관해서 말하라면, 나는 성서에서 말하는 '그들의 업적이 그를 따를 것이다'**라고 말하는 업적과 개인이 그것으로 말미암아 역사에 속하게 되는 업적을 구별할 수가 있다.

* 키에르케고어의 『철학적 단편』 중의 간주곡과 헤겔의 『역사철학』 참조.

** 요한계시록 14장 13절 참조.

우리가 내면적인 행위라고 부를 수 있는 것에 관한 한 철학은 속수무책이다. 그러나 내면적인 행위야말로 진정한 자유의 생활이다. 철학은 외면적인 행위를 고찰하지만, 철학은 이것을 고립된 것으로 보지 않고 세계사적인 과정 속에 흡수되어 변모된 것으로 바라본다. 이 과정이 본래적으로 철학의 주된 임무고, 철학은 이것을 필연성의 범주 밑에서 고찰한다. 그러므로 철학은 일체는 다르게 존재할 수도 있다고 시사할 수도 있을 반성이라는 것을 멀리한다. 즉, 철학은 '이것이냐 저것이냐' 가 전혀 문제될 수가 없는 방식으로 세계사를 고찰한다. 역사를 이렇게 보는 철학의 고찰 방법 속에는 적어도 어리석고도 앞뒤가 맞지 않는 허다한 이야기가 뒤섞여 있다고 하는 것이 나의 의견이다. 특히 역사의 영靈을 마술의 주문으로 불러내려는 젊은 마법사 여러분이 나에게는 우스꽝스러운 존재로 보인다고 하는 사실을 나는 부인하지 않는다. 그러나 우리 시대가 과시하지 않을 수 없는 위대한 업적 앞에서는 나 역시 깊은 존경심을 갖게 된다.

내가 언급한 대로, 철학은 역사를 필연성의 범주 밑에서 바라보지, 자유의 범주 밑에선 바라보지 않는다. 왜냐하면 비록 우리가 역사적인 과정을 자유라고 부른다 하더라도 그 뜻은 우리가 자연 속에서 이루어지는 조직 과정에 관해서 말할 때와 꼭 같은 의미에서 그렇게 말하는 데 불과하다. 역사적인 과정에 관한 한, '이것이냐 저것이냐' 는 문제가 되지 않는다. 그렇지만 어떤 철학자도 행동을 해야만 하는 개인의 경우에 있어서는 '이것이냐 저것이냐' 의 문제가 저절로 등장하게 된다는 사실을 부인할 생각을 못할 것이다. 그래서 철학이 역사와 역사의 주인공들을 고찰할 때의 무관심과 관대가 생기게 된다. 왜냐하면 철학은 그것들을 필연성의 범주 밑에서 바라보기 때문이다. 그래서 또 하나의 인간을 행동으로 몰아세울 수 없는 철학의 무능력과 일체를 정지靜止시키는 철학의 기질이 생기게 된다. 철학이란 본래가 인간은 필연적으로 행동을 해야만 한다고 요구하고 있지만, 그것은 모순이다.

각설하고, 아무리 천한 개인이라도 이중적인 실존實存을 갖고 있는 법이다. 그도 모든 사람들과 마찬가지로 하나의 역사를 갖고 있지만, 그것은 그 자신의 자유로운 여러 행동의 산물 뿐만은 아니다. 반면에 그의 내적인 업적은 그에게 속하고 있고 영원히 그에게 속할 것이다. 역사도 세계사도 그것을 그에게서 빼앗을 수가 없다. 그것은 '그를 따를 것이며', 그것은 그의 기쁨이 되거나 슬픔이 될 것이다.

이 세계에 있어서는 절대적인 '이것이냐 저것이냐'가 지배하고 있지만, 철학은 이 세계와는 무관하다. 이제 자신의 파란만장한 생애를 회고하는 한 중년 사내가 있다고 생각해 보자. 그는 사고에서는 그의 생애에 관해서 어떤 하나의 조정 수단을 가질 수가 있다. 왜냐하면 그의 역사는 시대의 역사에 얽혀 있기 때문이다. 그러나 가장 내면적인 의미에서는 그는 어떤 조정 수단도 입수하지 못한다. '이것이냐 저것이냐'가 여전히 끈질기게 그가 선택하였을 때에 분리시켜 놓은 것을 분리해 놓고 있다. 여기에 조정을 운운하는 문제가 나온다면, 사람들은 뉘우침이 바로 그런 조정 수단이라고 말할 수 있을지도 모른다. 그러나 뉘우침은 결코 조정자가 될 수가 없다. 뉘우침은 조정되어야만 하는 대상을 달갑게 보지 않고, 분노로써 그 대상을 불태워 버린다. 뉘우침은 배제와 흡사하고, 조정의 대립물이다. 여기서 내가 극단적인 악을 인정하지 않는다는 사실이 분명해진다. 왜냐하면 뉘우침의 타당성을 인정하기 때문이다. 뉘우침이 화해의 표현인 것은 사실이지만, 그것은 또 절대적으로 화해될 수 없는 표현이기도 하다.*

그러나 아마 그대는 나의 이런 모든 말을 인정할 것이다. 그대는 많은 점에서 철학자들과 같은 짓을 하고 있다. 사적인 자격으로 철학자들을 골려주려고 할 때를 빼놓고는 말이다. 어쩌면 그대는 나를 두고 기혼자로서 기혼자의 권리에나 만족하고, 그것을 가정의 살림에나 이용할 것이지 하고 생각할지도 모른다. 솔직히 말해서, 나는 더 아쉬운 것이 없지만, 나는 어떤 생활이 최고의 생활인지를, 즉 철학자의 생활이 그것인지 아니면 자유인의 생활이 그것인지를 꼭 알고 싶다.

철학자가 단지 철학자에 불과하여, 그가 완전히 자신의 직업 속에서 헤맬 뿐 축복받은 자유의 생활을 모른다면 그에게는 지극히 중요한 것이 결여되어 있다. 그는 온 세계를 얻고 있으면서도 자기 자신을 잃고 있는 셈이다. 자유를 위해 살고 있는 사람에게는 비록 그가 아무리 많은 것을 잃는다 해도 그런 일은 일어날 수가 없다.

그러므로 나는 자유를 위해 (부분적으로는 이 편지 속에서, 그리고 또 부분적으로는 주로 나 자신 안에서) 싸우고 있고, 또 미래를 위해 그리고 '이것이냐 저것이냐'를 위해 싸우고 있다. 이것은 내가 이 세상에서 사랑하고 있는 사람들에게 물려주려고 갈망하고 있는 보물이다. 만약 나의 아들이

---

* 키에르케고어는 화해에서 배제된 악만은 극단적인 악이라고 간주하고 있다. 그는 아무리 악에 깊이 말려들어도 뉘우치는 자에게는 하느님의 은총이 내릴 것으로 확신하고 있다.

나의 말을 완전히 이해하게 되는 나이에 이르는 이 순간이 도달하면, 그리고 나의 임종의 때가 오면, 나는 그에게, "나는 너에게 재산도 직함도 지위도 남겨줄 수가 없지만, 나는 전 세계보다도 너를 더 풍요하게 해줄 수 있는 보물이 묻혀 있는 곳을 알고 있고, 그 보물은 너의 것이다. 그렇다고 그 일에 대하여 나에게 감사를 해서는 안 된다. 남에게 일체를 빚지고 있다는 생각 때문에 그대의 영혼이 상처를 입어서는 안 되기 때문이다.* 이 보물은 너 자신의 내면적인 자기 속에 예치되어 있다. 거기에는 인간을 천사보다도 위대하게 만들어주는 '이것이냐 저것이냐'가 있다"고 말해줄 셈이다.

여기서 나는 일단 이 고찰을 중단하려고 한다. 아마도 이것은 그대를 만족시키지 못할 것이다. 그대의 탐욕스러운 눈은 그것을 마구 집어먹고 있지만 그것으로는 만족을 못한다. 그러나 그럴 수밖에 없는 것이, 눈이란 가장 탐욕스러운 감각기관이기 때문이다. 특히나 그대처럼 사람들이 굶주리지 않고, 단지 눈의 사치 때문에 보는 것만으로는 만족할 수가 없어서 시달리고 있을 때는 더욱 그렇다.

나의 '이것이냐 저것이냐'에서 두드러지게 드러나는 것은 윤리적인 것이다. 그러므로 여기에서는 특별히 무엇인가를 선택한다는 것이 문제가 되는 것이 아니라, 선택하는 행위, 즉 현실성이 문제가 된다. 그러나 이것이야말로 결정적인 일이고, 내가 그대를 분발시키려고 하는 것도 이것을 깨닫게 하기 위해서다. 이 지점까지는 한 인간이 다른 한 인

---

* 마태복음 16장 26절 참조. 여기서 키에르케고어는 자신의 아버지를 생각하고 있다.

간을 도울 수가 있다. 그러나 그 지점에 도달하고 나면, 한 사람이 다른 사람에 대하여 가질 수 있는 중요성은 보다 부차적인 것이 된다.

나는 앞선 편지에서 사랑의 경험은 결코 소멸될 수 없는 조화를 인간의 본질에다 심어준다고 말한 바 있다. 이제 나는 선택하는 경험은 결코 소멸될 수 없는 장엄성과 조용한 품위를 인간의 본질에다 심어준다고 말하고 싶다. 세상에는 이러저러한 세계사적인 인간과 직접 맞대면해본 일에다 대단한 가치를 두고 있는 사람이 많다. 그들은 그 인상을 결코 잊지 못하고 그 인상이 그들의 영혼에다 이상상理想像을 심어주고 그들의 본성을 고귀하게 한다. 그러나 그런 인상이 제아무리 뜻 깊은 것이라 할지라도 그것은 선택의 순간의 그것에 비한다면 아무것도 아니다.

그러므로 우리의 주위에 있는 일체가 잠잠해지고 밤하늘처럼 장엄해질 때, 그리고 영혼이 온 세상에서 홀로 있게 될 때, 그때 우리 앞에 나타나는 것은 하나의 뛰어난 인간이 아니라 영원한 힘 그 자체다. 그때 말하자면 하늘이 갈라지고 자아自我는 자기 자신을 선택한다. 좀 더 정확하게 말하면 자아는 자기 자신을 받아들인다. 그때 영혼은 운명의 모습을 볼 수가 있고 결코 잊어버릴 수가 없는 가장 고상한 모습을 본다.* 이때 인격은 이것을 영원히 귀족계급에 가입시키는 기사서임騎士敍任의 도례刀禮를 받는다. 물론 그렇다고 해서 그가 이전의 그와는 다른 사람이 되는 것이 아니고, 그는 그 자신이 된다. 의식意識이 결합되어 이

* 고린도전서 2장 9절 참조.

제 그는 자기 자신이다. 온 세계의 재물을 다 상속하기로 되어 있는 사람일지라도, 그가 상속할 수 있는 성년에 도달하기 전에는* 자신의 재산을 소유할 수가 없는 상속자와도 마찬가지로, 아무리 풍요한 인격을 가진 사람이라고 할지라도, 그가 자기 자신을 선택하기 전까지는 아무것도 아니다. 반면에 우리가 가장 보잘것없는 인격이라고밖에 부를 수 없는 인격이라도, 그가 자기 자신을 선택하게 되면 그 인격은 일체가 된다. 왜냐하면 위대하다고 하는 것이란 이러저러한 존재라서가 아니라 자기 자신이기 때문에 위대하다고 하기 때문이다. 그리고 인간은 누구나 만약 그가 원하기만 한다면 그렇게 될 수가 있다.

어떤 의미에서는 무엇인가를 선택하는 것이 문제가 될 수 없다고 하는 사실은, 양자택일할 대상으로 나타나는 것이 심미적인 것이거나 무관한 것이라는 사실로 미루어 보아서도 그대는 잘 알 수 있을 것이다. 그러나 그럼에도 불구하고 여기에서는 선택이 문제가 되고, 그렇다, 절대적인 선택이라는 것이 문제가 된다. 왜냐하면 절대적으로 선택함으로써만 우리는 윤리적인 것을 선택할 수가 있기 때문이다. 절대적인 선택을 함으로써 윤리적인 것이 정립된다. 그러나 그렇다고 해서 이로부터는 결코 심미적인 것이 배제된다는 결론은 나오지 않는다. 윤리적인 것 안에서 인격은 자기 자신으로 집중되고, 그래서 심미적인 것은 절대적으로는 배제되거나 혹은 절대적인 것으로서 배제된다. 그러나 상대적으로는 심미적인 것이 여전히 남아있게 된다. 인격은 자기 자신을 선

---

* 갈라디아서 4장 1~2절 참조.

택함으로써 윤리적으로 자기 자신을 선택하고, 절대적으로 심미적인 것을 배제한다. 그러나 인간은 자기 자신을 선택하였다고 해서 그가 다른 존재가 되는 것이 아니고 자기 자신이 되기 때문에, 심미적인 것의 전체는 그것에 깃든 상대성을 지니고 다시 되돌아온다.

그러므로 내가 제시한 '이것이냐 저것이냐' 는 어떤 의미에서는 절대적이다. 왜냐하면 그것은 선택을 하느냐 아니면 선택을 않느냐 하는 문제이기 때문이다. 그러나 그 선택은 하나의 절대적인 선택이기 때문에, 그 '이것이냐 저것이냐' 는 절대적이다. 그러나 다른 의미에서는 그것은 이 '이것이냐 저것이냐' 의 선택에 의해서만 분명해진다. 왜냐하면 그것과 더불어, 즉 선택을 하느냐 선택을 않느냐의 양자택일의 선택과 더불어 선을 택하느냐 악을 택하느냐 하는 양자택일의 선택이 모습을 드러내기 때문이다. 최초의 선택과 더불어 그리고 그 속에 정립된 선악 간의 선택에 관해서는 내가 여기서 신경을 쓸 필요가 없다. 나는 단지 그대를 선택의 필연성이 나타나는 그 지점까지 억지로라도 끌고 가서, 거기서 윤리적인 여러 범주 밑에서 존재를 고찰하면 그만이다. 나는 어떤 형식적이고 추상적인 자유에 열중하고 있는 윤리적인 엄격주의자가 아니다. 일단 선택이 정립된 이상 일체의 심미적인 것은 다시 되돌아온다. 그러므로 이제 그대는 그렇게 되어야만 존재가 아름다워지고, 그런 방법으로써만 인간은 자신의 영혼을 구하면서 또 전 세계를 얻는 일에 성공할 수 있고, 또 세계를 악용하지 않고 세계를 이용하는 데 성공할 수가 있다는 사실을 이해할 수가 있을 것이다.

그러나 심미적으로 산다는 것은 어떤 것이며, 또 윤리적으로 산다는 것은 어떤 것일까? 어떤 인간 속에 깃든 심미적인 것은 어떤 것이며 윤리적인 것은 어떤 것일까? 이에 대해서 나는 인간 속에 깃들어 있는 심미적인 것은 그로 하여금 그것에 의해서 직접 그가 현재 있는 그대로 그를 있게끔 하는 것이고, 윤리적인 것은 그것에 의해서 그가 되게끔 되어 있는 상태로 그를 되게 하는 것이라고 대답하겠다. 자신 속에 있는 심미적인 것 속에서 그것을 위해서 그것을 먹고, 그것을 위해서 사는 사람은 심미적으로 사는 사람이다.

지금까지 언급한 심미적인 것의 정의定義에 내포되어 있는 다양한 것들에 관해서 여기서 더 구체적으로 따지고 들어가 고찰하는 것이 나의 의도는 아니다. 또 심미적으로 산다는 것은 어떤 것인가에 관해서 그대에게 계몽한다는 것도 불필요한 일같이 생각된다. 이 점에 있어서는 오히려 내가 그대의 조력을 필요로 할 만큼 그대는 노련한 실제 경험자다. 그럼에도 불구하고 나는 심미적인 생활의 여러 단계* 중에 몇몇을 간간히 언급하련다. 본래 그대가 속해 있는 그 지점까지 도달하기 위해서다. 내게는 이런 일이 그대가 그대의 장기인 옆으로 내빼는 방법을 이용하여 너무 빨리 내게서 빠져나가는 것을 방지하기 위해서도 매우 중요하다. 뿐만 아니라 나 역시도 여러 모로 심미적으로 산다는 것이 어떤 것인지를 설명할 수가 있다는 것을 의심하고 있지 않다.

나는 심미적으로 살고 싶다고 원하는 사람은 그대가 가장 신뢰할 만한 안내자이기 때문에 그대에게 보낼 것이지만, 심미적으로 산다는 것

* 이 단계에 관해서는 이 저술의 앞부분에서 이미 누누이 언급되어 있다.

이 어떤 것인지를 보다 높은 차원에서 알고 싶어하는 사람은 그대에게는 보내지 않을 것이다. 왜냐하면 그대는 그것에 대해서는 그에게 설명할 수가 없기 때문이다. 왜냐하면 그대 자신이 거기에 휘말려 들어가 있으니까. 그것을 그에게 설명할 수 있는 사람은 한층 높은 차원에 서서 윤리적으로 살고 있는 사람뿐이다. 어쩌면 한순간 그대는, 그렇다면 나 역시도 나 자신이 그것에 휘말려 들어가 있기 때문에, 윤리적으로 된다는 것이 어떤 것인지를 신뢰할 만큼 설명할 수 없을 것이라고 나의 말꼬리를 물고 늘어지고 싶은 유혹을 느끼게 될지도 모르겠다. 그러나 그런 것은 나에게 보다 자세한 설명을 하게 될 계기를 나에게 제공할 뿐일 것이다.

심미적으로 살고 있는 사람이 보다 높은 차원의 의미에서 아무것도 설명할 수가 없다는 이유는, 그는 항상 순간 속에서 살고 있지만, 언제나 어떤 상대성의 범위 안에서, 그리고 어떤 한계 안에서만 사정에 정통하고 있기 때문이다. 심미적인 생활이 그 절정에 달하고 있을 때 참으로 심미적으로 살기 위해서는 다양한 정신적인 천품이 필요할 것이라는 사실을 나는 부인할 생각이 없다. 오히려 그것이 비상할 정도로 농도 짙게 발달되어 있어야만 한다고 생각하고 있다. 그러나 그럼에도 불구하고 그런 천품들은 노예로 사로잡혀 있고, 그것들에게는 투명성이 결여되어 있다. 그렇듯이 인간보다도 훨씬 날카롭고 훨씬 강한 감각을 소유하고 있는 동물들을 우리는 자주 볼 수 있지만, 그들의 그런 감각들은 그 동물의 본능에 속박되어 있다.

나는 부득이 그대 자신을 예로 들지 않을 수 없다. 나는 그대의 탁월한 정신적인 천품을 한 번도 부인한 적이 없다. 그 사실은 내가 자주, 그대는 그대의 천품을 악용하고 있다고 비난한 사실로 미루어 보아 그대도 알고 있을 것이다. 그대는 기지에 넘쳐 있고, 풍자를 즐기고, 물샐틈없는 관찰자고, 변증가고, 향락에 있어서 대가大家고, 순간을 계산할 수 있는 방법을 알고 있고, 그때그때의 분위기에 따라서 다정할 수도 있고 냉정할 수도 있다. 그럼에도 불구하고 그대는 항상 순간 안에만 있고, 그렇기 때문에 그대의 생활은 용해되고 만다. 그래서 그대는 그것을 설명할 수가 없다. 누군가가 향락의 기술을 배우고 싶다고 한다면, 그가 그대에게 간다는 것은 당연한 일이다. 그러나 만약 그가 그대의 생활을 이해하고 싶어한다면, 그는 대상을 잘못 선택한 셈이다. 비록 내게는 그대가 갖고 있는 그런 정신적인 천품은 없지만, 오히려 내게 온다면 그는 그가 찾고 있는 것을 더 빨리 찾을 수 있을지도 모른다.

그대는 휘말려 들어서, 말하자면 그대는 빠져나올 시간이 없는 것이다. 심미적인 것에 대한 나의 판단에 의해서건 아니면 윤리적인 것에 대한 나의 판단에 의해서건, 나는 휘말려 들어가 있지는 않다. 왜냐하면 나는 윤리적인 것 안에 있으면서 순간을 초월해 있고, 나는 자유 속에 있기 때문이다. 그러나 자유 속에 있음으로 해서 휘말려 들어갈 수도 있다고 생각하는 것은 모순이다.

아무리 재능이 모자라고 아무리 살아가는 지위가 낮다고 하더라도, 인간이란 누구나가 인생관을 형성하고 싶은 욕구를 느끼는 법이고, 인생의 목적과 의의에 관한 자신의 관념을 형성하고 싶은 욕구를 느끼는 법이다. 심미적으로 살고 있는 사람 역시 그것을 느낀다. 시대에서 시대로 내려오며 들려오고, 또 모든 단계에 들려오고 있는 것을 보편적으로 표현해 본다면, 그것은 '우리는 인생을 즐겨야만 한다'는 말로 표현된다. 물론 향락에 관한 견해의 차이에 따라서 그 내용은 변화무쌍하다. 그러나 '우리는 인생을 즐겨야만 한다'고 하는 이 표현에서 모든 사람은 의견의 일치를 보고 있다. **그러나 인생을 즐기고 싶다고 말하는 사람은 항상 하나의 조건을 설정하고 있고, 이 조건은 그 개인 바깥에 있거나 아니면 그 개인 안에 있지만, 개인 안에 있는 것이라 할지라도 그것은 개인 자신이 정립한 것은 아니다.** 이 마지막 말에 관해서는 내가 사용한 표현을 잘 파악해 주기를 그대에게 부탁한다. 왜냐하면 이 표현은 내가 심사숙고하여 선택한 표현이기 때문이다.

그러면 이제는 그대가 속해 있는 곳을 급습하기 위해서 이 단계는 지극히 간단히 지나가 버리기로 하자. 그대는 이미 아마도 내가 심미적으로 산다는 것에 관하여 체계적으로 명확하게 말한 일반적인 표현에 대하여 약간 화를 내고 있을지는 몰라도, 그 말이 정확하다는 사실만은 거의 부인할 수가 없을 것이다. 우리는 너무나도 흔히 사람들은 인생을 즐기는 방법을 모르고 있다고 그대가 조소하는 말을 들어 왔다. 그런 반면, 그대는 인생을 즐기는 방법을 완전무결하게 터득하였다고 믿고 있다. 사람들이 그 방법을 모르고 있다는 것은 있을 수 있는 일이지만, 그 표현 자체에 있어서는 그대나 그들이나 의견의 일치를 보고 있다.

어쩌면 그대는 나의 이 고찰을 읽고 그대가 특히 지겹게 여기고 있는 그런 유의 사람들과 협조하고 있는 것이나 아닐까 하는 예감에 사로잡혀 있는지도 모른다. 어쩌면 그대는 내가 그대를 예술가로 취급해 주고, 또 실생활에 있어서 그들에게 귀찮게 굴고 그대가 남들과는 결코 공통점을 갖고 싶어하지 않는 무능한 친구들을 대범하게 보아 넘겨줄 만큼, 내가 관대할 수 있어야 한다고 생각하고 있을지도 모른다. 그러나 나로서는 그럴 수가 없다. 왜냐하면 그대는 그들과 공통점을, 그것도 매우 본질적인 공통점을, 즉 그대의 인생관과의 공통점을 갖고 있기 때문이다. 내가 보기에는 그대가 그들과 다른 점이 있다고 하더라도 그것은 비본질적인 것이다.

나는 그대를 보고 웃지 않을 수가 없다. 나의 젊은 벗이여, 그대도 알다시피 그대는 어떤 저주에 쫓기고 있다. 그대가 그대의 예술 속에서 소유하고 있는 많은 형제들은 그대가 자신의 것으로 만들기를 원치 않고 있는 존재들이다. 그대는 고약하고 천한 패거리 속으로 빠져 들어갈 위험에 부닥쳐 있다. 그렇게도 고귀한 그대가 말이다. 온갖 무위도식하는 자들과 호색가들과 인생관을 공유한다는 것은 불쾌한 일이라는 것을 나도 부인하지는 않는다. 어쩌면 그대의 경우는 꼭 그런 것만도 아닐지 모른다. 후에 내가 설명하겠지만, 그대의 위치는 어느 정도 심미적연 영역에서 벗어나 있기 때문이다.

심미적인 영역 안에 있는 차이가 아무리 크다 할지라도 모든 단계가 이런 동일성을 갖고 있다. 즉, 정신이 정신으로서 규정되지 않고 직접적으로 규정되고 있다는 동일성을 갖고 있다. 그러나 그 차이는 엄청나서 완전한 바보에서 시작하여 최고도의 총명에까지 이르고 있다. 그러나 총명이라는 사실이 분명한 단계에 있어서마저도 정신은 정신으로서 규정되고 있는 것이 아니라 재능으로서 규정되고 있다.

나는 개개의 특정한 단계에 대해서는 간단하게 서술하고, 어느 모로나 그대에게 들어맞고, 또 그대가 그대 자신에게 적용해 주기를 내가 바랄 수 있는 것에 관해서만 소상히 서술하려고 한다. 직접적으로 규정된 인격은 정신적인 것이 못 되고 육체적인 것이다. 여기에 한 인생관이 있다. 이 인생관은 건강이야말로 가장 소중한 재산이고, 모든 것이 그것에 달렸다고 가르치고 있다. 이 인생관의 아름다움이야말로 최고의 것이라고 말한다면, 이 인생관은 보다 시적인 표현을 얻게 된다. 그런데 아름다움이란 매우 부서지기 쉬운 재물이다. 그러므로 우리는 이 인생관이 관철되는 것을 좀처럼 보지 못한다. 우리는 너무나도 자주 잠시 동안 자신의 아름다움을 자랑하는 젊은 처녀를(혹은 젊은 남자라고 해도 좋다) 본다. 그러나 그 아름다움이 그녀를 속인다. 그러나 이 아름다움이 용케도 자신을 관철하는 데 성공한 사례를 한 번 본 일이 있음을 나는 기억하고 있다.

나는 학창시절에 방학 동안 가끔 지방에 있는 어떤 백작의 저택을 방문하곤 하였다. 백작은 젊은 시절에 어떤 외교관의 직책을 갖고 있었지만, 그때는 그도 이미 늙어서 그의 영지에서 조용히 살고 있었다. 백작부인은 처녀 시절에도 뛰어나게 아름다웠지만, 중년이 되어서도 그녀는 여전히 내가 만난 여인 중에서는 가장 아름다운 부인이었다. 백작은 청년시절에 그의 사내다운 뛰어남 때문에 여성들에게 인기가 대단하였다. 궁중에서는 이 미남을 여전히 기억하고 있었다. 노년도 그를 손상시키지 못했고, 고귀하고 참으로 뛰어난 품위는 그를 한층 돋보이게 하였다. 두 사람의 젊은 시절을 알고 있는 사람들은, 그들이야말로 자신들이 보아온 중에서는 가장 아름다운 한 쌍이라고 단언했다. 노년기에 이른 그들과 요행스럽게 만나게 된 나는 그들의 말이 전적으로 당연하다고 느꼈다. 왜냐하면 그들은 여전히 우리가 볼 수 있는 부부 중에서는 가장 아름다운 부부였기 때문이다. 백작과 백작부인이 모두 고도의 교양을 지니고 있었지만, 백작부인의 인생관은 그들이야말로 온 나라 안에서도 가장 아름다운 부부라는 생각에 집중되고 있었다. 나는 나로 하여금 그렇게 확신하게 하여준 어떤 사건을 지금도 여전히 생생하게 기억하고 있다.

어느 일요일 아침이었다. 저택 바로 옆에 있는 교회에서 조촐한 축제가 베풀어졌다. 백작부인은 기분이 좋지 않아서 참석할 마음이 내키지 않았고, 백작은 훈장으로 장식된 정복을 멋지게 차려입고 아침나절에 회장으로 나갔다. 큰 홀에 달린 창문은 교회로 통하는 외길에 면해 있었다. 백작부인은 그 창가에 서 있었다. 그녀는 고상한 모닝가운을 차려입고 있었고, 그 모습이 참으로 매력적이었다. 나는 그녀에게 건강이 어떠냐고 묻고, 곧 다음날 행해지기로 예정되어 있는 요트 파티에 관한 이야기로 들어갔다. 그때 외길 저쪽에서 백작의 모습이 보이기 시작하였다. 그러자 그녀는 입을 다물었다. 그녀의 모습은 일찍이 내가 보아온 그녀의 모습보다도 더 아름다워졌고, 표정은 거의 서글퍼 보일 정도였다. 창문을 통하여 부인의 모습을 알아볼 수 있을 정도로 백작이 창가로 가까이 다가왔을 때, 부인은 지극히 우아한 자세로 키스를 던졌다. 그러고는 나를 향해 돌아서서, "빌헬름, 우리 집의 데트레브가 이 왕국에서 제일 미남이라고 생각지 않으세요? 물론 나도 한쪽으로 약간

기우뚱하다는 것은 잘 알고 있어요. 그렇지만 내가 그이와 함께 걸어갈 때는 아무도 그걸 몰라요. 그래서 우리가 함께 걸을 때는 우리는 전국에서 가장 아름다운 부부죠"하고 말했다. 열여섯 살의 아가씨가 그녀의 약혼자인 아름다운 사내에 대한 총애가 아무리 크다고 할지라도, 이미 중년이 넘은 남편에 대한 이 부인의 총애만큼 축복에 넘쳐있지 못할 것이다.

이 두 인생관은 우리는 인생을 즐겨야만 한다고 하는 원칙에 의견의 일치를 보고 있다. 그리고 요청되는 조건은 개인 자신 속에 있는 것이 사실이지만, 개인 자신에 의해서 설정되어 있는 식으로 개인 안에 있는 것이 아니다. 좀 더 앞으로 나가 보기로 하자. 사람은 인생을 즐겨야만 한다고 가르치면서도 그러기 위한 조건은 개인 바깥에 두고 있는 인생관에 부딪치는 수가 있다. 부富와 명예와 높은 신분 등을 인생의 과업 내지는 그것의 내용으로 생각하고 있는 모든 인생관이 모두 이런 것에 속한다. 이와 관련하여 나는 어떤 종류의 사랑 역시 그런 부류에 속한다고 말하고 싶다. 가령 마음과 영혼을 다하여 사랑하고 있는 처녀가 있다고 하고, 그녀의 눈은 그녀의 애인을 보는 이외의 것에서는 즐거움을 찾지 못하고, 그녀의 영혼은 애인 이외에는 아무것도 생각하지 않고, 그녀의 마음은 자신이 애인의 것이 되고 싶다는 욕구밖에는 갖지 않고, 그녀에게는 하늘과 땅에 있는 어떤 것도 자신의 애인을 제외하고는 아무런 의미도 갖고 있지 않다고 한다면, 우리는 여기에서도 다시금 그런 조건이 개인 바깥에 있는 심미적인 인생관을 보게 된다.

물론 그대는 그런 식으로 사랑에 빠진다는 것은 어리석다고 말할 것이고, 그런 일이란 소설에서나 일어나는 일이라고 생각할 것이다. 그럼에도 불구하고 그런 일은 얼마든지 생각할 수 있고, 또 적어도 많은 사람의 눈에는 그런 사랑이야말로 찬양할만한 사랑으로 비칠 것이 틀림없다. 어째서 내가 그것을 시인할 수 없는가에 관해서는 후에 설명하겠다.

좀 더 앞으로 나가보기로 하자. 우리는 인간은 인생을 즐겨야만 한다고 가르치는 인생관을 만난다. 그러나 이 인생관에서는 즐기기 위한 조건들이 개인 자신 속에 있기는 하지만, 그 조건들이 개인에 의해서 정립되어 있지 않다. 이 경우에 있어서는 인격은 일반적으로 재능으로서 규정되어 있다. 장사치의 재능, 실용적인 재능, 수학적인 재능, 수공예의 재능, 문학적인 재능, 예술적인 재능, 철학적인 재능 등과 같은 것들이다. 이 인생관은 이런 재능의 발전에서 인생의 만족과 향락을 찾는다. 아마도 사람들은 재능을 생긴 그대로 내버려 두지는 않을 것이다. 사람들은 그것을 온갖 방법으로 연마할 것이지만, 인생을 만족시켜 주는 조건은 바로 그 재능 자체이고, 그것은 개인이 정립하지 않은 조건이다. 이 인생관을 가진 사람들은 그들의 지칠 줄 모르는 활동 때문에 항상 그대의 조롱의 대상이 되고 있는 부류에 속하기가 일쑤다.

그대는 자신이 예술적으로 살고 있다고 생각하고 있지만, 그대는 그들 역시 그대와 꼭 같이 살고 있다는 것을 시인할 생각은 추호도 없다. 인생의 향락에 관해서 그대가 그들과는 다른 견해를 갖고 있다는 사실은 부인할 수 없지만, 그것은 본질적인 것이 못 된다. 본질적인 것은 인간이 인생을 즐기고 싶어한다는 사실이다. 그대의 삶은 그들의 삶에 비하면 훨씬 고상하지만, 그들의 삶은 그대의 삶에 비하면 훨씬 순수하다.

이런 일련의 인생관은 그것이 심미적이라는 점을 공통적으로 갖고 있듯이, 또 어떤 통일성, 어떤 연관성을 갖고 있다는 사실이 서로 비슷하다. 그리고 거기에는 그런 인생관들이 모여드는 하나의 결정적인 점이 있다. 이런 인생관이 자신의 인생의 터전으로 삼고 있는 것은 그 자체가 단순하고, 그러므로 그것은 다양성에다 터전을 두고 있는 인생관처럼은 분열되어 있지 않다. 내가 이제 약간 소상하게 언급하려고 하는 인생관은 바로 이 후자에 속한 인생관이다. 이 인생관은 '인생을 즐기라' 고 가르치고, '그대의 욕망에 따라서 살라' 고 선언한다. 그러나 욕망이란 그 자체가 다양한 것이다. 그러므로 이런 생활이 한없이 다양하게 분열되어 간다는 것은 쉽게 이해가 간다. 단, 어떤 특정한 경우에 있어서 욕망이 어린 시절부터 개개의 특정한 욕망으로 고정되어 있는 한에 있어서는, 즉 낚시질이나 사냥이나 말을 키우는 일 따위에 고정되어 있을 때는 예외다. 이 인생관이 다양한 것으로 분열되는 한에 있어서, 우리는 그것이 반성反省이라는 영역에 있다는 것을 쉽게 알 수 있다. 그러나 이 반성은 한정된 반성에 지나지 않고, 인격은 언제까지나 그것이 지닌 직접성 속에 머물러 있다. 욕망 그 자체 안에서 개인은 직접적이고, 욕망이 제아무리 섬세하고 세련된 것이라 할지라도, 또 제아무리 교묘한 것이라 할지라도, 개인은 여전히 직접적인 것으로서 그 욕망 속에 머물러 있다. 즉, 욕망을 향락하는 동안 그는 순간 속에 머물러 있고, 이 점에서 그가 아무리 다양하다 하더라도, 그는 순간 속에 있기 때문에 항상 직접성에 머물러 있다.

자신의 구미를 만족시키기 위해서 산다는 것은 인생에 있어서 매우 높이 평가해야 할 상태지만, 그런 일이란 좀처럼 보기 드물다. 이런 인생관이 시종일관되게 실천되는 일을 볼 수가 없다는 것은 다행한 일이다. 그 이유는 인생의 많은 문젯거리가 인간으로 하여금 생각을 달리하게끔 하기 때문이다. 그렇지 않다면 우리는 자주 그런 소름이 끼치는 광경의 목격자가 될 것이라고 믿어 의심치 않는다. 왜냐하면 우리는 흔히 무미건조한 생활 때문에 자신들이 훼방을 받고 있는 것 같다고 사람들이 투정하는 말을 듣고 있지만, 그것은 불행히도 대개의 경우는 그들을 휘몰아 넣을지도 모르는 광폭한 욕망 속에서 실컷 즐기고 싶어하는 것을 뜻하기가 십상인 것이 확실하기 때문이다. 이런 인생관이 실천되기 위해서는 개인은 다양한 많은 외적인 조건들을 소유하고 있어야만 하기 때문에, 이런 행운 혹은 이런 불운이 어떤 인간에게 할당되는 일은 극히 드물다. 이런 불운이라고 말한 것은, 이런 행운이란 자비로운 신들이 보내 주는 것이 아니라, 격분한 신들이 보내 주는 것이기 때문이다.

이런 인생관이 대규모로 실천되는 것을 보기란 좀처럼 어렵지만, 설불리 그런 인생관에 약간이나마 발을 들여 놓는 사람들은 흔히 볼 수가 있다. 그때에 요청되는 조건들이 구비되지 않으면, 그런 조건들만 마음대로 요리할 수 있다면, 그들이 인생에서 갈망하고 있는 행복과 기쁨을 누릴 수가 있었을 것이라고 생각하게 된다. 그러나 우리는 역사 속에서 가끔 그런 예를 만날 수 있다. 그러므로 나는 이런 인생관에 모든 것이 갖추어졌을 때, 그 인생관이 어떤 결말을 가져오는지를 살펴보는 것이 유익하다고 믿기 때문에, 그런 인간을 묘사해 보고자 한다.

그래서 나는 온 세계가 그에게 복종하고 충실하게 욕망을 채워 주는 무수한 시종들에게 둘러싸여 있었던 전능한 인간, 네로 황제를 선택하였다. 그대는 언젠가 평상시의 버릇처럼 오만불손하게도, 네로가 트로이의 불타는 광경이 어떠했는지를 알아보기 위해서 로마를 불태워버린 것을 비난할 수는 없지만, 그가 실제로 그것을 즐길 수 있을 만큼 예술가적인 기질을 갖고 있었는지는 의문이란 말을 한 적이 있다. 어떤 생각에도 겁내지 않고 어떤 생각에도 결코 당황하지 않는 것이 그대의 제왕적인 욕망의 하나다. 이 욕망을 즐기기 위해서 우리는 황제의 친위대도, 금이나 은도, 온 세계의 재물도 필요치 않다. 우리는 그러기 위해서 혼자만으로 족하고 지극히 조용한 가운데 처리할 수가 있다. 그러므로 그것은 훨씬 현명한 특권에 속하지만, 그렇다고 해서 두려움이 덜한 것도 아니다.

물론 그대는 네로를 변호할 생각은 아니었을 것이다. 그러나 네로가 한 일에 주목하지 않고 네로가 한 방법에 주목하였다는 사실이 벌써 그에 대한 일종의 변호를 내포하고 있다. 물론 나는 그런 당돌한 생각이란 그 순간에, 이를테면 세계를 상대로 시험해 보려고 하는 청년들 사이에서는 흔히 볼 수 있는 생각이고, 특히 남들이 듣고 있을 때는 그런 말을 더욱 하고 싶은 유혹을 느끼게 마련이라는 것을 나는 잘 알고 있다. 나는 또 그대나 나나 사실 모든 사람이, 심지어는 네로까지도 그런 광폭한 사상에 부닥치면 두려움이 앞설 것이라는 것을 잘 알고 있다. 그러나 나는 가장 엄밀한 의미에서 자신이 네로와 같은 인간이 되지 않을 힘을 갖고 있다고 자부하라고는 그 어느 누구에게도 권하지 않으련다. 내가 네로의 본질을 설명하기 위해서 네로의 본질을 구성하고 있던 특성들을 거론한다면, 그대는 아마도 그것을 지나치게 관대한 것이라고 생각할지도 모른다. 그러나 나는 판사로서는 분명히 관대한 편은 아니다. 물론 다른 의미에서는 나는 결코 남들을 판단하는 일이 없지만 말이다. 그러나 그것이 결코 관대하다고는 믿지 말아 주기 바란다. 그것은 진실한 표현이다. 그러나 그것은 동시에 그런 과실이 얼마나 인간과 가까울 수가 있는가를 보여주는 데 이바지할 수 있을 것이다. 오히려 우리는 인간이란 누구나 그가 일생을 어린애처럼 보내지 않는 한, 비록 멀리에 있는 것으로서이긴 할망정, 그런 타락을 예감하는 순간이 있다고 말할 수 있을 것이다. 네로의 본질은 우울이었다.

오늘날에 있어서는 우울하다는 것이 어떤 위대한 것으로 여겨지고 있다. 그런 까닭에 그대가 이 말을 지나치게 부드럽다고 생각하는 것을 나는 이해할 수 있다. 나는 우울을 근본적인 악으로 생각한 중세의 교의教義에 찬성한다. 만약 내가 옳다고 한다면 이것은 그대에게는 매우 불쾌한 정보일 것이다. 왜냐하면 그것은 그대의 인생관 전부를 뒤집어 엎어놓기 때문이다. 그러나 오해를 피하기 위해서 인간이란 슬픔과 근심을 갖게 마련이고, 그것이 하도 커서 어쩌면 일생동안 따라다닐지도 모를 일이고, 또 그것은 아름답고 진실한 것일 수도 있겠지만, 인간이 우울해지는 것은 자신의 죄과 때문이라는 사실만은 분명히 말해 두고자 한다.

그러므로 나는 탕아蕩兒인 그 황제를 다음과 같이 그려본다. 그는 그가 옥좌에 올라앉거나 원로원에 참석할 때만 죄인을 잡는 포리捕吏들에게 에워싸여 있었던 것이 아니라, 특히 그가 자신의 욕망을 채우기 위해 행차할 때는 그의 약탈 행위를 위한 길을 준비하기 위해서도 그런 포리들을 대동하고 있었다. 나는 약간 늙은 그를 상상해 본다. 그의 청춘은 지나갔고, 경솔한 마음은 그에게서 떠나갔고, 그는 이미 생각할 수 있는 온갖 욕망에 익숙해졌고, 그것이 지겨워졌다. 그러나 그 생활은 비록 그것이 아무리 타락된 것이라고 할지라도, 역시 그의 영혼을 무르익게 하였다. 그러나 세상물정에 대한 그의 온갖 지식과 경험에도 불구하고, 그는 여전히 어린애 내지는 청년이다. 정신의 직접성은 아직도 돌파구를 찾고 있지 못하지만, 어떤 변모를 요구하고 보다 차원이 높은 존재의 형식을 요구한다. 그러나 만일 그런 일이 일어나면, 그런 순간이 도래하면, 그때는 옥좌의 영광과 그의 황제로서의 권력과 지배권은 퇴색되고 말 것이다. 그리고 그는 그런 일을 견디어 낼만한 용기가 없는 것이다. 그래서 그는 쾌락에 매달린다. 온 세계의 지혜가 그를 위하여 새로운 쾌락을 창안해 내야만 한다. 왜냐하면 쾌락의 순간에 있어서만 그는 안정을 찾기 때문이다.

그러나 그 쾌락의 순간이 지나가 버리면 그는 다시 권태 속에서 허덕인다. 정신은 줄곧 발현되기를 원하고 있지만, 정신은 변모를 성취하지 못하고 항상 실망에 빠진다. 그래서 네로는 정신에게 쾌락의 만족을 제공한다. 그래서 네로 안에 있는 정신은 먹구름처럼 모여들어, 정신의 노여움은 그의 영혼을 뒤덮고, 쾌락의 순간에 있어서도 사라지지 않는 불안한 두려움으로 변한다. 보라. 그렇기 때문에 그의 눈을 보면 하도 기가 꺾여서 아무도 그를 똑바로 바라볼 수가 없을 정도가 되었고,

그의 시선은 하도 번뜩여서 공포를 자아내게 되었다. 왜냐하면 그의 눈 뒤에는 영혼이 암흑처럼 도사리고 있기 때문이다. 사람들은 네로의 시선을 황제의 시선이라고 부르고, 온 세계가 그 시선 앞에서 떤다. 그러나 그의 가장 깊은 내면의 본질은 불안한 두려움이다. 여느 때와는 다른 식으로 그를 바라보는 어린애가, 혹은 문득 부닥치는 시선이 그를 두려움에 떨게 한다. 왜냐하면 정신은 밝은 곳으로 비집고 나오기를 원하고, 그는 자신의 의식 속에서 자기 자신을 소유하기를 원하지만, 그는 그렇게 할 수가 없기 때문에, 정신은 다시 억압되고 새로운 분노가 축적되기 때문이다. 네로는 자기 자신을 소유하고 있지 못하다. 세계가 그의 앞에서 벌벌 떨 때라야만 그는 평온을 찾는다. 왜냐하면 그때는 감히 그를 덮치려고 하는 사람이 아무도 없기 때문이다.

그러므로 네로는 인간에 대한 불안을 자신과 유사한 모든 인격들과 함께 공유하고 있다. 그는 마치 무엇에 사로잡힌 듯이 자기 자신 안에서 자유롭지가 못하다. 그렇기 때문에 그에게는 모든 시선이 마치 그를 구속하려는 듯이 보인다. 로마의 황제인 그가 가장 비참한 노예의 시선을 두려워한다. 그가 그런 시선에 부닥치면 그의 두 눈은 감히 그런 식으로 그를 바라보는 인간을 잡아먹을 듯이 노려본다. 그러면 황제 곁에서 있는 악한이 네로의 그 사나운 시선을 알아차린다. 그러면 쳐다본 그 사람은 존재하지 않게 된다. 그래도 네로는 살인을 양심의 가책으로 느끼지 않는다. 그러나 정신은 새로운 불안을 더해 간다. 그는 오로지 쾌락의 순간에만 기분의 전환을 느낀다. 네로는 로마의 반을 불태워 버리지만 그의 고뇌는 여전히 그대로 남는다. 이제 더는 그의 마음을 달

래줄 수 있는 것이 없다. 물론 한층 더 차원이 높은 쾌락은 가능하다. 그래서 그는 사람들을 불안하게 한다. 그 자신에 대하여 그는 수수께끼 같은 존재다. 그리고 불안이 바로 그의 본질이다.

이제 그는 모든 사람에게 하나의 수수께끼일 것이고, 그는 그들의 불안 속에서 즐거움을 찾는다. 여기에서 아무도 이해할 수 없는 그 황제의 미소가 생긴다. 사람들이 그의 옥좌에 가까이 접근하면 그는 다정한 미소로 그들에게 인사를 한다. 그러나 소름이 끼치는 불안이 그들을 사로잡는다. 어쩌면 그 미소는 그들의 사형선고일 수도 있고, 어쩌면 마루가 꺼지고 그들은 금방이라도 나락 속으로 떨어질지도 모른다. 한 여인이 그의 옥좌에 가까이 오면 그는 자애롭게 그녀에게 미소를 짓는다. 그러나 그녀는 불안한 나머지 거의 실신할 지경에 이른다. 어쩌면 그 미소가 이미 그녀를 그의 정욕의 희생물로 선택한 것인지도 모른다. 그는 경외심을 자아낼 생각은 않고 떨게 하려고 한다. 그는 황제의 위엄을 갖추고 등장하는 것이 아니라, 연약하고 무기력한 모양으로 살금살금 걸어다닌다. 이런 무력한 모습이 훨씬 더 사람들을 불안스럽게 만들기 때문이다. 그의 안색은 죽어가는 사람 같고, 그의 숨소리는 가냘프다. 그런데도 그는 로마의 황제이고, 사람들의 생사여탈권을 그의 손아귀에 쥐고 있다.

그의 영혼은 지쳐 있고, 기지와 사고思考의 유희만이 한순간 동안 그의 숨을 돌려줄 수가 있다. 그는 이미 세상이 갖고 있는 것을 모두 들이켜 버렸다. 그러나 이런 쾌락의 원천이 말라버리면 그는 숨을 쉴 수가 없다. 그는 어린애의 엄마가 보는 앞에서, 엄마의 절망이 그가 즐길 수 있는 새로운 표현을 제공해 주지나 않을까 싶어서, 그 엄마의 자식을 목 잘라 죽일 수조차 있다. 만약 그가 로마의 황제가 아니었더라면 그는 아마도 자살로써 자신의 생명을 끊었을 것이었으리라. 왜냐하면 칼리굴라가 세계를 일격에 근절시킬 수 있도록 모든 인간의 머리가 하나의 목 위에 달려 있었으면 하고 원한 것과, 한 사람의 인간이 자신의 목숨을 빼앗는 것은 사실 꼭 같은 일이고 표현만이 다르기 때문이다.

네로의 경우가 정말로 그러했었는지 어떤지 나로서는 알 길이 없지만, 그런 성격의 사람에게서도 우리는 가끔 어떤 선량한 면을 발견하기도 한다. 그리고 만약 네로가 그랬다고 한다면, 그를 에워싸고 있던 사람들은 그것을 서슴지 않고 자비라고 불렀을 것을 나는 믿어 의심치 않는다. 이런 일에는 각별한 사정이 따르게 마련이지만, 그래도 그것은 억압되면 진짜 우울이 생기게 되는 직접성의 새로운 하나의 증거를 제공해 준다. 그래서 세상의 온갖 보화와 그것이 가져다주는 온갖 영광도 거의 그를 즐겁게 해줄 수가 없는 바로 그런 순간에, 단 한 마디의 말과, 우연히 일어난 사소한 진귀한 일과, 어떤 인간의 외모, 그 밖의 그 자체로서는 별 의미가 없는 일들이 그를 엄청나게 기쁘게 해줄 수가 있게 된다. 네로와 같은 인간은 어린애처럼 그런 일을 기뻐한다. 어린애처럼이란 말이야말로 바로 안성맞춤격의 표현이다. 왜냐하면 거기에는 어린애의 직접성 전체가 그대로 아무런 변화나 설명도 없이 그에게 나타나기 때문이다. 완전히 발전된 성격은 그런 식으로는 기뻐할 수가 없다. 왜냐하면 그 사람도 어린애와 같은 면을 보존하고 있는 것이 사실이긴 하지만, 이미 어린애로서는 존재하고 있지 않기 때문이다. 그렇기 때문에 네로는 평상시에는 노인일 수밖에 없다. 네로는 단지 가끔가다 어린애가 될 뿐이다.

여기서 나는, 적어도 나에게는 매우 진지한 인상을 준 이 서술을 끝맺으려고 한다. 네로는 그가 죽은 후에 있어서도 우리들을 불안하게 하고 있다. 왜냐하면 비록 그가 아무리 타락했다고 하더라도, 그럼에도 불구하고 그는 역시 우리들과 같은 육신을 가졌고, 또 우리들과 같은 때를 가진 사람이고, 또 아무리 비인간적인 인간에게도 역시 결국 약간은 인간적인 면이 있기 때문이다.

내가 이런 말을 하는 것은 그대의 상상력을 부산스럽게 만들기 위해서가 아니다. 나는 독자들의 호감을 사려고 급급하거나, 적어도 그대의 호감을 사려고 급급해하고 있는 그런 문필가가 아니다. 그대도 알고 있듯이, 나는 일반적인 의미에서도 결코 문필가가 아니고, 단지 그대를 위해서 글을 쓰고 있을 뿐이다. 또 내가 이런 말을 하는 것은, 저 바리새 사람들*과 한패가 되어 우리는 다른 사람들과는 부류가 다르다는 것을 하느님께 감사하려는 계기를 그대와 나에게 부여하기 위해서도 아니다. 나는 나의 생애가 하도 평탄하여 그런 공포는 멀리서 예감할 뿐이라는 사실과, 현재 내가 행복한 남편이라는 사실에 대하여 하느님께 감사하고 있지만, 그것은 내 속에서 다른 생각을 일깨워 주고 있다. 그대에 관해서 말하더라도, 나는 그대가 아직은 여전히 젊기 때문에 그대가 이것으로부터 무엇인가를 배울 것이란 것을 기쁘게 생각하고 있다. 사

* 누가복음 18장 11절 참조.

람들은 각자 자기가 배울 수 있는 것을 배우면 그만이다. 적어도 우리 두 사람이 배울 수 있는 것은, 인간의 불행은 자신의 힘으로는 좌우할 수 없는 외적인 조건을 갖고 있다는 사실에서 기인하는 것이 아니라, 좌우할 수 있는 외적인 조건을 불행하게 만든다는 사실이다.

그렇다면 우울이란 무엇인가?* 그것은 정신의 히스테리다. 인간의 일생 중에는 이를테면, 자신의 직접성이 무르익어서 정신이 보다 높은 차원의 형식을 요구하는 순간이, 정신이 자신을 정신으로 파악하려고 하는 순간이 찾아오는 법이다. 인간이란 그가 직접적인 정신인 한에 있어서 현세의 생활 전체와 관련을 맺고 있다. 그런데 이제 정신은 이런 분산 상태에서, 이를테면 그 자체를 집합시켜서 자기 자신 안에서 변모하려고 한다. 즉, 인격이 그것이 지닌 영원한 타당성 속에서 자기 자신을 의식하려고 한다. 만약 이것이 실현되지 않고, 만약 그 운동이 저지되고, 만약 그것이 도루묵이 되면, 그때는 우울이 싹튼다. 이것을 잊을 셈으로 사람들은 여러 가지 일을 할 수가 있다. 노동을 할 수도 있고, 네로와 같은 인간들보다는 해가 덜한 모험에 종사할 수도 있지만, 우울은 그대로 남아서 떠나가질 않는다. 우울 속에는 설명할 수 없는 무언가가 있다.

슬픔이나 근심을 지니고 있는 사람은 어째서 자기가 슬프며 자기가 무엇을 근심하고 있는지를 알고 있다. 만약 우울에 사로잡힌 인간에

---

* 여기서 우울이라고 새긴 멜랑콜리는, 경우에 따라서는 우수 내지는 시름이라고도 새길 수 있다. 역자 역시 이전에 번역한 책에서는 시름 혹은 우수로 새긴 적이 있다. 이 우울에 관해서는 키에르케고어가 그의 『불안의 개념』과 『죽음에 이르는 병』에서 소상히 살피고 있다.

게 우울의 원인이 무엇이며 무엇이 그를 그렇게도 무겁게 짓누르고 있는가를 묻는다면, 그는 "나도 모른다. 나는 그것을 설명할 수가 없다"고 대답할 것이다. 바로 여기에 우울의 무한성이 도사리고 있다. 이 대답은 완전무결한 정답이다. 왜냐하면 그가 그것을 알게 되면 우울은 곧 제거되기 때문이다. 이에 반해서 슬퍼하고 있는 사람의 경우에는, 어째서 그가 슬퍼하고 있는지를 안다고 해도, 그 때문에 슬픔이 제거되는 일은 없다. 그러나 우울은 죄罪다. 참으로 우울은 일체의 죄를 대표하는 instar omnium 죄다. 왜냐하면 깊이 진심으로 의욕하지 않는다는 것은 곧 죄고, 또 그것은 모든 죄의 어머니가 될 수 있기 때문이다. 이 병이 혹은 오히려 이 죄가 현대에 있어서는 매우 널리 퍼져 있다. 그리고 모든 젊은 독일과 프랑스의 젊은이들이 바로 이 병에 걸려 신음하고 있다.

나는 그대를 분개하게 하고 싶지가 않아서 되도록이면 자비롭게 그대를 위협하련다. 어느 모로 보면 우울에 사로잡히는 사람은 일반적으로 가장 천품이 뛰어난 사람들뿐이기 때문에, 우울이란 나쁜 징조만도 아니라는 것을 나도 기꺼이 인정한다. 나는 또 소화불량에 시달리고 있는 사람이면 누구나 다 자신들을 우울하다고 할 권리가 있다고 단정하여 그대를 괴롭힐 생각도 없다. 오늘날에 있어서는 우울하다고 하는 것이 누구나가 노력의 목표로 삼고 있는 지위로 간주될 만큼 흔한 일이다. 그러나 각별히 뛰어난 천품을 타고난 사람은, 내가 그에게 그런 존재라는 책임을 지우는 이상 역시 다른 사람보다도 죄과가 많다는 것을 달갑게 받아야만 한다. 만약 그가 이 상황을 바르게 본다면, 그것을 그의 인격의 격하라고는 생각하지 않을 것이다. 오히려 그런 상황은 참으로 겸손한 자세로 영원한 힘 앞에 허리를 굽히는 것을 그에게 가르칠 것이다. 이 운동이 일어나자마자 우울은 본질적으로 제거된다. 그러나 바로 그 개인에게는, 그의 인생이 많은 슬픔과 근심에 싸이는 일은 얼마든지 일어날 수 있는 일이다.

그대도 알고 있듯이, 나는 슬픔이란 아무런 쓸모가 없다거나, 슬픔 따위는 모조리 몰아내야만 한다는 식의 진부한 말투로 타이를 생각은 전혀 없다. 이런 말투로 슬퍼하는 사람을 대한다면, 나는 나 자신을 부끄럽게 여길 것이다. 그러나 이런 사람의 생애에 있어서마저도 역시 약간의 우울은 깃들어 있게 마련이다. 그러나 그것은 훨씬 깊은 그 무엇, 즉 원죄와 관련되어있는 것이고, 그것은 어떤 인간도 자기 자신에 대하여 완전히 투명해질 수는 없다는 사실에서 기인하는 것이다. 이에 반해서 영혼의 우울을 조금도 모르고 있는 사람들은 변모를 전혀 예감하지 못하는 영혼을 가진 사람들이다. 나는 여기서 그런 사람들과는 아무런 관계도 맺지 않으련다. 왜냐하면 여기서는 오로지 그대에 관해서만 쓰고 있기 때문이다. 그리고 나는 이 설명이 그대를 만족시킬 것이라고 믿고 있다. 왜냐하면 많은 의사들처럼 우울이란 육체의 병이라고는 거의 생각하지 않을 것이기 때문이다. 의사들은 그렇게 믿고 있으면서도, 참으로 기이하기 짝이 없는 일이지만, 그들은 우울을 고칠 수가 없다. 오로지 정신만이 우울을 고칠 수가 있다. 왜냐하면 우울은 정신적인 병이기 때문이다.

그리고 정신이 자기 자신을 찾으면, 온갖 사소한 골칫거리, 즉 몇몇 사람들이 자신의 우울의 원인이라고 생각하고 있는 것, 예컨대 자신은 세상에서 순응할 수 없다고 생각하는 일이라든가, 자신은 세상에 너무 빨리 혹은 너무 늦게 왔다고 생각하는 일이라든가, 또 자신은 세상에서 있을 곳을 찾을 수가 없다고 생각하는 일이라든가 하는 따위의 두통거리는 사라진다. 왜냐하면 자기 자신을 영원히 자신의 것으로 소유하고 있는 사람은 세상에 온 것이 빠를 수도 늦을 수도 없고, 또 자기 자신을 영원한 타당성 안에서 소유하고 있는 사람은 이러한 인생에서 자신의 의의를 확실하게 찾아내기 때문이다.

그러나 이것은 하나의 간주곡에 불과하다. 왜냐하면 이상의 것들은 처음부터 그대를 위하여 준비한 것이므로 나는 그대가 나를 용서해 주기를 바라기 때문이다. 이제 나는 인간이란 욕망을 만족시키기 위해서 살아야만 한다는 인생관으로 되돌아가련다. 영리한 분별은 이런 인생관이란 관철될 수가 없다는 사실과, 따라서 그런 인생관은 출발시킬 가치가 없다는 사실을 쉽게 알아차릴 수가 있을 것이다. 또 세련된 이기주의는 쾌락의 핵심이 사라지는 것을 쉽게 알아차릴 수가 있다.

그러므로 이제 우리 수중에 남아있는 인생관은, 인생을 즐기라고 가르치면서도, '그대 자신을 즐겨라. 향락 속에서 그대가 즐겨야 할 것은 그대 자신이다' 라고 표현하는 그런 인생관이다. 이것은 한층 차원이 높은 반성이다. 그러나 그것은 결국 인격 그 자체 속까지는 침투하지 못하고, 인격은 여전히 우발적인 직접성 속에 머물러 있다. 이 경우에 있어서도 향락을 위해서 요청되는 조건은 결국 개인의 힘으로는 지배할 수가 없는 외적인 것이다. 왜냐하면 비록 그는 그가 자기 자신을 즐긴다고 말하고 있지만, 그는 단지 향락 속에서만 자기 자신을 즐길 뿐이고, 향락은 외적인 조건에 좌우되기 때문이다. 그러므로 여기에서의 차이는, 그가 직접적으로 즐기지 못하고 반성을 통해서 즐긴다는 점에 있다. 그런 한에 있어서 이런 쾌락주의마저도 자신의 힘으로는 지배할 수 없는 조건에 의해서 좌우되고 있다고 하겠다. 어느 정도 분별이 생기면 타개책이 나타나서, '항상 그런 여러 조건들을 내던지는 동안에 그대 자신을 즐기라' 고 가르친다. 그러나 조건들을 내던짐으로써 자기 자신을 즐기는 사람 역시도 그 조건을 즐기는 사람과 마찬가지로 조건에 좌우되고 있음은 자명한 일이다. 그의 반성은 항상 자기 자신에게로 되돌아온다. 그리고 그의 향락은 향락을 위한 내용을 되도록이면 줄이는 점에서 성립되기 때문에, 그는 항상 자기 자신을 파내서 속을 비게 하고 있는 셈이다. 이런 유한한 반성은 인격을 공개할 수가 없다는 것은 두말할 필요도 없다.

이상의 고찰로 인해서, 나는 적어도 그대를 위하여 심미적인 인생관의 영역을 충분히 분간할 수 있게끔 윤곽을 그려 놓았다고 믿는다. 모든 단계에 공통된 점은 우리가 목적으로 삼고 살아가고 있는 것은 현재 우리가 있는 그대로를 직접 있게 하고 있는 그것이라는 사실이다. 왜냐하면 반성은 결코 붙들 수가 없을 정도로 높은 곳에 있는 것은 붙들 수가 없기 때문이다. 내가 여기에 제시하고 있는 것은 매우 엉성한 암시에 불과하지만, 나는 그 이상의 내용을 제시하고 싶은 생각이 없다. 내게 중요한 것은 각양각색의 단계가 아니라 절대적으로 필요한 운동뿐이다. 나는 이제부터 이 운동에 관해서 고찰할 셈이지만, 나는 그대가 각별히 이 문제에 유의해 주기를 바란다.

자신의 건강을 위해 살아온 그 사람이, 그대의 표현을 빌린다면, 죽음에 임해서도 여전히 건강하였다고 가정하자. 앞서 언급한 그 백작부부가 그들의 금혼식에서 춤을 추자, 그들이 결혼식에서 춤을 추었을 때와 꼭 같이 감탄하는 속삭임이 홀 안에 가득 찼다고 가정하자. 그 부자의 금광에 금의 매장량이 무진장이어서 명예와 직위가 이 행복한 인간의 인생 편력에 계속 뒤따랐다고 가정하자. 그 젊은 처녀는 자기가 사랑한 남자를 얻고, 그 장사솜씨가 뛰어난 사람은 세계 방방곡곡에 거래망을 펴고, 온 세계의 지갑을 자신의 지갑 속에 긁어 넣었고, 그 기술적인 재간이 뛰어난 사람은 하늘과 땅을 연결시켰다고 가정하자. 네로는 지쳐서 하품도 않고 새로운 쾌락들이 매순간마다 그를 놀라게 하였고, 그 교활한 쾌락주의자는 매순간마다 자기 자신을 즐길 수가 있었고, 그 냉소주의자는 자신의 무거운 짐을 더는 기쁨을 누리기 위해서 항상 버릴 수 있는 조건들을 갖고 있었다고 가정하자.

이렇게 가정한다면 그들은 모두가 행복하였다고 말할 수 있을 것이다. 물론 그대는 그렇다고는 말하지 않을 것이지만, 이에 대해서는 후에 설명을 계속하겠다. 그러나 그대는, 많은 사람들이 자신들은 행복하다고 생각하였을 것이고, 개중의 몇몇 사람은 그들에게 결여되었던 점은, 그들이 그 행복을 제대로 음미하지 못한 점이라고 덧붙이고는 제법 총명한 말을 했다고 생각할 것이라는 사실을 그대도 인정함에 인색하지 않을 것이다. 그러나 나는 이제 그와는 반대되는 운동을 전개해 보련다. 이상의 언급한 일이 하나도 일어나지 않았다고 하자. 그러면 그때는 어떻게 될까? 두말할 것 없이 그렇게 되면 그들은 절망한다. 그야 물론 그대는 그런 일을 하지 않을 것이다. 그대는 아마도 그런 일이란 헛수고라고 말할 것이다. 그대가 절망을 인정하려고 하지 않는 이유에 대해서는 후에 계속해서 설명하련다. 여기서는 나는 다만 대부분의 사람들은 절망하는 것이 당연하다는 사실을 그대가 인정할 것을 요구할 뿐이다.

이제 우리는 그들이 어째서 절망하는가를 살펴보기로 하자. 그들은 그들의 생활의 터전이 되어 있었던 것이 덧없는 것이었다는 사실을 발견했기 때문에 절망한 것일까? 그러나 과연 그런 일이 절망의 원인이었을까? 그렇다면 그들의 생활의 터전이었던 것에 어떤 변화가 일어났던 것일까? 그것이 덧없는 것이라는 사실이 밝혀진 것은 덧없는 것 속에 깃든 어떤 본질적인 변화일까? 혹시 그것이 덧없는 것이라는 것이 밝혀지지 않는다면, 오히려 그것이야말로 덧없는 것의 우발적이고도 비본질적인 면이 아닐까? 그러므로 변화의 이유가 될 만한 계기는 아무것도 일어나지 않았던 것이다. 따라서 만약 그들이 절망한다고 하면, 그것은 그들이 앞서부터 미리 절망하고 있었기 때문임에 틀림없다. 다른 점이 있다면 단지 그들이 그것을 모르고 있었다고 하는 사실 뿐이다. 그러나 그것은 전적으로 우발적인 차이다. 그러므로 모든 심미적인 인생관은 곧 절망이고, 심미적으로 살고 있는 모든 사람은, 그가 그것을 알고 있건 모르고 있건 간에 절망 속에 있다고 하는 사실이 밝히 드러난다. 그러나 그것을 알고 있는 사람은(물론 그대는 그것을 알고 있지만) 현존재의 한층 고차원적인 형식이 절대적으로 요청된다.

나는 여기서 그 젊은 처녀와 그녀의 사랑에 관한 나의 판단에 관해서 단 몇 마디로 좀 더 소상히 설명하련다. 그대도 알고 있듯이 나는 남편 된 사람의 자격으로 모든 기회에 말로서건 글로서건 사랑의 실재성을 그대에게 주장해 온 것이 습관처럼 되어 있다. 그러므로 오해를 피하기 위해서 나는 여기에서도 나의 생각을 말해 두고자 한다. 유한한 의미에서 총명한 사람은 아마도 이런 사랑에 대해서는 약간의 의구심을 품게 될 것이고, 어쩌면 그는 그 사랑이 지닌 허약한 덧없음을 감지하게 될 것이고, 그의 빈약한 지혜는 '나를 조금씩만 사랑하고, 오래오래 사랑해 다오'라는 속담을 들어 그런 사랑에 반대할 것이다 – 마치 그의 세속적인 지혜가 그녀의 사랑보다는 덜 허약한 것이라거나, 혹은 적어도 덜 빈약한 것이라는 듯이 말이다! 그대는 내가 그런 식으로는 나의 거부를 표현할 수가 없으리라는 것을 쉽게 알아차릴 것이다.

나로서는 사랑의 영역에서 사상의 실험을 시도한다는 것이 매우 불쾌한 일이다. 나는 단 한 번 사랑을 하였고, 지금도 그 사랑 속에서 말로 다할 수 없으리만큼 행복하다. 그러므로 나로서는 현재 나와 결합되어 있는 여성이 아닌 여성으로부터 사랑을 받는다거나, 현재의 그 여성이 그렇게도 나를 행복하게 해주고 있는 그 사랑과는 다른 사랑의 방법으로 나를 행복하게 해주는 사랑이 있을 것이라고 생각하는 것도 불쾌한 일이다. 그러나 일단 그럴 수도 있다고 상상해 보면, 어떻게 해서 그런 일이 일어났는지는 불문에 붙이고, 하여간에 내가 그런 사랑의 대상이 되었다고 일단 상상해 보기로 하자.

그런 사랑은 나를 행복하게 해주지 못할 것이고, 나는 결코 옛것을 받아들이지 않을 것이다. 내가 그런 사랑을 경멸하기 때문이 아니라,

나는 그녀 자신을 위해서 그것을 허용할 수가 없는 것이다. 하느님께 맹세하고 하는 말이지만, 나로서는 어떤 처녀의 사랑을 멸시하기보다는 차라리 양심에 살인의 멍에를 걸머지는 편이 낫다고 생각한다. 나 자신은 가능한 한에 있어서 모든 사람들로부터 사랑받기를 간절히 원하고 있고, 나의 아내로부터는 한 인간이 다른 사람을 사랑할 수 있는 한계까지 극진히 사랑받기를 간절히 원하고 있다. 만약 내가 그렇게 사랑받지 못한다면 나는 고통을 느낄 것이다. 그러나 나는 그 이상은 원치 않는다. 나는 어느 누구에게도 나를 사랑함으로써 그녀의 영혼이 상처를 받는 것을 용납하지 않을 것이다. 나는 더없이 진실하게 그녀를 사랑하고 있기 때문에 그녀가 자신의 품위를 떨어뜨리는 일을 용납할 수가 없는 것이다.

자만심이 강한 사람에게는 이런 식으로 사랑을 받는 것이 유혹적일 수가 있다. 그리고 세상에는 어떤 처녀를 혹하게 만들어서, 그녀로 하여금 그들 두 사람 이외에는 일체의 것을 잊어버리게 만들 수 있는 기술을 지닌 사람들이 있다. 그들이 그것을 합리화하는 기술은 구경거리가 아닐 수 없다. 그런 처녀는 대개가 엄하게 벌을 받기 마련이지만, 그런 일이 일어날 수 있게 내버려 둔다는 것은 모름지기 경멸할만한 일이라 아니할 수 없다. 이제 그대는 내가, 그 처녀는 그녀가 애인을 얻건 얻지 못하건 간에 꼭 같이 절망 속에 있다고 말했고, 또 지금도 여전히 그렇게 말하고 있는 것은 바로 이런 이유 때문이라는 것을 알 것이다. 왜냐하면 그녀가 사랑한 남자가 매우 성실하여 그가 그녀로 하여금 그녀의 마음의 착각으로부터 빠져나올 수 있게 도와 줄 수 있다고 하더라도, 그것은 우발적인 사정일 것이기 때문이다. 그리고 설혹 그가 이런 목적을 위하여 사용한 방법이 그다지 심한 것이 아니었다고 하더라도, 나는 그가 그녀에 대하여 성실하게, 정직하게, 충실하게 기사적으로 대했으리라고 단언할 수 있다.

이로써 심미적인 인생관이란 그 자체가 절망이라고 하는 사실이 입증되었다. 그러므로 이제는 윤리적인 것을 등장시키는 운동을 벌이기에 알맞은 때라고 생각될지도 모른다. 그러나 아직도 한 단계가 남아있다. 그것은 가장 세련되고 가장 뛰어난 심미적인 인생관이다. 나는 이 인생관을 가장 면밀하게 따져보아야만 하겠다. 왜냐하면 이제야말로 그대가 심판을 받아야 할 차례이기 때문이다. 이제까지 내가 언급한 것은 그대도 별 의의가 없이 모두 따를 수 있을 것이지만, 어떤 의미에서는 그것은 그대를 향해서 한 말이 아니다. 아닌 게 아니라 인생이란 헛된 것이라는 식으로 그대에게 말하거나 설명한다는 것은 별로 도움이 안 될 것이다. 그런 것은 그대가 잘 알고 있는 사실이고, 또 사실상 그대는 그대 나름대로 이에 대처해 왔다. 내가 그런 사실들을 서술한 이유는 배후를 안전하게 굳혀 두기 위해서고, 또 그대가 돌연 껑충 뛰어서 물러서는 것을 방지하기 위해서다.

각설하고, 이 최후의 인생관이라는 것은 절망 그 자체를 말한다. 그것은 심미적인 인생관의 일종이다. 왜냐하면 그런 인격은 그 인격이 지닌 직접성 속에 머물러 있기 때문이다. 그것은 바로 최후의 심미적인 인생관이다. 왜냐하면 그 인생관은 어느 정도까지는 그 자체의 허무성을 의식하고 있기 때문이다. 그러나 절망과 절망 사이에는 차이가 있다. 가령 장님이 되어 버린 예술가, 예컨대 화가가 있다고 가정해 보자. 만약 그에게 좀 더 깊은 무엇인가가 아무것도 없다고 한다면 그는 아마도 절망해 버릴 것이다. 그때 그는 장님이라는 이 특정한 한 가지 일에 절망하고 있다. 그러니만큼 만약 그가 다시 그의 시력을 회복하게 된다면, 그의 절망은 그치고 말 것이다.

그대의 경우는 이와는 다르다. 그대는 그러기에는 차고 넘칠 만큼 지적인 천품을 타고났고, 또 그대의 영혼은 어떤 의미에서는 확실히 매우 심오하기 때문에, 그대에게 그런 일이 생길 리는 만무하다. 외적인 면에서도 그대에게는 그런 불행한 일이 일어난 적이 없다. 그대는 여전히 심미적인 인생관에 소요되는 모든 요소들을 그대 마음대로 좌지우지하고 있다. 그대에게는 재산이 있고, 그대는 독립해 있고, 그대의 건강은 약해져 있지 않고, 그대의 정신은 여전히 생기에 넘쳐 있고, 어떤 처녀가 그대를 사랑하지 않으려고 한 사실 때문에 불행해진 일도 없다. 그런데도 그대는 절망하고 있다. 그것은 어떤 현실적인 일로 말미암은 절망이 아니라 사상적인 절망이다. 그대의 사상은 지나치게 전진해 있고, 그대는 일체의 사물의 허망함을 통찰하고 있지만, 그대는 그 이상은 전진하지 못하고 있다. 가끔 그대는 쾌락에 빠지기도 하지만, 그런 쾌락에 탐닉하고 있는 모든 순간에도 그대는 그것이 허무하다는 것을 의식하고 있다. 그러므로 그대는 항상 그대 자신을 넘어서고 있지만, 말하자면 절망 속에서 그대 자신을 넘어서고 있는 셈이다. 바로 이런 이유 때문에 그대의 생활은 엄청난 모순 속에 처해 있다. 다시 말해서 그대는 가끔 어마어마한 에너지를 갖기도 하고, 또 가끔은 그만큼 엄청나게 무기력하기도 하다.

흔히 느끼는 일이지만 인간을 도취하게 만드는 액체가 감미로우면 감미로울수록 그를 고치기란 그만큼 더 어렵다. 취하는 기분은 더욱 멋있고, 결과 역시도 그리 위험스럽게는 보이지 않는다. 브랜디를 마시는 사람은 곧 그것이 위험한 결과를 초래하리라는 것을 알아차릴 수가 있기 때문에 그는 구제받을 가망이 있다. 그러나 샴페인을 마시는 사람은 치료하기가 더욱 어렵다. 그런데 그대의 경우로 말할 것 같으면, 그대는 가장 세련된 수단을 선택하였다. 왜냐하면 절망만큼 아름답고 멋지고 매력적인 도취가 없고(그대도 잘 알고 있듯이), 특히나 처녀들의 눈에는 더욱 그렇기 때문이다. 특히나 당사자가 난폭한 발작을 억제하고, 절망을 먼 곳에서 일어난 화재처럼 느끼게 하여 절망의 외면만을 슬쩍 엿보게 할 수 있는 기술을 가지고 있을 경우에는 더욱 그렇다. 절망은 걸음걸이와 몸 전체에 경쾌감을 주고, 자랑스럽고 대담무쌍한 분위기를 자아내게 한다. 입술에는 거만한 미소가 감돈다. 절망은 생활에다 형언할 수 없는 경쾌감을 부여하고, 일체를 왕자답게 전망할 수 있는 힘을 부여한다. 그런데 이제 그런 인물이 어떤 젊은 처녀에게로 다가가면, 이 자랑스러운 머리가 그녀 앞에서만 머리를 숙이면, 다시 말해서 온 세계에서 홀로 그녀 앞에서만 머리를 숙이면, 마음이 솔깃하여 유감스럽게도 이 거짓된 절을 믿어버릴 만큼 순진한 처녀가 있게 마련이다. 어떤 인간이 이런 짓을…… 그건 수치스러운 일이 아닐까? 그러나 그 얘긴 그만하자. 나는 고래고래 소리 지르며 설교를 할 생각은 없다. 그래봤자 그대를 분개하게 할 뿐이다.

나는 다른 좀 더 강력한 처방을 갖고 있다. 내게는 저 유망한 청년이 있다. 그는 아마도 사랑에 빠져서 그대를 찾아갈 것이고, 그대를 잘못 보고 그대가 성실하고 정직한 사람이라고 믿고 있다. 그는 그대에게 의논하려고 할 것이다. 물론 그대는 사실상 그런 불행한 청년에 대해서는 그대의 문을 닫아 버릴 수가 있다. 그러나 그대도 그대의 마음만은 닫을 수가 없다. 즉, 그대는 그가 그대의 굴욕의 증인이 되는 것을 원치 않지만, 그렇다고 해서 굴욕이 그대를 찾지 않을 리도 만무하다. 왜냐하면 그대는 아직 그렇게까지는 타락해 있지 않기 때문이다. 그리고 그대가 홀로 있을 때는, 어쩌면 그대는 남들이 믿고 있는 이상으로 선량한 인간인지도 모른다.

그러니 이제 나는 그대의 인생관을 붙든 셈이다. 나를 믿어 주게. 만약 그대가 나와 더불어 이것이 사상의 절망이라고 간주한다면, 그대의 생활에 포함되어 있는 많은 것들이 그대에게 설명이 될 것이다. 그대는 인생에 있어서의 모든 활동을 증오하고 있는 인간이다. 지당한 일이다. 왜냐하면 활동이 어떤 의미를 갖기 위해서는 생활에는 지속성이 있어야만 하지만, 그대의 생활에는 그것이 결여되어 있기 때문이다. 그대가 그대의 연구에 몰두하고 있는 것은 사실이고, 그대는 근면하다고 할 수조차 있다. 그러나 그것은 단지 그대 자신만을 위해서고, 가능한 한 목적의식이 없이 연구하고 있다. 그 이외의 시간에는 그대는 게으르고, 복음서에 나오는 그 일꾼들처럼* 하는 일 없이 장터에 서 있다. 그대는

* 마태복음 20장 3절 참조.

양쪽 손을 호주머니 속에 쑤셔 넣고 인생을 바라보고 있다. 그러고는 절망 속에 포근히 안겨 있을 뿐, 아무것도 그대의 관심을 끄는 것이 없지만, 어떤 일도 회피하지 않고, "어떤 인간이 지붕에서 기와를 던진다고 해도, 나는 그것을 피하지 않을 것이다"라고 말한다. 그대는 임종을 맞이하는 인간과도 같다. 그대는 날마다 죽는다.* 그러나 보통 이 말에 부여되고 있는 엄숙한 의미에서 그렇다는 것이 아니라, 삶이 그 현실성을 잃었다는 뜻이다.

그대가 말하고 있듯이, 그대는 항상 그대가 하숙을 하고 있는 거처를 떠나도록 그대에게 알려주고 있는 기한을 바라보며 그대의 나날을 계산하고 있다. 그대는 일체를 그대의 곁을 스치고 지나가게 한다. 그것들은 그대에게 아무런 인상도 남겨 주지 않는다. 그러나 이제 갑자기 그대를 사로잡은 무엇인가가 나타난다. 그것은 이념일 수도 있고, 어떤 상황의 장면일 수도 있고, 어떤 처녀의 미소일 수도 있다. 그러면 그대는 '거기에 있다.' 왜냐하면 그대는 어떤 기회에는 '거기에 있지' 않을 수도 있고, 또 거기에 있을 수도 있지만, 여하튼 그때는 그대가 '쓸모'가 있기 때문이다. 어떤 일이 일어나는 곳이면 어디에나 그대는 '거기에 있다.' 그대는, 그대의 말을 빌리면, 군중 속에서 그대가 늘 그렇게 하고 있는 식대로 인생에서도 행동한다. 요컨대 그대는 운집한 군중 속으로 비집고 들어가서, 가능하다면 다른 사람들 위에 올라서려고 애쓰고, 드디어 그대가 그들 위에 올라서게 되면, 그대는 되도록 편안히 도

---

* 고린도전서 15장 31절 참조. 성경의 뜻과는 다르지만, 전후의 의미로 보아서는 키에르케고어의 젊은 날의 절망하고 있었던 한 시기를 방불케 하고 있다.

사리고 앉아서 그대 자신을 인생 속에서 굴러가게 만든다.

그러나 군중들이 흩어지고 그 사건이 지나가 버리면, 그대는 다시 길 모퉁이에 서서 세상을 눈여겨 바라본다. 그대도 알다시피, 죽어가는 사람은 초자연적인 에너지를 갖는 법이지만, 그대의 경우도 그와 마찬가지다. 만약 철저하게 생각해 보아야 할 어떤 이념이 있거나, 통독해 버려야 할 어떤 책이 있거나, 실천해야 할 어떤 계획이 있거나, 경험해 보아야 할 어떤 사소한 로맨스가 있거나, 그렇다, 심지어는 꼭 사야만 할 모자가 있을 경우에 있어서도, 그대는 당면한 일을 엄청난 힘으로 붙든다.

그대는 사정에 따라서는 온종일 아니 한 달이라도 지치지도 않고 일을 한다. 그대는 여전히 예나 다름없는 활력을 갖고 있다는 사실을 확인하고, 기뻐하고, 그대는 쉬지조차 않는다. 그러고는 "사탄도 나와 겨룰 수는 없다"고 말한다. 그대는 그들이 나가떨어질 때까지 그들을 부려먹는다. 그러나 한 달이 지나고, 혹은 그대가 최대한이라고 생각하고 있는 반년이 지나고 나면, 돌연 그대는 중단하고, "여기서 끝이다"라고 말한다. 그대는 물러서고 나머지 일은 다른 사람들이 마무리하도록 맡겨 버리거나, 혹은 그대가 홀로 종사하고 있었을 경우에는 그 어느 누구에게도 그 일에 관해서 말을 하지 않는다. 그러고는 자기 자신에게나 남들에게는 이제 그 일에는 흥미를 잃은 체하고, 그럴 마음만 내킨다면 여전히 열심히 일할 수도 있다는 헛된 생각으로 자신을 달랜다.

그러나 그것은 엄청난 속임수다. 그대가 인내심을 갖고 그렇게 하려고만 하였던들 그대는 그 일을 마무리 지을 수도 있었을 것이지만, 그때는 동시에 그러기 위해서는 그대가 갖고 있는 것과는 전혀 다른 끈기가 필요하다는 것을 그대는 체험을 통해서 배울 것이다. 이런 식으로 그대는 그대 자신을 속였기 때문에, 그대는 그대의 다가올 생활을 위하여 아무것도 배우지 못하였다.

이제 나는 여기서 사소한 계몽을 통하여 그대에게 이바지할 수가 있다. 우리 자신의 마음이라는 것이 얼마나 간사한 것인지, 우리는 우리 자신을 속이기가 얼마나 쉬운 것인지, 특히나 그대처럼 일체에 대해서 처방하고 조제해 줄 수 있을 뿐만 아니라, 일체를 해체할 수도, 또 말살할 수도 있는 변증법적인 해체력解體力을 소유하고 있는 경우에는 더욱 그렇다는 것을 나도 모르는 바가 아니다.

그렇기 때문에 나는 나대로, 인생에서 내게 어떤 일이 일어났을 때, 시간이 흐르는 동안에 내게 판이한 양상을 띠게 될지도 모른다고 내가 두려워한 어떤 일을 내가 결심하였을 때, 시간이 흐르는 동안에 내가 다르게 해석할지도 모른다고 내가 두려워한 일을 내가 해치웠을 때는, 본래 내가 하려고 목적하였던 내용과 내가 실천한 내용, 그리고 그 이유를 간단명료한 몇 마디 말로 적어 두었다. 그래서 나는 그런 것이 필요하다고 생각될 때는, 그리고 어쩌다가 내가 한 결심이나, 내가 한 행동이 생생하게 기억나지 않을 때는, 나는 자필로 된 나의 증서를 꺼내서* 나 자신을 시정한다.

어쩌면 그대에게는 이런 일이, 그것은 일종의 습관과 같은 것이고,

---

* 여기서 우리는 빌헬름 판사가 키에르케고어의 분신임을 다시 한 번 확인할 수 있다. 왜냐하면 키에르케고어 역시 방대한 일기를 써서 두고두고 그것을 참고로 삼아서 자신의 사상을 전개하였기 때문이다.

그런 일은 지나치게 구차한 일이고, 그렇게 소란을 피울 필요가 없다고 생각될지도 모르겠다. 이에 대해서는 나는 다음과 같이 대답할 수밖에 없다. 즉, 그대가 그럴 필요가 없다고 느낀다면, 그대의 의식意識이 그렇게 정확하고, 그대의 기억이 그렇게 신뢰할 수 있는 것이라면, 그런 일을 안 해도 좋다고 대답할 수밖에 없다. 그러나 나는 그런 일을 믿지 않는다. 왜냐하면 애초부터 그대에게 결핍되어 있는 영혼의 재능은 기억이기 때문이다. 내 말은 이런 혹은 저런 것에 관한, 다시 말해서 이념이나 재치 있는 말이나 변증법적인 변덕 따위에 관한 기억이라는 뜻은 아니다. 나는 그런 것을 주장할 생각은 추호도 없다. 내가 그대에게 결핍되어 있다고 하는 것은, 그대 자신의 생활의 기억과 그 생활 속에서 체험한 것에 관한 기억이다. 만약 그대에게 그런 기억이 있었다면, 동일한 현상이 그렇게도 빈번히 그대의 생활 속에 되풀이되지도 않았을 것이고, 그대의 생활이 내가 반시간의 작업이라고 부르는 내용밖에는 보여주지 않았을 것이다.

설혹 그대가 그 일을 하는 데 반년을 소비하였다고 하더라도, 그대가 그것들을 마무리하지 못한 이상, 그것을 반시간의 작업이라고 불러도 무방할 것이다. 하여간에 그대는 그대 자신과 남들을 속이기를 좋아한다. 만약 그대가 항상 정열의 순간에서처럼 강하다고 한다면, 그대는 내가 알고 있는 사람 중에서는 가장 강한 사람이라는 사실을 부정하지 않겠다. 그러나 그대는 그렇지가 못하다. 이것은 그대 자신이 가장 잘 알고 있는 사실이다. 그렇기 때문에 그대는 손을 떼고, 거의 그대 자신으로부터도 몸을 숨기고, 다시금 게으름이란 안식처에 죽치고 있을 수가 있다. 나의 눈은 감시력이 강하기 때문에, 그대는 언제까지나 나의 눈을 피할 수는 없다. 나의 눈으로 보면, 그대의 찰나적인 열성과 남들을 조롱하는 권리를 휘두르는 그대의 모습은 거의 우스꽝스러울 정도다.

옛날에 어떤 영국 사람들이 말을 사러 아라비아로 갔다. 그들은 영국산 경주마 몇 필을 함께 데리고 갔다. 그 말의 능력을 아라비아 말과 비교해 볼 셈이었다. 그들이 경주를 제의하자, 아라비아 사람들은 쾌히 승낙하고, 영국 사람에게 아라비아 말 중에서 마음에 드는 것을 고르게 하였다. 그러나 영국 사람들은 당장 경주를 하려고 하지 않았다. 그들은 40일간의 훈련이 필요하다고 말했다. 아라비아 사람들은 40일 동안 기다렸다. 상금이 결정되고 말에 안장이 채워졌다. 그때 아라비아 사람들은 얼마동안 달려야 하느냐고 물었다. 그러자 "한 시간 동안"이란 대답이 나왔다. 이 말은 아라비아 사람을 깜짝 놀라게 하였다. 그러고는 간단명료하게, "나는 우리가 사흘 동안 달리는 것으로 생각하였다"고 대꾸하였다.

보라. 그대의 경우도 이와 마찬가지다. 만약 사람들이 그대와 한 시간 동안 달리기 경주를 하자고 한다면, 그대의 말처럼 사탄도 그대를 감당하지 못할 것이다. 그러나 사흘 동안의 경주라면 그대에게는 좀 과하다. 나는 이 이야기를 언젠가 그대에게 한 적이 있는 것으로 기억하고 있다. 또 나는 그대의 대답도 기억하고 있다. 그대의 대답은, 사흘 동안이나 달리기 내기를 한다는 것은 곤란하다. 그렇게 되면 걷잡을 수 없으리만큼 달려버릴 위험성이 있다고 하는 것이었다. 그래서 그대는 그런 폭거는 삼간다고 하면서 한다는 말이, "나도 가끔 말을 타긴 합니다만, 기병이 될 생각도 없거니와 인생에서 쉬지 않고 활동할 생각도 없습니다"라는 것이었다. 어느 정도까지는 그대의 말은 지당하다. 왜냐하면 그대는 언제나 계속성이라는 것을 두려워하고 있고, 또 원칙적으로 계속성은 그대로부터 스스로 속이는 일을 박탈해버리기 때문이다. 그대가 갖고 있는 힘은 절망의 힘이다. 그 힘만은 보통 사람보다 강하지만, 버티는 시간은 보통 사람보다 짧다.

그대는 항상 그대 자신 위에서 맴돌고 있다. 그러나 그대가 증발되어 들어가고 있는 에테르 – 양질의 승화물昇華物은 절망의 허무인 것이다. 그리고 그대는 그대 밑에 학습과 정보와 연구와 고찰을 위해 필요한 다양한 주제들을 바라본다. 그러나 그것들은 그대에게는 사실상 아무 실재성을 갖고 있지 않고, 그대는 그것들을 제멋대로 결합하고 이용하여, 가끔 그대가 머무는 그대의 사치스러운 쾌락의 전당殿堂을 가능한 한 고상하게 장식하고 있다. 그러므로 그대에게는 현존재가 동화에 불과하고, (그대의 말을 빌린다면) 그대는 어떤 이야기든 간에, "옛날 옛날에 왕과 왕비가 있었습니다. 그런데 불행하게도 그들에겐 자식이 없었습니다"라는 말로 시작하고 싶은 유혹을 흔히 느끼고, 동화에서는 왕과 왕비에게는 자식이 없다는 것이 슬픔의 원인이었는 데 비해, 현실생활에서는 자식들이 있다는 것이 오히려 슬픔의 원인이라고 할 수밖에 없는 것은, 고아들의 수용소나 그와 유사한 시설들이 있는 것이 그것을 잘 설명해 주고 있으니, 알다가도 모를 일이라는 말을 늘어놓느라고 다른 이야기는 일체 잊어버리기가 일쑤라는 것은 조금도 놀라운 일이 아니다.

이제 그대는, '인생이란 동화다' 라는 착상을 얻었다. 그대는 한 달

동안을 꼬박 동화를 읽을 수가 있고, 그것을 철저하게 연구하고, 그것을 비교 분석한다. 그대의 연구는 수확이 없는 것도 아니다. 그러나 그대는 그것을 무엇에 이용하는가? 그대의 정신을 즐기게 하는 데 이용한다. 그대는 그것 전체를 하나의 휘황찬란한 불꽃으로 쏘아 올린다.

그대는 그대 자신 위에서 맴돌고 있고, 그대는 그대 밑의 다양한 기분과 상황을 본다. 그대는 그것을 흥밋거리가 될 만한 인생의 내용을 찾기 위해서 이용한다. 그대는 다정다감할 수도 있고, 냉혹할 수도 있고, 풍자적일 수도 있고, 기지적일 수도 있다. 이 점에 있어서 그대가 잘 훈련되어 있다는 사실은 아무도 부인할 수 없다. 그래서 누군가가 그대를 그대의 무관심에서 끌어낼 수가 있기만 하면, 곧 그대는 그대의 온갖 정열을 다하여 실천에 몰두한다. 실천을 함에 있어서 그대는 기술의 부족을 느끼지 않는다. 사실 그대는 지나칠 정도로 완전무결한 기지와 민첩성과 온갖 유혹적인 정신적인 천품으로 무장되어 있다. 그대는 (그대가 자신만만하게 자부하고 있듯이) 방금 꺾어서 엮은 싱싱한 가지의 꽃다발을 휴대하고 있지 않더라도 결코 그렇게 볼품없지가 않다.

사람들은 그대를 알면 알수록, 그대가 정열을 다하여 짧은 기간 동안에 수행하는 모든 일에는 계산된 간교함이 넘쳐 있음을 보고 놀라지 않을 수 없다. 왜냐하면 정열은 그대를 장님으로 만들기는커녕 오히려 그대의 시력을 더욱 밝게 하여주기 때문이다. 그럴 때의 그대는 그대의 절망을 잊어버리고, 평상시에는 그대의 영혼과 사상을 짓누르고 있는 일체를 잊어버린다. 그러고는 그대가 어떤 사람과 맺은 우연한 일에 절대적으로 몰두한다.

나는 나의 집에서 일어났던 사소한 사건을 그대에게 상기시켜 주고 싶다. 그때 그대가 한 멋진 연설에 대해서는 감사하다고 할 수밖에 없었지만, 실상 그것도 어쩌면 그 자리에 참석하고 있던 두 스웨덴 처녀를 위해서 한 것일 게다. 대화가 드디어 진지한 대목으로 접어들어서, 그대로서는 불쾌감을 느낄 고비에 이르렀다. 그때 나는 우리시대의 두드러진 특징을 이루고 있는 정신적인 천품에 대한 과장된 존경을 공격하는 의견을 약간 개진하였다. 그때 나는 참으로 중요한 것은 전혀 다른 어떤 것, 즉 인간 존재의 진지성, 그것을 표현하기 위해서는 신앙이라는 말밖에는 달리 말을 찾아볼 수 없다고 주장하였다. 이런 나의 말 때문에 아마도 그대는 약간 입장이 난처해졌을 것이었다. 그래서 그대는 일단 우리가 다져 놓은 길을 더 이상 전진할 수가 없다는 것을 알고, 그대 자신이 "보다 고차원적인 광기"라고 부르고 있는 수단을 써서 감상적인 것에 호소할 수밖에 없다고 느꼈다. 그래서 그대는, "뭐라고요? 그래 내게 신앙이 없다고 생각하십니까? 천만의 말씀입니다. 난 숲의 고요가 가장 깊이 도사린 곳, 나무들이 컴컴한 물 위에 그림자를 드리우는 한낮에도 땅거미가 지는 그 신비스러운 어둠이 깔려있는 그곳에는, 어떤 존재가, 어떤 요정이, 어떤 처녀가 살고 있다고 믿고 있습니다. 나는 그녀가 아무도 상상조차 할 수 없으리만큼 아름답다고 믿고 있습니다. 나는 그녀가 아침에는 화환을 엮고, 낮에는 차가운 물로 목욕을 하고, 저녁에는 시름에 잠겨 화환에서 꽃잎을 따고 있다고 믿고 있습니다. 나는 내가 그녀를 붙들어 내 것으로 만들 수가 있다면, 나야말로 행복할 것이고, 행복하다고 불릴 수 있기에 합당한 유일한 인간이 될 것이라고 믿고 있습니다. 나는 나의 영혼 속에는 온 세계를 남김없이 뒤지고 싶은 갈망이 있다고 믿고 있습니다. 나는 이 갈망이 충족되면 행복해질 것이라고 믿고 있습니다. 나는 세상에는 어떤 의미가 있다는 것을 믿고 있습니다. 물론 내가 그것을 찾아낼 수만 있다면 그렇다는 말이긴 합니다만, 그러니 내게는 강한 신앙이 없다느니, 열성이 없다느니 하는 따위의 말을 말아 주십시오"라고 말했다.

아마도 그대는 이러한 연설이, 그대에게 그리스의 심포지엄의 일원이 될 자격을 부여해 줄 것이라고 생각할지 모른다. 왜냐하면 그대는 달리 목적이 있었겠지만, 바로 이런 목적을 위해서도 그대의 재능을 연마해 왔고, 밤마다 몇몇 그리스 청년들과 회합을 갖고, 머리에는 꽃으로 엮은 화환을 얹고 앉아서, 사랑에 대한 찬양의 연설이나 그 밖의 마음에 떠오르는 이야기나 하는 것이 가장 아름다운 인생이라고 간주하고 있기 때문이다. 그렇다. 그대는 사랑에 대한 찬양의 연설을 하기 위해서는 그대 자신을 제물로 바치는 일조차도 서슴지 않을 것이다. 나에게는 그 연설이 비록 아무리 능란했다고 할지라도, 아무리 순간적으로는 감명을 준다 하더라도, 특히나 그대가 열띤 웅변을 통하여 그것을 주장할 때는, 단지 인기를 끌기 위한 연설로밖에는 생각되지 않는다. 또 그것이 나에게는 그대의 어지럽혀진 정신 상태의 표현으로만 보인다. 왜냐하면 남들이 믿고 있는 것을 하나도 믿지 않는 사람은 의당 그런 상상적인 존재를 믿을 수밖에 없기 때문이다. 그것은 마치 천지간에 있는 그 무엇도 두려워하지 않는 사람이 거미를 무서워하는 일이 흔히 있는 것과 마찬가지다.

그대는 미소를 짓고 있다. 그대는 내가 덫에 걸려들었다고 생각하고 있다. 그러나 나는 오히려 다른 어떤 사람도 믿고 있지 않는 것을 그대가 믿고 있다고 생각하고 있다. 그것은 틀림없는 사실이다. 왜냐하면 그대의 연설은 언제나 절대적인 회의懷疑로 끝나기 때문이다. 그러나 그대가 아무리 간교하고 계산에 능숙하다 할지라도 그런 방종 속에 깃들어 있는 병적인 열기로써 그대 자신을 한순간 녹이고 있다는 사실을 부인하지 못할 것이다. 그대의 의도는 아마도 다른 사람들을 속이려는 것이겠지만, 자기 자신도 모르고 있는 동안에 그대는 그대 자신을 속이는 순간이 있는 법이다. 그대의 연구에 적용된 것은 그대가 하는 모든 일에도 적용된다. 그대는 순간 속에 실존하고 있고, 그 순간 동안에는 그대는 초자연적으로 커진다. 그대는 그대의 온 영혼을 의지의 힘으로 그 순간 속에 침전시킨다. 왜냐하면 그 순간 동안 그대는 그대의 본질 전체를 절대적으로 지배할 수가 있기 때문이다. 그런 순간에만 그대를 보는 사람은 속아 넘어가기가 일쑤지만, 반면에 만약 그가 다음 순간까지 기다리면, 그는 쉽게 그대를 이길 수 있을 것이다. 그대는 아마도 로랑의 세 젊은 시종에 관한 무제우스의 유명한 동화를 기억하고 있을 것이다. 그들 중의 한 사람이 그들이 숲속으로 찾아간 요술쟁이 노파로부터 모습을 보이지 않게 하는 골무를 얻었다. 이 골무의 덕택으로 그는 아름다운 공주 우르라카의 방에 숨어 들어가서 그녀에게 자신의 사랑을 고백하여, 그녀에게 강한 감명을 주었다. 그녀는 상대방의 모습을 볼 수가 없었기 때문에, 상대가 애정을 다하여 자기를 우러러보는 어떤 요정의 왕자라고 생각하였다. 이윽고 그녀는 그에게 모습을 드러내라고 요구하였다. 난점은 여기에 있었다. 그가 모습을 드러내면 요술의 위력은 당장에 꺼져 버릴 것이고, 그가 모습을 드러내지 않으면 자신의 사랑을 즐길 수가 없는 처지였다. 때마침 무제우스의 동화가 옆에 있으니, 거기에서 약간을 옮겨 적어보기로 하겠다. 이것을 통독하고 그대의 영혼에 도움이 되었으면 하고 기원하는 바이다.

보아하니 그는 마지못해 동의하는 듯했지만, 공주의 상상력은 그녀가 바야흐로 눈으로 보게 될 것이라고 생각되는 가장 아름다운 남성의 모습을 부푼 기대를 갖고 머릿속에 그려보고 있었다. 그러나 실물과 이상의 차이는 무척이나 컸다. 왜냐하면 나타난 모습은 평범하였고, 그의 용모의 어디를 찾아보아도 천재적이고 감상적인 구석은 찾아볼 수가 없는 평범한 인간에 불과하였기 때문이다.

그대가 사람들과 접촉을 통하여 얻고자 하는 것, 바로 그것을 그대는 얻고 있다. 왜냐하면 그대는 그 시종보다는 월등하게 영리하기 때문에, 모습을 드러내는 일은 손해라는 것을 쉽게 간파하고 있기 때문이다. 그대는 어떤 인간에게 그대 자신의 이상적인 모습을 보여주고는(여기서 우리는, 그대는 어느 모로나 그대가 원하는 이상적인 모습을 보여줄 수가 있다는 사실을 인정하지 않을 수 없다), 그대는 대개 슬그머니 몸을 빼고, 이제 또 한 사람을 속였구나 하는 쾌락을 즐긴다. 그러나 그것은 동시에, 그대의 인생관에 깃들인 연관은 단절되고 그대로 하여금 새롭게 시작할 수밖에 없는 어떤 새로운 계기를 갖게 되는 결과를 그대에게 초래하게 한다.

이론적으로는 그대는 세계를 잘 처리하고 있다. 유한적인 것은 그대의 사고思考의 적수가 될 순 없다. 실제적인 면에 있어서도 그대는 어느 정도까지는 일을 잘 처리하고 있다. 다시 말해서 심미적인 의미에서는 그렇다는 말이다. 그럼에도 불구하고 그대는 아무런 세계관도 갖고 있지 못하다. 그대는 어떤 의견 비슷한 것을 갖고 있고, 그것이 그대의 생활에다 일종의 침착성을 부여해 주고 있지만, 그것을 이 생에서의 완전하고 활기를 불어넣어 주는 신뢰라고 혼동해서는 안 된다. 그대가 침착하다고 하는 것은, 가난을 피해서 바다를 건너고, 바위를 넘고, 불 속을 뚫고 나가며 아직도 향락의 환상을 뒤쫓고 있는 자들과 비교해서 그렇다는 것뿐이다.

쾌락과의 관계에 있어서 그대는 매우 뛰어난 자부심을 갖고 있다. 그것은 지극히 당연하다. 왜냐하면 사실 그대는 유한적인 것들은 모조리 처리하고 있기 때문이다. 그러면서도 그대는 그 유한성을 단념할 수가 없다. 그대는 만족을 추구하고 있는 사람들에 비해서는 만족하고 있지만, 그대는 절대적인 불만족 속에서 만족하고 있을 뿐이다. 그대는 세상의 온갖 영광을 보고도 태연하다. 그대는 사상 속에서 그런 것들을 초월하고 있기 때문이다. 만약 그런 것들이 그대에게 제공된다면, 그대는 여느 때처럼, "하루쯤은 그런 것에 넋을 잃을 수도 있을 겁니다"라고 말할 것이다. 그대는 백만장자가 되지 못했다고 해서 속을 태우지도 않는다. 만약 그것이 그대에게 제공된다고 해도, 그대는 아마 "백만장자가 되는 일도 재미난 일일 것이오. 한 달쯤은 그것으로 시간을 보낼 수도 있을 것입니다"라고 말할 것이다. 가령 그대에게 가장 아름다운 처녀의 사랑이 제공된다고 하더라도, 그대는 역시 "암, 반년쯤은 그것도 나쁘지 않을 거요"라고 대답할 것이다.

나는 여기서, 그대는 만족할 줄을 모르는 인간이라고 하는, 그대에 대해 흔히 말하는 요란한 불평에 동조할 생각은 없다. 나는 오히려 어떤 의미에서는 그대가 옳다고 말하고 싶다. 왜냐하면 어떤 유한한 것도, 온 세계라 할지라도 영원한 것에 대한 욕구를 느끼고 있는 인간의 영혼을 만족시킬 수는 없기 때문이다. 설혹 그대에게 지위와 명성과 동시대인들의 찬양을 제공할 수 있다고 하더라도(왜냐하면 그것이 그대의 약점이기 때문이다), 그대는 "암, 얼마 동안은 그것도 좋을 겁니다"라고 대답할 것이다. 사실 그대는 그런 것들을 갈망하고 있지도 않고 있으므로, 그대는 그런 것을 얻기 위해서는 한 발자국일망정 떼놓지 않을 것이다. 그런 일이 어떤 의미를 갖기 위해서는, 그래서 마땅할 만큼 그대 자신이 뛰어난 정신적인 천품을 가지고 있어야만 한다는 것을 깨닫게 될 것이다. 그런 경우에 있어서마저도 그대의 사상은 최고도의 지적인 재능일망정 어떤 덧없는 것으로 간주한다. 그러므로 그대의 논쟁적인 기질은 인생 전체를 매도함으로써 그대 자신을 모든 인간들 중에서도 가장 어리석은 인간이기를 원하면서도, 그대의 동시대인들로부터는 모든 인간들 중에서도 가장 그대가 슬기로운 인간으로 찬양받고 숭상받기를 원할 때, 비로소 그에 대한 최고의 표현을 부여하게 된다. 왜냐하면 이것은 실제로 총명한 인간이 총명한 인간으로 존경을 받을 때보다도 한층 더 깊은 현존재에 대한 조소가 될 것이기 때문이다. 그렇기 때문에 그대는 아무것도 갈망하지 않고 아무것도 원하지 않는다. 그대가 바랄 수 있는 유일한 것은 그대에게 일체를 줄 수 있는 요술지팡이일 것이겠지만, 그것을 입수한다고 해도 그대는 그것으로 그대의 파이프를 소제할 것이다.

이런 식으로 그대는 인생을 처리하고 있다. 그러므로 그대가 말하고 있듯이, 그대는 유언장을 작성할 필요가 없다. 왜냐하면 그대는 남길 것이 아무것도 없기 때문이다. 그러나 그대는 이런 절정에 머무를 수가 없다. 왜냐하면 그대의 사상은 그대로부터 모든 것을 빼앗은 것이 사실이지만, 그대의 사상은 그것에 아무것도 대치해 놓지 않았기 때문이다. 다음 순간에는 매우 하찮은 것이 그대를 사로잡는다. 물론 그대는 그런 일에도 그대의 거만한 사상이 그대에게 부여해 준 온갖 우월성과 자부심을 다하여 몰두한다. 그러나 그대는 그대가 손에 넣기도 전에 이미 싫증이 나버리는 보잘것없는 장난감처럼 그것을 깔본다. 그런데도 그대는 그것에 몰두한다.

그대를 몰두시키는 것은 하찮은 것 그것 자체가 아니고(그런 일이란 그대에게는 있을 수 없는 일이다), 그대는 그대 자신을 그 정도까지 낮추어 보고 싶어하는 욕심 때문에 그런 일에 몰두한다. 그러므로 그대가 그런 식으로 사람을 취급하게 될 때에는, 그대의 본질은 고도의 불성실성을 드러내고 만다. 그러나 그런 일에 대해서는 아무도 그대를 윤리적으로 비난할 수 없다. 왜냐하면 그대는 윤리적인 여러 규정 바깥에 위치하고 있기 때문이다. 다행히도 그대는 남들과 어울리는 일이 매우 드물기 때문에 사람들은 그런 결함을 눈치채지 못한다.

그대는 우리 집에 자주 찾아오고, 또 그대는 언제나 환영을 받고 있다는 사실을 그대 자신이 잘 알고 있다. 그렇지만 그대는 또 내가 어떤 사소한 일에도 그대의 참여를 권할 생각을 않는다는 것도 잘 알고 있다. 나는 그대와 더불어 숲속으로 마차를 몰고 산책을 나가는 것조차 원치 않는다. 그 이유는 그대가 매우 즐겁고 유쾌한 상대가 될 수 없어서가 아니라, 그대의 참가는 언제나 거짓된 것이기 때문이다. 왜냐하면 설혹 그대가 참으로 즐거워하고 있다고 해도, 그대가 즐거워하고 있는 것은 우리 모두가 즐기고 있는 그것을 즐기거나 마차를 타고 나가는 산책 그 자체를 즐기고 있는 것이 아니라, 그대가 남몰래 자신의 마음속에 간직하고 있는 무엇인가를 즐기고 있는 것이 확실하기 때문이다. 또 설혹 그대가 즐기고 있지 않다고 하더라도, 어떤 불쾌한 일이 일어나서 그대를 언짢게 하였기 때문이 아니라(왜냐하면 그런 일이란 우리 모두에게도 일어날 수 있는 일이니까), 그대가 마차에 올라타는 순간에 이미 그대는 그런 심심풀이의 허무함을 분별하고 있기 때문이다.

이런 점에 대해서는 나는 그대를 용서해 줄 용의가 있다. 왜냐하면 그대의 마음은 언제나 지나치게 활동적이기 때문이다. 그리고 그대가 흔히 그대 자신을 두고, "나는 해산이 임박한 임신한 여인과도 같다"는 말을 하고 있지만, 그 말은 진실한 말이다. 인간이 그런 각별한 상황에 놓이게 되면, 다른 사람들과 약간 다르다고 해도 이상할 것이 없다. 그러나 정신은 조롱당하는 것을 용납하지 않는다.* 정신은 그대에게 복수를 하고, 그대를 우울이라는 쇠사슬로 묶어놓는다. 나의 젊은 벗이여,

---

* 갈라디아서 6장 7절 참조.

만약 그대의 영혼에 순박한 진지성이 없고, 만약 그대의 사상에 타고난 깊이가 없고, 만약 그대가 고결한 정신을 소유하고 있지 못하다면, 그리고 만약 그대가 로마의 황제가 되었다고 한다면, 거기에 남은 길이란 네로와 같은 인간이 되는 길밖에는 없다. 그러나 그대는 다른 길을 택한다. 이제 그대 앞에 그대를 만족시켜 줄 수 있는 유일한 것으로 생각되는 하나의 인생관이 나타난다. 그것은 곧 그대의 영혼을 비애와 슬픔에 잠기게 하는 인생관이다. 그러나 그대의 생각은 하도 건전하여 이 인생관은 시험에 통과하지 못한다. 그도 그럴 것이 이런 심미적인 비애에게는 모든 심미적인 인생관에 대해서와 마찬가지로 현존재란 공허한 것이기 때문이다.

만약 어떤 인간이 보다 깊은 고뇌를 느끼지 못한다면, 고뇌 역시 기쁨처럼 점점 줄어든다는 것을 자신 있게 말할 수 있다. 왜냐하면 이런 일체의 것은 꺼져버리는 일시적인 것에 불과하기 때문이다. 그리고 만약 많은 사람들이 고뇌가 줄어든다는 사실에서 위로를 찾는다면, 나로서는 이런 생각이 기쁨이란 줄어드는 것이라는 생각과 마찬가지로 위로가 될 수 없는 것으로 생각한다. 그래서 그대의 사상은 다시금 이 인생관마저도 다시 괴멸시킨다. 고뇌를 없애버리면 기쁨을 얻게 마련이다. 고뇌 대신에 그대는 기쁨을 택한다. 이것이 곧 고뇌의 대용물이다. 이제 그대는 이런 기쁨을, 절망의 웃음을 택한 것이다. 그대는 다시 인생으로 되돌아온다. 이런 조명 밑에서 그대에게는 현존재가 새로운 관심거리로 등장한다. 그대는 어린애들과 이야기하면서, 그대가 하는 말이 어린애들에게 쉽고 자연스럽게 잘 이해되고 있지만, 그러는 반면에 그대에게는 그것이 전혀 다른 것을 의미하는 식으로 이야기하는 것을 무척이나 즐기고 있듯이, 그대는 그대의 웃음으로 사람들을 속이는 일에서 기쁨을 맛보고 있다. 그대는 사람들을 그대와 더불어 웃게 하고 기쁨의 함성을 지르게 하고 그들 자신이 즐거워하게 만들어 놓고는, 그대는 세계를 정복한 것으로 생각하고, 그대 자신을 향하여, "그대들이 웃어대고 있는 대상이 어떤 것인지를 알기만 한다면!"하고 중얼거린다.

그러나 정신은 자신이 조롱당하는 것을 괴로워하지 않는다. 우울의 어둠은 그대 주위에 한층 더 깊게 깔리고, 광기 어린 기지의 번갯불은 그대에게 이 사실을 한층 강하게, 한층 무섭게 드러내 보여준다. 그리고 거기에는 그대의 기분을 전환시켜 줄 수 있는 것이라고는 하나도 없고, 세상의 온갖 쾌락도 그대에게는 아무런 의미를 갖지 못하고, 비록 그대는 단순한 인간들이 즐기고 있는 어리석은 즐거움을 부러워하고 있기는 하지만, 그대는 그것을 추구하지는 않는다. 쾌락도 그대를 유인하지 못한다. 그런데 그대가 처한 상태가 아무리 비통한 것이라고 할지라도, 쾌락이 그대를 유인할 수 없다는 것은 커다란 자비다. 나는 쾌락을 경멸하는 그대 안에 깃들인 자부심을 찬양할 생각은 없지만, 그대의 사상을 꽉 붙들고 있는 은총은 찬양하고 싶다. 왜냐하면 만약 쾌락이 그대를 유인하였다고 한다면, 그대는 망하고 말았을 것이기 때문이다. 그러나 쾌락이 그대를 유인하지 못한다는 것은, 이제 그대가 어떤 길을 택해야만 하는가, 또 그대는 전진이 있을 뿐 후퇴해서는 안 된다는 것을 말해주고 있다고 하겠다.

물론 또 다른 사도邪道가 있고, 그것 역시 꼭 같이 무서운 것이기는 하지만, 여기서도 나는 그대의 자부심에 기대를 거는 것이 아니라, 항상 그대를 부축해주는 은총에 기대를 건다. 그대가 자부심을 갖고 있다는 것, 또 어떤 인간이 허황된 것을 좋아하기보다는 자부심을 갖는 것이 좋다는 것은 진실이다. 또 그대의 사상 속에는 무서운 정열이 간직되어 있다는 것과, 그대가 그것을 포기할 수 없는 요구로 간주하고 있다는 것, 그리고 그대 자신의 말을 빌린다면, 그대가 이 요구를 저버리느니 차라리 세상에서 빚을 다 갚지 못한 채무자로 간주되기를 원하고 있다는 것도 진실이다. 그러나 인간의 모든 자부심이란 한낱 부서지기 쉬운 확신에 불과하다.

보라. 나의 젊은 벗이여. 그대의 이런 생활은 절망이다. 그대가 원한다면 그것을 남들에게는 숨길 수가 있지만, 그대 자신에게는 그것을 숨길 수가 없다. 그것은 곧 절망이다. 그러나 다른 의미에서는 역시 이 생활은 절망이 아니다. 그대는 절망하기에는 지나치게 경솔하고, 또 절망과 접촉을 않기에는 지나치게 우울하다. 그대는 애를 낳으려는 여인과도 같지만, 그대는 계속 그 순간을 늦추고 있고, 계속 고통 속에 머물러 있다. 만약 산고를 겪고 있는 어떤 여인이 자기가 낳으려고 하고 있는 것이 괴물이 아닐까 하고 생각하거나, 자신이 낳으려고 하는 것이 도대체 무엇일까 하고 혼자서 속으로 궁리하고 있다고 한다면, 그녀의 경우는 그대의 경우와 같다고 하겠다. 자연의 진행 과정을 저지하려는 그녀의 노력은 소용이 없는 일이겠지만, 그대의 노력은 사실상 가능하다. 왜냐하면 어떤 인간이 정신적인 의미에서 무엇인가를 낳으려는 힘은 의지의 창조적인 노력이며, 이것은 인간 자신의 힘이 미칠 수 있는 곳에 있기 때문이다.

그렇다면 그대가 낳으려는 것은, 다른 어떤 인간 존재가 아니고 그대 자신을 낳으려고 할 뿐이다. 그러나 이것에는 영혼 전체를 뒤흔들어 놓는 진지성이 내포되어 있다는 것을 나는 잘 알고 있다. 즉, 자신의 영원한 타당성 속에서 자기 자신을 의식하게 된다는 것은 세상에 있는 다른 모든 것보다도 큰 의미를 갖는 순간이다. 그 순간 그대는 마치 붙들려서 말려들어 이제 다시는 시간 속에서나 영원 속에서나 도망칠 수가 없게 되는 것만 같다. 그 순간 그대는 마치 그대 자신을 잃는 듯싶고, 마치 그대는 존재하지 않는 듯싶다. 다음 순간 그대는 마치 후회하는 듯싶지만 어쩔 수가 없다. 우리가 우리 자신을 영원한 상자에다 영원히 귀속시킬 때, 우리가 우리 자신을 어떤 시간의 흐름조차도 지워버리지 못하는 기념할 만한 인간으로 받아들일 때, 우리가 우리 자신을 영원하고 변함없는 의미에서 우리가 있는 그대로의 인간으로서 깨닫게 될 때, 그 순간은 엄숙하고 의미 깊은 순간이다. 그러나 우리는 그것을 그렇게 하지 않고 버려둘 수도 있다!

그러므로 여기에 '이것이냐 저것이냐' 가 있다. 그러니 나로 하여금 아무도 듣고 있는 사람이 없을 때처럼, 그대에게 말을 할 수 있게끔 하여다오. 왜냐하면 한편으로는 나는 듣고 있는 사람이 있다면 어떤 의미에서는 그렇게 할 수 있는 자격이 없기 때문이고, 또 한편으로는 나는 단지 미래의 가능성을 이야기하는 데 불과하기 때문이다. 만약 그대가 나의 말에 귀를 기울일 생각이 없고, 만약 그대가 그대의 영혼을 실속 없는 기지와 허황된 정신에만 계속 마음을 쏠리게 하고 싶다면, 그렇다면 그렇게 해도 좋다. 그대의 고향을 버리고 외국으로 여행을 떠나 파리로 가서 저널리즘에 투신하여, 호색적인 여인의 미소나 뒤쫓고 그들의 뜨거운 피를 그대의 차가운 기지로 식혀주라. 한가한 여인의 권태와 허약한 탕자의 우울한 사상을 몰아내 주는 일을 그대의 인생 활동의 자랑으로 삼으라. 일찍이 그대가 어린애였던 사실을 잊고, 그대의 영혼에는 경건이 있었던 사실을 잊고, 그대의 순진함이 있었던 사실을 잊고, 그대의 가슴 속에서 울부짖던 모든 음성을 잠잠하게 하고, 그대의 생활을 밤의 연회의 번뜩이는 허식 속에서 졸며 보내고, 그대 속에는 불멸의 정신이 깃들어 있다는 사실을 잊고, 그대의 영혼을 극단적으로 괴롭히라.

그대의 기지가 말을 못 하게 되어도, 센 강에는 여전히 물이 흐르고, 가게에는 화약이 있고, 하루 종일 어떤 시간에도 단체 여행을 하는 관광객이 있다. 그러나 만약 그대가 그렇게 할 수가 없다면, 그대가 그러기를 원치 않는다면(그대는 그럴 수도 없고, 또 그러기를 원치도 않는다), 그때는 그대 자신을 가다듬고, 그대의 보다 나은 본질에 대해서 감히 대역죄를 저지르려고 하는 모든 반역적인 사상들을 소탕하고, 그대의 지적인 천품을 시샘하여, 그것을 더 고약한 일에 사용하려고 애타하는 소심한 마음들을 모조리 멸시하라. 마지못해 인생의 멍에를 걸머지고 있으면서도 그것을 걸머지고 있다고 해서 존경을 받고 있는 위선을 멸시하라.

그러나 그렇다고 해서 인생을 멸시해서는 안 된다. 모든 성실한 노력과 겸허하게 자신을 감추는 모든 겸손한 노력일랑은 존경하라. 특히나 여성에 대해서는 조금 더 경의를 표하라. 나의 말을 믿어다오. 구원은 여성으로부터 온다. 마치 타락이 남성으로부터 오는 것이 확실하듯이 말이다. 나는 기혼자고, 그런 한에 있어서 나는 편파적이지만, 남성을 망친 것이 여성이었다고 하더라도 여성은 정직하고 성실하게 그 보상을 하였고, 현재도 보상을 하고 있다는 것이 나의 확신이다. 왜냐하면 세상에서 길을 잃고 있는 남성 100명 중에서 99명의 남성은 여성에 의해서 구원을 받고, 그중의 한 사람만이 직접적인 신의 은총에 의해서 구원을 받기 때문이다. 그리고 또 나는 남성이 이런 혹은 저런 방법으로 길을 잘못 드는 것은 남성의 본질이고, 여성이 순수하고 순진한 직접성의 평화 속에 머물러야만 한다는 것은 여성에게만 적용될 뿐만 아니라, 남성에게도 적용되어야만 한다는 것이 나의 소견이다. 그러므로 그대는 나의 소견에 따르면 여성은(여성이 남성을 이런 상태로 회복시켜 주는 한) 자신이 저지른 해독을 충분히 보상하고 있다는 것을 쉽게 알 수 있을 것이다.

그렇다면 그대는 무엇을 해야만 할 것인가? 어쩌면 남들은, "결혼을 하시오. 그러면 그대는 생각을 달리하게 될 것이오"라고 말할지도 모른다. 물론 그렇게 될지도 모른다. 그렇지만 그것이 그대에게 어떤 유익을 가져다줄지는 여전히 의문으로 남는다. 그대가 이성異性에 대하여 어떻게 생각하든지 간에, 그대는 역시 여성에 대하여 지나치게 기사적으로 생각하기 때문에, 그런 이유 때문에 결혼을 원할 수가 없을 것이다. 더구나 그대가 그대 자신을 가누지 못한다고 한다면, 그대를 부축해 줄 사람을 구한다는 것은 거의 불가능할 것이다.

혹은 또 사람들은, "어떤 직업을 찾아보시오. 기분을 전환시켜 주는 직장 생활에 투신해 보시오. 그러면 그대는 그대의 우울을 잊을 것이오. 일을 하시오. 그것이 최선의 방법이오"라고 말할지도 모른다. 물론 그대는 그대의 우울을 잊어버린 듯이 보이는 지경에까지 도달하는 데 성공할지도 모르겠지만, 우울을 잊어버릴 수는 없고, 어느 순간 갑자기 우울이 모습을 드러낼 것이고, 그 우울은 이전보다 더 무서운 것이 될 것이다. 그때는 아마도 그 우울은, 그것이 일찍이 예전에는 할 수 없었던 일을 할 수 있을 것이고, 그 우울은 그대의 호위를 살해해 버릴 수가 있을 것이다.

더더구나 그대가 인생과 인생에 있어서의 사건들을 어떻게 생각할지라도, 그대는 그대 자신을 지나치게 기사적으로 생각하고 있기 때문에, 바로 그런 이유 때문에 그대는 어떤 직업을 택할 수는 없을 것이다. 왜냐하면 결국 그런 일이란 일종의 허위고, 똑같은 이유로 결혼하는 것과 같기 때문이다. 그렇다면 그대가 해야 할 일은 무엇인가? 내가 갖고 있는 대답은 하나뿐이다. 즉, 절망하라는 대답뿐이다.

나는 기혼자고, 나의 영혼은 단단하게 그리고 슬기롭게 나의 아내와 나의 자식들과 그리고 내가 항상 그 아름다움을 찬양해 마지않는 이 생활에 매달려 있다. 그러므로 내가 그대에게 절망하라고 권할 때, 그것은 그대를 정열의 소용돌이 속으로 몰아넣으려고 하는 흥분한 청년의 말투가 아니고, 또 난파한 사람에게 그런 위로의 말을 퍼붓는 조소적인 악마의 말도 아니다. 분명히 나는 이 말을 위로의 말이나 그대가 머물러야만 하는 상태라고 해서 외치고 있는 것이 아니라, 영혼의 온갖 힘과 진지성과 집중을 요구하는 행위로서 외치고 있는 것이다. 이것은 확실한 진실이다. 이것은 절망의 쓰라림을 맛보지 못한 사람은 누구나, 비록 그의 인생이 제아무리 아름답고 제아무리 기쁨에 넘쳐 있을지라도, 언제나 인생의 뜻을 잃고 있다는 것이 나의 확신이고, 세상에 대한 나의 승리라는 것과 마찬가지로 진실이다. 그대는 절망을 통하여서는 결코 그대가 살고 있는 이 세상을 속이지 않는다. 그대는 이 세상을 극복하였기 때문에 세상을 잃지 않는다. 이것은 나 역시 절망을 해본 일이 있음에도 불구하고, 나 자신을 착실한 기혼자로 확신할 수 있는 것과 마찬가지로 분명한 일이다.

이런 식으로 그대의 생활을 볼 때, 나는 그대를 행운아라고 단언하고 싶다. 왜냐하면 절망의 순간에 인생에 관해서 실수를 저지르지 않았다는 것은 한 인간에게는 지극히 중요한 일이고, 그것은 마치 임산부가 잘못을 저지르는 것과 마찬가지로 그 인간에게는 위험한 일이기 때문이다. 어떤 특정한 일에 절망하는 사람은, 그의 절망이 진정한 것도 아니고, 심각한 것도 아니고, 그것은 단지 어떤 특정한 것에 대한 환멸이나 슬픔에 그칠 수 있는 위험에 부닥친다. 그대는 그런 식으로 절망해서는 안 된다. 왜냐하면 그대는 어떤 특정한 것도 빼앗긴 적이 없고, 그대는 여전히 일체를 소유하고 있기 때문이다. 만약 절망하고 있는 사람이 실수를 하거나, 불행이란 자신을 에워싸고 있는 다양한 것 속에 도사리고 있다고 믿는다면, 그때는 그의 절망은 진정한 것이 아니고, 그런 절망은 그로 하여금 세상을 사랑하지 않고 미워하게 만들 것이다. 왜냐하면 그대에게는 세계가 있을 수 있는 것과는 다른 것으로 생각되기 때문에 그대의 무거운 짐이 되고 있는 것이 진실이듯이, 절망 속에서 그대가 그대 자신을 발견하게 되면 세계는 있는 그대로의 세계이기 때문에, 그대가 세계를 사랑하게 될 것도 진실이기 때문이다.

어떤 인간을 절망으로 몰아넣는 것이 실수와 죄와 양심의 가책이라고 한다면, 그가 자신의 기쁨을 되찾기란 아마도 어려울 것이다. 그러므로 그대의 전심전력을 다하여 절망한다. 그대가 그것을 늦추면 늦출수록 조건은 그만큼 더 어려워지고, 요구는 변함없이 그대로 남는다. 나는 이 사실을, 마치 어떤 전집본을 타르키니우스 왕에게 팔겠다고 제안한 그 여인처럼 그대에게 외친다. 그녀는 왕이 그녀가 요구한 금액을 지불하지 않으려고 하였을 때, 그 전집의 삼분의 일을 불태워 버리고 당초와 같은 금액을 요구하였고, 다시 왕이 그 금액을 지불하려고 하지 않았을 때, 그녀는 다시 그 삼분의 일을 불태워 버리고 역시 꼭 같은 액수를 요구하였다. 그래서 결국 왕은 나머지 삼분의 일에 대하여 원래의 금액을 지불하고 말았다.

절망이 그대에게 제시하는 조건은 아름다운 것이지만, 보다 아름다운 조건들이 또 있다. 그대처럼 천품이 뛰어난 어떤 청년을 상상해 보기로 하자. 그로 하여금 어떤 처녀를 사랑하게 하고, 그가 그녀를 자기 자신처럼 사랑하게 하도록 해보기로 하자. 그로 하여금 어느 조용한 시간에 그가 자신의 생활을 구축해온 기반과, 그녀가 그녀의 생활을 구축해온 기반을 곰곰이 생각해 보게 하였다고 하자.

그들은 사랑을 공유하고 있다. 그러나 그는 역시 거기에는 어떤 차이점들이 있다고 느낄 것이다. 그녀는 어쩌면 타고난 아름다움을 갖고 있을지는 몰라도, 그것이 그에게는 아무런 의미도 없고, 그것은 결국 매우 부서지기 쉬운 것이다. 어쩌면 그녀는 청춘의 쾌활한 기질을 갖고 있을지도 모르지만, 그에게는 그런 것이 그리 대단한 의미를 갖지 않는다. 한편 그는 정신의 힘을 갖고 있고, 그는 그것이 지닌 능력을 느끼고 있다. 그는 진심으로 그녀를 사랑하기를 갈망하고 있다. 그렇다고 해서 그로서는 이 정신의 힘을 그녀에게 줄 생각은 전혀 없고, 또 그녀의 온순한 영혼은 그것을 요구하지도 않는다. 그래서 거기에는 어떤 차이가 있고, 그래서 그는 자신이 그녀를 진실로 사랑하기 위해서는 이런 차이를 없애 버려야만 한다고 느낄 것이다. 이렇게 되면 그는 자신의 영혼을 절망 속에 잠기게 할 것이다.

그가 절망하는 것은 자기 자신을 위해서가 아니라 그녀를 위해서지만, 그러면서도 자기 자신을 위해서이기도 하다. 왜냐하면 그는 그녀를 자기 자신처럼 극진히 사랑하고 있기 때문이다. 이렇게 되면 절망은 그가 그의 영원한 타당성 속에서 그 자신을 발견하기까지 일체를 게걸스럽게 삼켜버릴 것이다. 그러나 그때 그는 역시 그녀를 발견한다. 그러므로 가장 위험스러운 모험에서 돌아오는 어떤 기사라 할지라도, 이 청년이 피와 살과 대항하고, 유한성의 공허와 대항하여 싸운 싸움터에서 돌아올 때처럼 행복하고 기쁨에 넘쳐 있지는 못할 것이다. 왜냐하면 절망하는 사람은 영원한 인간을 발견하고, 이 영원한 인간 안에서는 우리는 모두가 평등하기 때문이다. 그는 이런 평등성을 갖기 위한 방법으로써 자신의 정신을 둔화시키거나 자신의 정신을 배양하는 것을 게을리하려는 어리석은 생각을 일으키지는 않을 것이다. 그는 자신의 정신의 천품을 계속 간직할 것이지만, 마음속으로는 그런 천품을 갖고 있는 사람은 그런 것들을 갖고 있지 않는 사람처럼 행동한다는 것을* 스스로 깨닫는다.

혹은 또 심오한 종교적인 기질을 상상해 보라. 인류에 대한 진실하고 열렬한 사랑 때문에 절망이라는 바다에 스스로 몸을 던져 끝내는 절대적인 지점, 즉 앞이마가 평평하거나 하늘처럼 자랑스럽게 아치형을 그리고 있느냐는 따위는 아무런 관계도 없는 지점, 그리고 무차별이 아니라 절대적인 타당성이 있는 지점, 이런 지점을 발견하는 것이 바로 그런 것이다.

그대는 갖가지 좋은 생각과 많은 기발한 소견과 상당량의 어리석은 착상들을 갖고 있다. 비록 나는 그대에게 요청하는 것은 아니지만, 그대가 원한다면 그런 것들을 잘 간직해 둬라. 그러나 그대가 갖고 있는 하나의 생각만은 꼭 붙들어 두라고 나는 그대에게 부탁하고 싶다. 그 생각은 나의 정신이 그대의 정신과 유사하다는 것을 나에게 확신시켜 주는 것이다. 그대는 자주, 시인이란 존재는 인신공양이나 마찬가지이기 때문에, 시인이 되기보다는 차라리 또 무엇인가가 되고 싶다는 말을 하였다. 나로서는 시를 쓰기 시작하기 전에 이미 자신을 발견하였거나, 혹은 시작詩作을 통하여 자신을 발견한 사람이 살고 있었다는 사실을 부인할 생각은 추호도 없다. 그러나 반면에, 시인으로서의 존재 그 자체는 암흑 속에 있다는 것은 확실한 사실이다. 그 암흑은 절망의 시발이 끝까지 관철되지 않는 사실에서 기인된 결과이고, 영혼이 항상 절망 속

* 고린도전서 7장 29~31절 참조.

에서 떨고 있을 뿐이며, 그 자체의 진정한 탈바꿈을 이루지 못한 데서 기인한 결과다.

시인의 이상理想은 언제나 거짓된 이상이다. 왜냐하면 진정한 이상은 언제나 현실적인 것이기 때문이다. 그러므로 정신이 정신의 영원한 세계 속으로 날아 올라가는 것이 허용되지 않을 때는, 정신은 중도에 머물러서 구름에 반영되는 온갖 모습을 보고 기뻐하고, 또 그것들의 덧없음을 보고 눈물을 흘린다. 그러므로 시인으로서의 실존은 그 자체로서는 불행한 실존이다. 그것은 유한성보다는 차원이 높지만 아직 무한성은 아니다. 시인은 이상을 보지만 그 이상을 즐기기 위해서는 세상으로부터 탈출해야만 한다. 그는 자기 속에 지닌 이런 신神들의 상像을 인생의 혼돈 한가운데서 간직해 나갈 수가 없다. 그는 또 사방에서 나타나는 이런 이상을 희화戲畵에 영향을 받지 않고 조용히 자신의 길을 추구해 나갈 수가 없고, 그런 신들의 상像으로 몸을 단장할 힘은 더더구나 없다. 그러므로 시인의 생활은 흔히, 자신들은 유한성 속에 머물러 있기 때문에 안전하다고 생각하고 있는 사람들로부터 시시한 동정의 대상이 된다.

그대는 언젠가 기분이 좋지 않은 순간에, 세상에는 남몰래 그대와의 정산을 끝내고 다음과 같은 조건으로 일을 마무리 지으려는 사람들이 있는 것만은 틀림없는 사실이라는 말을 한 적이 있다. 그 조건이란 요컨대 그대는 총명한 인간으로 인정되어 있으니만큼, 그 보답으로 몰락하여 사회의 일원으로서 존재하지 말라는 조건이다. 세상에는 이런 식으로 한 치라도 뛰어난 것이면 무엇이든지 일반적인 수준으로 끌어내리려는 얄팍한 심보들이 있게 마련이라는 사실을 부인할 길이 없다. 그러나 그대는 그런 것에 신경을 쓸 필요가 없고, 그런 일에 반항해서도 안 되고, 그런 것을 경멸해서도 안 된다. 이 순간 나는 그대가 늘 말하고 있듯이, "그런 일에 노심초사할 필요가 없다"고 말하고 싶다. 그러나 만약 그대가 시인이 되기를 원치 않는다면, 그대로서는 내가 제시한 길을 택할 수밖에는 달리 길이 없다. 절망하라!

그러므로 절망을 택하라. 왜냐하면 절망 그 자체도 선택이니까. 의심은 의심을 선택하지 않고서도 의심할 수가 있지만, 절망은 절망을 선택하지 않고서는 절망할 수가 없으니까 말이다. 그리고 사람은 절망하였을 때 다시 선택하게 된다. 그렇다면 그때 그는 무엇을 선택하는 것일까? 그는 자기 자신을 선택한다. 그는 자신의 직접성 속에서 선택하는 것도, 또 이런 우연한 개인으로서 선택하는 것도 아니고, 자신의 영원한 타당성 안에서 자기 자신을 선택한다.

나는 이 점을 그대에게 적용시켜서 해명해 보려고 한다. 일체의 사변思辯은 회의懷疑와 더불어 시작된다고 하는 것은 근대 철학에서 이미 충분히 논의되어 왔다. 그러나 반면에 내가 가끔 이런 고찰에 관심을 가질 수 있었던 한에 있어서는, 나로서는 회의와 절망의 차이점이 무엇인지를 해명해 보려고 해도 허사였다. 나는 여기서 이 차이를 해명해 보려고 한다. 그것이 그대에게 방향을 제시하고 그대를 올바른 위치에 서게 하는 데 이바지할 수 있다고 생각하기 때문이다. 나는 내가 철학자로서의 본래적인 소질이 있다고는 절대로 생각하고 있지 않다. 나는 여러 범주를 요리할 수 있는 그대와 같은 대가의 솜씨를 갖고 있지 못하다. 그러나 가장 깊은 의미에서 무엇이 인생의 의미인가 하는 문제는 단순한 사람에게도 역시 이해되어야만 한다. 회의란 사상의 절망이고, 절망은 인격의 회의다. 그렇기 때문에 나는 나의 결심인 동시에 나의 인생관의 핵심인 선택이라는 범주를 고집한다. 비록 나는 어떤 체계를 갖고 있다고는 결코 자부하고 있지 않지만, 그래도 나는 나 나름대로 인생관이란 것을 갖고 있다. 회의는 사상 그 자체 안에서의 내면적인 운동이고, 나는 회의 속에서는 가능한 한 비인격적으로 행동한다.

이제 가령 사상이 회의를 관철시킴으로써 절대적인 것을 찾아내고, 그 안에서 안식하고 있다고 가정해 보자. 이 경우에 사상이 그 속에서 안식할 수 있는 것은 선택의 결과로서가 아니라, 사상이 회의한 결과 속에 깃들인 동일한 필연성 때문이다. 왜냐하면 회의 그 자체는 필연성에 의해서 규정되고, 안식 역시 마찬가지이기 때문이다. 이것이야말로 회의가 갖고 있는 고상한 성격이고, 그렇기 때문에 회의는 자신들이 하고 있는 말의 내용을 거의 이해하고 있지 못하는 사람들에 의해서 그렇게도 자주 찬양받고 높이 평가되어 왔던 것이다. 그러나 그것이 필연성에 의해서 규정되고 있다는 사실은 인격 전체가 함께 운동하고 있지 않다는 증거다. 그렇기 때문에 어떤 사람이, "나는 기꺼이 믿고 싶지만 그럴 수가 없다. 나는 회의할 수밖에 없다"고 말할 때, 거기에도 상당한 진실이 있다. 그렇기 때문에 우리는 회의를 거듭하고 있는 회의가임에도 불구하고, 그가 사상과는 아무런 관련도 맺고 있지 않은 어떤 적극적인 내용을 그 자신 속에 갖고 있는 경우를, 즉 그가 의무의 타당성이나 자신의 행동의 기준에 관해서 아무런 회의를 품지 않고, 또 공감적인 감정이나 기분에 관해서도 아무런 회의도 품지 않는 지극히 양심적인 인간일 수도 있는 경우를 흔히 볼 수가 있다.

반면에 특히나 우리 시대에 있어서는, 이미 회의는 극복하였음에도 불구하고, 마음속에 절망을 간직하고 있는 사람들을 볼 수가 있다. 이런 사실은 내가 몇몇 독일의 철학자들을 고찰하였을 때 유난히도 나의 눈에 뜨인 사실이다. 그들의 사상은 안정되어 있고, 객관적이고 논리적인 사상은 그것에 상응하는 객관성 속에서 안식하고 있다. 그렇지만 그들은 비록 그들이 객관적인 사색을 통하여 위안을 찾고 있다고는 하지만, 절망 속에 있다. 왜냐하면 인간이란 여러 가지 방법으로 위안을 찾을 수도 있지만, 추상적인 사색만큼 강한 힘을 갖고 있는 마취약은 없기 때문이다. 그도 그럴 것이 여기에서는 되도록이면 몰인격적으로 행동하는 것이 중요하기 때문이다.

그러므로 회의와 절망은 각기 전적으로 다른 영역에 속하고 있다. 이 둘은 각기 영혼의 다른 면을 작동시킨다. 그러나 나는 이것으로는 결코 만족할 수 없다. 왜냐하면 그렇다면 회의와 절망은 협력하고 있는 셈이 되는 것이고, 그것은 사실과 다르기 때문이다. 절망은 훨씬 깊고 훨씬 완전한 표현이고, 그 운동은 회의의 운동보다 훨씬 더 포괄적이다. 절망은 바로 인격 전체의 표현이지만, 회의는 단지 사상을 위한 표현에 불과하다. 자칭 회의에 있어서의 객관성이란, 그것으로 말미암아 회의는 그렇듯이 도도하게 행세하지만, 그것은 바로 회의의 불완전성에 대한 표현이다. 그러므로 회의는 차별에 관계되어 있고, 절망은 절대적인 것에 관계하고 있다. 회의를 하기 위해서는 재능이 필요하지만, 절망을 하는 데는 아무런 재능도 전혀 필요가 없다. 그러나 재능은 그 자체가 하나의 차별이고, 그 자체를 주장하기 위해서 재능을 필요로 하는 것은 결코 절대적인 것이 될 수가 없다. 왜냐하면 절대적인 것은 절대적인 것에 대하여 오로지 절대적인 것으로서만 존재할 수가 있기 때문이다. 가장 천하고 가장 보잘것없는 재능밖에는 나타내지 못한 사람도 절망할 수는 있다. 아무리 생각해도 사상가라고는 말할 수 없는 젊은 처녀도 절망할 수는 있다. 반면에 그런 사람들을 회의가라고 말한다는 것이 어리석은 일이라는 것은 누구나 쉽게 느낄 수가 있는 일이다.

어떤 인간의 회의가 안정을 얻을 수 있고, 그럼에도 불구하고 그가 절망할 수가 있고, 또 계속 절망 속에 머무를 수 있는 이유는, 그가 깊은 의미에서는 절망하기를 원하고 있지 않기 때문이다. 우리는 자신이 원치 않고서는 절대 절망할 수가 없지만, 참으로 절망하기 위해서는 우리가 참으로 그것을 원해야만 한다. 그러나 사람이 참으로 그것을 원할 때는, 우리는 이미 참으로 절망을 넘어서 있다. 우리가 참으로 절망을 원했을 경우에는, 우리는 참으로 절망이 선택하는 것, 즉 자신의 영원한 타당성 속에 있는 자기 자신을 선택한 셈이다.

인격은 절망 속에서만 안정할 수가 있지만, 필연성에 의해서가 아니다. 왜냐하면 나는 결코 필연성에 의해서 절망하는 것이 아니라 자유에 의해서 절망하기 때문이다. 이 자유에 의해서만 우리는 절대적인 것을 획득하기 때문이다. 이 점에 있어서는 우리 시대는, 나의 의견에 의하면, 진보할 것이다. 물론 나의 의견이라는 것이, 신문을 읽거나 가끔 책을 보거나 그대와의 대화를 통해서 얻은 의견에 불과하지만 말이다. 하여간에 우리가 절대적인 것을 찾아내기 위한 진정한 출발점은 회의가 아니라 절망이라는 사실을 알게 될(어쩌면 그것도 비싼 대가를 치르고 말이다) 날도 멀지 않았다.

그러나 나의 범주로 되돌아가련다. 내가 갖고 있는 것은 하나의 범주뿐이다. 왜냐하면 나는 논리가가 아니지만, 그것은 나의 마음의 선택인 동시에 나의 사상의 선택이고, 그것은 나의 영혼의 기쁨인 동시에 나의 축복이기 때문이다. 하여간에 나의 선택의 중요성으로 되돌아가자. 그러므로 앞서 언급한 바와 같이, 절대적으로 선택함에 있어서 나는 절망을 선택하고, 절망 속에서 절대적인 것을 선택한다. 왜냐하면 나 자신이 절대적인 것이고, 나는 절대적인 것을 정립하고, 나 자신이 절대적인 것이기 때문이다. 그러나 완전히 똑같은 말이기는 하지만, 나는 나를 선택하는 절대적인 것을 선택하고, 나는 나를 정립하는 절대적인 것을 정립한다고도 말할 수 있다. 왜냐하면 내가 이 제2의 표현 역시도 꼭 같이 절대적이라는 것을 상기하지 못한다면, 나의 선택의 범주는 거짓된 것이기 때문이다. 그도 그럴 것이 이 범주는 바로 이 두 명제의 동일성이기 때문이다. 나는 내가 선택하는 것을 정립하는 것이 아니다. 왜냐하면 그것이 이미 정립되어 있지 않다고 하면, 나는 그것을 선택할 수가 없을 것이기 때문이다. 그러나 내가 선택하였다는 그 사실 때문에 내가 그것을 정립할 수 없다면, 그때는 나는 그것을 선택한 것이 아니다. 그것은 존재한다. 왜냐하면 그것이 존재하지 않는다면, 나는 그것을 선택할 수가 없기 때문이다. 그것은 존재하지 않는다. 왜냐하면 내가 그것을 선택함으로써 그것은 비로소 생성되기 때문이다. 그렇지 않다면 나의 선택은 하나의 환상에 불과할 것이다.

그러나 내가 선택하는 것은 도대체 무엇일까? 이런 것 혹은 저런 것일까? 천만에, 왜냐하면 나는 절대적으로 선택하고, 나의 선택의 절대성은 내가 이런 혹은 저런 것을 선택하는 일을 선택하지 않았다는 바로 그 사실로서 잘 나타나 있기 때문이다. 나는 절대적인 것을 선택한다. 그렇다면 절대적인 것이란 무엇일까? 그것은 나의 영원한 타당성 속에 있는 나 자신이다. 나는 나 자신이 아닌 어떤 것도 절대적인 것으로서 결코 선택할 수가 없다. 왜냐하면 만약 내가 다른 어떤 것을 선택한다면, 나는 그것을 어떤 유한한 것으로 선택하기 때문에, 나는 그것을 절대적으로 선택하지 않기 때문이다. 하느님을 선택한 유대인마저도 절대적으로 선택한 것이 아니다. 왜냐하면 물론 유대인은 절대적인 것을 선택하였지만, 그것을 절대적으로 선택하지 않았기 때문이다. 그렇기 때문에 그것은 절대적인 것이 되지 못하고 하나의 유한한 것이 되고 말았다.

그러나 그렇다면 나의 이 '자기'라는 것은 무엇일까? 이에 대한 정의를 나에게 요청한다면, 나의 첫 번째 대답은, 그것은 모든 것 중에서 가장 추상적인 것인 동시에 가장 구체적인 것이고, 그것은 곧 자유라고 말할 수밖에 없다. 이 점에 대해서는 약간의 심리학적인 고찰을 할 수 있도록 허락하라. 우리는 흔히 사람들이 인생에 대한 불만을 터뜨리는 것을 듣고, 또 그들이 원하는 바를 표현하는 것도 듣는다. 그대 자신이 그런 바보를 상상해 보라. 그런 소원들이란 전적으로 우발적인 것과만 관계되는 것이므로, 아무것도 해명해 주지 못하는 그런 소원들일랑 뛰어넘어가 버리자. 그의 소망은 다음과 같은 것들이다. 내게도 그 사람과 같은 지성이 있었다면, 혹은 저 사람과 같은 재능이 있었다면, 그렇다, 극단적인 경지에까지 이르면, 내게도 그 사람과 같은 확신이 있었다면 하는 것들이 바로 그것이다. 이런 소망은 너무도 흔히 들려온다. 그러나 과연 그대는 진지하게 다른 사람과 같아졌으면 하는 소원을 표시하는 사람의 말을 들어본 적이 있는가? 그들의 그런 말은 실상과는 거리가 멀다. 우리가 불행하다고 하는 개인들의 특징은, 바로 그들 대부분은 그들 자신의 자기에게 꼭 매달려 있다는 것이고, 그들이야말로 그들의 온갖 수고에도 불구하고 어떤 일이 있어도 다른 사람이 되고 싶어하지 않는다는 점이다.

그들이 그러는 이유는, 그런 개인들은 진리에 매우 접근해 있고, 그들의 인격의 영원한 타당성을 자신들의 축복 속에서가 아니라 자신들의 괴로움 속에서 느끼고 있기 때문이다. 비록 그들은 남이 되기보다는 그들 자신으로 있는 기쁨에 대한 이 완전무결한 추상적인 표현을 말로 표현하는 것을 삼가고 있지만 말이다. 그렇지만 많은 것을 원하고 있는 바로 그 바보도, 비록 항상 일체가 변해 버린다 해도 역시 자기 자신으로 남아있었으면 하고 생각한다. 그러므로 그 사람 안에는 다른 일체에 비해서 절대적이라고 할 수 있는 무엇인가가, 즉 그것으로 말미암아 그가 현재대로의 그로 존재하게 하여 주는 무엇인가가 있다. 비록 그가 그의 소원대로 가능한 한에 있어서의 최대의 변화를 달성하였다고 하더라도 이 일만은 변함이 없다. 그가 오해를 하고 있다는 사실에 대해서도 후에 밝히겠지만, 여기서 나는 다만 그를 현재 있는 그로 만들어

주고 있는 이 '자기'에 대한 가장 추상적인 표현만을 찾아보고자 한다. 그것은 다름이 아니라 자유인 것이다. 이런 식으로라면 인격의 영원한 타당성에 대한 매우 납득이 갈 만한 증명도 실제로 가능할 것이다. 그렇다. 비록 자살하는 사람이라고 할지라도 진실로 자신의 자기를 말살해 버릴 생각은 않는다. 그도 역시 소원한다. 그도 자신의 자기를 위한 다른 형식을 원한다. 그러므로 우리는 영혼의 불멸성에 대하여 최고도의 확신을 가진 자살자도 찾아볼 수 있는 것이다. 단지 그의 존재 전체가 하도 얽혀 있기 때문에, 그는 자살이라는 행위를 통하여 자신의 정신을 위한 절대적인 형식을 찾으려고 기대하였을 뿐이다.

그러나 어떤 개인에게 자신은 항상 변할 수가 있어도 역시 동일한 것으로 머물러 있다고 생각되고, 또 자신의 깊은 본질은 어떤 것이라도 의미할 수가 있는 대수(代數)의 기호로 생각되는 이유는, 그가 올바르게 자리 잡지 못하고 있고, 그가 자기 자신을 선택하지 못하고, 그가 자기 자신을 선택한다는 것이 어떤 것인지에 관해 아무런 관념도 갖고 있지 못하고 있고, 그러나 이렇듯이 분별력을 결여하고 있음에도 거기에는 인격의 영원한 타당성에 대한 승인이 내포되어 있다는 사실에 기인하고 있다. 이에 반해서 올바르게 자리 잡고 있는 사람은 다른 경험을 갖고 있다. 그는 자기 자신을 선택하지만 그는 유한한 의미에서 선택하지 않고 무한한 의미에서 선택한다. 왜냐하면 유한한 의미에서 선택한다면 이때의 '자기'는 다른 많은 유한한 것들 중의 어떤 하나의 유한한 것이 되고 말기 때문이다. 그러나 사실인즉 그는 자기 자신을 선택하는 것이지 다른 사람을 선택하는 것이 아니다. 그가 이렇게 선택하는 이

'자기' 는, 그것이 사실상 그 자신이기 때문에 무한히 구체적이다. 그러나 그는 그것을 절대적으로 선택한 것이기 때문에, 그것은 이전의 '자기' 와는 절대적으로 다른 것이다. 이 자기는 선택에 의해서 생겨난 것이기 때문에, 이전에는 존재하지 않고 있던 것이다. 그러나 그것은 사실 '그 자신' 이었기 때문에 이미 존재하고 있었던 것이다.

이 경우에 선택은 동시에 두 개의 변증법적인 운동을 수행한다. 선택되는 것은 현존하지 않고 선택과 더불어 존재 속으로 들어온다. 한편 선택되는 것은 현존하고, 그렇지 않다면 선택이란 있을 수가 없을 것이다. 왜냐하면 내가 선택한 것이 존재하지 않았고 선택과 더불어 절대적으로 존재 속으로 들어온다고 한다면, 나는 선택하는 것이 아니라 창조하는 셈이 된다. 그러나 나는 나 자신을 창조하는 것이 아니라 나 자신을 선택한다. 그러므로 자연은 무無에서 창조되고, 또 직접적인 인격으로서의 나 자신도 무로부터 창조되는 반면에, 자유로운 정신으로서의 나는 모순율矛盾律의 소산이고, 혹은 내가 나 자신을 선택함으로써 태어난다.

우리가 언급하고 있는 이 사람은, 이제 그가 선택하는 '자기' 는, 그것이 역사를, 즉 그가 그 자신과의 동일성을 인정하는 역사를 갖고 있는 한에 있어서는 무한한 다양성을 내포하고 있다는 사실을 발견한다. 이 역사는 다양한 성질을 갖고 있다. 왜냐하면 그는 이 역사 속에서 인류의 다른 개인과 인류 전체와 관계하기 때문이다. 그리고 이 역사는 고통스러운 그 무엇을 내포하고 있지만, 그는 이 역사에 의해서만 현존하고 있는 그가 된다. 그러므로 자기 자신을 선택하는 인간에게는 용기가 필요하다. 왜냐하면 그가 가장 고립되어 있는 듯이 생각되는 바로 그때에, 그는 그를 전체와 연결시켜 주고 있는 뿌리 속으로 철두철미하게 흡수되기 때문이다. 이런 사실은 그를 불안하게 하지만, 역시 그럴 수밖에 별도리가 없다. 왜냐하면 자유의 정열이 그 사람 안에서 솟아오를 경우에는(그리고 이것은 선택 그 자체 속에서 전제되고 있듯이 선택에 의해서 일깨워진다), 그는 그 자신을 선택하고, 그가 자신의 영원한 축복을 위하여 싸우듯이 이 목적을 소유하기 위해서 싸운다.

그는 이 전체 중에서 어떤 하나도, 가장 고통스러운 것이거나 가장 견디기 어려운 것이나를 막론하고 포기할 수가 없다. 그러나 이 싸움을 위한, 그리고 이런 것을 얻기 위한 표현은 뉘우침이다. 그는 뉘우치고, 그가 하느님 안에서 자기 자신을 발견할 때까지 자기 자신에게로, 가족에게로, 인류에게로 되돌아간다. 이런 조건 안에서만 그는 자기 자신을 선택할 수 있다. 그리고 그는 그 밖의 다른 것은 일체 원하지 않는다. 왜냐하면 그는 이렇게 해야만 절대적으로 자기 자신을 선택할 수가 있기 때문이다.

사랑이 없는 인간이란 도대체 어떤 존재일까? 그러나 사랑에는 허다한 종류가 있다. 나는 아버지를 사랑하고 있지만 어머니는 또 다른 방식으로 사랑한다. 마찬가지로 나의 아내를 역시 다른 방식으로 사랑한다. 그리고 각기 다른 종류의 사랑은 각기 다른 표현을 갖고 있다. 또 내가 하느님을 사랑하는 식의 사랑도 있다. 그리고 그것을 표현하는 언어는 또 하나의 낱말이 있을 뿐이다……. 그것은 곧 뉘우침이다. 내가 하느님을 이런 식으로 사랑하지 않는다면, 나는 하느님을 절대적으로 사랑하지 않는 것이고, 또 진심으로 하느님을 사랑하지 않고 있는 셈이다. 그리고 절대적인 것에 대한 다른 온갖 종류의 사랑은 하나의 오해다. 왜냐하면(흔히 일반적으로 높이 찬양받고 있고, 나 자신도 존경하고 있는 예를 들어 본다면) 사상이 온갖 사랑을 다하여 절대자에게 매달린다면, 그것은 내가 사랑하는 것은 절대자가 아니기 때문이고, 나는 어쩔 수 없어서 사랑하는 것이므로, 나는 절대적으로 사랑한다고 할 수가 없기 때문이다.

내가 자유롭게 사랑하자마자, 내가 하느님을 사랑하자마자 나는 뉘우친다. 하느님에 대한 나의 사랑의 표현이 어째서 뉘우침이냐에 달리 이유가 또 있을 수 있다면, 그것은 하느님께서 먼저 나를 사랑하셨다*는 그것일 것이다. 그러나 이것은 이유치고는 불완전하다. 왜냐하면 만약 내가 나 자신을 절대적으로 선택하는 일이나 자신을 창조하는 것과는 꼭 같은 것이 되지 않는 방법으로 이루어져야만 하는 것이라면, 내가 나 자신을 죄과가 있는 자로서 선택할 때라야만 나는 나 자신을 절대적으로 선택하게 되기 때문이다. 그 죄과는 자식에게 전해진 아비의 죄악이지만, 자식은 그것까지도 뉘우친다. 왜냐하면 그렇게 함으로써만 그는 자기 자신을 선택할 수가 있고, 자기 자신을 절대적으로 선택할 수 있기 때문이다. 그리고 눈물이 일체를 지워버리지만, 그는 뉘우침을 고집한다. 왜냐하면 그렇게 함으로써만 그는 자기 자신을 선택할 수 있기 때문이다. 그의 '자기'는 말하자면 그 자신 바깥에 있는 것이고, 그것은

---

* 요한1서 4장 19절 참조.

획득되어야만 하는 것이고, 그리고 뉘우침이란 이 '자기'에 대한 그의 사랑이다. 왜냐하면 그는 그것을 영원한 하느님의 손으로부터 절대적으로 선택하기 때문이다.

내가 여기서 서술한 내용은 탁상공론이 아니다. 그것은 그러기를 원하는 사람이면 누구나가 말할 수 있는 내용이고, 원하려고 하면 누구나가 원할 수 있는 그런 것이다. 나는 이것을 강의실에서 배운 것이 아니라, 나는 이것을 사랑방에서 배웠다. 원한다면 아이의 방에서 배웠다고 해도 좋다. 왜냐하면 나는 나의 어린 자식이 집 안에서 그렇게도 즐겁게, 또 그렇게도 행복하게 방 안에서 뛰어다니는 것을 볼 때면 나는, "결국 내가 저 애에게 여러 가지 나쁜 영향을 물려주지 않았다고 누가 장담하겠는가? 물론 하느님께서는 내가 저 애를 가능한 한 잘 돌봐주고 있다는 것을 알고 계시겠지만, 이런 생각도 나의 마음을 안정시켜 주지 못하고 있다"고 생각한다. 그러고는 나는 나 자신에게, "어차피 저 애의 생애에 있어서도 그의 정신이 선택의 순간 속에서 성숙하게 될 때가 찾아올 것이고, 그때 그는 자기 자신을 선택할 것이고, 그때는 그도 그를 무겁게 짓누르고 있는 나의 죄과를 뉘우칠 것이다. 그리고 자식이 아비의 죄과를 뉘우친다는 것은 아름다운 일이지만, 자식은 나를 위해 그렇게 하는 것이 아니라, 그렇게 함으로써만 그는 자기 자신을 선택할 수가 있기 때문이다. 그러니 일어날 수 있는 것은 무엇이든 일어나게 하라. 최선의 것이라고 생각되는 것이 어떤 인간에게는 결국 가장 해로운 결과를 가져올 수도 있지만, 그런 일은 아무렇지도 않은 일이다. 나는 그를 위해 많은 도움이 될 수가 있고, 나는 그러기 위해 애쓸 것이지만, 그만이 홀로 자기 자신을 위하여 최고의 일을 할 수가 있다"고 말한다.

여기에 자기 자신을 선택하는 일이 인간들에게는 어째서 그렇게도 고통스러운 것인가 하는 이유가 있다. 그것은 절대적인 고립이 이 경우에는 가장 심오한 연속성과 동일한 것이기 때문이고, 자기 자신을 선택해 버리지 않는 한, 말하자면 어차피 이래저래 다른 무엇이 될 가능성이 있기 때문이다.

이제 여기서 나는 선택하고 뉘우친다는 것이 어떤 것이냐 하는 것에 관한 나의 겸손한 의견을 피력하련다. 어떤 젊은 처녀를 마치 자신의 어머니인양 사랑하고, 자신의 어머니를 마치 어떤 젊은 처녀인양 사랑한다는 것은 부당한 일이다. 모든 종류의 사랑은 각기 독특한 성격을 갖고 있고, 하느님에 대한 사랑은 그 사랑이 갖는 절대적인 독자성을 갖고 있고, 그 사랑의 표현은 뉘우침이다. 그리고 이 사랑에 비한다면 다른 모든 사랑은 도대체 무엇일까? 그것은 이 사랑에 비한다면 단지 어린애의 더듬거리는 말에 불과하다. 나는 자신의 이름을 남들에게 권하려고 하는 환상적인 청년이 아니고, 나는 기혼자인 남편이므로, 뉘우침에 비한다면 모든 사랑은 어린애의 더듬거리는 말에 불과하다는 것을 나의 아내에게도 감히 들려줄 수 있다. 그렇지만 나는 나 자신이, '기혼자로서의 나는 여전히 첫사랑의 승리의 깃발 밑에서 싸우고 있는' 충실한 남편이라는 사실을 알고 있다. 나는 나의 아내 역시 나와 같은 의견이라는 사실을 알고 있다. 그렇기 때문에 나는 이전보다 한층 더 진실하게 그녀를 사랑하고 있고, 또 그렇기 때문에 나는 우리가 앞서 언급한 그런 처녀를 사랑할 생각이 없다. 그 이유는 그녀는 나의 이런 의견에 동감하지 않았기 때문이다.

이 시점에서 위험하고 험난한 새로운 길들이 모습을 나타낸다는 사실, 땅 위를 기어가는 사람은 산꼭대기에 기어오르는 사람보다는 떨어질 위험이 적다는 사실, 벽난로 한쪽 구석에서 쭈그리고 앉아 있는 사람은 용감하게 세상으로 뛰쳐나가는 사람보다 길을 잃을 위험성이 적다는 사실 – 이런 모든 사실을 나도 잘 알고 있다. 그러나 바로 그렇기 때문에 나는 더욱더 나의 선택에 안심하고 머문다.

여기서 신학자라면 다양한 고찰의 출발점을 발견할 것이다. 나는 일개 평신도에 불과하기 때문에 더 이상 이런 문제에는 깊이 파고들지 않으련다. 나는 단지 이제까지 펼친 내용을 통하여 그리스도교에 있어서 뉘우침은 비로소 그 참다운 표현을 발견하였다는 사실을 밝혀보려고 할 뿐이다. 경건한 유대인은 선조들의 죄과가 그를 무겁게 짓누르고 있다고 느꼈지만, 그리스도인처럼 그렇게까지 심각하게 그것을 느끼지는 못하였다. 왜냐하면 경건한 유대인은 자기 자신을 절대적으로 선택할 수가 없었으므로 그 죄과를 뉘우칠 수가 없었기 때문이다. 선조들의 죄과가 무겁게 도사리고, 암탉이 알을 품듯이 그를 품고 있어서, 그는 이 무거운 짐 밑에 깔려서 신음하고 있었지만, 그는 그것을 들어 올릴 수가 없었다. 그 일을 해낼 수 있는 사람은 오로지 뉘우침을 통해 자기 자신을 절대적으로 선택한 사람뿐이다. 자유가 크면 클수록 죄과도 크다. 그리고 이것은 축복의 비밀 중의 하나다. 선조들의 죄과를 뉘우치기를 원하지 않는다는 것은 비겁이라고는 말할 수 없고, 무기력한 일이고 천박한 일이라고는 말할 수 없지만, 적어도 소견이 좁은 일이고, 고

매한 마음이 결여된 상태라 하겠다.

이래서 절망의 선택은 곧 '나 자신'이다. 왜냐하면 내가 절망하는 다른 모든 것들 중에서 나 자신에 관하여 절망하는 것이 진실이고, 내가 절망하는 이 자기는 다른 모든 유한한 것과 같은 하나의 유한한 것이기는 하지만, 반면에 내가 선택하는 이 자기는 절대적인 자기 내지는 절대적인 타당성에 의거한 나 자신이기 때문이다. 이것이 사실이라면 그대는 이 경우에 있어서도 다시금, 내가 심미적인 생활 사이에 정립한 '이것이냐 저것이냐'는 완전한 딜레마가 아니라고, 종전에도 내가 주장하여 왔고 또 지금도 계속 주장하고 있는 이유를 알게 될 것이다. 까닭인즉 본래 문제가 되고 있는 것은 단 하나의 선택이고, 이 선택에 있어서 사실상 선과 악 중에서 하나를 선택하는 것이 아니라, 나는 선을 선택하기 때문이다. 그러나 나는 선을 선택하는 이 사실 속에서, 바로 그런 까닭으로 인해서 나는 선과 악 사이에서 하나를 선택한다. 이 근원적인 선택은 뒤따르는 모든 선택에서도 항상 현존한다.

그러니 이제 그대여 절망하라. 그러면 그대 속에 깃들인 경솔한 마음이 그대로 하여금, 요동치는 정신처럼 그리고 망령처럼, 그대에게는 이미 상실된 세계의 폐허 속에서 헤매는 일이 다시는 없게 할 것이다. 절망하라. 그러면 그대의 정신은 결코 더 이상은 우울 속에서 신음하는 일이 없을 것이다. 왜냐하면 세계가, 비록 그대는 그 세계를 이전과는 다른 눈으로 볼 것이지만, 다시금 그대에게는 아름다워질 것이고 즐거운 것이 될 것이고, 그리고 그대의 해방된 정신은 자유의 세계로 날개치며 솟아오를 것이기 때문이다.

나는 여기서 중단할 수도 있다. 왜냐하면 나는 이제 그대를 데려오고 싶었던 지점까지 데려왔고, 다시 말해서 만약 그대 자신이 그러기를 원한다면, 이제 그대는 바로 그런 지점에 있기 때문이다. 나는 그대가 심미적인 생활의 환상에서 벗어나고, 어중간한 절망의 꿈에서 깨어나서 정신의 진지성에 눈뜨기를 원했다. 그러나 나는 여기서 중단할 생각이 없다. 왜냐하면 나는 이 유리한 위치를 이용하여 그대에게 하나의 인생 고찰, 즉 윤리적인 인생관을 제공하기를 원하고 있기 때문이다. 내가 제공할 수 있는 것은 수수한 선물에 불과하다. 그 이유의 하나는, 나의 재능이 그런 과업을 수행하기에는 적합지가 못하고, 또 하나의 이유는, 이 수수함은 모든 윤리적인 것의 근원적인 특색이고, 풍요한 심미적인 견지에 익숙한 사람들에게는 야릇하게 보이는 특색이기 때문이다. 여기에는, '외모로 보아서는 무에 불과한 것이 양심에게는 전부다 nil ad ostentationem, omnia ad conscientiam' 라는 말이 꼭 들어맞는다. 여기서 중단하기에는 약간 꺼림칙한 이유가 또 있다. 왜냐하면 나는 일종의 정관적靜觀的인 신비주의로 끝난 듯한 외관을 남들에게 줄지도 모르기 때문이다. 이 정관적인 신비주의에 있어서는 인격이란 마치 사상이 절대적인 것 속에서 안식하게 되듯이 꼭 같은 필연성 속에서 안식하게 마련이다. 비록 우리가 자기 자신을 획득한다고 하더라도 무슨 소용이 있을 것이며, 우리가 전 세계를 정복할 수 있는 칼을 입수한다고 해도, 만약 우리가 그 칼을 전혀 사용하지 않고 칼집에만 꽂아둔다면 그것이 무슨 소용이 있겠는가?

그러나 나는 이러한 윤리적인 인생관을 더 소상히 서술하기에 앞서서, 절망의 순간에 있는 인간 앞에 도사리고 있는 위험, 그가 그것에 충돌하여 전적으로 난파해 버릴는지도 모를 암초에 관해서 몇 마디 언급해 두고자 한다. 성서에서는, '만약 사람이 온 세계를 얻을 수 있다고 해도 자신의 영혼이 손상되는 고통을 받게 된다면 그것이 무슨 이익이 되겠는가?' *라고 말하고 있다. 그는 어떤 보상을 받을 것인가? 이에 대립되는 말이 성서에는 기록되어 있지 않지만, 그것은 바로 그 문장 속에 함축되어 있다. 그 뜻은 다음과 같은 것이다. 즉, 그가 큰 세계를 잃을지라도 그의 영혼이 손상을 입지 않는다면, 그것이 그에게 어떤 상처를 입힐 것인가? 어떤 보상이 그에게 필요하겠는가? 성서에는 그 자체는 매우 단순하게 보이면서도 생각하면 생각할수록 더욱더 모호해지기 때문에, 영혼을 말할 수 없이 불안하게 만드는 표현들이 많다. 종교적인 면과 관련해서 본다면 '성령에 거역하는 죄' 가** 바로 그런 표현이다. 신학자들이 이 표현에 대하여 정확한 설명을 부여하는 데 성공을 하였는지의 여부를 나는 모른다. 나로서는 정확한 설명이 불가능하다고 생각하고 있지만, 사실 나는 평신도에 불과하다. 반면에 '자신의 영혼이 손상되는 고통을 받는다' 는 표현은 하나의 윤리적인 표현이기 때문에, 윤리적인 인생관을 갖고 있다고 자처하고 있는 사람은 그것에 대한 설명을 갖고 있다고 생각해 주지 않을 수 없다.

그 말이 사용되고 있는 경우를 우리는 흔히 듣고 있다. 그렇지만 그

* 마태복음 16장 26절 참조(내용은 약간 바꾸었음).

** 마태복음 12장 32절 및 누가복음 12장 10절 참조.

말을 이해하려고 하는 사람은 누구나 자신의 영혼 속에서 깊은 감동을 체험하고 있어야만 하고, 암, 그는 깊이 절망하고 있어야만 한다. 왜냐하면 그 말이 언급하고 있는 것은 본래가 절망의 운동이고, 한쪽에는 세계가 있고 다른 한쪽에는 자신의 영혼이 있기 때문이다. 우리가 이 표현을 추구해 간다면, 앞서도 본 바와 같이 소원한다는 것이, 다른 사람이 되고 싶다는 것을 의미하지는 않았다는 사실로 미루어 보아, '자기'에 대한 정의定義가 결국 도달한 경지와 마찬가지로 '영혼'에 대한 정의 역시 꼭 같은 추상적인 정의에 도달하게 된다는 사실을 그대는 쉽게 알 수 있을 것이다.

다시 말해서 만약 내가 온 세계를 얻을 수 있다고 하더라도 나의 영혼이 손상되어 고통을 받게 된다고 한다면, 이 '온 세계'라는 표현에는 나로서의 내가 직접적으로 소유하고 있는 일체의 유한한 것들이 포함되지 않을 수 없게 된다. 그렇게 되면 나의 영혼은 그런 것들에 대해서 무관심해진다. 만약 나의 영혼이 손상되어 고통을 받지 않고 내가 온 세계를 잃는다면, 이런 경우에도 역시 '온 세계'라는 표현 속에는 나로서의 내가 직접적으로 갖고 있는 일체의 규정들이 포함된다. 그렇지만 나의 영혼은 손상을 받지 않는다. 따라서 나의 영혼은 그런 것들에 대해서 무관심해진다. 나는 나의 재산을 잃을 수 있고, 남들이 보기에 나의 명예로 보이는 것을 잃을 수가 있고, 나의 지적인 힘들을 잃을 수가 있지만, 나의 영혼이 손상되어 고통을 받는 일은 없다. 그러나 나는 그런 모든 것을 얻을 수가 있어도 영혼이 손상되어 고통을 받을 수가 있다. 그렇다면 나의 영혼이란 무엇일까? 그런 손실에도 끄떡도 않을 수 있고 그런 것들을 얻어도 손상을 받고 시달릴 수 있는, 나의 이 가장 내밀한 존재인 영혼이란 과연 무엇일까?

절망하고 있는 사람의 눈앞에는 이 운동이 밝게 드러난다. 그가 한쪽에는 온 세계가 있고 다른 한쪽에는 그의 자기가, 즉 자신의 영혼이 있는 것을 볼 때, 그것은 결코 수사적修辭的인 표현이 아니라, 유일하게 타당한 표현인 것이다. 절망의 순간에 이 구별은 확실히 드러나고, 그때는 일체가 그가 어떻게 절망하는가에 좌우된다. 왜냐하면 내가 앞서 모든 심미적인 인생관을 다루는 곳에서 이미 언급하였듯이, 온 세계를 얻는 것은, 즉 자신의 영혼이 손상되어 고통을 받는 식으로 온 세상을 얻는다는 것은 곧 절망이지만, 절망한다는 것은 인간의 진정한 구원이라는 것이 나의 확신이기 때문이다. 여기에서 다시 자신의 절망을 바라는 것, 다시 말해서 무한한 의미에서 그리고 절대적인 의미에서 자신의 절망을 바란다는 것에 내포된 중요한 의의가 밝게 드러난다. 왜냐하면 그러한 의욕은 절대적인 체념과도 동일한 것이기 때문이다.

이와는 반대로 만약 내가 유한한 의미에서 절망을 바란다면, 그때는 나 자신의 영혼이 손상되어 고통을 받는다. 왜냐하면 그때는 나의 가장 내밀한 곳에 있는 본질이 절망 속에서 그 자신의 변모를 시도하지 못하고, 오히려 반대로 그 본질은 그 자체 속에 죽치고 앉아서 굳어버리게 되기 때문이다. 그러므로 결국 유한한 절망은 외고집으로 전락하고 말지만, 반면에 절대적인 절망은 무한화無限化하는 체험이다. 따라서 내가 나의 절망 속에서 온 세계를 얻으면, 나는 그것을 위해 사느라고 나 자신을 유한화하기 때문에, 나의 영혼은 손상을 받고 고통을 겪게 된다.

내가 온 세계를 잃는 일에 절망할 경우에는, 나의 영혼이 손상을 받고 고통을 겪는다. 왜냐하면 나는 여기서도 다시 나의 영혼을 유한성에 의해서 정립定立된 것으로 간주하기 때문에, 나의 영혼을 꼭 같은 식으로 유한화하기 때문이다. 어떤 인간이 범죄를 통하여 온 세계를 얻을 수 있어도, 그는 결국 자신의 영혼이 손상되어 고통을 당하게 되는 것은 자명한 일이지만, 이런 일은 얼핏 보기에는 지극히 순진한 경우에도 일어날 수가 있다. 그래서 나는 우리가 문제로 삼았던 그 젊은 처녀는 그녀가 사랑한 남자를 얻게 되건 못 얻게 되건 간에 꼭 같이 절망 속에 있다고 말했던 것이다.

모든 유한한 절망은 유한성의 선택이다. 왜냐하면 나는 내가 그것을 얻을 때와 마찬가지로 내가 그것을 선택하기 때문이다. 내가 그것을 얻게 될 것인지 아닌지는 나의 힘에 달려 있지 않지만, 내가 그것을 선택하느냐 않느냐는 나의 힘에 달려 있다. 그러므로 유한한 절망은 자유롭지 못한 절망이고, 그것은 본래가 절망 속에 있기를 원하는 것이라고 할 수가 없고, 유한한 것을 소유하고자 원하는 것이고, 이런 것을 원하는 것이 곧 절망이다. 인간이란 바로 이런 비좁은 곳에 자신의 자리를 잡고 머무를 수가 있을지도 모르지만, 그가 거기에 버티고 있는 한, 나로서는 그가 자신의 영혼에 상처를 입고 고통을 겪고 있다고는 딱히 단언할 수가 없다. 그는 극도로 위험한 지경에 서 있다. 거기에는 모든 순간에 손상될 가능성이 있다. 거기에는 절망이 도사리고 있지만, 아직은 그 절망이 그의 가장 내밀한 본질을 엄습하고 있지는 않다. 그가 유한한 의미에서 절망 속에서 굳어 버릴 때, 비로소 그는 자신의 영혼이 상처를 받고 고통을 겪게 된다. 말하자면 그의 영혼은 절망 때문에 마비되어 있는 셈이므로, 그가 정신을 차리고 유한한 방법으로 절망에서 탈출하려는 일을 선택할 때, 비로소 그는 영혼의 상처를 받고 고통을 겪는다. 왜냐하면 그때 그는 자신을 닫아버렸고, 그때 그의 분별 있는 영혼은 질식되어 있어서, 모든 일이 정당방위이기 때문에 어떤 수단방법도 불사하는 사나운 짐승으로 변모해 있기 때문이다.

어떤 인간이 자신의 영혼은 상처를 받고 고통을 겪고 있다고 하는 이 생각에는 무서운 불안이 깃들어 있는 법이지만, 절망해 본 경험이 있는 사람이라면 누구나 이런 잘못된 길 혹은 이런 파멸의 길을 예감하였을 것이다. 어떤 인간이 이런 식으로 영혼의 상처를 입고 고통을 겪는 일은 얼마든지 있을 수 있는 일이지만, 그것이 특정한 개인의 경우에 그 정도가 어느 정도인지는 결정할 길이 결코 없고, 또 이런 경우에는 어느 누구도 감히 남을 판단해서는 안 된다. 어떤 인간의 생활이 이상하게 보일 경우에, 사람들은 그가 바로 그런 경우라고 믿고 싶은 유혹을 받게 되기도 한다. 그러나 당사자인 그 사람은 자신의 상태가 그와는 정반대되는 상태라고 자신을 확신시킬 수 있는 정반대되는 해석을 갖고 있을 수도 있다. 반면에 아무도 그러리라고는 의심조차 않고 있는데도, 영혼의 상처를 입고 고통을 겪고 있는 사람도 있을 수 있다. 왜냐하면 상처는 인간의 외모에 나타나 있는 것이 아니라, 인간의 가장 내밀한 본질 속에 도사리고 있기 때문이다. 이런 상처는 외모는 아름답게 보이지만 속살이 썩은 과일의 부패와도 같고, 또 껍질만 보아서는 전혀 알 수가 없는 호두 속의 텅 빈 공동空洞과도 같다.

그러므로 그대가 그대 자신을 절대적으로 선택할 때, 이 자기는 결코 어떤 추상물이나 동의어반복同意語反復이 아님을 쉽게 발견할 것이다. 물론 우리가 따로 나누어서 구별하려는 방향결정의 순간에는, 우리가 이 자기에 대한 가장 추상적인 표현을 갖고 있을 때까지는 대체로 그렇게 보이기가 일쑤다. 그러나 그럼에도 불구하고 자기가 전적으로 추상적이고 무내용한 것이라고 상상한다는 것은 착각이다. 왜냐하면 자기는 결코 사상이 생각할 수 있듯이 일반적인 자유의 의식意識이 아니기 때문이다. 자기는 하나의 선택에 의해서 생산된 것이고 자기 자신이지, 결코 남이 아닌 특정한 자유로운 존재의 의식이다. 이 자기는 그 내부에 하나의 중요한 구체성과 다양한 여러 규정과 여러 특성을 내포하고 있어서, 그것은 윤리적으로 선택된 심미적인 자기의 전체다. 그렇기 때문에 그대가 그대 자신 속으로 깊이 들어가면 갈수록(유한한 의미에서가 아니라 무한한 의미에서), 무의미한 것의 의미마저도 더 강하게 느끼게 될 것이다. 왜냐하면 그것은 그대에 의해서 정립된 것이기 때문이다. 사람이 이런 식으로 자기 자신을 윤리적인 의미에서 선택한다면 그것은 단지 자기 자신에 관한 성찰을 의미하지는 않는다.

우리가 이 행위의 특징을 알아보기 위해서는, '사람들은 자기가 한 모든 무익한 말을 해명해야 한다'*는 성서의 말씀을 기억하면 될 것이다. 왜냐하면 자유의 정열이 눈을 뜨고 있을 때는, 자기는 자기 자신에 관해서 시샘이 많고, 자기에게 속한 것과 자기에게 속하지 않고 있는

---

* 마태복음 12장 36절 참조.

것이 미결된 상태로 남아있는 것을 결코 용납하지 않을 것이기 때문이다. 그러므로 선택의 최초의 순간에는 인격은, 분명히 어린 아이가 모태에서 나올 때와 마찬가지로 벌거벗은 상태로 나타나지만, 그 다음 순간에는, 그 자체에 있어서 구체적이다. 그리고 인간이 이런 경지에 머무를 수 있는 것은 단지 자의적인 추상에 의해서만 그렇게 될 뿐이다. 그는 자기 자신이 된다. 가장 하찮은 특성에 이르기까지 그는 이전에 그가 있었던 것과 바로 꼭 같은 자기다. 그런데도 그는 다른 사람이 된다. 왜냐하면 선택이 모든 것에 침투하여 모든 것을 변모시키기 때문이다. 그리하여 그의 유한한 인격은 그가 자기 자신을 무한히 선택하는 그 선택을 통하여 무한화한다.

이제 그는 그의 자기를 자기 자신에 의해서 정립된 것으로서, 즉 자기 자신에 의해서 선택된 것으로서, 자유로운 것으로서 소유한다. 그러나 그가 이렇게 자기 자신을 소유함으로써 절대적인 차이가, 즉 선과 악의 차이가 뚜렷이 나타난다. 그가 자기 자신을 선택하고 있지 않는 한에 있어서는, 이 차이는 잠재적이다. 그렇다면 도대체 선과 악의 차이는 어떻게 나타날 수가 있는 것일까? 그것은 우리가 생각할 수 있는 무엇이란 말인가? 다시 말해서 사상을 위해서 존재하는 어떤 것일까? 천만에, 그렇지가 않다. 이 물음과 더불어 나는 다시 우리가 앞서 논의한 바 있는 바로 그 지점에 도달하였다. 그때 나는 철학이 모순율矛盾律을 폐기한 듯이 보이는 것은 어째서일까 라는 문제를 제기하였다. 그때는 물론 철학이 아직은 모순에까지는 도달하고 있지 못했다.

내가 생각을 하게 되면 나는 필연적으로 생각하는 일에 관계하게 되지만, 바로 그런 까닭으로 인해서 선과 악의 차이는 존재하지 않게 마련이다. 그대가 어떤 일을 생각하려고 하든, 모든 범주 중에서 가장 추상적인 것을 생각하든 가장 구체적인 것을 생각하든 간에, 그대는 결코 선과 악의 규정 밑에서 생각하지는 않는다. 역사 전체를 생각한다고 해도, 그대는 이념의 필연적인 운동을 생각하지만, 그대는 결코 선과 악의 규정 밑에서 생각하지는 않는다. 그대는 항상 상대적인 차이를 생각할 뿐이지 결코 절대적인 차이를 생각하지는 않는다. 그러므로 내가 보기로는 철학이 절대적인 모순을 생각할 수 없다고 하는 철학에 동조하는 것은 무방하지만, 그렇다고 해서 여기에서 그런 모순은 존재하지 않는다는 결론은 결코 나올 수가 없다. 나는 생각함으로써 나 자신도 무한화하지만 절대적으로 무한화하지는 못한다. 왜냐하면 나는 절대적인 것 속으로 사라지기 때문이다. 나는 절대적으로 나 자신을 선택할 때라야만 비로소 나 자신을 절대적으로 무한화한다. 왜냐하면 나는 나 자신이 절대적인 것이기 때문이고, 또 내가 나 자신만을 절대적으로 선택하고, 이 나 자신의 절대적인 선택은 나의 자유고, 그리고 내가 나 자신을 절대적으로 선택할 때라야만 오로지 나는 절대적인 차이를, 즉 선과 악 사이의 차이를 정립하기 때문이다.

사고思考 안에서의 자기규정의 요소를 강조하기 위해서 철학은, "절대적인 것은 내가 그것을 생각하는 사실로 말미암아 존재한다"라고 말한다. 그러나 철학 자체는, 그런 식의 표현을 통해서 말하고 있는 것은 자유로운 사고이지 철학이 언제나 찬양해 마지않는 필연적인 사고가 아니라는 사실을 통찰하고 있기 때문에, 철학은 그것 대신에 다른 표현, 즉 절대적인 것을 생각하는 나의 사고는 내 안에서의 절대자의 자기사고自己思考라고 하는 표현으로 대치한다. 이 표현은 앞서 한 표현과 동일하지는 않지만 매우 의미심장하다. 왜냐하면 그것은 나의 사고는 절대자의 한 구성 요소이고, 이 점에 나의 사고의 필연성이 내포되어 있고, 또 이점에 내가 그것을 생각하지 않을 수 없는 필연성이 있다고 말하고 있기 때문이다. 선의 경우에 있어서는 사정이 다르다. 선은 내가 그것을 원하기 때문에 존재하고, 내가 그것을 원치 않는다면 그것은 존재하지 않는다. 이것은 자유에 대한 표현이다. 악의 경우에 있어서도 사정은 마찬가지다. 악은 내가 그것을 원할 때만 존재한다. 이로써 선과 악에 관한 차별적인 규정은 결코 품위가 떨어지는 것도 아니고, 단순한 주관적인 구별로 격하되는 것도 아니다. 오히려 반대로 이런 구별의 절대적인 타당성이 확고해진다. 선은 즉향자적卽向自的인 존재자an-und-für-sich-Seiende에 의해서 정립된, 즉자적이고 향자적으로 존재하는 것이다. 그리고 이것은 자유다.

내가 '자기 자신을 절대적으로 선택한다'는 표현을 사용한 사실이 약간 의아스럽게 생각될지도 모르겠다. 왜냐하면 이 표현은 얼핏 보기에 내가 선과 악을 동일하게 절대적으로 선택한다고, 또 선과 악이 동일하게 필연적으로 나에게 속하고 있다는 식으로 받아들여질 수도 있기 때문이다. 이런 오해를 피하기 위하여 나는, 존재 모두를 다하여 '나 자신을 뉘우친다'는 표현을 사용하였다. 왜냐하면 뉘우침은 악이 필연적으로 나에게 속하고 있다는 사실에 대한 표현이지만, 동시에 그것은 필연적으로 나에게 속해 있는 것이 아니라는 표현이기 때문이다. 만약 내 앞에 있는 악이 본질적으로 나에게 속해 있지 않다고 한다면, 나는 그것을 선택할 수가 없을 것이다. 그러나 내 안에 내가 절대적으로 선택할 수 없는 것이 무엇인가 있다고 한다면, 도대체가 나는 나 자신을 절대적으로 선택할 수가 없을 것이고, 나는 나 자신이 절대적인 것이 될 수가 없고 단지 어떤 소산에 불과할 것이다.

나는 여기서 이런 고찰을 일단 끝내고, 윤리적인 인생관이 인격과 인생을 어떻게 보고 있는가를 밝히겠다. 순서를 밟기 위해 나는 이 지점에서 심미적인 것과 윤리적인 것의 관계에 관하여 이전에 언급한 약간의 고찰로 다시 되돌아가련다. 거기에서는 모든 심미적인 인생관은 절망이라는 말을 했다. 이 말은 그 인생관이 존재할 수 있기도 하고, 또 존재할 수 없기도 한 것 위에 세워졌다는 사실에 기인한다. 그러나 윤리적인 인생관에 있어서는 사정이 다르다. 왜냐하면 이 인생관은 본질적으로 존재에 속하는 것 위에 인생을 세우기 때문이다. 심미적인 것은 어떤 인간 속에서 그가 그것으로 말미암아 직접적으로 현재 그가 존재하고 있는 인간으로 된 그것이라는 말을 했다. 그러나 윤리적인 것은 그것으로 말미암아 어떤 인간이 앞으로 그가 될 그가 되는 것이다. 그러나 이 말은 심미적으로 사는 사람은 발전을 못 한다는 뜻이 아니고, 그는 자유에 의해서 발전하는 것이 아니라 필연에 의해서 발전한다는 뜻이다. 그 사람 안에서는 변모가 일어나지 않고, 또 그 사람 안에서는 그것으로 말미암아 그가 어떤 지점에 도달하여 거기에서 다시 그가 본래 되어야 할 그런 그로 되는 무한한 운동은 일어나지 않는다.

어떤 개인이 그의 자기를 심미적으로 간주하게 되면, 그는 이 자기를 매우 다양한 성격을 지닌 다양한 구체성으로 의식하게 된다. 그러나 이런 일체는 비록 그것이 내적인 차이는 있다고 하지만 역시 그 모두가 그의 본질이고, 개개의 구성분자가 한결같이 그 자신을 주장할 권리를 갖고 있고, 또 한결같이 만족을 요구할 권리를 갖고 있다. 그의 영혼은 모든 종류의 잡초가 한결같이 무성해지기를 요구하는 토양과도 같다. 그의 자기는 이런 다양한 것들로 구성되어 있고, 그는 그 이상의 높은 차원의 자기를 갖지 못하고 있다. 그런데 그때 그대가 그렇게도 흔히 말하고 있는 심미적인 진지성을 다소나마 그가 갖고 있다고 한다면, 그는 그 전부가 동등하게 무성해질 수는 없다는 사실을 알게 될 것이다. 그래서 그는 선택을 하려고 할 것이지만, 그의 선택을 결정케 하는 것은 상대적인 차이에 불과한 많으냐 적으냐 하는 양量이다.

가령 인간이 윤리적인 것과 접촉을 않고도 살아갈 수가 있다고 생각할 수가 있다면, 그는 "나는 돈 주안이나 파우스트나 도적의 수령이 될 소질이 있다. 나는 이 소질을 개발할 셈이다. 왜냐하면 심미적인 진지성은 내가 특정한 무엇인가가 되기를 요구하고 있고, 또 내 속에 배종胚種으로 간직되어 있는 것을 완전히 발전시키라고 요구하고 있기 때문이다"라고 말할 것이다. 인격과 인격의 발전을 이런 식으로 보는 견해는 심미적으로는 완전히 정당하다. 이로써 그대는 심미적인 발전이 어떤 것을 의미하는지를 알 수 있을 것이다. 이것은 식물의 발전과도 같은 발전이고, 개인이 되는 것에는 틀림이 없지만, 그는 직접적으로 현재 있는 그가 될 뿐이다. 인격을 윤리적으로 생각하는 사람은 당장에 절대적인 차이, 즉 선과 악의 차이를 소유한다. 그리고 설혹 그가 자기 자신 속에서 선보다는 악을 더 많이 발견한다 하더라도, 그것은 악이 더 우위에 서게 될 것이라는 것을 의미하지는 않고, 악은 억제되고 선이 우위에 서게 될 것이라는 것을 의미한다. 그러므로 개인이 윤리적으로 발전하게 되면 그는 장차 그가 될 그가 된다. 왜냐하면 그가 자신 속에 깃들어 있는 심미적인 것의 타당성을 허용한다고 할지라도(이것은 그에게는 심미적으로만 사는 사람과는 전적으로 같은 의미를 갖는 것이 아니다), 이 심미적인 것은 왕좌王座에서 물러나기 때문이다.

무릇 모든 진지성이 다 그렇듯이 심미적인 진지성 역시 마찬가지로 인간에게는 유익한 것이지만, 그것은 결코 인간을 완전히 구제할 수는 없다. 그대의 경우에 있어서도 어느 정도 이것은 진실이라고 나는 믿고 있다. 왜냐하면 그대는 이상理想에 맹목적으로 심취하여 왔기 때문에 이상이 항상 그대를 해쳐온 것도 사실이지만, 한편으로는 나쁜 이상이 그대에게 위협적으로 작용한 한에 있어서, 그것은 그대에게 유익했기 때문이다. 물론 그대의 심미적인 진지성은 그들을 치유할 수가 없다. 왜냐하면 그대가 나쁜 일을 행하지 않는 것은 나쁜 일은 이상적으로 수행할 수가 없기 때문일 뿐이고, 그것이 나쁜 일이고, 혹은 그대가 그것을 혐오하고 있기 때문이 아니라는 경지에서 한 발자국도 벗어나지 못하고 있기 때문이다. 요컨대 그대는 선에 대한 관계에 있어서나 악에 대한 관계에 있어서나 똑같이 무력하다고 느끼는 경지 이상으로 벗어나지 못하고 있다.

일반적으로 악은 아마도, 그것이 심미적인 탈을 쓰고 나타날 때 이상으로 유혹적인 힘을 발휘할 수는 없을 것이다. 악을 심미적인 범주 밑에서 파악하려고 하지 않기 위해서는 고도의 윤리적인 진지성이 요청된다. 악에 관한 그런 관념은 모든 인간 속으로 교묘하게 숨어들고, 우리 시대를 압도적으로 지배하고 있는 심미적인 교양 역시도 적지 않게 이에 이바지하고 있다. 그래서 도학자道學者가 악을 호되게 공격하면서, 자신은 비록 선을 찬양하고 있는 것이 사실이지만, 자신도 술책이 뛰어나고 간사한 인간이 될 수 있는데도 선한 인간이 되기 위해서 그런 가능성을 멸시해 왔다고 생각하고 만족해 하는 눈치를 역력히 드러내고 있는 것을 흔히 본다. 그러나 이런 일은 비밀로 해온 약점을 드러내고, 선과 악의 차별이 가장 엄숙하게 그의 앞에 분명히 나타나 있지 않다는 것을 입증해 줄 뿐이다. 하여간에 어떤 인간에게도 선량한 인간으로 존재한다는 것이 최고의 일로 느낄 만한 선은 남아있는 법이다. 그러면서도 일반 사람들보다 약간 두드러져 보이고 싶어서, 자신은 악하게 될 소질을 많이 갖고 있음에도 불구하고 선량하게 되었다는 것을 높이 평가해 주기를 요구한다. 이런 말은 마치 악하게 될 많은 소질을 갖고 있다는 것이 어떤 장점이나 되는 듯한 말투고, 그런 소질에 집착하는 것이 마치 그런 일에 대한 편애가 아닌 듯한 말투라 하겠다.

그래서 또 우리는 실상 진정 선량하지만, 그렇다고 고백하면 자신이 너무나도 평범한 범주 속에 편입될까 싶어서 그렇게 실토할 용기를 갖지 못하는 사람도 많이 보게 된다. 그들은 선이 최고라는 사실을 인정하면서도 악을 악으로 인정할 용기가 없는 사람들이다. 우리는 또 흔히 사람들이, "얘기는 이렇게 싱겁게 끝났어"라고 하는 말을 듣는다. 일반적으로 이런 식으로 취급되고 공개되는 것이 윤리적인 것이라는 것은 확실한 사실이다. 어떤 인간이 다른 인간에게 어떤 의미에서건 약간 수수께끼 같은 존재였지만, 사람들이 기대하고 즐거움을 맛볼 수 있던 그런 음흉한 사기꾼이 아니고, 선량하고 성실한 인간이라는 사실이 판명되면, 사람들은 "그것뿐이야? 그게 다야?"하고 말한다. 그렇다. 진실로 선을 최고의 것으로 인정하기 위해서는 대단한 윤리적인 용기가 필요하다. 왜냐하면 그렇게 함으로써 사람들은 지극히 평범한 범주 속에 들어가기 때문이다. 사람들은 이런 일은 결사적으로 반대한다. 사람들은 그들의 생활을 색다른 차별 속에서 보내기를 좋아한다. 왜냐하면 선량한 인간은 누구나 그럴 의사만 있으면 될 수가 있지만, 악한 인간이 되기 위해서는 항상 재능이 필요하기 때문이다. 그래서 많은 사람들이 철학자가 되는 것은 원하지만, 그리스도인이 되는 것은 원치 않는다. 왜냐하면 철학자가 되기 위해서는 재능이 필요하지만, 그리스도인이 되기 위해서는 겸손이 필요하고, 이 겸손은 누구나 원하기만 하면 가질 수 있기 때문이다.

내가 여기서 말하는 내용은 그대도 마음에 명심해 두기 바란다. 왜냐하면 그대 역시 가장 내밀한 본질에 있어서는 결코 악인이 아니기 때문이다. 그렇다고 내게 화를 내지는 말아주기 바란다. 나는 그대를 모욕할 생각은 추호도 없다. 그대도 알고 있듯이, 나는 결함을 미덕으로 바꿔놓아야만 할 입장이고, 또 나는 그대와 같은 재능을 갖고 있지 못하기 때문에 선량한 인간이라고 하는 존재에 대해서 약간의 존경심을 품지 않을 수가 없는 처지다.

사람들은 오늘날 다른 여러 가지 방법으로도 윤리적인 인생관의 힘을 빼앗아 버리려고 모색해 왔다. 왜냐하면 그들은 선량한 인간으로 존재한다는 것을 인생에 있어서 지극히 하찮은 경력으로 간주하고 있지만, 그럼에도 불구하고 그들은 그것에 대하여 아직도 일종의 경의를 표하면서, 이런 경의가 세력을 갖게 되는 것을 불안해하고 있다. 나는 물론 인간이란 자신의 미덕을 과시해야만 하고, 기회 있을 때마다 자신이 선량한 인간이라는 사실을 남들 앞에서 자랑할 필요가 있다고는 생각하지 않는다. 그러나 반면에 우리는 그것을 숨기려고 애쓸 필요도 없거니와 선량하려고 애쓰는 우리들의 노력을 인정하는 일을 두려워해서도 안 된다. 만약 우리가 그것을 인정하면, 사람들은 곧 우리를 향해서 고함을 지르며 잘난 체하려고 한다거나, 남들보다 잘나게 보이려고 한다고 하며, 일치단결하여 "우리 모두 인간적이 됩시다. 하느님 앞에서는 우리 모두가 죄인이오"하는 천박한 표현을 사용한다.

이런 말을 새삼스럽게 그대에게 할 필요는 없을 것이다. 그러나 그대의 조소가 흔히 그대를 끌어들이는 야단법석에 대해서는 그대에게 경고하지 않을 수가 없다. 그렇기 때문에 근대의 연극에서, 악은 언제나 가장 재능이 있는 인간이 대표하고, 선과 정의는 항상 잡화상 점원이 대표하고 있는 것도 지극히 당연한 일이다. 관객들도 이것을 지극히 당연한 일로 간주하고, 잡화상 점원과 동일한 계급에 속하게 된다는 것은 체면손상도 이만저만이 아니라고 하는, 그들이 오래 전부터 알고 있던 사실을 연극에서 배운다. 그렇다. 나의 젊은 벗이여. 차이 속에서 뛰어나려고 원치 않고 보편에 만족하기를 원하기 위해서는 대단한 윤리적인 용기가 필요하다. 이런 점에서도 우리 시대에는 철저한 충격요법이 필요하다. 그런 일은 반드시 일어날 것이다. 왜냐하면 심미적인 의미에서 가장 뛰어난 개인이나, 차이 속에서 선발된 사람들이 어떻게 이런 차이들에 절망하여 보편적인 것을 찾으려고 원하는지를 우리 시대가 목격하게 될 기회가 반드시 찾아올 것이기 때문이다. 이런 일이란 우리들 보잘것없는 사람들에게는 도움이 될지도 모른다. 그도 그럴 것이 우리들은 가끔 차이를 통하여 뛰어난 존재가 되지 못한 것에 수치감을 느끼고 있기 때문이다. ……그것도 우리는 그러기에는 너무나도 보잘것없는 존재라고 생각하고 있을 뿐이고, 우리가 잘나서 그런 것을 깔보는 처지가 아니니만큼 더욱 그렇다.

이런 까닭으로 인해서 오로지 심미적으로 살고 있는 사람은 누구나 절망이라는 것에 대해서 은근히 두려워하고 있다. 왜냐하면 그는 절망이 가져다주는 것이 보편적이라는 것을 잘 알고 있고, 동시에 또 현재의 자신을 자신으로 있게끔 하고 있는 것이 차이라는 사실을 잘 알고 있기 때문이다. 어떤 개인이 높은 곳에 있으면 있을수록 그는 더욱더 차이를 말살하거나 그것에 대하여 절망하지만, 항상 하나의 차이만은 남겨두고, 그것만은 말살하려고 원하지 않고, 그 속에서 자신의 생활을 영위한다. 가장 단순한 사람들이라고 할지라도 남들이 심미적인 차이라고 부를만한 것이라면, 아무리 하찮은 것이라도 놀라우리만큼 정확하게 발견한다는 것은 매우 주목할 만한 일이다. 그리고 어느 차이가 다른 차이보다 더 중요한가를 결정하기 위해서 벌어지는 어리석은 싸움은 인생의 가련한 일 중의 하나다.

심미적인 두뇌는 절망에 대한 그들의 반감을, '그것은 좌절' 이라는 말로 표현한다. 이 표현은 삶의 발전이 직접적인 것의 필연적인 전개의 과정에서 성립될 수밖에 없다고 가정한다면 지극히 정당하다. 사실이 그렇지가 않다면, 절망은 좌절이 아니라 하나의 변모인 것이다. 어떤 특정한 것에 절망하는 자만이 좌절에 시달리지만, 그것은 바로 그가 통째로 절망하지 않는다는 사실에서 기인한다. 심미주의자들은 또 인생이 소유하고 있는 즐거운 다양성을 잃을까 싶어 두려워한다. 모든 개인이 심미적인 범주 밑에서 살고 있는 것이 인생이라고 생각하는 한에 있어서는 그럴 수밖에 없다. 이것 역시 각종 엄격주의적인 이론에 의해서 야기된 오해에 불과하다. 절망에 의해서는 아무것도 파괴되지 않는다. 심미적인 것의 일체는 인간 속에 남아있다. 그것은 단지 날뛰지 못하고 섬기는 역할만 하게끔 억제되어 있을 뿐이다. 바로 그렇게 되어 보존되어 있는 것이다. 물론 인간이 이전처럼 심미적인 것 속에서 살지 못하는 것만은 사실이지만, 그렇다고 해서 결코 그것이 상실되었다는 결론은 나오지 않는다. 또 어쩌면 그것은 다른 방법으로 사용되고 있는지는 몰라도, 그렇다고 해서 결코 그것이 가버렸다는 결론은 나오지 않는다. 윤리주의자는 고급 심미주의자들이 시작해 놓고 중도에서 제멋대로 중지해 버린 절망을 오로지 끝까지 관철할 뿐이다. 왜냐하면 차이가 제 아무리 크다고 할지라도, 그런 차이라는 것은 상대적인 것에 불과하기 때문이다. 그리고 심미주의자 자신이 자신의 생활에다 의미를 부여하고 있는 차이마저도 덧없는 것이라고 인정하면서도, 우리가 그것을 갖고 있는 한에 있어서 그것을 즐기는 것이 최선의 길이라고 덧붙인다면,

그것은 천정이 과히 높지 않은 방에서 고즈넉이 살고 싶어하는 일종의 비겁이고, 인간답지 못한 짓이다. 그것은 마치 어떤 인간이 조만간 밝혀질 어떤 오해에 기인하고 있는 관계를 즐기려는 것과도 같은 일이고, 또 그것을 그 인간이 의식하거나 인정할 용기도 없이 되도록이면 오래 그 관계를 즐기려는 것과도 같은 일이다. 그러나 그대의 경우는 그와는 다르다. 그대는 이런 오해를 인정하고, 이런 관계를 끊고, 항상 그것에 작별을 고하려고 하는 사람과도 같다.

심미적인 견해는 인격을 환경과의 관계에서 고찰하고, 그리고 이 관계가 개인에게 되돌아오는 표현이 곧 쾌락인 것이다. 그러나 개인에 관련된 쾌락의 심미적인 표현은 기분이다. 기분 속에는 인격이 깃들어 있기는 하지만, 그것은 희미하게 나타나 있을 뿐이다. 심미적으로 살고 있는 사람은 가능한 한 기분 속에 몰두하여 자신을 그 기분 속에 숨기고, 그래서 자기 속에는 그 기분 속으로 끌어들일 수 없는 것이 하나도 남아있지 않게 하려고 애쓰고 있다. 왜냐하면 그런 잔존물은 항상 방해하는 작용을 하고, 또 그것은 그를 만류하려고 하는 연속성이기 때문이다. 인격이 기분이라는 땅거미 속으로 사라지는 농도가 짙으면 짙을수록, 그만큼 더 개인을 찰나 속에 있게 한다. 찰나 속에 있다고 하는 말이야말로 심미적인 생활에 대한 가장 적절한 표현이다. 그래서 심미적으로 살고 있는 사람은 엄청난 동요에 직면하게 된다.

윤리적으로 살고 있는 사람 역시 기분을 체험한다. 그러나 그에게는 기분이 최고의 체험은 아니다. 그는 자기 자신을 무한히 선택하였기 때문에, 그는 기분을 대수롭지 않게 평가한다. 기분 '속으로 들어가지' 않으려고 하는 잔존물이야말로 바로 지속성이고, 이것이 그에게는 최고의 것이다. 윤리적으로 살고 있는 사람은(앞서의 표현을 빌린다면) 자신의 생활의 기억을 간직하고 있다. 반면에 심미적으로 살고 있는 사람은 그런 것을 간직하고 있지 않다. 윤리적으로 살고 있는 사람은 기분을 말살하지는 않는다. 그는 그것을 한순간 심사숙고하지만, 바로 이 순간이 그를 찰나에 사는 일로부터 구제해 주고, 이 순간이 쾌락을 지배할 수 있는 힘을 그에게 부여해 준다. 왜냐하면 쾌락을 지배하는 요령은 그것을 말살하거나 그것을 완전히 부정하기보다는 그 순간을 결정하는 데 성립하기 때문이다.

어떤 것이라도 좋으니 그대가 원하는 욕망을 제시해 보라. 그것의 비밀 또는 그것에 깃든 힘은, 그것이 절대적으로 찰나 속에 있다는 사실 속에서 성립되고 있다. 우리는 흔히 사람들이 그것을 치유하는 방법은 오로지 그것을 전적으로 멀리하는 길밖에 없다고 하는 말을 듣게 된다. 이것은 매우 잘못된 방법이고, 사실 짧은 시간 동안에만 성공할 수 있는 방법이다. 도박에 열중하고 있는 사람을 상상해 보라. 욕망이 자신의 온갖 정열을 다하여 눈을 떠서, 그것이 충족되지 않으면 마치 그의 생명이 위험하다는 식이다. 만약 그가, "이 순간에 나는 도박을 원치 않는다. 한 시간 안에 나는 그것을 원할 것이다"라고 자신에게 말할 수 있다면, 그는 치유되었다고 할 수 있다. 이 한 시간이라는 것이 지속성이고, 이것이 그를 구한다.

어떤 사람이 심미적으로 살 때는, 그의 기분은 항상 원심적遠心的이다. 왜냐하면 그는 자신의 중심을 주변에 갖고 있기 때문이다. 인격은 자신의 중심을 자기 자신 안에 갖고 있고, 자신의 자기를 갖고 있지 못한 사람은 원심적이다. 어떤 사람이 윤리적으로 살 때는, 그의 기분은 집중되어 있다. 그는 기분적이 아니고, 그는 기분 안에 있지 않다. 그러나 그는 기분을 갖고 있고, 그는 기분을 자기 자신 안에 갖고 있다. 그가 애써 일하는 것은 지속성을 위해서고, 이 지속성이 항상 기분을 지배하는 주인이다. 그의 생활에는 기분이 결여되어 있는 것이 아니라, 오히려 그의 생활이 하나의 총체적인 기분인 것이다. 그러나 이것은 획득된 것이고 균형이 잡힌 기질이라고나 해야 할 그런 것이다. 그렇지만 이것은 심미적인 기분이 아니고, 어느 누구라도 나면서부터 혹은 직접적으로 갖고 있는 그런 것이 아니다.

그렇지만 이미 자기 자신을 무한히 선택한 사람이 – 그런 사람이, "이제 나는 나 자신을 소유하였다. 나는 더 이상 아무것도 요구하지 않는다. 나는 세계의 모든 변화에 대하여 '나는 현재 있는 그대로의 나다' 라고 하는 자랑스러운 생각을 대치시키련다"라고 말할 수 있을까? 그런 태도를 취해서는 안 된다! 만약 어떤 사람이 그런 식으로 자기 자신을 표현한다면, 우리는 그가 그릇된 길에 들어선다고 하는 사실을 쉽게 알 수 있다. 이 경우에는 근본적인 오류는 가장 엄밀한 의미에 있어서 그가 자기 자신을 선택하지 않았다는 사실에 있을 것이다. 그는 자기 자신을 선택하였을지 모르지만, 자기 자신 바깥에서 선택하였을 것이다. 그는 선택한다는 것을 완전히 추상적으로 해석하고 자기 자신을 자신의 구체성 안에서 파악하지 못하였던 것이다. 그는 선택을 함으로써 그가 자기 자신이 되고, 자신의 자기를 옷처럼 입게 되는 식으로 선택하지 않았다. 요컨대 그는 필연성에 의해서 자기 자신을 선택하였지 자유에 의해서 선택하지 않았던 것이다. 그는 윤리적인 선택을 심미적으로 악용한 것이다.

선택에 의해서 초래될 결과가 중대하면 할수록 빠져나가는 샛길 역시도 그만큼 더 위험하다. 그리고 여기에도 무서운 샛길이 나타나고 있다. 개인이 자기 자신을 영원한 타당성 안에서 파악할 때, 이 선택은 차고 넘치도록 그를 압도한다. 유한한 것은 그의 눈앞에서 사라진다. 이런 선택은 처음 순간에 형언할 수 없는 축복감으로 그를 채워주고 그에게 어떤 절대적인 안전감을 부여한다. 만약 그때 그가 일방적으로 이 축복만을 응시하기 시작한다면, 시간적인 것이 자신의 요구를 제시한다. 그러나 이것은 멸시된다. 시간적인 것이 줄 수 있는 것, 즉 이 경우에 나타나는 것은, 다소를 막론하고, 그가 영원히 소유하고 있는 것에 비한다면 너무나도 보잘것없는 것이다. 만물이 그와 더불어 정지靜止한다. 그는 말하자면 시간보다 앞서서 영원에 도달한 것이다.

그는 명상에 몰두한다. 그는 자기 자신을 응시한다. 그러나 그의 응시는 시간을 다 차고 넘치게 할 수는 없다. 그래서 그는 시간이, 즉 시간적인 것이 자신의 파멸의 원인이라는 사실을 알게 된다. 그는 존재보다 완전한 형식을 요구한다. 그래서 이 지점에서 다시 쾌락의 부수물인 권태와 유사한 피로와 무감동이 모습을 드러낸다. 이 무감동이 알을 품듯이 하도 인간을 짓누르고 있어서 자살만이 유일한 탈출의 길인 것처럼 생각하게 되는 수가 있다. 어떤 힘도 그를 그의 자기에서 떼어낼 수가 없다. 그것을 할 수 있는 것은 오로지 시간이라는 힘뿐이다. 물론 이 시간마저도 그를 그의 자기로부터 떼어낼 수는 없지만, 시간은 그를 저지하고 그를 방해하여, 그가 그의 자기를 파악하는 정신의 포옹을 지연시킨다. 그는 자기 자신을 선택한 것이 아니라, 그는 나르시스처럼 자기 자신과 사랑에 빠진 셈이다.

이런 상해가 자살로 끝나는 경우는 확실히 드물지가 않다. 잘못의 원인은 그가 올바른 방법으로 자기 자신을 선택하지 못하였다는 사실에 있다. 물론 그렇다고 해서 단순히 그가 자기의 잘못을 알지 못하였다는 뜻이 아니라, 그가 자기 자신을 필연성의 범주 밑에서 보았다는 뜻이다. 그는 자기 자신을, 즉 다양한 특성을 가진 이 인격을 세계경과世界經過에 속하는 것으로 보았고, 이 자기를 영원한 힘과 대결하는 것으로 보았다. 물론 불이라고 할 수 있는 이 힘은 이 자기를 잠식하지 않고 자기 속에 침투되어 있는 것으로 보았다. 그러나 그는 자기 자신을 자신의 자유 속에서 보지 않았고, 또 이 자기 자신을 자유로써 선택하지도 않았다. 만약 그가 그렇게 했다면, 그가 자기 자신을 선택하는 바로 그 순간에 그는 운동을 하게 된다. 요컨대 그의 자기가 아무리 구체적이라 할지라도, 그는 자기 자신을 자신의 가능성에 따라서 선택하였고, 그는 뉘우침 속에서 자신의 자유 속에 머물기 위해서 자기 자신을 되찾은 것이다. 그러나 그는 자유를 계속해서 실현함으로써만 자신의 자유 속에 머무를 수가 있다. 그러므로 자기 자신을 선택한 사람은 바로 그렇기 때문에 활동적이다.

아마도 이쯤에서 그대의 대학 강사로서의 소질과 때로는 실천가로서의 그대를 특히 즐겁게 해줄 인생관에 관해서 약간 언급해 둘 필요가 있을 것으로 생각된다. 이 인생관의 취지는 뭐니 뭐니 해도 역시 인생의 의미는 비애이고, 가장 불행한 인간일 수 있다는 것이 가장 행복한 일이라는 내용이다.*

얼핏 보기에 이 인생관은 심미적인 인생관같이 보이지 않는다. 왜냐하면 쾌락이 아무런 해결을 제공해 주지 못하기 때문이다. 그렇지만 이 인생관은 윤리적인 그것도 아니다. 이 인생관은 심미적인 인생관이 윤리적인 인생관으로 옮아가는 위험한 처지에 있는 인생관이다. 이때 영혼은 이런 혹은 저런 예정조화설豫定調和設에 유혹되기가 일쑤다. 그대는 많은 그릇된 이론을 갖고 있지만, 이것이야말로 가장 고약한 이론이다. 그러나 그대는 또 이것이야말로 사람들에게로 몰래 접근하여 그들을 그대의 힘 속으로 빨아들이는 것이 문제 될 경우에는 가장 유용하다는 사실을 잘 알고 있다. 그대는 어느 누구보다 냉혹할 수가 있고, 어떤 것이든 간에 인간의 고통까지도 희롱할 수 있다. 그대는 이것이 젊은이를 매혹시키고 있다는 것을 모를 리가 없지만, 결국 이런 그대의 행동은 젊은이들이 그대를 경원하게 만든다. 왜냐하면 그런 행동은 매력적인 것이기는 하나 동시에 반발을 불러일으키는 것이기 때문이다.

만약 그대가 그런 방식으로 속이려고 하는 상대가 젊은 처녀라고 한다면, 여성의 영혼은 하도 많은 깊이를 갖고 있기 때문에 언제까지나 그런 속임수에 사로잡혀 있지 않다는 것을 그대도 알아차리게 될 것이다. 그렇다. 비록 그대가 얼마 동안은 그녀의 마음을 끌 수가 있다고 할

* 『이것이냐 저것이냐 1』의 5장에 수록된 「가장 불행한 사람」을 두고 하는 말이다.

지라도, 그녀의 영혼이 원하고 있는 것은 그런 흥분제가 아니기 때문에 그녀는 곧 그런 일에 싫증이 나서 그대에 대해서 거의 혐오감을 품게 되는 결과로 끝나기가 일쑤일 것이다. 그래서 그대는 방법을 바꾼다. 그대는 그녀만이 이해할 수 있는 수수께끼 같은 감동적인 언동으로, 전체적인 설명은 멀리 떨어져 있는 우울 속에서 찾아볼 수 있다는 식으로 기대를 걸게 한다. 그대는 그녀에게만은 속을 털어 놓지만, 그녀가 결코 진실을 알 수 없는 식으로 조심스럽게 털어놓는다. 요컨대 그대는 그대 속 깊이 숨겨두고 있는 깊은 비애를 그려내는 일을 그녀의 상상에 다 일임해 버린다. 그대는 간교하다. 그 사실은 아무도 부인하지 못할 것이다. 그리고 그 젊은 처녀가 그대에 관해서, "그분은 끝내는 예수회 회원이 되고 말 것 같다"*고 한 말은 진실이다.

그대가 교활하게 처녀에게서 우울이 도사리고 있는 내밀한 곳으로 이끌어 갈 수 있는 실을 뽑아내는 일에 성공하는 정도만큼 그대의 기쁨은 크고, 또 그대는 그녀를 그대에게로 끌어들이는 일에 성공하게 된다. 그대는 장황한 연설을 늘어놓지는 않는다. 그대는 그대의 고통을 성실한 악수로 알리지도 않고, 또 '다정한 영혼의 로맨틱한 눈으로 로맨틱하게 응시하여' 알리지도 않는다. 그런 일을 하기에는 그대는 너무나도 간교하다. 그대는 증인들을 피하고, 그대를 감시하고 있는 사람이 자리를 뜨는 일을 거의 허용하지 않는다. 처녀들에게는 비애가 가장 위험한 독이 되는 시절이 있다. 그대는 그 사실을 알고 있다. 이런 지식은

* 레기네가 키에르케고어에 관해서 한 말.

그 자체가 다른 모든 지식과 마찬가지로 나무랄 바가 못 될지도 모르지만, 그대가 그것을 사용하는 방법을 나로서는 칭찬할 수가 없다.

그대는 존재 전체를 심미적인 범주 밑에서 파악할 수 있으리만큼 그대의 마음을 완고하게 만들었기 때문에, 비애가 그대의 눈길에서 벗어나지 못하는 것도 당연한 일이다. 왜냐하면 비애는 그 자체가 기쁨과 마찬가지로 관심을 끌기에 족한 것이기 때문이다. 관심을 끄는 것이 발견되는 곳에서라면 어디에서든지 그대가 그것을 붙들고 놓지 않는 그 끈기는 그대의 주위 사람들이 그대를 오해하여, 어떤 순간에는 그대를 더없이 냉혹한 사람이라고, 또 다른 순간에는 그대를 더없이 선량한 사람이라고 생각하게 만드는 계기를 항상 부여하고 있다. 그러나 실상은 그대는 그 어느 쪽도 아니다. 그대가 기쁨에 동참하듯이 항상 슬픔도 찾아 나서고 있다는 사실이 그런 오해를 불러일으키고 있는 계기가 되고 있다. 하기야 잘 살펴보면 기쁨에나 슬픔에나 이념이 깃들어 있다면 으레 심미적인 관심이 눈뜨게 되게 마련이지만 말이다. 만약 그대가 어떤 인간을 불행하게 만들 수 있을 만큼 경솔할 수 있다면, 그대는 가장 기묘한 환상을 갖게 할 기회도 제공할 수 있을 것이다. 그럴 때 그대는 성실치 못하게 기쁨만을 찾아다니는 다른 사람들처럼, 그대 자신은 몸을 빼고 다른 길에서 기쁨을 찾지는 않을 것이다. 그것은 사실이다. 동일한 개인에게 깃들인 슬픔이 그대에게는 기쁨보다도 관심의 대상이 될 것이다. 그대는 그 사람의 곁을 떠나지 않고 그의 슬픔에 몰두할 것이다.

그대는 경험과 열의와 말의 힘과 비극의 파토스를 갖고 있다. 그대는 고민하는 자에게 슬픔이 바라고 있는 유일한 진정제, 즉 표현을 제공하는 요령을 터득하고 있다. 슬퍼하는 자가 그대가 연주하는 기분의 현악 속에서 안식을 찾는 것을 보면 그대는 즐거워지고, 그대는 곧 그에게는 없어서는 안 될 인간이 된다. 왜냐하면 그대의 풍부한 표현력이 그를 어두운 근심의 파도 위로 끌어올리기 때문이다. 반면에 그 사람은 그대에게는 없어서는 안 될 인간이 아니고, 그대는 곧 지치게 된다. 왜냐하면 그대에게는,

길에서 만난
나그네와 같은

존재는 기쁨만이 아니라 슬픔 역시 마찬가지이기 때문이다. 바로 그대 자신이 항상 길을 가야만 하는 나그네이기 때문이다. 그래서 그대는 슬퍼하는 자를 위로해 주고 나서, 그 체험에서 관심을 끄는 것을 증류시켜 간직하고 나면, 그대는 그대의 마차에 뛰어올라 "가자!"고 외친다. "어디로 가죠?"하고 물으면 저 주인공 돈 주안처럼, "쾌락과 즐거움이 있는 곳으로"라고 대답한다. 왜냐하면 그대는 슬픔에는 이제 질렸고, 그대의 영혼은 그와는 반대되는 것을 요구하고 있기 때문이다.

물론 그대는 내가 서술한 바와 같이 실제로 그렇게 나쁜 행동을 하고 있지는 않다. 나 역시 그대가 슬퍼하는 사람에게 진심에서 우러나오는 관심을 갖고 있다는 사실과, 그대가 진심으로 상대방을 고쳐 주어서 기쁨을 되찾게 되기를 원하고 있다는 것을 부인할 생각은 없다. 그렇게

해서 그대가 말하고 있듯이, 그대를 기운이 센 준마처럼 그의 마차에 태워서 그를 온갖 슬픔의 올가미에서 끌어내려고 한다. 그대는 시간도 힘도 아끼지 않고, 그대는 얼마동안 성공을 거둔다. 그래도 나는 그대를 칭송할 수가 없다. 왜냐하면 그대는 그런 일련의 일을 하면서도 무엇인가를 숨기고 있기 때문이다. 아닌 게 아니라 그대는 슬픔을 시샘하고 있다. 그대는 다른 누군가가 슬픔을 갖고 있다는 것을, 혹은 극복할 수 없을 만한 슬픔을 갖고 있다는 사실을 참을 수가 없는 것이다. 그래서 그대는 그대가 슬퍼하고 있는 사람을 고쳐주고 나면, "그러나 나의 슬픔은 어느 누구도 고칠 수가 없다"고 그대 자신에게 말하는 만족을 즐기고 있다. 이것은 그대가 슬픔에서 기분전환을 모색하고 있건 기쁨에서 기분전환을 모색하고 있건 간에, 그대가 항상 마음속에 '고칠 수 없는 슬픔이 꼭 하나는 있다' 고 하는 고정관념을 간직하고 있는 결과인 것이다.

이렇게 해서 나는 이제, '인생의 의미는 슬픔이다' 라고 하는 그대가 확신하고 있는 지점에 도달하였다. 최근의 일련의 모든 발전의 특징은, 사람들이 기뻐하기보다는 슬퍼하기를 더 좋아하고 있다는 점이다. 이것이 보다 차원이 높은 인생관으로 간주되고 있다. 실상 기뻐한다는 것이 자연스럽고, 슬퍼한다는 것이 부자연스럽다고 하는 의미에서는 그럴 수밖에 없다. 그리고 더하여 즐거워하고 있다는 사실은 개개인에게, 비록 그의 사상이 하도 혼란되어 있어서 누구에게 감사를 해야 할지를 그가 모르고 있다고 할지라도, 하여간에 일종의 감사의 의무를 부과하는 데 비해, 슬픔은 그런 의무감을 면제해 주고, 그래서 허영심이 한층 더 만족된다는 생각이 첨가된다. 더구나 우리 시대는 여러 가지 면에서 인생의 허무함을 경험해 왔기 때문에 기쁨을 믿지 않고, 그래서 믿을 만한 무엇인가를 갖고 싶어서 슬픔을 믿고 있다. 우리 시대는, 기쁨은 지나가 버리지만 슬픔은 지속되므로, 슬픔 위에 자신의 인생관을 세우는 자는 단단한 터전 위에 세우는 셈이 된다고 말한다.

그런데 만약 우리가 더 분명하게 그대가 말하고 있는 것은 어떤 종류의 슬픔이냐고 따진다면, 그대는 하도 영리하기 때문에 그것이 윤리적인 슬픔이라는 말을 회피한다. 그대가 생각하고 있는 것은 뉘우침이 아니다. 그렇다. 그대가 생각하고 있는 것은 심미적인 슬픔이다. 특히나 반성적인 슬픔이다. 그 슬픔은 죄책에 근거를 두고 있는 것이 아니라, 불행과 운명과 슬퍼하는 기질과 남들이 자아내 준 영향 등에 근거를 두고 있다. 그런 것은 모두가 그대가 소설에서 배워서 잘 알고 있는 것들이다. 그대는 책에서 그것을 읽을 때면 그것을 비웃고, 다른 사람들이 그것을 말하는 것을 들으면 그들을 조롱한다. 그러나 그대 자신이 그런 문제를 꺼낼 때면 거기에는 의미와 진실이 있다고 그대는 생각한다.

각설하고, 슬퍼하는 것을 인생의 의미라고 생각하는 인생관은 그 자체가 매우 슬프게 보일지도 모르겠지만, 나는 아마도 그대가 예기하지 못하였던 한 면을, 즉 그것은 위로가 될 수 없는 인생관이라는 사실을 지적하지 않을 수 없다. 나는 앞서도 한 말을, 즉 기쁨이 사라진다고 하는 의미에서 슬픔 역시 사라진다고 하는 말을 여기서 다시 한 번 되풀이하련다. 나는 이런 말을 새삼스럽게 그대에게 할 필요는 없을 것이다. 왜냐하면 그대는 그것을 그대의 선생인 저 유명한 프랑스의 극작가 스크리브*로부터 배울 수가 있기 때문이다. 그는 자주 영원한 슬픔이라는 것을 믿는 감상주의를 조롱하였다.

슬픔을 인생의 의미라고 말하는 사람은, 기뻐하려는 사람이 슬픔을 자기 바깥에 갖고 있는 식으로 기쁨을 자기 바깥에 갖고 있다. 그러므로 기쁨이 예기치 않았던 때에 닥쳐올 수가 있는 것은, 슬픔이 기뻐하려고 하는 사람을 덮칠 수도 있다는 것과 꼭 같다. 이렇듯이 그의 인생관은 그의 힘이 미치지 못하는 어떤 조건에 결부되어 있다. 왜냐하면 기쁨을 물리치는 일도 슬픔을 물리치는 일과 마찬가지로 본래가 인간의 힘이 미칠 수 없는 일이기 때문이다. 그러나 자기 바깥에 있는 조건과 연결되어 있는 모든 인생관은 절망이다. 그러므로 슬픔을 원한다는 것은 기쁨을 원한다는 것과 꼭 같은 의미에서 절망이다. 왜냐하면 덧없이 지나가 버릴 수 있는 것에 의존하고 있는 인생을 갖는다는 것은 항상 절망이기 때문이다.

그러므로 그대가 아무리 영리하고 발명의 재간이 뛰어나다고 하더라도, 또 기쁨을 눈물어린 외관으로 쫓아 버리거나, 그대가 좋아하는 식으로 기쁨을 그대의 슬픔으로 숨기기 위해서 그대의 외관으로 그것을 속인다 할지라도, 그럼에도 불구하고 기쁨은 역시 뜻하지 않게 그대를 엄습할 수가 있다. 왜냐하면 시간은 시간의 자식들을 모조리 먹어치우기 때문이고,** 그런 슬픔은 시간의 자식들 중의 하나고, 그것이 거짓

---

* 『이것이냐 저것이냐 1』의 6장 「첫사랑」 참조.

** 그리스 신화에 나오는 시간의 신인 크로노스는 그의 자식들을 모두 먹어치웠다고 한다.

되게 영원인 체하는 것은 속임수이기 때문이다.

슬픔의 이유가 깊으면 깊을수록 일생동안 그것을 간직하는 것이 가능할 것이라고 생각하는 일이 더 장한 일로 보일지도 모른다. 그렇다. 아무런 일도 않고 그 슬픔 속에 당연히 머물러 있는 것이 장한 일로 보일지도 모른다. 물론 그것이 개개의 문제에 관련된 슬픔일 경우에는 문제는 참으로 어려워질 것이다. 이런 사실은 그대가 너무나도 잘 알고 있는 사실이다. 그렇기 때문에 그대가 전 생애에 걸친 슬픔의 의미에 관해서 그대의 소견을 피력하려고 할 때는, 그대는 유난히도 불행한 개인들이나 비극적인 영웅들을 생각한다. 불행한 개인의 소질의 특색은 그가 행복할 수도 즐거워질 수도 없다는 사실에 있지만, 실은 그의 위에는 하나의 운명이 짓누르고 있기 때문이고, 비극적인 영웅의 경우도 사정은 마찬가지다. 그러므로 이런 경우에는 슬픔이야말로 인생의 의미라고 하는 말이 그대로 들어맞고, 이것이야말로 항상 어떤 유혹적인 분위기를 풍겨주는 철저한 숙명론이라 하겠다. 여기서 그대는 그대의 주장을 들고 나오겠지만, 그것은 요컨대 그대야말로 가장 불행한 인간이라는 결론을 위한 것에 불과하다. 그렇지만 그런 생각이야말로 하나의 인간의 뇌리에 떠오를 수 있는 가장 오만하고 가장 반항적인 사상이라는 사실은 부인할 수가 없는 사실임에 틀림이 없다.

내가 그대에게 어울리는 대답을 해주겠다. 우선 뭐니 뭐니 해도 그대는 결코 슬퍼하고 있지 않다. 이 사실은 그대가 잘 알고 있다. 왜냐하면 그것은 가장 불행한 사람이 가장 행복한 사람이라고 하는 말은 바로 그대가 좋아하는 표현이기 때문이다. 그러나 이것은 다른 어떤 말보다도 더 무서운 거짓말이다. 그것은 세계를 다스리고 있는 영원한 힘에 등을 돌리는 거짓말이고, 그것은 하느님에 대한 반역이고, 인간이 통곡해야만 할 때에 웃는 것과도 같은 것이다. 그러나 세상에는 그런 짓을 할 수 있게끔 하는 절망이 있고, 그것은 하느님마저도 깔보는 반역이고, 또한 인류에 대한 반역이다. 그대 역시도 슬픔에는 차이가 있다고 하고 있는 것이 사실이지만, 그래도 여전히 그대는 견디기 어려울 만큼 뛰어난 슬픔이 있다고 생각하고 있다. 그러나 설혹 그런 슬픔이 존재하고 있다고 하더라도, 어느 것이 그것인지를 그대로서는 결정할 수가 없고, 어느 차이든 간에 다 똑같기 때문에, 그런 의미에서 그대는 인간의 가장 신성한 권리와 인간이 의지하고 있는 은총을 거역한 것이다. 그것은 위대한 것에 대한 반역이고 치사한 질투다. 왜냐하면 그것은 결과적으로 위대한 인간들도 가장 위험한 시련에는 봉착한 일이 없다, 또 그들은 지극히 안이하게 그들의 명성을 입수하였다, 또 그들 역시도 만약 그대가 말하는 초인적인 시련에 부닥치면 패배하고 말 것이라고 확신하고 있기 때문이다. 그렇다면 그대가 위대한 것에 경의를 표하는 것은 그것을 멸시하기 때문에 그러는 것인가? 그렇다면 그대는 그것을 부정함으로써 그것에 대한 증언을 하고자 하는 것인가?

각설하고, 그렇다고 해서 나를 오해하지는 말아주기 바란다. 나는 인간이란 슬퍼할 필요가 없다고 생각하는 그런 종류의 인간은 아니다. 나는 그런 시시한 분별을 멸시하고 있고, 나더러 이 양자 중에서 택일하라고 한다면, 나는 슬픔을 택하겠다. 나는 슬퍼한다는 것은 아름다운 일이며 눈물에는 의미가 있다는 것을 잘 알고 있지만, 인간이란 아무런 희망도 없는 사람처럼 슬퍼해서는 안 된다*는 것도 알고 있다. 우리들 사이에는 결코 해결될 수 없는 절대적인 대립이 존재한다. 나는 심미적인 규정 밑에서는 살아갈 수가 없다. 나는 심미적인 것 속에서는 내가 가장 신성하게 간직하고 있는 것이 파괴되어 가는 것을 느낀다. 나는 보다 높은 차원의 표현을 요구한다. 그리고 그것을 나에게 부여해 주는 것은 윤리적인 것이다. 그리고 여기서 비로소 슬픔의 그 참되고 깊은 의미를 얻게 된다.

내가 이제부터 언급하려는 말에 충격을 받는 일이 없도록 하고, 내가 어린애에 관해서 말하면서 영웅들도 감당하지 못할 슬픔에 대해 언급한다고 해서 놀라지 말기 바란다. 어린애가 자기가 한 일이 옳은 일인지 옳지 않은 일인지를 꼬치꼬치 따지지 않고 용서를 비는 일이란, 그가 행실이 좋은 어린애라는 증거다. 마찬가지로, 뉘우칠 줄 알고 하느님의 의로움과 다투지 않고 뉘우치며, 자신의 뉘우침 속에서 하느님을 사랑한다는 것은 그가 고매한 인간이란 사실과 심오한 영혼을 가진 사람이라는 사실을 증명해 주는 증거다. 이런 일이 없다고 한다면 그의 삶은 무無와 다름이 없고, 물 위에 떠도는 거품에 불과하다. 그렇다. 나는 단언한다. 설혹 나의 생활이 내게 아무런 과오가 없이 슬픔과 고통 속에 휘말려서, 그 때문에 내가 나 자신을 가장 위대한 비극적 영웅이라고 부를 수 있게 되고, 그 고통 속에서 즐거움을 누리고, 그래서 세상을 놀라게 할 수 있다고 하더라도 나의 선택은 이미 이루어졌으므로,

* 데살로니가전서 4장 13절 참조.

나는 영웅의 옷과 비극의 파토스를 벗어버릴 것이다.

나는 자신의 고뇌를 사랑할 수 있는 수고자受苦者가 아니고, 나는 나의 죄과를 의식하고 있는 굴복한 인간이다. 나는 나의 고뇌를 표현할 유일한 표현으로 죄책이라는 말밖에는 갖고 있지 못하고, 나의 고통을 표현할 유일한 표현으로 뉘우침이란 말밖에는 가지고 있지 못하고, 내가 가지고 있는 유일한 희망은 죄 사함을 받는 일이다. 만약 이것이 어렵다고 한다면, 아아, 내게는 유일한 기도만이 남아있을 뿐이다. 나는 땅에 엎드려 세계를 이끄시는 영원한 힘에게 단 한 가지 은총인 뉘우침을 조만간 내게 허락하소서 하고 빌 뿐이다. 왜냐하면 나는 오로지 하나의 슬픔만을 알고 있고, 그것이 나를 절망으로 끌고 가서 일체를 절망 속으로 던져 넣는다는 것을 알고 있기 때문이다. 다시 말해서 뉘우침도 역시 착각으로 밝혀지지나 않을까 하는 슬픔이지만, 그렇다고 해서 뉘우침이 찾고 있는 죄 사함이 착각이라는 뜻이 아니라, 죄 사함에 내포되어 있는 책임이라는 것이 착각이나 아닐까 하는 슬픔이다.

혹시나 그대는 내가 슬픔을 그런 식으로 취급하는 것은 내가 슬픔을 공정하게 취급하지 못하는 처사고, 내가 슬픔에서 도망치고 있기 때문이라고 생각하는가? 결코 그렇지 않다. 나는 슬픔을 나의 본질 깊숙한 곳에 간직해 두고 있고, 그렇기 때문에 나는 한시도 그것을 잊지 않고 있다. 만약 내가 어떤 것을 매순간마다 살피지 않고서는 그것을 내 속에 소유할 수 없다고는 감히 믿을 수가 없다고 한다면, 그것은 정신의 적성을 불신하는 처사라고 할 수밖에 없다. 우리가 일상생활에서 가장 소중하게 보관하려고 하는 것은 대개 매일 접근하지 않는 곳에 소장해

두는 것이 상례다. 정신적인 의미에서도 사정은 마찬가지다. 나는 슬픔을 내 속에 간직하고 있고, 또 나는 그것이 내 존재의 일부로서 지속될 것이라는 것을 알고 있다. 나는 잃어버리지나 않았을까 하는 불안에서 매일처럼 그것을 꺼내보는 사람보다는 훨씬 더 확실하게 그것을 알고 있다.

나의 생활은 파란만장한 것이 아니었기 때문에, 존재 전체가 뒤죽박죽이 되었으면 하고 원하는 유혹을 느껴본 적은 없다. 그러나 나는 나의 일상생활에서 슬픔에다 윤리적인 표현을 부여하는 것이(물론 슬픔 속에 깃들인 심미적인 요소를 말살하는 것이 아니라, 그것을 윤리적으로 지배하게 되는 표현을 말한다) 얼마나 유익한 일인가를 자주 경험해 보았다. 슬픔이 조용하고 겸허한 것인 한에 있어서 나는 그것을 두려워하지 않지만, 그것이 격해져서 정열적이 되고 궤변적이 되어서 나를 속여 낙담하게 한다면, 나는 단연코 궐기한다. 나는 어떤 종류의 폭동도 참지 못한다. 나는 이 세상에서 하느님의 은총으로부터 받은 것이 나를 속이는 것을 참지 못한다. 나는 슬픔을 쫓아버리거나 잊어버리려고 애쓰지 않고, 다만 뉘우칠 따름이다. 비록 슬픔이 나로 말미암은 것이 아닐 경우라 할지라도, 그 슬픔이 나를 지배하게 내버려둔 사실을 뉘우친다. 나는 내가 슬픔을 즉석에서 하느님께로 갖고 가지 않은 것을 뉘우친다. 만약 내가 그렇게 하였던들 그것은 나를 속일 힘을 갖지 못했을 것이다.

여기서 다시 어린애들에 관해 이야기하는 것을 용서하라. 어린애가 이것도 싫다 저것도 싫다고 하며 울어댈 때 사람들은, "그래 실컷 울어댈 수 있는 것을 주마"라고 말한다. 하기야 그 방법이 제일 좋을지도 모른다. 나의 경우도 그와 마찬가지다. 왜냐하면 인간이란 아무리 성숙해졌다고 할지라도 항상 어린애다운 무엇인가를 간직하고 있게 마련이다. 그래서 나는 내가 울 때면, "그대는 실컷 울어댈 수 있는 것을 갖게 될 것이다"라고 나 자신에게 말한다. 그러면 나는 확 달라진다. 이런 일이란 인간에게는 매우 유익한 일이라는 것을 나는 그대에게 보장할 수 있다. 왜냐하면 심미적으로 슬퍼하는 자가 자기 자신을 위하여 흘리는 눈물은 가식적인 눈물이고 아무런 열매도 맺지 못하지만, 스스로 죄책이 있다고 느낀다면 울어 마땅하고, 이런 뉘우침의 눈물 속에는 영원한 축복이 깃들기 때문이다.

구주께서 예루살렘으로 올라가셔서 평화를 가져다주는 일을 모른다고 해서 이 큰 도시를 위해 우셨을 때,* 주님께서는 이 도시를 감동시켜 주님과 더불어 울게 하실 수도 있었을 것이다. 그러나 만약 이 도시가 흘린 눈물이 심미적인 눈물이었다고 한다면, 별로 소용이 없었을 것이다. 그러나 선택을 받은 그 민족에게 운명적으로 닥쳐오게끔 되어 있는 그런 비극은 세상에 그리 흔하지가 않다. 만약 그들이 흘린 눈물이 뉘우침의 눈물이었다고 한다면, 그렇다, 그랬더라면 그들의 눈물에는 알맹이가 깃들어 있었을 것이다. 그러나 이 경우에 있어서는 각자 자신의 죄과를 뉘우치는 이상의 뉘우침이 문제가 되고 있었다. 왜냐하면 어쩌다 그 세대에 살게 되었던 사람들만이 죄과가 있었던 것이 아니라, 그들 위에 도사리고 있었던 것은 선조들의 죄과였기 때문이다. 여기서 뉘

---

* 누가복음 19장 41절 참조.

우침은 그 심오한 의미를 드러내게 된다. 왜냐하면 어떤 의미에서는 뉘우침이 나를 고립시키지만, 나의 인생이란 시간 속에서 무와 더불어 시작되는 것이 아니므로, 어떤 면에서는 뉘우침이 나를 전 인류와 결합시키고 있기 때문이다. 만약 내가 과거를 뉘우칠 수 없다고 한다면 자유란 한낱 꿈에 지나지 않는다.

그대는 아마도 이제는 내가 어째서 이 인생관을 여기서 다루고 있는지를 알 수 있을 것이다. 인격은 여기서 다시 필연성의 범주 밑에 있는 것으로 간주되고 있다. 그리고 남아있는 것이라고는 많은 자유뿐이므로, 인격은 불안한 꿈과 같이 개인을 반쯤 깨어 있는 상태로 있게 하여 도처에서 자기 자신을 보지만, 끝내 자기 자신이 될 수 없는 고뇌와 숙명의 미궁에 빠지도록 할 수 있을 뿐이다. 이런 문제가 얼마나 경솔하게 취급되고 있는가는 믿을 수 없을 정도다. 체계적인 사색들마저도 그것을 하나의 자연현상으로 취급하여 단지 기술할 뿐이지 그것에 대해서는 일체 언급이 없다. 요컨대 그들은, 만약 세상에 그런 자연현상이 있다고 한다면, 그 밖의 그들의 지혜는 모두가 무의미하고 환상에 불과하다는 생각은 하지도 못하고 있다. 그렇기 때문에 사람들은 모든 철학자들의 지혜보다는 그리스도교적인 인생관이야말로 훨씬 더 도움이 된다고 느끼고 있는 것이다. 그리스도교적인 인생관은 일체가 죄 밑에 있다는 결론을 내리고 있다. 철학은 하도 심미적이기 때문에 그런 결론을 내릴만한 윤리적인 용기를 갖고 있지 못하다. 그러나 이 용기야말로 인생을 구할 수 있고 인간을 구할 수 있는 유일한 것이다. 물론 인간이 자신의 회의懷疑를 멋대로 중단하고, 무엇이 진리인지를 결정하기 위하여 몇몇 경솔한 친구들과 야합을 함으로써 구제될 것을 기대한다면 얘기는 다르다.

선택이 최초로 갖추는 형식은 완전한 고립이다. 왜냐하면 나는 나 자신을 선택함으로써 나 자신을 전 세계에서 분리시켜, 이런 분리 작용에 의해 나는 이윽고 추상적인 동일성에 이르게 되기 때문이다. 개인은 자기 자신을 자신의 자유의지에 의해서 선택하였기 때문에, 바로 그런 까닭에 행동적이다. 그러나 그의 행동은 어떤 주위의 세계와도 아무런 관계를 갖지 않는다. 왜냐하면 개인은 그런 관계를 모조리 말살하고 오로지 자신의 힘만으로 존재하기 때문이다. 이때에 나타나는 인생관이 바로 윤리적인 인생관이다. 고대 그리스에서는 이 인생관이 독립된 개인의 자기 자신을 미덕의 본보기로 발전시키려는 노력으로 표현되었다. 그 뒤 그리스도교계에 있어서의 은자隱者처럼 그런 사람들은 인생의 활동으로부터 은퇴하였다. 형이상학적形而上學的인 묵상에 몰두하기 위해서가 아니고 행동하기 위해서, 다시 말해서 외적으로 행동하기 위해서가 아니라 자기 자신의 내부에서 활동하기 위해서다. 이 내적인 행동은 그의 사명인 동시에 그의 만족이었다. 왜냐하면 사실 후에 가서 한층 더 국가에 잘 봉사할 수 있도록 자신을 개발하는 것이 그의 목적이 아니었고, 그렇다, 그는 이 자기개발 속에서 만족을 찾았고, 그가 시민생활을 버린 것도 다시는 시민생활로 돌아가지 않기 위해서였기 때문이다. 그러므로 본래적이고 진실한 의미에서, 그는 인생에서 은퇴한 것이 아니라, 반대로 인생의 다양한 관계 속에 머물렀던 것이다. 왜냐하면 그것과의 접촉은 교육적인 의미에서 그를 위해서 필요했기 때문이다.

그러나 시민생활 그 자체는 그에게는 아무런 의미도 없었다. 그는 온갖 마법을 다 동원하여 시민생활을 자신에게는 무해無害하고 무관하고 중요하지 않은 것으로 만들었다. 그러므로 그가 발전시킨 미덕들은 시민적인 미덕들이라고는 할 수 없는 것들이었다(이교 세계에 있어서의 진정한 미덕들이란 그리스도교계에 있어서의 종교적인 미덕에 대응하는 것들이었다). 그것들은 인격적인 미덕들이었고, 용기와 용맹과 금욕과 중용 등이 바로 그런 것들이었다.

우리 시대에 있어서는 이런 인생관을 찾아보기가 무척이나 힘들다. 왜냐하면 모두가 너무나도 종교적인 것에 의해서 영향을 받았기 때문에, 그런 추상적인 미덕에 머무를 수가 없기 때문이다. 이 인생관의 불완전성은 쉽게 알아볼 수 있다. 잘못은 그 개인이 자기 자신을 완전히 추상적으로 선택한 사실에 기인하고 있다. 그러므로 개인이 갈망하고 획득한 완전성도 추상적이 될 수밖에 없었다. 바로 이런 까닭에 나는 자기 자신을 선택한다는 것은 곧 자기 자신을 뉘우치는 일과 동일하다고 강조하였다. 왜냐하면 뉘우침은 개인을 주위의 세계와 가장 친밀한 관계를 맺게 하고 가장 밀접한 관계를 맺어 주기 때문이다.

그리스도교의 세계에 있어서마저도 우리는 이 그리스적인 인생관과 유사한 인생관을 자주 보아왔고, 또 가끔 볼 수 있을 것이다. 다만 그리스도교에 있어서는 신비주의적인 요소와 종교적인 요소가 혼합되어 있기 때문에 그것이 한층 아름답고 내용이 풍부해졌을 뿐이다. 그런데 자기 자신을 온갖 인격적인 미덕의 완전한 표본으로 발전시킨 그리스의 개인이 제아무리 원숙한 경지에 도달하였다고 하더라도, 그의 생명은 그런 그의 미덕이 던지는 유혹을 극복한 그 세계보다 불멸不滅하지 못하고, 그의 축복은 고독한 자기만족이고, 그 밖의 모든 만물과 마찬가지로 덧없는 것이다. 이에 비한다면 신비주의자의 생활은 훨씬 더 심오하다. 그는 자기 자신을 절대적으로 선택하였던 것이다. 왜냐하면 비록 우리는 신비주의자 자신이 자기 자신을 절대적으로 선택하였다는 말을 하는 것을 좀처럼 들을 수가 없다고 하더라도, 또 그는 대개의 경우 자신은 하느님을 선택하였다고 하여, 얼핏 보기에는 그 말이 정반대의 표현인 것 같이 생각된다고 하더라도, 앞서 언급한 바와 같이 이래저래 마찬가지이기 때문이다. 왜냐하면 만약 그가 자신을 절대적으로 선택하지 않았다고 한다면, 그는 결코 하느님과 자유로운 관계에 있다고 할 수 없기 때문이다.

그리고 바로 이 자유 속에 그리스도교의 독특한 경건성이 성립된다. 이 자유로운 관계를 신비주의자들은 흔히, "나는 절대적인 당신Thou이다"라는 말로 표현하고 있다. 신비주의자는 자기 자신을 절대적으로, 따라서 자신의 자유의지에 의해서 선택한 것이고, 바로 그런 까닭에 그는 행동적이지만, 그러나 그의 행동은 내적인 행동이다. 전 세계가 그에게는 완전히 죽은 것이고, 지친 영혼은 하느님 내지는 그 자신을 선택한다. 이 '지친 영혼' 이란 표현은, 마치 영혼이 세계에 지쳐버렸을 때에 비로소 하느님을 선택하였다는 것은 수상쩍은 일이라는 듯이 생각하여, 신비주의자를 오해하거나 과소평가하기 위해서 사용되어서는 안 된다. 신비주의자의 이 표현은 그가 전에는 하느님을 선택하지 못하였다고 하는 그의 뉘우침을 말해주고 있는 것이므로, 그의 피로를 인생에 대한 권태와 동일시해서는 안 된다. 여기서 그대는 이미 신비주의자의 생활이 얼마나 윤리적으로 결정되어 있는 바가 적은가를 알 수 있을 것이다. 왜냐하면 그가 좀 더 일찍이, 그가 세계 속에서 구체적인 존재가 되기 전에, 그의 영혼이 오로지 추상적으로 규정되어 있었을 동안에, 즉 어린 시절에 그가 하느님을 선택하지 못했다는 사실을 뉘우치는 것은 그의 뉘우침의 최고의 표현인 것이다.

신비주의자는 선택을 하였기 때문에, 바로 그런 까닭으로 행동적이지만, 그의 행동은 내적인 행동이다. 그가 행동적인 한에 있어서 그의 생활은 하나의 운동, 하나의 발전, 하나의 역사歷史를 갖는다. 그러나 발전이라는 것은 본래적인 의미에서 우리가 과연 그것을 역사라고 부를 수 있는지 없는지가 의심스러울 정도로 형이상적 내지는 심미적일 수 있다. 왜냐하면 역사라고 할 때, 우리는 자유의 형식 안에서의 발전이라고 생각하기 때문이다. 운동이라고 하는 것도 우리가 그것을 발전이라고 부를 수 있는지 없는지 의심스러울 정도로 산만하고 단편적일 수 있다. 그런 운동이 하나의 경험이 되풀이되는 사실 속에서 성립되는 것이라고 한다면, 그것은 틀림없이 운동이라고 할 수 있을 것이고, 어쩌면 우리는 이 운동의 법칙까지도 발견할 수가 있을 것이다. 그러나 그것은 결코 발전이 아니다. 시간 속에서의 반복은 의미도 없고 지속성도 결여되어 있다. 신비주의자의 생활의 경우가 바로 이런 경우다. 신비주의자가 맥빠진 순간들에 관해서 언급하고 있는 비탄에 찬 글을 읽으면 소름이 끼칠 지경이다. 그러다가 맥빠진 순간이 지나면 활기찬 순간이 온다. 이렇듯이 그의 생활은 항상 변하고 있다. 그러므로 그의 생활에는 사실 운동은 있지만 발전은 없다. 그의 생활에는 지속성이 결여되어 있다. 사실상 신비주의자의 생활의 지속성을 공급하고 있는 것은 감정感情, 즉 동경憧憬의 감정이고, 이 동경의 감정은 과거의 것을 지향하고 있거나 아니면 다가올 것을 지향하고 있다. 그러나 이 감정이 중간의 공간을 점하고 있다는 사실이 바로 관련성의 결여를 말해주고 있는 것이다.

신비주의자의 생활은 우리로서는 감히 역사라고는 부를 수 없으리만큼 형이상적이고도 심미적으로 규정되어 있다. 물론 우리가 식물의 역사를 운운할 때의 의미의 역사라면 이야기는 다르다. 신비주의자에게는 세계란 죽은 것이고, 그는 하느님과 사랑에 빠져 있는 것이다. 그러므로 그의 생활의 발전은 이 사랑의 전개인 것이다. 서로 사랑하고 있는 두 사람은 겉모습과 표정과 얼굴 모습 등이 어느 정도까지 닮아 있는 경우가 흔히 있듯이, 신성神性을 명상하는 일에 몰두하여 그 신성의 상像이 더욱더 또렷이 사랑을 하고 있는 신비주의자의 영혼에 반영되고, 그리하여 그 신비주의자는 상실된 신의 상像을 인간 속에 다시 불러일으켜서 신선하게 만든다. 그가 명상을 거듭할수록 이 상은 점점 더 또렷이 그에게 반영되고, 그럴수록 그는 그 자신이 그 상을 닮게 된다. 따라서 그의 내적인 행동은 인격적인 미덕을 획득하기 위함이 아니고, 종교적인 미덕 내지는 명상적인 미덕을 발전시키기 위한 것이다. 그러나 이런 말조차도 이미 그의 생활에 대한 표현으로서는 지나치게 윤리적인 감이 없지 않으므로, 우리는 그의 진정한 생활은 곧 기도라고 해야만 할 것이다.

나는 기도 역시 윤리적인 생활에 속하고 있다는 사실을 부인할 생각은 없지만, 어떤 인간이 윤리적으로 살면 살수록 그의 기도 역시 그만큼 목적이 있는 것이 되고, 심지어는 감사의 기도에 있어서마저도 목적의 요소가 깃들게 마련이다. 그러나 신비주의자의 기도는 이와는 사정이 다르다. 그에게는 기도가 에로스적일수록 또 그것이 작열하는 사랑 속에서 타오르면 타오를수록 더욱 의미심장한 것이 된다. 그의 기도는 이 사랑의 표현이고, 그가 사랑하고 있는 신성神性에게 말을 걸 수 있는 유일한 언어다.

속세에서 살고 있는 애인들이 서로 그들의 사랑을 호흡하고, 그들의 영혼이 서로 다정한 속삭임을 나눌 수 있는 순간을 그리워하듯이, 신비주의자는 기도하는 중에, 말하자면 하느님의 면전으로 숨어들어갈 수 있는 순간을 그리워한다. 애인들이 할 말이 없을 때면 속삭임 속에서 최고의 행복을 경험하듯이, 신비주의자에게는 그의 기도의 내용이 빈약하면 빈약할수록, 또 그가 그의 탄식과 더불어 거의 자신의 눈앞에서 사라질 듯싶으면 싶을수록 그의 영혼은 그만큼 축복에 넘치고 그의 사랑은 더욱더 행복한 사랑이 된다.

이러한 생활의 비진실성을 좀 더 소상하게 파헤친다고 해서 아마 곁길로 벗어났다고는 하지 않을 것이다. 특히나 심오한 인격의 소유자라면 누구나가 항상 신비주의에 대해서 매력을 느끼고 있다는 사실을 감안한다면 더욱 그렇다. 그러므로 그대 역시 비록 얼마동안이나마 신비주의자가 될 만한 소질이 전혀 없다고는 결코 말할 수 없다. 여기에는 가장 순수하고 가장 순진한 영과 가장 허물이 많은 사람, 그리고 가장 재능이 많은 사람과 가장 단순한 사람이라는 가장 대립적인 사람들이 만나게 되는 영역이 있다.

우선 나는 이런 생활에서 본래 나를 반발하게 하는 내용을 간단히 적어보련다. 이것은 어디까지나 나 개인의 판단이다. 그러고 나서 나는 계속해서 내가 지적한 위험이 정확하다는 점을 증명할 것이고, 또 위험한 이유를 밝히고 우리들 주위에 그렇게도 가까이 있는 그런 그릇된 길들을 지적해 보련다.

나의 소견으로는 신비주의자는 하느님에 대한 그의 관계 속에 깃든 일종의 주제넘은 뻔뻔스러움에 대한 책임을 면할 길이 없다고 본다. 인간이 마음을 다하고 목숨을 다하여 하느님을 사랑해야 하고,* 그렇다, 그렇게 해야만 할 뿐만 아니라, 그렇게 하는 것이 축복 그 자체라는 것을 누가 부인할 수 있겠는가? 그러나 그렇다고 해서 이런 사실로부터 신비주의자가 하느님께서 그에게 있으라고 지정해 주신 현실을 그가 깔보아도 좋다는 결론은 나오지 않는다. 왜냐하면 그렇게 한다면 그는 하느님의 사랑을 깔보는 셈이 되거나, 하느님께서 이 사랑을 주시려고 하시는 것과는 다른 표현을 요구하는 셈이 되기 때문이다. 여기에는, "순종하는 것이 제사 드리는 것보다 낫고, 그분의 말씀을 명심하는 것이 염소의 기름기보다 낫다"**고 하는 사무엘의 엄숙한 말이 그대로 들어맞는다.

---

* 마태복음 22장 37절 참조.

** 사무엘 상 15장 22절 참조.

그러나 이런 주제넘은 뻔뻔스러움은 상당히 심각한 모습을 갖추게 될 수도 있다. 예를 들면, 이런 혹은 저런 우연한 특징 때문에 자신이 하느님의 총애를 받게 되었다고 생각한 나머지, 그가 현재 있는 그대로의 그 자신으로 존재하는 사실 때문에 하느님과 관계를 맺게 되었다고 신비주의자가 증언하는 경우가 바로 그런 경우다. 왜냐하면 그렇게 함으로써 그는 신성神性과 자기 자신의 품위를 격하하게 되기 때문이다. 자기 자신의 품위를 격하시킨다고 하는 것은, 그가 이런 혹은 저런 우연적인 특색 때문에 다른 사람들로부터 뛰어나다고 하는 것은 항상 품위를 격하시키는 일이기 때문이고, 또 하느님의 품위를 격하시킨다고 하는 것은, 그가 하느님의 신성을 우상화하여 자기 자신을 그 궁전의 총애를 받는 신하로 만들기 때문이다.

다음으로 신비주의자의 생활에서 나를 불쾌하게 하는 것은 그의 부드러움과 그의 연약함이다. 이것이 사람들로 하여금 그를 용납하지 않게 한다. 어떤 인간이 진실로 그리고 성실하게 하느님을 사랑하고 있다는 사실을 마음속 깊이 확신하고 싶어한다는 사실과, 또 그가 이 사실을 철저하게 확신하고 싶은 성정을 자주 느낀다는 사실, 그리고 그가 하느님을 그렇듯이 사랑하고 있다는 사실을 성령께서 친히 나의 영혼에 증거하여 주십사*고 하느님에게 간구할 수도 있다는 사실 - 이런 사실 속에 아름다움과 진실이 있다는 것을 누가 감히 부인할 것인가? 그러나 그렇다고 해서 이런 사실로부터 그가 이런 실험을 매순간마다 되

---

* 로마서 8장 16절 참조.

풀이할 것이고, 또 그가 매순간마다 자신의 사랑을 시험해 볼 것이라는 결론은 결코 뒤따르지 않는다. 그는 하느님의 사랑을 믿을 만큼 영혼의 위대성을 소유할 수가 있을 것이고, 그래서 그는 역시 자신의 사랑을 믿을 만큼의 솔직성도 가질 수가 있고, 또 자신에게 할당된 상황 속에서 기꺼이 머물러 버틸 수도 있을 것이지만, 그가 그렇게 할 수 있기 위해서는 그렇게 머물러 버티는 것이 그의 사랑과 그의 겸손의 가장 확실한 표현이라는 사실을 알 수 있어야만 한다.

끝으로 신비주의자의 생활이 나를 불쾌하게 만드는 이유는, 만약 그가 좋아서 신비주의자가 된 것이 아니라고 한다면, 그의 생활은 그가 살고 있는 세계를 속이는 속임수고, 그가 의무에 의해서 묶여져 있는 사람들을 속이는 속임수고, 또 장차 그가 관계를 맺게 될지도 모를 사람들을 속이는 속임수라고 나는 생각하기 때문이다. 일반적으로 신비주의자는 고독한 생활을 선택하지만, 그렇다고 해서 그것으로 사태가 명백해지는 것은 아니다. 왜냐하면 도대체가 과연 그는 그런 생활을 선택할 권리가 있느냐 없느냐가 문제로 남아있기 때문이다. 그가 고독한 생활을 선택한 사실 자체를 두고 그가 다른 사람들을 속였다고는 말할 수 없다. 아닌 게 아니라 그렇게 함으로써 그는 사실상, "나는 그대들과 관계를 맺고 싶지 않다"고 말하고 있는 것이 진실이다. 그렇지만 도대체가 과연 그는 그런 말을 할 수가 있는 것인지, 또 그런 일을 할 수 있는 권리가 있는 것인지는 문제로 남는다. 나는 특히 남편으로서 아버지로서 신비주의적이다. 나의 가정생활에는 그 자체의 지성소至聖所 ; aduton가 있다. 그러나 만약 내가 신비주의자라면, 나는 나 자신만을 위한 또 하나의 지성소를 가져야만 할 것이다. 그렇게 된다면 나는 매우 고약한 남편이 될 것이다.

각설하고, 나의 소견에 의하면(이 소견은 후에 언급하겠다), 결혼을 한다는 것은 모든 사람의 의무이고, 고약한 남편이 되기 위해서 결혼을 한다는 것은 말도 안 되는 말이기 때문에, 내가 모든 신비주의에 대해서 혐오감을 느끼지 않을 수 없다는 사실을 그대는 쉽게 이해할 수 있을 것이다.

일방적으로 신비적인 생활에 몰두해 온 사람은 끝내는 모든 인간과 인연을 끊고, 어떤 관계도, 심지어는 가장 다정하고 가장 친밀한 관계까지도 그에게는 무관심한 것이 된다. 사람은 부모보다는 하느님을 더 진심으로 사랑해야만 한다는 말은 그런 뜻에서 한 말이 아니다. 하느님은 그럴 정도까지 자애적自愛的이 아니고, 그분은 또 가장 무서운 알력으로 인간을 괴롭히려고 하는 시인도 아니시다. 실상 뭐니 뭐니 해도 하느님에 대한 사랑과 하느님께서 우리들의 마음에 심어주신 인간에 대한 사랑 사이에 예기될 수 있는 알력 이상으로 무서운 것으로 생각될 수 있는 것은 없을 것이다.

그대는 설마하니 그 젊은 루트비히 블랙훼르트를 잊어버리지는 않았을 것이다. 우리들은 수년 전에 매우 가깝게 지냈었다. 나의 경우는 특히 그랬다. 그는 분명히 매우 재능이 뛰어난 친구였지만, 그의 불행은 그리스도교적이라기보다는 오히려 인도적인 신비주의에 일방적으로 몰두하고 있었다는 사실이었다. 만약 그가 중세에 살고 있었다면, 그는 틀림없이 수도원에서 그의 피난처를 찾았을 것이다. 우리 시대는 그런 도피처를 갖고 있지 못하다. 오늘날에 있어서는 어떤 사람이 길을 잘못 들게 되면, 그가 완전히 고침을 받지 못하는 한 필연적으로 파멸될 수밖에 없다. 우리들은 그에게 제공할 상대적인 구제수단을 갖고 있지 못하다. 그대도 알고 있듯이 그는 자살로써 끝을 맺었다. 그는 나와는 각별히 친했었다. 그러니 그런 점에서는 인간이란 어떤 인간과도 관계를 맺어서는 안 되고, 직접적으로 하느님과만 관계를 맺어야만 한다고 하는 그가 신봉하고 있는 이론에 모순된 일을 한 셈이다. 물론 그가 내게 보여준 신뢰는 그리 큰 것이 아니었고, 그는 나에게도 자신의 마음을 전적으로 열어 보인 적이 없었다. 그의 생애의 마지막 반년 동안 나는 상궤를 벗어난 그의 생활을 불안한 마음으로 목격하고 있었다. 나는 몇 번인가 그를 만류했지만 몇 번인지를 나는 확실히는 모른다. 왜냐하면 그는 어느 누구에게도 마음을 열어 보인 적이 없기 때문이다. 그에게는 자신의 마음의 상태를 감추고, 어떤 정열을 정열과 유사한 어떤 것으로 바꿀 수 있는 천재적인 재능이 있었다. 그래서 끝내 아무도 그 이유를 모르게 자신의 삶을 끝낼 수가 있었다. 그의 담당의사는 그것은 부분적인 정신착란이라는 의견을 내어놓았다. 의사로서는 그렇게 말할 수밖에 없었다. 그렇지만 사실인즉 그의 정신은 마지막 순간까지 쇠약해지지 않았다. 그대는 아마도 모르고 있는지 몰라도, 그가 자신의 형인 법률고문관에게 쓴 편지가 있다. 그 편지에서 그는 자신의 의도를 밝히고 있다. 나는 그 편지의 사본을 동봉한다. 그 편지는 진실의 감동적인 증거이고, 완전한 고립의 마지막 고민을 말해주는 지극히 객관적인 표현이다.

존경하는 법률고문관 귀하

당신에게 이 글을 쓰는 이유는, 어떤 면에서 본다면 당신은 다른 사람들보다 나와 가까지도 않습니다만, 또 어떤 면에서 본다면 당신은 나의 가장 가까운 친척이기 때문입니다. 당신이 이 편지를 받을 때 저는 이미 이 세상에는 없습니다.

만약 당신에게 이유를 묻는 사람이 있다면 당신은, "옛날 옛날에 모닝 글로리라라고 하는 공주가 있었습니다"라든가, 하여간 그와 비슷한 대답을 하면 될 것입니다. 왜냐하면 만약 내가 살아남을 기쁨을 가졌다고 한다면, 나 역시도 그렇게 대답했을 것이기 때문입니다. 만약 어떤 사람이 그것에 대한 동기를 묻는다면 당신은, "그건 끔찍한 일이었습니다"라고 대답하면 될 것입니다. 만약 어떤 사람이 언제의 일이냐고 묻는다면 당신은, "내게는 뜻 깊은 7월의 일이었지요"라고 대답하면 될 것입니다. 만약 아무도 그런 질문을 하는 사람이 없다면 당신은 대답할 필요가 없겠지요.

나는 결코 자살을 칭찬할 만한 일이라고는 생각하고 있지 않습니다. 내가 자살을 결심한 것은 허영심 때문이 아닙니다. 오히려 나는 아무도 무한한 것을 끝까지 버티고 보아낼 수는 없다는 명제가 옳다는 것을 믿고 있습니다.

한때 내게는 이 무한한 것이 지적인 면에서 분명해진 적이 있었고, 이것에 대한 표현은 무지無知입니다. 말하자면 무지는 무한한 지知의 소극적인 표현이지요. 자살은 무한한 자유에 대한 소극적인 표현입니다. 그것은 무한한 자유의 한 형식이지만 소극적인 형식입니다. 무한한 자유의 적극적인 형식을 발견한 사람에게 찬사를 보내고 싶습니다.

-무한한 존경을 드리는 자로부터

불쌍한 루트비히가 종교적인 영향을 받지 않은 것만은 확실하지만, 신비주의의 영향은 받고 있었다. 왜냐하면 신비주의의 특징은 종교적인 요소가 아니라 고립이고, 이 고립 속에서의 개인은 주어진 현실과의 어떤 관계도 개의치 않고, 자신을 영원한 존재와의 직접적인 연관 속에 놓으려고 하기 때문이다. 신비주의라는 말이 언급되면, 사람들은 곧 종교적인 것을 연상하기가 십상이지만, 그것은 종교적인 것이 개인을 고립시키는 경향을 갖고 있다는 것을 고려해서 그렇게 생각할 뿐이다. 그런 사실은 가장 간단한 관찰을 통해서도 그대가 납득할 수 있을 것으로 믿는다. 아마도 그대는 교회에 나가는 일은 극히 드물 것이지만, 교회에 나간다면 아마 가장 날카로운 관찰자가 될 수밖에 없을 것이다. 그대는 다음과 같은 사실, 즉 물론 우리는 어떤 의미에서 하나의 교구민敎區民이라는 인상을 받기는 하지만, 개인은 역시 고립되어 있다는 인상을 받지 않았는가? 사람들은 서로 낯모르는 사람들로 있다가 길고 긴 우회로를 걷고 나서야 비로소 다시 결합된다. 그렇게 될 수밖에 없는 것이, 개개인의 하느님-관계는 하도 밀접하게 내면성과 관계되어 있으므로, 그러는 동안에는 속세의 모든 관계가 의미를 잃게 되기 때문이다. 건전한 사람의 경우는 그런 고립의 순간은 오래 지속되지 않고, 그런 찰나적인 은퇴는 결코 환상일 수 없으므로, 그것은 오히려 속세적인 관계의 내면성을 강화한다. 그러나 덧없는 요소로서는 건전할 수도 있는 것이, 그것이 일방적으로 발전할 때는 매우 심각한 병이 된다.

나는 신학적인 교양을 갖추고 있지 못하기 때문에, 종교적인 신비주의의 특성을 이 이상 소상하게 논할 수 있다고는 생각하지 않는다. 나는 그것을 단지 윤리적인 입장에서 고찰하였음에 불과하고, 그렇기 때문에 신비주의라는 말에 그것이 일반적으로 갖고 있는 것보다는 훨씬 넓은 의미를 부여하였지만, 나로서는 그것이 정당하다고 믿고 있다. 나는 종교적인 신비주의에는 많은 아름다운 점이 발견된다는 사실과, 이 신비주의에 몰두한 심오하고 진지한 많은 사람이 그 생활 속에서 많은 경험을 쌓고, 그렇게 함으로써 감히 이 위험한 길에 들어서려는 사람들에게 조언과 지시와 암시를 줄 수 있는 자격을 획득하였다고 믿어 의심치 않고 있다. 그럼에도 불구하고 이 길이 위험한 길일 뿐만 아니라, 고약한 길임에는 변함이 없다. 거기에는 항상 모순이 내포되어 있다. 신비주의자가 일반적인 현실을 존중하지 않는다면, 어째서 그가 보다 차원이 높은 체험의 그 순간마저도 꼭 같이 불신하는 것인지, 그 점이 분명치가 않다.

그러므로 신비주의자의 과오는 그가 자기 자신을 선택한다는 점에 있는 것이 아니다. 왜냐하면 나의 소견에 의한다면 그 점에서는 그로서는 잘 하는 일이기 때문이다. 그의 과오는 그가 자기 자신을 옳게 선택하지 않는 점이고, 그는 자기 자신을 자유의지에 의해서 선택하지만, 그가 윤리적으로 선택하지 않는 점에 그의 과오가 있다. 그러나 인간은 그가 윤리적으로 자기 자신을 자유의지로써 선택할 수가 있다. 그러나 인간은 자기 자신을 뉘우침으로써만 윤리적으로 자기 자신을 선택할 수가 있고, 인간은 뉘우침에 의해서만 구체적이 되고 또 구체적인 개인으로서의 인간만이 자유로운 개인이다. 그러므로 신비주의자의 과오는 후에 발생한 어떤 국면에 기인한 것이 아니라, 최초의 운동 바로 그것 속에 있다. 만약 이 최초의 운동이 옳다고 한다면, 이에 뒤따르는 속세로부터의 모든 은퇴와 금욕적인 모든 자학自虐도 역시 계속하여 올바른 귀결일 수밖에 없다.

신비주의자의 과오는 그의 선택에 있어서 자기 자신에게는 물론이고 하느님에게도 그가 구체적이 되지 못하다는 점에 있다. 그는 자기 자신을 추상적으로 선택하고, 따라서 투명성透明性을 결여하고 있다. 요컨대 추상적인 것이 투명한 것이라고 생각한다는 것은 잘못이다. 추상적인 것은 불투명한 것이고 안개와 같은 것이다. 그러므로 하느님에 대한 그의 사랑은 어떤 감정 속에서 어떤 기분 속에서 그것이 지닌 최고의 표현에 도달하고, 그는 안개가 자욱한 저녁의 땅거미 속에서 자신의 하느님과 막연한 운동과 더불어 하나로 융합된다. 그러나 인간이 추상적으로 자기 자신을 선택할 경우에는, 자기 자신을 윤리적으로 선택하는 것이 아니다. 인간이 자신의 선택에 있어서 자기 자신을 떠맡고, 자기 자신을 옷을 입듯이 입고, 자기 자신을 완전히 침투시켜서 그 결과로 모든 운동이 자신의 책임이라는 의식이 수반될 때, 비로소 그는 자기 자신을 윤리적으로 선택한 셈이 되고, 그때야 비로소 자기 자신을 뉘우친 셈이 되고, 그때야 비로소 그는 구체적이 되고, 그때야 비로소 자신의 전적인 고립 속에서 그가 속하고 있는 현실과의 절대적인 지속성 속에 있게 된다.

자기 자신을 선택한다는 것은 곧 자기 자신을 뉘우치는 것과 동일한 것이라고 하는 이 명제가 그 자체로서 아무리 단순한 것이라고 할지라도, 나로서는 이 명제를 재삼재사 되풀이하지 않을 수 없다. 일체는 바로 이 명제로 되돌아온다. 신비주의자 역시도 뉘우치지만, 그는 자기 자신 바깥으로 자기 자신을 뉘우치지 자기 자신 안으로 뉘우치지는 않는다. 그는 형이상학적으로 뉘우치지 윤리적으로 뉘우치지는 않는다. 심미적으로 뉘우친다는 것은 여성적인 나약함이므로 지겨운 일이다. 형이상학적으로 뉘우친다는 것은 때에 맞지 않는 하나마나한 것이다. 왜냐하면 실상 개인은 세계를 창조한 것도 아니고, 비록 현실이 제아무리 헛된 것이라 할지라도 개인이 그런 일에 그렇게까지 진심으로 근심할 필요가 없기 때문이다. 신비주의자는 자기 자신을 추상적으로 선택하기 때문에, 역시 또 추상적으로 뉘우칠 수밖에 없다. 이런 사실은 신비주의자 역시 거기서 살고 있는 유한한 현실인 존재에 관한 그의 판단으로도 가장 잘 알 수 있다. 왜냐하면 신비주의자는 이 현실이 덧없는 것이고 착각이 죄라고 가르치기 때문이다.

그러나 이런 유의 모든 판단은 형이상학적인 판단이고 현실존재에 대한 나의 관계를 윤리적으로 정의定義하는 것이 아니다. 그가 "유한성은 곧 죄다"라고 말할 때마저도, 실상 그는 결국 그가 그것을 덧없는 것이라고 할 때와 꼭 같은 말을 하고 있는 셈이다. 반면에 만약 그가 '죄'라는 말의 윤리적인 의미를 확보하려고 할 때는, 그는 죄에 대한 자신의 관계를 윤리적으로 규정하지 않고 형이상학적으로 긍정한다. 왜냐하면 이 관계의 윤리적인 표현은 그것에서 도망쳐 달아나려는 것이 아니라, 그것 속으로 들어가서 그것을 없애 버리거나 그것을 감당하려고 하기 때문이다. 윤리적인 운동에는 두 가지 운동밖에는 없다. 즉, 대상이 되는 것을 없애 버리든가 아니면 그것을 감당하든가 하는 둘 중의 하나다. 이 두 운동은 역시 다 같이 뉘우치는 개인과 그의 뉘우침의 상대 사이의 하나의 구체적인 관계를 제시하지만, 반면에 도망쳐 달아난다는 것은 추상적인 관계를 말해 줄 뿐이다.

신비주의자는 자기 자신을 추상적으로 선택한다. 그러므로 사람들은, "그는 항상 자기 자신을 세계 바깥으로 선택한다"고 말할 수 있다. 그러나 그 결과는 그는 자기 자신을 다시 세계 안으로 불러들이는 식으로 선택할 수가 없게 만든다. 참으로 구체적인 선택은, 내가 나 자신을 세계 바깥으로 선택하는 바로 그 순간에, 나는 나 자신을 세계 안으로 끌어들이는 식으로 선택하는 선택을 말한다. 왜냐하면 내가 나 자신을 뉘우치면서 선택할 경우에는, 나는 나 자신을 나의 전체 유한한 구체성 안에 모아서 집중시키고, 이렇듯이 내가 나 자신을 유한한 것 바깥으로 선택함으로써 나는 이 유한성과의 가장 절대적인 지속성 속에 있게 된다.

신비주의자는 자기 자신을 추상적으로 선택하기 때문에, 그의 불행은 운동을 일으키는 것이 그에게는 무척 어렵고, 좀 더 정확하게 말한다면 그런 일이란 그에게는 불가능하다는 사실에 있다. 그대의 세속적인 첫사랑에 대한 그대의 사정과 그의 종교적인 첫사랑에 대한 그의 신비는 꼭 같다. 그는 이 첫사랑의 모든 축복을 다 맛보았고, 그래서 그는 이제 그 사랑이 그렇듯이 황홀하게 다시 되돌아올 것인지 어떤지를 기다릴 수밖에 달리 할 일이 없다. 그리고 그는 이것을 자칫하면 의심스럽게 여기게 되기가 일쑤지만, 이 의심은 내가 자주 지적한 바고, 그때 나는 발전은 곧 후퇴고 지체라고 지적하였다. 신비주의자에게는 현실이란 하나의 지체고, 실상 그것은 하도 위험스러운 지체이므로, 그가 일단 소유하였던 것을 인생이 그에게서 빼앗아갈지도 모른다는 위구심危懼心을 일으킬 정도다. 그러므로 사람들이 신비주의자에게 인생의 의미란 무엇인가라고 묻는다면, 그는 아마도 "인생의 의미는 하느님을 배워서 아는 일이고, 하느님에게 반해 버리는 일"이라고 대답할 것이다. 그러나 이것은 물음에 대한 대답이 못된다. 왜냐하면 여기에서는 인생의 의미가 찰나로 간주되고 있지, 계속으로 간주되고 있지 않기 때문이다. 그러므로 내가 그에게 인생이 그런 의미를 갖고 있다는 것이 인생에게는 어떤 의미를 갖고 있는가를 묻는다면, 바꿔 말해서 도대체 시간적인 것의 의미는 무엇인지 묻는다면, 그는 대답에 궁할 것이 틀림이 없고, 하여간에 납득할 만한 대답을 못 할 것은 틀림이 없다.

만약 그가 시간적인 것은 극복되어야만 하는 것이라고 말한다면 우리는 한 걸음 더 나아가서, 이것이 극복되어야만 한다는 것은 도대체 어떤 의미를 가질 수 있는지 없는지를 다그쳐 묻지 않을 수 없을 것이다. 실상 이런 문제는 신비주의자는 원래부터 생각조차 하지 않고 있는 문제고, 오히려 신비주의자가 원하고 있는 것은 시간적인 것을 끝내버리는 일이다. 결과적으로 그는 그가 현실을 오해하고 그것을 형이상학적으로 덧없는 것으로 해석하였듯이, 마찬가지로 이번에도 그는 역사를 오해하고 역사를 형이상학적으로 덧없는 노고라고 해석하였다. 그가 시간적인 것에 부여할 수 있는 최고의 의미는, 시간적인 것이란 사람들이 거기서 시험을 되풀이하면서도 아무런 결과도 얻어내지 못하고, 또 개인이 애초에 그가 있었던 이상의 것을 더 갖지 못하는 시험기간이라고 하는 것이다.

그러나 이것은 시간적인 것에 대한 오해다. 왜냐하면 물론 시간적인 것은 항상 압박받은 교회와 닮은 점을 어느 정도 갖고 있는 것이 사실이지만, 그것은 동시에 유한한 정신을 찬양하는 가능성을 지니고 있기 때문이다. 요컨대 시간적인 것에 있어서는 무한한 정신과 유한한 정신이 분리되어 있다는 점이야말로 바로 시간적인 것의 아름다운 점이고, 시간적인 것이 유한한 정신에 배속되어 있는 사실이야말로 바로 유한한 정신의 위대한 점이다. 그러므로 시간적인 것은, 이렇게 말해도 좋을지는 몰라도, 하느님을 위해서 존재하는 것이 아니다. 다시 말해서 시간적인 것은 신비주의자들이 말하듯이, 하느님께서 당신이 사랑하는 자를 시험해 볼 수 있게 하기 위해서 존재하는 것이 아니라, 시간적인 것은 인간을 위해서 존재하는 것이고, 모든 은총의 선물 중에서도 최대의 것이다. 왜냐하면 인간의 영원한 존엄성은 그가 하나의 역사를 갖고 있다는 사실에 있고, 인간 속에 깃들어 있는 신적神的인 요소는 그가 원한다면 인간 자신이 이 역사에다 지속성을 부여할 수 있다는 점에 있기 때문이다. 그도 그럴 것이 역사가 그런 지속성을 획득하는 것은, 나에게 일어난 일이거나 나에게 엄습한 것의 총체總體가 역사가 되는 것이 아니라, 나를 엄습한 것이라 할지라도 그것이 나에 의해서 변모되어 필연성으로부터 자유로 옮겨지는 식으로 역사가 나 자신의 일이 될 때라야만 비로소 가능하기 때문이다.

하느님의 뜻을 돕게 되고, 하느님을 이해할 수가 있게 되는 것이 인간생활의 부러운 점이고, 또 기쁜 것이나 슬픈 것이나를 막론하고 자신에게 닥치는 모든 것을 자유롭게 자기의 것으로 만드는 것이 인간에 어울리는 하느님의 뜻을 이해하는 길이다. 그대는 그렇게 생각하지 않는가? 나로서는 그렇게 생각되고, 사실 어떤 인간에게 자기 자신을 시샘하게 만들기 위해서는 소리 높여 그 사실을 외치기만 하면 된다고 생각된다.

여기서 시사된 두 개의 입장*은 윤리적인 인생관을 실현하려는 시도처럼 보일지도 모르겠다. 이 시도가 성공을 거두지 못하는 이유는, 개인이 자기 자신을 고립 속에서 선택하였거나 아니면 자기 자신을 추상적으로 선택하였기 때문이다. 이것은 또 개인이 자기 자신을 윤리적으로 선택하지 않았다는 말로도 표현할 수 있다. 그렇기 때문에 개인은 현실과의 관련성 속에 있지 않고, 사정이 그런 이상, 어떤 윤리적인 인생관도 시종일관되게 실천될 수가 없다. 반면에 자기 자신을 윤리적으로 선택하는 사람은 자기 자신을 구체적으로 이런 특정된 개인으로서 선택하는 것이고, 이런 선택의 행위가 선택을 입증해 주는 이 뉘우침의 행위와 동일하다는 사실 때문에 개인은 이런 구체성을 획득한다. 이리하여 이 개인은 자기 자신을 이런 여러 재능과, 여러 소질과, 여러 본능

* 금욕주의와 신비주의를 말함.

과, 여러 정열을 지니고, 이런 특정한 환경의 영향을 받은 특정 환경의 이런 특정 소산으로서의 특정 개인으로 의식하게 된다. 그러나 인간은 이런 식으로 자신을 의식함으로써 이런 일체에 대해서 책임을 진다. 그는 이런 혹은 저런 것을 통틀어 책임을 질 것이냐 아니냐에 대해서 망설이지를 않는다. 왜냐하면 만약 통틀어 책임을 도맡지 않는다면 훨씬 귀중한 것을 잃게 된다는 사실을 그는 알고 있기 때문이다.

그러므로 그는 선택의 순간에는 가장 완전한 고립 속에 있다. 왜냐하면 그는 환경으로부터 물러나 있기 때문이다. 그렇지만 바로 꼭 같은 순간에 그는 절대적인 지속성 속에 있다. 왜냐하면 그는 자기 자신을 소산所産으로서 선택하기 때문이다. 그리고 이 선택은 자신의 자유에 의한 선택이고, 그렇기 때문에 그가 자기 자신을 소산으로서 선택할 경우에는, 그는 자기 자신을 만들어 낸다고 해도 과언이 아니다. 그러므로 그는 선택의 순간에 결론 속에 있는 것이다. 왜냐하면 그의 인격은 완결되기 때문이다. 그렇지만 바로 꼭 같은 순간에 시발점에 있다. 왜냐하면 그는 자기 자신을 자유롭게 선택하기 때문이다. 소산으로서의 그는 현실의 여러 형식 속에 매여 있지만, 선택 속에서 그는 자기 자신을 융통성이 있는 유연한 존재로 만들어서 모든 외면성을 모두 내면성으로 바꿔 놓는다. 그는 세계 속에 자신의 자리를 갖고 있지만, 그는 자유롭게 자신의 자리를 선택한다. 즉, 그는 이러저러한 자신의 자리를 선택한다. 그는 하나의 특정한 개인이고, 자신의 선택을 통하여 그는 자기 자신을 하나의 특정한 개인으로 만든다. 왜냐하면 그는 자기 자신을 선택하기 때문이다.

그러므로 개인은 자기 자신을 다양하게 규정된 하나의 구체적인 존재로 선택하고, 때문에 자신의 지속성에 따라서 자기 자신을 선택한다. 이 구체적인 존재가 개인의 현실성이다. 그러나 개인은 그것을 자신의 자유에 따라서 선택하기 때문에, 우리는 이것을 그의 가능성이라고도 말할 수 있고, 또 (그렇게까지 심미적인 표현을 사용하는 것을 피한다면) 그것은 그의 과업이라고도 말할 수 있다. 왜냐하면 심미적으로 사는 사람은 어디에서나 가능성밖에는 보지 않고, 그런 가능성이 그에게는 미래의 내용이지만, 이에 반해서 윤리적으로 사는 사람은 어디에서나 과업을 보기 때문이다. 그러므로 개인은 이 현실적인 자신의 구체화를 자신의 과제, 자신의 목표, 자신의 목적으로 간주한다.

그러나 개인이 자신의 가능성을 자신의 과제로 본다는 사실에는 바로 결코 포기할 수 없는 자신의 주권主權이 표현되어 있다. 물론 그가 국토가 없는 국왕이 그러기 마련인 지극히 난처한 주권을 즐기는 것은 아니지만 말이다. 이것이 윤리적인 개인에게 심미적으로 살고 있는 사람에게는 전적으로 결여되어 있는 확신을 부여해 준다. 심미적으로 살고 있는 사람은 일체를 외부로부터 기대한다. 이 세상에서 자신의 자리를 찾지 못하는 것이 얼마나 무서운 일인지에 관해서 많은 사람들이 병적인 불안감을 가지고 언급하는 것도 여기에 기인하고 있다. 이런 면에서 성공을 거두는 것이 매우 기쁜 일이라는 것을 누가 부인할 것인가? 그러나 이런 불안은, 개인이 그 자리에 모든 기대를 걸고 있고 자기 자신에게는 아무런 기대도 걸고 있지 않다는 사실을 암시해 주고 있다. 윤리적으로 살고 있는 사람 역시 자신의 자리를 올바르게 선택하려고 애쓸 것이다. 그러나 그는 자신이 실수를 저질렀음을 안다고 해도, 혹은 자신의 힘이 미칠 수 없는 장애물에 부닥친 것을 안다고 해도, 그는 결코 용기를 잃지 않는다. 왜냐하면 그는 결코 자기 자신에 대한 자신의 주권을 포기하지 않기 때문이다. 그는 즉석에서 자신의 과업이 무엇인지를 살피고 지체 없이 행동을 취한다. 이와 마찬가지로 우리는 흔히 일단 사랑을 하게 되면 자신들에게 어울리는 이상과 합치하는 처녀를 얻지 못할 것이라고 두려워하는 사람들을 보게 된다. 그런 처녀를 얻게 되면 무척이나 기쁘리라는 것을 누가 부인할 것인가? 그러나 그럼에도 불구하고 개개인의 바깥에 있는 것이 자신을 행복하게 만들어 줄 수 있는 것이라고 생각한다는 것은 미신에 불과하다.

윤리적으로 살고 있는 사람도 역시 자신의 선택이 잘 되기를 원한다. 그러나 자신의 선택이 자신이 원한 대로 완전히 이루어지지 않았다고 하더라도, 그는 용기를 잃지 않는다. 그는 곧 자신의 과업이 무엇인지를 살펴보고, 문제는 소원하는 것이 아니라 의지意志하는 것이라는 사실을 안다. 인생이란 무엇인가 하는 데 대한 올바른 관념을 갖고 있는 많은 사람들은 자신들이 위대한 사건이 일어난 시대의 동시대인이 되기를 원하고, 중요한 상황 속에 휘말려 들어가기를 원한다. 이러한 일에 타당성이 있다는 것을 누가 부인할 수 있겠는가. 그러나 그럼에도 불구하고 그런 사건이나 상황이 인간을 어엿한 존재로 만들어 줄 수 있다고 생각한다는 것은 미신에 불과하다. 윤리적으로 살고 있는 사람은, 문제란 우리가 개개의 사건에서 무엇을 보고, 그것을 어떤 에너지를 갖고 관찰하느냐에 달렸다는 것을 알고 있고, 또 비록 대수롭지 못한 상황 속에서도 자기 자신을 배양하는 사람은 가장 주목할 만한 사건을 목격하거나, 심지어는 그 사건에 동참한 사람보다도 더 많은 것을 경험할 수 있을 것이라는 사실을 알고 있다.

그는 또 도처에 무도장舞蹈場이 있다는 사실과, 아무리 하찮은 인간일지라도 자신이 춤을 출 수 있는 무도장을 갖고 있다는 사실과, 그리고 그의 춤은 만약 그가 의욕을 보이기만 한다면 역사 속에서 장소를 배당받은 사람들의 춤과 마찬가지로 아름답고 우아하고 표정이 다양하고 활발하다는 것을 알고 있다. 펜싱 선수의 이런 능숙함과 이런 유난성이야말로 불멸의 윤리적인 생명의 표시인 것이다. 심미적으로 살고 있는 사람에게는 '살 것이냐 살지 말 것이냐' 라는 옛 말이 해당된다. 그리고 그가 심미적으로 살려고 하면 할수록 그의 생활은 더욱더 많은 것이 필요하게 되고, 그런 것들 중의 가장 하찮은 것이라도 채워지지 않을 경우에는 그는 죽는다. 윤리적으로 사는 사람은 항상 타개책을 갖고 있다. 일체가 그에게 반기를 들고, 그를 짓누르는 폭풍우가 하도 어둡게 그를 감싸고 있어서 그의 이웃들마저도 그를 볼 수가 없을 때라도, 그는 파멸하지 않고, 그는 자신이 꽉 붙들 수 있는 한 점을 가지고 있다. 그리고 그 점은 그의 자기인 것이다.

나는 다음과 같은 하나의 사실만은 강력히 주장하고자 한다. 즉, 그것은 윤리주의자의 훈련이 실험이 되자마자, 그는 윤리적으로 사는 것을 중단하게 된다는 사실이다. 이런 유의 모든 훈련적인 실험은 인식의 영역에서 궤변철학詭辯哲學이라고 불리고 있는 것이 다.

여기서 나는 이전에 내가 윤리적인 것에 관해 내린 정의, 즉 윤리적인 것이란 인간으로 하여금 인간이 되게 하는 것이라는 정의를 상기하고자 한다. 그러므로 윤리적인 것은 개인을 다른 인간으로 바꾸어 놓는 것이 아니라, 그를 그 자신으로 만들 것이다. 윤리적인 것은 심미적인 것을 폐기하는 것이 아니라 그것을 변모시킬 것이다. 하나의 인간이 윤리적으로 살기 위해서는 그가 자기 자신을 근본적으로 의식하게 되어서 어떤 우연적인 것도 그의 눈에서 벗어나지 못하게 하는 것이 매우 중요하다. 윤리적인 것은 이런 구체성을 소멸시키려는 것이 아니라, 이런 구체성 속에서 자신의 과업을 보고 무엇을 의지해야 하며 무엇을 세워야만 하는지를 살핀다. 일반적으로 사람들은 윤리적인 것을 지극히 추상적으로 간주하고, 그래서 그것에 대해서 남모르는 공포심을 갖는다. 이렇듯이 윤리적인 것은 인격과는 생소한 것으로 간주되어 그것에 몸을 바치는 일에 저항감을 느낀다. 왜냐하면 시간이 흘러가는 동안에 그것이 어디로 우리를 이끌어갈지가 전혀 분명치가 않기 때문이다. 이래서 역시 많은 사람들이 죽음에 대해서도 공포를 느낀다. 왜냐하면 그들은 자신이 죽으면 영혼은 그들이 이 세상에서 익숙했던 것과는 전적으로 다른 법칙과 관습이 지배하고 있는 별개의 질서 속으로 옮아가는 것이라고 막연하고 어두운 생각을 품고 있기 때문이다.

죽음에 대한 이런 공포는 자기 자신에 대하여 투명해지는 것을 꺼리고 있기 때문에 야기된 현상이다. 왜냐하면 우리가 의욕하기만 하면 이 공포의 불합리성은 쉽게 알 수가 있기 때문이다. 윤리적인 것에 관해서도 사정은 마찬가지다. 인간이 투명해지는 것을 두려워할 때는, 그는 항상 윤리적인 것을 꺼리게 된다. 왜냐하면 윤리적인 것이 원하는 것이 바로 이 투명성이기 때문이다.

인생을 향락하려는 심미적인 인생관에 대립되는 것으로서, 의무를 완수하며 사는 데서 인생의 의미를 찾는 다른 인생관에 관한 이야기를 우리는 흔히 듣게 된다. 요컨대 사람들은 윤리적인 인생관을 이런 식으로 표현하려고 한다. 그러나 이 표현은 매우 불완전하고, 그것은 윤리적인 것의 품위를 떨어뜨리기 위해 고안해낸 것으로 착각하게 만들기 십상이다. 물론 우리 시대에 있어서는 그것이 이런 식으로 사용되는 것을 흔히 듣게 되고, 예컨대 스크리브가 이런 문구를 무대에서 일종의 익살 섞인 진지한 태도로 표현하여, 향락의 기쁨과 즐거움을 섬뜩하게 대조시킬 때는 미소마저도 금할 수가 없을 지경이다. 이 표현의 잘못은 개인이 의무에 대하여 외적인 관계에 놓여 있다는 사실에 있다. 윤리적인 것은 의무로서 정립되어 있고, 다음으로는 의무가 특정한 여러 명제의 덩어리로 정립되어 있지만, 개인과 의무는 서로의 바깥에 서 있다. 이러한 의무의 생활은 물론 매우 보기에 흉하고 지루하기 짝이 없는 것이다. 그리고 만약 윤리적인 것이 인격과 극히 깊은 관련이 없는 것이라면, 심미적인 것에 반대하여 윤리적인 것을 변호하기란 매우 어려울 것이다. 이 이상의 경지에까지 이르지 못한 사람이 많다는 사실을 나는 부인할 생각은 추호도 없지만, 그것은 의무의 탓이 아니라 인간 자신의 탓이다.

이상하기 짝이 없는 일이지만, 사람들은 의무라는 말을 들으면 대개 어떤 외적인 관계를 연상한다. 그러나 이 말의 어원부터가 이미 그것이 내적인 관계라는 사실을 말해주고 있다. 왜냐하면 내게 이 우연한 개인으로서의 내가 아니고, 나의 진실된 본질에 따라서 나의 몸에 배인 것은 사실 나 자신과 가장 내밀한 관계에 있을 수밖에 없는 것이기 때문이다. 요컨대 의무란 짊어지워진 무거운 짐이 아니라 나의 몸에 배인 것이다. 의무를 이렇게 보는 한에 있어서 개인은 자기 자신 안에서 방향을 올바르게 잡았다고 할 수 있다. 그러므로 그에게 있어서는 의무라는 것이 특정한 여러 규정으로 다양화되어 분산되는 일은 없을 것이다. 왜냐하면 이런 분산은 항상 개인이 의무에 대해서 외적인 관계에 서 있다는 것을 말해주기 때문이다. 개인은 의무를 옷처럼 몸에 걸치고 있고, 그에게는 의무가 그의 가장 내밀한 본질의 표현이다. 이렇듯이 개인이 자기 자신을 향해서 방향을 잡고 나면, 그는 윤리적인 것에 몰두하게 되고, 의무를 수행하기 위해 헐레벌떡거리며 뒤쫓을 필요가 없게 될 것이다.

그러므로 진정한 윤리적인 개인은 의무를 자기 자신 바깥에가 아니라 자기 자신 안에 갖고 있기 때문에 마음의 안정과 확신을 갖고 있다. 인간이 자신의 삶을 윤리적으로 심어 놓고 있는 정도가 깊으면 깊을수록, 쉴 새 없이 의무에 관해서 언급하려는 요구나, 쉴 새 없이 자신이 의무를 수행하였는지 어땠는지에 관해 근심하려는 요구나, 또 쉴 새 없이 자기의 의무가 무엇이냐고 다른 사람들에게 의논하려는 요구는 그만큼 더 줄어들 것이다. 윤리적인 것을 올바르게 보게 되면, 그것이 개인으로 하여금 자기 자신 안에서 무한한 확신을 갖게 하고, 올바르게 보지 못하게 되면 개인을 불안하게 만든다. 나는 자기 자신 바깥에 있으면서 의무를 실현해 보려고 노심초사하고 있는 사람 이상으로 불행하고 고민스러운 존재는 상상할 수가 없다.

만약 우리가 윤리적인 것을 인격 바깥에 있는 것으로 본다거나 인격과는 외적인 관계에서 볼 경우에는, 그때 우리는 일체를 포기한 셈이고 절망에 빠져 버렸다고 할 수 있다. 심미적인 것은 그 자체가 절망이고, 윤리적인 것은 추상적인 것으로서, 그 자체로서는 전혀 아무것도 생산할 수가 없는 것이다. 그러므로 우리는 가끔 어느 정도 성실한 열성을 갖고 윤리적인 것을 실현하려고 노심초사하고 있지만, 그것을 붙들려고 하자마자 그것은 항상 그림자처럼 사라져서 헛수고만 하는 사람을 보면, 그 광경은 희극적인 동시에 비극적이다.

윤리적인 것은 보편적인 것이고, 또 그렇기 때문에 그것은 추상적인 것이다. 그러므로 윤리적인 것은 그것이 지닌 완전한 추상성 때문에 항상 금지적禁止的이다. 그래서 윤리적인 것은 율법律法으로 나타난다. 윤리적인 것이 적극적인 명령의 형식을 갖게 되는 곳에는 어디에서나 약간의 심미적인 것을 내포하고 있기 마련이다. 유대인들은 율법의 백성이었다. 그래서 그들은 모세의 율법의 대부분을 완전히 이해하였다. 그러나 그들이 이해하지 못한 것 같이 보이는 명령은, 즉 '너희는 마음과 영을 다하여 너희의 하느님을 사랑하라' 는 그리스도와 가장 밀접하게 결부되어 있는 명령이었다. 이 명령은 결코 부정적도 아니려니와 또 추상적이지도 않다. 이 명령은 최고도로 긍정적이고 또 최고도로 구체적이다.

윤리적인 것이 보다 구체적인 것이 되면 될수록, 그것은 도덕과 관습의 규정으로 옮아간다. 그러나 윤리적인 것의 현실성은 민족적인 개성의 현실성 속에서 성립되는 것이며, 여기서 윤리적인 것은 이미 심미적인 요소를 자기 자신 속에 갖고 있는 것이다. 그럼에도 불구하고 윤리적인 것은 아직도 추상적이고, 그것은 개인 바깥에 있기 때문에 완전히 실현될 수가 없다. 개인 자신이 보편적인 것일 때라야 비로소 윤리적인 것이 실현될 수 있다. 개인의 삶이 개인의 삶인 동시에 보편적인 것이라는 사실, 비록 직접적으로 그렇다고는 하지 않더라도 가능성이란 점에서 그렇다고 하는 것이 양심의 비밀이고, 개인적인 삶이 공유하고 있는 비밀이다. 인생을 윤리적으로 보는 사람은 보편적인 것을 보고, 윤리적으로 사는 사람은 자신의 생활 속에서 보편적인 것을 표현한다. 그는 자기 자신을 보편적인 인간으로 만들지만, 자신의 구체성을 벗어버림으로써 그렇게 만드는 것이 아니라(왜냐하면 그것을 벗어버리면 그는 무로 화하기 때문이다), 자신의 구체성을 옷 입듯이 입고 그것에 보편성을 침투시킴으로써 자신을 보편적인 인간으로 만든다. 그러므로 보편적인 인간은 결코 환영幻影이 아니고 모든 인간 자체가 보편적인 인간이다. 다시 말해서 모든 인간에게는 그가 보편적인 인간이 될 수 있는 길이 부여되어 있다.

심미적으로 사는 사람은 우연적인 인간이다. 그는 자신이 유일한 인간이라는 사실 때문에 자기 자신을 완전한 인간이라고 믿고 있다. 윤리적으로 사는 사람은 보편적인 인간이 되려고 애쓴다. 그러므로 예컨대 어떤 인간이 심미적으로 사랑을 하게 되면 우연적인 것이 엄청난 역할을 한다. 그리고 아무도 그가 한 것처럼 그런 뉘앙스를 갖고 사랑하지 못하였다는 사실이 그에게는 중요한 일이 된다. 윤리적으로 사는 사람이 결혼을 하게 되면, 그는 보편적인 것을 실현한다. 그러므로 그는 구체적인 것을 증오하는 사람이 되는 것이 아니라, 오히려 사랑 속에서 보편적인 인류의 구현을 봄으로써 모든 심미적인 표현보다 더 심오한 하나의 구체적인 표현을 갖는다. 그래서 윤리적으로 사는 사람은 그것을 자기 자신의 과제로 갖는다. 그의 자기는 그것이 지닌 직접성 속에서는 우연적으로 규정된다. 그래서 그의 과제는 우연적인 것과 보편적인 것을 서로 작용시켜서 침투시키는 일이다.

이리하여 윤리적인 개인은 의미를 자기 바깥에 갖는 것이 아니라 자기 안에 갖는다. 절망의 순간에 윤리적인 개인이 모습을 드러낸다. 그러고는 이 윤리적인 개인은 심미적인 것 속에서 심미적인 것과 더불어 심미적인 것을 돌파하여 전진하려고 애쓴다. 우리는 윤리적인 개인에 관해서는 깊이가 깊은 잔잔한 물과 같다고 말할 수 있지만, 반면에 심미적으로 사는 사람은 겉으로만 움직이고 있을 뿐이다. 그러므로 윤리적인 개인이 그의 과업을 완수하고 그가 훌륭하게 싸웠을 때는,* 그는 유일한 인간이 된 경지에, 즉 그와 같은 인간이 없는 경지에 도달하였고, 동시에 그는 보편적인 인간이 된 셈이다. 유일한 인간으로 존재한다는 것은 그 자체로서는 별달리 위대한 일이 아니다. 왜냐하면 모든 인간과 모든 자연의 소산은 유일한 것이기 때문이다. 그러나 보편적인 인간으로 존재하면서도 유일한 인간으로 존재한다는 것은, 이것은 곧 진정한 생활의 기술인 것이다.

---

* 디모데후서 4장 7절 참조.

그러므로 인격은 윤리적인 것을 그 자체 바깥에 갖고 있는 것이 아니라 그 자체 안에 갖고 있고, 윤리적인 것은 이 깊은 밑바닥에서 솟아오른다. 따라서 내가 앞서 언급하였듯이 우리가 유의해야 할 것은, 인격은 추상적이고 공허한 폭풍우로써 구체적인 것을 말살할 것이 아니라 오히려 그것을 동화同化해야만 한다는 사실이다. 윤리적인 것은 영혼 속 깊은 곳에 도사리고 있기 때문에 그것은 언제나 눈에 보이는 것은 아니다. 윤리적으로 사는 사람은 심미적으로 사는 사람과 꼭 같은 일을 할 수가 있기 때문에 그는 다른 사람들의 눈을 속일 수가 있다. 그러나 결국 윤리적으로 살고 있는 사람은 다른 사람이 인식할 수 없는 한계를 갖고 있다는 사실이 분명해지는 순간이 닥쳐온다. 자신의 생활이 윤리적으로 정착되어 있다는 확신을 갖고 있기 때문에 개인은 반석 같은 확신 속에서 안정되어, 이런 혹은 저런 것에 관한 사소한 근심거리를 갖고 자기 자신이나 남들을 괴롭히는 일이 없다. 그러므로 윤리적으로 사는 사람이 매사에 매우 공평하다는 사실을 나는 당연한 것으로 여기고 있다. 그러므로 윤리적인 것을 온갖 하찮은 일에 끌어들이려고 하지 않는 것이 윤리적인 것을 존중하는 표시가 된다. 이런 일을 하는 노력은 항상 실패하기 마련이고, 이런 일이란 윤리적인 것을 믿으려는 용기가 없는 사람들과, 보다 깊은 의미에서 내적인 확신이 없는 사람들에게서만 찾아볼 수 있는 일이다.

세상에서는 총체적인 것을 하나로 간주하지 않고 다양한 것으로 생각하고 있기 때문에, 총체적인 것을 처리하지 못하고 있는 사실 속에서 자신의 무기력을 드러내는 사람들이 많다. 그러나 이런 사람들도 역시 윤리적인 것을 자기 바깥에 갖고 있는 사람들이고, 물론 여기에는 다른 모든 정신의 나약함과 마찬가지로 일종의 정신이상이라고 간주할 수 있을 의지의 박약이라는 이유 이외에는 다른 이유가 없다. 이런 사람들의 생활은 하루살이는 걸러내고 낙타는 삼키는* 식으로 적은 일에 구애되어 사는 생활이다. 그들은 윤리적인 것의 순수하고 아름다운 진지성도, 또 공평한 마음이 갖는 자유로운 기쁨도 모르고 있다. 그러나 물론 윤리적인 개인에게는 이런 공평도 왕자의 자리를 지킬 수가 없고, 매 순간마다 그는 이런 공평의 한계를 설정한다. 그러므로 그는 또 섭리가 존재한다는 사실을 믿고 있고, 영혼은 이 확신 안에서 안심하고 쉬고 있다.

그렇지만 그는 모든 우연적인 결과에다 섭리라는 사상을 침투시키려 하거나, 모든 순간에 이 신앙을 확신하려고 애쓰지는 않을 것이다. 공평성 때문에 아무런 방해도 받지 않고 윤리적인 것을 의욕하고, 우연성 때문에 아무런 방해도 받지 않고 섭리를 믿는다는 것은, 인간이 의욕하기만 하면 모든 인간이 획득할 수 있는 건전한 건강의 하나의 조건이다. 이런 경우에도 역시 문제는 과업을 찾는 일이다. 즉, 인간이 이런 식으로 공평성이나 우연성에 의해서 기분이 산만해지는 경향을 갖고 있을 경우에는 그것에 저항하여, 무한한 것을 꽉 붙들고 들오리처럼 방황하지 않게 하는 것이 과업이라는 사실을 명심할 필요가 있다.

윤리적으로 자기 자신을 선택하는 사람은 자기 자신을 자신의 과업

---

* 마태복음 23장 24절 참조.

으로 갖는 것이지, 단순한 가능성으로서 갖는 것도 아니려니와, 제멋대로 갖고 놀 수 있는 장난감으로서 갖는 것도 아니다. 그는 그가 자기 자신을 지속성 속에서 선택할 때라야만 비로소 자기 자신을 윤리적으로 선택할 수가 있다. 그렇게 함으로써 그는 자기 자신을 다양하게 규정된 하나의 과업으로 갖게 된다. 그는 이 다양성을 말살해 버리거나 증발시켜 버리려고 애쓰지 않고, 오히려 반대로 이 다양성이야말로 바로 자기 자신이므로 이 다양성 속에 단단히 자리를 잡고 뉘우친다. 그리고 뉘우치며 그 다양성 속에 몰두함으로써만 자기 자신이 될 수 있다. 왜냐하면 그는 세계가 자신과 더불어 시작한다거나 그가 자기 자신을 창조한다고는 생각하고 있지 않기 때문이다. 언어 자체가 이 마지막 견해에다 경멸이라는 낙인을 찍고 있다. 그리고 사람들은 늘 어떤 사람을 경멸하는 뜻으로, 그는 자작自作한 사람이라고 말하고 있다. 그러나 그가 뉘우치면서 자기 자신을 선택할 때, 그는 고립화의 방향으로가 아니라 지속성의 방향으로 활동하고 있는 것이다.

여기서 우선 윤리적인 개인과 심미적인 개인을 비교해 보기로 하자. 일체가 거기에 달려있는 근본적인 차이는, 윤리적인 개인이 자기 자신에 대하여 투명하고 심미적인 개인처럼 제멋대로 살지 않는다는 점이다. 이 차이가 전체의 사정을 말해주고 있다. 윤리적으로 사는 사람은 자기 자신을 본 것이고, 자기 자신을 알고, 자신의 전체 구체성 속에 자신의 의식을 침투시키고, 불안정한 사상이 자기 안에서 배회하는 것을 용납하지 않고, 유혹적인 가능성이 요술로서 그의 기분을 산란하게 하는 것을 용납하지 않는다. 그는 요리조리 돌려서 마음대로 뜻을 바꿀 수 있는 마녀의 글자와 같은 존재가 아니다. 그는 자기 자신을 안다. '너 자신을 알라' 는 말은 이미 수없이 되풀이된 말이고, 사람들은 그 말에는 인간의 모든 노력이 깃들어 있다는 사실을 알고 있다. 이 사실은 지극히 지당한 일이라 하겠지만, 그것이 동시에 시작이 아니라면 목표가 될 수 없다는 사실 역시도 꼭 같이 확실한 사실이다. 윤리적인 개인은 자기 자신을 알지만, 이 인식認識은 한낱 명상이 아니고(왜냐하면 그렇게 되면 그 개인은 자신의 필연성에 의해 규정되기 때문이다), 그것은 그 자체가 행동인 자기 자신에 관한 반성이다. 그렇기 때문에 나는 '자기 자신을 안다' 는 말 대신에 일부러 '자기 자신을 선택한다' 는 표현을 사용한 것이다. 그러므로 개인이 자기 자신을 알 때, 그는 그것으로 그치는 것이 아니다. 반대로 이 인식은 고도로 생산적이어서 이 인식에서 진정한 개인이 출현한다.

내가 나의 총명을 과시하고 싶었다면, 나는 이 시점에서 구약성서에 있는 이 말의 의미에서, 아담이 이브를 '알다' 라는 식으로 개인은 자기 자신을 안다고 말할 수도 있을 것이다. 개인은 자기 자신과 교제함으로써 자기 자신을 잉태하고 자기 자신을 낳는다. 개인이 아는 이 자기는 현실적인 자기인 동시에 이상적인 자기이기도 하다. 이 이상적인 자기는, 개인이 자기 자신을 그것에 맞춰서 형성해야 하는 모습으로서 자기 자신 바깥에 갖고 있는 자기이지만, 그럼에도 불구하고 이 자기는 개인 그 자신이기 때문에 자신 속에 갖고 있는 자기다. 개인은 자기 자신 속에만 자기가 그것을 향해서 노력해야 하는 목표를 갖고 있지만, 그가 그것을 향해 노력하고 있는 한에 있어서 그는 그 목표를 자기 자신바깥에 갖고 있다. 왜냐하면 만약 개인이 보편적인 인간은 자기 바깥에 위치하고 있고, 그것은 외부로부터 그에게로 온다고 믿는다면, 그는 방향을 잘못 잡은 셈이고, 그는 추상적인 개념을 갖고 있는 셈이고, 그 방법은 항상 근원적인 자기의 추상적인 말살이기 때문이다.

개인은 자기 자신의 내부에서만 자기 자신에 관한 정보를 얻을 수 있다. 그러므로 윤리적인 삶은, 개인은 자신의 자기를 자기 자신의 외부와 자기 자신의 내부에 갖고 있다고 하는 이중적인 성격을 갖고 있다. 그러나 전형적인 자기는 바로 이런 불완전한 자기다. 왜냐하면 이것은 단지 하나의 예언에 불과하고, 따라서 현실의 자기가 아니기 때문이다. 그럼에도 불구하고 이 전형적인 자기는 항상 그와 동반하고 있다. 그러나 그가 그것을 실현하면 할수록, 그만큼 그것은 그의 안에서 사라지고, 끝내 그의 앞에 모습을 나타내지 않고 창백한 가능성처럼 그의 뒤에 도사리고 있게 된다. 이 모습에는 인간의 그림자와 같은 일이 일어난다. 인간은 아침에는 자신의 그림자를 자기 앞으로 드리우고, 한낮에는 거의 찾아볼 수 없으리만큼 그와 나란히 오가고, 저녁에는 그의 뒤로 쓰러진다. 개인이 자기 자신을 알고 자기 자신을 선택하였을 때는, 그는 바야흐로 자기 자신을 실현하려고 하는 때다. 그러나 개인은 자기 자신을 구애 없이 자유로이 실현해야만 하기 때문에, 개인은 자기가 실현하려고 하는 것이 무엇인지를 알아야만 한다.

실상 그가 실현하려고 하는 것은 자기 자신이다. 그러나 그것은 자기 자신 안에서가 아니면 그 어디에서도 찾아볼 수 없는 자신의 이상적인 자기인 것이다. 만약 우리가 개인은 이상적인 자기를 자기 자신 안에 갖고 있다는 사실을 굳건히 간직하지 않는다면, 그가 노심초사하며 추구하는 것은 추상적인 것에 머물고 만다. 남을 모방하려는 사람이나 정상적인 사람을 모방하려는 사람은 다 같이, 비록 다른 방법으로이긴 하지만, 영향을 받게 된다.

심미적인 개인은 자신의 구체성 속에서 자기 자신을 본다. 그래서 그는 개별적인 것들 사이에 구별을 마련한다. 그는 어떤 것은 우연하게 자기에게 속하고 있는 것으로 간주하고, 다른 어떤 것들은 본질적으로 자기에게 속하고 있는 것으로 간주한다. 그러나 이런 구별은 극히 상대적이다. 왜냐하면 인간이 단지 심미적으로만 살고 있는 한에 있어서는, 그에게 속하고 있는 것은 본래가 모두 우연하게 그렇게 되어 있는 것에 불과하기 때문이다. 그리고 심미적인 개인이 이 구별을 고집하는 것은 단지 에너지의 결핍 때문에 그럴 따름이다. 윤리적인 개인은 이 사실을 절망 속에서 배웠기 때문에 그는 이와는 다른 구별을 갖고 있다. 왜냐하면 그도 역시 꼭 같이 본질적인 것과 우연적인 것을 구별하기 때문이다. 그의 자유에 의해서 정립된 일체는 제아무리 그것이 우연적인 것으로 보일지라도, 그것은 본질적으로 그에게 속하고 있는 것이다. 그렇지 않은 일체의 것은 제아무리 그것이 본질적인 것으로 보일지라도, 그에게는 우연한 것들이다. 그러나 윤리적인 개인의 경우에 있어서 이 구별은 그가 제멋대로 결정한 결과도 아니고, 그가 원하는 대로 자기 자신을 만들 수 있는 힘을 그가 갖고 있다는 뜻도 아니다.

윤리적인 개인은 확실히 자신은 자기 자신의 편집인이라는 표현을 사용할 수가 있다고 하더라도, 그는 동시에 자신에게는 책임이 뒤따르고 있다는 사실을 충분히 의식하고 있다. 즉, 그가 선택하는 것이 자신에게 결정적인 영향을 끼치게 될 한에 있어서 그는 자신에 대해서 인격적으로 책임이 있고, 그가 그 속에서 살고 있는 많은 사물의 질서에 대해서 책임이 있고, 하느님에 대해서 책임이 있다는 사실을 충분히 의식하고 있다. 이렇게 본다면 구별은 옳다고 나는 믿는다. 왜냐하면 내가 윤리적으로 나의 과업으로 받아들이는 것만이 본질적으로 자기에게 속하는 것이기 때문이다. 만약 내가 그것을 받아들이기를 거부한다면, 그때는 내가 그것을 거부하였다는 바로 그것이 나에게 본질적으로 속하게 된다. 어떤 인간이 자기 자신을 심미적으로 볼 경우에는 그는 아마도, "나는 미술의 재능을 갖고 있지만, 나는 그것을 우연적인 것으로 간주한다. 그러나 나는 재치와 총명을 갖고 있고, 나는 이것을 이것이 없으면 내가 다른 사람이 될 수밖에 없는 나의 본질적인 것으로 생각한다"고 말하며 구별을 설정하려고 할 것이다. 이에 대해서 나는, "그런 구별은 전체가 환상이다"라고 대답할 것이다. 왜냐하면 만약 그대가 그런 재치와 총명을 하나의 과업으로서 윤리적으로 받아들이지 않는다면, 다시 말해서 그대가 책임을 지는 것으로 받아들이지 않는다면, 그것은 본질적으로 그대에게 속하고 있는 것이 아니기 때문이고, 특히나 원천적으로 그렇다는 이유는, 그대가 단지 심미적으로 살고 있는 한에 있어서는 그대의 생활은 총체적으로 비본질적인 것이기 때문이다. 윤리적으로 사는 사람도 우연적인 것과 본질적인 것 사이의 구별을 어느 정도 폐기한다. 왜냐하면 그는 자기 자신을 하나에서 열까지 꼭 같이 본질적인 것으로 받아들이기 때문이다. 그러나 구별이 되살아난다. 왜냐하면 그는 이렇게 받아들이고 나서 후에 다시 구별을 하기 때문이다. 그러나 그는 그가 배제한 우연적인 것에 대해서 그가 그것을 배제한 것에 대해서 본질적인 책임을 받아들이는 식으로 구별한다.

심미적인 개인이 '심미적인 진지성'을 지니고 자신이 일생을 수행할 과업을 설정할 경우에는, 그것은 본래가 그 자신의 우연성에 더욱더 몰두하게 되는, 그리고 일찍이 그 유례를 찾아볼 수 없는 역설적이고 변칙적인 개인이 되는, 다시 말해서 왜곡된 인간이 되는 과업 이외에 아무것도 아니다. 우리가 실생활에서 이런 왜곡된 인간을 좀처럼 찾아볼 수 없는 이유는 산다는 것이 무엇인지에 관한 관념을 가진 사람이 좀처럼 없기 때문이다. 반면에 수다 떨기를 매우 좋아하는 사람이 많기 때문에, 우리는 길에서, 사교적인 모임에서, 혹은 책에서 틀림없이 독창적인 흥분이라고 낙인을 찍을 만한 많은 수다스러운 난센스에 봉착하게 된다. 이런 것이 실생활에 옮겨지면 서로가 우스꽝스러움을 경쟁하게 될 다양한 예술작품으로 세계를 화려하게 수놓을 것이다.

윤리적인 개인이 자기 자신에게 설정하는 과업은 자기 자신을 보편적인 인간으로 변모시키는 일이다. 윤리적인 개인만이 진지하게 자기 자신에게 결산을 보고하고, 따라서 자기 자신에게 성실하다. 그만이 모범적인 품위를 갖고 있고 다른 어떤 것보다도 아름다운 예절을 지니고 있다. 그러나 자기 자신을 보편적인 인간으로 변모시킨다는 것은 내가 그것을 나 자신 속에 잠재적으로 이미 가지고 있어야만 가능하다. 왜냐하면 이 보편적인 것은 그것을 소모함이 없이 특수한 것과 더불어 또 그 속에서 잘 공존할 수 있으니까. 그것은 덤불을 태우지 않고 타고 있던 불*과도 같다. 만약 보편적인 인간이 내 바깥에 위치하고 있다면, 단 하나의 방법만이, 즉 나로부터 나의 전체 구체성을 옷을 벗기듯이 벗기는 방법만이 가능하다.

우리는 흔히 추상화抽象化를 향한 이런 고삐 풀린 폭주를 보게 된다. 후스파의 교도들 중에는, 규범적인 인간이 되기 위해서 가장 분명한 길은 에덴동산에 있었던 아담과 이브처럼 벌거벗고 가야만 한다고 생각한 일파**가 있었다. 우리 시대에 있어서도 정신적인 의미에서 꼭 같은 내용을 가르치고 있는 사람들을 흔히 만나게 된다. 그들은 완전히 벌거숭이가 됨으로써 규범적인 인간이 될 수 있다고 가르치고 있지만, 이런 일이란 인간이 자신의 구체성을 스스로 벗어 버림으로써만 달성할 수 있다. 그러나 그것은 잘못된 생각이다. 절망이라는 행동 속에서 보편적인 인간이 출현한 것이고, 이제 보편적인 인간은 구체성 뒤에 있다가 구체성을 돌파하고 나타난다. 언어에는 문법책 속에 있는 범례로 제시하고 있는 하나의 예보다도 많은 범례적인 동사가 있다. 다른 모든 규칙동사들도 역시 이렇게 사용되기에 적합하기 때문에, 그 하나의 범례가 제시된 것은 우연에 불과하다. 그런 일은 인간의 경우에 있어서도 역시 마찬가지다. 인간은 누구나 만약 그가 의욕하기만 한다면 범례적인 인간이 될 수 있지만, 그것은 그가 그의 우연성을 벗어버림으로써가 아니라, 그가 그 속에 머물러서 그것을 고귀하게 만듦으로써만 그렇게

* 출애굽기 3장 2절 참조.

** 아담파를 말함. 그노시스 일파라고 자칭한 아담파의 사람들은 남녀가 벌거벗은 채로 동석하여 예배를 보았다. 급진적인 후스파의 교인들도 아담파라고 자칭하며 이에 따랐다.

될 수가 있다. 그러나 그는 우연성을 선택함으로써만 우연성을 고귀하게 만들 수 있다.

이제 그대는 윤리적인 개인이 그의 생애 동안에 우리가 앞서 특별한 여러 단계라고 해서 제시한 그 단계를 통과해 간다는 것을 이해하였을 것이다. 그는 그의 생애 동안에 개인적인, 시민적인, 종교적인 덕성德性을 발전시킬 것이다. 그의 생활은 그가 끊임없이 하나의 단계로부터 다른 단계로 옮아감으로써 진전되는 것이다. 어떤 인간이 이런 여러 단계 중의 하나로 충분하다고 생각하고, 일방적으로 그 단계에 집중해도 무방하다고 생각하자마자 그는 자기 자신을 윤리적으로 선택하지 않은 셈이 되고, 고립화의 의의가 아니면 지속성의 의의를 간과한 것이고, 특히나 진리는 그 둘의 동일성에 성립된다는 사실을 이해하지 못한 셈이 된다.

자기 자신을 윤리적으로 선택하여 발견한 사람은 자신을 자신의 전체적인 구체성 안에서 규정하였기 때문에 자기 자신을 소유한다. 그러므로 그는 이러저러한 재능과, 이러저러한 정열과, 이러저러한 경향과, 이러저러한 습관을 갖고 이러 저러한 영향 밑에 있고, 이런 방향에서는 이런 감화를, 저런 방향에서는 저런 감화를 받는 개인으로서의 자기 자신을 소유한다. 그러므로 여기서 그는 자기 자신을 하나의 과업으로 갖게 된다. 다시 말해서 주로 질서를 다지고, 형성하고, 진정시키고, 타오르게 하고, 억제하는 것을 일삼는 과업, 요컨대 영혼 속에 균형을 잡아주고, 인격적인 덕성의 과실인 조화를 낳게 하는 것을 일삼는 그런 과업을 갖게 된다. 이때의 그의 활동의 목적은 자기 자신이다. 그러나 그것은 제멋대로 결정지은 자기 자신이 아니다. 왜냐하면 그는 자기 자신을 자신에게 정립된 과업으로 갖기 때문이다. 비록 그것이 그가 그것을 선택하였다는 사실로 말미암아 그의 과업이 된 것이기는 하지만 말이다. 그러나 그 자신이 그의 목적이라고는 하지만, 이 목적은 동시에 타자他者다. 왜냐하면 목적인 자기는 어디에도 어울리는, 따라서 어디에도 어울리지 못하는 추상적인 자기가 아니라, 이러저러한 주위 환경과, 이러저러한 생활조건과, 이러저러한 자연의 질서와 생생한 관계를 맺고 있는 구체적인 자기이기 때문이다.

목적인 자기는 단순히 인격적인 자기일 뿐만 아니라, 사회적인 자기이고 시민적인 자기이다. 그러므로 그는 자기 자신을 그가 이 특정한 인격으로서 현실 생활의 여러 사건과 관여하여 활동하기 위한 과업으로서 갖는다. 여기에서의 그의 과업은 자기 자신을 형성하는 일이 아니라 영향을 끼치는 일이다. 그렇지만 동시에 그는 자기 자신도 형성한다. 왜냐하면 앞서도 내가 언급하였듯이 윤리적인 개인은 항상 하나의 단계에서 다른 단계로 옮아가는 식으로 살기 때문이다. 만약 개인이 애초부터 자기 자신을 지속성 속에서의 구체적인 인격으로 이해하지 않았다면, 그는 그 다음에 이어지는 지속성을 획득하지 못할 것이다. 만약 그가 모험은 로빈슨 크루소처럼 시작해야 하는 것으로 생각한다면, 그는 그의 인생이 끝나는 날까지 환상적인 모험가로 머물게 된다. 반면에 그가 만약 구체적으로 시작하지 않는다면 결코 시작조차 할 수 없다고 생각한다면, 또 만약 시작하는 일이 없으면 끝나는 일도 없다고 생각한다면, 그는 과거와의 지속성과 동시에 미래와의 지속성 속에 있게 될 것이다.

개인은 인격적인 생활에서 시민적인 생활로 옮아가고, 시민적인 생활에서 인격적인 생활로 옮아간다. 인격적인 생활 그 자체만이라면 그것은 고립이고, 따라서 불완전하다. 개인은 시민적인 생활을 통하여 자신의 인격으로 되돌아옴으로써 그의 인격생활은 보다 차원이 높은 모습으로 나타난다. 인격은 그 자체 속에 목적론을 갖고 있는 절대적인 것으로서 자신을 선언한다.

의무의 수행이 인간의 일생 동안의 과업으로 제시되고 나면, 사람들은 흔히 의무 그 자체는 흔들리고 있는 것이고, 법이란 바뀔 수도 있는 것이라는 사실을 상기하여 왔다. 법은 바뀔 수도 있다는 후자의 말은 특히나 시민의 도덕이 항상 노출되어 온 변동을 두고 하는 말이라는 사실을 그대는 쉽게 알아차릴 수 있을 것이다. 그러나 이 회의론懷疑論은 무엇무엇은 하지 말라고 하는 소극적인 도덕에는 적용이 되지 않는다. 왜냐하면 그런 도덕률은 불변하는 것이기 때문이다.

그러나 모든 의무에 적용되는 또 다른 회의론, 즉 도대체가 나로서는 의무를 수행할 수가 없다고 하는 회의론이 있다. 의무는 보편적인 것이다. 나에게 요구되는 것은 보편적인 것이다. 그런데 내가 할 수 있는 것은 특정한 것이다. 그러나 이 회의론은, 그것이 인격은 절대적인 것이라는 사실을 말해주고 있는 한에 있어서, 커다란 의의를 갖고 있다. 그러나 이 문제는 좀 더 소상하게 규정해 둘 필요가 있다. 언어 그 자체가 이 회의론을 강조하고 있다는 사실은 주목할 만한 일이다.

나는 어떤 인간에 관해서 말할 때, 그는 의무 내지는 여러 의무를 수행한다고 말하지 않고, 그는 그의 **의무**를 수행한다고 말한다. 나는, "나는 **나의** 의무를 수행하고 있으므로, 그대는 **그대의** 의무를 수행하라"고 말한다. 이 사실은 개인은 보편적인 존재인 동시에 특정한 존재라는 것을 말해주고 있다. 의무가 나에게 요구하고 있는 보편적인 것이다. 그러므로 만약 내가 보편적인 존재가 아니라면, 나는 의무를 수행할 수가 없다. 반면에 나의 의무는 특정한 것이고 나만을 위한 것이다. 그렇지만 그것은 의무고, 따라서 보편적인 것이다. 여기에 인격이 그것이 지닌 최고의 타당성 속에서 모습을 드러낸다. 인격은 법에 매여 있지 않은 것이 아니지만, 그 자체가 자신을 위해서 법을 만들지도 않는다. 왜냐하면 의무의 규정은 효력을 발휘하고 있지만, 인격은 보편적인 것과 특정한 것의 통일체로서 자신을 드러내기 때문이다. 사정이 이렇듯이 분명하므로, 이 사실은 삼척동자도 이해할 수가 있다. 왜냐하면 나는 의무를 다할 순 있지만, **나의** 의무를 다하지 못하는 경우가 있고, 또 **나의** 의무는 다할 수 있지만 의무를 다하지 못하는 경우가 있기 때문이다. 그렇다고 해서 나는 세계가 회의주의에 빠질 수밖에 없다고는 생각할 수가 없다. 왜냐하면 선과 악의 차이는 항상 존속하고, 마찬가지로 의무와 책임 역시도 존속하기 때문이다. 비록 다른 사람은 **나의** 의무가 무엇인지를 말할 수 없다고 하더라도, 그는 **그의** 의무가 무엇이라는 것은 언제라도 말할 수가 있다. 그리고 만약 보편적인 것과 특정한 것의 통일체가 정립되어있지 않다고 한다면, 이런 일은 있을 수가 없을 것이다.

사람들은 어쩌면 이것이 의무라고 단적으로 말할 수 있는 어떤 외적인 것, 어떤 고정된 것, 어떤 특정한 것으로 의무를 확정해 놓음으로써 모든 회의론을 제거할 수 있을 것이라고 생각할지도 모른다. 그러나 이런 생각은 오해다. 왜냐하면 이 경우에 있어서의 회의는 외적인 것 속에가 아니라 내적인 것 속에, 보편적인 것에 대한 나의 관계 속에 도사리고 있기 때문이다. 특정한 개인으로서의 나는 보편적인 존재가 아니다. 그러므로 나에게 그런 보편적인 것을 요구한다는 것은 부조리한 일이다. 따라서 내가 보편적인 것을 수행할 수 있기 위해서는, 나는 특정한 존재로 있으면서도 동시에 보편적인 존재여야만 한다. 그러나 그렇기 때문에 의무의 변증법이 나의 안에 있다.

앞서도 말한 바와 같이 이 이론은 윤리적인 것에 위험을 주는 것이 아니라, 오히려 윤리적인 것을 고무하고 있다. 만약 사람들이 이 이론을 받아들이지 않는다면, 인격은 추상적인 것이 되고, 의무에 대한 인격의 관계도 추상적인 것이 되고, 또 인격의 불멸성도 추상적인 것이 된다. 선과 악의 구별도 역시 폐기되지 않는다. 왜냐하면 일찍이 악을 행하는 것이 의무라고 주장한 사람이 있었는지의 여부를 나는 의심하기 때문이다. 그가 악을 행하였다는 것과 그것을 주장하였다는 것과는 상관이 없는 일이다. 그는 악을 행하였지만, 동시에 그는 자신이 한 일이 선이었다는 것을 자기 자신과 남들에게 믿게 하려고 애썼다. 그가 이런 헛된 망상을 언제까지나 갖고 있을 수 있다고는 도저히 생각할 수 없다. 왜냐하면 그 자신이 보편적인 존재이고, 그래서 그는 자신의 적을 자기 자신 바깥에 갖고 있는 것이 아니라, 자기 자신 안에 가지고 있기 때문이다.

반면에 만약 내가 의무를 어떤 외적인 것으로 가정한다면, 선과 악의 구별은 폐기된다. 왜냐하면 자신이 보편적인 존재가 아니라면 보편적인 것과 추상적으로만 관계할 수 있기 때문이다. 그러나 추상적인 관계에 대해서는 선과 악의 구별이 불가능하다.

인격이란 절대적인 것이고, 인격이란 자체 목표인 동시에 자체 목적이고, 보편적인 것과 특정한 것의 통합체라는 사실을 우리가 통찰하는 바로 그때, 그때야말로 역사적인 것을 시발점으로 삼고 있는 모든 회의론은 실제로 극복될 것이다. 자유사상가들은 어떤 사람들에게는 혐오할 만한 범죄로 생각되었던 바로 그것을, 다른 사람들은 가끔 신성하고 합법적인 것으로 선언하였다는 사실에 주의를 환기시킴으로써 수없이 개념을 혼란시켜 왔다. 그때 그들은 외적인 것에 현혹되어 있었던 것이다. 왜냐하면 윤리적인 영역에 있어서는 결코 외적인 것이 문제되지 않고 오로지 내적인 것만이 문제되기 때문이다. 그러나 외적인 것이 제아무리 많이 변할 수 있다 해도, 행동의 도덕적인 내용은 불변한 것으로 남을 수 있다.

그러므로 예컨대 자식들은 그들의 부모를 증오해야만 한다고 가르친 인종은 결코 없었던 것이다. 그러나 회의를 번창시킬 셈으로, 모든 문명인들은 부모를 보살피는 것을 자식의 의무로 삼고 있는 데 반해, 미개인未開人은 그들의 늙은 부모를 죽이는 관습을 갖고 있었다는 사실에 주의를 환기시켜 왔다. 물론 그런 경우도 가능할 것이다. 그러나 그렇다고 해서 결론을 서두를 필요는 없다. 왜냐하면 미개인이 그렇게 함으로써 악을 행하고 있다고 생각하고 있는지의 여부는 의문으로 남아 있기 때문이다. 윤리적인 것은 항상 선을 행하고자 원하는 의식 속에서 성립되어 있고, 반면에 이 개인에게는 그런 인식에 대한 책임이 없는 것이 아닐까 하는 문제는 별개의 문제이다.

자유사상가는 윤리적인 것을 가장 쉽게 증발시키는 방법은 역사적인 무한성에 대하여 문호를 개방하는 일이라는 사실을 너무나도 잘 알고 있다. 그러나 그의 태도에도 어떤 진실성은 있다. 왜냐하면 만약 개인이 절대적인 것이 아니라고 한다면, 궁극적으로는 경험론이야말로 그에게 열려 있는 유일한 길이기 때문이다. 그러나 아무도 어디서 그 수원水源이 비롯되는지 모르는 니거Niger 강과 같은 특수성을 지닌 문제를 이 길은 제 나름대로 지니고 있다. 만약 유한성이 나의 숙명이라면, 나는 어떤 특정 지점에서 내 멋대로 머무를 수 있다. 그러므로 이 길에서는 아무도 시발점에는 도달할 수가 없다. 왜냐하면 시작하기 위해서 우리는 종점에 도달해 있어야만 하지만, 그런 일이란 불가능하기 때문이다. 만약 인격이 절대적인 것이라고 한다면, 그때는 인격 그 자체가 세계라도 들어 올릴 수 있는 아르키메데스의 점點이다. 이 의식意識이 개인을, 현실성을 벗어 내던지고 싶은 길로 그릇되게 인도할 수 없다는 사실을 그대는 쉽게 이해할 수 있을 것이다. 왜냐하면 만약 개인이 그런 의미에서 절대적인 존재가 되려고 한다면, 그 개인은 무無고, 결국 하나의 추상이기 때문이다. 개인은 오로지 특정한 존재로서만 절대적인 존재이고, 이 의식이 개인을 모든 혁명적인 급진주의로부터 구할 것이다.

여기서 나는 나의 이론적인 서술을 끝마치련다. 나는 내가 그런 일에 적재가 아니라는 사실을 너무나도 잘 알고 있고, 또 나는 그런 일에 적재가 되고 싶지도 않다. 오히려 사람들이 나를 상당한 실용적인 인물로 인정해 준다면 나로서는 지극히 만족할 것이다. 뿐만 아니라 모든 이론적인 서술에는 많은 시간이 소요된다. 내가 행동의 주체가 되어 순식간에 해치울 수 있는 것이나, 혹은 내가 곧 착수할 수 있는 것도, 그것을 입으로 구술하고 펜으로 기록할 수 있기까지는 많은 노고와 어려움이 뒤따른다. 그러므로 이제 나는 여기서 그대에게 의무에 관한 이론을 강의하거나, 관례에 따라 하느님에 대한, 자기 자신에 대한, 우리의 이웃에 대한 의무에 관해서 이야기할 생각은 추호도 없다. 그렇다고는 하지만, 그것은 내가 이런 부류를 경멸해서도 아니고, 혹은 내가 피력하는 내용이 발레가 쓴 『종교교과서』에 합류하기에는 너무나도 심오하기 때문도 아니고, 혹은 나의 이론이 이 교과서가 전제로 하고 있는 것보다도 더 많은 예비지식을 전제로 하고 있기 때문도 아니고, 결코 그런 이유 때문도 아니고, 나는 윤리적인 문제에 있어서는 의무의 다양성이 문제가 아니라, 의무의 농도가 문제라고 믿고 있기 때문이다. 인간이 자신의 온갖 에너지를 다하여 의무의 농도를 느낄 때, 그는 윤리적으로 성숙해 있는 것이고, 의무가 그의 안에서 모습을 드러낼 것이다. 그러므로 중요한 문제는 우리가 얼마나 많은 의무를 갖고 있는가를 자신의 손가락으로 세어볼 수 있느냐 없느냐에 있는 것이 아니라, 의무의 의식이 그에게 자신의 존재의 영원한 타당성의 확신이 될 만큼 의무의 농도를 벅차게 느끼는 일이다.

그러므로 나는 인간이 의무의 인간으로 존재하는 것을 결코 찬양하지 않는다. 그것은 마치 어떤 인간에게 책벌레가 되라고 권하는 것과 다름이 없다. 아닌 게 아니라 의무의 전체적인 의의를 한 번도 보지 못한 사람은 – 바보들만이 살고 있던 쉴드 시市의 주민들처럼 지식이란 손쉽게 얻을 수 있는 것이라고 생각하는 학자가 가련한 학자이듯이 – 불쌍한 사람이다. 결의론자決議論者들은* 의무의 다양성을 발견하는 데 전념해도 무방하다. 중요한 사실은, 유일한 구원이 될 수 있는 사실은, 자신의 생활에 관한 한 인간은 자신의 숙부가 아니라 친아버지라는 사실이다.

내가 하려는 말을 예를 들어 설명하련다. 그러기 위해서 나는 내가 매우 어렸던 유년시절부터 간직해 온 감명을 예로 택해 보겠다. 내 나이 다섯 살 때 나는 학교에 입학하였다. 이런 사건이 항상 어린애에게는 어떤 감명을 주는 것은 당연한 일이다. 그러나 문제는 어떤 감명을 주느냐 하는 것이다. 어린애의 호기심은 이런 사건이 본래 어떤 의미를 갖는 것일까에 관해 여러 가지로 혼란된 생각에 사로잡히는 법이다. 나의 경우도 역시 비슷하였지만, 내가 받은 중요한 감명은 전혀 다른 것이었다. 나는 학교에 나가서 선생님에게 소개되었고, 그때 나는 다음 날을 위해 내가 암기해야 할 발레Balle의 『종교교과서』의 최초의 열 줄**을 숙제로 받았다. 그때 나의 마음에서는 다른 감명이 모조리 사라지고, 나의 앞에는 나의 과업만이 생생하게 서 있었다. 어린 시절에 나는

---

* Casuist(E) ; Kasuistik(D). 양심이나 도덕의 문제를 사회의 관습이나 교회의 율법에 비추어서 해결하려는 학파의 사람들.

** 그 내용은 대략 다음과 같다. "우리 인간으로서는 하느님을 아는 것이 가장 중요하다. 왜냐하면 하느님을 모르고는 세계가 어떻게 해서 생겼는지를 우리는 알 수가 없기 때문이다. 뿐만 아니라 우리는 우리가 죽은 후의 상태에 어떤 소망을 가질 수 있는지를 모를 것이고, 우리가 궁핍할 때에 의지할 수 있는 확실한 구원을 갖지 못할 것이다. (주) : 종교란 하느님과 하느님의 뜻에 관한 지식이고, 하느님을 어떻게 경배하고 어떻게 하느님을 따를 것인가에 관한 지식이다."

기억력이 매우 좋았다. 그래서 나는 숙제로 주어진 것을 곧 외워 버렸다. 나의 누나는 내게 여러 번 암송을 시켜보고는 그만하면 되었다고 보장해 주었다. 나는 잠자리에 들기 전에 혼자서 한 차례 더 암송해 보았다. 나는 다음 날 아침에 다시 한 번 복습해 보려고 굳게 결심하고 잠이 들었다. 나는 아침 다섯 시에 깨서 옷을 입고 교과서를 들고 다시 한 번 읽었다. 그때의 일이 모두 마치 어제 일어났던 일처럼 생생하게 나의 눈에 떠오른다. 그때의 나의 기분은, 만약 내가 나의 숙제를 암기하지 못한다면 천지가 무너질 것만 같은 기분이었다. 그러면서도 다른 한편으로는, 비록 천지가 무너진다 하더라도, 그런 일이 나에게 주어진 과업을, 즉 내가 나의 숙제를 암송하는 일을 면제해 주지는 못할 것이라는 기분이 들었다. 그런 나이의 나로서는 의무에 관해서 별로 아는 바가 없었다. 그대도 알다시피 그런 나이의 나로서는 발레의 『종교교과서』에서 의무에 관한 것을 아직은 배우고 있지 못했던 것이다. 나는 단 하나의 의무, 즉 숙제로 받은 것을 암송해야 한다는 의무만을 갖고 있었다. 그럼에도 불구하고 나는 나의 윤리적인 인생관을 이 감명에까지 거슬러 올라갈 수가 있다. 하나의 일에 이렇듯이 정열적으로 달라붙는 다섯 살 난 코흘리개 소년을 보면 나로서는 미소를 금할 수가 없을 것이지만, 맹세코 나는 나의 생애의 나이에 따라서 그때마다 나의 일에 그런 에너지를 갖고, 또 그때와 같은 윤리적인 진지성을 갖고 열중하고 싶은 욕망 이상의 더 큰 욕망을 느끼고 있지 않다.

사람들은 늙어서야 자신이 무엇을 해야 하는가에 관해서 보다 좋은 관념을 갖게 되는 것이 사실이지만, 그래도 여전히 중요한 것은 에너지다. 그 사건이 나에게 그런 감명을 주게 된 것은 오로지 나의 부친의 성실성 때문이다. 설혹 다른 아무것도 내가 부친에게 신세진 것이 없다고 하더라도, 이것만으로도 그분은 영원히 나의 채권자가 되기에 충분할 것이다. 교육에 있어서 중요한 것은, 어린애가 이런 혹은 저런 일을 배우는 일이 아니라, 정신이 성숙하고 에너지가 눈을 뜨게 되는 일이다. 그대는 흔히 좋은 두뇌를 갖고 있다는 것은 얼마나 멋진 일이냐고 말하고 있다. 누가 그것이 중요하다는 것을 부인할 것인가? 그러나 나는 인간은 의욕하기만 한다면 자신을 그렇게 만들 수 있다고 믿고 싶을 지경이다. 인간에게 에너지와 정열을 주라. 그러면 그것으로 인간은 못 할 일이 없다.

젊은 처녀를 데려다가 버릇없이 어릿광대처럼 행동하게 내버려 두어 보라. 그러면 어김없이 완전한 바보 얼간이 처녀가 탄생할 것이다. 그녀가 그대를 열렬히 성실하게 사랑한다고 생각해 보라. 그러면 스스로 뛰어난 두뇌가 탄생하는 것을 그대는 볼 것이다. 그대는 그녀가 자기도 사랑을 받고 있는지의 여부를 알아내려고 그녀가 얼마나 총명해지고 간교해지는지를 볼 수 있을 것이다. 그녀로 하여금 사랑의 승리자가 되게 하여 보라. 그러면 그녀의 입술에는 열광의 꽃이 만발하는 것을 볼 수 있을 것이다. 그녀로 하여금 실연을 당하게 하여 보라. 그러면 그대는 기지機知와 구실口實의 차가운 반성을 듣게 될 것이다.

이 점에 있어서 나의 유년 시절은 나에게 윤리적인 여러 감명을 풍부하게 부여해 주었기 때문에 행복한 유년 시절이라고 해도 과언이 아니다. 잠깐만 더 이 시절에 관해서 언급하는 것을 용납해 주기 바란다. 이 시절은 나에게 나의 부친을 회상하게 한다. 그것은 내가 소유하고 있는 가장 귀중한 회상이고, 결코 보잘것없고 비생산적인 회상이 아니다. 그것은 의무의 전체적인 감명이야말로 중요한 일이지 결코 의무의 다양성이 중요한 것이 아니라는 나의 종래의 주장을 다시 한 번 설명해 주는 계기를 나에게 제공해 준다. 의무의 다양성이 강조되면 개인은 축소되어 파괴되고 만다. 그러므로 이런 점에서 어린애로서의 나는 행복하였다. 왜냐하면 나는 많은 의무를 가져본 적이 없고, 대개는 단 하나의 의무만을 갖고 있었기 때문이다. 그러나 그것은 진지한 의무였다. 내가 나이를 두 살 더 먹었을 때, 나는 라틴어 학교에 진학하였다. 거기서 나의 새로운 인생이 시작되었지만, 비록 거기서 나는 최대한의 자유를 누렸지만, 거기에서도 중요한 감명은 역시 윤리적인 것이었다. 나는 다른 학생들과 섞였고, 그들이 그들의 선생에 대한 불평을 늘어놓는 것을 놀라는 마음으로 들었고, 한 학생이 그의 선생과 사이가 나빠서 퇴학을 당하는 놀라운 사건을 지켜보았다. 만약 내가 어린 시절부터 매우 깊은 감화를 받고 있지 않았다고 한다면, 이런 유의 사건이 나에게 해로운 영향을 끼쳤을 것이다. 그때 나는 그런 영향을 받지 않았다. 나는 학교에 가는 것이, 언제까지나 내가 진학한 학교에 가는 것이 나의 의무라는 것을 알았다. 비록 다른 모든 것이 변한다 할지라도 이것만은 변할 수 없다는 것을 알았다. 나에게 이런 생각을 불어 넣어 준 것은 근엄한 나의 부친에 대한 공포만이 아니고, 인간의 의무란 무엇인가에 관한 고상한 감명 때문이었다.

나의 부친이 죽는다면 나는 다른 사람의 감독 하에 들어갈 것이고,

나는 그를 움직여서 나를 학교에서 퇴학시킬 수도 있을 것이지만, 나는 그렇게 하지도 않았을 것이고, 또 실제 그럴 생각도 하지 않았다. 그런 짓을 하면 나의 부친의 망령이 나타나서 다른 학교로 데려갈 것만 같았다. 왜냐하면 이때에도 다시 나는 나의 의무가 무엇인가에 관한 무한한 감명을 받고 있었기 때문에, 나의 일생을 두고 나는 내가 부친의 의지를 거역했다는 기억을 말살할 수가 없었을 것이다. 하여간에 나는 나의 자유를 만끽하였다. 나는 나의 학교에 가야 한다는 단 하나의 의무밖에는 모르고 있었다. 그리고 이 점에 관한 한 모든 책임은 나 자신에게 있었다.

내가 그 학교에 들어가 지정된 책을 샀을 때, 나의 부친은 그 책을 나에게 건네주며, "빌헬름, 이제 한 달만 지나면 너는 너의 반에서 세 번째다"라고 말했다. 나는 모든 부모들이 늘어놓는 잔소리를 면했다. 나의 부친은 나의 숙제에 관해서 한 번도 물어본 적이 없었고, 내가 그것을 암송하는 것에 귀를 기울인 적이 없었고, 이제는 공부할 시간이라느니 이제는 잘 시간이라느니 하는 따위를 나에게 알린 적이 없었고, 학생의 양심은 이러저러해야 한다는 말을 한 적이 없었다. 이런 일이란 고결한 아버지들이 자식들의 턱을 어루만지며, "자, 이젠 공부를 해야지" 하고 말할 때 흔히 보는 광경이다. 내가 외출하려고 하였을 때만 비로소 나의 부친은 시간은 충분한지 어떤지를 물었을 뿐이다. 그러나 그것을 결정한 것은 나 자신이었지 부친이 아니었다. 그리고 그는 결코 그 이상 따지지 않았다. 그럼에도 불구하고 그는 내가 하고 있는 일에 관심이 깊었다고 나는 믿고 있지만, 그는 결코 내가 그것을 눈치채지 못하게 하였다 그것은 나의 영혼이 책임이라는 것을 통하여 성숙되기를 원해서였다.

그때에도 역시 사정은 마찬가지여서, 나는 많은 의무를 갖고 있지 않았다. 얼마나 많은 어린애들이 규칙적인 의무의 의식儀式 때문에 압도되어 결단이 나는 것일까! 이리하여 나는 의무라고 불리는 것이 있다는 사실과 그것은 영원한 타당성을 갖고 있다는 사실에서 매우 깊은 감명을 받았다. 그 당시 우리들은 오늘날에 있어서는 상상도 못할 만큼 철저하게 라틴어의 문법을 배웠다. 그런 수업을 통하여 또 하나의 다른 방법으로 나의 영혼에 독특한 영향을 끼친 감명을 받았다. 내가 다소나마 철학적으로 사물을 관찰하는 능력이 있다고 감히 자부할 수 있다면, 나는 그 능력을 어린 시절의 그 감명에 힘입고 있다. 내가 규칙을 대할 때의 절대적인 존경과, 내가 규칙에 바치는 숭배심과, 예외적인 방법으로 영위하는 비참한 생활을 깔보는 경멸과, 내가 연습책에서 철저하게 가려내서 항상 비난하는 내가 보기에는 공정한 방법 – 이런 것들이 모두 철학적인 고찰 밑바닥에 있는 구별이 아니고 무엇이겠는가? 이런 영향을 받고 나서 내가 나의 부친을 관찰하였을 때, 그는 나에게는 규칙의 화신化身처럼 보였다. 다른 원천에서 온 것들은, 그것이 나의 부친의 명령과 합치되지 않는 한 예외였다. 내가 학교에서 퇴학당한 그 친구를 관찰한 결과 그는 나의 주의를 끌만한 가치가 없는 예외일 수밖에 없었다. 더구나 그들을 에워싸고 조성된 잡음이 그는 예외였다는 사실을 충분히 증명하고 있기 때문에, 그는 예외일 수밖에 없다고 나는 느꼈다. 내가 그 당시의 생활과 문법에서 규칙과 예외를 철저하게 구별한 어린애다운 엄격주의는 이제는 사실상 누그러지기는 하였지만, 아직도 내 속에 그 구별을 그대로 보존시켜 주고 있어서, 나는 그것을 다시 불러낼 수가 있다. 특히나 예외야말로 가장 중요한 것이고, 규칙은 예외를 돋보이게 도움을 주기 위해서 존재할 따름이라는 이론을 주장하고 있는 그대와 그대의 동료들을 볼 때는 더욱 그렇다.

그러므로 내가 나를 윤리적으로 의식하게 하는 에너지가 요긴한 것이다. 혹은 오히려 에너지 없이는 내가 나를 윤리적으로 의식하지 못한다고나 해야 할 것이다. 따라서 나는 나의 영원한 본질을 의식하지 못하고서는 결코 나를 윤리적으로 의식할 수가 없다. 이것이야말로 영혼의 불멸성의 참다운 증명인 것이다. 물론 이것은 과업과 의무가 합치되지 않는 한 완벽한 증명이 될 수 없다. 그러나 영원히 나의 의무가 될 수 있는 것은 곧 영원한 과업이다. 그러므로 발레의 교과서에 있는 그 열 줄이 이 세상의 어떤 것도 나를 면제해줄 수 없는 과업으로 나에게 부과된 결과는, 어떤 의미에서는 나의 영혼의 불멸성을 나에게 증명해 준 최초의 증명이었던 것이다. 그것이 지닌 불완전성은 내게 에너지가 부족했기 때문이 아니라 과업의 우연성 때문이다.

그대를 의무의 다양성에 대한 고찰로 이끌어가려는 것은 나의 의도가 아니다. 만약 내가 의무를 부정적으로 표현하려고 한다면 그것은 쉬운 일일 것이다. 그러나 만약 내가 의무를 긍정적으로 표현하려고 한다면, 그것은 매우 어렵고 장황해질 것이다. 뿐만 아니라 실상 일정한 지점에 이르게 되면 그것은 불가능해질 것이다. 반면에 내가 목적하였고 또 나의 능력을 다하여 내가 애써 온 바는, 의무의 절대적인 의의와 의무의 인격에 대한 관계의 영원한 타당성을 천명하려는 것이었다. 왜냐하면 인격이 절망 속에서 자기 자신을 발견하고, 자기 자신을 절대적으로 선택하고 자기 자신을 뉘우치자마자 인격은 자기 자신을 영원한 책임을 진 과업으로서 갖게 된다. 그래서 또 의무가 절대적인 것으로서 정립된다. 그러나 이런 인간은 자기 자신을 창조한 것이 아니라 자기 자신을 선택하였기 때문에, 의무는 그의 절대적인 의존성과 그의 절대적인 자유의 표현이고, 이 둘은 서로 동일하다는 표현이다. 그는 이 특정한 의무를 자기 자신에게 가르칠 것이고, 다른 사람으로부터 이에 대한 계몽을 받으려 해도 헛수고일 것이다. 그러나 그는 이 경우에는 그가 하느님으로부터 배우는* 한에 있어서 독학자獨學者이고, 또 그와 반대일 수도 있다. 그러므로 그의 의무는 어떤 경우에도 추상적일 수가 없다. 그 이유의 하나는 그에게는 그것이 외적인 것이 아니기 때문이고(왜냐하면 그것이 외적인 것일 경우에는 그것은 항상 추상적이기 때문이다), 또 하나의 다른 이유는 그자신이 구체적이기 때문이다. 왜냐하면 그는 자기 자신을 윤리적으로 선택하였고, 그는 자기 자신을 그의 모든 구체성 안에서 선택하였고, 제멋대로의 추상적인 모든 주장을 포기하였기 때문이다.

이제 남은 문제는, 우리가 인생을 윤리적으로 고찰할 경우에는 인생이 어떤 것으로 보이느냐 하는 것을 제시하는 일이다. 그대와 모든 심미주의자들은 툭하면 인생을 양분兩分하기를 좋아한다. 그대들은 윤리

---

* 데살로니가전서 4장 9절에서 따온 말.

적인 것도 중요하다는 사실을 승인한다. 그대들은 어떤 사람이 의무를 위해 산다는 것은 존경할 만한 일이고 훌륭한 일이라고 말한다. 뿐만 아니라 심지어 그대들은 의무를 위해서 살고 있는 사람들이 있다는 사실은 매우 잘된 일이고, 대다수의 사람들이 그렇게 하고 있다는 것은 고마운 일이라는 식으로 아리송한 말까지도 뇌까린다. 그런데도 그대들은 그런 말에서(물론 그런 말이란 모든 회의론과 마찬가지로 아무런 의미도 없는 말인데도 불구하고) 어떤 의미를 느낄 정도로 선량한 사람들을 가끔은 만나게 된다. 반면에 그대들은 그대들 나름대로 윤리적인 것과는 어떠한 관계도 맺으려고 하지 않는다. 그렇게 되면 인생에서 그 의미를, 무엇보다도 인생의 아름다움을 빼앗아 버린다는 것이다. 그대는 윤리적인 것과 심미적인 것은 전혀 다른 것이라고 생각하고 있고, 심미적인 것이 판을 치면 윤리적인 것은 괴멸되고 만다고 생각한다.

각설하고, 설혹 그렇더라도 나는 어느 쪽을 택하느냐 하는 문제에 관해서는 주저하지 않을 것이다. 절망하고 있을 경우에는 그대가 말하는 것 같이 보이는 순간이 있는 법이다. 그렇게 느끼지 않는다면, 그의 절망은 거짓된 것이고, 그는 자기 자신을 윤리적으로 선택하지 않은 것이다. 그러나 실제는 그렇지가 않고, 그렇기 때문에 다음 순간의 절망은 파산이 아니라 변모라는 사실이 드러난다. 일체가 다시 되돌아오지만 바뀐 모습으로 되돌아온다. 그러므로 우리가 인생을 윤리적으로 볼 때라야 비로소 인생은 아름다움과 참과 뜻과 확고한 영속성을 획득한다. 즉, 인간이 윤리적으로 살 때라야 비로소 그의 인생은 아름다움과 참과 뜻과 굳건함을 획득한다는 말이다. 그리고 윤리적인 인생관에서만 자기동정적自己同情的인 회의懷疑와 대타동정적對他同情的인 회의*는 해결된다. 자기동정적인 회의와 대타동정적인 회의는 요컨대 본질적으로 같은 회의이기 때문에, 동일한 인간 안에서 해결이 되는 것이다. 왜냐하면 자기동정적인 회의는 이기주의의 표현이 아니라, 다른 모든 사람의 자기가 요구하는 것과 꼭 같은 의미에서 자신의 자기가 요구하는 자기사랑[自己愛]이기 때문이다.

나의 생각에 의하면 이런 견해는 매우 중요하다. 그러므로 생각할 수 있는 모든 행운이 그의 운명에 쏟아졌다고 가정한다고 해도, 이기주의자가 아닌 심미주의자는, 그로서는, "나는 다른 사람에게는 주어지지 않은 것이 나에게 주어졌기 때문에 행복하고, 또 다른 사람은 획득할 수 없는 것을 내가 획득하였기 때문에 나는 행복하다"고 말할 수밖에 없으므로, 그의 행복에 대해서 절망을 아니할 수 없다. 그러니 실상 그는 누군가가 어째서 그대는 행복을 추구하느냐고 물을까 싶어 두려워해야 할 판이다. 왜냐하면 그는 다른 사람들이 그들은 행복해질 수 없다고 느끼게 할 수 있기 위해서 행복해졌기 때문이다. 만약 이런 인간이 어떤 동정을 갖고 있다면, 그는 그가 보다 높은 차원의 인생의 원리를 갖게 되기까지는 마음이 편할 겨를이 없을 것이다. 그가 그런 인생의 원리를 찾아냈을 때는, 그는 자신의 행복에 관해서 말하기를 두려워하지 않게 될 것이다. 왜냐하면 그때 그가 그 일에 관해서 올바르게 말한다면, 그는 자신이 모든 사람과 그리고 전체 인류와 절대적으로 화해

* 힐슈의 주에 의하면, 자기동정적인 회의란 자신의 삶이 무의미하다고 생각하는 회의고, 대타동정적인 회의는 어떤 인간 내지는 남의 삶이 무의미하다고 생각하는 회의를 말한다.

하려다는 말도 곁들일 것이기 때문이다.

그러나 이제 우리는 심미가 자신의 것이라고 주장하는 범주, 즉 아름다움을 생각해 보기 위해서 잠시 숨을 돌려 보기로 하자. 그대는 윤리적인 것이 설치자마자 인생은 인생의 아름다움을 상실한다고 말한다. 우리는 우리가 인생을 심미적으로 볼 때에 갖게 되는 행복과, 아름다움과, 근심으로부터의 자유 등 대신에, 양심적인 활동과 칭찬받을 부지런함과 지치지 않고 끈질긴 열심 따위를 얻게 된다. 그대가 여기 내 곁에 있다면 내가 출발점으로 삼을 수 있도록 나에게 아름다움의 정의定義를 해 달라고 그대에게 청하고 싶다. 그러나 그대가 내 곁에 있지 않기 때문에, 그대가 항상 내리고 있었던 정의, 즉 "아름다움이란 그 자체 안에 목적론을 갖고 있다"고 하는 정의를 나의 주장의 실마리로 삼으려고 한다.

그대는 어떤 젊은 처녀를 예로 들면서, "그녀는 아름답고 쾌활하고 구김살이 없고 행복하고 완전한 조화고 그 자체로서 완벽하다. 그리고 그녀는 그녀 자신 속에 그녀의 목적론을 갖고 있기 때문에, 어째서 그녀가 존재하느냐고 묻는다는 것은 어리석은 일이다"라고 말한다. 나는 그대에게 다음과 같이 질문하여, 즉 과연 그 젊은 처녀는 그녀 자신 속에만 그녀의 목적론을 갖는 것이 그녀에게 유익할까, 혹은 또 만약 그대에게 그녀의 존재의 신성神性에 관한 그대의 견해를 피력할 기회가 주어진다면, 그녀는 끝내는 잘못 생각하여 자신은 그대의 아첨을 듣기 위해서 존재한다고 믿게 될 거라고 우쭐해지는 것이나 아닐까 하고 질문하여 그대를 괴롭힐 생각은 없다. 그대는 자연을 보고 그것 역시도 꼭 같이 아름답다고 생각하고, 자연에 관한 모든 유한한 견해를 엄금한다.

이 경우에도 나는 역시 자연 이외의 것을 위해 존재하는 것이 자연의 본질적인 성격이 아닐까 하고 질문하여 그대를 괴롭히지는 않겠다. 그대는 예술과 문예文藝를 고찰하고 시인과 더불어 "물러가라. 오호라, 물러가라. 그대 더러운 자들이여Procul, o procul este profani!"라고 외치며, '더러운 자들'은 예술과 문예 바깥에 도사린 어떤 목적론을 그것들에게 부여함으로써 그것들을 격하하려는 사람들이라고 몰아세운다.

예술과 문예에 관한 한, 나는 앞서 언급한 바대로 다시 그대에게 그런 것들은 인생과의 불완전한 화해를 마련해 줄 뿐이라는 사실과, 또 그대가 문예와 예술만을 응시하게 되면 그대는 현실을 보지 못한다는 사실을 상기시키고 싶다. 그리고 원래가 우리가 문제로 삼고 있는 것은 바로 현실이었다. 그러니 이제 우리는 다시 현실이란 문제로 돌아가자. 그런데 그대는 만약 그대가 엄밀하게 예술의 여러 요구를 다 적용하려고 한다면, 아마도 실생활 속에서는 아름다운 것을 거의 찾아볼 수가 없을 것이기 때문에, 그대는 아름다움이라는 것에 다른 의미를 부여하고 있다. 그대가 말하고 있는 아름다운 것이란 개별적으로 아름다운 것이다. 그대는 모든 개별적인 인간을 전체의 작은 요소 내지는 계기라고 본다. 그대는 그를 바로 그의 특이성 안에서만 본다. 그래서 우연적인 것, 하찮은 것까지도 의미를 찾게 되고, 또 인생에는 아름다운 것이라는 낙인이 찍히게 된다.

이렇듯이 그대는 모든 개개의 인간을 하나의 계기로 본다. 그러나 아름다운 것이란 사실상 그대의 정의에 따른다면, 그 자체 안에 그 자체의 목적론을 갖고 있는 것이다. 그러나 인간이 단지 하나의 계기에 불과하다면, 인간은 인간 자신 속에 자신의 목적론을 갖고 있는 것이 아니라 자신 바깥에 목적론을 갖고 있는 셈이 된다. 그러므로 설혹 전체가 아름답다고 하더라도, 그 안에 있는 개개의 부분들은 아름답지가 않다.

각설하고, 그대 자신의 생활을 두고 생각해 보자. 그대의 생활은 그 자체 안에 그 자체의 목적론을 갖고 있는가? 인간에게 그런 식으로 고찰만을 일삼는 인생을 보낼 권리가 있는지 없는지의 여부를 나는 결정하지 않으련다. 그러나 좋다. 남들의 생활을 고찰하는 것이 그대의 인생의 의미라고 가정한다고 해도, 그래도 결국 그대는 그대의 목적론을 그대 자신 속에 갖지는 못할 것이다. 개개의 인간이 하나의 계기인 동시에 전체일 경우에만 그대는 그가 지닌 아름다움을 보게 된다. 그러나 그대가 그를 그렇게 보게 되자마자 그대는 그를 윤리적으로 보는 셈이다. 그리고 그대가 그를 윤리적으로 본다면 그대는 그를 자유롭다고 보는 셈이다. 그를 어떤 식으로든 특이하게 규정해 보라. 만약 그런 규정이 필연성이라면 그는 단지 하나의 계기에 불과하고, 그의 생활은 아름답지가 않다.

그대가 아름다움을 그 자체 안에 그 자체의 목적론을 갖고 있는 것이라고 정의를 내리고, 그 예로서 어떤 젊은 처녀나 자연이나 예술작품을 들고 나오며, 그런 것들이 모두 그들 자체 속에 그것들의 목적론을 갖고 있다고 하는 호언장담은 하나의 환상이라고밖에는 생각할 수가 없다. 목적론이 문제가 되려면 거기에는 어떤 운동이 있어야만 한다. 왜냐하면 내가 목표를 생각하자마자 나는 어떤 운동을 생각하기 때문이다. 내가 목표에 도달한 사람을 생각할 때마저도 나는 항상 어떤 운동을 생각한다. 왜냐하면 나는 그가 어떤 운동에 의해서 목표에 도달하였다고 생각하기 때문이다. 그대가 아름답다고 부르고 있는 것은 분명히 운동을 결여하고 있다. 왜냐하면 자연 속에 깃들인 아름다움이란 단순히 거기에 있는 것에 불과하기 때문이다. 그리고 내가 예술작품을 살피고 그것이 지닌 사상을 나의 사상으로 침투시킬 때, 본래 운동이 일어나는 것은 내 안에서지 예술작품 안에서가 아니다. 그러므로 아름다움은 그 자체 안에 그것이 지닌 목적론을 갖고 있다고 하는 그대의 말은 옳을지도 모른다. 그러나 그것은 그대가 파악하고 사용하고 있듯이, 하나의 부정적인 표현에 불과하다. 이 부정적인 표현이란 다름이 아니라, 아름다움은 그 자체의 목적론을 다른 것 속에는 갖고 있지 않다는 의미다. 그러므로 그대는, 그대가 말하는 아름다움은 내적인 목적론 혹은 내재적인 목적론을 갖는다는 식의 겉으로 보기에 같은 의미의 표현을 사용할 수가 없는 것이다. 왜냐하면 그대가 그 표현을 사용하자마자 그대의 운동은 역사를 필요로 하게 되고, 그렇게 되면 그대는 자연과 예술의 영역을 넘어서서 자유의 영역 그리고 윤리의 영역에 들어가 있는 셈이기 때문이다.

각설하고, 내가 개인은 자기 자신 속에 자신의 목적론을 갖고 있다고 말한다고 해서, 그 말을 마치 개인이 중심적인 존재라거나, 혹은 개인은 추상적인 의미에서 자기 자신에게 만족하고 있어야만 한다는 뜻으로 오해해서는 곤란하다. 왜냐하면 만약 개인이 추상적으로 이해된다면, 나는 아무런 운동도 할 수가 없기 때문이다. 개인은 자기 자신 속에 자신의 목적론을 그리고 내적인 목적론을 갖고 있고, 자기 자신이 자신의 목적론이다. 이렇듯이 그의 자기는 그가 지향하여 노력하는 목표다. 그러나 그의 이 자기는 추상물이 아니라 절대적으로 구체적인 것이다. 그러므로 개인은 자기 자신을 지향한 운동 속에서 자신이 처해 있는 환경에 대해서 부정적으로 관계할 수가 없다. 왜냐하면 만약 그가 그렇게 하게 된다면, 그의 자기는 추상적이 되고 언제까지나 추상적인 것으로 남게 되기 때문이다. 그의 자기는 마땅히 그의 모든 구체성을 향해서 열어 두어야만 한다. 그러나 세계 안에서 활동하게끔 되어 있는 여러 요소는 바로 이 구체성에 속하고 있다.

이렇듯이 그의 운동은 자기 자신에서 출발하여 세계를 거쳐서 자기 자신으로 돌아오는 운동이다. 여기에서의 운동은 하나의 현실적인 운동이다. 왜냐하면 이 운동은 자유의 운동이고, 그러나 동시에 내재적인 목적론이기 때문이다. 그러므로 여기에서 비로소 아름다움이 문제가 될 수 있다. 이것이 사실이라면 개인은 그가 관계를 맺고 있는 일체의 관계보다 차원이 높다고 보아야 할 것이다. 그러나 그렇다고 해서 이로부터 그가 이런 관계 속에 있지 않다는 결론은 나오지 않는다. 또 이 관계 속에서 어떤 강압적인 것이 있다고 생각해서도 안 된다. 왜냐하면 이런 일이란 모든 개인에게 똑같이 해당되기 때문이다.

나는 기혼자다. 그리고 그대는 내가 이 관계를 매우 뜻 깊게 존경하고 있다는 사실을 알고 있다. 그리고 나는 내가 이 관계에 대하여 겸손하다는 것을 알고 있다. 그렇지만 나는 다른 의미에서 나 자신이 이 관계보다 차원이 높다는 것을 알고 있다. 그러나 나는 또 꼭 같은 의미에서 나의 아내의 경우에도 사정은 마찬가지라는 것을 알고 있다. 그렇기 때문에 그대도 알고 있듯이, 나는 우리가 앞서 화제로 삼았던 그 젊은 처녀를 사랑할 수가 없을 것이다. 왜냐하면 그녀는 이런 인생관을 나누어 갖고 있지 못하기 때문이다.

그렇기 때문에 나는 내가 인생을 윤리적으로 볼 때라야만 비로소 그것이 지닌 아름다움을 기대하고 인생을 보게 되고, 또 나는 내가 나 자신의 인생을 윤리적으로 볼 때라야만 비로소 그것이 지닌 아름다움을 기대하고 나의 인생을 보게 된다. 만약 그대가 그런 아름다움이란 눈으로는 볼 수 없는 것이라고 말한다면 나는 다음과 같이 대답하련다. 즉, 어떤 의미에서는 그렇지만, 다른 의미에서는 그렇지가 않다고. 다시 말해서 우리는 그런 아름다움을 역사 속에 남겨진 흔적 속에서 볼 수 있고, 또 "말씀하십시오, 내가 당신을 뵐 수 있게"*라는 말의 의미에서도 볼 수가 있다. 내가 보는 것은 완벽함이 아니라 싸움이라는 말이 사실이긴 하지만, 나는 내가 그럴 용기만 있다면 내가 원하는 순간에 결국 그 완벽함을 본다. 그리고 용기가 없으면 나는 절대적으로 영원한 것은 아무것도 보지 못하고, 따라서 아름다운 것도 전혀 보지 못한다.

내가 인생을 윤리적으로 볼 때, 나는 인생의 아름다움을 기대하고 인생을 본다. 그러므로 내게는 인생의 아름다움이 풍요한 것이 되고, 그대에게 인생이 그러한 것처럼 그렇게 아름다움이 없는 것이 아니다. 나로서는 아름다운 것을 발견하기 위해 전국을 샅샅이 뒤지며 여행을 하거나, 아름다운 것들을 찾아서 길거리를 누비고 찾아다닐 필요가 없다.

* 아우구스티누스의 기도에 나오는 말.

또 나는 갈채를 보내거나 퇴짜를 놓을 필요도 없다. 뿐만 아니라 자명한 일이지만, 나는 그대처럼 그러고 다니느라고 많은 시간을 소비하지도 않는다. 왜냐하면 내가 기쁜 마음으로이긴 하지만 동시에 진지한 마음으로 인생은 아름다운 것일 거라고 기대하고 볼 때는, 나는 항상 해야 할 일이 얼마든지 많기 때문이다.

가끔 한 시간쯤 틈이 나면, 나는 창가에 서서 사람들을 관찰한다. 그때 나는 모든 개개인을 그가 자신의 아름다움을 갖고 있으리라는 기대를 갖고 본다. 상대가 아무리 하찮은 사람일지라도 또 천한 사람일지라도, 나는 그가 가진 아름다움을 기대하며 그를 본다. 왜냐하면 나는 그를 특정한 인간으로 보지만, 동시에 그를 보편적인 인간으로 보기 때문이다. 나는 그를 인생에서 이런 구체적인 과업을 가진 사람으로 본다. 비록 그가 일개의 고용된 천한 인간일지라도, 그는 다른 사람을 위해 존재하고 있는 것이 아니다. 그는 자기 자신 속에 자신의 목적론을 갖고 있다. 그는 이 과업을 완수하고 승리를 거둔다. 나는 이렇게 본다. 왜냐하면 용기 있는 사람은 망령들을 보지 않고, 오히려 승리를 거두는 영웅들을 보기 때문이다. 소심한 자는 영웅들을 보지 못하고 망령들만을 본다. 용기 있는 자는 승리를 거둘 것이다. 나는 그것을 확신한다. 그러므로 그의 싸움은 아름답다.

원칙적으로 나는 싸우기를 좋아하지 않는다. 적어도 나 자신 이외의 누구와도 싸우기를 원치 않는다. 그러나 그대에게 확언하지만, 나는 아름다움이 승리한다는 이 신앙을 위해서는 생명을 다하여 성실하게 싸울 것이다. 세상의 그 무엇도 나로부터 이 신앙을 빼앗지 못할 것이다.

어떤 간구로써도 이 신앙을 나에게서 빼앗지 못할 것이고, 힘으로써도 이 신앙을 내게서 빼앗지 못할 것이다. 세상의 그 무엇을 준다고 해도 나는 그것을 내놓지 않을 것이고, 전 세계를 준다 해도 내놓지는 않을 것이다. 왜냐하면 이 신앙을 잃으면 나는 온 세계를 잃을 것이기 때문이다. 이 신앙을 통하여 나는 인생의 아름다움을 본다. 그리고 내가 보는 이 아름다움에는 모든 자연과 예술의 아름다움과 불가분의 관계에 있고, 또 그리스의 제신諸神의 영원과 젊음과도 불가분의 관계에 있는 비애와 우울의 흔적이 없다. 내가 보는 아름다움에는 기쁨과 승리가 넘쳐 있고, 전 세계보다도 강한 힘이 있다. 그리고 나는 도처에서 이 아름다움을 보고, 그대의 눈으로는 아무것도 보이지 않는 곳에서마저도 나는 그것을 본다.

여기 나의 창가에 잠시 와서 서 있어 보라. 저기에 어떤 젊은 처녀가 지나가고 있다. 우리가 언젠가 그녀를 길거리에서 만난 적이 있음을 그대는 기억하고 있는가? 그대는 그녀가 아름답지 않다고 말했었다. 그러나 그녀를 좀 더 찬찬히 관찰하고 나서, 그녀가 누구인지를 안 그대는 계속해서, "몇 해 전만 해도 그녀는 아름다웠고, 무도회에서도 인기가 대단했습니다. 그 무렵 그녀에게는 연애 사건이 일어났고, 그것은 불행한 사랑으로 끝났습니다. 어째서 그런 일이 생겼는지는 아무도 모릅니다만, 그녀는 그 일 때문에 상처를 입었는지, 그때부터 그녀의 아름다움은 슬픔과 더불어 가시고 말았습니다. 요컨대 그녀는 아름다웠습니다만, 이제는 아름답지가 않습니다. 얘기는 그뿐입니다"고 말했다. 그렇다. 그것이 바로 아름다움을 기대하고 인생을 보는 일이라는 것이다! 그러나 내가 보기에는 그녀는 아무것도 잃지 않았다. 그리고 내게는 그녀가 이전보다 더 아름답게 보인다. 그러므로 인생의 아름다움을 관찰하는 그대의 방식, 사람들이 다음과 같은 아리아를 부르며 기뻐하며 즐거워했던 때, 즉 권주가勸酒歌가 일세를 풍미하던 시대의 그 생활의 즐거움과 매우 흡사한 것 같이 보인다.

저 빨간 포도주가 없다면
누가 이 지상에 머물 것인가?
멀리서 가까이에서 죄악과 치욕의
소리만이 들려온다.
형제여, 마셔라. 그리고
눈물의 골짜기인 이 세상을 잊으라.
마셔라. 그래서 그대의 영혼이
두려움을 잊게 하라.

그러면 이제는 실생활에 있어서의 몇몇 상황들, 특히나 심미적인 것과 윤리적인 것이 서로 접촉하는 곳에서 벌어지는 상황들을 좀 더 가까이 접근하여, 윤리적인 것이 어느 정도까지 아름다운 것을 빼앗는가를, 혹은 오히려 모든 것에 보다 높은 차원의 아름다움을 부여해 주는 것이나 아닌지의 여부를 살펴보기로 하자. 그래서 나는 어떤 의미에서는 '대부분의 사람들과 같지만', 다른 의미에서는 자기 자신 안에서 구체적인 어떤 특정한 개인을 생각해 본다. 그러니 이제 우리는 지극히 산문젯이 되기로 하자. 이 인간은 살아야만 하고, 입어야만 하고, 요컨대 생존해야만 한다. 아마도 그는 인생을 어떻게 살아가야 할지에 관해서 알아보기 위해, 깨우침을 받는 일을 게을리하지 않기 위해 어떤 심미주의자에게 상의할 것이다. 그때 그 심미주의자는 아마도 그에게 이렇게 말할 것이다.

"독신인 경우에는 쾌적하게 살기 위해서는 일 년에 적어도 3천 달러가 필요합니다. 물론 4천 달러의 수입이 있다면 더욱 쾌적할 것입니다. 만약 결혼할 생각이라면 적어도 6천 달러가 필요합니다. 돈이란 결국 일을 하기 위한 원동력이고 필요불가결의 조건이죠. 왜냐하면 물론 전원생활의 검소함이나 목가풍牧歌風의 소박함에 관한 글을 읽으면 아름답고, 나 역시도 그런 시적인 픽션을 즐겨 읽고 있지만, 사람들은 그런 생활에 곧 싫증을 느낍니다. 그런 생활을 실제로 하고 있는 사람들은 돈이 있어서 안락하게 살아가면서 시인들의 시나 읽고 있는 사람의 반만큼도 인생을 즐기지 못합니다. 돈은 생활을 하기 위한 절대적인 조건이고 계속 그럴 것입니다. 돈이 떨어지면 귀족사회의 명단에서 제명되고 천민으로 떨어지게 되죠. 돈은 첫째가는 조건이지만, 그렇다고 해서 돈을 갖고 있는 사람이면 누구나가 돈을 사용하는 방법을 알고 있다는 결론은 나오지 않습니다. 그 방법을 알고 있는 사람들이야말로 귀족들 중에서도 참으로 아량이 있는 귀족이죠."

이런 설명은 물론 우리들의 주인공에게 아무런 도움을 주지 못한다. 이런 모든 처세훈處世訓이 그에게는 적용이 되질 않는다. 그는 마치 학과 춤을 추는 참새와도 같은 느낌이 들 것이다. 왜냐하면 예컨대 그가 그 심미주의자에게, "그것 참 좋은 말씀이십니다. 그렇지만 나에겐 일 년에 3천 달러나 6천 달러의 수입이 없습니다. 원금도 없고 이자도 없습니다. 나는 전혀 가진 게 없고, 모자조차 없습니다"라고 말했다고 상상해 보라.

그러면 그의 카운슬러인 그 심미주의자는 어깨를 으쓱대며 "그렇다면 문제는 달라집니다. 그러면 당신은 형무소에나 가야겠군요"라고 말할 것이다. 만약 그 심미주의자가 마음씨가 좋은 사람이라면, 그는 어쩌면 불쌍한 무능력자를 다시 불러 세우고, 그에게, "나로선 최선을 다하지 않고 당신을 절망으로 몰아넣을 수는 없소이다. 기쁨에 대하여 영원한 작별인사를 하고 선서를 하고 구속의拘束衣를 입기 전에 절망하지 않아도 될 몇 가지 비상수단이 있소이다. 돈 많은 처녀와 결혼을 하시든가, 복권을 사시든가, 식민지에 가서 몇 해 동안 돈을 모으시오. 아니면 나이 많은 독신자의 사랑을 받아서 그것을 저당잡히고 상속인이 되려고 애쓰시오. 왜냐하면 우리들의 길이 갈라지는 것은 순간의 일입니다. 당신이 돈을 모으면, 당신은 나에게서 언제든지 친구를 찾아낼 수 있을 것이오. 친구인 나는 당신이 돈이 없을 때를 잊어버릴 수 있는 방법을 알고 있소"라고 말할 것이다.

그러나 결국 이런 인생관에는 무시무시한 냉혹성이 깃들어 있다. 요컨대 돈이 없는 사람에게는 그의 인생의 모든 기쁨이 무자비하게 살해

된다는 말이다. 이것이 돈이 있는 자들이 하는 짓이다. 왜냐하면 적어도 그의 의견은, 돈이 없으면 인생에는 기쁨도 없다는 것이기 때문이다. 만약 내가 그대를 그런 심미주의자와 비교하여, 그대 역시도 그런 사상을 갖고 있고 또 그런 말을 한다고 지적한다면, 나는 그대에게 매우 큰 결례를 범하는 셈이 될 것이다. 왜냐하면 한편으로 볼 때, 그대의 마음은 그런 타기할 만한 비굴한 것들의 소굴이기에는 너무나도 선량하고, 다른 한편으로 볼 때, 그대의 영혼이 비록 그대가 그런 사상을 지닌다 하더라도, 그런 말을 뇌까리기에는 너무나도 동정적이기 때문이다.

내가 이렇게 말하는 것은, 돈이 없는 사람에게는 그런 동정어린 배려가 필요하다고 생각해서 하는 말이 아니라, 우리가 자신은 각별히 혜택을 받고 있다고 생각하고 있는 사람에게 요구할 수 있는 최소한의 일은, 그가 그런 사실을 자랑으로 삼지 않도록 혹은 그런 혜택을 받지 못한 사람에게 상처를 입히고 좋아하지 않도록 하기 위해서다. 무엇인가를 자랑하고 싶은 사람이 있다면, 어쩔 도리가 없는 일이니만큼, 자랑을 하도록 내버려둘 수밖에 없다! 물론 자랑을 하지 않는다면 그 이상 좋은 일은 없을 것이다. 그러나 자랑하고 싶은 사람은 자랑을 하도록 하자. 다만 돈만큼은 자랑하지 않도록 하자. 왜냐하면 돈이란 인간을 몹시 손상시키는 것이기 때문이다.

각설하고, 그대는 돈을 갖고 있는 일에 익숙해져 있기 때문에, 돈이 어떤 것이라는 것에 대해서 잘 알고 있다. 그대는 돈 때문에 사람에게 모욕을 주는 일이 없다. (그런 점에서 그대는 우리가 지금 문제로 삼고 있는 심미주의자와는 다르다.) 그대는 그대가 할 수 있을 때는 기꺼이 남들을 돕는다.

사실 그대가 돈이 없다는 것은 비참한 일이라는 사실을 강조할 경우는, 동정심에서 우러나와서 그러는 것이다. 그러므로 그대의 조소는 사람들을 두고 하는 조소가 아니라, 모든 사람이 빠짐없이 부자가 될 수 없게끔 짜인 현존재를 두고 던지는 조소다.

그대는, "프로메테우스와 에피메테우스는 매우 현명하였다. 그러나 그들이 다른 점에 대해서는 인간들에게 그렇게도 훌륭한 선물을 하였음에도 불구하고, 인간들에게 돈까지도 덧붙여 제공할 생각을 못한 사실은 알다가도 모를 일이다"라고 말한다. 만약 그대가 그 현장에 있었고, 그리고 그대가 현재 알고 있는 것을 알고 있었다면, 그대는 앞으로 나서서, "착하신 신들이여, 당신들이 하신 일에 대해서는 무어라고 감사를 해야 할지를 모르겠습니다. 그렇지만 (이렇게 솔직하게 말씀드리는 것을 용서하십시오.) 당신들은 세상의 일에 대해서는 잘 모르고 계십니다. 인간이 행복해지기 위해서는 하나가 더 필요합니다. 그것은 바로 돈입니다. 인간이 세계를 지배하도록 창조되었다고 하더라도, 살아갈 일을 걱정해야 하기 때문에 세계를 지배할 시간을 낼 수가 없다면 그것이 인간에게 무슨 도움이 되겠습니까? 이성적인 동물을 세상으로 밀어 던져놓고, 그러고 나서 인간으로 하여금 노심초사해 가며 일을 하게끔 한다면 그게 무슨 소용이 있겠습니까! 그것이 인간을 대우하는 길입니까?" 하고 말했을 것이다. 이런 문제에 관해서라면 그대의 말솜씨는 매우 뛰어나다.

그대는, "대개의 사람들은 먹고 살아가기 위해 살고 있다. 먹고 살게끔 되면 보다 나은 생업을 찾아서 살아간다. 그것을 찾게 되면 그들은 죽는다. 그러므로 최근 신문에서 자기 남편의 사망했다는 기사를 낸 어떤 미망인의 기사를 읽고 나는 마음이 뭉클해졌다. 더할 나위 없는 남편이자 가장 사랑받던 아버지를 잃은 데 대해 구차스러운 넋두리를 늘어놓는 대신, 그녀는 지극히 간결하게 요약해서, 자신의 남편이 죽기 얼마 전에 보다 나은 일자리를 얻었기 때문에, 그의 죽음이 무척이나 애통하다고 한 것이었다. 이 기사에는 슬퍼하고 있는 미망인이나, 이 사망기사를 읽은 일반 독자가 그것에서 느낄 수 있는 것보다 훨씬 많은 것들이 내포되어 있다. 이 고찰은 인간의 불멸성의 증명으로까지 끌고 갈 수가 있을 것이다. 이 증명은 다음과 같이 이루어질 것이다. 훌륭한 생업을 얻는 것이 모든 인간의 사명[숙명]이다. 그가 그것을 얻기 전에 죽는다면, 그는 자신의 사명을 다하지 못한 셈이다. 따라서 저승에서 그 자신의 사명을 다할 수 있을 것인지의 여부는 각자의 예감에 맡길 수밖에 없다. 반면에 그가 훌륭한 생업을 얻었다면, 그는 자신의 사명을 다한 셈이다. 그러나 훌륭한 생업의 사명은 그가 죽어야 하는 것이 아니고, 그의 훌륭한 생업으로 잘 사는 일이다. 그러므로 인간은 불멸이다. 사람들은 이 증명을 통속적인 증명 혹은 생업으로부터의 증명이라고 부를 수 있을 것이다. 만약 이 증명을 그 이전의 여러 증명에 첨가한다면, 불멸성에 관한 모든 이성적인 회의는 극복된 것으로 간주되어야만 한다. 이 증명은 흠잡을 데가 없을 만큼 이전에 있었던 여러 증명과 합류할 수가 있고, 또 그래야만 이런 관련 속에서 이 증명이 지닌 완전한 연관을 드러낼 것이다. 왜냐하면 이 증명은 결론으로서 다른 증명을 역逆으로 추리해서 그것들을 증명할 수가 있기 때문이다. 다른 증명들은 인간은 이성적인 존재라는 관점에서 출발하고 있다. 그러므로 만약 이런 것을 의심하는 자가 있으면, 생업으로부터 도출된 증명이 나타나서 다음과 같은 삼단논법에 의해서 이 전제를 증명하는 일에 가세한다. 즉, 하느님으로부터 생업이 주어진 사람에게는 하느님으로부터 분별까지도 주어지고, 하느님으로부터 훌륭한 생업이 주어진 사람에게는 하느님으로부터 훌륭한 분별까지도 주어진다. 그러므로…… 그 슬픔에 잠긴 미망인은 이 사실을 예감하였고, 그녀는 인생의 모순에 깊은 비극을 느꼈던 것이다"라고 말한다.

그러므로 이런 상황에 직면하여 그대가 이바지할 수 있는 것은 조소와 경솔한 언동이다. 도대체가 그대의 견해가 어느 누군가에게 유익하고 교훈이 되리라고는 그대 자신도 아마 생각조차 않을 것이다. 그렇다고 아마 그런 열변이 누군가를 해치게 되리라는 것도 생각하지 못할 것이다. 그렇지만 살기 위해 고달픈 노동을 강요당하고 있는 사실에 분통을 터뜨리고 있는 사람이, 그를 대신해서 생각하는 재치 있는 정열에 그의 정신이 쏠리고, 또 그대의 동정적인 조소에 마음이 쏠려서, 한층 초조하고 한층 짜증스러워지리라는 것은 능히 짐작이 가고도 남을 만한 일이다. 그러니 이런 사실에 각별히 유의하도록 나는 그대에게 권고하는 바이다.

그러니 우리들의 주인공이 이런 길을 택해서는 아무런 도움도 얻어내지 못할 것이다. 그러니 이번에는 원리적인 인간이 그에게 대답해 줄 것이라고 생각되는 말을 들어 보기로 하자. 그는, "살아가기 위해서 일을 하는 것은 모든 사람의 의무입니다"라고 말할 것이다. 그가 그 이상으로 아무 말도 않을 경우에는, 그대는 아마, "제기랄, 다시 또 의무다 의무다 하는 식의 낡아빠진 넋두리를 듣게 되는구먼! 도처에 의무투성이다. 모든 사람을 협박하여 그들의 날개를 잘라 버리는 그런 점잖은 말만큼이나 지겨운 것이 또 어디에 있을 것인가!" 하고 응수할 것이다.

이 시점에서 다음과 같은 사실을 상기하라. 즉, 우리들의 주인공에게는 돈이 없었다는 사실과, 그 무정한 심미주의자에게도 그에게 넘겨줄 돈이 한 푼도 없었다는 사실과, 또 그대 역시도 그의 미래를 보장해 줄 수 있을 만큼 여분의 돈이 남아있지 않았다는 사실을 상기하라. 그러니 그가 멍청히 주저앉아서, 만약 돈이 있었다면 무엇을 했었을까 하는 공상에 잠길 생각이 아니었다면, 그는 달리 방도를 강구하지 않을 수 없을 것이다.

다음 순간 그대는 윤리적인 인간이 그에게 매우 정중하게 말을 건넨 사실을 생각할 것이다. 윤리적인 인간은 그를 예외적인 인간으로 취급하지 않았다. 그는 그에게, "저런 저런! 참으로 불행한 사실이군요. 그렇다면 당신은 그 불행에 순응할 수밖엔 달리 도리가 없소이다"라는 말을 하지는 않았다. 오히려 반대로 그는 그 심미주의자를 예외적인 존재로 취급하였다. 왜냐하면 그는, "살아가기 위해서 일을 한다는 것은 모든 사람의 의무입니다"라고 말했기 때문이다. 그러므로 어떤 인간이 일을 할 필요가 없는 한에 있어서, 그는 하나의 예외적인 존재다. 그러나 예외적인 존재라는 것은, 우리가 앞서 의견의 일치를 보았듯이, 위대한 일이 아니라 시시한 일이다. 그러므로 이 문제를 윤리적으로 고찰하는 인간이라면, 그는 돈을 갖고 있다는 것을 하나의 수치로 여길 것이다. 왜냐하면 모든 각별한 혜택은 하나의 수치기 때문이다. 그가 사태를 이런 식으로 본다면, 그는 어떤 각별한 혜택에도 미혹되지 않을 것이다. 그렇게 되면 그는 혜택을 받은 사실을 수치스럽게 여길 것이다. 그리고 일단 그렇게 느끼면, 그런 혜택이란 보다 큰 요구가 자신에게 부과되어 있다는 것을 말해주는 것이라고 생각되어 그는 한층 분발하게 될 것이다.

우리의 영웅이, 권면을 받은 그 윤리적인 인간이 살아가기 위해 일을 한다는 것이 무엇을 의미하는지에 관해서 익히 알고 있다면, 그의 말은 한층 더 무게를 더할 것이다. 소망스러운 일은 이 점에 있어서 사람들이 좀 더 용기를 가졌으면 하는 일이다. 요컨대 돈이 있어야만 한다는 식의 경멸할 만한 말이 그렇게도 소리높이 뇌까려지고 있는 것을 자주 듣게 되는 이유 중의 하나는, 일을 해야만 하는 사람들에게 노동의 의미를 터득할 만한 윤리적인 에너지가 결핍되어 있다는 사실, 즉 노동의 의미에 대한 신념의 결핍이다. 결혼이 손상을 받는 것은 유혹자들 때문이 아니라 비겁한 남편들 때문이다. 이 경우에도 사정은 마찬가지다. 우리에게 들려오는 그 경멸하는 언설言說은 아무런 해도 주지 않는다. 그러나 살아가기 위해서 일을 하게끔 강요당하고 있기 때문에, 어떤 순간에는 자신들의 생활이 게으른 인간들의 생활에 비해서 보람 있는 일이라고 인정하려고 하지만, 다음 순간에는 투덜거리고 한숨지으며, 독립해 산다는 것이야말로 훨씬 아름다운 일이라고 중얼거리는 사람들, 바로 그런 사람들이 그 좋은 일(결혼생활)을 해친다.

나이 많은 사람들이 그런 말을 하고 있는 것을 들을 때, 과연 젊은이들이 인생에 대하여 어떤 존경심을 가질 것인가? 여기서 그대는 다시금 그대의 실험 때문에 커다란 손상을 입었던 것이다. 왜냐하면 그대는 좋지도 않고 기쁘지도 않은 많은 것을 터득하게 되었기 때문이다. 그대는 사람들을 꼬여서 결국 그들에게서 그들은 일하는 것이 면제되기를 마음속으로 원하고 있다는 고백을 끌어내는 묘안을 잘 알고 있다. 그래서 그대는 승리를 거둔다.

살아가기 위해서 일을 할 필요가 없는 세상은 상상할 수조차 없는 일일까 하는 물음은 사실상 어리석은 질문이다. 왜냐하면 그런 질문은 주어진 현실을 다루고 있는 것이 아니라 날조된 상황을 다루고 있는 것이기 때문이다. 그렇지만 이런 질문은 항상 윤리적인 견해를 헐뜯는 시도라 하겠다. 왜냐하면 일을 하지 않아야만 하는 것이 인간존재의 완전성이라고 한다면, 인간의 생활은 인간이 일을 하지 않았더라면 가장 완전해졌을 것이기 때문이다. 그렇게 되면 우리는 의무라는 이 말에는 괴로운 필연성의 의미가 깃들어 있다고 생각하지 않고서는 일하는 것이 의무라는 표현을 사용할 수가 없을 것이다. 그렇게 되면 의무는 보편인간적인 것이 아니라 일반적인 것을 표현하게 될 것이고, 이런 경우에는 의무는 완전성에 대한 표현이 될 수가 없을 것이다. 그러므로 나는, 인간은 일을 할 필요가 없었다는 사실을 인간생활의 입장에서는 불완전한 상태라고 간주할 수밖에는 없다고 단정적으로 대답하고 싶다. 인간생활의 단계가 낮으면 낮을수록 노동의 필연성은 더욱더 흐릿해지고, 단계가 높으면 높을수록 노동의 필연성은 더욱더 또렷해진다. 살아가기 위한 노동의 의무는 보편인간적인 것을 표현하고, 그것은 자유를 표현하기 때문에 또 다른 의미에서 보편적인 것을 표현한다. 노동을 통해서만 인간은 자유로워지고, 노동을 통해서만 인간은 자연에 대한 지배자가 되고, 노동을 통해서만 인간은 자신이 자연보다 차원이 높다는 것을 보여줄 수 있다.

혹시 인생은 인간이 살아가기 위해서 일해야만 하는 사실 때문에 그것이 지닌 아름다움을 상실하는 것일까? 여기서 우리는 다시금 이전의 바로 그 지점에 서게 된다. 일체는 우리가 아름다움이라는 것을 어떻게 이해하느냐에 달려 있다. 들의 백합이 길쌈도 하지 아니하고 바느질도 하지 않지만* 온갖 영광을 누린 솔로몬마저도 그렇게까지 화려하게 입지는 못하였을 정도로 차려입고 있는 것을 보면 아름답기 짝이 없다. 근심하지 않고 스스로의 먹이를 찾는 새들을 보면 아름답기 짝이 없다. 지적한 것이면 무엇이든지 손에 넣을 수 있는 낙원에 있는 아담과 이브를 본다는 것은 아름다운 일이다. 그러나 일을 하여 자신이 필요한 것을 얻는 남자를 보면 더욱 아름답다. 섭리가 일체를 만족시키고 일체를 돌보는 것을 보면 더욱 아름답다. 이를테면 자기 자신의 섭리로 존재하고 있는 남성을 보면 더욱 아름답다. 인간은 자기 자신을 보살필 수 있기 때문에 위대하고, 다른 어떤 피조물보다도 더 위대하다. 스스로 일하여 넘치도록 벌어들인 것을 소유하고 있는 남자를 보면 아름답기 짝이 없다. 그러나 하찮은 것을 소중한 것으로 바꾸어 놓는 위대한 재주를 부리는 남자를 보면 더욱 아름답다. 인간이 일을 할 수 있다는 것은 인간의 완전성의 표현이고, 인간이 일을 해야만 한다는 것은 그것의 보

---

* 마태복음 6장 28절 참조.

다 높은 표현이다.

우리들의 영웅이 이런 견해를 자신의 것으로 받아들이려고 할 때, 그는 자고 있는 동안에 굴러들어오는 횡재를 하고 싶다는 유혹에 빠지지도 않을 것이고, 인생의 필수조건에 혹하는 일도 없을 것이다. 그는 살아가기 위해 일을 한다는 것이 얼마나 아름다운 일인가 하는 것을 느낄 것이고, 그는 그것에서 자신의 인간으로서의 존엄성을 감지할 것이다. 왜냐하면 식물이 길쌈을 하지 않는다는 것은 식물의 위대성이 아니라, 길쌈을 할 수 없다는 식물의 불완전성이기 때문이다. 그는 유복한 심미주의자와 우정을 맺고 싶다고는 추호도 생각하지 않을 것이다. 그는 위대한 것이 무엇인가를 냉정한 마음으로 헤아려볼 것이고, 그래서 그는 돈을 가진 사람 때문에 위축되는 일이 없을 것이다.

나는 노동의 의미를 기꺼운 마음으로 감지하고, 자신들의 일에 만족하고, 자신들의 보잘것없는 능력에 행복감을 느끼는 사람들을 많이 보아왔지만, 그러면서도 그들이 그런 사실을 인정하려는 용기가 없음을 보고 매우 기이하게 생각하였다. 그들이 필요로 하고 있는 것에 관해서 말하였을 때, 그들은 항상 그들이 실제로 필요로 하고 있는 이상의 많은 것들을 필요로 하고 있는 듯한 태도를 보였다. 그들은 실제로는 근면하였지만, 마치 필요한 것이 적은 것보다는 필요한 것이 많은 편이 위대하고, 근면한 것보다는 나태한 것이 위대하다는 듯이, 근면하게 보이는 것을 원치 않았다. 우리는 좀처럼, "나는 마구잡이로 이런 일 혹은 저런 일을 하지 않는다. 내게는 그럴만한 여유가 없다"고 침착하고 유쾌한 위엄을 갖추고 말하는 사람을 만나지 못한다. 그것은 마치 양심의 가책을 받고 있다는 식이고, 또 갈까마귀가 얻은 대답이 나올까 봐 두려워하고 있는 태도다. 이런 식으로 사람들은 결국 모든 참다운 미덕을 파괴하거나 그 미덕을 환상으로 바꿔 버린다. 아낄 필요가 없는 사람들이 어째서 그렇게 아끼는 것일까? 아낄 수밖에 없는 사람은 결국 필요해서 덕을 만든다. 그렇다면 이것은 마치 인간은 차고 넘치는 가능성을 수중에 갖고 있지 않고서는 아낄 수가 없다는 식이고, 또 그것은 마치 궁핍이란 절약의 유혹보다는 크지 않다는 식이 아니고 무엇이란 말인가.

이래서 아마도 우리들의 영웅은 일을 하기로 결심할 것이지만, 일용할 양식에 관한 지저분한 걱정은 어느 정도 면할 길이 없을 것이다. 나는 그런 지저분한 걱정을 해본 적이 없다. 왜냐하면 나 역시도 살아가기 위해서는 어느 모로나 일을 해야만 하지만, 나는 항상 자유로이 쓸 수 있는 상당한 자산을 갖고 있었기 때문이다. 그러므로 나로서는 경험에서 우러나온 말은 할 수가 없지만, 나의 눈은 항상 이런 상황이 주는 어려움에, 그리고 동시에 그것이 지닌 아름다움과, 교훈적이고 고귀하게 하는 효과를 밝히 보고 있다. 왜냐하면 나는 그렇듯이 교훈적인 근심은 없다고 믿기 때문이다. 나는 나로서는 결코 비겁하다거나 나약하다고는 생각할 수 없는 사람들, 그리고 다른 사람들이 전의를 상실하는 경우에도, 인간의 생활에는 투쟁이 있어서는 안 된다고는 결코 생각하지 않고, 용감하게 싸울 수 있는 힘과 용기와 의욕을 갖고 있는 사람들을 알고 있다. 동시에 나는 그들이 흔히, "하느님은 우리가 먹고사는 문제를 걱정하지 않도록 지켜 주신다. 우리 인간의 높은 정신을 먹고사는 문제만큼 질식시키는 것은 없다"고 말하는 것도 듣는다.

이런 발언을 들을 때마다 인간의 심정만큼이나 간사한 것이 없다는 생각을 가끔 하게 된다. 물론 나 자신의 생활에서도 그런 일은 가끔 있었다. 인간이란 가장 위험한 싸움에는 용감하게 뛰어들 생각을 하지만, 일용할 양식을 위해 싸울 생각은 안 한다. 동시에 그는 전자의 싸움에 종사하는 것이 후자의 싸움에 종사하는 것보다 위대한 일인 듯이 주장하려고 한다. 물론 그것이 분명히 편리하다. 사람들은 안이한, 그러면서도 대중의 눈에는 보다 위험한 것 같이 보이는 싸움을 택한다. 그러고는 그것이 진실이라고 자기 자신에게 타이른다. 사람들은 승리를 얻고, 그래서 물론 영웅이 된다. 그러나 그는 또 다른 처량한 싸움, 즉 인간에 어울리지 않는 싸움에 승리하였을 경우와는 전혀 다른 종류의 영웅이 된다. 아닌 게 아니라 일용할 양식을 위한 걱정 이외에도 자기 자신 속에 깃들어 있는 그런 숨은 적과 싸워야만 한다면, 그런 싸움을 면제받고 싶다고 생각하는 것도 무리가 아니다. 그러나 인간은 적어도 그가 그런 싸움을 기피하는 이유는 다른 싸움보다 훨씬 어렵기 때문이라는 사실을 스스로 인정할 만큼 정직해야만 한다. 만약 그것이 그렇게 어려운 싸움이라면, 승리 역시도 훨씬 더 아름다울 것이다. 인간이 스스로 이런 싸움을 겪지 못하였을 경우에는, 그런 싸움을 한 모든 전사에 대하여 그의 싸움이야말로 가장 위험한 싸움이라는 사실을 인정해야 마땅하고, 그 전사에게 이 명예선언名譽宣言을 하는 것이 마땅하다.

만약 우리가 일용할 양식을 위한 걱정을 다른 어떤 전투보다도 보다 엄격한 의미에서 명예로운 일이라고 간주할 때, 우리는 이미 상당한 진보를 거두었다고 할 수 있다. 여기에서도 다른 모든 경우에서와 마찬가지로 올바른 태도를 취하고, 자신의 시간을 이런저런 소원에 낭비하지 않고 자신의 과업을 파악하는 일에 쓰는 것이 요긴하다. 만약 이 과업이 어느 모로 보아도 천하고 하찮고, 또 사소하고 실망을 주는 그런 것이라고 한다면, 그때 우리는 이 일이 싸움을 더욱 어렵게 할 것이지만 승리는 한층 아름다운 것이라는 사실을 알게 된다. 세상에는 훈장 때문에 명예를 얻는 사람이 있는가 하면, 훈장을 흔들고 다니는 것을 명예로 삼는 사람들이 있다. 영광스러운 싸움에 종사할 수 있는 힘과 의욕을 느끼면서도, 가장 천한 일, 즉 일용할 양식을 위한 싸움에 종사하는 것으로 만족해야만 하는 사람들에게 이런 원리를 적용시켜 보라.

그러므로 일용할 양식을 얻기 위해 싸우는 싸움은 또, 그 보수가 지극히 적고, 오히려 전혀 없다고 하는 고도의 교육적인 특징을 갖고 있다. 이런 전사는 전투를 계속할 수 있는 가능성을 조달하기 위해 싸우고 있는 것이다. 싸움의 보수가 크면 클수록, 그리고 그 보수가 인간의 외부에 있는 경우일수록, 전사는 그럴수록 더욱더 모든 인간들 속에 도사리고 있는 온갖 애매한 정열에 기대려고 한다. 야심과 허영심과 자부심 – 이런 것들은 인간을 굉장히 먼 곳까지 몰고 갈 수 있는 엄청난 탄력성을 갖고 있는 힘들이다. 일용할 양식을 위해 싸우는 사람은 곧 이러한 정열들이 그에게 도움이 되지 못한다는 사실을 알게 된다. 이런 싸움이 다른 사람들의 관심의 대상이 되며, 그들의 찬탄을 불러일으킬 것이라고 어떻게 그가 상상할 수가 있겠는가? 그가 다른 아무런 힘도 없다고 한다면, 그는 무장을 해제한 셈이다. 보수는 지극히 적다. 왜냐하면 그가 아득바득 애써 일하고 온갖 고초를 다 겪는다고 해도, 그가 얻는 것이라고는 고작 필요한 것에 불과하기 때문이다. 목숨을 부지하고, 그리고 다시 고초를 겪기 위해 필요한 것에 불과하다.

그러므로 일용할 양식을 위한 싸움은 자신의 현상에 관해서 자신을 속이는 것을 허락하지 않기 때문에 매우 교육적이고 교화적이다. 만약 그가 이 싸움에서 보다 차원이 높은 것을 아무것도 찾아내지 못한다면 이 싸움은 비참한 싸움이 되고, 그가 이마에 땀을 흘리며 먹을 것을 얻기 위해 싸워야만 한다는 것은* 처량한 일이라고 생각하는 것도 당연하다. 그러나 이 싸움은, 그로 하여금 이 싸움 속에 깃들인 다른 무엇인가를 보게끔 강요하고, 그가 자기 자신을 완전히 저버리지 않는다면, 그로 하여금 이 싸움을 명예를 위한 싸움으로 간주하게끔 강요하고, 또 보수가 그렇게도 적은 것은 명예가 더욱 커지게 할 수 있게 하기 위해서라는 것을 깨닫도록 강요하기 때문에, 매우 고상한 싸움이라 할 수 있다. 그러므로 그는 사실상 생계를 위해 싸우고 있다고는 하지만, 결국 뭐니 뭐니 해도 자기 자신을 획득하기 위해 싸우고 있는 것이다. 그러니만큼 그런 시험에 부닥쳐 본 일이 없는 우리는, 그렇지만 또 참으로 위대한 의지를 높이 평가할 감정을 여전히 간직하고 있는 우리는, 만약 그가 허락만 해준다면, 우리는 그를 사회의 명예로운 일원으로 간주하고 존경할 것이다. 그때 그는 이중적인 싸움을 한다. 그는 한쪽 싸움에서는 패할지 모르지만, 그와 동시에 다른 쪽 싸움에서는 승리를 거둔다.

---

* 창세기 3장 19절 참조.

내가 하는 말은 거의 상상조차 할 수 없는 일이지만, 설혹 먹을 것을 얻기 위한 그의 노력이 모조리 실패한다 하더라도, 물론 그렇게 되면 그는 완전히 망하고 마는 셈이 되지만, 그렇지만 그와 동시에 그는 획득이 가능한 가장 아름다운 승리를 하는 셈이 된다. 나는 이 사실에만 주목하고 그가 놓쳐버린 보수에는 눈길을 돌리지 않을 것이다. 왜냐하면 그런 일이란 그야말로 하찮은 일이기 때문이다. 보수를 기대하는 사람은 또 다른 제2의 싸움을 잊어버리기 마련이다. 만약 그가 보수를 얻지 못한다면, 그는 일체를 잃게 되고, 만약 그가 보수를 얻었다 해도, 그가 어떻게 해서 그것을 얻었느냐 하는 것은 항상 미결로 남게 된다.

도대체 일용한 양식을 위한 싸움 이상으로 더 교육적인 싸움이 어디에 있단 말인가? 살아가기 위해서 불멸의 정신이 감당해야만 하는 이런 모든 속세의 고난과 노고를 가끔이나마 미소로 대할 수 있기 위해서는 많은 동심童心이 필요할 것이다! 고생 끝에 얻은 얼마 되지 않는 것에 만족하기 위해서는 많은 겸손이 필요할 것이다. 자기 자신의 인생에도 섭리의 인도함이 있다는 사실을 알 수 있기 위해서는 돈독한 신앙이 필요할 것이다. 왜냐하면 하느님께서는 지극히 작은 것들을 가장 크게 보신다는 말을 하기는 매우 쉬워도, 지극히 작은 것들 속에서 하느님을 보기 위해서는 가장 돈독한 신앙이 필요하기 때문이다! 행복한 사람들과 기쁨을 함께 하고, 역시 마찬가지로 불행한 사람들을 격려해 줄 수 있기 위해서는 엄청난 인간애가 필요하다! 자신은 자신이 할 수 있는 일을 모두 하고 있다고 스스로 확신하기 위해서는 투철하고 깊은 자각이 필요하고, 또 많은 인내심과 경계심이 필요하다! 왜냐하면 이런 근심보다도 더 교활한 적은 달리 없기 때문이다. 이런 근심은 몇몇 단호한 운동으로 제거할 수가 없는 것이고, 소란이나 광분으로도 쫓아버릴 수가 없는 것이다. 이런 근심을 개의치는 않지만, 또 그것을 회피하지도 않기 위해서는 상당한 아량과 예의가 필요하다. 얼마나 자주 무기를 바꾸어야만 하고, 때로는 애써 일해야 하고, 때로는 기다려야만 하고, 때로는 용감히 밀고 나가야만 하고, 때로는 간청해야만 한다. 무기를 바꾸되 즐거운 마음과 기쁜 마음으로, 그리고 쉽고 유난스럽게 바꾸어야만 한다. 그렇게 하지 않으면 적이 승리를 거둔다!

그렇지만 이러고 있는 동안에도 시간이 흘러서, 그는 그의 아름다운 계획이 실현되는 것과 그의 청춘의 소망이 충족되는 것을 볼 기회가 주어지지 않는다. 그는 다른 사람들이 그런 일에서 성공을 거두는 것을 본다. 그들은 그들의 주위에 많은 사람들을 모아놓고 갈채를 받는다. 그들은 그 갈채의 환호성을 만끽한다. 그러는 동안에도 그는 고독한 예술가로서 인생의 무대에 서 있고 관객도 없다. 그를 쳐다볼 시간을 갖고 있는 사람이 없는 것이다. 그럴 수밖에 없다. 왜냐하면 그를 바라보기 위해서는 많은 시간이 필요하고, 그의 출연出演은 삼십분 동안에 끝나는 요술이 아니기 때문이다. 그가 벌이는 연기는 보다 정교한 종류의 것이므로, 그의 연기를 이해하기 위해서는 '교양 있는 관객' 보다 차원이 높은 관객이 요청된다. 그는 그런 갈채를 원하지도 않는다.

아마도 그는, "내 나이 스물일 때, 나 역시도 전투를 꿈꾸었다. 나는 투기장鬪技場에 있는 나 자신을 상상하였다. 나는 발코니를 쳐다보았고, 거기에 한 떼의 처녀들이 있는 것을 보았고, 그녀들이 나를 걱정해 주는 것을 보았고, 나에게 갈채를 보내주는 신호로 손을 흔드는 것을 보았고, 그래서 나는 싸움의 노고를 잊었다. 이제 나는 늙었고, 그래서 이제는 나의 싸움도 달라진 것이다. 그러나 나의 영혼은 조금도 자부심을 잃지 않고 있다. 나는 또 다른 심판관을, 즉 감식가를 요구하고 있다. 나는 숨은 일도 보고,* 구경하는 일에 지치는 일도 없고, 싸움을 보고 위험을 알아차리는 눈을 요구하고 있다. 나는 사색의 노고를 들을 수 있고, 나의 보다 나은 본성이 유혹의 고문에서 어떻게 빠져나오는가를 직관으로 알아내는 귀를 요구하고 있다. 나는 이 심판을 쳐다볼 것이고, 나는 그분의 갈채에 따라서 고무될 것이다. 비록 나 자신은 그럴만한 가치가 없는 존재이긴 하지만 말이다. 나에게 고난의 잔이 제공될 때면, 나는 그 잔을 주시하지 않고, 그 잔을 들고 있는 그분을 주시할 것이다. 단숨에 그 잔을 비울 수가 없지나 않을까 싶어 살피기 위해 그 잔의 밑바닥을 응시하지 않고, 나에게 그 잔을 건네주는 그분을 꼼짝 않고 응시할 것이다. 나는 기꺼운 마음으로 그 잔을 받을 것이다. 그러나 축제 때에 나 자신이 음료수의 향기로운 맛을 즐기며 남들을 위해 건배하는 식으로는 마시지 않을 것이다. 천만에, 나는 그것을 음미할 때, '나 자신의 건강을 위해서' 라고 나 자신에게 외칠 것이다. 왜냐하면 나는 그 잔을 마심으로써 나 자신이 영원한 건강을 구입하고 있다는 사실을 알고 또 확신하기 때문이다"라고 할 것이다.

이런 사정이기 때문에 나는, 우리는 일용할 양식을 위해 하는 싸움

---

* 마태복음 6장 4, 6, 18절 참조.

을 윤리적으로 생각해야만 한다고 믿고 있다. 나는 그대에게 그대가 이 문제를 그대의 심미적인 이론의 어느 대목에서 취급하고 있는가를 밝히라고 하는 나의 권리를 지나치게 엄격하게 고집하지는 않으련다. 나는 다만 이런 싸움 때문에 우리 자신은 그렇게 되기를 원하지 않았음에도 불구하고 생활 자체가 그것이 지닌 아름다움을 잃어버렸는지 어떤지의 여부와, 혹은 또 오히려 보다 높은 차원의 아름다움을 얻는 것이나 아닐까 하는 여부는, 그대의 심사숙고에 일임하련다. 이러한 싸움이 존재하고 있다는 사실을 부인한다는 것은 그야말로 미친 짓이다. 자신의 집 앞을 지나쳐 버렸다고 해서, 그 집이 존재하는 것을 잊어버린다는 것은 아둔한 일이다. 그리고 우리가 인생관을 갖고 있다고 주장하는 한에 있어서, 그런 일은 매정한 일이고 또 비겁한 일이다.

많은 사람들이 일용할 양식을 위한 싸움을 이런 식으로 간주하고 있지 않다는 사실은 이론을 제기할 여지가 없는 일이지만, 그런 사람들이 일용할 양식을 위한 싸움을 그런 식으로 간주해 줄만큼 아량을 갖기를 원하고, 또 '스잔나와 다니엘' 이라는 성서 외경外經에서 다니엘이, "그들은 하늘을 보지 않고 스잔나만을 보았다"라고 지탄을 받은 사람들처럼 볼 것을 보지 못하는 일이 없도록 원한다는 것은 확실히 훌륭하고 경건한 소망이다.

각설하고, 살기 위해서 일을 하는 것이 모든 인간의 의무라고 하는 윤리적인 견해는, 심미적인 견해보다 두 가지 장점을 지니고 있다. 첫째, 그것은 현실과 일치되고 있고, 현실에 깃들어 있는 보편적인 것을 설명해 주고 있다. 반대로 심미적인 견해는 우연적인 것에 집착한 나머지 아무것도 설명해주지 못하고 있다. 둘째, 전자는 인간은 완전성을 갖고 있을 것이라는 기대를 갖고 인간을 파악하고, 인간이 지닌 참다운 아름다움 속에서 인간을 본다. 이런 일이란 전적으로 필요할 뿐만 아니라, 이 문제에 관한 한 이제 그만큼 강조하였으면 충분하다고 하는 일은 있을 수가 없다. 그대가 몇몇 경험적인 관찰을 원한다면, 그런 것들을 덤으로 그대에게 던져주어도 무방하다. 그렇다고 해서 윤리적인 견해가 그런 것들의 지지를 받을 필요가 있기 때문이 아니라, 그대에게는 아마도 그런 것이 유익할 것이라고 생각되어 그러겠다는 것이다.

예전에 내가 알고 있었던 어떤 노인은 항상, 자신의 생활을 위해 일하는 것을 배운다는 것은 좋은 일이고, 어린애들에게 적용되는 일은 어른들에게도 해당되며, 어린애들은 어려서 그것을 배워야만 한다는 말을 하고 있었다. 물론 그렇다고 해서 내 말은 당장 젊은이들에게 생계를 위한 걱정을 시켜서 기를 꺾어 놓는 것이 좋다는 뜻이 아니다. 그러나 젊은이들에게는 살기 위해 일하는 것을 가르쳐 줄 필요가 있다. 매우 찬양받고 있는 저 재정적인 독립이라는 것은 함정이기가 일쑤다. 모든 욕망이 충족되고, 하고 싶은 일을 하고, 모든 변덕이 충족되면, 이윽고는 그런 것들이 떼를 지어 자기 자신에게 반란을 일으킬 우려가 있다. 일을 해야만 하는 사람은, 모든 것을 가질 수 있다는 허황한 기분을 언제까지나 알지 못할 것이고, 자신의 재물을 헛되이 믿지 않을 것이며, 돈으로 모든 장애를 제거할 생각을 않을 것이며, 돈으로 모든 자유를 매수할 생각을 하지는 않을 것이다. 그렇다고 해서 그의 마음이 괴로워지는 일은 없을 것이다. 그는 많은 부유한 청년들이 그러했듯이,

또 유구르타가 로마에 관해서 "여기에 구매자가 나오기만 하면 언제든지 자신을 팔아 버릴 도시가 있다"고 말했듯이, 거만한 경멸을 표하며 인간생활에 등을 돌리고 싶은 유혹을 느끼지는 않을 것이다. 그는 단시일 내에 사람들에게 부정한 짓을 하게 하고, 자기 자신에게는 불행한 결과를 초래하게 하는 지혜를 획득하는 일은 없을 것이다.

그러므로 높이 날 수 있는 영혼들이 이런 식으로 저지되어서 그들이 일을 해야만 하고, 그런 일에 고통을 겪어야만 한다는 것은 애통할 일이라고 불평하는 말을 들을 때는 나 자신도 가끔 초조해져서, 하룬 알 라쉬드라도 나타나서 우리들 사이를 누비고 다니며 경솔하게 넋두리를 늘어놓은 사람들에게 매를 때려주기라고 했으면 하는 생각까지도 하게 된다.

각설하고, 그대는 살아가기 위해 일을 할 필요가 있는 처지에 있지도 않고, 나 역시도 일을 하는 것이 그대에게 필요하게 될 수 있도록 그대의 재산을 내던지라고 그대에게 충고할 생각은 추호도 없다. 그런 일이란 무익한 일이고, 그런 모든 실험이란 것은 아무런 성과도 초래하지 못하는 어리석은 일이다. 그렇지만 또 다른 의미에서는 그대 역시도 살아가기 위해서 요청되는 여러 조건을 획득할 필요가 있는 처지에 있다는 사실을 나는 믿어 의심치 않는다. 살아가기 위해서는 그대는 그대가 타고난 우울을 극복해야만 한다. 이런 사정을 감안하여 나는 그대에게 나의 그 노인 친구의 말을 적용시키는 터이니, 그대 역시도 시기를 놓치지 말아야 할 것이다. 그 우울은 그대의 불행이었지만, 그것이 그대의 행운이었다는 사실을 그대 자신이 승복하게 될 날이 반드시 올 것이다. 그러니 그대는 그대가 살아갈 수 있는 조건을 획득하도록 하라. 그대는 불평을 늘어놓아서 나를 초조하게 하려는 그런 사람들 중의 하나가 아니다. 왜냐하면 나는, 그대는 불평을 늘어놓기는커녕 그와는 정반대라고 믿고 있기 때문이다. 그대는 그대의 고뇌를 그대 자신 안에서 되씹는 일에 매우 능숙하다. 그러나 조심하라. 불평과는 정반대되는 극단적인 일에, 즉 고통을 맞이해서 고통을 견디고 고통을 극복하는 대신 고통을 숨기려는 노력에 자신의 힘을 소진하는 미친 듯한 거만 속에 빠지는 일이 없도록 말이다.

각설하고, 우리들의 주인공은 자진해서 일을 할 생각이 내키게 되지만, 그것이 어디까지나 그에게는 그런 필수적인 것이기 때문이 아니라, 그가 그것을 가장 아름다운 일로 간주하고 가장 완전한 것으로 간주하기 때문이다. (그가 그것을 그런 식으로 간주할 수가 없다는 식의 견해와, 그는 결국 그것을 감수하도록 강요받고 있다고 하는 식의 견해는 인간의 가치를 인간 바깥에 있는 우연적인 것 속에 있다고 생각하는 어리석으면서도 악의에 찬 오해의 하나다.) 그는 그 자신이 일을 할 생각을 했기 때문에, 바로 그런 까닭으로 그의 일거리는 노동은 될 수 있어도 노예의 고역은 될 수가 없다. 그래서 그는 자신의 직업에 대한 보다 차원이 높은 표현을, 그리고 그 자신의 인격과 다른 사람들의 인격과 자신의 직업의 관계를 말해주는 표현을, 그리고 그에게 그의 직업을 하나의 즐거움으로서 규정해주는 동시에 그것이 지닌 중요성을 주장해주는 표현을 요구한다.

여기서 우리는 다시금 잘 생각해 보아야 할 필요가 있는 문제에 부닥친다. 우리의 주인공은 3천 달러를 가진 현인과 어떤 거래를 갖는 것은 자신의 위엄을 손상시키는 일이라고 생각한다. 그러나 우리의 주인공 역시 대부분의 사람들과 똑같다. 그가 일찌감치 배워서 터득한 것은 사실이지만, 그럼에도 불구하고 그는 심미적으로 사는 맛을 알고 있다. 그 역시도 대부분의 사람들과 마찬가지로 은혜를 모르는 인간이다. 그를 그가 이전에 처해 있던 곤경에서 빠져나오도록 도와준 것은 윤리적인 인간이었지만, 그가 맨 처음 상의한 상대는 그 윤리적인 인간이 아니다. 어쩌면 끝에 가서는 윤리적인 인간이 자신을 곤경에서 구출해 줄 것이라고 우리의 주인공은 남몰래 의지하고 있을지도 모른다. 왜냐하면 우리의 주인공은 윤리적인 인간에게 사례할 돈을 갖고 있지는 못하였지만, 윤리적인 인간이 실제로 그를 그의 곤경에서 구출해 주었다는 사실을 인정하지 않을 정도로 비열한 인간은 아니기 때문이다. 그래서 그는 비교적 인간미가 있는 심미주의자에게 의논을 한다. 그러면 그 심미적인 인간 역시도 노동의 중요성에 관해서 다음과 같이 그 나름대로의 의견을 토로할 것이다.

"일거리가 없으면 인생이란 결국 지루해지기 마련이다. 그러나 우리의 일거리는 가장 엄밀한 의미에서 노동이어서는 안 되고, 항상 쾌락으로서 규정될 수 있는 일거리여야만 한다. 인간이란 자기 자신 속에서 어떤 귀족적인 재능이라고나 할까, 하여간 그것으로 자기 자신을 대중으로부터 구별해주는 무엇인가를 발견하는 법이다. 우리는 그런 것을 육성해야만 하지만, 경솔하게 육성해서는 안 된다. 왜냐하면 그렇게 하면 인간은 곧 그것에 싫증을 느끼게 마련이니까. 그러지를 말고 되도록이면 심미적으로 진지하게 육성해야 한다. 그러면 인간에게 있어서 인생이 새로운 의미를 갖게 된다. 왜냐하면 인간은 자신의 일거리를 갖게 되고, 그야말로 자기 자신의 쾌락이 되는 일거리를 갖게 되기 때문이다. 재정적으로 자주독립하는 재능, 우리는 생활의 궁핍 따위는 개의치 않고 그것이 울창하게 번식할 수 있도록 이 재능을 잘 키워야 한다. 그러나 우리는 이 재능을 인생이 난파할 때 자신을 구해주는 널빤지로 취급할 것이 아니라, 우리가 세계 위로 솟아오를 수 있는 도구인 날개로 취급해야 한다. 우리는 이 재능을 마구 부려먹는 몹쓸 말로 취급할 것이 아니라, 의기양양한 준마로 취급해야 한다."

그러나 우리의 주인공은 이런 귀족적인 재능의 소유자가 아니다. 그는 대부분의 사람들과 같은 사람이다. 그래서 그 심미적인 인간은 그들을 위해 해줄 수 있는 보다 나은 묘책이 없어서, "그렇다면 일개의 일꾼으로 인생을 보내야 하는 평범한 대중의 진부한 숙명을 감수할 수밖에 없군요. 그렇다고 해서 용기를 잃지는 마시오. 그것 역시도 그 나름대로 중요한 일이고 씩씩한 일이니만큼 존경을 받을 만한 일이죠. 게으르지 않고 부지런한 사람이 되시오. 그래서 유용한 사회의 일원이 되어야죠. 당신의 그런 모습을 보면 얼마나 반가운지 모르겠소. 왜냐하면 인생이 다양하면 할수록 구경꾼에게는 더욱 흥미로운 일이니까요. 그렇기 때문에 나를 비롯한 모든 심미주의자들은 소위 국민복國民服이라는 것을 증오하죠. 왜냐하면 모두가 한결같이 꼭 같은 복장을 하고 다닌다면, 그것이야말로 권태로운 일이니까요. 그러니까 각자는 인생에서 각자의 맡은 바 일을 하면 됩니다. 왜냐하면 그래야만 인생은 나에게는, 또 인생을 구경하는 직업을 가진 나 같은 부류의 인간에게는 더할 나위 없이 아름다운 것이 되니까요"라고 말할 수밖에 없을 것이다.

우리의 주인공은 이런 취급을 받고 약간 초조함을 느낄 것이다. 나는 그가 그러기를 희망한다. 요컨대 그는 인간을 그런 식으로 분류하는 파렴치한 처사에 분개하는 것이다. 게다가 재정적인 자주독립이라는 것이 이 심미주의자의 인생관에서는 결국 상당한 역할을 하고 있는 셈이지만, 바로 자주독립하지 못한다는 것이 바로 그의 처지인 것이다.

어쩌면 우리의 주인공은 그 윤리적인 인간에게 상의해 볼 결심을 할 수 없을지도 모른다. 그래서 그는 다른 또 하나의 시도를 해본다. 그는, "우리는 살기 위해서 일을 해야만 한다. 인생이란 그런 것이다"라고 말하는 사람을 만난다. 여기서 그는 그가 찾고 있던 사람을 찾은 것으로 생각한다. 왜냐하면 이것이야말로 바로 그가 생각하고 있던 의견이기 때문이다. 그래서 그는 이 교훈에 유의하려고 한다. 그 교훈은 다음과 같은 것이다.

"살기 위해서는 일을 해야만 한다. 인생이란 그런 것이다. 이것은 인생의 어두운 일면이다. 인간은 매일 일곱 시간씩 잠을 잔다. 그것은 낭비되는 시간이다. 그러나 이것은 어쩔 수 없는 일이다. 인간은 하루에 다섯 시간씩 일을 한다. 이것 역시도 낭비되는 시간이다. 이것도 어쩔 수 없는 일이다. 다섯 시간을 일해서 인간은 일용할 양식을 번다. 인간은 그것을 벌었을 때, 비로소 살기 시작하는 것이다. 인간이 노동을 통해서 일용할 양식을 얻는 한에 있어서, 우리의 노동은 가능한 한 따분하고 무의미한 것일수록 더 좋다. 만약 우리가 각별한 재능을 갖고 있다면, 그것을 생계의 수단으로 삼는 그런 죄를 절대 범해서는 안 된다. 그렇다. 우리의 재능이란 것은 고이 가꾸어야만 하는 것이고, 재능이란 우리가 그 자체를 위해 소유하는 것이고, 우리는 자식의 재능으로 인해서 부모가 자식에게서 기쁨을 느끼듯이 기쁨을 느끼고, 우리는 하루에 열두 시간씩 재능을 가꾸고 발전시키고, 일곱 시간은 잠을 자고, 다섯 시간 동안은 인간을 폐업하고…… 그래야만 인생은 결국 그나마도 참을 수 있는 것이 될 수 있고, 그렇다, 어쩌면 아름다운 것이 될 수도 있을 것이다. 왜냐하면 다섯 시간쯤 일을 한다는 것은 결국 그리 두려울 것도 없기 때문이고, 일을 하는 동안은 우리는 아무것도 생각하지 않으므로, 그동안 우리는 우리를 즐겁게 해주는 취미를 위해서 힘을 저축할 수가 있다."

우리의 영웅은 여전히 그의 목표에 더 가까이 접근하지 못하고 있다. 왜냐하면 첫째, 그는 가정에서의 열두 시간을 충당할 수 있는 각별한 재능을 갖고 있지 못하고, 둘째, 그는 이미 일을 해야만 한다는 사실에 대한 보다 아름다운 생각을 갖고 있을 뿐만 아니라, 그것을 포기할 생각을 전혀 하지 않기 때문이다. 그래서 그는 아마도 다시 한 번 윤리적인 인간을 찾아가서 그의 도움을 받으려고 결심할 것이다. 이 윤리적인 인간은 간결하게, "천직天職을 갖는다는 것은 모든 사람의 의무다"라고만 말한다. 그는 그 이상 말할 수가 없다. 왜냐하면 윤리적인 것은 그 자체가 항상 추상적이고, 또 모든 사람에게 해당되는 천직 같은 것은 존재하지 않기 때문이다. 윤리적인 인간은 반대로 각자는 각기 독특한 천직을 갖고 있다고 전제하고 있다. 우리의 영웅이 어떤 천직을 선택해야 할 것인지에 관해서는 윤리적인 인간도 그에게 알려 줄 수가 없다. 왜냐하면 그러기 위해서는 그의 전 인격 속에 깃들인 심미적인 요소에 관한 소상한 지식이 필요하고, 또 비록 윤리적인 인간이 이런 지식을 갖고 있다고 하더라도, 만약 그가 그렇게 한다면 그는 자기 자신의 인생관을 부인하게 되는 셈이므로, 상대방을 위해 선택해 주는 일을 보류하게 될 것이다. 윤리적인 인간이 상대방에게 가르쳐 줄 수 있는 것은 각자에게는 천직이 있다는 사실이고, 우리의 주인공이 자신의 천직을 찾아내면, 윤리적인 인간은 그에게 그 천직을 윤리적으로 선택하라고 권고할 수 있다.

요컨대 심미적인 인간이 귀족적인 재능에 관해서 말할 수밖에 없었던 내용은, 윤리적인 인간이 분명히 설명한 바로 그 사실에 관한 횡설수설이고 회의적인 넉살이다. 심미주의자의 인생관은 항상 차별을 내포하고 있다. 즉, 어떤 사람들에게는 재능이라는 것이 있고, 다른 사람들에게는 그런 것이 없다는 것이다. 그러나 그런 차별을 구분하는 것은, 많으냐 적으냐 하는 이를테면 하나의 양적量的인 규정이다. 그러므로 그들은 그들 나름대로 어떤 특정한 지점에 제멋대로 한계선을 긋는다. 따라서 그들의 인생관의 핵심은 바로 이런 제멋대로의 구별에 근거를 두고 있다. 따라서 그들은 인생에다가 그들로서는 해결할 수 없는 분열을 정립하였고, 그러면서도 한편으로는 경박하고 매정하게 이 분열에 대항하여 스스로를 무장하고 있다.

윤리적인 인간은 반대로 인간을 인생과 화해시킨다. 왜냐하면 그는 "각자는 천직을 갖고 있다"고 말하기 때문이다. 그는 차별이라는 것을 말살하지는 않지만, "모든 차별 속에는 여전히 천직이라는 보편적인 요소가 있다"고 말한다. 가장 탁월한 재능 역시도 하나의 천직이고, 그런 재능을 갖고 있는 사람 역시도 현실에서 눈을 돌려버릴 수는 없다. 그는 보편인간적인 것 바깥에 있을 수가 없다. 왜냐하면 그의 재능은 천직이기 때문이다. 가장 하찮은 개인도 천직을 갖고 있다. 그를 저버려서는 안 되고, 그를 짐승들처럼 살게 내버려 두어서도 안 된다. 그는 보편인간적인 것 바깥에 있는 것이 아니고, 그 역시도 천직을 갖고 있다.

그러므로 각자는 천직을 갖고 있다고 하는 윤리적인 명제는 사물에는 이성적인 질서가 있다는 말이고, 각자는 그가 원하기만 한다면 그 질서 속에서 보편인간적인 동시에 개인적인 것을 표현하는 방식으로 자신의 자리를 차지하게 된다. 이렇게 생각한다고 해서 인생에는 아름다움이 적어지는 것일까? 우연적인 것 위에 터전을 잡고 있는 귀족사회, 그리고 우연히 그렇게 된 귀족사회 속에서는 인간은 기쁨을 누릴 기회가 없다. 그렇지만 우리는 제신諸神의 영역을 갖고 있다.

재능이 천직으로 간주되지 않을 경우에는(물론 그것이 천직으로 간주될 경우에는 각자는 천직을 갖게 된다), 재능은 절대적으로 이기주의적인 것이 된다. 그러므로 자신의 생활의 터전을 재능 위에 세워 놓고 있는 사람은,

그가 그렇게 할 수 있는 한에서 도적과 같은 인생을 보내게 된다. 그는 재능에 대해서 그것이 재능이라는 이상의 표현을 갖고 있지 못한다. 그러므로 이 재능은 그것이 지닌 독특한 차이가 두드러지게 나타나기를 갈망한다. 그래서 개개의 재능은 그 자체를 중심적인 요소로 만들려는 경향을 갖고 있고, 이런 일을 촉진시키는 모든 조건을 요구한다. 왜냐하면 이런 난폭한 질주 속에서만 재능에 깃들어 있는 본래의 심미적인 향락이 이루어지기 때문이다. 꼭 같은 재능이 동시에 방향을 달리하여 나타날 경우에는, 이 두 재능은 생사를 걸고 충돌하게 된다. 왜냐하면 그 둘은 방향을 같이하고 있지 않고, 보다 차원이 높은 표현을 공유하고 있지 않기 때문이다.

이리하여 우리의 주인공은 그가 찾고 있던 것, 즉 그가 살아갈 수 있는 일거리를 찾았다. 그와 동시에 그는 그의 인격과 그의 일거리의 관계를 말해주는 한층 의미가 깊은 표현을 얻었다. 그의 일거리는 그의 천직이고, 그의 일을 완수하는 것은 그의 전체 인격의 만족과 결부되어 있는 것이다. 뿐만 아니라 그는 또, 다른 사람들에 대한 자신의 일거리의 관계에 대해 한층 의미가 깊은 표현도 얻었다. 왜냐하면 그의 일거리는 그의 천직이고, 그는 그것으로 다른 모든 사람들과 본질적으로 꼭 같은 기반 위에 서기 때문에, 그래서 그는 그의 일거리를 통하여 다른 모든 사람들이 하는 것과 꼭 같은 일을 하고 있는 셈이 된다. 그는 그의 천직을 수행한다. 그는 이런 사실을 인식해 줄 것을 요구하지만, 그 이상의 것을 요구하지는 않는다. 왜냐하면 그것이야말로 절대적인 일이기 때문이다.

그는 "나의 천직이 하찮은 천직이라 할지라도, 나는 나의 천직에 대하여 충실할 수가 있고, 그래서 나는 본질적으로 가장 위대한 사람들과 꼭 같이 위대하다. 그리고 나는 단 한순간일망정 차별을 망각해 버릴 정도로 그렇게 어리석지는 않다. 믿는다 해도 내게 이로울 것이 없을 것이다. 왜냐하면 만약 내가 그런 차별을 잊어버린다면, 모든 사람들을 위한 추상적인 천직이라는 것이 있게 되는 셈이 되겠지만, 추상적인 천직이란 천직이 아니고, 따라서 나는 다시금 가장 위대한 사람이 잃게 될 것과 마찬가지로 많은 것을 잃게 될 것이다. 나의 천직이 하찮은 것이라고 한다면, 나는 나의 천직에 불충실할 수 있고, 만약 내가 불충실하다면, 나는 가장 위대한 사람과 마찬가지로 커다란 죄를 범하게 된다. 나는 차별을 잊어버리고 싶어할 정도로 그렇게 어리석은 자가 될 수도 없고, 또 나의 불충실이 가장 위대한 사람의 불충실과 마찬가지로 전체에 대하여 가공할 결과를 초래할지도 모른다고 생각할 정도로 어리석은 자가 될 수도 없다. 그런다고 내게 유익할 것이 없다. 왜냐하면 그래봤자 가장 많은 것을 잃은 자는 바로 나 자신이기 때문이다"라고 말한다.

각자는 천직을 갖고 있다는 윤리적인 견해는 재능에 관한 심미적인 이론보다도 이중적인 장점을 갖고 있다. 첫째, 윤리적인 견해는 재능이란 인간 생활에 있어서의 우연적인 것이 아니라 보편적인 것이라고 설명하고 있고, 둘째, 윤리적인 것은 보편적인 그것이 지닌 아름다움을 그대로 보여 준다. 왜냐하면 재능이란 그것이 천직으로 변모할 때 비로소 아름답고, 인간생활은 각자가 천직을 가질 때 비로소 아름답기 때문이다. 사정이 이렇기 때문에 나는 그대에게 소박한 경험적인 관찰을 깔보지 말라고 부탁하는 바이다. 그대는 이런 중요한 문제가 다가오기만 하면 그런 소박한 경험적인 관찰을 쓸모없는 것으로 간주하려는 친절을 베풀기가 일쑤다.

어떤 인간이 천직을 갖게 되면 일반적으로 그는 자기 자신 바깥에 하나의 규범規範을, 즉 그를 노예로 만드는 일이 없이, 그러면서도 그가 해야만 하는 것을 어느 정도 지시하고, 그에게 시간을 할당해 주고, 때로는 그에게 시작할 기회를 제공해 주는 규범을 갖는다. 어쩌다 그가 그의 일에서 성공을 거두지 못한다 하더라도, 그는 다음번에는 좀 더 잘 해보겠다는 희망을 품는다. 그리고 다음 기회라는 것은 시간적으로 과히 먼 것이 아니다. 이와는 반대로 천직을 갖고 있지 못하는 인간은 그가 자기 자신에게 어떤 과업을 부과해야 하기 때문에, 일반적으로 쉴새 없이 많은 일을 해야만 한다.

그는 스스로 그것을 중단하지 않는 한 그 일을 중단할 수가 없다. 만약 그가 그 일에 실패하면, 그의 실패는 완전한 실패가 된다. 그리고 그가 다시 시작하기란 여간 힘든 일이 아니다. 왜냐하면 그에게는 그를 다시금 시작하게 부추겨주는 계기가 결여되어 있기 때문이다. 그러므로 그가 게으름뱅이가 되기를 원치 않는 한 만물박사인 체하게 되기가 일쑤다. 일정한 의무를 갖고 있는 사람을 만물박사인 체하는 사람들이라고 비난하기가 일쑤이지만, 일반적으로 그런 사람들은 만물박사가 될 수가 없는 사람들이다. 반대로 일정한 의무를 갖고 있지 못한 사람은 그런 인간이 되기가 일쑤다. 왜냐하면 그는 하도 많은 자유 속에서 길을 잃기가 일쑤여서 다소나마 저항할 필요를 느끼기 때문이다. 그러므로 우리는 그런 만물박사인 체하는 사람들에게도 관용을 베풀어 주는 것이 좋을 것이다. 왜냐하면 그런 일이란 그에게 좋은 점이 있다는 징조이기 때문이다. 그러나 반면에 그는 자신이 보편적인 것에서 해방되기를 원했기 때문에 그의 그런 기질은 그가 받아 마땅한 벌이라고 간주해도 무방하다.

이제 우리의 주인공은 자신의 노동을 하나의 천직이라고 하는 사실 속에서 다른 사람들에 대한 자신의 직업의 관계에 대한 보다 깊은 의미의 표현을 찾았다. 이리하여 그는 인정을 받았고, 그의 신임장을 획득하였다. 그러나 이제 그가 자신의 천직의 의무를 다하고 있을 때, 그는 분명히 그 속에서 자신의 인격적인 만족을 찾지만, 동시에 그는 다른 사람들에 대한 자신의 행동의 관계를 말해주는 표현을 요구한다. 그는 무엇인가를 **성취하고** 있음을 요구한다. 여기서 어쩌면 그는 다시 길을 잃게 될지도 모른다. 심미주의자는 그에게 이런 재능의 만족이야말로 최고의 일이고, 그가 무엇인가를 성취하고 있느냐 아니냐 하는 문제는 전적으로 제2차적인 문제라고 설명할 것이다. 어쩌면 그 심미적인 인간은 어리석은 열성을 다하여 온갖 것을 다 달성하려는 실제적인 편협심을 들고 나올지도 모를 일이고, 혹 그는 세상에서 무엇인가를 성취한다는 것은 선발된 소수의 개인에게만 주어진 운명이고, 세상에서는 몇몇 뛰어난 재능만이 무엇인가를 성취할 수 있고, 여타의 사람들은 대개가 창조자의 낭비를 말해주는 인생의 잉여물이라고 생각할 수밖에 없다는 식으로 우쭐대 보일지도 모른다. 그러나 이런 설명은 하나같이 우리의 주인공에게는 아무런 도움도 되지 않는다. 왜냐하면 그는 대부분의 사람들과 같은 존재이기 때문이다.

우리는 다시 윤리적인 인간에게 상의해 보기로 하자. 그는, "모든 사람이 성취하는 것, 그리고 성취할 수 있는 것은 인생에서 **자신의** 일을 수행하는 일이다. 왜냐하면 몇몇 사람만이 무엇인가를 성취하고, 그 밖의 사람들은 성취하지 못한다고 하고, 그 이유가 우연적인 차이에 기인하는 것이라고 한다면, 회의론이 다시 우위를 획득하게 되기 때문이다"라고 말한다. 그러므로 우리는 결국 모든 사람은 본질적으로 "다른 사람이 하는 만큼만 성취한다"고 말해야만 한다. 나는 결코 게으름을 피우라고 타이르고 있는 것이 아니다. 그러나 반면에 우리는 '성취한다'는 표현을 사용함에 있어서는 신중을 기해야만 한다. 이것은 항상 그대의 조소의 대상이 되어 온 표현이다. 그리고 그대도 언젠가 말하였듯이, 그대는 관공서 전체에서 우수한 일꾼으로 간주되고 있는 해군본부의 어떤 서기가 과연 전체적으로 얼마나 많은 일을 성취하였는가를 따져보기 위해서 미분微分과 적분積分과 무한소無限小의 계산법을 연구하였다. 그대의 재능을 세상에서 공연히 우쭐대는 인간들을 조롱하는 일에 사용하는 것은 무방하지만, 인간의 마음을 혼란시키는 일에 그것을 남용해서는 안 된다.

'성취한다'는 표현은 나의 행동과 나 밖에 있는 다른 사람 사이의 관계를 말해주고 있는 것이다. 그러니 이제는 이 관계란 내가 마음대로 좌지우지할 수 없는 것이라는 사실과, 그렇게 보는 이상, 우리는 가장 뛰어난 재능에 관해서도, 가장 하찮은 인간에 관해서도 의당 그렇게 말할 수 있는 일, 즉 그는 아무것도 성취하지 못했다는 말을 정정당당히 말할 수 있다는 것을 쉽게 알 수 있을 것이다. 이 말에는 인생에 대한 불신감이 내포되어 있는 것이 아니라, 오히려 나 자신이 보잘것없는 존재라는 인식과 다른 모든 사람의 중요성에 대한 존경심이 내포되어 있다. 가장 뛰어난 재능을 소유하고 있는 사람은 자신의 일을 수행할 수가 있지만, 가장 하찮은 인간 역시도 자신의 일을 수행할 수가 있다. 그 어느 편도 그 이상의 일을 하지는 못한다. 그들이 무엇인가를 성취할 수 있느냐 없느냐 하는 문제는 그들의 힘이 미치지 못하는 문제다. 그러나 그 일을 방해하여 못 하게 하는 일은 그의 힘이 미칠 수 있는 일이다. 그러므로 나는 인생에서 흔히 그렇게 크게 보이는 일체의 우쭐거리는 태도를 과감히 단념한다. 나는 나의 일을 할 뿐이고, 나는 나 자신이 무엇을 성취하고 있는가를 계산하는 일에 나의 시간을 낭비하지 않는다. 그러므로 내가 성취하는 것은 나를 기쁘게 해주지만, 그렇다고 해서 결코 나의 공로로 돌릴 수는 없는 하나의 행운으로서 나의 일에 뒤따르고 있는 것이다.

한 그루의 너도밤나무가 성장하여 무성한 가지가 날개를 편다. 그러면 사람들은 그 그늘 밑에서 앉아서 쉬며 즐길 것이다. 만약 그 너도밤나무가 신경질을 부리며, "내가 서 있는 이곳에는 살아 있는 생물이라고는 거의 찾아오지 않는다. 그러니 내가 성장하여 가지를 펼친다 하더라도 그것이 내게 무슨 소용이 있겠는가? 그래서 나는 무엇을 성취했단 말인가?"하고 말했다면, 그 순간 그 너도밤나무는 성장이 멈출 것이다. 그런데 우연히 어떤 나그네가 그곳을 찾아와서, "이 나무가 이렇게 주접이 들지 않고, 잎이 무성한 나무였더라면, 나는 지금 이 나무의 그늘 밑에서 편히 쉴 수도 있었을 텐데"라고 말했다고 하자. 그 너도밤나무가 그 나그네의 말을 들을 수가 있다고 상상해 보라!

그러므로 모든 사람은 각자가 무엇인가를 성취하고 있다. 각자는 자신의 일을 성취할 수가 있다. 일의 종류는 얼마든지 다양할 수가 있다. 그러나 모든 사람은 각자의 일을 갖고 있다는 사실과 모든 인간은 그들 각자가 자신의 일을 갖고 있다는 표현을 통하여 화해를 한다고 하는 사실만은 우리가 항상 명심해야 할 것이다. 다른 사람에 대한 나의 일의 관계 혹은 내가 성취해야 할 일은(물론 이 말은 흔히 쓰는 의미로 사용하고 있지만) 내가 좌지우지할 수 없는 일이다. 인생에서 자신의 해야 할 일이 자기 자신을 발전시키는 일이었다고 생각하는 사람마저도 본질적으로 본다면, 모든 다른 사람이 하고 있는 만큼의 일 이상의 것을 성취하지 못한다. 그러므로 우리는 우리가 무엇을 성취하고 있는가를 생각할 것이 아니라, 자신의 재능을 전개하는 만족감만을 향락해야 한다는 의견을 심미주의자가 피력할 때, 그 심미주의자의 말이 그럴듯하게 생각되기도 한다. 그러나 그의 잘못은 그가 재능을 이기적으로 정의하는 일에 그쳤다는 점에 있었다.

그는 자기 자신을 선택받은 인간의 하나로 간주하고, 자신의 생활 속에서 보편적인 것을 성취할 생각을 하지 않고, 자신의 재능을 자신의 일로 간주하려고 하지 않았다. 그러나 우리가 인생에 있어서의 그의 일은 오로지 자기 자신을 발전시키는 일이었다고 말할 수 있는 그런 사람은, 물론 가장 덜떨어진 인간에 속하는 인간이다.

어떤 젊은 처녀를 예로 들어 보기로 하자. 그녀는 물론 우리가 무엇인가를 성취할 수 있다고 말하기가 거북한 그런 사람들의 부류에 속하고 있다. 이에 덧붙여 그녀가 실연을 당했다고 상상해 보고, 그녀가 무엇인가를 성취한다는 마지막 전망까지도 박탈되어 있다고 상상해 보자. 그럼에도 불구하고 만약 그녀가 자신의 일을 수행한다면, 만약 그녀가 그녀 자신을 발전시킨다면, 본질적으로 볼 때 그녀는 가장 위대한 인간만큼이나 많은 것을 성취한다고 할 수 있다.

따라서 성취한다는 것은 자신의 일을 수행한다는 것과 같은 뜻이다. 깊이 진심으로 감동을 받고 있는 사람을 생각해 보라. 무엇인가를 성취할 것이냐 아니냐 하는 문제는 그의 염두에 없다. 오로지 이념만이 전력을 다하여 그의 안에서 자신을 드러내려고 할 뿐이다. 웅변가든 목사든 그 밖에 어떤 존재든 그대가 원하는 존재로 그를 만들어 보라. 그는 대중에게 무엇인가를 달성하기 위해 말을 하지는 않는다. 그의 속에 있는 선율이 저절로 울려 퍼지는 것이다. 바로 그럴 때만 그는 행복을 느낀다. 그대는 자신이 성취하게 될 일을 생각하고 악착같이 일하는 자가 자신이 성취할 일을 생각하여 의기양양해 하는 자보다 훨씬 성취하는 바가 적다고 믿고 있는가?

어떤 저술가의 경우를 생각해 보라. 자신에게 독자가 생길지의 여부나 자신이 무엇인가를 성취할 수 있는지의 여부 따위는 그의 염두에 없다. 그에게는 오로지 진리를 파악하려는 생각이 있을 뿐이다. 그대는 이런 저술가가 무엇인가를 성취해야 한다는 생각의 지시를 받고 감시를 받아가며 붓을 놀리는 그런 사람보다 성취하는 바가 적다고 믿고 있는가?

이상하게도 나나 그대나 우리의 주인공이나 저 간교한 심미주의자나 꼭 같이 알아차리지 못한 사실이지만, 우리의 주인공이 비상한 재능을 소유하고 있다는 것은 틀림없는 진실이다. 이렇듯이 어떤 인간 속에 깃들인 정신적인 것은, 그것이 조용히 성장하여 어떤 지경에 도달하여 그것이 지닌 온갖 역량을 발휘할 때까지 오랜 세월 동안 잠자코 있기가 일쑤다. 심미주의자는 아마도, "천만에, 이제 너무 늦었다. 그는 역시 실패한 것이다. 불쌍한 인간이다!"라고 말할 것이다. 반대로 윤리적인 인간은, "그에게는 다행한 일이다. 왜냐하면 그는 이제 진상을 파악했으니만큼 그의 재능이 다시는 그의 발을 묶은 덫의 구실을 못할 것이기 때문이다. 그는 이제 자신의 재능을 보호하기 위해서 재정적인 독립이나 다섯 시간의 노예로서의 노동이 필요 없고, 그의 재능이 바로 그의 천직이라는 사실을 알게 될 것이다"라고 말할 것이다.

이리하여 우리의 주인공은 살아가기 위해서 일을 한다. 이 노동은 동시에 그의 즐거움이다. 그는 자신의 천직의 의무를 다하고 자신의 일을 성취한다. 이런 일련의 사실을 단 한마디로, 그대의 불안을 자아낼 수 있는 단 한마디로 표현한다면…… 그는 생업을 갖게 된다. 초조해 하지 말라. 시인으로 하여금 표현하게 해 보자. 그 편이 더욱 아름답게 들릴 것이다.

이제 그는 어린애의 달콤한 과자 대신에
아쉽지만 자랑스러운 생업을 가졌도다.

이제 더 이상 무엇이 필요할 것인가? 그대는 미소를 짓고 있다. 그대는 내가 무엇인가를 소맷자락에 숨겨 가지고 있다고 생각한다. 그대는 도대체가 나의 산문취미散文趣味가 마음에 들지 않는 것이다. 왜냐하면 그대는, "이젠 그를 결혼시키는 일밖에 남지 않았군요. 어서 그런 친절을 베푸시죠. 이젠 그의 결혼 공고를 내는 것이 좋을 겁니다. 저로서는 당신과 그의 경건한 결심에 반대할 의사가 추호도 없습니다. 생업과 아내라, 어쩌면 인생이란 그렇게도 만사가 궁합이 맞게 되어 있는지 놀랄 정도입니다. 아닌 게 아니라 그 차임벨의 시인도 생업이란 아내를 탄생시킬 것이라는 말을 분명히 암시했었지요. 그렇지만 나는 당신이 당신의 그 피보호자를 영웅이라고 부르는 일 한 가지에 대해서만은 항의를 하지 않을 수가 없습니다. 나는 이제까지 얌전하게 고분고분 참아왔습니다. 나는 그 인간을 비난할 생각을 하지 않았고, 항상 그에게 소망을 걸어왔습니다. 그렇지만 이제는 제가 다른 길로 접어들고 더는 그에 관한 당신의 말에 귀를 기울이지 않는다고 해도 널리 양해를 해주셔야 할 것입니다. 직업을 찾고 아내를 찾고 있는 인물 – 나는 그를 진심으로 존경합니다. 그렇지만 그런 그를 영웅이라니! 그 자신도 자기가 영웅이라고 주장하지는 않을 겁니다"라고 말할 것이기 때문이다.

요컨대 그대는 주인공이라고 불리기 위해서는 그는 어떤 비범한 일을 해야만 한다고 생각하고 있는 것이다. 이런 경우에 그대는 사실상 화려한 기대를 갖는다. 비범한 일을 하기 위해서는 많은 용기가 필요하다고 생각하는 한, 그런 용기를 발휘하는 사람은 물론 영웅이라 하겠다. 어떤 사람을 영웅이라고 부르기 위해서는 그가 무엇을 하느냐가 아니라, 오히려 그가 그 일을 어떻게 하느냐를 더 고려해야만 할 것이다. 어떤 사람은 영웅이 아니라도 많은 왕국과 많은 영토를 정복할 수가 있다. 또 다른 어떤 사람은 자신의 마음을 다스림으로써* 자신이 영웅임을 보여줄 수도 있다. 어떤 사람은 비범한 일을 함으로써 용기를 보여 줄 수 있고, 또 다른 사람은 평범한 일을 함으로써 용기를 보여 줄 수 있다. 어떤 경우에도 문제는 그가 그 일을 어떻게 하느냐에 달렸다. 앞서 자세히 적은 내용으로 봐서, 아마도 그대는 우리의 주인공이 비범한 일을 할 만한 기개를 보여준 것을 부인할 수는 없을 것이다. 그렇지만 아닌 게 아니라 나는 아직도 그가 그런 일을 시도하지 않으리라고는 전적으로 보장할 수가 없다. 그대는 아마도 그가 진정한 영웅이 될 수 있으리라는 희망을 걸고 그의 소질을 인정하였을 것이지만, 나는 그의 소질을 인정하면서도 그가 혹시나 바보가 되지 않을까 싶어 걱정이 된다. 그렇기 때문에 나 역시도 그대와 마찬가지로 그에게 관용을 베풀어 왔다. 나는 처음부터 그에게 소망을 걸어왔다. 그래서 나는 그가 여러 차례 영웅이란 칭호에 어울리지 못하는 꼴을 보여 왔음에도 불구하고, 그를 '영웅' 이라고 불러왔다.

그러므로 만약 내가 그를 결혼을 시킨다면 나는 안심하고 그를 내 손에서 풀어 주어서, 기꺼이 그의 아내의 손에 위임하련다. 그가 이제까지 보여준 고집스러운 기질로 봐서, 그는 이미 보다 각별한 감독 밑에서 감시를 받아야 할 자격을 획득하였기 때문이다. 이런 일은 그의 아내가 도

* 잠언 16장 32절 참조.

맡을 것이고, 또 매사가 잘 되어 나갈 것이다. 왜냐하면 그가 비범한 인간이 되어 보려는 유혹을 받을 때마다 그의 아내가 곧 다시 그들을 타이르게 될 것이고, 그래서 그는 소리 없이 영웅의 칭호를 얻게 될 것이고, 그래서 그의 생활은 반드시 공적을 남기게 될 것이기 때문이다.

그때가 되면 나는 그와 관계를 끊게 될 것이다. 물론 그가 영웅의 길을 계속 달린다 하고, 내가 그에게 끌리고 있듯이 그도 내게 끌리지 않는 한에서 그렇다는 말이다. 그때가 되면 그는 나에게서 한 사람의 벗을 발견하게 될 것이고, 그렇게 되면 우리들의 관계도 역시 무의미한 것이 되지는 않을 것이다. 그때까지는 그대가 그에게서 물러선다고 해도 그는 불평하지 않을 것이다. 만약 그대가 그에게 관심을 보이는 기색이라도 나타내면 그는 오히려 약간의 의아심을 품게 되기가 일쑤일 것이기 때문에 더욱 그럴 것이다. 사정이 이렇게 되는 것을 나로서는 그에게 다행한 일이라고 생각할 뿐만 아니라, 모든 기혼자들을 위해서도 다행한 일이라고 생각한다.

그러나 우리는 아직 그리 많은 진전을 보지는 못하였다. 목표까지는 과히 멀지가 않지만 말이다. 그러니까 얼마 동안은, 요컨대 내가 염려할 필요가 있는 한에 있어서 그대는 아직 희망을 걸 수가 있다. 왜냐하면 우리의 주인공은 다른 대부분의 사람들과 마찬가지의 사람이고, 따라서 그도 역시 어느 정도 비범한 것에 기울 체질을 갖고 있기 때문이다. 뿐만 아니라 그는 또 약간 배은망덕한 소질이 있어서, 이런 시점에서도 윤리적인 인간에게 도움을 청하기에 앞서서 우선 심미주의자들과 더불어 자신의 행복을 추구하려고 할 것이다. 그는 또 자신의 배은

망덕을 그럴 듯하게 꾸미는 방법을 알고 있다. 왜냐하면 그는 “사실 윤리적인 인간은 나를 혼란에서 구해 주었고, 내가 신세를 지고 있는 나의 직업관은 여전히 나를 만족시키고, 그 견해가 갖고 있는 엄숙성은 나를 높이 들어 올려주고 있다. 그러나 나의 사랑에 관해서도 역시 나는 전적으로 나의 자유를 향락하고 싶고, 어디까지나 나의 마음의 충동에 따르고 싶다. 사랑은 그런 엄숙성을 좋아하지 않는다. 사랑은 심미적인 것의 경쾌함과 우아함을 요구한다”고 말하기 때문이다.

그대가 보시다시피 사정은 이렇다. 그러니 아직 나는 좀 더 그 사람 때문에 속을 썩어야 할 것 같다. 그는 어쩐지 이제까지 겪어온 일들을 완전히 이해하고 있지 못하고 있는 것 같다. 그는 여전히 윤리적인 것이 심미적인 것 바깥에 있는 것으로 믿고 있다. 실제로 그 자신도 인생이란 윤리적으로 보아야만 아름다움을 획득한다는 사실을 인정할 수밖에 없는 처지인데도 불구하고 말이다. 좋다. 두고 보기로 하자. 어서 약간 자만심을 불러일으켜 보라. 그러면 나는 내가 원하는 대로 모든 오해로부터 벗어날 수 있다.

그대는 나의 저번 서한*에 대해서 구두로나 글로나 아직 대답하지 않고 있지만, 그대는 아마 그 내용을 기억하고 있을 것이고, 또 내가 거기서 결혼생활이란 윤리적인 수단을 통해서만 사랑의 표현이 될 수가 있다는 것을 제시하려고 모색한 사실을 각별히 기억하고 있을 것이다. 그러니 그대는 아마 내가 그 서한에서 전개한 사상을 굳게 믿고 있다는 사

* 앞서 수록된 「결혼의 심미적 타당성」을 가리킴.

실도 용납해줄 것이다. 그때 나는 그대에게 그 내용을 설득하는 일에 어느 정도 성공하였으므로, 필요하다면 나는 우리의 주인공에게도 그것을 쉽게 설명할 수 있을 것이다. 그는 심미주의자들에게 상의를 하였고, 그가 그들의 곁을 떠났을 때, 그는 그가 무엇을 해야만 하는가에 관해서가 아니라, 오히려 무엇을 해서는 안 되는가에 관해서 훨씬 슬기로워졌던 것이다. 얼마 동안 그는 어떤 유혹자의 교활한 방법을 목격하였다. 그는 그 인간의 건방진 수작에 귀를 기울였지만, 그의 기술을 경멸하게 되었다. 또 그는 그의 정체를 간파하게 되었고, 그가 거짓말쟁이라는 사실을 알게 되었다. 그 유혹자는 그가 사랑을 꾸며댈 때 거짓말쟁이였고, 어쩌면 이전에 그가 다른 여성에게 속하고 있을 때는 진실이었는지도 모를 그런 감정을 일부러 조작해 보일 때는 그 유혹자는 거짓말쟁이였다.

또, 우리의 주인공은 그 유혹자가 이중으로 속임수를 쓰고 있는 사실을 보았다. 즉, 그 유혹자는 그가 진심으로 그렇게 느끼고 있다고 믿게 만들려는 여성도 속였고, 또 그가 제대로 사랑하고 있는 여성도 속이고 있었던 것이다. 또 우리의 주인공은 그 유혹자가 자신의 욕망에는 어떤 아름다운 것이 깃들어 있다고 자기 자신이 믿고 있을 때도, 그는 거짓말쟁이라는 사실을 간파하였다. 우리의 주인공은 사랑을 미소를 금할 수 없는 어린애들의 장난으로 만들려는 간사한 조소를 경멸할 수 있게 되었다.

그는 그대가 좋아하는 스크리브의 연극 「첫사랑」*을 구경한 적이 있

* 『이것이냐 저것이냐 1』의 412페이지 이하 참조.

었다. 그로서는 자신이 이 연극을 심미적으로 평가할 수 있을 만큼 충분한 교양이 있다고 주장할 수는 없지만, 그래도 시인이 샤르르를 8년간이나 그렇게도 타락시켰다는 것은 부당하다는 사실만은 알고 있었다. 그런 일이 실생활에서는 일어날 수도 있다는 것을 그도 인정할 용의가 있지만, 그는 그런 일을 일부러 시인으로부터 배울 필요가 있을까 하고 생각하였다. 그는 랑비유가 에므리느에 대해서 편견을 갖고 있었음에도 랑비유가 첫눈에 그렇게 확신한 것처럼, 이 연극에서 에므리느가 야심적이면서도 동시에 매우 아름다운 처녀로 등장한다는 사실은 모순이라는 사실을 알아차렸다. 그는 또 그런 경우에 샤르르를 8년간이나 타락한 인간으로 만들어버린다는 것은 더욱 부당한 처사라는 사실도 알게 되었다. 그는 이 연극을 희극이 아니라 비극으로 만들어야만 한다고 생각하였다. 그는 시인이 에므리느로 하여금 그렇게까지 경솔하게 오해하게 하고, 그녀를 속인 사실에 대해서 경솔하게 랑비유를 용서하게 하고, 경솔하게 샤르르를 잊어버리게 하고, 그래서 경솔하게 자기 자신의 감정을 조롱하게 하고, 경솔하게 그녀의 미래 전부를 자신의 경솔 위에, 랑비유의 경솔 위에, 샤르르의 경솔 위에 세우게 한다는 것은 부당한 일이라고 생각하였다. 그는 애초의 에므리느는 사실상 감상적이고 야심만만한 처녀라고 생각하지만, 달라진 에므리느, 즉 간사해진 에므리느는 그의 눈에는 오히려 결함투성이인 애초의 에므리느보다도 훨씬 뒤떨어진 인물로 보였다.

그는 사랑을 그런 식으로, 즉 뿌리를 내리는 데는 8년이 걸리고, 뽑아버리는 데는 삼십 분밖에 걸리지 않게 만들어 놓고, 그러면서도 그런 변화를 통하여 아무런 인상도 남기지 않은 장난으로 만들어 버린다는 것은 시인의 무책임한 짓이라고 생각하였다. 하필이면 그런 연극을 보고 웃어대는 사람들이라면 꼭 자기가 존경해야만 할 사람들이 아니라고 생각하고 그는 기뻐했다. 한순간 조소가 그의 피를 얼어붙게 하였으나, 이윽고 다시 감정의 파도가 그의 가슴 속에서 용솟음쳐 오르는 것을 느낀 그는, 이 맥박이 영혼의 생명원리이고, 그것을 억제하는 사람은 죽은 사람이고, 다시 매장될 필요가 없는 사람이라고 확신한다.

얼마동안 그는 일체는 덧없는 것이고, 시간이 모든 것을 바꿔놓고, 세상에는 인간이 자신을 구축할 기반이 없고, 인간은 자신이 전 생애를 계획할 필요가 없다고 그에게 가르쳐 주는 인생에 대한 불신감에 현혹되게 된다. 그의 나태성과 비겁성은 이런 말을 전적으로 받아들일 수 있는 말이라고 생각하게 하였다. 그런 말은 스스럼없이 걸칠 수 있는 옷과 같은 것이었고, 또 사람들의 눈에도 이상하게 비치지 않는 옷이었다. 그러나 그는 이 말을 날카롭게 검토하였다. 그는 그 말 속에서 위선자를, 검소한 옷차림을 하고 다가오는 쾌락주의자를, 양의 옷을 입은 이리*를 보았다. 그래서 그는 그 말을 경멸하게 되었다.

그는 한 여인을 그녀의 본성에 깃들인 분명한 요소 때문이 아니라 불분명한 요소 때문에 사랑하려고 한다는 것, 그것도 그 사랑이 식을 경우를 생각하고, "그때는 그것이 이쪽의 책임일 수 없고, 나로서는 어쩔 수 없다. 감정이란 인간의 힘으로는 좌우할 수 없는 것이다"라고 뇌까

* 마태복음 7장 15절 참조.

릴 심산으로 사랑하려 한다는 것은 모욕이고, 따라서 공평하지 못하다는 사실을 알게 되었다. 그는 영혼 전체로서가 아니라 영혼의 일부로만 사랑하려고 한다는 것, 자신의 사랑은 자신의 사랑의 일부분으로 간주하면서도 상대방의 사랑은 전부 취하려고 하는 것, 또 자신의 사랑을 어느 정도 하나의 수수께끼로, 하나의 비밀로 남겨 두려고 한다는 것은 모욕이고, 따라서 공평치 못하다는 사실을 알게 되었다. 백 개의 팔을 갖고, 그래서 한 번에 많은 사람을 포옹할 수가 있다고 하더라도, 그는 그런 일이란 불공평한 일일 것이라는 것을 알게 되었다.

그는 단 하나의 가슴만을 갖고, 그가 포옹할 수 있을 단 한 사람만을 원한다. 그는 어떤 한 인간과 결합함에 있어서, 마치 유한하고 우연적인 것과 관계를 맺듯이, 만약 후에 어떤 어려운 일이 발생하였을 경우에는 이 결합의 상태를 다시 바꿀 수 있도록 조건부로 결합한다는 것은 모욕이라는 것을 알게 되었다. 그는 그가 사랑하는 여성이 보다 향상된 상태로 되는 식으로가 아니면 변화할 수가 없다고 믿고 있다. 그래서 설혹 잘못되는 일이 일어난다고 해도, 그는 그들의 결합의 힘이 모든 것을 다시 원상복구시켜 주리라고 믿고 있다. 그는 사랑이 요구하는 바는, 성전聖殿의 세겔*과 같은 것이고, 어떤 특별한 화폐로 지불되는 신성한 공과금이고, 온 세계의 부富라 할지라도 만약 그것이 위조된 것이라면 가장 하찮은 빚을 갚을 수단으로서도 용납되지 않는다는 사실을 인식하고 있다.

---

* 출애굽기 30장 13절과 레위기 5장 15절 참조.

보다시피 우리의 영웅은 올바른 길을 걸어가고 있다. 그는 이미 심미주의자들이 지닌 냉혹한 분별력에 대한 신앙도 잃었고, 의무로서 표현되기에는 지나치게 섬세하다고 생각되는 그들의 애매모호한 감정 따위에 대한 신앙도 잃었다. 그는 결혼하는 것은 각자의 의무라고 하는 윤리적인 인간의 의견을 받아들였다. 그는 이 사실을 다음과 같이 올바르게 이해하였다. 즉, 끝내 결혼을 하지 않은 사람을 죄를 범하였다고 하지는 않지만(물론 결혼하지 않는 사실이 그 자신의 탓일 경우에는 예외라고 해도, 그래도 역시 이런 경우에는 실현해야만 하는 과업으로서 그에게 부과된 보편인간적인 것을 침범하는 결과가 된다), 하여간에 결혼을 하는 자는 보편적인 것을 실현한다고 이해하였다. 윤리적인 인간은 그를 그 이상의 경지에까지는 데리고 갈 수가 없다. 왜냐하면 앞서도 언급한 바와 같이 윤리적인 것은 항상 추상적인 것이고, 보편적인 것밖에는 그에게 말해 줄 수 없기 때문이다. 그러므로 이 경우에도 윤리적인 인간은 그가 누구와 결혼을 해야만 하는가에 관해서는 말해줄 수가 없다. 왜냐하면 그러기 위해서는 상대방이 지니고 있는 심미적인 것의 전체에 관해서 낱낱이 알고 있어야만 하지만, 윤리적인 인간은 그렇지가 못하기 때문이다. 가령 그렇다 하더라도 윤리적인 인간은 필경 우리의 영웅을 위하여 선택을 하는 일을 도맡음으로써 자신의 이론을 말살하는 일이 없도록 각별히 조심할 것이다.

그러므로 우리의 영웅이 스스로 선택을 할 경우에는 윤리적인 것은 그 선택을 인가하고, 그의 사랑을 승화시켜 줄 것이다. 그리고 이런 사실은 우연적인 것에 깃들인 미신적인 신앙에서 우리의 주인공을 구출

해줄 것이므로, 그가 선택을 할 경우에도 역시 어느 정도의 도움을 줄 것이다. 왜냐하면 단순한 심미적인 선택은 본래가 한이 없는 선택이기 때문이다. 그리고 윤리적인 것은 무의식적으로 모든 개개의 인간을 돕는다. 그러나 이런 도움은 무의식적인 것이기 때문에, 윤리적인 것의 뒷받침은 마치 삶을 깔보는 듯하고, 삶을 비참한 것으로 보는 듯한 인상을 주지만, 실제는 삶을 높이 보는 일이고, 삶이 지닌 신성神性을 인정하는 일이다.

"그런 탁월한 원리를 지닌 인간이라면 물론 혼자 자신의 길을 걷도록 신임해도 좋고, 또 그에게서 위대한 것을 기대해도 무방하다"고 그대는 말한다. 나 역시 같은 의견이다. 그리고 나로서는 그의 원리가 그대의 조소 때문에 흔들리는 일이 없을 만큼 확고한 것이기를 바란다. 그건 그렇다 치고라도 우리들이 목적한 항구에 무사히 입항하기까지는 아직도 넘어야 할 험준한 암초가 남아있다. 왜냐하면 우리의 주인공은, 그가 존경해 마지않는 판단력과 의견을 가진 어떤 사람이, "결혼을 함으로써 우리는 일생동안 어떤 사람에게 매인 몸이 되기 때문에, 우리는 선택을 함에 있어서 신중을 기해야만 한다. 결혼할 상대방 여성은 우리의 미래 전부를 보장해 줄 수 있는 비범한 여성이어야만 한다"고 말하는 것을 들었기 때문이다. 설마 그대는 더는 잠시라도 우리의 영웅에게 기대를 걸어보지 않겠다고 느끼고 있는 것은 아니겠지? 하여간에 나는 아직도 우리의 영웅에 대해서 약간의 불안감을 갖고 있다.

이 문제를 철저하게 다루어 보기로 하자. 그대는 분명히 동떨어진 한적한 숲속에 어떤 요정이, 어떤 존재가, 즉 처녀가 살고 있다고 믿고 있다.* 그렇다면 좋다. 이 요정, 이 존재, 이 처녀가 그 동떨어진 한적한 곳을 떠나 코펜하겐이나 혹은 카스파 하우저**처럼 뉘른베르크에 나타났다고 하자. 하기야 장소가 문제될 것은 없다. 장소는 아무 곳이든 상관없다. 하여간 그녀가 나타난다. 필경 대단한 구혼소동求婚騷動이 일어날 것이다! 이에 관한 소상한 기술은 그대에게 맡기기로 하겠다. 그대는 어떤 대본서점貸本書店에서도 발견될 수 있는 유명한 소설 『한적한 골짜기에 있는 무덤』을 본따서 「한적한 숲속에 있는 요정, 존재자, 처녀」라는 제목이 붙은 소설을 쓸 수가 있다. 하여간에 그녀는 이미 나타났다. 그리고 우리의 주인공은 행운아가 되었고, 그녀가 그에게 사랑을 바친 것이다. 이 점에 관해서 우리는 서로 의견의 일치를 볼 수 있을까? 나로서는 이의가 없다. 사실 나는 기혼자니까. 반면에 그대는 아마도 그런 평범한 인간이 그대를 제쳐놓고 선택된 사실에 대해서 감정이 좋을 리가 없다. 그러나 그대는 나의 피보호자에게 관심을 갖고 있을 뿐만 아니라, 그의 그녀와의 관계가 그대의 눈에는 주인공감으로 간주될 수 있는 그에게 남겨진 유일한 길이기 때문에, 나는 그대가 동의해 줄 것을 바란다.

각설하고, 우리는 그의 사랑과 그의 결혼이 아름다워졌는가의 여부를 살펴보기로 하자. 그의 사랑과 그의 결혼의 핵심은 그녀가 전 세계에서 그녀와 같은 부류의 처녀로서는 유일한 존재라는 점에 성립되고

---

* 이 책의 545페이지 참조.

** 1828년 5월 26일에 갑자기 뉘른베르크에 나타난 수수께끼의 청년. 그는 그의 출생과 운명이 비밀에 싸여 있었기 때문에 오랫동안 물의를 빚어왔다.

있다. 그러므로 핵심은 그녀가 지닌 차별성에 있는 것이다. 아무도 그와 꼭 같은 행운을 전 세계 안에서도 찾아볼 수가 없다. 바로 이런 점에 그의 행운은 성립되고 있다. 그로서는 그녀와의 결혼을 망설일 수도 있다. 왜냐하면 그런 사랑에다 결혼과 같은 평범하고 통속적인 표현을 부여한다는 것은 그런 사랑을 격하하는 것이 아닐까 하는 생각이 들 수도 있는 일이기 때문이다. 그런 두 애인들이 기혼자들이라는 큰 회사에 들어가야만 하고, 그래서 어떤 의미에서는 그들에 대해서도 다른 모든 부부에 대해서 말할 수 있는 이상의 말을 할 수가 없다는 것은, 즉 그들은 기혼자라고밖에는 말할 수 없다는 것은 염치없는 일이 아닐까? 아마도 그대는 전적으로 그 말이 옳다고 할지도 모르겠다. 그리고 그대가 제기할 수 있는 유일한 이의는, 나의 영웅과 같은 무능한 인간이 그런 처녀를 맞이한다는 것은 공정하지 못하다는 이의일 것이다. 반면에 그가, 예컨대 그대와 같은 비범한 인간이었다고 한다면, 혹은 그 처녀가 비범한 처녀였듯이 그도 역시 비범한 사내였다고 한다면, 그때는 만사가 흠잡을 여지가 없고, 그들의 사랑의 관계는 생각할 수 있는 한에서 가장 완벽한 것이 될 것이다.

우리의 영웅은 난처한 지경에 빠졌다. 그 처녀에 관한 한 그녀는 비범한 처녀라는 단 하나의 의견이 있을 뿐이다. 나 자신은 결혼한 남편으로서 돈나 크라라*와 더불어, "이 경우에는 소문 이상이다. 그녀는 신의 딸이다. 아름다운 뻬레키오사다"라고 말하련다. 일상생활의 평범

* 월프의 서사극 「새침떼기 여인Preciosa」에 등장하는 인물.

한 일에서 눈을 돌려 동화 같은 분위기 속에 젖어 두둥실 떠돌아 본다는 것도 매우 유혹적인 일이다. 그러나 우리의 주인공은 결혼생활 속에 깃들어 있는 아름다움을 이미 깨닫고 있다. 도대체 결혼이란 어떤 일을 하는 것일까? 남편에게서 무엇인가를 빼앗을까? 아내에게서 어떤 아름다움을 앗아가며, 그래서 유일한 차별상을 폐기해 버리는 것일까? 천만에, 절대 그렇지가 않다. 결혼생활은 이런 일련의 일들이란 결혼생활이 그에게 외적인 것으로 있는 한에 있어서는 우연적인 것에 불과하다는 것을 그에게 인식시켜 준다. 그리고 그가 이 차별성에다 보편적인 표현을 부여할 때, 바로 그때야말로 그는 그 차별상을 확실하게 소유하게 된다. 윤리적인 것은 그에게 이 관계가 절대적인 것이라는 사실을 가르쳐 준다. 왜냐하면 이 관계는 평범하면서도 보편적인 것이기 때문이다.

결혼생활은 보편적인 존재로 존재한다는 것의 진정한 기쁨을 그에게 주기 위하여 비범한 존재로 존재한다는 허황된 기쁨을 그에게서 빼앗아 버린다. 결혼생활은 그를 존재 전체와 조화시키고 이 속에서 즐거워하라고 그에게 가르쳐 준다. 왜냐하면 예외적인 존재로서 혹은 비범한 존재로서는 그는 갈등 속에 있기 때문이다. 그리고 이 경우에는 비범한 것의 기초가 되고 있는 것이 그의 행운이기 때문에, 가령 그의 행운에 진실이 있다고 한다면, 그는 자신의 존재를 평범하고 보편적인 것을 위해서는 두통거리로 의식하게 될 것이 틀림이 없다. 그리고 본질적으로 보아서 자기 자신의 행복이 다른 모든 사람들의 행복과 이질적인 방식으로 행복하다는 것은 진실한 의미에 있어서는 불행이라 아니할 수 없을 것이다. 이렇게 되면 그는 우연적인 아름다움을 얻는 대신에 참다운 아름다움을 잃게 된다. 그는 이런 사실을 깨닫게 될 것이고, 그래서 결혼을 한다는 것은 모든 사람 각자의 의무라고 하는 윤리적인 인간의 핵심으로 그는 다시 되돌아갈 것이다. 그리고 그는 자신이 진리뿐만 아니라 아름다움마저도 자신의 것으로 갖고 있음을 알게 될 것이다.

이제는 그가 그 신의 딸을 아내로 맞이했다고 생각해 보자. 이제 그는 그 차별상差別相에 얼이 빠지지는 않을 것이다. 그는 진심으로 그녀의 아름다움과 그녀의 우아함과 그녀의 정신적인 풍요함과 그녀의 감정의 따사로움을 기뻐할 것이다. 그는 진심으로 자기 자신이 행복하다고 생각할 것이지만, 본질적으로는 그는, "나는 다른 기혼자들과 조금도 다르지가 않다. 왜냐하면 이 관계는 절대적인 것이기 때문이다"라고 말할 것이다. 이번에는 그가 재능이 부족한 처녀를 아내로 맞이했다고 생각해 보자. 그는 자신의 행운을 기뻐할 것이다. 왜냐하면 그는, "비록 그녀가 다른 처녀들보다 훨씬 뒤떨어져 있다고 하더라도, 그녀는 본질적으로 나를 꼭 같이 행복하게 해준다. 왜냐하면 이 관계는 절대적인 것이기 때문이다"라고 말할 것이다. 그는 차별성의 중요성을 간과하는 일은 없을 것이다. 왜냐하면 세상에는 추상적인 천직이란 존재하지 않고, 각자는 각자의 천직을 갖고 있다는 사실을 깨달았듯이, 그는 또 세상에는 추상적인 결혼이란 존재하지 않는다는 것도 깨달았을 것이기 때문이다. 윤리는 그에게 그대는 결혼을 해야만 한다고만 말할 뿐이다. 윤리는 누구와 결혼하라는 말은 할 수가 없다. 윤리는 그에게 차별상 속에 있는 보편적인 것을 설명해 주고 그는 보편적인 것 속에서 차별상을 변모시킨다.

그러므로 윤리적인 결혼관은 사랑에 관한 모든 심미적인 해석보다도 월등한 여러 가지 장점을 갖고 있다. 윤리적인 결혼관은 보편적인 것을 밝혀주지는 않는다. 윤리적인 결혼관은 두 사람의 바로 단 한 번뿐인 인생이 그들이 지닌 비범한 재질을 갖고 어떻게 행복해질 수 있는가를 보여주지 않고, 모든 부부가 어떻게 행복해질 수 있는가를 말해준다. 윤리적인 결혼관은 이 관계를 절대적인 것으로 간주하고, 따라서 차별상을 보증으로 파악하지 않고 과업으로 파악한다. 윤리적인 결혼관은 이 관계를 절대적인 것으로 간주하고, 그래서 사랑을 그것이 지닌 아름다움, 즉 그것이 지닌 자유를 기대하고 바라본다. 윤리적인 결혼관은 역사적인* 아름다움을 이해한다.

이렇듯이 우리의 영웅은 자신의 노동으로써 살고 있고, 그의 노동은 동시에 그의 천직이다. 그래서 그는 즐겁게 일을 한다. 그의 일은 그의 천직이라고 하는 사실이 그를 다른 사람들과 결합시킨다. 그리고 자신의 일을 수행함으로써 그는 이 세상에서 그가 성취하려고 원하는 바를 성취한다. 그는 결혼을 하고 자신의 가정에 만족한다. 그리고 그에게는 시간이 쏜살같이 흘러가서, 그로서는 어떻게 시간이라는 것이 인간에게 멍에가 될 수 있는지, 혹은 자신의 행복의 적이 될 수 있는지를 납득하지 못한다. 오히려 반대로 그에게는 시간이 진정한 축복으로 여겨진다. 그는 이런 사실에 대하여 자신이 아내에게 많은 신세를 지고 있다.

* 여기에서의 역사적이란 말은 생활의 역사가 이룩해 놓은 개인의 현 상태를 말한다.

는 사실을 인정한다. 꼭 짚고 넘어가야 할 일을 잊고 있었지만, 숲속에서 온 그 요정에 관해서는 내가 오해를 하고 있었던 것이 사실이다. 그는 행운아가 되지 못했었다. 그는 대부분의 처녀들과 마찬가지인 처녀로 만족할 수밖에 없었고, 또 꼭 같은 의미에서 그는 그 자신이 대부분의 사람들과 마찬가지로 평범한 인간이라는 사실에 만족할 수밖에 없었다. 그러나 그는 이런 일련의 모든 일에 매우 만족하고 있다.

사실 그는 언젠가 나에게, "나는 그 신의 딸을 아내로 맞이하지 않은 것이 얼마나 다행스러운 일이었는지 모르겠습니다. 그랬더라면 아마도 나에게는 과업이 엄청나게 과중하였을 겁니다. 시작도 하기 전에 일체가 그렇게 완전하다면, 손상을 받기가 십상일 것입니다"라고 고백한 적이 있다. 그러나 이제 그는 용기와 확신과 희망에 넘쳐 있다. 그는 완전히 열광적이다. 그는 감격에 넘쳐서, "결국 이 관계는 절대적인 것입니다"라고 말하고 있다. 그는 이 관계가 평범한 처녀를 온갖 위대하고 아름다운 것으로 발전시킬 힘을 갖게 될 것이라고 가장 굳게 믿고 있다. 그의 아내 역시도 겸손하게 꼭 같은 의견을 갖고 있다.

그렇다. 나의 젊은 벗이여. 세상의 일이란 참으로 불가사의하다. 나는 그대가 말한 바 있는 그런 신의 딸이 세상에 존재하고 있으리라고는 거의 믿지 않았다. 그런데 이제 나는 나 자신의 불신이 거의 부끄러워질 지경이다. 왜냐하면 이 평범한 처녀가, 이런 커다란 신앙을 갖고 있는 이 처녀가 곧 신의 딸이기 때문이다. 그녀의 신앙은 황금보다도 혹은 푸른 숲보다도 더 귀중하다. 어떤 면에서 나는 여전히 그런 신의 딸이란 한적한 숲속에서나 찾아볼 수 있다는 나의 낡은 불신 속에 머물러 있다.

나의 주인공은(혹시나 그대는 그가 이런 칭호를 가질 권리가 있다는 것을 부인할 셈인가? 평범한 처녀가 신의 딸로 탈바꿈하는 사실을 감히 믿으려고 하는 용기가 그대에게는 진정한 영웅적인 용기로는 보이지 않는단 말인가?) – 나의 주인공은 시간이 그에게 그렇게도 아름다운 의미를 획득하게 해준 사실에 대해서 그의 아내에게 각별히 감사하고 있다. 그리고 그는 이 사실을 어느 정도까지는 결혼생활에 기인하고 있다고 생각하고 있다. 그리고 이 점에 관한 한 그와 나, 즉 우리 두 기혼자는 완전한 의견의 일치를 보고 있다. 만약 그가 그 숲속의 요정을 손에 넣고도 결혼을 하지 않았다고 한다면, 그들의 사랑은 개개의 아름다운 순간에는 활활 타오르기도 하였을 것이지만, 그렇지 않은 동안은 맥빠진 막간幕間으로 남게 되었을 것이라고 근심하였을 것이다. 그랬더라면 아마도 그들은 마주보는 일이 무척이나 뜻 깊을 수 있는 때라야만 비로소 서로 만나려고 하였을 것이다. 그리고 만약 그들이 몇 차례 기대에 어긋났을 경우에는, 그는 관계 전체가 점차로 무無 속으로 해소되어 갔으리라고 걱정하였다. 반면에 풍요할 때나 가난할 때나 서로 매일처럼 만나게 되는 것이 의무로 되어 있는 겸허한 결혼생활은 전체 관계 위에다 그를 쾌적하게 만들어 주는 평등성平等性과 공평성公平性을 펼쳐 주었다. 산문적인 결혼생활은 비록 겉으로는 보잘것없이 보였지만, 생활을 기회 있을 때마다 성화聖化하였을 뿐만 아니라, 항상 곁에 있으면서 타고난 음악적인 선율로 보잘것없는 시간에까지도 생기를 불어넣어 주는 시인詩人을 숨겨두고 있었다.

이 점에 관한 한, 나는 나의 주인공의 결혼에 관한 의견에 완전히 찬성이다. 여기서 결혼생활은, 비단 독신생활에 대해서 뿐만 아니라, 단지 에로스적인 것에 불과한 모든 결합에 대해서도 그것이 지닌 우월성을 유감없이 보여주고 있다. 후자에 관해서는 나의 새로운 벗이 방금 설명해 주었기 때문에, 나는 전자에 관해서만 몇 마디 간단하게 강조하고자 한다. 인간이란 아무리 두뇌가 명석하다 하더라도, 아무리 부지런하다 하더라도, 아무리 하나의 이념에 열중하고 있다고 하더라도, 결국 다소간에 시간을 주체하지 못하는 순간이 있게 마련이다. 그대는 그렇게도 흔히 이성異性을 비웃고 있지만, 그래도 나는 그대에게 자주 그런 일을 그만두라고 경고해 왔다. 젊은 처녀를 불완전한 존재로 간주하는 것은 그대의 자유지만, 나는 그대에게, "나의 친애하는 현자賢者여, 개미에게로 가서 지혜를 배우시오.* 소녀에게서 시간을 어떻게 보내는가를 배우시오. 왜냐하면 소녀는 이런 일에는 타고난 재간을 갖고 있기 때문이오"라고 말하고 싶다. 처녀들이란 아마도 비록 남자들이 갖고 있는 준엄하고 일관된 노동에 관한 관념은 갖고 있지 못하다고 하더라도, 결코 게으르지 않고, 항상 무엇인가에 몰두하고 있고, 그래서 결코 시간을 주체하지 못하는 일이 없다. 나는 나의 경험을 통해서 이 말을 할 수가 있다.

가끔 내게도 그런 일이 일어나곤 하지만(물론 나는 자신의 아내와 동년배가 되려고 애쓰는 것이 남편의 의무라고 믿고 있으므로, 그런 일이 일어나지 않도록 노력하고 있기 때문에, 지금은 비교적 그런 일이 드물지만), 가끔 내게도 그런 일이 일어

* 잠언 6장 6절 참조.

나서 맥이 쑥 빠져버리는 수가 있다. 나는 나의 일에 열중하고 있고, 또 나는 어떤 기분전환의 방법도 바라고 있지는 않지만, 그래도 나의 기질 속에 깃들어 있는 어떤 우울증적인 무엇인가가 나를 압도하는 수가 있다. 나는 나의 실제의 나이보다도 훨씬 늙었다는 생각이 들고, 나는 나의 가정생활에서 거의 이방인처럼 느껴지곤 한다. 가정생활이 아름답다는 사실은 분명히 알 수가 있지만, 나는 이 가정생활을 여느 때와는 다른 눈으로 바라보게 되고, 자신은 노인이고, 아내는 행복한 결혼을 한 나의 누이동생이고, 지금 나는 그 누이동생 집에 앉아 있다는 생각이 들곤 한다. 그럴 때면 나에게는 시간은 자연히 지루하게 느껴지게 마련이다. 만약 나의 아내가 남자라고 한다면, 아마도 그녀에게도 꼭 같은 일이 일어날 것이다. 그러면 아마도 우리 두 사람은 막다른 골목에 서게 될 것이다. 그러나 그녀는 여자고, 그래서 그녀는 시간과 잘 어울린다. 시간과 맺고 있는 이런 친밀한 관계는 여자의 완전성일까? 아니면 불완전성일까? 그 이유는 여자가 남자보다도 현재적現在的인 존재이기 때문일까? 아니면 여자가 보다 많은 영원성永遠性을 자신의 내부에 간직하고 있기 때문일까? 그대여 대답해 보라. 그대는 철학적인 두뇌의 소유자니까 말이다.

내가 이렇게 멍청히 앉아서 하염없이 아내를 바라보고 있을 때, 아내는 경쾌하고 아름답게 방안을 이리저리 돌아다니며, 언제나 무엇엔가 열중하고 있고, 언제나 무엇인가를 하고 있다. 나의 눈은 부지불식간에 아내의 움직임을 뒤쫓고 있고, 그래서 나는 그녀가 하는 모든 일에 동참하고 있다. 그래서 결과적으로 나는 다시 시간과 화해하게 되고, 나에게는 시간이 다시금 의미를 획득하게 되고, 순간은 다시금 쏜살같이 움직이게 된다. 그녀가 제휴하고 있는 힘은 어떤 것일까? 아무리 기를 쓰고 버둥거려 보아도 나로서는 설명할 수가 없고, 설혹 그것이 나의 생명에 관계된 것이라고 하더라도 그것은 여전히 나에게는 수수께끼로 남아있다. 한밤중까지 일을 한다는 것이, 그리고 의자에서 거의 일어설 수조차 없을 만큼 지쳐버린다는 것이 어떤 것인지 생각한다는 것이, 그리고 어떤 사소한 일까지도 전혀 기억할 수 없으리만큼 속이 완전히 텅 빈다는 것이 어떤 것인지를 나는 알고 있다. 나는 또 나태하게 나날을 보낸다는 것이 어떤 것인지도 알고 있지만, 나의 아내처럼 사물에 열중하고 있는 그 일만은 나에게 여전히 수수께끼로 남아있다. 그녀는 결코 지칠 줄을 모르고, 그러면서도 결코 하는 일 없이 시간을 보내는 법이 없다. 그녀가 일에 몰두하는 모습은 마치 유희를 즐기는 것 같고, 춤을 추는 것 같고, 유희를 즐기는 것이 그녀의 일인 것만 같다. 도대체 그녀는 무엇으로 시간을 메우고 있는 것일까? 물론 그녀가 배워서 익힌 솜씨로 메우고 있는 것이 아니라는 사실과, 또 독신인 남자가 장기로 삼고 있는 바보 같은 시시한 일로 메우고 있는 것이 아니라는 사실쯤은 그대도 잘 이해하고 있을 것이다.

독신으로 지내는 남자들의 얘기가 나왔으니 말이지만, 나는 마음속으로 그대의 청춘 역시 그런 식으로 끝날 것이라는 느낌이 든다. 그러니 그대는 시기를 놓치지 말고 한가한 순간을 메울 수 있도록 준비를 해야만 하고, 피리를 부는 법을 배우거나 혹은 파이프를 소제하는 편리한 도구를 고안하도록 애써야만 할 것이다. 그러나 나는 그런 일에 머리를 쓰고 싶지가 않다. 나는 그런 일에는 곧 싫증을 느낀다. 나는 나의 아내에게로 돌아간다. 나는 아내를 바라보는 일에는 결코 싫증을 느끼지 않는다. 나는 그녀가 제휴하고 있는 힘이 어떤 것인지를 설명할 수가 없다. 그렇지만 그녀는 그런 일련의 모든 일을 우아하고 멋지게, 형언할 수 없을 만큼 경쾌하게 격식을 갖추지 않고 척척 해치운다. 그것은 마치 새가 노래를 우짖을 때와도 같다. 사실 나는 그녀가 일을 해치우는 솜씨는 새들이 일을 하고 있는 솜씨와 가장 흡사하다고 믿고 있다. 그러면서도 그녀의 솜씨는 영락없이 마술처럼 보인다. 그런 점에서 그녀는 나의 절대적인 피난처다. 그래서 나는 서재에 앉아 있다가 지쳐서 시간을 주체할 수 없게 되면, 슬그머니 거실로 숨어들어가서 한쪽 구석에 자리를 잡고 앉는다. 나는 그녀의 일을 방해할까 두려워서 일체 말을 않는다. 왜냐하면 그녀의 일하는 모습은 유희같이 보이지만, 일체가 존경심을 자아내게 하는 위엄과 단정함을 갖추고 있기 때문이다. 그녀는 그대가 말하는 한센 부인과 같은 존재는 결코 아니다. 그녀는 요란스럽게 설치고 돌아다니며 거실 전체에 결혼음악을 퍼뜨리고 다니는 중뿔난 존재와는 거리가 멀다.

그렇다. 나의 친애하는 현자賢者여. 여성이란 나면서부터 얼마나 대단한 솜씨를 타고났는지 거의 믿기가 어려울 정도다. 여성은 이미 많은 철학자들의 이성理性을 골탕먹인 문제를, 즉 시간의 문제를 가장 흥미진진하고, 또 가장 아름다운 방법으로 설명해 주고 있다. 사람들이 많은 철학자들로부터 복잡다단한 이론을 통하여 배우려고 애쓰지만 결국 헛수고에 그치고 마는 문제를, 여성은 간결하게 낱낱의 어떤 순간에도 설명해 주고 있다. 이 문제를 이렇게 설명해 주고 있듯이, 또 여성은 다른 많은 문제들 역시도 최고의 감탄을 자아낼 수 있는 방법으로 설명해 주고 있다. 비록 나는 아직은 그렇게 나이가 많은 남편은 아니지만, 이런 일에 관해서 능히 두툼한 한 권의 책이라도 쓸 수가 있을 것만 같다. 그러나 나는 그럴 생각이 없다. 그 대신 나는 나에게 이제까지 매우 암시적이었던 이야기를 그대에게 피력할까 한다.

네덜란드 어디엔가 학자 한 분이 살고 있었다. 그는 동양학자東洋學者였고, 결혼을 한 사람이었다. 어느 날 그는 점심을 들라는 전갈을 받았지만 식당에 나타나지 않았다. 그의 아내는 차려놓은 음식을 바라보며 지루하게 기다린다. 그녀는 남편이 집안에 있다는 것을 알고 있다. 그래서 기다리는 시간이 길어질수록 그녀로서는 그가 나타나지 않는 이유를 알 수가 없어진다. 이윽고 그녀는 그의 방에 가서 그를 데리고 오려고 결심하였다. 남편은 홀로 서재에 앉아 있고, 곁에는 아무도 없었다. 남편은 동양학에 몰두해 있었다. 나는 그때의 정경을 그려볼 수가 있다. 그녀는 남편에게로 허리를 굽히고 두 팔을 남편의 양어깨에 올려놓고 남편이 보고 있는 책을 들여다보고는 다시 남편을 바라보며, "여보, 왜 식사를 들러 오시지 않으시죠?"하고 말했다. 그 학자는 아마도 아내가 한 말을 귀담아 들을 시간의 여유가 없었을지도 모른다. 그러나 아내를 바라본 순간 아마도, "여보, 식사 따위는 문제가 안 돼요. 여기에 내가 일찍이 보지 못하였던 하나의 모음기호母音記號가 있어요. 나도 이 구절을 인용한 것을 누차 보아왔지만, 이런 일은 없었던 일이오. 그런데 내가 펴내는 이 판版은 네덜란드에서도 유명한 판이란 말이오. 봐요, 여기 점點이 있잖소? 정말 미칠 지경이오!"하고 대답하였다. 나는 그의 아내가 그를 바라보는 광경을 상상할 수가 있다. 그의 아내는 그런 하찮은 일로 가정생활의 질서가 문란해져서는 안 된다고 생각하며, 반은 미소를 머금고, 또 반은 나무라는 눈으로 남편을 바라보았다. 그리고 그녀는, "그게 그렇게 마음에 걸려요? 그것은 숨 한 번 내쉬는 값어치도 못 나가는 일이에요!"하고 대답하였다. 그녀는 그렇게 말하자마자 단행하였다. 그녀는 훅하고 불어버렸다. 그런데 이 어쩐 일인가? 그 모음기호가 온데간데없이 사라지고 만 것이다. 그 기묘한 점은 사실 냄새를 맡는 담배의 부스러기였던 것이다. 그 학자는 기꺼운 마음으로 식탁으로 달려갔다. 그 모음기호가 사라져 버린 것을 기뻐하며, 그보다도 아내가 해준 일을 기뻐하며 말이다.

이 이야기에서 과연 나는 교훈을 끌어낼 필요가 있을까? 만약 이 학자가 결혼을 안 했다고 한다면, 그는 아마도 미쳐버렸을 것이다. 그는 아마도 몇몇 사람의 동양학자를 물귀신처럼 물고 들어왔을 것이다. 왜냐하면 나는 그가 문헌학계文獻學界에 무시무시한 경종을 울렸을 것이라는 사실을 믿어 의심치 않기 때문이다. 내가 우리는 이성異性과 사이좋게 어울려야만 한다고 한 까닭을 그대는 알겠는가? 왜냐하면 우리끼리니까 하는 말이지만, 젊은 처녀란 무엇이든 설명하고 종교법원 따위는 전혀 개의치 않기 때문이다. 만약 우리가 그녀와 사이좋게 어울리면 우리는 그녀가 건네주는 정보를 즐길 수가 있지만, 만약 그렇지 못하면 그녀는 우리를 조롱한다.

이 이야기는 또 우리가 어떤 식으로 그녀와 사이좋게 어울려서 살아가야만 하는가를 가르쳐준다. 만약 이 학자가 결혼을 하지 않았더라면, 또 만약 이 학자가 일체의 요구조건을 마음대로 좌지우지할 수 있는 심미주의자였더라면, 그는 아마도 그 신의 딸이 그에게 속하기를 원했을 행운아가 되었을 것이다. 그는 결혼할 생각을 할 것이고, 그들의 감정은 결혼을 하기에는 지나치게 월등하였을 것이다. 그는 그녀를 위하여 궁궐을 건립하였을 것이고, 그녀의 인생을 한껏 풍요하게 만들어 주기 위해 온갖 세련미洗練味를 아끼지 않았을 것이다. 그는 그녀의 성城으로 그녀를 찾아갔을 것이다. 왜냐하면 그녀가 그러기를 원했을 것이기 때문이다. 그는 온갖 에로틱한 교태를 다하여 그녀에게로 향한 그의 길을 걸어갔을 것이고, 그의 시종은 온갖 값지고 고귀한 선물을 실어 나르는 마차를 타고 그의 뒤를 따랐을 것이다. 그가 동양학 연구에 몰두하고 있었더라면, 그도 역시 그 해괴한 모음기호에 걸려서 애를 먹었을 것이다. 그는 그 기호를 설명하지 못하고 그 기호를 응시하고 있었을 것이다. 그러나 그러는 동안에 그가 자신이 사랑하는 여인을 방문해야 할 순간이 다가왔을 것이다. 그러면 그는 그 골칫거리를 즉석에서 집어치웠을 것이다. 왜냐하면 그가 그녀의 매력이나 자신의 사랑 이외의 것을 생각하며 사랑하는 여인을 찾아간다는 것은 생각조차 할 수 없는 일이기 때문이다. 그는 있는 애교를 다 발휘했을 것이리라. 그는 일찍이 겪어본 적이 없을 만큼 흥분하였을 것이고, 그의 음성에는 많은 정열이 남기고 간 까마득한 메아리가 감돌았을 것이므로, 더할 나위 없이 그녀를 기쁘게 해주었을 것이다. 왜냐하면 그는 낙담에서 갑자기 즐거움을 맛보지 않을 수 없는 처지에 놓였기 때문이다. 그러나 새벽녘이 되어 그가 그녀와 작별하였을 때, 그가 마지막 입맞춤을 그녀와 교환하고 그의 마차 속에 올라앉았을 때, 그의 이마에는 검은 그림자가 드리웠을 것이다. 그는 집에 도착하였다. 그는 서재의 창문을 닫고 초롱불을 켰다. 그는 옷도 갈아입지 않고 책상에 앉아서 그가 설명할 수 없는 그 기호를 응시하였다. 그는 사실 그가 사랑하는, 아니다, 어쩌면 그가 우러러보기까지 하는 처녀를 소유하고 있었지만, 그는 그의 영혼이 풍요하고 강할 때만 그녀를 찾았다. 그러나 그는 점심식사를 하라고 찾아주는 반려, 그 기호를 불어서 날려보내는 그런 아내를 갖지 못했다.

일반적으로 여자는 유일한 것을 설명해 줄 수 있는 타고난 재능과 근원적인 천품과 절대적인 대가의 솜씨를 갖고 있는 법이다. 남자가 창조되었을 때, 그는 전 자연계의 지배자, 즉 주인으로 군림하고 있었다. 웅장하고 빛나는 자연과 유한한 것의 모든 부富는 오로지 그의 신호만을 기다리고 있었다. 그러나 그는 이런 일체를 어떻게 처리해야 할지를 알지 못했다. 그는 그런 일체를 둘러보았다. 그러나 일체는 마치 정신의 일별一瞥로 사라질 것만 같았고, 그는 만약 그가 움직이기만 하면, 한걸음으로 그런 모든 것을 뛰어넘을 것만 같이 느껴졌다. 그래서 그는 당당한 자세로 명상에 잠긴 채, 그러나 동시에 우스꽝스러운 모습으로 땅 위에 서 있었다. 왜냐하면 우리는 아닌 게 아니라 자신의 부를 사용할 줄을 모르는 이 부자를 보고는 미소를 금할 수가 없기 때문이다. 그러나 그는 비극적이기도 하였다. 왜냐하면 그는 그 부를 사용할 수가 없었기 때문이다. 그때 여자가 창조되었다. 여자는 어리둥절하지 않았다. 그녀는 당장에 이 사태를 어떻게 처리해야만 하는지를 알았다. 설치지도 않고, 아무런 준비도 없이 그녀는 곧장 일에 착수하였다. 이것은 인간에게 주어진 최초의 위로였다. 여인은 어린애처럼 조심스럽게 남자에게로 다가왔다. 여인은 오로지 남자에 대한 위안이 되기만을 원했고, 남자의 결핍된 점을 채워 주기만을 원했고(물론 여인은 남자가 무엇을 결핍하고 있는지를 몰랐고, 또 자신이 그것을 공급해 준다는 생각도 없었다), 남자를 위해서 공백을, 남은 시간을 단축해 주기만을 원했다. 그런데 보라. 여인의 겸허한 위로는 삶의 가장 풍요한 기쁨이 되었고, 여인의 순진한 소일거리는 삶의 가장 아름다운 장식이 되었고, 여인의 어린애 같은 유희는 삶의 가장 심오한 의미가 되었다.

여인은 유한성有限性을 파악하고, 여인은 그것을 밑바닥에서부터 이해한다. 그렇기 때문에 여인은 아름답다(본질적으로 볼 때, 모든 여인은 다 아름답다). 그렇기 때문에 여인은 매력적이다(그리고 어떤 남자도 그렇지가 못하다). 그렇기 때문에 여인은 행복하다(어떤 남자도 행복하지 않고 혹은 행복해서는 안 된다). 그렇기 때문에 여인은 현존재와 조화를 이룬다(어떤 남자도 그렇지가 못하고 혹은 그래서도 안 된다). 그렇기 때문에 우리는 여인의 생활은 남자의 생활보다 행복하다고 말할 수 있을 것이다. 왜냐하면 유한성은 아마도 인간을 행복하게 해줄 수가 있을 것이지만, 무한성 그 자체는 결코 그렇지가 못하기 때문이다. 여인은 남자보다 완전하다. 왜냐하면 무엇인가를 설명할 수 있는 자는 설명을 추구하고 있는 자보다 확실히 더 완전하기 때문이다. 여인은 유한성을 설명하고 남자는 무한성을 추구하고 있다. 의당 그래야만 한다. 그리고 양쪽은 각기 자신의 고통을 지니고 있다. 왜냐하면 여인은 고통을 겪으며 자식을 낳지만, 남자는 고통을 겪으며 이념을 잉태하기 때문이다. 여인은 회의의 불안 혹은 절망의 고뇌를 알아서는 안 된다. 여인은 물론 이념을 전혀 모르고 있을 수는 없지만, 그 이념을 이차적인 것으로 갖는다. 그러나 여인은 이렇듯이 유한성을 설명하고 있기 때문에, 여인은 남자의 가장 깊은 생명이지만, 생명의 뿌리가 항상 그런 것처럼 항상 은폐되어 감추어져 있는 생명이다.

이런 까닭으로, 나는 여성해방을 운운하는 모든 주장을 미워한다. 제발 다시는 그런 말이 없었으면 한다. 그런 사상이 얼마나 고통스럽게 나의 마음을 침식하는지 나로서는 그대에게 다 털어놓을 수가 없다. 또 그런 말을 감히 토하는 인간에게 내가 얼마나 증오심을 느끼고 있고, 얼마나 심한 분노를 느끼고 있는지를 나는 그대에게 전할 수가 없다. 그런 지혜를 피력하는 사람들은 뱀처럼 슬기롭지가 못하고, 그런 사람들은 대개가 아무런 해도 끼치지 못하는 무의미한 말을 뇌까리는 바보들이라는 사실이 그래도 나를 위로해 준다. 그렇다. 뱀이 여인에게 이런 망상을 믿게 할 수가 있고, 겉으로 보기에는 먹음직스러운 이 과실로 여인을 유혹할 수가 있다면, 이 전염병이 만연된다고 한다면, 그래서 이 전염병이 또 내가 사랑하는 여인, 나의 아내, 나의 기쁨, 나의 피난처, 나의 생명의 뿌리에 침투된다고 한다면, 그렇게 되면 사실상 나의 용기는 꺾일 것이고, 나의 영혼에 깃들인 자유의 정열은 메말라버리고 말 것이다. 그렇게 되면 나는 내가 어떻게 할 것인지를 잘 알고 있다. 나는 장터에 나가 앉아서 통곡할 것이다. 자신의 작품이 파괴되고, 자신이 그린 그림이 어떤 것이었는지조차도 기억할 수가 없는 예술가처럼 통곡할 것이다.

그러나 그런 일은 일어나지 않을 것이다. 일어나서도 안 되고 일어날 수도 없다. 고약한 악령들이 그런 일을 시도하고 어리석은 인간들이 그런 짓을 하려고 한다면 하게 내버려 두자. 그 어리석은 인간들은 남자로 존재한다는 것이 어떤 것인지, 그 사실이 지닌 위대성과 비천함을 전혀 모르고 있고, 또 여인의 불완전성 속에 깃들인 완전성에 관해서도 전혀 아무것도 모르고 있다. 도대체가 세상에, 여인이 남자의 범주 속에 들어올 때, 여인은 남자보다 더 완전할 수 있다고 믿고, 여인이 잃어버리는 것이 돌이킬 수 없는 것이라는 것을 깨닫지 못할 만큼 단순하고 허영심이 많고 가련한 여인이 단 한 사람이라도 있을 수 있을까? 어떤 비열한 유혹자라 할지라도 여인에 대하여 이 이상으로 위험천만한 이론을 생각해 낼 수는 없을 것이다. 왜냐하면 일단 그가 이런 사실을 믿게 해버리면, 여인은 완전히 그의 수중에 들어가서 그가 하자는 대로 하게 될 것이기 때문이다. 그렇게 되면 여인은 남자에게는 남자의 변덕의 먹이 이외의 아무것도 될 수가 없다. 반면에 여인은 여인으로 있는 한에 있어서 남자에게 일체가 될 수 있다. 그런데도 그런 불쌍한 녀석들은 자신들이 하고 있는 일이 어떤 일인지를 모르고 있다. 그들은 남자로 존재할 수가 없고, 남자로 존재하는 것이 무엇인지를 배우려 하지 않고, 여인을 파괴하려고 하고, 또 그들이 본래 존재하였던 상태인 반半남자로 머무는 조건이나, 여인 역시도 꼭 같은 비참한 조건으로 몰아넣는 일에 일치단결하려고 한다.

나는 이전에 여성해방에 대해서 매우 멋진 풍자를 한 글을 읽은 적이 있다. 저자는 특히 복장服裝에 관해서 소상하게 고찰하고 있었다. 그의 의견에 따르면 남성용 복장이나 여성용 복장이나 꼭 같아야만 한다는 것이었다. 그 지겨움을 상상해 보라! 그 당시 나에게는, 그 저자가 자신의 과업을 충분히 파악하고 있지 못하고 있고, 그가 제시한 반대론은 본질적으로 이념에 어울리지 않고 있는 듯이 생각되었다. 잠시 동안 나는 이런 일이 얼마나 꼴사나운 일인가를 과감히 생각해 보려고 한다. 그렇게 함으로써 본래의 아름다운 모습이 그 진실성을 드러낼 것이라고 믿기 때문이다. 여인의 윤택한 머리채와 풍성한 머리숱보다 더 아름다운 것이 달리 있을까? 그러나 성서는 그것이 여인의 불완전성의 표시라고 말하고,* 이에 대한 여러 가지 이유를 들고 있다. 사실이 그렇지 않은가? 여인이 땅으로 머리를 숙이고, 여인의 화사하게 땋은 머리채가 거의 땅에 닿을 지경이 되었을 때의 여인을 보라. 그것은 마치 그녀가 땅에 확고히 뿌리를 박고 있는 식물의 덩굴과도 같이 보인다. 하늘을 쳐다보며 땅에는 단지 발만 붙이고 있을 뿐인 남자보다도 여자는 불완전한 존재로 서 있는 것이 아닐까? 그러나 이 머리채는 여인의 아름다움이고, 그렇다, 그것은 여인의 힘이다. 왜냐하면 시인도 말하고 있듯이, 여인은 머리채로 남자를 붙들고 머리채로 남자를 사로잡고 남자를 대지에 묶어둔다. 나는 여성해방을 주창하는 그 멍청이들에게, "보라. 여기에 여인은 남자보다 못한 존재로서 그녀의 온갖 불완전성을 간직하고 서 있다. 만약 그대에게 용기가 있다면, 그 소담한 머리숱을 끊

---

* 고린도전서 11장 5절 이하 참조.

어 보라. 그 육중한 쇠사슬을 절단해 보라. 그래서 여인으로 하여금 미친년처럼 여자 죄수처럼 달리게 하여 남자들에게 공포를 자아내게 하라"고 말해주고 싶다.

남자로 하여금 자연의 지배자인 동시에 주인이려는 요구를 단념하게 해보자. 여인에게 그 자리를 양도해 보기로 하자. 여인은 이제 자연의 지배자다. 자연은 여인을 이해하고 여인은 자연을 이해한다. 자연은 여인의 모든 암시에 따른다. 이런 까닭에 여인은 남자에게는 일체다. 왜냐하면 여인은 남자에게 유한성을 선사하기 때문이다. 여인이 없으면 남자는 방황하는 정신이고, 안식을 찾지 못하고 안주할 품이 없는 불행한 피조물이다. 나는 여인을 이런 식으로 보고 흔히 기쁨을 느껴 왔다. 나에게는 여인이란 회중會衆의 상징이다. 정신은 정신이 거처할 회중을 갖지 못할 때 대단한 곤경에 빠진다. 정신이 회중 속에 거처할 때, 그 정신은 회중의 정신이 된다. 그렇기 때문에 앞서도 내가 언급한 대로, 성서는 처녀는 부모를 떠나서 남편과 결합하라고는 말하지 않고(그렇게 말했더라면 여인은 남자에게서 피난처를 찾는 보다 약한 존재라고 생각해야만 했을 것이다), 성서는 그렇게 말하지 않고, "남자는 부모를 떠나 아내와 짝을 지으라"*고 말하고 있다. 왜냐하면 여인이 남자에게 유한성을 주는 한에 있어서, 여인은 남자보다 강하기 때문이다. 그러므로 여인만큼이나 회중의 상像을 아름답게 상징해 주는 존재도 없다. 만약 사람들이 이 문제를 이렇게 본다면, 예배를 아름답게 볼 수 있는 많은 전망이 열

* 창세기 2장 2절 참조.

릴 것이다. 우리나라 교회가 회중(교인) 중에서 교회의 대표자를 내지 않고, 교회의 서기나 교회에서 종을 치는 사찰을 대표자로 내세우고 있는 사실은 참으로 몰지각한 현상이다! 교회는 모름지기 항상 여인에 의해서 대표되어야만 한다.

우리나라의 교회의 예배에서는 회중이 항상 나에게 참으로 건전한 인상을 주지 못하고 있다. 그러나 나의 생애에 있어서의 어떤 한 해만은 일요일마다 나의 이상적인 모습으로 접근한 일이 있었다. 그것은 우리나라의 이 고장에 있는 어떤 교회에서의 일이었다. 교회 자체가 매우 나의 마음에 들었다. 내가 일요일마다 설교를 들은 성직자는 그야말로 존경할만한 인물이었고, 파란만장한 인생의 경험에서 새것과 옛것*을 끌어낼 수 있는 독특한 인물이었다. 설교단에 선 그분은 완전히 그 자리에 어울렸다. 그분은 목사로서나, 용모로서나, 설교자로서나 나의 영혼의 이상이 요구하는 바를 만족시켜 주었다. 이제부터 교회에 가서 그분의 설교를 듣겠거니 하고 생각만 하여도 일요일마다 나는 즐거웠다.

그러나 나의 기쁨을 더하게 해주고, 이 교회에서 거행되는 예배의 인상을 나를 위해 완벽하게 해주는 데 기여한 것은 다른 인물, 즉 마찬가지로 일요일마다 참석하는 늙은 부인이었다. 그 부인은 예배가 시작되기 바로 전에 오는 것이 관례였고 나 역시도 마찬가지였다. 그녀의 인격은 나에게는 회중을 대표하는 상징이었다. 그녀를 생각하면 나는 교회 입구에 서 있는 교회 서기의 고약한 인상을 잊어버리곤 하였다. 그

---

* 마태복음 13장 52절 참조.

녀는 상당히 나이가 들어 보였고, 못 되어도 예순 살은 되어 보였다. 그러나 여전히 아름다웠고, 자태는 고상하였고, 표정은 어떤 겸손한 위엄이 넘쳐 있었고, 얼굴에는 깊고 순수하고 여성적인 덕이 넘치고 있었다. 그녀는 온갖 일을 다 체험한 듯이 보였지만, 그것은 파란만장의 사건들은 아닌 듯싶었고, 나면서부터 삶의 무거운 짐을 지고 태어났지만, 이 세상에 대한 기쁨을 누리는 능력을 획득하여 간직하고 있는 어머니 같이 보였다. 내가 복도 저쪽에서 걸어오는 그녀를 보았을 때, 교회의 사찰이 교회 입구에서 그녀를 맞이하여 머슴처럼 공손하게 그녀를 좌석으로 안내하였을 때, 나는 그녀가 내가 언제나 앉는 의자 곁을 지나갈 것이라는 것을 알았다. 그래서 그녀가 나의 곁을 지나갈 때면, 나는 항상 일어서서 그녀에게 허리를 굽혀서 인사를 하였다. 나에게는 이 인사가 많은 의미를 내포하고 있었다. 그것은 마치 내가 그녀의 기도 속에 나도 포함시켜 주기를 부탁하는 그런 것이었다. 그녀는 자기 자리에 들어서서 교회 사찰에게 다정하게 인사를 하였다. 그녀는 잠시 동안 선 채로 있었다. 이윽고 그녀는 고개를 숙이고 잠시 눈에다 손수건을 대고 기도를 드렸다. 이 존경할 만한 부인의 엄숙성에 비길만한 강하고 즐거운 인상을 자아낼 수 있는 사람은 힘찬 설교자뿐일 것이다.

어쩌면 나 역시도 그녀의 기도 속에 포함되어 있을 것이라는 생각이 가끔 나의 마음속에 떠오르곤 하였다. 왜냐하면 남들을 위해서 기도를 한다는 것은 본질적으로 여인의 속성이기 때문이다. 그녀가 어떤 사회적인 위치를 차지하고 있는 것인지, 또 나이가 얼마나 될 것인지에 관해서는 그대가 원하는 대로 정하고 그녀를 생각해 보라. 기도를 드리고 있는 그녀를 생각해 보라. 그러면 대충 그녀가 남들을 위해서 기도드리고 있다는 것을, 부모를 위해서, 사랑하는 사람을 위해서, 남편을 위해서, 자식들을 위해서, 하여간에 항상 남들을 위해서 기도드리고 있음을 알 수 있을 것이다. 자기 자신을 위해서 기도하는 것은 본질적으로 남자의 속성이다. 남자에게는 그에게 정해진 과업과 정해진 소임이 있다. 그러므로 남자의 체념은 여인의 체념과는 유를 달리한다. 남자는 기도에 있어서도 투쟁적이다. 남자는 자신의 소원의 성취를 단념한다. 남자가 기도 속에서 간구하는 것은 자신의 소원을 단념할 수 있는 힘이다. 그가 무엇인가를 소원하고 있을 때마저도 이런 생각을 항상 간직하고 있다. 여인의 기도는 훨씬 더 실질적이고, 여인의 체념의 성격은 남자의 그것과는 다르다. 여인은 자신의 소원이 성취되기를 기도하고, 자기로서는 그것을 어쩔 수가 없다고 생각하고 체념한다. 그러나 바로 그런 까닭으로 인해서 여인은 또 남자보다도 남들을 위해서 기도할 수 있는 적응력을 훨씬 많이 갖추고 있다. 왜냐하면 남자가 남들을 위해 기도할 경우에는, 본질적으로 남자는 남자가 자신의 소원이 성취되지 않음으로써 야기되는 고통을 참고 기꺼이 그것을 극복할 수 있는 힘을 그에게 주십사 하고 기도하기 때문이다.

그러나 그런 남을 위한 기도는 남을 위한 기도치고는 불완전한 기도다. 물론 기도를 드리는 당사자로서는 진실이고 옳지만 말이다. 이 점에 있어서 남자와 여자는 말하자면 두 개의 줄을 지어 행진하고 있는 셈이다. 우선 여인은 남을 위한 기도를 드리며 다가와서 눈물로써 하느님께 호소한다. 다음에는 남자가 자신의 기도를 드리며 다가와서 여인들의 행진이 공포에 질려 도망치려고 할 때 그들을 제지한다. 남자는 항상 승리를 거두는 별개의 전술을 갖고 있다. 이런 일은 다시금 남자는 무한성을 추구하고 있다는 사실에 기인하고 있다. 여인이 싸움에서 지면, 여인은 남자에게서 기도하는 법을 배워야만 한다. 그러나 여인에게는 남을 위한 기도가 본질적으로 속성처럼 되어 있기 때문에, 이런 경우에 있어서 마저도 남자를 위한 여인의 기도는 남자 자신의 기도와는 유를 달리할 것이다. 그러므로 어떤 의미에서 여인은 남자보다 믿음이 강하다. 왜냐하면 여인은 하느님께서는 모든 일이 가능하다고 믿고 있지만, 남자는 하느님께서도 할 수 없는 일이 있다고 믿고 있기 때문이다. 여인은 자신의 겸손한 소망 속에서 더욱더 열렬해지고, 남자는 그 이상은 물러날 여지가 없는 확고부동한 지점을 발견하기까지는 더욱더 단념한다. 이런 일은 의심하는 것이 본질적으로 남자의 속성이라는 사실에 기인하고 있다. 그리고 그의 모든 지혜는 이런 낙인을 지니게 될 것이다.

그러나 이 교회의 예배가 지닌 아름다움을 내가 누릴 수 있었던 기쁨은 단기간에 지나지 않았다. 일 년 후에 그 목사는 전임하였고, 또 내가 거의 나의 경건한 어머니라고 부를 수조차 있었던 그 존경할 만한 부인 역시도 더는 볼 수가 없었다. 그러나 나는 그 후에도 자주 그 부인을 생각하였다. 후에 내가 결혼을 하였을 때도 그 부인은 자주 내 마음속에 떠오르곤 하였다. 만약 교회가 이런 문제에 유의한다면, 우리들의 예배는 기필코 아름다움과 장엄함을 갖추게 될 것이다. 세례를 받을 때 현재처럼 종을 치는 사찰이 우두커니 서서 푸념을 늘어놓는 대신, 그런 존경할 만한 부인이 곁에 서서 그녀가 아멘이라고 하는 광경을 상상해 보라. 결혼식 때에 그녀가 곁에서 도와주는 정경을 상상해 보라. 아름답지 않겠는가? 그런 부인만큼 남을 위한 기도의 아름다운 인상을 줄 수 있는 사람이 달리 또 있을 수 있을까?

그러나 이 어찌된 일인가? 내가 본래 말하려고 한 것을 잊고, 내가 말하려고 한 상대가 그대인 것을 잊고, 나는 지금 여기에 앉아서 설교를 하고 있다. 이렇게 된 것은 나의 새로운 친구가 그대를 나의 마음속에서 몰아냈기 때문이다. 그대도 보다시피 그와 함께라면 나는 그런 문제에 관해서 기꺼이 더불어 이야기할 수가 있을 것이다. 왜냐하면 우선 그는 남을 비웃는 인간이 아니고, 둘째로 그는 기혼자이기 때문이다. 그리고 결혼생활의 아름다움을 볼 수 있는 자만이 나의 말 속에 깃들인 진리를 인식할 수 있을 것이다.

이제는 우리의 영웅으로 되돌아가기로 하자. 이 영웅이란 칭호는 확실히 그에게 어울린다. 그러나 이제부터는 그에게 그 칭호를 사용하지 않고 나의 마음에 드는 칭호를 사용하여, 내가 나를 그의 친구라고 부르듯이, 나는 진심으로 그를 나의 친구라고 부를 것이다. 그대도 알고 있듯이 인생은 그에게 '친구라고 부를 사치품'을 마련해 주었다. 그대는 아마도 내가 우정과 우정이 지닌 윤리적인 타당성을 묵과하거나, 혹은 오히려 우정이란 전혀 윤리적인 의의를 갖고 있지 못하고 철두철미하게 심미적인 범주에 속하고 있는 것이기 때문에, 내가 우정이라는 문제에 대해 언급하기란 불가능할 것으로 생각하였을 것이다. 그대는 아마도 우정이라는 이 문제에 대해 언급하려고 하는 것에, 그것도 하필이면 바로 이런 곳에서 언급하는 것에 놀랐을 것이다. 왜냐하면 우정이란 사실 청춘의 최초의 꿈이기 때문이다. 바로 청춘의 초기에는 영혼이 하도 부드럽고 로맨틱하여 우정을 찾게 되기 마련이다.

그대는 내가 나의 친구가 신성한 결혼생활에 들어가기 이전에 우정에 관해서 언급했어야 옳았다고 생각할 것이다. 그대의 생각에 대해서 나는 다음과 같이 대답할 수 있을 것이다. 즉, 그가 결혼하기 전에는 그는 우정이라는 관계를 맺을 만큼 어떤 누구에게 강하게 이끌리는 것을 느껴본 적이 전혀 없었다고 대답할 수 있다. 나는 또 우정의 문제를 맨 마지막에 취급하려고 하였기 때문에 이렇게 된 것을 기뻐하고 있고, 애당초 나는 우정에 있어서의 윤리적인 요소는 결혼에서와 같은 정도의 타당성을 가지고 있다고는 믿지 않고, 바로 이런 사실이 우정의 불완전성이라고 믿고 있다는 사실을 첨언하고 싶다. 이런 대답은 나의 친구가 처해 있었던 상황이 비정상적이었다고도 생각될 수 있는 만큼 부적당한 것으로 생각될지도 모른다. 사정이 이러니만큼 나는 이 문제를 좀 더 신중하게 다뤄보기로 하겠다.

그대는 관찰자다. 그러므로 그대는 우정을 맺게 되는 시기가 개인에 따라서 청춘의 초기에 닥쳐올 수도 있고 후에 가서야 나타날 수도 있을 만큼 개개인이 개인차를 보여준다는 나의 관찰이 옳다는 것을 시인할 것이다. 경박한 천성을 가진 인간들은 요령 있게 처신하는 일에 아무런 어려움을 느끼지 않는다. 그들의 자기自己는 애당초부터 유통된 화폐인 것이다. 그래서 당장에 거래가 시작된다. 깊이 있는 천성의 소유자는 자기 자신을 찾는 일이 그리 쉽지가 않다. 그래서 그들은 그들의 자기를 발견할 때까지는 그들이 보답할 수 없는 어떤 우정을 다른 사람이 제공해 주는 것을 바라지 않는다. 그런 천성을 가진 사람들은 대개가 자기 자신에게 몰두하고 있고, 또 그들은 관찰자다. 그러나 관찰자는 친구가 아니다. 그러니 나의 친구의 경우도 그렇다고 한다면 상황은 족히 해명이 될 것이다. 이것은 이상할 것도 없고, 그의 불완전성의 증거도 될 수가 없다.

그나저나 나의 친구는 이제 결혼을 하였다. 그러나 이제는 우정이라는 것이 결혼 후에라야 비로소 나타났다는 것은 약간 비정상적인 일이 아닐까 하는 문제가 야기된다. 왜냐하면 앞선 토론에서 우리는 이미 우정이 나이가 들어서 생겼다고 해서 별로 이상할 것이 없다는 점에 의견의 일치를 보았지만, 우정과 결혼과의 관계에 대해서는 아직도 언급하지 않았기 때문이다. 여기서 우리는 다시 우리의 공통된 관찰을 이용해 보기로 하자. 우리는 이제 이성異性에 대한 남자의 관계도 함께 고려해 보지 않을 수 없다.

이미 어린 나이에 우정관계를 모색하는 사람들에게는 사랑이 발동할 즈음에는 우정이 퇴색하기가 일쑤다. 그들은 우정이란 보다 불완전한 형식이었다는 사실을 알아차리고 이전의 관계를 해소하고, 전심전력을 오로지 결혼에만 집중시킨다. 다른 사람들은 반대되는 경험을 한다. 너무 이른 시절에 사랑의 감미로움을 맛보고 청춘의 도취 속에서 사랑의 기쁨을 향락한 사람들은 어쩌면 이성에 관한 그릇된 인상을 얻기가 일쑤다. 그들은 어쩌면 이성에 대해서 불공평해질 수도 있다. 어쩌면 그들은 그들의 경솔 때문에 값비싼 대가를 지불하고 경험을 사들였을지도 모르고, 어쩌면 오래 지속될 수 없다는 것이 증명된 자신들의 감정을 믿었을지도 모르고, 혹은 꿈처럼 사라져버린 상대방의 감정을 믿었을지도 모른다. 그래서 그들은 사랑을 단념하였다. 사랑이 그들에게는 지나치게 컸고, 또 지나치게 작았다. 왜냐하면 그들은 사랑에 깃들인 변증법적인 난점을 풀 수 있는 능력을 갖추지 못한 상태에서 그런 난점에 부닥쳤기 때문이다. 그래서 그들은 우정을 선택하였다.

이상의 두 가지 형태는 모두가 비정상적인 것으로 간주될 수 있다. 나의 친구는 그 어느 쪽의 경우에도 해당되지 않는다. 그는 사랑을 알게 되기까지는 젊은 혈기로 우정을 맺으려 하지 않았다. 그러나 그는 또 지나치게 일찍이 익지도 않은 사랑의 열매를 맛봄으로써 자기 자신을 손상시키지도 않았다. 그는 자신의 사랑에서 가장 깊고 가장 완전한 만족을 발견하였다. 그러나 그가 이렇게 스스로 절대적으로 안주하고 있었던 바로 그런 까닭에, 이제 그에게는 다른 방식으로 그에게 심오하고 아름다운 의의를 안겨줄 수 있었던 다른 관계의 가능성이 열린 것이다. 왜냐하면 무릇 가진 자에게는 더 주어져서 넉넉하게 될 것이기 때문이다.* 이에 관련하여 그는 흔히 세상에는 열매가 맺은 후에 꽃이 피어, 그래서 꽃과 열매가 동시에 달려 있는 나무들이 있다는 사실을 지적하곤 하였다. 그는 자신의 생애를 그런 나무에 비교하고 있다.

그러나 그는 그의 결혼생활을 통하여, 또 결혼생활과 더불어 한 사람의 친구 내지는 친구들을 갖는 것 속에서 아름다움을 보는 것을 배운

---

* 마태복음 13장 12절, 25장 29절, 누가복음 8장 19절 참조.

바로 그런 까닭에, 우정을 어떻게 고찰해야만 하는가에 관해서, 혹은 우정을 윤리적으로 고찰하지 않을 경우에는 그 의의를 잃게 된다는 것을 한순간일망정 의심하지 않았다. 그가 생애에서 겪은 많은 경험은 심미주의자들에 대한 그의 신앙을 대부분 파괴해 버렸지만, 결혼생활은 그의 마음속에 그나마 약간 남아있던 이 신앙의 흔적을 완전히 뿌리째 뽑아버렸다. 그러므로 그는 심미적인 요술에 의해서 매혹되고 싶다는 어떤 욕구도 느끼지 않고, 윤리적인 인간이 갖고 있는 견해에 묵묵히 따랐다.

만약 나의 친구가 그런 마음을 갖지 않았더라면, 나는 벌써 그를 그대에게로 추방하고 통쾌해 하였을 것이다. 왜냐하면 이 문제에 관한 그대의 발언은 하도 복잡하게 얽혀 있으므로, 그는 아마도 그대의 말을 듣고 완전히 어리둥절해진 것이기 때문이다. 그대는 그대가 다른 문제를 다루듯이 우정의 문제도 다룬다. 그대의 영혼은 윤리적인 집중력을 매우 결여하고 있기 때문에, 사람들은 그대로부터 꼭 같은 문제에 대해서도 정반대되는 설명을 듣기가 일쑤다. 그대는 고도의 기술을 발휘하여 다정함과 매정함은 동일한 것이라는 명제를 거뜬히 증명한다. 그대의 우정관友情觀은 마녀의 글자와도 같다. 그대의 우정관에 적응하려는 자는 미치고 말 것임에 틀림이 없다. 도대체가 그런 우정관을 피력하는 자는 미쳤다고 생각할 수밖에 없다. 그대가 그 문제에 열을 올리고 있을 때, 젊은 사람들에 대한 사랑의 신성神性이나 서로 어울리는 영혼의 만남에 깃들인 아름다움에 관해서 그대가 피력하는 의견을 들으면, 그대의 감상感傷이 결국은 그대의 생명을 앗아가지나 않을까 두려움마저 느끼게 된다. 또 다른 때에는 그대가 세상의 허무함과 공허함을 알 만큼 알고 있는 늙은 실무자가 아닌가 하고 생각될 만큼 그대는 말을 한다.

그대는, "친구란 수수께끼 같은 존재다. 안개처럼 멀리서만 볼 수 있을 뿐이다. 왜냐하면 우리가 불행해졌을 때라야만 비로소 내게도 일찍이 **친구가 있었지** 하는 것을 알게 되기 때문이다"라고 말한다. 우정에 관한 이런 판단의 밑바닥에는 그대가 이전에 한 것과는 다른 요구가 도사리고 있는 것을 쉽게 알 수 있다. 이전에 그대는 지성적인 우정에 관해, 이념에 대한 공통된 열성을 지닌 정신적인 에로스의 아름다움에 관해 말을 하였다. 그런데 지금은 상거래에 바탕을 둔 실제적인 우정에 관해, 또 현세의 생활의 생활고 속에서의 상호협조에 관해 말하고 있다. 이 두 가지의 요구 속에는 진실이 깃들어 있지만, 양자의 요구에 공통되는 일치점을 발견할 수 없을 경우에는 우정이란 무의미한 것이라고 하는 그대의 최종결론에 도달하게 되리라는 것은 의심할 여지가 없다. 그런데 그대는 이 결론을 한편으로는 그대의 개개의 두 명제로부터, 다른 한편으로는 두 명제의 상호모순된 점으로부터 끌어내고 있다.

우정의 절대적인 조건은 인생관의 일치다. 이렇게만 생각하면 우리는 우리의 우정을 애매모호한 감정이나 설명할 수 없는 공감에서 찾을 생각을 하지 않을 것이다. 그러면 결과적으로 우리는 어떤 날에는 친구를 갖고 다음날에는 친구를 갖지 못하는 그런 우스꽝스러운 반전反轉은 경험하지 않을 것이다. 그야 물론 우리는 그 설명할 수 없는 공감이라는 것이 지닌 중요성을 부인할 수는 없을 것이다. 왜냐하면 엄밀한 의미에서 우리는 꼭 같은 인생관을 갖고 있는 사람과는 누구와도 친구가 될 수 있다고는 말할 수 없기 때문이다. 그러나 수수께끼 같은 공감의 요소만으로는 충분하다고 할 수 없다. 진정한 우정은 항상 동기動機의 의식이 필요하고, 그래야만 헛된 열광에서 구제될 수 있다.

친구로 결합되는 인생관은 적극적인 인생관이어야만 한다. 그래야만 나와 나의 친구는 공통된 적극적인 인생관을 갖는다. 그래야만 우리는 서로 마주 보아도, 고대 로마에 있었던 조점사鳥占師들*처럼 웃지 않고도 진지해질 수 있다. 조점사들이 웃는 것은 지극히 당연한 일이었다. 왜냐하면 그들에게 공통된 인생관은 부정적인 인생관이었기 때문이다. 그대는 이 사실을 잘 이해하고 있다. 왜냐하면 그대의 로맨틱한 소원 중의 하나는, '일체의 일을 더불어 웃을 수 있는 혈연을 같이하는 영혼을 찾아내는' 일이기 때문이다. 그래서 그대는, "인생이 얼마나 비참한 것인지를 아무도 거의 모르고 있다는 사실은 무서운 사실이고 거의 공포마저 느끼게 할 인생의 일면이다. 그리고 인생의 비참함을 알고 있는 소수의 사람들 중에서도 상쾌한 기분을 간직하고 모든 일을 웃어 버릴 수 있는 예외자例外者는 매우 드물다"라고 말한다. 웃어 버릴 수 있는 동지를 찾으려는 그대의 이런 욕구가 충족되지 않을 경우에도 그대는 그것을 감수하는 기술을 터득하고 있다. 그대는 그 경우에, "왜냐하면 웃을 수 있는 사람이 하나밖에 없다는 것은 이념과 일치하는 일이기 때문이다. 그런 단 한 사람이야말로 진정한 염세주의자다. 만약 그런 유의 사람이 여럿이 있다고 한다면, 세상은 아직도 완전히 비참하지는

---

* 『이것이냐 저것이냐 1』 232페이지 참조.

않다는 증거가 될 것이다"라고 말한다.

이제 그대의 생각은 최고조에 달하여 멈출 줄을 모른다. 그래서 그대는, "웃는다는 것마저도 세상이 받아 마땅한 조소의 불완전한 표현에 불과하다. 이런 조소가 완벽한 것이 되기 위해서는 조소하는 자가 진심으로 진지해져야만 한다. 이 세상에 대한 가장 완벽한 조소는, 저 가장 심오한 진리를 피력한 사람이 열렬한 신자가 아니고 회의가일 경우일 것이다. 그런 경우도 생각 못할 일은 아니다. 왜냐하면 아무도 긍정적인 진리를 회의가만큼 멋지게 피력할 수는 없지만, 유일한 약점은 그가 그것을 믿지 않는다는 사실이기 때문이다. 그가 위선자라면 그의 조소는 튕겨서 그 자신에게로 되돌아갈 것이다. 그가 자신이 피력하는 바를 어쩌다 믿으려고 하는 회의가라면 그 조소는 완전히 객관적인 것이 될 것이다. 현존재는 그를 통하여 그 자체를 조소하게 될 것이다. 그는 일체를 설명할 수 있는 교리教理를 피력하게 될 것이다. 전 인류는 그 교리를 듣고 완전히 안심하게 될 것이다. 그러나 이 교리는 이 교리의 창시자를 설명할 수는 없을 것이다. 만약 자신이 미쳤다는 사실을 끝내 숨길 수 있을 만큼 간교한 인간이 있다고 한다면, 그는 전 세계를 미치게 만들 수 있을 것이다"라는 의견을 개진한다.

인생에 관해서 이런 견해를 갖고 있는 인간이라면, 그는 이 세상에서 인생관을 같이하는 친구를 찾기란 어려울 것이다. 어쩌면 그대가 가끔 언급하는 그 심파라네크로메노이*라는 비교결사秘教結社에서나 그런 친

* 『이것이냐 저것이냐 1』 275페이지 이하 참조.

구를 찾아낼 수 있을까? 그대들은 어쩌면 그대들의 광기를 끝내 숨길 수 있는 기술을 터득하고 있을 만큼 슬기롭다고 그대들 서로가 인정하고 있는 우인조직友人組織이란 말인가?

옛날 그리스에 어떤 현인이 살고 있었다. 그는 만약 일곱 현인의 수가 열네 명이었다면 그 일곱 현인 속에 들어갔었을 각별한 명예를 누리고 있었다. 만약 나의 기억이 엄청나게 빗나간 것이 아니라면, 그의 이름은 뮤손*이었다. 어떤 고대의 저술가는, 그 현인은 인간을 싫어한 사람이었다고 전하고 있다. 이 저술가는 그의 이야기를 지극히 간결하게, "뮤손에 관해 전해지고 있는 바로는 그는 인간을 싫어했고, 그는 홀로 있을 때 웃었다고 한다. 누군가가 그에게 왜 그러는가 하고 물으면, 그는 '내가 홀로 있으니까' 하고 대답하였다"는 식으로 기술하고 있다.

이렇듯이 그대에게는 선배가 있었다. 비록 일곱 현인의 수가 스물한 명으로 는다고 하더라도, 그대가 일곱 현인의 축에 들어가려는 노력은 허사에 그칠 것이다. 왜냐하면 뮤손이 그대의 길을 가로막고 있기 때문이다. 그렇지만 이런 것은 중요한 문제가 아니다. 그러나 그대는 홀로 있을 때에 웃는 인간은 친구를 가질 수가 없다는 사실과, 그것도 두 가지 이유 때문에, 즉 첫째로는 친구가 곁에 있는 한 그는 웃을 기회를 가질 수가 없기 때문에, 둘째로는 친구 편에서는 그가 자기를 웃을 수 있게 하기 위해서 자기가 떠나가는 것만을 기다리고 있는 것이나 아닐까 하는 것을 걱정하지 않을 수 없다는 사실 때문에 친구를 가질 수가 없

* 『이것이냐 저것이냐 1』 22~23페이지 참조.

다는 사실을 인정하게 될 것이다. 그러니 그대는 악마하고나 친구가 될 수밖에 없다! 나는 이 사실을 글자 그대로 그대가 받아들이기를 권하고 싶은 심정이다. 왜냐하면 악마에 관해서도 역시 악마는 홀로 있을 때 웃는다는 말이 전해져 내려오고 있기 때문이다. 나로서는 그런 고립 속에는 아무런 위안도 없다고 생각된다. 그리고 나로서는 이런 식으로 산 인간이 최후의 심판날에 다른 생명으로 태어나서 다시금 완전히 홀로 되었을 때, 그것이 얼마나 무서운 일일까 하고 생각하지 않을 수 없다.

그러므로 우정은 긍정적인 인생관을 요구한다. 그러나 긍정적인 인생관은 그것 속에 윤리적인 요소가 깃들어 있지 않는 한 생각할 수조차 없는 일이다. 확실히 우리 시대에 있어서는 윤리적인 것이 비집고 들어갈 여지가 없는 체계를 갖고 있는 사람들과 너무 자주 만나게 된다.* 설혹 그들이 체계를 열 번 갖는다 해도, 그들은 인생관을 갖지 못한다. 우리 시대에 있어서는 그런 현상이 제법 잘 설명되고 있다. 왜냐하면 우리 시대가 여러 면에서 거꾸로 되어 있듯이, 우리는 작은 비의秘儀에 들어가기 전에 먼저 커다란 비의에 들어간다는 점에 있어서도 역시 거꾸로 되어 있기 때문이다. 이렇듯이 인생관에 있어서의 윤리적인 요소는 우정으로 향하는 출발점인 것이다. 그리고 우리가 우정을 이런 식으로 간주할 때라야만 비로소 우정은 의무와 아름다움을 획득하게 된다. 만약 우리가 공감적인 것이나 신비스런 것에만 머물러있게 되면, 그때 우정은 한쪽의 죽음은 곧 다른 한쪽의 죽음을 의미할 정도로 굳게 맺어진

---

* 키에르케고어는 이 점에 관해서 헤겔 철학에 대해 줄곧 불만을 품고 있었다.

관계에 있는 이른바 사랑의 앵무새와 같은 사회적인 새들 사이에 존재하는 관계 속에서나 가장 완벽한 표현을 발견할 수 있을 것이다. 이런 관계는 자연 속에서는 아름답지만 정신의 세계에서는 꼴불견이다. 인생관의 일치야말로 우정의 기본적인 요소다. 이런 일치가 있으면 설혹 친구가 죽는다 하더라도 우정은 지속된다. 왜냐하면 변모된 친구는 상대방 속에서 살아남기 때문이다. 일치가 사라지면 비록 친구가 여전히 살아 있다고 하더라도 우정은 가버린다.

만약 우리가 우정을 이런 식으로 간주한다면, 우리는 우정을 윤리적으로 보게 되고, 따라서 우정이 지닌 아름다움을 쫓아서 보게 된다. 이리하여 우정은 의미와 아름다움을 획득하게 된다. 내 쪽에서 그대의 견해에 대한 반론의 근거를 열거해야만 할까? 그렇다면 좋다! 아리스토텔레스는 우정을 어떻게 해석하였던가?* 그는 우정을 그의 모든 윤리적인 인생관의 출발점으로 보았던 것이 아니었던가? 왜냐하면 아리스토텔레스는 우정과 더불어 법의 여러 개념은 하도 확대되어 결국 양자는 하나가 되고 말았다고 말하고 있기 때문이다. 요컨대 그는 법의 개념을 우정이라는 이념에다 놓고 있다. 그러므로 그의 범주는 어떤 의미에서 법을 의무 위에, 즉 추상적이고 범주적인 것 위에다 세워놓고 있는 그대의 견해보다도 더 완전하다. 그는 법을 사회적인 의미 위에 세워놓고 있다. 이런 사실로 미루어 우리는 그가 국가라는 이념을 최고의 이념으로 간주하고 있다는 사실을 쉽게 알 수 있다. 그러나 이런 사실이 또 이

* 『니코마코스 윤리학』 VIII권 9, 11 참조.

번에는 그의 범주의 불완전성의 일면이기도 하다.

각설하고, 나는 윤리적인 것에 관한 아리스토텔레스와 칸트의 해석의 관계는 어떤가 하는 문제를 따져볼 생각은 없다. 내가 아리스토텔레스를 예로 든 것은 현실을 윤리적으로 획득함에 있어서 우정이 우리에게 이바지하는 바가 크다는 것을 아리스토텔레스 역시 잘 알고 있었다는 사실을 그대에게 상기시키고 싶어서였다.

우정을 윤리적으로 보는 사람은 우정을 의무라고 보고 있다. 그러므로 나는 친구를 갖는다는 것은 각자의 의무라고 말할 수 있다. 그러나 나는 오히려 우정에 있어서의 윤리적인 요소와, 앞서의 토론에서 취급된 다른 일체의 것에 깃들인 윤리적인 요소를 통틀어 밝혀 주는, 또 동시에 윤리적인 것과 심미적인 것의 차이를 날카롭게 드러내 보여주는 다른 표현, 즉 공명정대해지는 것이 각자의 의무라고 하는 표현을 사용하고자 한다. 성서는, 각자는 누구나 죽을 수밖에 없고, 그래서 심판의 날이 오면 그때는 모든 것이 드러나게 될 것이라고 가르치고 있다.* 윤리학은 각자가 공명정대하게 되는 것이 인생과 현실의 의미라고 말하고 있다.

그러므로 만약 인간이 공명정대하지 못하면, 드러나게 된다는 것은 하나의 벌이 될 것이다. 반면에 심미주의자는 현실에다 어떤 의의도 부여하려고 하지 않는다. 그는 항상 무엇인가를 숨겨두고 있다. 왜냐하면 제아무리 자주, 또 제아무리 많이 그가 자기 자신을 세상에 바친다 하

* 히브리서 9장 27절, 고린도후서 5장 10절 및 로마서 2장 16절 참조.

더라도, 그는 결코 통째로 바치는 일이 없고, 항상 유보해 두고 있는 것이 무엇인가 남아있기 때문이다. 만약 그가 통째로 자기 자신을 세상에 바친다고 한다면, 그는 자기 자신을 윤리적으로 바치게 될 것이다. 그러나 술래잡기라는 놀이는 항상 자신도 복수를 당하게 마련이다. 물론 술래잡기를 하는 당사자가 자기 자신에게 수수께끼가 됨으로써 그렇게 된다. 모든 신비주의자는 그들이 공명정대해지라는 각자에게 부과된 현실의 요구를 인정하지 않을 때, 다른 사람이 아무도 모르는 어려움과 공포에 부닥치게 되는 것은 이런 까닭이다. 그것은 마치 그들이 전혀 별개의 세계를 발견한 것과도 같고, 그들의 본성이 그 자체 속에서 이중화二重化된 것과도 같다. 현실과 싸우려고 하지 않는 자는 결국 환상과 싸울 수밖에 없다.

이번은 이상으로 끝내련다. 애당초 나의 의도는 결코 의무론義務論을 피력하려는 것이 아니었다. 내가 제시하려고 한 사실은, 윤리적인 것과 심미적인 것이 합쳐지는 영역 안에서 윤리적인 것은 심미적인 것의 아름다움을 빼앗는 것이 결코 아니라, 오히려 윤리적인 것이야말로 비로소 인생에게 아름다움을 부여한다는 것이었다. 윤리적인 것은 인생에게 평화와 확신과 안전을 제공한다. 왜냐하면 그것은 항상, "그대가 찾고 있는 것이 여기에 있다"고 소리쳐 부르고 있기 때문이다. 그것은 영혼을 지치게 할 모든 헛된 열광에서 우리를 구해주고, 영혼에다 건강과 힘을 준다. 윤리적인 것은 우리에게 우연적인 것을 과대평가하지 말라고, 또 행운을 우상화하지 말라고 가르쳐 주고 있다. 그것은 또 우리에게 행운을 기뻐하라고도 가르쳐 준다. 심미주의자들은 이런 일마저도 하지 못한다. 왜냐하면 행운이란 그 자체로서는 단지 끝없는 상대성에 불과하기 때문이다. 윤리적인 것은 우리에게 불행 속에서도 기뻐하라고 가르친다.

내가 이제까지 쓴 것을 별것이 아니라고 생각하든, 발레의 『종교교과서』에 붙어있는 주석으로 간주하든, 그것은 아무래도 상관이 없는 일이지만, 그럼에도 불구하고 나는 내가 한 말을 그대가 존중해줄 것이라고 기대하고 있는 권위를 갖추고 있다. 혹은 어쩌면 그대에게는 내가 부당하게 그런 권위를 강탈하려고 했다든가, 내가 나의 사회적인 지위를 부당하게 이 논술 속에 끌어넣었다든가, 내가 당사자가 아니라 재판관으로 행동하였다든가 하는 식으로 생각하게끔 한 것은 아닐까? 나는 어떤 요구도 기꺼이 포기할 용의가 있다. 애당초 나는 그대와 논쟁을 벌이고 있는 당사자가 아니다. 왜냐하면 심미학이 심미학을 대신하여 변호하도록 그대에게 전권을 위임할 수도 있다는 것을 나도 기꺼이 인정할 용의는 있지만, 나는 나 자신이 전권을 위임받아 윤리학을 변호할 만큼 잘났다고는 도저히 생각할 수가 없기 때문이다. 나는 하나의 증인에 불과하다. 그리고 단지 이런 의미에서만 이 편지는 어떤 권위를 갖고 있다는 것이 나의 의견이다. 왜냐하면 경험한 바를 말하는 자는 항상 권위가 있기 때문이다. 나는 하나의 증인에 불과하다. 그 점에서 나의 증언은 최고의 형식을 갖추고 있다.

나는 예심판사로서 나의 의무를 수행하고 있고, 나는 그런 천직天職을 가진 것을 기뻐하고 있다. 나는 이 천직이 나의 능력과 나의 인격 전체에 어울린다고 믿고 있고, 이 천직이 나의 힘을 요구하고 있다는 것을 알고 있다. 나는 이 천직을 위해서 더욱더 수양을 쌓으려고 애쓰고 있다. 그리고 그렇게 함으로써 나는 동시에 자신이 더욱더 성장하는 것을 느낀다. 나는 아내를 사랑하고, 나의 가정에서 행복하다. 나는 아내의 자장가를 듣는다. 그러면 그것이 나에게는 어떤 노래보다도 아름답게 생각된다. 물론 그렇다고 해서 아내가 가수라고 생각하고 있는 것은 아니다. 나는 어린 자식이 울어대는 소리를 듣지만, 그것이 나의 귀에는 거슬리지 않는다. 나는 그 어린 자식이 성장해서 학교에 진학하는 것을 본다. 나는 기쁘고 신뢰하는 마음으로 그의 장래를 생각하지만, 조금도 초조해지지 않는다. 왜냐하면 내게는 기다려야 할 시간이 아직도 많고, 이런 기다림 자체가 나에게는 기쁨이기 때문이다. 내가 하는 일은 나 자신에게도 의의가 있는 일이지만, 다른 사람들에게도 어느 정도 의의가 있는 일이라고 나는 믿고 있다. 비록 그 의의를 규정할 수가 없고, 또 정확하게 측량할 수는 없다고 하지만 말이다.

나는 다른 사람들의 개인적인 생활이 내게도 의의를 갖고 있는 사실을 기쁘게 여기고, 나의 생활 역시도 내가 나의 전체 인생관으로 공감하고 있는 사람들에게 의의를 갖게 되기를 원하고 희망하고 있다. 나는 나의 조국을 사랑하고, 그래서 나는 나 자신이 다른 어떤 외국 땅에서도 잘 살 수 있으리라는 것을 상상조차 할 수가 없다. 나는 나의 사상을 낳아주는 국어國語를 사랑하고, 나는 내가 이 세상에서 말해야만 하는 것을 이 국어로써 훌륭하게 표현할 수 있다는 사실을 알고 있다. 이렇듯이 나의 생활은 나에게는 의의가 있는 생활이고, 또 그만큼 나는 이 생활에서 기쁨과 만족을 느끼고 있다. 그러나 이런 일련의 일에도 불구하고, 나는 동시에 보다 차원이 높은 삶을 살고 있고, 그리고 가끔 나의 이승에서의 가정생활의 숨결 속에서 이런 고차원적인 생활을 숨 쉬며 빨아들이는 일이 일어날 때면, 나는 나 자신을 축복받은 인간으로 생각하고 예술과 은총이 내 앞에서 융합되고 있다고 생각한다. 그리하여 나는 현존재를 사랑한다. 나는 현존재가 아름답기 때문에, 그리고 그 현존재가 보다 아름답게 되기를 희망하기 때문에 현존재를 사랑한다.

이제 여기에 그대는 증인으로서의 나의 증언을 갖고 있다. 증언을 하는 것이 옳은지 아닌지의 여부를 두고 내가 망설인다면, 그것은 그대를 염려해서다. 왜냐하면 인생이란 그것이 지닌 간결성이 그대로 아름다울 수도 있다는 말이 그대를 해치지나 않을까 싶어 걱정이 앞서기 때문이다. 그러나 그건 그렇다 치더라도 나의 증언을 받아들이라. 그것이 약간의 고통을 그대에게 가져다준다고 해도 그것은 역시 그대에게 즐거움을 줄 것이다. 나의 증언은 불행하게도 그대의 생활에는 결여되어 있는 하나의 특성, 즉 성실성이라는 특색을 갖추고 있다. 그대는 안심하고 그것에 의지할 수 있다.

최근에 나는 여러 차례 아내와 함께 그대에 관해서 이야기를 나누었다. 아내는 사실 그대를 매우 높이 사고 있다. 그러나 이런 말은 새삼스럽게 할 필요가 없다. 왜냐하면 그대는 많은 천부적 재능을 갖고 있어서, 그대가 원할 때면 언제라도 남들을 즐겁게 해줄 수가 있기 때문이다. 그러나 그보다도 그대는 그대가 성공하였는지의 여부를 관찰할 수 있는 눈을 갖고 있다. 그대에 대한 아내의 감정을 나는 전적으로 시인하고 있다. 나는 좀처럼 질투를 하지 않는다. 나의 경우에는 그 이유를 설명하기가 약간 어렵다. 요컨대 내가 지나치게 자부심이 강해서 그런 것이 아니라, 질투를 하기에는 나의 아내가 너무나도 사랑스럽기 때문이다. 나는 두려워하지 않는다. 이 점에 관해서라면, 나는 스크리브라 할지라도 우리들의 산문적인 결혼생활에 절망할 것이라고 단언해도 무방하다. 왜냐하면 제아무리 스크리브라 할지라도 우리의 결혼생활을 시화詩化하기란 불가능할 것으로 나는 믿고 있기 때문이다. 그가 비상한 능력과 힘을 갖고 있다는 사실을 나로서도 부인할 생각은 없지만, 나의 견해에 따른다면 그가 그런 것들을 남용하고 있다고 생각하는 것도 부인할 수가 없다.

도대체가 안전보장이 된 결혼생활의 사랑 따위는 생활을 시적인 것으로 만드는 일에는 아무런 소용도 없다는 사실과, 결혼생활과 병행해서 사소한 연애사건쯤도 기대할 수가 없다면 결혼생활이란 견디기 힘든 것이라는 사실을 젊은 여인들에게 믿게 하려고 그는 온갖 짓을 다하고 있는 것이 아닐까? 도대체가 자기 자신과 자신의 결혼생활을 괘씸한 정사情事로써 더럽혀 놓는다 하더라도, 여인이란 여전히 사랑스러운 존재로 존속할 수 있다는 것을 그는 여인들에게 제시하려고 하고 있는 것이 아닐까? 도대체가 그런 불미스러운 관계라는 것은 일반적으로 우연한 기회에 발각되기가 십상이므로, 자기 자신의 흉측한 짓에다 그 희곡에 등장하는 여주인공으로부터 배운 바를 첨가한다면, 일생동안 멋지게 숨기는 일에 성공하리라고 실생활에서도 기대할 수 있다고 그는 암암리에 모든 여인들에게 암시하고 있는 것이 아닐까? 도대체가 그는 온갖 방법을 다 동원하여 세상의 남편들을 불안 속으로 몰아넣으려고 하고 있는 것이 아닐까? 도대체가 그는 전혀 흠잡을 데가 없는 존경할 만한 부인네들마저도 어떤 비밀스러운 죄를 범하여 더러워졌다고 묘사하고 있는 것이 아닐까? 도대체가 결혼생활의 행복을 지켜주고 있는 최선의 수단이란 것이 얼마나 허황된 것이고, 남편이 아내를 무한대로 신임하고 아내를 더할 나위 없이 믿는다는 것이 얼마나 헛된 일인가 하는 사실을 그는 되풀이해서 보여주려고 하고 있는 것이 아닐까?

그러고 있는 주제에 스크리브는 모든 남편은 단지 굼뜨고 건들건들 졸고 있는 모르모트에 불과하다고 하는 등, 또 남편이란 자신의 아내가 길을 잃게 되는 일에는 책임을 져야할 불완전한 존재라는 따위의 말을 서슴없이 뇌까리며 쾌재를 부르고 있다. 나는 스크리브가 과연 자신의 희곡에서는 아무도 아무것도 배우지 못한다고 생각하고 있을 만큼 겸손한 인간인지를 의심스럽게 생각한다. 왜냐하면 그렇지가 않다면 모든 기혼자란 자신의 처지가 결코 안전하지도 평화롭지도 못하다는 사실과, 그 정도가 아니라 사실 어떤 형사라 할지라도 세상의 남편들이 강요당하고 있는 만큼 불안하고 잠 못 이루는 생활을 하는 형사는 없다는 사실쯤은 당장 알아차릴 수 있다는 것을 스크리브가 알지 못하고 있을 리가 없기 때문이다. 그야 물론 남편이라는 자들이 스크리브가 열거하는 위안에 매달려서 자기 자신도 아내가 하는 식대로 기분전환을 모색하고, 도대체가 결혼이라는 것은 아내가 아닌 여인과 관계를 맺음으로써 순진이라는 탈을 쓴 온갖 지루한 외견을 벗어 버리고, 그래서 그 관계를 더욱더 흥미진진한 것으로 만들기 위해 존재하는 것이라는 결론을 내린다면 이야기는 다르다.

이제 스크리브의 이야기는 그만하기로 하자. 그와 논쟁을 벌이면 내가 당해낼 수가 없다. 그럼에도 불구하고 나는, 보잘것없고 하찮은 인간인 나는, 나의 결혼생활을 통하여 얻은 지식으로써 스크리브와 같은 위대한 시인을 거짓말쟁이라고 몰아붙일 수 있는 것을 가끔은 자랑스럽게 생각한다. 어쩌면 이런 자부심이란 거지의 자부심에 불과한 것인지도 모르고, 또 어쩌면 내가 다행스럽게도 평범한 인간이고 문예에는 문외한이기 때문이지도 모른다.

하여간에 나의 아내는 그대에게 매우 호의적이다. 그런 점에서는 나 역시도 아내의 공감에 동감이다. 나는 아내가 그대를 좋아하는 것이, 그녀가 그대의 약점을 알고 있는 사실에 기인하고 있음을 알기 때문에 더욱 그렇다. 그대에게 결핍되어 있는 것은 어느 정도의 여성다움이라는 사실을 아내는 분명히 알고 있다. 그대는 하도 자부심이 강해서 어느 누구에게도 헌신할 수가 없다. 적어도 아내는 그런 자부심에는 끌리지 않는다. 왜냐하면 그녀는 진정한 위대성의 표식은 자기 자신을 바칠 수 있는 능력이라고 생각하고 있기 때문이다. 아마도 그대는 믿고 싶지 않겠지만, 나는 아내를 그대의 공격으로부터 단단하게 지키고 있다는 사실을 단언할 수 있다. 아내는 그대가 그대의 자부심을 믿고 모든 사람을 추켜올리고 또 물리친다고 믿고 있다. 그래서 나는, 그녀가 그렇게 생각하는 것은 옳지 못한 일인지도 모른다, 그대는 무한한 의미에서 사람들을 물리친다, 그대가 무한한 것을 찾아서 정착을 하지 못하고 불안정 상태에 있는 사실이 그대로 하여금 사람들을 부당하게 대하게 하고 있다는 사실을 그녀에게 설명해 주려고 애쓰고 있다. 이런 일을 그녀는 이해하려고 하지 않을 것이다. 그러나 나는 잘 이해할 수 있다. 하기야 그녀가 이해하려 들지 않는 것도 무리가 아니다. 왜냐하면 인간이 그녀가 그런 것처럼 적은 것으로 만족하고 있을 때는(그녀가 얼마나 적은 것으로 만족하고 있는가에 관해서는 달리 증거를 제시하지 않더라도, 그녀가 나와 같은 인간과 결합한 것을 형언할 수 없으리만큼 행복하게 느끼고 있다는 사실에서, 그대는 쉽게 알 수 있을 것이다) 그대에게 유죄선고를 내리지 않을 수 없을 것이다. 이래서 나의 결혼생활에도 역시 한바탕 언쟁이 벌어진다. 이것도 어느 모로는 그대에게 책임이 있는 일이다. 우리는 그런 일쯤은 무사히 수습할 것이다. 나로서는 다만 그대가 다른 가정에서 또 다른 부부싸움의 불씨가 되지 않았으면 하고 원할 따름이다. 그러나 그대 역시도 나와 나의 아내의 이런 언쟁을 수습하는 일에 약간의 기여는 할 수 있을 것이다. 그렇다고 해서 내가 그대의 비밀에 슬며시 개입하려고 한다고는 생각하지 말아 주었으면 한다.

그러나 나는 그대가 그대의 권리를 잠식당하지 않고도 대답해 줄 수 있다고 믿고 있는 하나의 질문을 그대에게 던지고자 한다. 그러니까 제발 정직하게 그리고 요리조리 말꼬리를 흐리지 말고 대답해 주기 바란다. 그대는 과연 그대가 홀로 있을 때 정말로 웃는가? 그대는 나의 질문이 무슨 뜻인지를 알고 있을 것이다. 나는 그대가 홀로 있을 때 웃는 일이 가끔 혹은 흔히 있느냐고 묻고 있는 것이 아니라, 그대가 그런 외로운 웃음을 짓고 만족을 하고 있는가를 묻고 있는 것이다. 왜냐하면 만약 그대가 만족을 느끼고 있지 못하다면, 나는 승리를 거둔 것이고, 그렇다면 나의 아내에게도 확신시킬 수가 있을 것이기 때문이다.

각설하고, 과연 그대가 홀로 있을 때 진짜로 웃음으로써 시간을 메우고 있는지의 여부를 나로서는 알 길이 없지만, 하여간에 이 문제는 야릇하다기보다는 좀 더 중대한 문제로 생각된다. 왜냐하면 그대의 생활은 내가 판단할 때 있어서, 그대가 고독의 욕구를 느끼게끔 자극을 주는 방향으로 발전하였지, 웃기 위해서 발전된 것이 아니기 때문이다. 대충 살펴보아도 그대의 생활은 보통이 아닌 척도로 설계되어 있음을 알 수 있다. 그대는 결코 큰길을 따라가서는 만족을 얻을 것 같이 보이지가 않고, 그대 자신이 항상 다니는 길을 지날 때라야 만족하는 것으로 보인다.

우리는 젊은이가 얼마간의 모험을 한다고 해도 너그럽게 보아줄 수 있다. 그러나 그것이 정상이고 진짜라고 우길 정도가 되면 문제는 다르다. 그런 식으로 길을 벗어난 인간에게는 "나중을 생각하라"고 외쳐줄 의무가 있고, 또 다음과 같은 사실을 설명해 줄 의무가 있다. 즉, 나중이라는 이 말은 죽음을 의미하는 것이 아니라(왜냐하면 죽음이라는 것마저도 인간에게는 가장 어려운 문제가 아니기 때문이다), 오히려 그것은 삶을 의미하고, 참으로 살기를 시작하는 문제가 되는 순간이 다가온다는 사실과, 따라서 지나치게 자기 자신을 낭비하게 되면 자기 자신을 회복하는 일이 매우 어려운 문제로 등장하여 위험하게 된다는 사실, 그렇다, 황급히 서둘러 해치워야 하기 때문에 결국 아무런 성과도 거두지 못하고, 따라서 비범한 인간이 되기는커녕 상처받은 인간의 표본이 되기가 십상이라는 사실을 설명해줄 의무가 있다.

중세에 있어서는 사람들은 이 문제를 다른 방법으로 처리하였다. 사람들은 삶의 정상적인 발전을 갑자기 중지시키고 수도원으로 들어갔다. 이런 조치의 결점은 물론 수도원에 들어갔다는 사실에 있었던 것이 아니라, 이런 행위와 결부되어 있었던 그릇된 관념에 있었다. 나로서는 인간이 그런 결심을 하는 것을 족히 이해할 수가 있고, 또 사실 매우 아름다운 일이라고 할 정도로 생각할 수조차 있다. 그러나 다른 한편으로 나는 그에게 그렇게 하는 것이 어떤 뜻을 갖는가를 분명히 의식하라고 요구한다. 중세에 있어서는 사람들은 수도원을 선택함으로써 어떤 인간이 비범한 일을 선택하였고, 그 자신이 비범한 인간이 되었다고 생각하였다. 수도원 높은 곳에서 그들은 자랑스럽게 거의 불쌍하다는 듯이 평범한 인간들을 내려다보았다. 그런 헐값으로 비범한 인간이 될 수 있었던 만큼, 사람들이 떼를 지어 수도원에 들어갔다고 해도 이상할 것이 없다! 그러나 신神들은 그런 헐값으로 비범한 것을 팔지는 않는다.

만약 활동적인 생활에서 은퇴한 사람들이 자기 자신들과 남들에 대하여 정직하고 성실하게 살아왔다면, 그들이 만사 제쳐놓고 인간으로 존재한다는 사실을 사랑하였다면, 그들이 인간으로 존재한다는 것 속에 깃들인 모든 아름다움에 감격하였다면, 그들의 마음이 인간성에 대한 참되고 깊은 감정에 생소하지 않았다고 한다면, 그들 역시도 어쩌면 수도원의 고독 속으로 은퇴하였을지도 모른다. 비범한 인간이란 곧 다른 사람들보다 불완전하다는 뜻이라고 한다면 몰라도, 그들은 결코 비범한 인간이 되었다고 하여 어리석게 자만하지는 않았을 것이다. 그들은 불쌍하다는 듯이 평범한 인간들을 내려다보지 않고, 그들이 할 수 없었던 아름답고 위대한 일을 달성하는 일에 평범한 사람들이 성공을 거두었다는 사실에 우울한 기쁨을 느끼며 공감적으로 바라보았을 것이다.

우리 시대에 있어서는 수도원 생활의 값이 상당히 떨어졌다. 그러므로 우리는 어떤 인간이 현존재 전체와, 그리고 보편인간적인 것 전체와 돌연히 관계를 끊는 일을 여간해서 보기가 힘들다. 반면에 만약 우리가 사람들을 좀 더 자세히 알게 되면, 우리는 개개의 개인 속에서 가끔 앞서 말한 수도원의 이론을 생생하게 상기시켜 주는 그릇된 이론을 만나게 된다. 순서를 밟기 위해서 나는 여기서 당장에 비범한 인간이란 어떤 것인가에 관한 나의 의견을 개진하련다. 참으로 비범한 인간은 참으로 평범한 인간이다. 개인이 그의 생활 속에서 보편인간적인 것을 보다 많이 실현할 수 있으면 있을수록, 그는 그만큼 한층 더 비범한 인간이다. 개인이 보편적인 것을 자신의 생활 속에 받아들일 수 있는 능력이 적으면 적을수록 그는 그만큼 불완전한 것이다. 그때 그는 비범한 인간임에는 틀림이 없지만, 그러나 좋은 의미에서 비범한 인간은 아니다.

그러므로 만약 모든 인간에게 부과된 과업, 즉 보편인간적인 것을 개인의 생활 속에서 표현하는 과업을 실현하려고 애쓰는 인간이 여러 난관에 부닥친다면, 또 만약 자신의 생활 속으로 받아들일 수 없는 것이 보편적인 것이라는 사실이 분명해진다면, 그때 그는 어떻게 할 것인가? 이 경우 그 수도원의 이론이나 혹은 그 이론과 흡사한 심미적인 견해가 그의 머리에 떠오르면, 그때는 그는 명랑해지고, 처음 순간부터 오만하게 자신을 예외자로, 비범한 인간으로 느끼고, 그는 그것을 자랑으로 삼을 것이다. 그것은 마치 날개에 하나의 빨간 깃이 달린 나이팅

게일이 다른 나이팅게일에게는 그런 것이 없다는 사실을 두고 기뻐하는 것과 같은 일이다. 반면에 만약 그의 영혼이 보편적인 것에 대한 사랑으로 인해서 승화되었다고 한다면, 또 만약 그가 현세에 있어서의 인간의 생활을 사랑하고 있다고 한다면, 그때는 그는 어떻게 할 것인가?

그러면 그는 앞서 말한 것의 진실 여부와 정도 여하에 대해서 심사숙고하게 된다. 그런 불완전성에 대한 책임이 어떤 인간에게 돌아갈 수도 있고, 또 그의 책임이 아닐 수도 있다. 그러나 그가 보편적인 것을 실현할 수 없다는 사실은 진리라고 할 수 있다. 만약 인간들이 일반적으로 자의식自意識이 강하면 강할수록 더 많은 사람이 이런 결론에 도달할 것이다. 그는 또 나태와 비겁함이 어떤 인간으로 하여금 그런 일을 믿게 만들고 있다는 사실과, 그렇게 되면 그 인간은 보편적인 것을 특정한 것으로 바꾸고, 보편적인 것에 대한 관계에 있어서는 추상적인 가능성만을 간직함으로써 고통을 하찮은 것으로 감소시킬 수 있다는 사실을 알게 될 것이다. 그러나 실상 그런 보편적인 것이란 어디에도 존재하지 않는다. 그러므로 특정한 것 속에서 내가 보편적인 것을 보느냐 아니면 단지 특정한 것만을 보느냐 하는 것은 전적으로 나에게 달렸고, 또 나의 의식의 에너지에 달렸다.

그는 아마도 그런 심사숙고만으로는 충분하지 못하다고 생각할 것이다. 그는 하나의 실험을 강행해 볼 것이다. 그때 그 실험이 그에게 꼭 같은 결과를 가져다준다면, 이 진리가 그에게 강한 낙인을 찍어주게 되리라는 것을 쉽게 깨닫게 될 것이다. 그리고 만약 그가 자기 자신에게 응석을 부릴 생각이라면, 아마도 그는 단념하는 편이 좋을 것이다. 왜냐하면 그렇게 될 경우 그는 이전보다도 더 움츠러들 것이기 때문이다. 그는 어떤 특정한 것도 보편적인 것이 아니라는 사실을 알게 될 것이다. 그러므로 만약 그가 자기 자신을 속이려고 할 생각이 없다면, 그는 특정한 것을 보편적인 것으로 바꾸려고 할 것이다. 그는 특정한 것 속에서 특정한 것 자체로서 내포하고 있는 것 이상의 것을 보게 될 것이다. 그에게는 바로 그런 것이 보편적인 것이다. 그는 특정한 것에다 보편적인 것의 의의를 부여함으로써 특정한 것을 도울 것이다. 만약 그가 그 실험이 실패라는 사실을 알게 되면, 자신에게 상처를 입힌 것은 특정한 것이 아니라 보편적인 것이라고 하는 식으로 모든 것을 조정해 놓았을 것이다. 그는 혼란이 일어나지 않도록, 또 특정한 것에 의해서 상처를 입는 일이 없도록 자기 자신을 지킬 것이다. 왜냐하면 특정한 것이 그에게 입히는 상처는 지나치게 가벼운 것일 것이고, 그는 가벼운 상처마저도 엄청난 것으로 간주할 만큼 자기 자신을 정성껏 사랑할 것이기 때문이다. 그는 상처를 입지 않고 밝혀나갈 셈으로 보편적인 것을 특정한 것으로 대치하려고 원할 만큼 보편적인 것을 진지하게 사랑하게 될 것이다. 그는 특정한 것이 자아내는 무력한 반작용을 웃어넘기지 않도록 조성할 것이며, 비록 특정한 것이 그로 하여금 그럴 생각을 일으키게 한다고 하더라도 사태를 가볍게 보는 일이 없도록 조심할 것이다. 그는 특정한 것이 그 자체 안에서보다도 그의 안에서 더 중요한 벗을 갖게 되는 묘한 오해 때문에 곤경에 빠지는 일이 없을 것이다. 그가 이런 일을 수행하고 나면 그는 침착하게 고통과 대결할 것이다. 비록 그의 생각이 흔들린다고 해도 그는 요지부동일 것이다.

각설하고, 설혹 그가 실현할 수 없는 보편적인 것이 바로 그가 갈망하였던 것이라는 사태가 일어난다고 해도, 또 만약 그가 고결한 인간이라면, 그는 어떤 의미에서는 그런 사실을 기뻐할 것이다. 그럴 때 그는, "나는 가장 불리한 조건 밑에서 싸워왔다. 나는 특정한 것에 대항하여 싸워왔다. 나는 나의 욕망을 적에게 넘겨주었다. 일을 완성하기 위해 나는 특정한 것을 보편적인 것으로 바꾸어 놓았다. 이런 일련의 일들이 나에게 패배를 더욱 가혹한 것으로 만들어 주리라는 것은 너무나도 자명한 일이다. 그러나 이것은 또 나의 의식意識을 강화시켜줄 것이고, 나의 의식에도 에너지와 명석함을 부여해 줄 것이다"라고 말할 것이다.

그리하여 바로 이 지점에서 그는 보편적인 것에서 해방되었다. 이러한 사태가 무엇을 의미하는지를 그는 어떤 순간에도 분명히 새기고 있게 될 것이다. 왜냐하면 패배를 완전하게 만들어서 그것에다가 의의를 부여한 것은 바로 그 사람 자신이기 때문이다.

또 그는 어디에서 얼마만큼 그가 상처를 입었는가를 알고 있고, 특정한 것 그 자체로서는 상처를 입힐 수가 없는 상처를 그는 스스로 자기 자신에게 입혔기 때문이다. 이리하여 세상에는 그로서는 실현할 수 없는 어떤 보편적인 것이 있다는 사실을 확신하였을 것이다. 그러나 그에게는 그런 확신으로 일이 끝나지 않는다. 왜냐하면 그런 확신은 그의 영혼에다 깊은 슬픔을 자아낼 것이기 때문이다. 그는 보편적인 것을 성취할 수 있도록 허용된 다른 사람들의 일을 기뻐할 것이다. 그리고 그는 아마도 그것이 얼마나 아름다운 것인지를 당사자들보다 더 잘 깨달을 것이다. 그러나 그 자신은 슬퍼할 것이다. 그러나 비겁하게 기가 죽어서가 아니라 정정당당하게 깊이 슬퍼할 것이다. 왜냐하면 그는, "그럼에도 불구하고 나는 보편적인 것을 사랑한다. 다른 사람들이 보편적인 것을 실현하였다는 사실을 통하여 보편적인 것을 증언할 수 있는 행운이 주어졌다고 한다면, 좋다, 그러면 나는 나의 슬픔을 통하여 보편적인 것을 증언하련다. 그리고 나의 슬픔이 깊으면 깊을수록 나의 증언은 그만큼 무게를 더할 것이다"라고 말할 것이다. 그리고 이 슬픔은 아름답고, 그 자체가 보편인간적인 것의 표현이고, 그의 안에 자리 잡고 있는 보편인간적인 것의 성장의 운동이고, 그것은 그와 보편인간적인 것과의 화해를 가져다줄 것이다.

그에게는 그가 이겼다는 확신만으로 일이 끝나지 않는다. 왜냐하면 그는 스스로 자신에게 커다란 책임을 부과하였다고 느낄 것이기 때문이다. 그는, "이 지점에서 나는 나 자신을 보편적인 것 바깥에 놓아두었다. 그리고 보편적인 것이 부여해 주는 일체의 지도와 안전보장과 마음의 평정을 나 스스로 박탈하였다. 나는 누구의 공감도 받지 못하고 나 홀로 서 있다. 나는 예외자다"라고 말한다. 그러나 그는 비겁해지지도, 또 낙담하지도 않고, 확신을 갖고 그의 외로운 길을 걸어갈 것이다. 그는 그가 한 일의 정당성을 말해주는 증거를 제시한 것이다. 요컨대 그는 그의 고통을 갖고 있다. 그는 이런 조치를 취한 데 대해서 조금도 꺼림칙하지 않을 것이다. 그는 어떤 순간에나 제시할 수 있는 설명을 소유하고 있다. 어떤 불안도, 어떤 방심도 그의 설명을 혼란에 빠뜨리지는 못할 것이다. 비록 그가 한밤중에 깨어났다고 해도, 그는 즉석에서 모든 일을 소명할 수 있을 것이다. 그는 그에게 부여된 교육이 고된 것이라는 사실을 느낄 것이다. 왜냐하면 보편적인 것은 인간이 그것을 자신 바깥에 갖고 있을 때는 준엄한 주인이기 때문이다.

보편적인 것은 항상 그의 머리 위에 정의의 칼을 겨누고, "어째서 그대는 바깥에서 있으려고 하는가?"라고 말한다. 그가, "그것은 저의 잘못이 아닙니다"라고 말한다 해도, 보편적인 것은 여전히 그 책임을 그에게 돌리고, 그에게 보편적인 것 자체를 요구한다. 그래서 그는 가끔 본래의 자리로 되돌아가서 재삼재사 그 증거를 제출할 것이다. 그러고는 즐거운 마음으로 앞으로 나아갈 것이다. 그는 자신이 싸워서 쟁취한 확신 속에 안주하면, "그럼에도 불구하고 결국 내가 의지하는 것은 공정한 순리가 존재한다는 사실입니다. 이 순리가 충분히 공정한 만큼 자비롭다는 사실을 믿기 때문에, 나는 이 자비를 신뢰합니다. 왜냐하면 내가 옳지 못한 일을 하였기에 내가 받아 마땅한 벌을 받지 않을 수 없다고 한다면 나도 두려울 것이 없겠습니다만, 만약 아무도 벌을 줄 수 없는 식으로 내가 옳지 못한 일을 저지를 수 있다고 한다면 그것은 무서운 일일 것입니다. 또 만약 내 마음이 들떠서 불안과 공포를 느끼며 잠을 깬다면 그것은 그리 두려울 것도 못 될 것입니다만, 아무도 깨워줄 수 없을 만큼 내 마음이 들떠 있다면 그것은 무서운 일입니다"라고 말할 것이다.

하여간에 이런 일련의 투쟁 전부는 나로서는 상상조차 할 수 없는 연옥煉獄의 불이다. 그러므로 사람들은 아예 비범한 인간이 되려는 생각을 말아야 한다. 왜냐하면 비범한 인간이 되려는 것은, 인간이 마음 내키는 대로 쾌락을 제멋대로 충족시키는 일과는 뜻을 달리하는 일이기 때문이다.

반면에 고통을 겪으며 자신이 비범한 인간이라는 사실을 확신한 사람은, 비범한 인간이라는 사실에 대한 슬픔을 통하여 다시금 보편적인 것과 화해를 하게 된다. 그는 어쩌면 언젠가는 그에게 고통을 안겨 주었고 자신의 눈에 자신을 하찮은 존재로 보이게 만든 것이 다시금 자신을 일으켜 세워서, 고귀한 의미에서 비범한 인간이 되게끔 하는 계기라는 사실을 알게 되는 기쁨을 누릴 것이다. 그는 확산된 것 속에서 잃은 것을 어쩌면 농도가 집약된 내면성 속에서 획득할 것이다. 그렇다고 해서 보편적인 것을 평범하게 표현하고 사는 사람이 모두 비범한 인간은 아니다. 왜냐하면 만약 그렇다고 한다면 그것은 일상적인 사소한 일들을 우상화하는 셈이 될 것이기 때문이다. 그런 인간이 참으로 비범한 인간이라고 불리기 위해서는, 우리는 먼저 역시 어떤 집약적인 힘으로써 그가 일을 하느냐 하는 문제를 따져보지 않을 수 없다. 그런데 이제 우리가 앞서 말한 그 사람은 그런 힘을 갖고 있기 때문에, 그는 보편적인 것을 실현할 수 있는 그 지점에 설 것이다. 그래서 그의 슬픔은 다시 사라질 것이고, 조화 속으로 해소될 것이다. 왜냐하면 그는 자신의 개별성의 극한점에 다다랐다는 사실을 깨닫게 될 것이기 때문이다. 물론 그는 모든 인간은 자유와 더불어 발전한다는 것을 알고 있지만, 그는 또 인간이란 무에서 자기 자신을 창조할 수 없다는 사실도 알고 있고, 자기의 구체화 속에서 자기를 자신의 과업으로 갖고 있다는 것도 알고 있다. 그는 어떤 의미에서는 모든 사람이 예외자고, 또 모든 사람이 보편인간적인 존재인 동시에 예외자이기도 하다는 것이 진실이라는 사실을 깨닫고, 다시금 현존재와 화해를 할 것이다.

이제 그대는 비범한 인간이 된다는 것을 내가 어떻게 생각하고 있는지를 알았을 것이다. 나는 현존재와 인간으로 존재하고 있다는 사실을 매우 사랑하고 있기 때문에, 비범한 인간이 되는 길이 평탄하거나 혹은 시련이 뒤따르지 않는다고 하는 따위의 말을 믿을 생각이 추호도 없다. 그러나 설사 어떤 인간이 이렇듯이 고귀한 의미에서 비범한 인간이라고 할지라도, 그는 그럼에도 불구하고 계속 보편적인 것을 전부 자기 속에 받아들이는 것이 여전히 보다 완전할 것이라는 사실을 고백할 것이다.

그러니 이제는 나의 인사를 받아주게. 나의 우정을 용납해주게. 왜냐하면 비록 나는 가장 엄밀한 의미에서 우리들의 관계를 우정이라고는 감히 부르지 못하지만, 그래도 나는 나의 젊은 벗이 언젠가 더 나이가 들어 내가 진정으로 우정이란 말을 사용하게 되기를 바라고 있기 때문이다. 내가 그대를 생각하고 있다는 사실을 믿어주게. 내가 사랑하고 있는 나의 아내(그녀의 생각은 항상 나의 생각 속에 깃들어 있다)가 보내는 인사를 받아주게. 나와 불가분의 관계에 있는 인사를 받아주게. 그러나 또 아내가 보내는 각별한 인사를, 언제나처럼 다정하고 성실한 그녀의 인사를 받아주게.

며칠 전 그대가 우리 집에 왔을 때는, 아마도 그대는 내가 다시 이런 장황한 편지를 준비하고 있다고는 꿈에도 생각지 못했을 것이네. 나는 그대를 알고 있네. 그대는 사람들이 그대의 내적인 역사에 관해서 그대에게 이야기하는 것을 좋아하지 않네. 그래서 나는 편지를 쓰는 쪽을 선택하였고, 앞으로도 그대의 내적인 역사에 관해서는 결코 그대와 이야기 하지 않을 것이네. 그대가 이런 편지를 받는다는 것은 어디까지나 비밀로 해두기로 하세. 행여 이 편지가 나와 나의 가족들에 대한 그대의 관계를 바꿔버리는 작용을 하지 않기를 간절히 바라네. 나는 그대가 원한다면 그대는 그런 일이 일어나지 않도록 할 수 있는 대가의 솜씨를 갖고 있다는 사실을 알고 있네. 그러므로 그대를 위해서나 나를 위해서나 그대가 그렇게 해주기를 부탁하네. 나는 그대의 개인적인 일에 간섭할 생각은 추호도 한 적이 없었고, 비록 우리가 자주 만나기는 하였지만, 나는 멀리서도 그대를 사랑할 수가 있네. 그대의 본성은 하도 단단히 폐쇄되어 있기 때문에, 나로서는 그대에게 말을 한다는 것이 도움이 될 것 같지가 않네. 그렇지만 그래도 나는 나의 편지가 무의미한 것으로 화해 버리지 않기를 희망하네. 그러므로 그대가 폐쇄된 그대의 인격의 메커니즘 속에서만 움직인다면, 나의 호소를 거기에 첨가해 두는 바이니까, 나는 그 호소가 그 운동의 일부가 될 것으로 확신하고 있네.

이렇듯이 우리들이 편지를 주고받은 일은 언제까지나 비밀로 머물러 있을 것이므로, 나는 내가 할 수 있는 온갖 예의를 지킬 것일세. 마치 우리가 서로 멀리 떨어져 있는 것 같이, 나는 그대에게 안녕이라는 인사를 보내네. 물론 나는 종전처럼 나의 집에서 자주 그대를 보게 되기를 바라네.

울티마툼
ULTIMATUM

내가 얼마 전에 그대에게 보낸 두 통의 편지에 관해서는, 아마도 그대 역시 나의 경우처럼 그 내용의 대부분을 잊었으리라고 생각한다. 설혹 그렇더라도, 그대의 경우도 나의 경우와 마찬가지로, 설혹 기분은 변하더라도 그대가 사상과 운동에 관해서 여전히 그대 자신을 개진해 주었으면 하고 나는 바라고 있다. 사상이 옷을 입고 나타나는 표현과 묘사의 형태는 꽃을 닮아서 해마다 같으면서도 또 역시 같지가 않다. 그러나 자세와 운동과 위치는 변함이 없다.

만약 지금 내가 그대에게 편지를 쓴다면, 나는 아마도 다르게 표현할 것이다. 어쩌면 이전의 편지에서도 나는 여기저기에서 웅변조로 표현하는 일에 성공을 거두었을지도 모르는 일이지만, 그런 것은 본래 내가 원하고 있는 바도 아니고, 또 인생에 있어서의 나의 직업이 나에게 요구하고 있는 그런 것도 아니다. 만약 내가 지금 편지를 쓴다면, 나는 좀 더 멋지게 쓸 수가 있을 것이다. 그러나 사실 그럴 수 있는지의 여부는 나로서도 알 수가 없다. 왜냐하면 표현이란 하나의 선물이니까 말이다.

어느 해에나 어느 계절에나
그때를 수놓아 주는 유별난 꽃이 있나니.

반면에 사상은 언제나 존재하고 변함이 없다. 그래서 나는 세월이 흘러감에 따라 운동이란 보다 쉬워지고 보다 자연스러워지기를 바라고, 또 표현의 꽃들이 시들어 버려서 운동이 침묵을 지키고 있을 때라 할지라도 변치 않기를 원한다.

각설하고, 내가 펜을 든 것은 그대에게 새로운 편지를 쓰기 위해서가 아니라, 유틀란트에 있는 목사인 어떤 오래된 나의 친구로부터 내가 받은 한 통의 편지가 나로 하여금 그대를 생생하게 상기시켜 주었기 때문이다. 내가 알고 있는 한에 있어서 그대는 그분과 면식이 없을 것이다. 그와 나와의 우정은 나의 학창시절부터 시작되었다. 우리들 사이에는 오륙 년이라는 연령의 차이가 있었지만, 우리들의 관계는 무척이나 친근하였다. 그는 키는 작았지만 다부진 체격이었고, 명랑하고 쾌활하고 무척이나 낙천적이었다. 그의 영혼은 그 깊이에 있어서 진지하였지만, 그의 표면상의 생활은 매사에 구애받은 일이 없고, 구김살이 없었다. 학문이 그를 사로잡았지만, 우수한 성적으로 시험에 합격한 축은 아니었다. 사실 그는 최종 신학 시험에서도 가可라는 평점밖엔 못 땄다.

그는 약 4년 전에 유틀란트 황야에 있는 어떤 조그마한 교구敎區로 파송되었다. 외면적으로는 그는 엄청난 음성의 소유자였지만, 정신적인 면에서는 독창성을 갖고 있어서, 그것이 내가 친숙하게 사귀고 있던 사람들 속에서 그를 두드러지게 만들었다. 그러니 처음에 그다지 만족감을 느끼지 못하고 자신의 자리가 대수로운 것으로 생각되지 않았다고 해서 이상할 것이 없다. 그러나 이제 그는 만족감을 되찾았다.

최근 그에게서 받은 편지를 읽고 나는 무척이나 기분이 좋았다. 그는, "유틀란트의 황야는 결국 나에게는 좋은 운동장이고 달리 비할 데가 없는 좋은 서재입니다. 토요일이 되면 나는 그리로 나가서 명상에 잠겨 설교를 준비합니다. 그러면 일체가 내 앞에 환히 트입니다. 나는 실제의 모든 청중들을 잊고 하나의 이상적인 교인만을 얻습니다. 완전한 망아忘我의 경지에 도달합니다. 그러므로 내가 설교단에 올라가면, 나는 마치 내가 아직도 그 황야에 서 있는 느낌이 듭니다. 사람의 그림자 하나 보이지 않는 곳, 휘몰아치는 거센 바람 소리를 이겨내기 위해 내가 온갖 힘을 다하여 마음껏 소리칠 수 있는 곳, 바로 그 황야에 있는 느낌이 듭니다"고 말하고 있다.

그러나 이런 말을 하려고 그대에게 편지를 쓰고 있는 것이 아니라, 그가 그 편지에 동봉한 그의 설교의 하나를 그대에게 보내기 위해서다. 나는 그대를 직접 만나서 이것을 그대에게 보여주고 그대의 비평을 도발하기가 싫어서, 이 설교가 조용한 시간에 그대에게 감명을 줄 수 있도록 원고를 그대에게 보내는 것이다.

나의 친구는 아직 이 설교를 하지 않고 있지만, 내년에는 하려고 생각하고 있다. 그는 이 설교를 모든 농민들에게 이해시킬 수 있다고 확신하고 있다. 그렇다고 해서 그대는 이 설교를 깔봐서는 안 된다. 왜냐하면 누구나가 이해할 수 있다는 바로 그 사실 속에 보편적인 것의 아름다움이 깃들어 있기 때문이다. 그는 이 설교 속에서 내가 말한 내용을 그리고 내가 말하고 싶었던 내용을 취급하고 있다. 그는 그것을 내가 할 수 있는 이상으로 멋지게 표현하고 있다. 그러면 이제 이 설교를 받아서 읽어 주기 바란다. 나로서는 이 이상 더 첨가할 말이 없다. 나는 나 자신이 이 설교를 읽고 나 자신을 생각하였고, 다시 읽고 그대를 생각하였다는 말밖에는 할 말이 없다.

우리는 항상 하느님에 대하여 옳지 못하다는 사상 속에 깃들인 교훈

기도

하늘에 계신 아버지시여, 우리들의 마음을 기도와 애원 속에서 당신을 향해서 열 수 있도록, 우리들의 마음이 당신을 즐겁게 해드리지 못할 것이라고 알고 있는 숨은 사상을 품지 않을 수 있도록, 또 우리들의 마음이 참으로 우리들에게 도움이 되는 것을 당신께서 거절할 것이나 아닐까 하고 근심하지 않을 수 있도록, 우리들에게 올바르게 기도할 수 있도록 가르쳐 주옵소서. 그래서 진통을 겪고 있는 생각과 불안한 마음과 두려움에 떨고 있는 가슴이 오로지 거기에서만 찾을 수 있는 안식을 찾을 수 있게 하소서. 그리하여 우리들로 하여금 항상 당신께 감사를 드리며 기뻐할 수 있게 하시고, 또 우리가 당신에게는 항상 옳지 못하다는 것을 기꺼이 고백하게 하여 주옵소서. 아멘.

신약성서 누가복음 19장 41절로부터 시작되는 거룩한 복음은 다음과 같습니다.

예수께서 예루살렘 가까이에 이르러 그 도시를 내려다보시고 눈물을 흘리시며 한탄하셨다.

"오늘 네가 평화의 길을 알았더라면 얼마나 좋았을까! 그러나 너는 그 길을 보지 못하는구나. 이제 네 원수들이 돌아가며 진을 쳐서 너를 에워싸고 사방에서 쳐들어와 너를 쳐부수고 너의 성안에 사는 백성을 모조리 짓밟아 버릴 것이다. 그리고 네 성안에 있는 돌은 어느 하나 제자리에 얹혀 있지 못할 것이다. 너는 하느님께서 구원하러 오실 때를 알지 못하였기 때문이다."

예수께서 성전 뜰 안으로 들어가 상인들을 몰아내시며, "성서에 내 집은 기도하는 집이다 라고 기록되어 있지 않느냐? 그런데 너희는 성전을 강도들의 소굴로 만들었다"고 나무라셨다.

예수께서는 날마다 성전에서 가르치셨는데 대제사장과 율법학자들과 백성의 지도자들은 예수를 잡아 죽일 궁리를 하고 있었다. 그러나 백성들이 모두 예수의 말씀을 듣느라고 그 곁을 떠나지 않았기 때문에 어찌할 도리가 없었다.

성령께서 환상과 꿈속에서 예언자들에게 계시한 사실, 예언자들이 경종을 울리며 세대를 이어가며 소리 높여 외쳐서 알린 사실, 즉 선택받은 백성이 추방되고 자랑스러운 예루살렘의 가공할 멸망이 점점 다가오고 있었습니다. 그리스도께서 예루살렘으로 올라가십니다. 그분은 미래를 알리는 예언자가 아니십니다. 그분의 말씀은 불안과 동요를 불러일으키지 않습니다. 왜냐하면 그분이 직접 자신의 눈앞에서 보고 있는 것은 아직도 숨겨져 있는 일들이기 때문입니다. 그분은 예언하지 않습니다. 예언할 시간은 이미 지나갔기 때문입니다. 그분은 예루살렘을 위해 우십니다. 그렇지만 예루살렘이란 도성은 여전히 화려하게 서 있었고, 성전 역시도 이 세상의 어떤 건축물보다도 높이 솟아 있었습니다.

그리스도께서는, "오늘 네가 네게 유익한 것이 무언지를 알고 있다면!"이라고 말씀하십니다. 그러나 또 계속해서, "지금은 그것들이 너희 눈에 가려져 있다"고 덧붙이십니다. 하느님의 영원한 배려配慮 속에는 예루살렘의 멸망은 이미 결정되어 있고, 주민들의 눈에는 구원이 숨겨진 채로 있습니다.

그렇다면 그때 거기서 살고 있던 세대는 그 세대가 그들의 생명을 이

어받은 앞선 세대보다 더 사악하였던 것일까요? 백성 전체가 부패해 있었던 것일까요? 예루살렘에는 의로운 사람이라곤 한 사람도 없었던 것일까요?* 구원에서 제외된 그들 모든 사람들 중에는 단 한 사람의 경건한 사람도 없었던 것일까요? 그런 사람이 있었다 하더라도, 과연 적이 예루살렘을 에워싸고 사방에서 압박해 들어오는 불안과 재난의 그 시간에, 그를 위해 문이 하나도 열리지 않았을까요? 모든 문이 채 닫히기 전에 천사가 내려와서 그를 구하지 않았을까요? 그를 위해서 기적은 일어나지 않았을까요?

아닙니다. 예루살렘의 멸망은 이미 결정되어 있었습니다. 포위된 도성은 불안에 떨며 빠져나갈 길을 모색하였지만 허사였습니다. 적의 군대는 강한 힘으로 도성을 쥐어짰고, 그래서 아무도 빠져나가질 못했습니다. 하늘의 문은 닫힌 채로 열려지지가 않았고, 도성 위에서 칼을 휘두르고 있는 죽음의 천사 이외에는 어떤 천사도 파견되지 않았습니다.

백성들이 지은 죄의 대가를 바로 그 세대가 받아야만 하는 것입니다. 그 세대가 지은 죄의 대가를 그 세대에 살고 있는 모든 개개인이 받아야만 하는 것입니다. 그렇다면 의로운 자가 의롭지 못한 자와 더불어 고통을 받아야만 한다는 말일까요? 선조들이 지은 죄를 삼대와 사대의 후손들에게 뒤집어씌우고, 다시 말해서 선조들은 벌하지 않고 자손들을 벌하는 것이 하느님의 질투**일까요? 우리는 무엇이라고 대답해야 할

* 창세기 18장 23절 이하 참조.

** 출애굽기 20장 5절 참조.

것일까요?

우리는, “그날로부터 거의 이천 년이란 세월이 지났다. 그런 무서운 일을 우리는 결코 이전에도 보지 못했고, 앞으로도 다시는 보지 못할 것이다. 우리는 우리가 평화롭고 안전하게 살고 있고, 그날의 불안한 고함소리가 이제는 희미하게만 들려오는 것을 하느님께 감사한다. 우리는 우리의 나날과 우리의 자손들의 나날이 생존의 폭풍우에 휩쓸리지 않고 조용히 지나가기를 바라고 또 믿고 싶다! 우리는 그런 일을 돌이켜 생각해볼 만큼 억센 힘이 있다고는 느끼지 않는다. 그러나 우리는 우리가 그러한 시련에 부닥치지 않고 있음을 하느님께 감사하고 싶다”고 말해야만 할 것입니까?

그런 말 이상으로 소심하고 위로가 될 수 없는 말을 상상할 수가 있을까요? 그런 일이란 세상에서 단 한 번밖에는 일어나지 않았다고 말한다고 해서 불가사의한 것이 설명이 되었다고 할 수 있겠습니까? 오히려 그런 일이 일어났다고 하는 사실이야말로 불가사의한 일이 아닐까요? 그리고 그것이 일어났다고 하는 사실이야말로 일체를 가장 자명한 것 같이 보이는 일들마저도 불가사의한 것으로 만드는 힘을 갖고 있다는 것이 실상이 아닐까요?

인간의 운명이 여느 때와는 본질적으로 판이한 것으로 변하였다는 사실이 이 세상에서 한 번 일어난 이상, 과연 그런 일이 되풀이되지 않으리라는 보장이 있을까요? 그런 이상한 일이란 진실이 아니고, 평상시에 일어나는 일이란 진실한 일이 아니라는 보장이 어디에 있을까요? 혹은 가장 자주 일어난다고 하는 것이 진실하다는 것의 증거가 될까요? 그리고 옛날의 시대가 증언하고 있는 일이란 사실상 자주 일어나는 것이 아닐까요? 대규모로 일어난 일들이란 역시 소규모로 체험되고 있다고 하는 것을 우리 모두가 여러 모로 경험한 바가 아닐까요?

그리스도께서는, "너희들은 빌라도가 학살한 갈릴리 사람들이 다른 모든 갈릴리 사람들보다 더 죄가 많아서 그런 변을 당한 줄로 아느냐? 또 실로암의 탑이 무너질 때 깔려 죽은 열여덟 사람은 예루살렘에 사는 모든 다른 사람들보다 더 죄가 많은 사람인 줄 아느냐?"하고 말씀하셨습니다. 그러므로 그 갈릴리 사람들은 다른 사람들보다 더 죄가 많았던 것이 아니고, 또 그 열여덟 사람들도 예루살렘에 살고 있었던 사람들보다 더 죄가 많았던 것이 아닙니다. 그렇지만 죄 없는 사람이 죄 있는 사람과 꼭 같은 운명의 분깃을 나누었습니다. 그대는 아마도 그것은 섭리의 분배分配였지 벌이 아니었다고 말할 것입니다.

그러나 예루살렘의 멸망은 벌이었고, 이 벌은 죄가 있는 자에게나 죄가 없는 자에게나 꼭 같이 엄하게 떨어졌습니다. 그래서 그대는 이런 일을 곰곰이 생각하여 그대 자신을 불안에 몰아넣고 싶지 않을 것입니다. 왜냐하면 어떤 인간이 재앙과 고난을 당할 수도 있다는 사실과 이런 일이 비와 마찬가지로 의로운 자에게나 악한 자에게나 꼭 같이 떨어질 수 있다*는 사실을, 이런 사실을 그대는 이해할 수 있지만, 그것이 벌이라고는 생각하지 않고 있습니다. 그렇지만 성서에는 그렇게 기록되어 있습니다.

---

* 마태복음 5장 45절 참조.

그렇다면 의로운 자의 운명과 마찬가지로 하느님을 두려워하는 일은 이 현재의 생활에는 아무런 약속도 되지 않는 것일까요? 그렇다면 한때 그대에게 용기와 신뢰를 주었던 모든 감격적인 사상은 단지 하나의 환상이고, 또 어린애나 믿고 젊은이가 아직도 기대를 걸어보는, 그러나 약간이나마 나이가 든 사람에게는 축복이 아니라 단지 비웃음과 분노의 대상에 불과한 요술쟁이의 속임수일까요?

이런 사상은 그대에게 충격을 줄 것입니다. 그렇지만 이 사상이 그대를 미혹하는 힘을 가질 수도 없고, 또 가져서도 안 됩니다. 이 사상이 여러분의 영혼을 흐리게 할 수 있어서도 안 됩니다. 그대는 의로움을 사랑하려고 하고, 그대는 조만간 의로움을 실천하려고 하고 있습니다. 비록 보답을 못하는 일이 있더라도, 그대는 여전히 그것을 실천하려고 하고 있습니다. 그대는 의로움이란 결국 충족되어야만 한다고 하는 선행조건이 따른다고 느끼고 있습니다. 그대는 무기력하게 주저앉아 있기를 원하지 않고, 또 의로움은 약속을 지켰지만, 그대가 그 의로움을 실천하지 않았기 때문에 그대는 스스로 그 약속을 몰수당하였다는 결론을 내리기를 원치 않고 있습니다.

그대는 인간과 싸우기를 원치 않고 있고, 하느님과 싸울* 생각이고, 하느님께서 그대에게 축복을 베풀어주지 않는 한 하느님을 놓아주지 않으려고 합니다. 그렇지만 성서에는 '너는 하느님과 다투지 말라'**고

---

* 창세기 32장 28절 참조.

** 욥기 40장 2절 참조.

기록되어 있습니다. 그대는 이런 일을 하고 있는 것이 아닙니까? 그렇다면 이 말은 다시금 아무런 위로도 되지 않는 말일까요? 과연 성서는 인간을 천시하고 인간을 망치기 위해서 인간에게 주어진 것일까요?

절대로 그렇지가 않습니다! '너는 하느님과 다투지 말라' 고 하신 말씀은, 그대는 하느님 앞에서 자신의 옳음을 증명하려고 하지 말라는 뜻입니다. 하느님 앞에서 그대가 옳다는 것을 주장할 수 있는 길은 단 하나밖에 없습니다. 그것은 그대가 하느님 앞에서는 옳지 못하다는 것을 배움으로써만 가능합니다. 그렇습니다. 이것이야말로 그대 자신이 원해야만 하는 일입니다. 그러므로 그대가 하느님에 대하여 다투는 일이 금지되어 있다는 사실, 이 사실은 곧 그대가 고상한 존재라는 증거이고, 결코 하느님에게 아무런 가치도 없는 존재라는 뜻이 아닙니다. 참새는 땅에 떨어집니다. 어떤 점에서 참새는 하느님 앞에서 옳다고 할 수 있습니다. 백합은 시듭니다. 어떤 점에서 백합은 하느님 앞에서 옳다고 할 수 있습니다. 오로지 인간만이 하느님 앞에서 옳지가 않습니다. 왜냐하면 오로지 인간에게만 모든 생물에게 거부되어 있는 사실, 즉 하느님 앞에서는 옳지 못하다고 하는 사실이 유보되어 있기 때문입니다.

나는 말을 달리해야만 할 것일까요? 나는 하나의 지혜를, 즉 하느님에게나 인간에게나 부정을 범함이 없이 모든 일을 설명할 수 있는 지혜를 그대에게 상기시켜야만 할까요? 이 지혜는, "인간은 연약한 피조물이다. 인간에게 불가능한 일을 요구한다는 것은 하느님으로서는 경우에 어긋나는 일이다. 인간은 그가 할 수 있는 일을 한다. 인간이 어쩌다 잠시 동안 게으름을 피운다고 해도, 하느님께서는 우리가 연약하고 불완전한 인간들이라는 사실을 결코 잊으시지는 않을 것이다"라고 말하고 있습니다. 나는 어느 쪽을 더 찬양해야만 할까요? 그 간교한 지혜가 토로하고 있는 신성神性의 고상한 개념을 환영해야만 할까요? 아니면 인간의 마음에 대한 깊은 통찰과 자기 자신을 살펴보고, 인간은 그가 할 수 있는 것을 한다고 하는 쾌적한 결론을 내리는 따져 보는 의식意識을 찬양해야만 할까요? 나의 말에 귀를 기울이는 자여, 자신이 얼마만큼의 일을 할 수 있는지를 결정하는 일이 그대에게는 그렇게도 쉬운 일일까요?

그대는 일찍이 거의 절망적으로 그대의 전력을 다하고 있으면서도, 그대가 그 이상의 일을 할 수 있도록 간절히 간구하는 그런 위기의 상황에 처해본 일은 없습니까? 그리고 어쩌면 그때 어떤 다른 사람이 그대는 아마 그 이상의 일을 못할 것이라고 의심하며, 의아한 표정이지만 그래도 간구하는 눈초리로 그대를 지켜보고 있지 않았을까요? 혹은 그대는 일찍이 자기 자신에 관해서 불행했던 일이 없었습니까? 즉, 어떤 사악한 죄도 또 어떤 가증스러운 이기주의도 자기 자신 속에 스며들 수가 있고, 그것이 생소한 힘으로서 그대를 지배할 수가 있으리라는 불안에 휩쓸려 본 적이 없습니까? 그대는 일찍이 그런 불안을 겪은 일이 없습니까?

만약 그대가 그런 불안을 겪은 일이 없다고 한다면, 그대는 지금 여기에 그에게 던져진 질문에 대답할 수가 없을 것이므로, 대답을 하기 위해 입을 열지 않아도 됩니다. 그러나 만약 그대가 그런 불안을 겪어

보았다고 한다면, 나의 말에 귀를 기울이고 있는 그대여, 나는 그대에게 묻습니다. 그대는 인간이란 그가 할 수 있는 일을 한다고 하는 그 말에서 마음의 평정을 찾을 수가 있습니까? 혹시나 그대는 일찍이 타인에 대해서 불안을 느껴본 일이 있습니까? 그대가 평소에 신뢰와 기대 속에서 바라보고 있었던 사람들이 인생 속에서 뒤뚱거리는 것을 본 적은 없습니까?

그대는 혹시, "만약 이런 사람들마저도 위대한 일을 성취할 수 없다고 한다면, 인생이란 헛된 고생과 수고 이외에 무엇이란 말인가? 신앙이란 우리가 살아갈 수 없는 무한성 속으로 우리를 끌고 가는 올가미 이외에 무엇이란 말인가? 그러니 그런 일체의 주장일랑 잊어버리고 포기해 버리는 것이 훨씬 상책이다"라고 그대에게 낮은 음성으로 속삭이는 말을 들어본 적이 없습니까? 그대는 그런 음성을 들은 적이 없습니까?

만약 그대가 그런 음성을 들어본 적이 없다면, 그대는 지금 여기에서 그대에게 던져진 질문에 대답할 수가 없으므로 그대는 대답을 하기 위해 입을 열지 않아도 좋습니다. 그러나 그런 음성을 들은 적이 있다면, 나의 말에 귀를 기울이고 있는 그대여, 나는 그대에게 묻습니다. 인간은 인간이 할 수 있는 일을 한다고 하는 말이 과연 그대에게 위로가 되었습니까? 인간이 얼마만큼의 일을 할 수 있는지 그대 자신이 몰랐다고 하는 사실과, 어떤 순간에는 무한히 많이 할 수 있는 것 같이 생각되었고, 다른 어떤 순간에는 매우 적은 것 같이 생각되었다는 사실이야말로 바로 그대를 불안하게 한 이유가 아니었습니까? 그대의 불안이 그렇듯이 고통스러웠던 것은, 그대의 영혼에 그대의 의식을 샅샅이 침투시키지 못하여, 그대가 진지하게 행동하기를 원하면 원할수록, 또 그대가 진심으로 그러기를 원하면 원할수록, 그럴수록 더욱더 그대가 빠져 들어가 있는 표리부동한 상태, 즉 그대가 할 수 있었던 일을 그대가 하지 않았던 것이나 아닐까 하는 의심과, 그대는 그대가 할 수 있었던 일을 하였지만 아무도 그대를 도우러 오지 않았던 것이나 아닐까 하는 표리부동한 상태가 심했기 때문이 아니었습니까?

그러므로 모든 진지한 회의懷疑와 모든 진지한 오뇌懊惱는, 인간은 자신이 할 수 있는 일을 한다는 말로써는 안심이 되지 않습니다. 만약 인간이란 때로는 옳고, 때로는 옳지 않고, 어느 정도까지만 옳고, 어느 정도까지는 옳지 않다고 한다면, 인간을 제외하고 과연 누가 이것을 결정해야만 할 것입니까? 설혹 인간이 결정한다고 해도, 그것을 결정함에 있어서 인간은 어느 정도까지는 옳고, 또 어느 정도까지는 옳지 않은 것이 아닐까요? 혹시 인간이란 자신의 행위를 판단할 때는 행동을 하였을 때와는 다른 인간이란 말일까요? 그렇다면 계속해서 항상 새로운 어려움이 발견되므로 회의가 판을 칠 수밖에 없고, 오뇌가 불안한 영혼을 따라 동행할 수밖에 없고, 그래서 오뇌는 불안한 영혼에다 그것이 겪은 경험을 새길 수밖에 없을까요? 혹시 우리는 이성이 없는 피조물이 옳다고 하는 의미에서 항상 옳다고 하는 쪽을 택할 수가 있을까요?

그렇다면 우리는 하느님 앞에서는 아무것도 아니라는 무無를 택하든가, 아니면 매순간 되풀이해서 시작은 영원한 고문, 즉 시작조차 할 수 없다고 하는 고문 중의 어느 하나를 선택해야만 합니다. 왜냐하면 현재의 순간에 있어서 우리가 옳은지 아닌지를 명확하게 결정할 수 있기 위해서는, 이 문제는 앞선 순간에 비추어 보아서 명확하게 결정되어야만 하고, 이런 일을 계속 과거로 거슬러 올라가며 따져야 할 것이기 때문입니다.

회의가 다시금 꿈틀거리기 시작하였고, 오뇌가 다시금 고개를 들기 시작합니다. 그렇다면 우리는 다음과 같은 명제를 명상하며, 이런 것들을 진정시켜 보기로 합시다.

우리는 항상 하느님에 대하여 옳지 못하다는 사상 속에 깃들인 교훈

옳지 않다는 것 – 이것 이상으로 고통스러운 감정을 생각할 수 있을까요? 인간이란 그들이 옳지 못하다고 하는 사실을 시인하기보다는 오히려 어떤 고통이라도 받으려고 하는 것이 아닐까요? 물론 우리는, 우리 자신의 경우에 있어서나 다른 사람들의 경우에 있어서나, 이런 완고한 자부심을 용납하지 않습니다. 우리는 우리가 실제로 옳지 않을 경우에는 그런 사실을 시인하는 것이 슬기롭고 더 좋은 일이라고 생각하고, 그래서 우리는 이렇게 시인하는 데 수반하는 고통의 치유治癒를 증명해 주는 쓴 약이라고 말합니다. 그러나 우리는 옳지 못하다는 것이 고통이고, 그것을 시인하는 것이 고통이라는 사실을 숨기려고 하지 않습니다.

그러므로 우리가 이 고통은 우리에게 유익하다는 것을 알기 때문에, 우리는 그 고통을 찾습니다. 우리는 언젠가는 우리가 그것에 힘차게 저항하는 일에 성공할 수 있다고, 그리고 어쩌면 우리는 우리가 참으로

옳지 않은 일은 거의 없을 그날까지 그 저항력을 끌고 갈 수 있을 것이라고 확실히 믿고 기대하고 있습니다.

이런 생각은 누구에게나 자연스럽고 누구에게나 자명한 일입니다. 그러므로 옳지 못하다는 바로 그 생각에는 어떤 교화적敎化的인 것이 내포되어 있습니다. 왜냐하면 우리가 그 사실을 시인할 경우에는, 우리는 옳지 못하다는 일이 점점 더 드물게 일어날 것이라는 기대 속에서 우리 자신을 확립할 수 있을 것이기 때문입니다. 그러나 우리는 그런 일이 점점 더 드물게 일어날 것이라는 생각을 통하여 회의를 가라앉히려고 한 것이 아니라, 오히려 우리는 항상 옳지 못하다는 사실을 명상함으로써 회의를 가라앉히려고 하였습니다.

그러나 세월이 흐름에 따라서 더는 옳지 못한 일이 없을 것이라는 희망을, 그 첫 번째의 생각이 교화적인 것이라고 한다면, 어떻게 우리는 또 그와 반대되는 사고방식, 즉 우리는 과거에 관해서처럼 미래에 관해서도 우리는 항상 옳지 못하다고 우리에게 가르쳐주는 그 사고방식을 교화적인 것이라고 할 수 있을까요?

그대의 생활은 그대에게 다른 사람들과의 다양한 관계를 가져다줍니다. 그들 중의 몇몇 사람들은 의로움과 옳음을 사랑하지만, 반면에 몇몇 다른 사람들은 그런 일을 실천하기를 원하고 있는 것처럼 보이질 않습니다. 그들은 그대에게 옳지 못한 일을 행합니다. 그대의 영혼은 그들이 그대에게 입히는 괴로움에 대하여 무감각하지 않습니다. 그러나 그대는 그대 자신을 살피고 그대 자신을 음미합니다. 그대는 그대가 옳다는 것을 확신합니다. 그래서 그대는 그런 확신 속에서 편안히, 그리고 철두철미하게 안주합니다. 그들이 제아무리 나를 해친다고 해도, 나는 옳고 또 나는 악에 시달리고 있다는 의식이 나에게 주는 평화를 그들은 나에게서 빼앗을 수가 없다고 그대는 말합니다. 이런 반성 속에는 확실히 우리 모두가 맛본 일이 있는 만족과 기쁨이 있습니다.

그리고 그대가 계속해서 악에 시달리고 있을 경우에는, 그대는 그대가 옳다는 사상에 의해서 교화되고 있는 것입니다. 그런 생각은 지극히 자연스럽고, 잘 납득이 가고, 인생에 있어서 그 효능이 현저하다는 사실이 매우 자주 확인되어 왔습니다. 그럼에도 불구하고 우리는 그런 것으로써 회의를 가라앉히고 오뇌를 누그러뜨리려고 하지 않고, 우리는 항상 옳지 못하다는 사상 속에 내포되어 있는 교화적인 것에 관해서 명상함으로써 그렇게 하려는 것입니다. 과연 이와 반대되는 성찰省察이 같은 효과를 거둘 수 있을까요?

그대의 생활은 그대에게 다른 사람들과의 다양한 관계를 가져다줍니다. 그대는 그들 중의 몇몇 사람에게는 다른 사람들에게 느끼는 것보다도 훨씬 진정한 사랑을 느껴서 마음이 끌립니다. 이제 만약 그대의 사랑의 대상이었던 그런 사람이 그대에게 옳지 못한 일을 저질렀다고 한다면, 그것이 그대에게 심각한 고통을 줄 겁니다. 그렇지 않을까요? 그러면 그대는 일어난 일을 모조리 세심하게 되새겨 볼 것입니다. 그러고 나서 그대는, "나는 내가 옳다는 것을 알고 있다, 이 생각이 나의 마음을 안정시켜 줄 것이다"라고 말할 것입니까? 아아, 만약 그대가 상대방을 사랑하고 있었다면 그런 생각은 결코 그대의 마음을 안정시켜 주지는 못할 것입니다. 그대는 모든 가능성을 새롭게 모색해 볼 것입니다. 그대는 상대가 옳지 못했다고 하는 결론 이외의 다른 결론을 끌어내지는 못할 것입니다. 그러나 이런 확신도 그대의 마음을 가라앉히지는 못할 것입니다.

그대는 그대가 옳지 못했으면 하고 원할 것입니다. 그대는 상대를 변호할 수 있는 무엇인가를 찾으려고 애쓸 것입니다. 그러나 비록 그대가 그것을 찾지 못했다고 해도, 그대는 그대가 옳지 못했다는 생각 속에서 비로소 위안을 찾을 것입니다. 혹은 그런 사람을 행복하도록 보살펴 주는 것이 그대의 책임이라고 한다면, 그대는 그대의 전력을 다할 것입니다. 그럼에도 불구하고 만약 상대가 그것을 고맙게 생각하지 않고 그대에게 슬픔만을 안겨 준다면, 그대는 명세서明細書를 제시하며, "나는 내가 그에게 옳은 일을 했음을 알고 있다"고 말할 셈입니까? 천만의 말씀입니다. 그대가 상대를 사랑하였다고 하면, 이런 생각은 그대를 괴롭힐 뿐일 것입니다. 그대는 어떤 징조라도 붙들려고 할 것입니다. 그리고 그대가 아무것도 찾지 못하면, 그 사실을 잊어버리기 위해 그 명세서를 찢어버리려고 할 것입니다. 그리고 그대는 그대가 옳지 못하다는 사상으로써 자신이 교화되려고 애쓸 것입니다.

그러므로 옳지 못하다는 것은 고통이고, 고통이 심해지면 심해질수록 그런 일은 더욱 자주 일어납니다. 옳지 못하다고 생각하는 것은 교화가 됩니다. 그런 일이 교화적일 수 있을수록 그런 일은 더욱 자주 일어납니다. 이것은 분명히 모순입니다. 이런 모순을 어떻게 설명할 수 있을까요? 한쪽의 경우에 그대가 인정하려고 하고 있는 것을, 다른 쪽의 경우에는 그대가 인정하도록 강요당하고 있다고밖에는 설명할 길이 없습니다. 그러나 인식이 양쪽의 경우에 꼭 같은 것이 아니었다고 한다면, 우리가 그것을 원하느냐 원하지 않느냐가 인식에 어떤 영향을 줄까요? 그런 모순을 어떻게 설명할 수 있을까요?

한쪽의 경우에 그대가 사랑하였고 다른 쪽의 경우에는 그대가 사랑하지 않았다는 사실, 바꿔 말한다면 그대가 한쪽의 경우에서 어떤 인간과 무한한 관계에 있고, 다른 쪽의 경우에서는 유한한 관계에 있다는 사실로밖에는 설명할 길이 없습니다. 그러므로 옳지 못하다는 것을 원한다는 것은 무한한 관계를 말해주는 표현이고, 옳다고 하려는 기분, 혹은 옳지 못한 것을 고통으로 여기는 기분은 유한한 관계를 말해주는 표현입니다! 그러므로 옳지 못하다고 생각하는 일은 항상 교화적입니다. 왜냐하면 오로지 무한한 것만이 교화적이지 유한한 것은 교화적이지 못하기 때문입니다!

그러므로 만약 그대가 사랑하고 있는 사람이 있고, 그에 대한 호의에서 그대의 생각과 그대 자신을 속이는 일에 성공하였다 하더라도, 그대는 그대가 옳다는 것을 알고 있지만 옳지 못하다고 생각하려고 하고 있기 때문에, 그대는 여전히 부단한 모순 속에 있을 것입니다. 이에 반해서 그대가 사랑하는 상대가 하느님이라고 한다면, 과연 그런 모순이 문제가 될까요? 그때 과연 그대는 그대가 믿으려고 원했던 것이 아닌 다른 어떤 것을 알 수가 있을까요? 하늘에 계신 하느님께서는 땅 위에서 살고 있는 그대보다 더 위대하지 않을까요? 그분의 풍요함은 그대의 보잘것없는 수량보다 더 풍부하지 않을까요? 그분의 지혜는 그대의 총명보다 더 깊지 않을까요? 그분의 성스러움은 그대의 의로움보다 더 위대하지 않을까요? 그대는 이 사실을 필연적으로 인정하지 않을 수 없지 않을까요?

그러나 만약 그대가 이 사실을 인정하지 않을 수 없을 경우에는, 그대의 지식과 그대의 소원 사이에는 아무런 모순도 없습니다. 그렇지만 그대가 이 사실을 필연적으로 인정하지 않을 수 없다고 한다면, 그대가 항상 옳지 못하다는 사상 속에는 교화적인 것이 있을 수 없습니다. 왜냐하면 옳지 못하다는 것이 어떤 때는 고통으로 나타나고, 다른 때는 교화적인 것으로 나타나는 이유인즉슨, 어떤 경우에는 인정하도록 강요당하는 것이 다른 경우에는 인정하려고 원하는 바로 그 사실 때문이라고 우리는 이미 말한 바 있기 때문입니다.

그러므로 그대는 물론 하느님과의 관계에 있어서는 모순으로부터는 해방되었겠지만, 그대는 교화적인 것을 잃을 것입니다. 그러나 우리가 생각해 보려고 하는 것은 바로, 우리는 하느님에 대해서 항상 옳지 못하다고 하는 사상 속에 깃들어 있는 교화적인 것, 이것이었습니다.

그러나 과연 진실로 그럴까요? 어떤 인간에 대해서 그대가 옳지 못하다고 생각하려고 한 것은 무엇 때문이었을까요? 그대가 상대를 사랑하고 있었기 때문입니다. 옳지 못하다는 것을 그대는 어째서 교화적이라고 생각하였습니까? 그대가 상대를 사랑하고 있었기 때문입니다. 그대의 사랑이 깊었던 만큼 그대로서는 그대가 옳았느냐 아니냐를 곰곰이 생각해 볼 시간의 여유가 없었던 것입니다. 그대의 사랑은 오로지 하나의 염원, 즉 그대 자신이 항상 옳지 못했었으면 하는 염원밖에는 갖고 있지 않았습니다. 하느님에 대한 그대의 관계 역시 그와 마찬가지입니다.

그대는 하느님을 사랑하였습니다. 그래서 그대의 영혼은, 그대가 항상 옳지 못함에 틀림이 없다고 하는 생각 속에서만 안정과 기쁨을 찾을 수 있었습니다. 그대는 고통스러운 사색을 통하여 이런 인식에 도달한 것이 아니었습니다. 또 그대는 그렇게 되게끔 강요당하지도 않았습니다. 왜냐하면 그대가 사랑 속에 있을 때 그대는 자유롭기 때문입니다. 그러므로 만약 항상 그대가 옳지 못함에 틀림이 없다, 혹은 하느님께서는 항상 옳을 수밖에 없다고 하는 막다른 골목에 몰려서, 절대로 그 이외일 가능성은 없다는 사실을 사유思惟가 그대에게 확신시킨다면, 이런 인식은 논리적인 결과로서 뒤따를 것입니다. 그대는 하느님께서는 항상 옳다는 인식에서 미루어서 그대는 옳지 못하다는 확신에 도달한 것이 아니라, 자신은 항상 옳지 못했으면 하고 생각하는 사랑의 유일하고 가장 간절한 염원에서 시작하여 하느님께서는 항상 옳다는 인식에 도달한 것입니다. 그러나 이 염원은 사랑이 시키는 일이고, 따라서 자유가 시키는 일입니다. 그러므로 그대는 결코 자신은 항상 옳지 못하다는 사실을 인식하도록 강요당한 것이 아닙니다. 따라서 그대는 반성을 통해서 항상 옳지 못하다는 사실을 확신하게 된 것이 아니라, 이 확신은 그대가 이 사상에 의해서 교화되었다는 사실에서 기인한 것입니다.

그러므로 우리는 하느님에 대하여 항상 옳지 못하다고 하는 생각은 하나의 교화적인(혹은 건덕적인) 사상입니다. 만약 그렇지가 않다고 한다면, 만약 이 확신이 그 원천을 그대의 존재 전체 속에 두지 않았다고 한다면, 즉 그대의 속에 깃들인 사랑에서 솟아나오지 않았다고 한다면,

그대의 반성 역시도 양상을 달리했을 것입니다. 즉, 그대는 하느님께서는 항상 옳다는 사실을 인식하였을 것입니다. 그대는 이런 사실을 인식하도록 강요당했을 것입니다. 그래서 그런 결과로서 그대는 또 항상 옳지 못하다는 사실을 인식하게끔 강요당했을 것입니다. 후자에 속하는 이런 결론 역시도 사실 오히려 어려운 일입니다. 왜냐하면 그대는 하느님께서는 항상 옳다는 사실을 인정하도록 강요당할 수도 있지만, 이 사실을 그대 자신에게 적용하라고 하는 것은, 이런 인식을 그대의 존재 전체 속에 받아들이라고 한다는 것은, 사실상 그대에게 강요할 수 없는 일이기 때문입니다.

그러므로 그대는 하느님께서는 항상 옳다는 사실과 그 결과로서 그대는 항상 옳지 못하다는 사실을 인정할 것이지만, 그러나 이런 인정은 그대를 교화하지 못합니다. 하느님께서는 항상 옳다는 하는 인식 속에는 교화적인 요소가 없고, 따라서 이 인식에서 필연적으로 뒤따르게 되는 어떤 사상 속에도 교화적인 요소가 없습니다. 그대가 하느님께서는 항상 옳다고 하는 사실을 인정할 때 그대는 하느님 바깥에 있고, 그리고 또 그 결과로 그대가 그대는 항상 옳지 못하다고 인정할 때도 역시 그대는 하느님 바깥에 있는 것입니다. 이에 반해서, 아무런 선행하는 인식이 없이, 그대가 그대는 항상 옳지 못하다는 사실을 욕구하고 확신한다면, 그대는 하느님 안에 간수되어 있는 것입니다. 이것이 그대의 예배이고 그대의 종교적인 헌신이고, 그대의 하느님을 두려워하는 행위입니다.

그대는 어떤 사람을 사랑하였습니다. 그대는 그에 관해서 그대가 항상 옳지 못했으면 하고 염원하였습니다. 아아, 그러나 그는 그대에게 불성실하였던 것입니다. 그대가 아무리 그 사실을 인정하기를 주저한다고 하더라도, 또 그 사실이 아무리 그대에게 고통을 준다고 하더라도, 그럼에도 불구하고 그대는, 그대가 그에 대해서 한 행동이 옳았다고 하는 사실을 인정하고, 그대가 그를 그렇게도 간절히 사랑한 것은 옳지 못했다는 사실을 인정합니다. 그렇지만 그대의 영혼은 그를 간절히 사랑했음을 주장해 마지않았고, 오로지 그렇게 주장함으로써만 그대는 평화와 안정과 행복을 찾을 수 있었던 것입니다. 그래서 그대의 영혼은 유한한 것에서 무한한 것으로 고개를 돌렸습니다. 거기서 그대의 영혼은 영혼의 대상을 찾았고, 거기에서 그대의 사랑은 행복한 사랑이 되었습니다.

그대는 다음과 같이 말했습니다. 즉, "나는 하느님을 사랑하려고 한다. 하느님께서는 사랑하는 자에게 모든 것을 주신다. 하느님께서는, 나는 하느님에 대해서 항상 옳지 못할 수밖에 없다고 하는 나의 간절하고 유일한 염원을 채워 주신다. 어떤 불안한 의심도 나를 그분에게서 결코 떼어놓을 수가 없을 것이고, 나는 결코 내가 하느님에 대하여 옳다는 사실을 발견하게 될까 싶어서 두려움에 떠는 일이 없을 것이다. 하느님에 대해서 나는 항상 옳지 못하다"고 말했습니다.

혹은 이런 실정이 진실이 아니고, 하느님에 대해서 항상 옳지 못하다는 것이 그대의 유일한 염원이고, 가장 간절한 염원이 아니었을까요? 그리고 그대가 옳을지도 모른다, 하느님의 섭리는 지혜가 아니고 그대의 계획이 곧 지혜다, 하느님의 생각이 의로움이 아니고 그대의 행위가 의로움이다, 하느님의 마음은 사랑이 아니고 그대의 감정이 사랑이다 하는 것들이 한순간일망정 그대의 마음속에 타오를 수가 있었을 때, 그대는 무서운 불안에 사로잡혔던 것이 아닐까요? 그리고 그대가 사랑을 받은 만큼은 그대가 사랑을 할 수 없었다는 사실이 그대의 축복이 아니었을까요? 그래서 하느님에 대해서 항상 옳지 못하다고 하는 이 생각은, 그대가 인정하도록 강요당한 진리가 아니고, 그대의 고통을 완화해 주는 위로가 아니고, 더 좋은 것을 잃은 대가가 아닙니다. 이것은 그대가 그대 자신과 세계를 이길 때의 기쁨이고, 그대의 찬가고, 그대의 예배고, 사랑이란 인간이 하느님을 사랑하는 속에서만 행복한 사랑일 수 있듯이, 그대의 사랑이 행복한 사랑이라는 증거입니다.

그러므로 하느님에 대해서 우리는 항상 옳지 못하다고 하는 생각은 하나의 교화적인(혹은 건덕적인) 사상입니다. 우리가 옳지 못하다는 생각은 교화적이고, 우리는 항상 그렇다는 생각도 교화적입니다. 이 생각은 두 가지 면에서 교화적인 힘을 발휘합니다. 한편으로는 이 생각이 의심을 저지하고 의심의 근심을 가라앉힘으로써 교화적인 힘을 발휘하고, 다른 한편으로는 이 생각이 행위로 옮기는 일을 고무해 줌으로써 교화적인 힘을 발휘합니다.

나의 말에 귀를 기울이고 있는 자여, 그대는 분명히 내가 앞서 언급한 그 지혜를 아직도 여전히 마음속에 새겨두고 있을 것입니다. 그 지혜는 매우 믿음직스럽고 의지할 만한 것 같이 보였습니다. 그 지혜는 일체를 하도 쉽게 설명하였습니다. 그 지혜는 의심의 폭풍우에 영향을 받지 않고 모든 사람을 도와서 인생에서 안전하게 처세하도록 애썼습니다. 이 지혜는 어쩔 바를 모르고 서 있는 사람에게, "인간은 자신이 할 수 있는 일을 한다"고 전했습니다. 아닌 게 아니라 인간이 자신이 할 수 있는 일을 하였을 때는, 그것이 인간에게 유익하다는 것은 부인할 수 없습니다. 그렇지만 이 지혜는 그 이상의 말을 하지 못했습니다. 그 지혜는 꿈처럼 사라져 버렸습니다. 혹은 의심하는 자의 귀에 단조로운 되풀이로 남아있을 뿐입니다. 그리하여 그가 그 지혜를 사용하려고 하였을 때, 그는 그가 그것을 사용할 수가 없었음을 알았습니다. 그 지혜는 그를 난처한 올가미에 옭아넣었던 것입니다. 그는 그가 얼마만큼 할 수 있는지를 곰곰이 생각할 시간을 가질 수가 없었습니다. 왜냐하면 그는 그가 할 수 있는 것을 동시에 해야만 했기 때문입니다. 혹은 그가 곰곰이 생각해 볼 시간이 있었을 때도, 검토의 결과는 더 많거나 더 적었고, 결코 그가 할 수 있는 일을 모조리 가르쳐 주지는 않았습니다.

어떤 인간이 어떻게 하느님에 대한 관계를 자신의 과부족過不足으로, 다시 말해서 근사치近似値의 산정算定으로서 서술할 수가 있을 것입니까? 그래서 그는 이 지혜는 그를 돕는 척하며 그를 의심 속으로 끌어들여, 계속적인 혼란의 순환 속으로 무섭게 끌어들이는 배신적인 벗이라는 사실을 확신하게 되었습니다. 이전에는 그에게 모호한 것이기는 하였으나 그를 괴롭히지는 않았던 것이, 이제는 더 분명해지기는커녕 그의 마음을 불안하게 하고 괴롭히는 것이 되고 말았습니다.

오로지 하느님에 대한 무한한 관계에 의해서만 비로소 의심은 진정되고, 오로지 하느님에 대한 무한한 자유로운 관계에 의해서만 비로소 그의 불안은 기쁨으로 바뀔 것입니다. 그가 하느님께서는 항상 옳다고 인정할 때라야만 그는 하느님에 대하여 무한한 관계에 서게 됩니다. 그가 그 자신이 항상 옳지 못하다는 것을 인정할 때라야만, 그는 하느님에 대해서 무한히 자유로운 관계에 있게 됩니다. 그러므로 이렇게 되어야만 의심은 저지됩니다. 왜냐하면 의심의 운동은 어떤 순간에는 그가 옳을 수 있고, 다른 순간에는 옳지 못할 수 있고, 어느 정도까지는 옳을 수도 있고, 어느 정도까지는 옳지 못할 수도 있다고 하는 바로 그 사실에 성립되는 것이고, 이것이 곧 하느님에 대한 그의 관계를 말해주고 있기 때문입니다.

그러나 하느님에 대한 이런 관계는 관계라고도 할 수 없는 관계이고, 그것은 의심을 기르는 일에 불과하였습니다. 다른 사람에 대한 그의 관계에 있어서라면 옳은 면도 있을 수 있고 옳지 못한 면도 있을 수 있고, 또 어느 정도까지 옳을 수도 있고 어느 정도까지 옳지 못할 수도 있을 것이라는 것은 전적으로 가능할 수 있었습니다. 왜냐하면 그도 역시 다른 모든 사람과 마찬가지로 유한한 존재이고, 다른 사람들에 대한 그의 관계는 많거나 적은 점에 성립되는 유한한 관계이기 때문입니다. 그러므로 의심이 무한한 관계를 유한화하려고 하는 한에 있어서, 또 지혜가 유한한 관계를 유한성으로 채우려고 하는 한에 있어서 그는 의심 속에 머물고 있는 것입니다.

그러므로 의심이 그를 각별한 예를 들어서 위협하려고 하고, 또 그는 너무 시달리고 있다, 또 그는 그의 힘에 넘치게 시험을 받고 있다는 등으로 그를 가르치려고 할 때면 언제나 그는 그가 항상 옳지 못하다는 무한한 생각 속에서 유한한 것을 잊는 것입니다. 의심의 고뇌가 그를 슬프게 만들려고 할 때면 언제나 그는 유한한 것을 넘어서 무한한 것 속으로 솟아오릅니다. 왜냐하면 그가 항상 옳지 못하다고 하는 생각은 그가 유한한 것 위로 날아오르는 날개고, 그것은 그가 하느님을 찾는 그리움이고, 그것은 그가 하느님을 발견하는 사랑이기 때문입니다.

우리는 하느님에 대하여 항상 옳지 못합니다. 그러나 이런 생각은 마취제의 작용을 하는 것이 아닐까요? 그것이 설혹 교화적이라 할지라도 그것은 인간에게 위험한 것이 아닐까요? 이런 사상은 그로 하여금 하느님에 대한 진짜 관계가 아닌 관계를 꿈꾸게끔 그를 잠들게 하는 것이 아닐까요? 이런 사상은 인간의 의지의 힘과 그의 결단력을 좀먹어버리는 것이 아닐까요? 결코 그렇지가 않습니다! 혹시는 다른 사람과의 관계에서 항상 옳지 않기를 염원한 바로 그 사람은 멍청하고 아둔한 사람이었을까요? 그는 옳기 위해 전력을 다하여 모든 일을 하지 않았을까요? 그러면서도 그는 옳지 않으려고만 염원한 것입니다.

하느님에 대해서 우리는 항상 옳지 못하다고 하는 사상이 어떻게 생명을 불어넣는 사상이 아닐 수가 있겠습니까! 왜냐하면 이 사상은 하느님의 사랑은 우리의 사랑보다 위대하다는 것을 단적으로 표현하고 있기 때문입니다. 이 사상을 왜 인간으로 하여금 기꺼이 행동으로 옮기게 하지 않을까요? 왜냐하면 그가 의심하고 있을 때는 그는 행동할 힘을 갖지 않기 때문입니다. 이 사상은 왜 인간으로 하여금 영혼을 불타게 하지 않을까요?* 왜냐하면 그가 유한하게 계산을 따질 때는 성령의 불

* 로마서 12장 11절 참조.

은 꺼지게 되기 때문입니다.

그러므로 그대의 유일한 염원이 거절될 때도 나의 말에 귀를 기울이고 있는 자여, 그대는 그럼에도 불구하고 기쁨을 느끼는 것입니다. 그대는, "하느님은 항상 옳다"고 말하지는 않습니다. 왜냐하면 거기에는 기쁨이 없기 때문입니다. 그대는, "하느님에 대해서 나는 항상 옳지 못하다"고 말합니다. 비록 그대의 간절한 염원을 거부해야만 하는 자가 바로 그대 자신이라고 하더라도, 나의 말에 귀를 기울이고 있는 자여, 그럼에도 불구하고 그대는 기쁨을 느낍니다. 그대는, "하느님은 항상 옳다"고 말하지는 않습니다. 왜냐하면 거기에는 기쁨의 환성이 없기 때문입니다. 그대는, "하느님에 대해서 나는 항상 옳지 못하다"고 말합니다. 비록 그대의 염원이었던 것을 다른 사람들이, 그리고 어떤 의미에서는 그대 자신이 그대의 의무라고 부를 수 있다 할지라도, 또 비록 그대가 그대의 염원을 단념하지 않을 수 없었을 뿐만 아니라, 어떤 면에서 보아서는 그대의 의무를 위반하지 않을 수 없었다고 할지라도, 또 비록 그대가 단지 그대의 기쁨을 잃어야 할 뿐만 아니라, 그대의 명예마저도 잃어야만 한다고 하더라도, 그럼에도 불구하고 그대는 기쁨을 느낍니다.

그대는, "하느님에 대하여 나는 항상 옳지 못하다"고 말합니다. 그대는 문을 두드렸지만, 그 문은 그대에게 열리지 않았습니다. 그대는 찾았지만, 그대는 찾아내지 못했습니다.* 그대는 애써 일을 하였지만, 얻

* 마태복음 2장 7절 참조.

은 것이 없었습니다. 그대는 나무를 심고 물을 주었지만 수확을 얻지 못했습니다. 하늘은 닫힌 채로 있었고 증거는 나타나지 않았습니다. 그럼에도 불구하고 그대는 기쁜 마음으로 그대의 일을 하고 있습니다. 선조들의 범죄가 하늘로부터 불러 내린 형벌이 그대 위에 떨어진다 하더라도, 그럼에도 불구하고 그대는 기쁨을 느낍니다. 왜냐하면 그 하느님에 대하여 우리는 항상 옳지 못하기 때문입니다.

하느님에 대하여 우리는 항상 옳지 못합니다. 이 사상은 의심을 저지하고, 의심의 고뇌를 진정시켜 줍니다. 이 사상은 행동하도록 고무해 주고 격려해 줍니다.

이제 그대의 사상은 이상과 같은 서술의 과정을 걸어왔습니다. 이 서술이 그대를 인도해 온 길이 그대에게 익숙한 길이었다고 한다면, 아마도 그대는 총총걸음으로 신속하게 걸었을 것이고, 그 길이 그대에게 생소한 길이었다면, 아마도 그대는 마지못해 따라왔을 것입니다. 그렇지만 그럼에도 불구하고 그대는, 실정인즉슨 서술된 그대로, 그대의 사상은 이에 대하여 반론을 제기할 것이 없다는 사실을 인정하지 않을 수 없을 것입니다. 나의 말에 귀를 기울이고 있는 자여, 우리가 서로 헤어지기 전에 나는 한 가지만 더 질문을 하렵니다. 실정이 그렇지가 않았으면 하고 그대는 원했고 또 원할 수가 있었습니까? 그대는 그대가 옳았으면 하고 원할 수가 있었습니까? 수천 년 동안 인류와 인류의 모든 세대를 지탱하여 온 저 아름다운 법칙이, 별들이 창궁의 궤도 위에서 지탱해 온 법칙보다도 더 장엄한 저 아름다운 법칙이, 이런 법칙이, 자연의 이런 법칙이 그 힘을 잃게 되어 삼라만상이 무서운 혼돈 속으로 해소될 때보다도 더 무시무시하게 그 법칙이 붕괴되었으면 하고, 그대는 염원할 수가 있었을까요? 과연 그대는 그런 일을 염원할 수가 있었을까요?

나는 그대를 떨게 할만한 진노의 말을 갖고 있지 못합니다. 그대의 염원은 하느님에 대하여 옳기를 원하는 불손한 사상을 두려워해서 생긴 것이어서는 안 됩니다. 나는 단지 그대는 과연 그렇지가 않았으면 하고 염원할 수가 있었던가 하고 물어볼 따름입니다. 아마도 나의 음성은, 그대의 내밀한 사상 속에까지 침투할 만큼 억센 힘과 성실성을 지니지 못하고 있을지도 모릅니다. 아아, 그러나 그대 자신에게 물어보세요. 단 한마디로 그대의 생활의 행복을 결정할 수 있다고 그대가 생각하고 있는 사람에게 그대가 물어보듯이 엄숙한 근심을 품고 물어보세요. 아니 그보다도 더 엄숙하게 그대 자신에게 물어보세요. 왜냐하면 진실로 그것은 구원의 문제이기 때문입니다. 그대의 영혼의 비상飛翔을 저지하지 마십시오. 그대 자신 속에 깃들어 있는 훌륭한 마음씨를 슬프게 만들진 마십시오. 그대의 영혼을 어중간한 염원과 어중간한 사상으로 아둔하게 만들지 마십시오. 그대 자신에게 물어보십시오. 그리고 그대가 해답을 찾을 때까지 계속 물어보십시오. 왜냐하면 우리는 어떤 일을 여러 번 인식하고 그것을 승인하였을지라도, 또 우리는 어떤 일을 여러 번 원하였고 그것을 시도하였을지라도, 그럼에도 불구하고 오로지 깊은 내적인 운동에 의해서만, 또 오로지 형언할 수 없는 마음의 감동에 의해서만, 비로소 그대는 그대가 인식한 것이 그대에게 속하고 있다는 사실과, 어떤 힘도 그것을 그대에게서 빼앗을 수가 없다는 사실을 확신하게 되기 때문입니다. 왜냐하면 오로지 교화하는 진리만이 그대에게 진리이기 때문입니다.*

* 이 표현은 키에르케고어의 여러 저술에서 되풀이해서 사용되고 있다. 『후서』에서는 '주체성이 곧 진리다' 라는 말로 표현되고 있다. 이 사상은 저 유명한 '길레라이에Gilleleje' 의 체험과 직결되어 있다.

『이것이냐 저것이냐 2』 역자 후기

『이것이냐 저것이냐』의 제2부의 내용은 이 책에 수록된 「결혼의 심미적 타당성」과 「인격형성에 있어서의 심미적인 것과 윤리적인 것의 균형」 및 마지막 편지라는 뜻의 「울티마툼」이다. 제2부에서는 중년의 기혼자인 동시에 배석판사라는 직함을 가진 B라는 법관이 제1부의 필자인 A라는 문학청년의 심미적인 인생관을 반박하고 있다. B는 이미 심미적인 인생관을 극복하여 확고한 윤리적인 인생관을 갖고 있을 뿐만 아니라, 현실적으로 탄탄한 사회적인 지위를 갖고 있는 인물이다.

심미주의자는 여성의 아름다움과 사랑의 감미로움을 찬양하며 향락하지만, 책임이 수반되는 '결혼'을 싫어한다. 심미주의자는 결혼에 깃들어 있는 실상은 습관이고, 단순한 되풀이고, 구속뿐이기 때문에 거기에는 진정한 자유와 심미적인 요소가 없다고 한다. 이에 반해 윤리주의자인 B는, 심미주의자는 진정한 사랑(에로스)을 모르고 있고, 따라서 사랑의 아름다움도 모르며, 그가 추구하고 있는 것은 오로지 감성적인 향락뿐이라고 한다. 심미주의자는 한 사람의 여성을 정복하고 나면 헌신짝처럼 미련 없이 그녀를 버리고 다시 새로운 여성을 정복하러 나선다.

따라서 거기에는 '지속' 이라는 것이 없다. 단지 있는 것이라고는 각기 아무런 연관성이 없는 사건들뿐이다. 그러나 진정한 사랑에는 '영원성' 이 깃들어 있다. 그러니만큼 진정한 사랑은 의당 결혼에까지 이르지 않을 수 없다. 결혼에까지 이르지 못하는 사랑은 일시적인 향락이지 진정한 사랑이 아니다.

결혼은 일종의 '소유' 이지만 그것은 물건을 소유하듯이 한 번 소유하면 영원히 소유할 수 있는 그런 소유가 아니라, 매일매일 새롭게 획득해야만 하는 소유인 것이다. 그러기 위해서는 '겸손' 과 '종교성' 과 '인간성' 이 필요하다. 그러므로 심미주의자가 윤리적인 것과 심미적인 것은 서로 모순된다고 주장하는 것은 잘못이다. 오히려 참다운 심미주의적인 것은 윤리적인 것의 바탕 위에 성립된다. 심미주의자의 근본적인 결함은, 그에게는 '진지성' 이 결여되어 있다는 점이다. 자신이 무엇인지도 모르고 또 남이 무엇인지도 모른다. 인간의 영혼이 무엇이며, '인격' 이 무엇인지를 모른다. 그렇기 때문에 사랑의 대상인 인격에 관해서도 아무것도 모른다.

사랑은 유희가 아니고 엄숙한 사건이다. 왜냐하면 사랑은 보편적인 것과 개별적인 것의 종합이기 때문이다. 심미주의자가 개별적인 것을 향락하려고 할 때, 그는 자신의 반성을 통하여 개인적인 것을 보편적인 것으로부터 제거하고 고립화시킨다. 보편적인 것과 개별적인 것이 서로 침투하고 있으면 있을수록 그 사랑은 더욱 아름답다. 결혼은 사랑보다 더욱 엄숙한 사건이다. 결혼의 선서가 하느님 앞에서 이루어지고 있지만, 이것은 단지 하나의 형식에 불과한 것이 아니다. 결혼은 윤리적인 요소를 내포하고 있다. 결혼은 영혼과 영혼의 결합이다. 그러므로 서로가 상대방의 영혼을 존중하지 않는 결혼은 진정한 결혼이라고 말할 수 없다.

이렇게 주장하며 B는, 무엇을 위해서 하는 결혼을 배격한다. 돈이나 명예나 그 밖의 공리적인 목적을 위해서 하는 결혼은 물론이거니와, 생활의 불편을 덜기 위해서나 자식을 얻기 위한 결혼은 옳지 않다고 단정한다. 요컨대 '왜' 혹은 '무엇을 위하여' 라는 결혼은 옳지 않다는 것이다. 결혼은 신성하다. 결혼은 그 자체가 목적이고, 무엇인가를 위한 하나의 수단이 될 수는 없다. 따라서 사랑이 없는 결혼은 죄다. 결혼은 사랑을 전제로 하고, 부부 사이에 태어나는 자식들은 하느님의 선물이다.

그렇기에 공정과 정직과 진실이 결혼생활을 지배해야 한다고 B는 주장한다. 요컨대 B는 「결혼의 심미적 타당성」에서 사랑의 본질부터 따지기 시작하여 사랑의 본질의 구현으로서의 결혼을 논하고, 결혼의 윤리적이고 종교적 표현으로서의 결혼식의 본질, 그리고 이어서 결혼생활의 역사성과 부부 사이의 사랑의 비의秘意와 결혼생활에서 일어날 수 있는 어려움을 논하고, 끝으로 결혼을 사랑과 의무의 통일체라고 단정하고 있다.

「인격형성에 있어서의 윤리적인 것과 심미적인 것의 균형」에 있어서 B는, '선택' 의 문제를 거론하며 그 일반적인 의미를 논하고, 윤리적인 결정과 심미적인 무차별한 선택을 관찰하고 선택의 현실성으로 이끌어간다. 이어서 B는 윤리적인 관점에서 본 심미적인 인생관을 개관하고, 심미적인 인생관을 '절망' 이라고 단정한다. 다음으로 B는 윤리적인 인생관과 심미적인 인생관의 관계를 살피며, 거기에서 야기되는 문제를 구체적으로 열거하며, 끝에 가서는 빈곤과 노동과 직업과 결혼생활 그리고 우정의 문제를 논한다.

마지막으로 B는 이런 것들이 개인에게 어떻게 적용되며 예외자例外

者에게는 어떻게 적용되는가를 언급하여, 후에 키에르케고어의 근본사상의 하나인 예외자의 개념을 등장시킨다.

이상의 두 편의 논문(편지)이 써진 것이 키에르케고어의 약혼과 파혼이라는 그에게는 결정적인 기간 동안이었다는 사실을 감안할 때, 결혼과 사랑의 본질, 그리고 인격형성의 요소들을 이 정도까지 샅샅이 따지고 검토하였음에도 불구하고, 그가 약혼을 파기하지 않을 수 없었던 본질적인 고민이 어디에 있었는가 하는 것을 우리는 다시 한 번 조명해 볼 필요가 있다. 그러나 여기서 그것을 살핀다는 것은 그 장소가 적당하지 않기 때문에, 독자는 단지 이 책 끝부분에 등장하는 '예외자'의 개념에 각별히 유의하여 후속되는 그의 저서에서 그 흐름을 더듬어 주시기 바랄 뿐이다.

제2부에 수록된 두 개의 논문은 그 분량이 방대할 뿐만 아니라 구체적인 문제가 많고, 또 키에르케고어가 B라는 법관이 쓴 것이라는 것을 강조하기 위하여 일부러 고리타분한 문장형식을 취하였기 때문에, 어

떤 의미에서는 내용이 무척 지루하게 느껴질 가능성이 없지도 않다. 그렇지만 역자는 원문의 내용을 그대로 살리기 위하여 가능한 한 원문에 충실하게 번역하였음을 독자 여러분들께서도 이해해주시리라 믿는다.

『이것이냐 저것이냐』에 대하여

『이것이냐 저것이냐』는 제1부의 「디아프살마타」로 시작하여 제2부의 「울티마툼」으로 끝난다.

「디아프살마타」는 대부분이 키에르케고어의 '일기'에서 발췌한 내용이다. 거기에서 키에르케고어는 절망적인 기쁨과 그 절망적인 기쁨의 기분을 노래하고 있다. 이런 기분은 독일의 낭만주의자들과 헤겔주의자들이 영원한 것을 유한화하여 가치를 평준화한 데서 비롯된 것들이다.

「울티마툼」은 우리 모두가 하느님에 대하여서는 항상 옳지 못하다고 하는 생각에 깃들인 건덕적인 요소를 고찰하는 내용으로 되어 있다. 「울티마툼」은 그 내용이 건덕적인 사실로 미루어 보아서 이미 종교적인 것을 지향하고 있다.

따라서 『이것이냐 저것이냐』에서는 「디아프살마타」의 절망적이고 서정시적인 기분의 찬양과 「울티마툼」의 종교적인 것을 지향하는 내용을 사이에 두고, 심미적인 인생관과 윤리적인 인생관이 전개되고 있다.

「디아프살마타」는 당시의 키에르케고어의 생활감정의 직접적인 토로라고 보아야 할 것이다. 그는 생활수단만을 얻기 위한 생활은 무의미하다고 한다. 그는 물질적인 욕망이나 명예를 얻기 위해 동분서주하는 사람들을 조소한다. 그는 당시를 고약한 시대라기보다는 비참한 시대라고 단정한다. 그의 마음을 사로잡고 있는 것은 무서운 우울이고 불안이다. 그는 인생에 대한 허무에 사로잡혀 있다. 인생은 허무하고 무의미하다는 것이다.

사람들은 죽은 사람을 매장하기 위해 묘지로 따라간다. 그러고는 파놓은 무덤자리에다 삽으로 얼마간의 흙을 던지고 다시 마차로 집에 돌아온다. 그러고는 아직은 자기들 앞에는 많은 시간이 남아있다고 생각하며 스스로를 위로한다.

사람이 칠십 년을 산다고 해도 과연 그것이 얼마나 길다는 것이란 말인가. 따지고 보면 순식간에 불과하다. 그런데 어째서 인간들은 단숨에 자기 자신을 처치해 버리지 못하는 것일까.

또 인간은 남들에게 대하여서만 수수께끼인 것뿐만이 아니라, 자기 자신에게 대해서도 수수께끼다. 무엇 때문에 하느님은 인간을 만들었을까, 나를 무엇에 쓰려는 것일까 하는 것을 도통 알 수가 없다고 그는 말하고 있다.

그래서 그는 고독과 고요를 희구한다. 고독과 고요를 사랑하는 그의 감정 밑바닥에 흐르고 있는 것은 죽음에 대한 불안인 것이다. 그는 자신의 곁에는 항상 죽음의 천사가 따라다니고 있다는 사실이 자신을 불행하게 만들고 있다고 한다. 왜냐하면 죽음에서 다시 되돌아온 사람은 하나도 없고, 울음소리를 내지 않고 세상에 태어난 사람이 하나도 없고, 언제 세상에 나갈 것인가를 물어본 사람도 없거니와, 언제 세상을 떠나겠느냐고 물어보는 사람도 없기 때문이다.

요컨대 「디아프살마타」는 이런 식으로 시작하여 제1부는 거의 절망적인 향락의 세계와 그것이 지닌 기쁨과 슬픔 그리고 불안과 절망을 노래하고 있다. 비록 때로는 정열적으로 심미적인 인생관을 노래하고 있지만, 그 밑바닥에는 언제나 불안과 절망이 깔려 있고, 그것은 다시 영원한 것을 갈망하는 기분을 암시하고 있다.

그 후에 키에르케고어가 쓴 모든 저술은 이런 불안한 절망을 극복하기 위한 노력의 자취이다. 우리는 그가 「디아프살마타」에서, '무엇이 나를 이 저주에서 구원해줄 것인가, 모든 시련을 견디어내고 산이라도 움직일 수 있는 신앙을 얻고, 유한과 무한을 통일시켜 줄 수 있는 사상만 발견할 수 있다면, 나는 구원을 받을 수 있다' 고 한 말에서, 그의 마음속에서 꿈틀거리고 있는 구원에 대한 갈망을 엿볼 수 있다.

키에르케고어는 제1부의 심미적인 인생관을 제2부에서 윤리적인 인생관으로 극복하려고 하였다. 그래서 그는 에로스의 본질을 따지고, 그것이 결혼에서 승화된 형태로 나타난다는 것을 강조하고 있다.

레기네와의 약혼을 파기하고 결혼을 단념한 키에르케고어가 결혼의 심미적인 타당성을 구석구석까지 따지고 그것을 입증하려고 노력한 모습을 바라보면 눈물겨울 정도이다. 그렇다면 그렇게도 결혼의 아름다운 본질을 간파한 그가 어째서 자신의 결혼을 단념한 것일까? 그것은 그의 정신적인 내면사를 더듬어 보면 쉽게 풀 수 있을 것이다. 그러나 이런 후기에서 그런 것을 더듬는다는 것은 어울리지 않는 일이기 때문에, 역자는 단지 『이것이냐 저것이냐』의 말미에 나오는 '예외자' 라는 개념에 주목하라는 말밖에는 할 수가 없다.

인간은 자신 속에 도사린 우울을 떨쳐 버리기 위해서, 혹자는 향락을 뒤쫓고, 혹자는 일상적인 생활에 몰두한다. 그러나 그렇게 몰두함으로써 자기 자신을 잊고 우울에서 탈피하려고 해도, 순간순간 되살아나는 우울(키에르케고어는 이것을 정신적인 히스테리라고 부르고 있다)을 지워버릴 수가 없다.

우울이란 직접성이 무르익어 정신이 보다 고차원적인 자신의 양식樣式을 요구하는 순간에 나타나는 증세다. 인간은 육체와 정신의 종합이고 시간과 영원의 종합이기 때문에 이런 순간의 도래는 불가피한 것이다. 다시 말해서 인간은 시간적인 것이나 육적인 것에 몰두하여 자기 자신을 망각하는 일, 즉 정신이 자기 자신을 망각하는 일에서 탈피하여 자기 자신을 되찾고, 자신의 영원한 것을 되찾으려고 하지만, 그것이 불가능해질 때, 인간에게는 정신의 히스테리[우울]가 모습을 나타낸다.

그렇기 때문에 이런 우울은 말로는 잘 표현할 수가 없다. 어떤 뚜렷한 원인이 있어서 고통을 겪고 있거나 걱정을 하고 있는 사람은 그 원인을 알고 있기 때문에 본질적으로는 우울한 사람이라고는 말할 수 없다. 그러나 정신적으로 우울한 인간은, 다시 말해서 영원한 자기 자신을 찾지 못해서 우울에 빠져 있으면서도 자기가 찾고 있는 것이 영원한 것이라는 사실을 자각하지 못하는 사람은 자신이 어째서 우울한지를 모른다. 그래서 우울에 빠진 사람은 더욱더 우울해진다. 이렇게 되면 다시 그 인간은 불안해지고 급기야는 절망에 빠진다.

보통 인간들은 자신의 우울이 어떤 외적인 조건 때문에 야기된 것으로 생각하기가 일쑤다. 그러나 본질적으로 따지고 본다면 그의 우울은 영원한 것이 아닌 시간적인 것들에 집착하여 그것에 몰두하는 동안에, 자기도 모르는 사이에 인간 속에 깃들인 영원한 것이 어렴풋이 눈뜨는 순간에 생기는 증세이다. 따지고 보면 그것은 죄의 결과인 것이다.

하여간에 인간은 이런 우울에서 벗어나기 위해 시간적인 것의 지평선에 나타나는 것을 수평적으로만 쫓는다. 이것이 곧 심미적인 인생관의 말로이고 심미적인 생활의 향락이다. 또 이것은 직접성의 생활이기도 하다. 그러나 인간의 또 하나의 구성요소인 영원은 인간을 언제까지나 그런 상태로 방치해 두지 않는다. 그래서 그는 자신의 심미적인 생활을 반성하게 되고, 자신이 진정한 자기 자신이 되기 위해서는 무엇을 해야만 하는가를 되새겨보게 된다. 이것이 자신의 본질을 심층으로 파고드는 윤리적인 생활의 시작이고 여기서 얻어지는 결론이 윤리적인 인생관이다.

여기서 인간은 '이것이냐 저것이냐', 즉 심미적인 인생관과 윤리적인 인생관 중의 어느 하나를 택일하게끔 강요당한다. 그러나 인간은 심미적인 인생관과 윤리적인 인생관 바깥에 서서 그 둘 중의 하나를 선택할 처지에 있는 것이 아니다. 인간은 실존으로서 이미 어떤 생활 속에 속해 있다.

다시 말해서 인간은 자신의 실존 그 자체가 심미적인 생활이 아니면 윤리적인 생활 속에 속하고 있는 것이다. 따라서 인간은 그가 아무런 생각 없이 직접성의 세계에 살고 있는 한 심미적인 생활을 영위하고 있는 셈이다.

그러므로 '이것이냐 저것이냐'의 어느 한쪽을 택한다는 것은 심미적인 생활이냐 윤리적인 생활이냐를 선택한다는 것을 의미하는 것이 아니라, 윤리적인 생활을 선택하느냐 선택하지 않느냐를 의미한다. 윤리적인 생활을 선택하지 않는 이상 그는 심미적인 생활을 선택하고 있는 것이다. 그러나 선택을 하는 경우에는 의지적인 결단이 필요하다.

의지적인 결단을 통하여 인간이 윤리적인 생활을 선택한다는 것은, 곧 인간이 자기 자신을 선택하는 것을 의미한다. 이 선택을 통하여 인간은 비로소 인격이 된다. 그렇다고 해서 그는 이전의 그가 아닌 어떤 다른 존재가 되는 것은 아니다. 그는 단지 진정한 자기 자신이 될 뿐이다. 아무리 풍요한 소질을 가진 인격이라 할지라도, 그가 선택을 통하여 진정한 자기 자신이 되기까지는 무無와 다름이 없다. 어떤 인간이 위대하다는 것은, 그 인간이 어떤 일을 해낼 수 있기 때문에 위대한 것이 아니라, 그가 자기 자신을 찾았기 때문에 위대한 것이다.

자신이 영원한 존재라는 사실을 깨닫고 그것을 찾게 되면 그는 어떤 누구보다도 위대하다. 그는 자신의 영혼을 되찾았기에 위대하고, 인간의 두 구성요소인 시간적인 것과 영원한 것을 되찾았기에 위대하다.

반면에 아무리 예술적인 천부의 재능을 타고난 인간이라고 할지라도, 만일 그가 자신의 그러한 재능을 갈고 닦아서 세상 사람들을 놀라게 하는 일에만 몰두한다면, 그는 역시 심미적인 생활에 치중하고 있으므로, 그를 위대하다고 하는 것은 당치 않은 평가다.

키에르케고어에 의하면 심미적인 것과 윤리적인 것은 서로 상반되는 것이 아니다. 물론 우리는 윤리적인 것을 '절대적으로' 선택해야만 한다. 그러나 그렇다고 해서 그것은 심미적인 것을 절대적으로 배제하는 것을 의미하지는 않는다. 윤리적인 것을 절대적으로 선택하고 나서도 심미적인 것의 상대적인 가치는 그대로 용납된다. 우리는 절대적인 것에는 절대적인 태도로, 상대적인 것에는 상대적인 태도로 임하면 그만이다.

이렇듯이 윤리적인 생활 속에서 심미적인 것이 지닌 아름다운 것을 그대로 살리면 모든 존재는 더욱 아름다워지고, 그만큼 인격은 완전해지고, 인간은 자신의 영혼을 구제하고 전 세계를 얻을 수 있고, 세계를 악용하지 않고 선용할 수 있다. 어떻게 보면 이 단계에서 키에르케고어가 인정하고 있는 아름다운 것에 깃들인 그 고유의 것을 인정하는 입장은 그리스적인 입장이라고도 할 수 있다.

앞서도 언급한 바와 같이 『이것이냐 저것이냐』의 제1부에서는 심미적인 것의 영역과 단계가 뚜렷하게 밝혀져 있지 않다. 그것은 제2부에서 밝혀진다. 키에르케고어는 심미적인 것은 '시간'에 속한 것으로 파악하고 있고, 윤리적인 것은 영원한 것과 연관을 맺고 있는 것으로 파악하고 있다.

비록 『이것이냐 저것이냐』에 있어서는 그 윤곽이 뚜렷이 밝혀져 있지는 않지만, 키에르케고어는 인간이 시간과 영원의 종합으로 창조되었고, 이 두 요소는 본래가 서로 올바른 관계에 있었다고 하는 성서적인 입장에서 시작하고 있다. 인간이 창조된 무렵에는, 인간은 선과 악을 모르고 영원한 것에 복종하고 있었고, 그것은 죄를 모르는 상태였다. 그러다가 인간이 시간적인 것과 영원한 것을 자각하게 되는 과정을 키에르케고어는 그의 『불안의 개념』이란 저서에서 잘 묘사하고 있다.

시간적인 것이 먼저 눈뜨고 영원한 것(즉, 영혼)은 아직 꿈꾸고 있는 상태로 남아있다. 그러나 인간이 시간적인 것에 집착하여 영원한 것을 등한시 할 때, 인간의 근본 구성요소인 영원한 것이 점차 인간 속에서 눈을 뜬다. 이것이 곧 불안인 것이다. 인간 속에 영원한 것이 깃들어 있지 않다면 인간에게는 불안이 있을 수 없다.

그러나 인간은 시간적인 것, 직접적인 것에 먼저 마음이 끌린다. 그리하여 인간은 영원한 것을 저버리고 그런 원죄의 결과로 인간의 역사가 시작된다. 그러나 인간은 영원한 것을 완전히 저버릴 수가 없다. 그것은 인간에게 본질적으로 구비되어 있는 요소이기 때문이다. 만일 인간이 완전히 영원한 것을 저버리고 시간적인 것에만 넋을 잃었다면, 인간은 짐승이 되었을 것이다. 시간적인 것을 추구하는 단계에서 인간이 취할 수 있는 가능성은 심미적인 태도뿐이다.

키에르케고어가 『이것이냐 저것이냐』의 제1부에서 취급한 심미적인 인생관이 곧 이런 단계에서 일어날 수 있는 일들이다. 키에르케고어는 후에 이것을 다시 『인생길의 여러 단계』에서 다시 되풀이해서 규정하고 있다.

제2부에서 키에르케고어는 윤리적인 인생관을 가진 B라는 판사로 하여금 심미적인 영역의 여러 단계를 밝혀 놓고 있다. 빌헬름이라는 이름을 가진 B라는 판사는 이미 심미적인 단계를 벗어난 입장에서 심미적인 것의 전체를 일목요연하게 전망할 수 있다. 그의 서술은 심미적인 것이 시간적인 것과 완전히 부합되고 있음을 잘 말해주고 있다.

우선 시간적인 것 속에는 인간이 중요한 것이라고 해서 선택할 수 있는 것과 그것에 속하는 영역이 많다. 건강, 재산, 명예 등이 그것이다.

다음으로는 삶 자체를 즐기는 단계가 있다. 이것은 엄밀한 의미에서는 향락주의에 속하지만, 이런 심미주의를 즐기기 위해서는 한층 고차원적인 반성을 필요로 한다.

또 여기에는 일체의 외적인 것에서 독립해서 자신을 즐기기 위하여 끊임없는 싸움을 전개하게 되는 심미적인 단계도 있다.

요컨대 일체의 외적인 영향에서 벗어나 자신의 독립을 즐기는 일종의 금욕주의적인 단계다.

이러한 심미적인 단계에 공통된 점은, 시간적인 세계로 인해 어떤 형태로든 제약을 받지 않는 쾌락을 인간의 최고의 목적으로 평가하고 있다는 점이다. 물론 윤리적인 인생관의 입장에서 본다면 이런 태도는 모두가 절망의 한 형태다. 왜냐하면 거기에는 영원한 것이 결여되어 있기 때문이다.

심미적인 것의 마지막 단계는, 순수하게 심미적인 것이 지닌 허망함과 절망을 근본적으로 통찰하고 있지만, 그것에서 빠져나올 생각을 하지 않고, 자기 자신의 절망 속에서도 취하고 있는 상태다.

어떻게 보면 심미적인 것의 마지막 단계는 키에르케고어가 종교적인 것으로 결정적인 마지막 전진을 하기 전에, 자신을 가장 불행한 인간이라고 생각한 그의 어떤 시기의 마음의 상태를 잘 표현해 주고 있다고도 말할 수 있을 것이다.

키에르케고어는 이 책에서 심미적인 인생관과 윤리적인 인생관 중의 어느 하나를 택하라고 강요하고, 아니, 윤리적인 인생관을 택하지 않을 수 없다는 결론을 내리고, 다시 다음 단계는 종교격인 단계를 지향하지 않을 수 없음을 시사하고 있다.

현대에 사는 우리들이 이 책에서 무엇을 배울 것이며, 또 키에르케고어가 이 책을 쓴 19세기 초의 세계의 의식구조와, 21세기의 사회에서 살고 있는 우리들의 의식구조가 어떻게 융합하여 이 책이 소화될 것인가는 숙제로 남을 것이지만, 인간의 본질이 변하지 않았고, 인간이 진리탐구를 포기하지 않는 한, 우리에게는 많은 시사를 줄 것이라고 역자는 믿고 있다. 요는 이 책을 진지하게 읽는 독자와 인생을 진지하게 살려고 하는 독자만이 이 책에서 많은 이득을 볼 것이다.

『이것이냐 저것이냐』에서 싹터서 꽃피기 시작한 그의 사상에 대하여 더 깊이 언급하지 못하였음을 유감스럽게 생각하며, 그의 사상을 더 깊이 있게 느껴보고자 하시는 분들께서는 키에르케고어의 다른 저서들을 참고해 주시기 바란다.

끝으로 이 책이 나오기까지 수고를 아끼시지 않은 모든 분들에게 다시 한 번 무한한 감사를 드린다.

임춘갑

■ 부록

키에르케고어의 생애에 대한 짧은 이야기

임춘갑 지음

쇠얀 키에르케고어는 1813년 덴마크의 코펜하겐에서 출생했다. 덴마크는 만류灣流의 영향을 받기 때문에 겨울을 제외하면 온화하고 습도도 적당하므로, 그다지 살기 어려운 땅은 아니었다. 키에르케고어는 코펜하겐에서 태어나 일생 동안을 코펜하겐에서 살았다. 코펜하겐은 중세 이래의 역사를 가진 도시로, 옛날부터 무역항으로 번영했으며 소위 '북유럽의 파리' 라고까지 불리는 곳이다.

키에르케고어는 아버지가 쉰일곱 살, 어머니가 마흔다섯 살일 때 출생했으니 이른바 늦둥이라고 할 수 있다. 형제는 남자 넷에 여자 셋으로 모두 일곱이었고, 키에르케고어는 그중에서도 막내아들로 태어났다. 일곱 명이 모두 후처 소생으로, 전처는 자식이 없이 죽었다. 그런데 이 일곱 남매의 어머니는 본래 키에르케고어의 아버지 집에 가정부로 있던 사람으로, 결혼한 지 다섯 달 만에 아이를 낳았다. 이런 사실은 워

낙 양심적이었던 키에르케고어의 아버지가 일생을 두고 괴로워한 고뇌 중 하나였다.

맏형 페터는 후에 목사가 되었고, 둘째 형은 상인이 되었지만 젊어서 미국에서 객사하고 말았다. 또 하나의 형은 어린 시절에 학교에서 장난을 치다가 머리를 다치는 바람에 죽고 말았다. 누나 둘은 자라서 결혼을 했지만, 나머지 하나는 어려서 죽었다. 아버지가 여든두 살에 돌아가셨을 때, 남은 형제라고는 페터와 쇠얀뿐이었다.

키에르케고어는 어머니에 대해서는 아무런 언급을 하고 있지 않다. 그러나 회프딩은 '키에르케고어의 어머니는 단순하고 명랑한 부인이었다. 쇠얀은 모친으로부터 쾌활한 성격을 물려받았으나 아버지로부터 물려받은 음울함과 서로 조화를 이루지는 못했다' 고 말하고 있다.

쇠얀이 부친인 미카엘 페더센 키에르케고어로부터 받은 영향은 컸다. 이에 관해서는 '아마 아무리 크게 평가해도 지나치는 일은 없을 것이다' 라고 가이스마르는 말하고 있다. 아버지는 본래 유틀란트 반도 서해안에 있는 쓸쓸한 곳에서 가축을 치고 있던 가난한 목동이었다. 키에르케고어의 유고에 늘 인용되는 유명한 글이 있다.

> '일찍이 어린 시절에 유틀란트의 거친 들판에서 양을 지키며 고생을 하다가 굶주리고 얼어서 떨며 산마루에 올라 하느님을 저주한 어떤 사내의 무서운 운명 – 이 사내는 여든두 살이 되어서도 이 사실을 잊을 수가 없었다.'

그 후 미카엘은 코펜하겐에 와서 상당한 부富를 쌓았다. 아버지 미카엘의 인격과 성격에 관해서는 여러 가지 설이 있지만, 상재商材가 있어서 부를 쌓은 것 같지는 않다. 일설에 의하면 돌발적인 정세의 변동(1813년에 발포된 정령) 때문에 이루어진 것이라고도 한다.

여하튼 미카엘의 성격 자체가 키에르케고어의 성격과 생애에 미친 영향은 자못 컸다. 미카엘은 근엄하고 음울한 성격의 소유자였다. 쇠얀과 마찬가지로 우수憂愁는 미카엘에게도 하루하루의 십자가였다.

크고 거친 집안은 조용하고, 어떻게 보면 쓸쓸하여 소란한 일이나 부산스러운 일은 털끝만치도 없었다. '옛날 풍' 의 분위기가 집안 전체를 지배하고 있었다. 아이들의 가정교육은 엄격했다. 복종이 최고의 덕으로 아이들에게 요구되어 있었다. 식탁에서도 아이들이 먹어야 할 것과 먹어서는 안 될 것이 엄격하게 구분되어 있었다.

딸들은 교육을 많이 시킬 필요가 없다는 것이 아버지의 주장이었다. 딸들이란 집안의 일을 도와주고 장성해서는 결혼하면 그뿐이라는 것이었다. 아버지는 아이들을 교육하는 일 외에는 대개 집안에서 책을 읽으며, 주로 볼프의 철학을 연구했다.

아버지는 쇠얀에게 '광기에 가까운 교육'(키에르케고어 자신의 표현)을 베풀었다. 그런 이유로 '나는 어린 시절이 없었다' 고 쇠얀은 한탄하곤 했다.

쇠얀은 다른 애들과 어울려서 놀지 않았다. 성격이 음울했던 아버지는 나약했던 쇠얀에게 엄격한 그리스도교적인 교육을 행했다. 아버지는 자식을 바라보며 '예수님을 열렬하게 신앙하는 아이가 돼라' 고 가르쳤다.

그러나 아버지는 그리스도교에 대한 것 이외에도 여러 가지 이야기를 들려주었다. 그것이 쇠얀의 유일한 즐거움이었다. 쇠얀은 아버지의 그 이야기를 듣고 온갖 공상을 다 한 나머지, 이윽고는 나약한 육체가 지칠 정도였다. 학교에 들어가서도 친구들이란 극히 드물었고 남들에게 놀림을 받기가 고작이었다. 그러나 그는 후에 그의 저서에 나타나는 바와 같이, 기지와 매서운 조소로 이에 응수했다.

그는 아버지로부터는 고독과 우수憂愁를 물려받았지만, 한편으로는 어머니로부터 명랑한 사교성도 물려받은 듯하다. 물론 전자가 그의 성격의 본질적인 면을 이루고 있었다는 것은 그 자신도 인정하고 있다.

'나는 이전에 길거리에서 본 어떤 소년을 기억하고 있다. …… 그는 지팡이를 짚고 있었다. 그러나 그 지팡이를 사용하여 가장 건강한 소년들이 하듯이 걸어도 가고, 달리기도 하고, 또 뛰기까지 할 수 있었다. …… 나는 원할 때면 언제라도 나의 우수를 벗어버릴 수가 있었다. 좀 더 적절하게 말한다면, 언제나 가면을 들고 다니다가 그것을 쓸 수가 있었다. 왜냐하면 우수는 내가 홀로 되기까지 기다려 줄 수가 있었기 때문이다.'

—『인생길의 여러 단계』 중에서

키에르케고어의 어린 시절에 일어난 사건 중에서 중요한 것은, 그가 시골에 놀러갔다가 나무에서 떨어져 등을 다친 일일 것이다. 마흔세 살

때 키에르케고어는 목회 및 사회와의 논쟁에 지친 나머지 길에 쓰러져 한 달 후에 세상을 떠났다. 그 사인은 척수병脊髓病이었다. 그의 어린 시절의 그 사건이 그의 건강상태에 커다란 영향을 끼쳤던 것이었다.

1830년, 그러니까 그가 열여덟 살 되던 해에 그는 코펜하겐대학 신학과에 들어갔다. 아버지의 희망도 있었고, 그 당시 베를린과 괴팅헨에서 신학연구를 하고 있던 형, 페터의 영향도 있었을 것이다.

이때부터 권위에 반항하고, 평범하고 단조로운 가정생활에 불만을 느끼고, 자유와 화려함을 동정하는 그의 청춘시대가 시작되었다. 키에르케고어는 음울하고 고독한 성격의 인간이었지만 그에게도 그의 청춘시대가 있었던 것이다. 그러나 그는 비록 신학과에 다니고 있었지만 신학보다는 철학과 미학에 흥미를 느끼고 있었다.

당시의 덴마크는 철학 상으로는 헤겔, 셸링, 슐라이어마허 그리고 미학의 분야에서는 슐레겔, 티크 등의 낭만파의 영향 밑에 있었다. 또한 이 양 분야에서의 대변자를 가지고 있었다.

헤겔 학자인 요한 하이베르크 외에, 애초에는 헤겔에서 시작하여 후에 신비주의로 기울어진 마이스터 에크하르트, 야곱 뵈메, 그리고 당시에 있어서는 프란츠 바아더를 존경한 한스 마르텐센이 그 대표자들이었다. 키에르케고어에게 가장 큰 영향을 끼친 사람은 시인이자 철학자였던 파울 묄러였다.

키에르케고어는 심미주의자들과도 사귀었고, 어린 시절부터 골수에 사무친 '죄와 참회'의 종교에 대하여 혐오감을 느꼈다. 이 시절의 일기에 '그리스도교는 광기의 종교다' 라는 구절이 있는 것으로 미루어 알 수 있다. 따라서 아버지와의 관계가 어색하게 되어 키에르케고어는 집을 나와 하숙생활을 했다. 또 카페나 요정에도 출입하여 약간의 빚도 지게 되었다.

키에르케고어는 후에 '나는 방탕한 시절을 보낸 적이 있다' 고 스스로 말하고 있다. 이 방탕이 심적인 것이었는지, 혹은 실생활적인 것이었는지는 연구자들 사이에도 이견이 있다. 그러나 그런 이견이라는 것도 키에르케고어의 본질을 이해하는 데는 그리 대수로운 문제는 아닌 것으로 보인다. 또 일시적이나마 표면적으로는 그리스도교에서 떠났지만, 그래도 역시 여전히 죄의식을 지니고 있었다는 사실은 청년시절의 그의 마음속을 차지하고 있던 가장 큰 테마가 영靈과 육肉, 시간과 영원의 이원문제를 취급한 『파우스트』, 『돈 쥬앙』 및 『영원한 유태인』 등 세 가지였다는 사실로 미루어 보아도 분명하다.

소위 키에르케고어의 '파멸의 시대' 는 대체적으로 1836년 여름의 자살미수사건이 절정인 것 같고, 그해 말에 가서 키에르케고어의 심적 상태는 점차 회복되어 안정기에 들어갔던 것 같다. 아버지와도 화해를 하여, 아버지는 쇠얀의 빚을 갚아주고, 쇠얀은 집으로 다시 돌아갔다.

키에르케고어가 방탕한 생활을 하게 된 중대한 사건이 일어났던 것은 1835년경의 일로서 그 사건은 키에르케고어가 아버지의 비밀을 알게 된 것이었다. 키에르케고어는 그 삼 년 후의 일기에 당시를 회고하며 '커다란 지진' 이라고 표현했다.

'그때 엄청난 지진이, 무서운 변동이 일어났다. 그것은 나에게 전 현상全現象의 새로운 해석을 강요했다. 나는 아버지의 장수가 하느님의 축복이 아니고 오히려 저주라는 것을 알았다. 또 나는 우리 가족들의 뛰어난 정신적 재능이 단지 서로 괴롭히기 위해서만 존재하고 있다는 것을 예감했다. 나는 아버지에게서 우리들 모두보다도 더 오래 생존해야 할 운명을 걸머진 하나의 불행한 인간을 보았을 때, 나의 주위에 죽음의 침묵이 짙어가는 것을 느꼈다. 아버지는 그의 모든 희망을 묻은 무덤 위의 비석이 되어야만 한다! 하나의 죄가 모든 가족의 머리 위를 뒤덮고 있음이 틀림없다. 하느님의 형벌이 그 위에 있음이 틀림없다. 모든 가족은 '실패한 시도' 로서, 하느님의 힘찬 손으로 취소를 받아야 한다! 나는 단지 가끔 아버지는 종교의 위로로써 우리들을 안정시킬 의무를 하늘로부터 부여받고 있다고 생각함으로써 약간의 위로를 받았다. 그것은 비록 우리들 모두가 이 세상에서 멸망한다고 하더라도, 또 비록 유태인이 그들의 적에게 바라는 형벌 – 즉, 우리들에 관한 기억이 깡그리 이 세상에서 지워져 없어지고, 사람들이 다시 우리들을 찾아볼 수 없게 될 형벌 – 이 우리들에게 주어지는 한이 있더라도 보다 나은 세계가 아직은 우리들 앞에 열려 있다는 것을 알려서 깨닫게 하여주기 위한 의무다.'

이보다 앞서 1832년에서 3년간에 걸쳐서 어머니 안나 및 그 밖의 형제들이 차례차례 죽고, 남은 사람이라곤 늙은 아버지와 맏형 페터, 그리고 쇠얀 셋뿐이었다. 그 결과로 늙은 부친이 쇠얀에게 고백을 했는지, 혹은 아버지가 숨기고 있던 것을 어떤 기회에 쇠얀이 알았는지 그 사정은 분명치가 않지만 키에르케고어가 도덕적으로 가장 '파멸의 길'을 달린 것은 1835년에서 1836년에 걸친 일이었던 것 같다.

'그리스도교는 광기다' 라는 일기의 구절을 찾아볼 수 있는 것도 1835년의 일기에서다. 아버지의 비밀을 알았기 때문에 쇠얀이 자포자기하여 방탕한 길을 달리게 되었다고도 추측은 되지만 분명치가 않다.

그렇다면 아버지의 비밀이란 과연 무엇이었던가? 실상은 이것도 분명하지는 않다. 보통은 처음에 인용한 열두 살 난 소년이 하느님을 저주한 사실을 두고 말한 것이라고들 추측하고 있다. 물론 종교적 감수성이 남달리 예민한 쇠얀이었던 만큼 그렇게도 생각할 수 있을 것이다. 그러나 비록 하느님을 저주하는 그 사실 자체가 제아무리 무서운 것일지라도, 철없는 열두 살 난 소년시절의 일이 아닌가? 그것이 그렇게까지 마음을 괴롭혔을까?

이 당시의 키에르케고어의 기분을 가장 잘 표현하고 있는 것은 『죄가 있는가, 없는가』 중의 「솔로몬의 꿈」이다. 이 글이 그 비밀이 무엇이었던가를 풀어주는 좋은 재료가 될 것이다. 그러나 여기에서는 이야기가 너무 장황해질 것 같아서 생략하기로 한다. 요는 솔로몬이 아버지 다윗의 비밀을 안 순간에 그의 모든 성격이 결정되었다는 내용이다.

1838년 아버지는 여든두 살에 세상을 떠났다. 키에르케고어는 약간의 유산을 상속받았다. 그것을 매부에게 맡겨 두고 조금씩 찾아다가 생계에 충당했다. 1855년 가을, 키에르케고어는 최후의 돈을 찾았으며, 바로 그해 가을에 죽었다.

아버지가 죽은 그해에 그의 처녀작이 세상에 나왔다. 『아직 생존하고 있는 사람의 초고에서. 그의 의지에 반하여 출판되다』라는 제목으로, 내용은 한스 안델센의 비판, 특히 '홀로 한 사람뿐인 호궁수胡弓手'의 비판이었다. 안델센에 반대하여, 천재는 비관만 하고 있을 것이 아니라 뇌우雷雨와도 같이 폭풍우를 거슬러 나아가야 한다고 주장했다.

또 그는 죽은 아버지의 희망에 따라서 신학과의 시험을 보기로 작정하는 한편, 학사논문을 준비했다. 처음에는 『파우스트』, 『돈 쥬앙』, 『영원한 유태인』 등 중세의 전설을 취급한 방대한 것을 계획했으나 지나치게 방대하다는 친구들의 충고를 듣고 예정을 바꾸어 일찍이 낭만주의와 더불어 그의 연구의 대상이었던 그리스 철학, 그중에서도 소크라테스를 재료로 삼았다.

1841년 「아이러니의 개념에 관해서 – 소크라테스를 염두에 두고」라는 논문이 교수회의 심의를 통과했다. 이 논문은 후에 키에르케고어의 사상을 발전시킨 많은 요소를 내포하고 있다. 이 논문에서 그는 인격의 내적 무한성과 일찍부터 그의 무기였던 아이러니反語에 관한 그의 사상을 진술하고 있다. 그 아이러니는 유한자有限者를 무한자無限者와 대립시킴으로써 그 공허성을 밝힌 소크라테스적인 아이러니였다.

논문을 쓰고 있는 한편으로, 키에르케고어는 레기네 올센이란 여성과 연애를 하고 있었다. 키에르케고어가 레기네를 처음 알게 된 것은 아직 부친이 생존하고 있을 때였다. 그때 키에르케고어의 나의 스물다섯, 레기네의 나이 열여섯이었다. 유럽의 역사로 따지면 나폴레옹이 죽은 지 10여 년이 지난 무렵이었다. 레기네의 아버지는 덴마크 왕국의 재무부 소속 관리로, 그녀는 그의 막내딸이었다.

소금과 같은 북해의 안개가 아직 죄다 걷히지도 않은 4월의 어느 날 오후, 키에르케고어는 어떤 처녀가 마차에서 내리려는 찰나 그 곁을 지나갔다. 그 순간 그는 그 처녀에게 사로잡히고 말았다. 그러나 이름도 성도 모르는 처녀의 정체를 알 수가 없었다. 한 달이 지났고 북유럽의 5월은 남쪽의 봄보다 훨씬 아름다웠다. 키에르케고어는 다시 그 처녀의 모습을 볼 수 있었다.

키에르케고어가 레기네를 처음 소개받은 것은 목사의 미망인 뢰르담 부인의 집에서였다. 레기네는 그 집의 딸들과 친구였던 것이다. 마침 그 미망인의 집에 들렀던 키에르케고어는 레기네를 소개받고 처음으로 인사를 나누었다.

그 후 몇 해 동안 키에르케고어는 레기네를 만나지 않았다. 그렇다고 그녀를 잊고 있었던 것은 아니었다. 1840년 여름, 시험이 일단락을 맺자 키에르케고어는 다짜고짜 올센의 집을 방문했다. 레기네를 만나지 않고 있는 동안에 그녀에게는 슐레겔이란 남자친구가 생겼다. 슐레겔은 키에르케고어와도 친구였다. 당돌한 방문도 실은 슐레겔의 소개를 통한 것이었다.

철학이라든가 예술에 관한 키에르케고어의 날카로운 언급이 레기네를 즐겁게 했다. 이 방문의 결과로 그는 책을 빌려주겠다는 약속을 했다. 이것이 마음을 통하게 한 실마리가 되게 했다. 곧 키에르케고어는 적극적으로 접근하기 시작했다. 그리하여 그는 올센가家에 항시 출입하는 사람들 중의 하나가 되었다. 그러나 그의 태도에는 언제나 키에르케고어만의 독특한 그 무엇이 있었다. 이야기를 해도 그는 레기네를 상대로 해서 하지 않았다. 레기네의 존재에는 전혀 관심도 없다는 태도를 취했다. 그러나 밤이 되면 레기네의 집 주위를 배회했다.

그러는 동안 레기네는 슐레겔에게서 멀어졌다. 자기의 존재를 무시하는 듯한 키에르케고어에게 자기도 모르는 사이에 마음이 쏠렸던 것이다. 처녀에게는 이러한 마음의 움직임이 하나의 수수께끼였다. 그 어떤 공포심 같은 것을 느끼기까지 했다. 그러나 남성을 공포감에 가까운 심정으로 맞이하는 처녀는 이미 그 남성에게 사로잡힌 것이다. 레기네는 이러한 키에르케고어의 냉정한 태도에서 타는 듯한 열정의 방사를 받고 있었다.

키에르케고어는 레기네가 자기와 슐레겔의 사이를 고백했을 때도, 조금도 태도에 변화를 보이지 않았다. 그러나 레기네를 즐겁게 하는 것이 키에르케고어 자신에게도 기쁨이 되는 것을 안 그는 이제 자기도 결혼을 결정할 필요가 있다고 생각하게 되었다.

앞서 말한 바와 같이 20대의 키에르케고어의 마음을 점령하고 있던 것은 우수憂愁 바로 그것이었다. 그러나 레기네를 사랑하기 시작하자, 사랑의 정념情念이 일시적이나마 이 우수를 극복한 것 같았다. 1840년 9월, 드디어 키에르케고어는 자기의 결심을 고백했다. 레기네는 돌같이 굳은 표정으로 그의 말을 듣기만 하고 한 마디 대꾸도 하지 않았다.

'우수의 안개도 이 찬란한 현실 앞에서는 순식간에 사라진다' 고 그는 그날의 일을 그의 일기에 기록하고 있다. 이리하여 그는 레기네와 약혼했다. 그러나 결국 결실을 맺지 못했다. 1841년 10월에 키에르케고어는 레기네와의 약혼을 파기하게 되었다.

레기네와의 관계를 조금 더 적어 보기로 하자. 최대의 불행은 항상 최대의 행복의 순간을 노리고 스며든다. 레기네와의 사랑에 도취되어 있는 동안, 그는 문득 타고난 우수憂愁가 소리도 없이 다가오는 것을 느꼈다. 찬란했던 사랑의 장막이 순식간에 암갈색으로 변하는 것 같았다. 그 어떤 무서운 폭풍우가 닥쳐올 것만 같았다. 그것에 대해 키에르케고어는 '나는 폭풍우가 닥쳐올 때의 삼림과도 같은 불안의 엄습을 받았다' 고 말하고 있다.

어떤 학자는 이 검은 그림자의 정체를 우수의 밑바닥에서 솟아나온 그의 '종교성' 이라고 한다. '영원을 그리는 마음' 이 그의 가슴에 병균처럼 깃들어 있었다고 한다. 하여간 그는 사랑을 하는 마음속에 안주할 수만은 없어지고 말았다. 사랑하는 사람이 아름다워질수록 그는 불행해졌다. 아름답게 만드는 것은 그였다. 그러나 그의 본심은 암흑을 향하고 있었다. 이 무슨 운명의 장난이란 말인가!

이즈음 그는 레기네에게 줄곧 종교에 관한 이야기를 들려주었다. 레기네는 그의 곁에 앉아 있었으나 거의 침묵을 지키고 있었다. 한편 키에르케고어는 무시무시한 – 레기네가 들으면 마음이 얼어붙을 – 말을 그의 일기에 기록하고 있다. '나는 종교적인 것만 가지고 있으면 레기네 없이도 살 수 있었고, 또 지금도 살 자신이 있다' 라고.

그러나 사랑을 하고 있는 처녀에게 종교가 무슨 소용이 있을까! 처녀의 유일한 소원은 사랑하는 사람과 한몸이 되는 것 밖에는 아무것도 없다. 연애에는 신이 필요하지 않다. 필요한 것은 타오르는 애정의 불길뿐이다. 그러나 키에르케고어의 눈은 레기네의 머리 너머로 '영원'을 응시하고 있었다. 그것을 보지 못하는 레기네에게는 그의 불안한 표정마저도 사랑의 동작으로 보였다. 이것이 키에르케고어의 유일하고 최대의 고통거리가 되었다.

애인을 종교로 끌어올릴 힘이 과연 자기에게 있는 것일까를 생각하고, 또 한편 자기의 무력을 깨달은 그는 절망했다. 우수憂愁는 때를 만났다는 듯이 절망을 배가하여 그를 짓눌렀다. 키에르케고어는 만약 이 일에 대하여 자기가 속수무책으로 아무런 능력도 없다고 한다면, 자기를 위해서는 물론이거니와 레기네의 행복을 위해서도 약혼을 파기하지 않을 수 없다고 생각했다. 그러나 애인의 행복을 위해서라고는 하지만 도대체 그것이 무슨 뜻이란 말인가? 종교로 끌어올리지 못하여 고민하는 키에르케고어의 모습도 레기네에게는 무력의 탓으로는 생각되지 않았다.

한편 그의 마음은 여전히 레기네를 사랑하고 있었다. 절망을 뚫고 레기네를 끌어올리느냐, 절망에 굴하여 레기네에게서 손을 떼느냐 – 그는 완전히 지치고 말았다. 그는 가끔 일부러 싸늘한 태도를 보였다. 불안에 길들이기 위한 고약한 기교라고 한다면, 어떤 여성이 이런 짓을 미워하지 않을 것인가!

그러나 레기네는 점점 그의 야릇한 우수를 이해하기 시작했다. 그러나 사랑을 하고 있는 처녀는 일체를 사랑의 방향으로 이끌어간다. 레기네의 사랑은 점점 더 힘차게 타오를 뿐이었다. 레기네에게는 이제 키에르케고어가 어떤 위대한 존재로 보이게까지 되었다.

'이다지도 나는 무뚝뚝하다. 그러나 레기네는 그럴수록 더욱 헌신적이다. 이 무슨 잘못 맺은 관계란 말이냐' 하고 탄식하면 할수록 처녀의 마음속에 깃들인 '여성'은 한층 힘차게 눈떴다. 그것만이 레기네의 진정한 행복이었던 것이다.

이윽고 키에르케고어는 결단을 내렸다. '이 편지를 쓴 사람을 잊어주십시오. 한 사람의 처녀를 행복하게 해줄 수 없었던 한 사람의 사내를 용서해 주십시오' 하고 그는 편지를 띄웠다.

레기네는 미칠 듯이 날뛰었다. 그가 외출한 사이에 달려온 레기네는 '당신이 없이는 살 수가 없습니다. 저를 버리신다는 것은 저를 죽이는 것입니다' 라는 편지를 써놓고 돌아갔다. 그는 너무나도 마음이 괴로워 곧 레기네한테로 달려갔다. 그리고 어마어마한 결의를 철회했다. 그러나 그것은 본심이 아니었다. 괴로움을 조금이라도 덜어주고 난 후에 헤어질 심산이었던 것이다. 그의 마음은 이미 세상의 동정은 물론이거니와 레기네의 동정마저 잃고서도 견딜 수 있을 만큼 굳은 결심이 서 있었다.

그러나 레기네 편에서도 결심은 더욱 굳어만 갔다. 사랑을 위해, 키에르케고어를 위해서는 어떤 일이라도 하려고 결심했다. 키에르케고어의 이상한 태도에 대하여 세상이 이러쿵저러쿵해도 레기네는 있는 힘을 다하여 싸웠다.

이러한 마음과 마음의 결전은 두 달이란 세월을 끌었다. 다시 최후의 통첩을 할 셈으로 레기네의 집을 방문한 그날, 레기네는 미칠 듯이 슬피 울며 통곡했다. 그러나 그의 결심은 움직이지 않았다.

이리하여 레기네와의 일은 종막을 고했다. 그러나 이것으로 모든 것이 끝난 것은 아니었다. 레기네와의 사랑을 통하여, 그리고 그 사랑이 끝난 후에도, 키에르케고어는 허다한 저술을 통하여 레기네와의 관계를 되풀이했다.

즉, 키에르케고어는 레기네라는 한 여성을 통하여 자기의 본질의 일부를 형성했다고 할 수 있다. 그는 레기네를 통하여 직접성의 삶이라는 것이 무엇인가를 깨달았다. 그리고 이 사실이 그의 저술활동에 결정적인 소임을 하였다는 것도 두말할 필요가 없다. 레기네와의 관계를 통하여 그는 자기가 죄와 죽음의 의의를 항상 짊어지고 다니는 운명을 타고 났다는 사실에 대하여 뚜렷이 인지하게 되었다.

키에르케고어가 레기네와의 관계를 직접 취급한 저서는 『유혹자의 일기』 및 『죄가 있느냐, 없느냐』의 두 권이다. 레기네와 자기의 영적인 영역에 대해서는 거의 언급을 하지 않고 주로 에로틱한 면만을 취급하고 있다.

레기네는 2년 후에 슐레겔과 약혼하고 결혼했다. 1855년, 그러니까 키에르케고어가 죽은 그해에 슐레겔은 서인도의 장관으로 부임했다. 그때 노상에서 만난 것이 최후의 만남이었다.

키에르케고어가 레기네와 헤어지지 않을 수 없었던 이유는 아직까지도 분명치가 않다. 많은 키에르케고어 연구자들이 아직 문제로 삼고 있는 것이다. 그러나 앞서도 말한 바와 같이 그 결정적인 요인은 키에르케고어의 종교성인 듯하다. 키에르케고어는 워낙 종교적인 인간이었다. 자나 깨나 죄와 죽음의 의식이 그의 전체를 차지하고 있었다.

'헤겔과 같은 논리학자가 아니기 때문에 나는 많은 범주範疇를 갖고 있지 못하다. 단 하나의 범주를 가지고 있을 따름이다. 깨어있을 때는 항상 그것을 생각하고, 잠이 들면 그것을 꿈에서 꿈꾼다' 고 그는 말하고 있다. 이런 괴팍한 사내와 열여덟 살 난 풋내기 처녀와의 사랑이 원만히 진행될 리가 만무하다. 약혼하자 곧 그는 자기의 약혼이 과실이었다는 것을 깨달았다. 그의 종교성이 고개를 들었던 것이다.

'나는 종교적 인간이다. 그런데 레기네는 나를 이해하지 못한다' 라는 말은 『죄가 있느냐, 없느냐』의 거의 매 페이지마다, 때로는 한 페이지에도 여러 번 나온다. 키에르케고어는 레기네와 자기를 대비하여 다섯 개의 테제를 들고 있다.

1) 그는 자기 속에 죽치고 있다. 그러나 그 여자는 자기 자신 속에 죽치고 들어가 있을 수가 없다.
2) 그는 우울하다. 그 여자는 쾌활하다.
3) 그는 본질적으로 사색가다. 그 여자는 결코 그렇지 않다.
4) 그는 윤리적이고 변증법적이다. 그 여자는 미적이고 직접적이다.
5) 그는 동정적이다. 그 여자는 전적으로 직접적이고, 따라서 극히 순진하지만 자기 자신을 사랑한다.

키에르케고어가 레기네를 무자비하고 냉정하게 버린 것이 아니라는 것은 앞서도 언급했다. 그에게는 우수憂愁와 더불어, 또 미적이고 직접적인 생활을 사랑하고 동경하는 면도 있었다. 또 그는 날카로운 양심의 소유자이기도 했다. 어떤 점에서 그는 레기네와 더불어, 그의 속에 깃들어 있던 자기의 미적 분신까지도 떼어버린 것이라 할 수 있을 것이다.

'레기네와의 관계가 끊어졌을 때의 나는 거칠고 방종한 생활에 떨어지느냐, 그렇지 않으면 절대적 종교성 – 그것은 목사들의 그것과 같이 김빠진 그런 것이 아니다 – 으로 향하느냐 중 하나를 택하여야만 했다.'

그러나 그가 방종한 생활에 빠지기에는 그의 종교성이 지나치게 강했다. 그리하여 그는 절대적 종교성으로 향했다.

레기네와의 약혼 파기로 말미암아 키에르케고어는 코펜하겐 시민들의 맹렬한 비난을 받았다. '실험을 하기 위해' 젊은 처녀의 행복을 유린했다고들 하였다.

키에르케고어는 약혼 파기에 이르기까지의 내적인 갈등 때문에 지칠대로 지친 심신을 회복하기 위해, 또 한편으로는 시민들의 비난을 피하기 위해 이전부터 계획하고 있던 베를린 행을 단행했다.

베를린 대학에서는 헤겔이 죽은 후, 셸링이 초빙을 받아 다시 강단에 서 있었다. 키에르케고어는 셸링의 강의를 청강했다. 처음에는 아주 열심을 냈다. 그리고 심취했다. 그러나 점차 어쩐지 허전하고 부족한 감을 느끼기 시작했다.

베를린에서 키에르케고어는 『이것이냐/저것이냐』의 집필에 착수했다. 나이 삼십, 그의 내부에서는 자기만의 독특한 사상이 점차 무르익어 강하게 표현을 요구했다. 남의 사상을 받아들이는 시기가 지나고, 창작의 시기가 도래했던 것이다. 그가 셸링의 강의에 만족하지 못한 것도 무리는 아니었다. 그는 일 년으로 예정한 베를린 유학을 반년으로 줄이고 코펜하겐으로 돌아왔다.

이즈음 그는 스스로 시인인 동시에 사상가로 자처하고 있었다. 그리고 타고난 그의 우수를 극복하기 위해서도 창작 이외에는 다른 길이 없었다.

'내가 저술가가 된 것은 대부분 나의 우수와 재물 덕분이다' 라고 그는 말하고 있다. 그의 창작에 대한 욕심은 맹렬하게 타올랐다.

우선 『이것이냐 저것이냐』의 전후 2부로 이루어진 대작이 1년에 걸쳐 완성되었고, 곧 이어 『두 개의 강화』를 썼다. 그 후 『공포와 전율』, 『반복』, 『세 개의 강화』, 『철학적 단편』, 『불안의 개념』, 『네 개의 강화』, 『인생길의 여러 단계』, 『어떤 기회에 즈음하여 쓴 세 개의 강화』, 『철학적 단편의 결론으로서의 비과학적 후서』 등을 잇달아 저술하여 발표했다.

이 모든 것들이 1843년 2월부터 1846년 3월에 걸쳐 출판된 것들이다. 놀랄만한 창작욕이라고 하지 않을 수 없다. 그런데 주목해야 할 일은 강화집 이외에는 모두 익명으로 저술했다는 사실이다. 그리고 키에르케고어 자신의 이름은 고작해야 발행자로 기입되어 있을 따름이다.

익명을 쓴 이유에 관해서는 여러 가지 이유가 있을 것이다. 이 이유에 관해서 하워드 A. 존슨은 '간접적 전달' 이라는 말로 설명하고 있다. 확실히 경청할 만한 설說이라 하겠다.

그러나 강화집에는 반드시 키에르케고어 자신의 본명을 저자로 명기하고 있다. 이것은 키에르케고어 자신이 스스로의 본질을 종교적이라고 느끼고 있었던 사실을 명시하는 것이라고 할 수 있다.

이들 저술을 잇달아 발표하고 나자, 그는 이제 자기의 사명을 다한 것 같다는 느낌을 가졌다. 그는 은퇴하여 어느 한적한 시골에서 목사로서 소박한 시골 사람들을 상대로 목회나 하며 '외톨이' 로 세월을 보내고 싶어 했다. 그러나 뜻밖의 일이 생겨 그는 또 다시 세상 사람들의 주목을 끌게 되었다. 이리하여 그의 저술가로서의 두 번째 시기가 시작되었다.

그 사건이란 다름이 아니라, 그의 작품에 대한 어떤 경박한 비평이 동기가 되어 그가 「콜사르」 신문과 싸우게 된 일이다. 「콜사르」는 유태계 시인인 골드슈미트가 발행하고 있던 풍자신문으로, 코펜하겐에서는 상당한 부수를 발행하고 있던 악덕신문이었다.

키에르케고어는 이전부터 이런 부류의 신문이 세상에 해악을 끼치고 있는 사실에 대하여 한편으로는 걱정도 하고, 또 한편으로는 분개하고 있었다. 그는 이 기회에 그런 사회적으로 유해한 것들과도 싸우기로 했다.

물론 그런 풍자신문, 악덕신문과의 싸움으로 인해 자기 자신이 어떤 지독한 조소와 비난을 받을 것인가 하는 것은 잘 알고 있었고, 또 각오도 했다. 싸움이 시작되었다. 사태는 예상한 대로 진행되었다. 키에르케고어는 무서운 조소의 대상이 되었다. 그는 거리의 소크라테스라고 야유를 받았다. 「콜사르」의 매 호마다 키에르케고어의 만화가 실려서 나왔다. 길고 가느다란 다리에, 한쪽이 다른 한쪽보다 짧은 양복바지를 입고, 손에는 우산을 든 그림이었다. 또 그의 인격과 저작에 있어서의 여러 가지 결점이 공격을 받았다. 이리하여 키에르케고어는 다시금 코펜하겐에서 가장 '유명한' 인물이 되었다.

남달리 감수성이 예민한 키에르케고어에게 이 '콜사르 사건' 이 얼마나 심각한 영향을 주었을까 하는 것은 상상하기 어렵지 않다.

그러나 키에르케고어는 끝내 자신을 잃지 않았다. 그는 상대방과 같은 수준에 서서 싸운 것이 아니라, 이 사건을 객관화하여 신문이나 세상, 군중 혹은 그 배경을 이룩하고 있는 현대일반의 본질을 상대로 싸워나갔다. 1846년에 저술된 『현대의 비판』은 이에 대한 그의 의견이다.

한 걸음 더 나아가서 이 사건은 그의 마음을 심화시키는 데 크게 이바지했다. 『철학적 단편의 결론으로서의 비과학적 후서』에 있어서의 최후의 중심점은 그리스도교에 있어서의 역설이었으나, 이때부터는 이와 더불어 '순교' 라는 관념을 중요시하게 되었다.

참다운 그리스도인으로서의 길을 걷자면 필연적으로 '세상' 과 충돌하고 세상으로부터 조소를 받아야만 한다. 그럼에도 불구하고 십자가를 걸머지고 그리스도를 따라야 하는 것이 그리스도인이다. 하느님께서는 그것을 명하신다. 그리스도교에 있어서의 신앙은 값싼 신앙이 아니다. 고난 속에서의 신앙이다. 그리스도인의 사랑은 감상도 아니고 공상도 아니다. 그것은 필연적으로 행위로 돌출되는 격렬한 사랑이어야 한다. 인간에 대한 하느님의 사랑도 단순한 포옹이 아니라, 그 전제前提로서 엄격한 심판을 내포하고 있는 사랑이다.

키에르케고어의 두 번째 시기의 저술은 모두가 이러한 것들을 근본으로 하여 쓰여진 것들이다. 첫 번째 시기의 '건덕적인 강화'는 점점 '그리스도교적 강화'로, 즉 고난의 복음에 관한 설교로 변했다.

현대에 있어서 진정한 그리스도인이라면 필연적으로 순교자의 길을 달리지 않을 수 없다는 생각이 점차 키에르케고어의 마음속에 굳어감에 따라, 그는 교회에 대하여서도 불만을 느끼지 않을 수 없었다. 덴마크 교회의 수장인 뮌스터 감독監督의 생활이 과연 고난의 생활일까? 그는 순교자라고 불릴 수 있을까를 스스로에게 묻게 되었다.

뮌스터에 대해 말하자면, 그의 부친이 목사였고, 동시에 키에르케고어가 어렸을 때부터 존경해 온 분이었다. 그러나 이제는 그 뮌스터에 대해서도 회의적이 되지 않을 수 없었다.

그러나 키에르케고어는 그에 대한 공격을 조급히 서둘지 않고, 그의 저술가로서의 두 번째 시기에 있어서 그리스도교에 관한 사상을 가장 잘 표현하고 있는 『그리스도교의 훈련』을 통해 뮌스터에게 접근했다.

이 저술에서 키에르케고어는 천한 목수의 아들로 태어나서 고난의 길을 달리다가, 필경에는 십자가에서 죽으신 그리스도를 '본받아' 자기의 십자가를 걸머지고 그리스도를 따르는 것이 참다운 그리스도인이라고 주장하고 있다.

그러나 키에르케고어는 이 책을 출판하기까지 2년 동안이나 주저했다. 과연 자기는 이런 주장을 들고 나설 수 있는 자격이 있는 것일까? 자기의 본질은 역시 '시인과 종교가의 중간'에 불과할 뿐, 개혁가가 되지는 못하는 존재가 아닌가 하는 생각이 머리에서 떠나지 않고 있었던 것이다.

이윽고 그는 저자를 익명으로 하고, 자기를 편집자로 하여 출판하기로 결정했다. 그러고는 편집자의 이름으로 주를 달았다. 그 책은 대략 다음과 같은 의미를 담고 있다.

> '이 책에 있어서는 그리스도인이 되기 위한 요구가 최고의 이상에까지 올라가 있다. 그러나 하여간 요구는 밝혀져야 한다. 사람들의 귀에 들어가야만 한다. 사람들은 모름지기 이 요구에 침묵을 지켜서는 안 된다. 또 이 요구를 에누리하는 것도 허용될 수 없다. …… 그러나 나는 여기에 저술된 것을 나 자신에게만 말하고 있는 것으로 이해한다. …… 나는 하느님의 은총에 매달릴 뿐이다…….'

『그리스도교의 훈련』을 비롯한 일련의 저서를 출판하고 난 후, 키에르케고어는 뮌스터의 회답을 기다렸다.

뮌스터가 키에르케고어가 주장하는 그리스도교의 이상상理想像이 옳다는 것과 덴마크의 그리스도교가 신약성서에 쓰여진 그리스도교와는 거리가 멀다는 것을 인정하고, 또 뮌스터 자신이 그리스도교의 이상상대로 생활하고 있지 못하다는 것을 정직하게 고백하든가, 그렇지 않으면 키에르케고어의 그리스도교 해석이 일방적인 동시에 과장된 것이고, 따라서 그것은 비종교적인 동시에 비그리스도교적이라고 공격해오든가, 둘 중의 어느 하나를 기대했다.

그러나 뮌스터는 어느 쪽도 택하지 않았다. 그는 오로지 침묵을 지킬 따름이었다. 그러나 키에르케고어는 뮌스터와 만나서 논의를 하고 그의 의견을 듣고 싶어했다. 그러나 뮌스터는 이런저런 핑계를 대며 키에르케고어와 만나는 것을 회피했다.

키에르케고어는 심히 불만스럽게 생각했으나, 뮌스터 감독의 고령高齡에 경의를 표하는 의미에서 참았다. 문제는 뮌스터가 죽은 후에 일어났다.

1854년 뮌스터가 죽은 지 며칠 후에 신학교수인 마르텐센이 이전에 뮌스터가 서곤 하던 강단에 서서 추도설교를 했다. 그것은 히브리서 13장에 관한 것이었다. 이 설교에서 마르텐센은 뮌스터 감독을 진리의 증인, 사도시대로부터 우리들의 시대에 이르기까지 계속되고 있는 거룩한 연쇄의 한 고리라고 말했던 것이다.

교회에 앉아서 이 말을 듣고 있던 키에르케고어는 마르텐센이 그릇된 그리스도관을 지니고 있다고 생각했다. 그는 집에 돌아오자 격렬한 반박문을 썼다. 그러나 오랫동안 책상 서랍에 간직해 두었다. 마르텐센이 감독의 후계자 중 한 사람이었기 때문에 감독이 결정되기까지 공격을 삼갔던 것이다.

9개월이 지나서 마르텐센이 후임 감독으로 취임할 것이 결정되자, 9개월 동안 서랍에 비장해 두었던 초고를 꺼내서, 1854년 12월 18일, 신문 「조국」에 발표했다. 「감독 뮌스터는 진리의 증인 – 진정한 진리의 한 사람 – 이었던가? 이 사실은 정말일까?」라는 제목의 글이었다.

마르텐센은 키에르케고어가 영웅의 무덤 위에서 춤을 추는 테루시테스 – 『일리아드』에 나오는 그리스인 중에서도 가장 흉측하고 철면피한 요설가饒舌家 – 라고 말했다. 또한 키에르케고어가 진리의 증인과 순교자를 같이 생각하고 있다고 비난했다. 마르텐센은 단 한 번밖에 회답을 하지 않았으나, 그의 동료들과 키에르케고어 사이에는 논쟁이 반년 이상이나 격렬하게 전개되었다. 키에르케고어는 덴마크에 있어서 가장 뛰어난 설교자로서 대중으로부터 존경을 받고 있던, 돌아가신 감독을 비방한다고 하여 호된 공격을 받았다.

키에르케고어는 더욱 흥분했다. 그는 신문의 논설이나 소책자를 통하여 더욱더 강경하게 자기의 주장을 펼쳤다. 그 소책자를 모은 것이 『순간』이라는 저서다.

키에르케고어는 이스라엘의 예언자들처럼 격렬한 어조와 정열로 '그리스도교 세계' 와 '공인된 그리스도교' 와 이에 속하고 있는 '사이비 그리스도교도' 를, 그리고 그들의 예배와 행사를 공격했다. 키에르케고어는 자기의 가슴 속에 쌓여서 마음의 짐이 되고 있던 사상을 토해버릴 기회를 주신 하느님께, 또 감히 그럴 수 있었던 용기를 주신 하느님께 감사했다.

그러나 이 싸움에서 그는 모든 힘을 다 소모했다. 1855년 10월 2일 그는 거리에서 졸도했다. 그리고 한 달 후인 11월 11일 고요히 마음에 평화를 간직한 채 숨을 거두었다. 그에게 사명을 주신 하느님에게 감사를 드리며, 또 그리스도 안에서의 하느님의 은총을 믿으며, 또 자기가 죽어도 자기의 뜻을 계승할 사람이 있으리라는 것을 믿으며 숨을 거두었다. '폭탄은 터져서 주위에 불을 지른다' 고 그는 죽음의 침상에서 말했다.

직접적인 사인은 척수병이었다. 그가 어렸을 때 나무에서 떨어졌던 것이 원인이었다고 한다.

이것이냐 저것이냐 2

발행일 2012년 2월 27일 초판 1쇄

지은이 쇠얀 키에르케고어
옮긴이 임춘갑
펴낸이 방성열
만든이 이재천
책임편집 박상준
도움주신 분 한국 키에르케고어 학회
펴낸곳 도서출판 치우

서울특별시 마포구 합정동 441-23 동암빌딩
전화 02 338 3630 **팩스** 02 338 3690

ISBN 978-89-97332-04-5 03160

이 도서의 국립중앙도서관 출판시도서목록(CIP)은 e-CIP홈페이지(http://www.nl.go.kr/ecip)와 국가자료공동목록시스템(http://www.nl.go.kr/kolisnet)에서 이용하실 수 있습니다.(CIP제어번호: CIP2012000548)